叶秀山全集

[第六卷]

叶秀山 著

江苏人民出版社

图书在版编目(CIP)数据

叶秀山全集.第六卷/叶秀山著.—南京：江苏人民出版社，2019.11
ISBN 978-7-214-23482-7

Ⅰ.①叶… Ⅱ.①叶… Ⅲ.①哲学—文集 Ⅳ.①B-53

中国版本图书馆CIP数据核字(2019)第099087号

书　　　名	叶秀山全集·第六卷
著　　　者	叶秀山
责 任 编 辑	曹　斌
责 任 校 对	戴亦梁
责 任 监 制	王列丹
出 版 发 行	江苏人民出版社
出版社地址	南京市湖南路1号A楼，邮编：210009
出版社网址	http://www.jspph.com
排　　　版	南京展望文化发展有限公司
印　　　刷	苏州市越洋印刷有限公司
开　　　本	718毫米×1000毫米　1/16
印　　　张	32.75　插页6
字　　　数	517千字
版　　　次	2019年11月第1版　2019年11月第1次印刷
标 准 书 号	ISBN 978-7-214-23482-7
定　　　价	148.00元

(江苏人民出版社图书凡印装错误可向承印厂调换)

《叶秀山全集》出版说明

叶秀山先生遽然仙逝后,在他亲属和学生们的支持下,我们决定出版《叶秀山全集》,以永远缅怀他卓越的学术成就,延续和光大他的学术理念与思想事业。本次出版遵循如下原则:

一、只收录已经公开出版或发表的作品,其余作品(如手稿、书信等)以后择机再出续集。

二、各卷按照时间顺序收录已出版的著作(包括文集)。未收入已出版著作中但又公开发表的文章,按发表时间顺序分类收入最后两卷。

三、已出版的文集类著作中与之前著作收文重复者,只存目,但让《永恒的活火》和《启蒙与自由》二书保持完整收录。

四、编辑过程中,尽量尊重原出版物原貌,只作最小程度的技术处理。

我们向参与具体编校工作的叶先生的学生们,以及为全集的编辑出版提供各种帮助的朋友们表示感谢!

江苏人民出版社
2019年7月

目 录

西方哲学史·总论

前言　中国学术视野中的西方哲学 003

上篇　西方哲学观念之变迁 007

一　学习哲学的态度和途径 009
　　（一）哲学之用途 009
　　（二）哲学作为"自由的知识" 011
　　（三）哲学与哲学史 021

二　西方哲学之本源——哲学作为一门科学 035
　　（一）哲学之觉醒 035
　　（二）时间与空间 047
　　（三）从"时间"到"因果性" 060

三　哲学的古代观念 076
　　（一）"哲学"与"前（准）哲学" 078
　　（二）苏格拉底-柏拉图的"辩证法" 082
　　（三）古代哲学观念之大成与"百科全书"式的亚里士多
　　　　德 091

四　哲学的古典形态 104
　　（一）何谓"古典哲学" 104
　　（二）古典哲学的"知识论"观念 106
　　（三）康德的"先验逻辑"与知识论 118

（四）道德哲学之古典观念 131
　　（五）活生生的"人"的世界——艺术论与目的论 151
　　（六）古典哲学之"同一哲学"观念 174
　　（七）古典哲学之完成者——黑格尔 183
五　哲学的当代观念 205
　　（一）黑格尔以后 206
　　（二）胡塞尔的当代"现象学" 211
　　（三）欧洲思想危机时代的哲学——海德格尔对当代欧洲哲
　　　　学之贡献 221
　　（四）"异"的哲学——当代法国哲学的探索 236
六　西方哲学中经验主义传统及当代分析哲学之趋向 262
　　（一）"感觉经验"与"思维（逻辑）形式" 263
　　（二）"分析（哲学）"自身之被质疑 265
　　（三）分析学派在美国的发展 268
上篇参考文献 275
人名索引 277

叶秀山文集

自　序 285
论话剧艺术的哲理性　（存目）*
意义世界的埋葬——评隐晦哲学家德里达　（存目）*
哲学的希望与希望的哲学——利科对解释学之推进　（存目）*
我读《老子》的一些感想　（存目）*
关于"文物"之哲思——参观台北故宫博物院有感　（存目）*
"画面"、"语言"和"诗"——读福柯的《这不是烟斗》　（存目）*
论艺术的古典精神——纪念艺术大师梅兰芳　（存目）*
中西关于"形而上"问题方面的沟通　（存目）*
漫谈庄子的"自由"观　（存目）*
希腊奥林帕斯山上诸神与希腊神话之古典精神　（存目）*
亚里士多德与形而上学之思想方式　（存目）*

"人""有"一个"世界""(存)在"——世纪之交话哲学 (存目)*

道家哲学与现代"生""死"观 (存目)*

"学而时习之"及其他 (存目)*

世纪的困惑——中西哲学对"本体"问题之思考 (存目)*

中国艺术之"形而上"意义 (存目)*

"哲学"如何"解构""宗教"——论康德的《实践理性批判》(存目)*

科学性思维方式视角中的柏拉图"理念论" (存目)*

论海德格尔如何推进康德之哲学 (存目)*

"哲学"须得把握住"自己"——从海德格尔解读黑格尔《精神现象学》想到的 (存目)*

论哲学的"创造性"——重谈德国古典哲学 (存目)*

试读《大学》 (存目)*

试读《中庸》 (存目)*

哲学作为创造性的学问 (存目)*

希腊哲学从宇宙论到伦理学的过渡 (存目)*

说"诚" (存目)*

从康德到列维纳斯——兼论列维纳斯在欧洲哲学史上的意义 (存目)*

斯宾诺莎哲学的历史意义——再读斯宾诺莎的《伦理学》 291

哲学的三种境界 304

  一、"哲学"作为一种"智慧" 304

  二、"哲学"作为"自由"的"科学" 307

  三、"哲学"作为一种"存在的生活方式" 313

哲学的"未来"观念 319

  一、"不变"与"变"——向上的路和向下的路 320

  二、"向后的路"与"向前的路"——"回溯"的观念与"前瞻"的观念 322

  三、"时间"与"自由" 328

  四、"过去""现在""未来" 332

  五、"未来"与"存在" 336

六、"未来"与"希望"及哲学诸"范畴" 340

哲学要义

前言 355

第一讲 哲学的危机与哲学的权利 359
 一、哲学的危机与哲学的可能 359
 二、哲学的三大权利 363
 三、"自由"与"真理":存在论与知识论的统一 366

第二讲 哲学的道路与学习哲学的最佳途径 368
 一、条条道路通哲学 368
 二、上升的路和下降的路 369
 三、哲学基本功:"听"、"说"、"读"、"写" 372

第三讲 如何理解"哲学"? 376
 一、哲学何以是一门科学? 376
 二、哲学讲是非,更讲深浅 377
 三、何谓"真正的思想"? 379
 四、何谓"哲学的现实性"? 381

第四讲 形而上学与哲学 385
 一、形而上学:词源与翻译 385
 二、形而上学与辩证法 386
 三、"形而上学"的超越性:哲学学科存在的根据 388
 四、形而上学问题"真""假"之辩 389
 五、形而上学问题的理解路径:"原始反终" 391
 六、形而上学的三大分支 393

第五讲 何谓"存在"?——传统存在论(上) 395
 一、存在论的基础:"只有存在可知" 395
 二、作为"实体"的存在 399
 三、作为"主体"的存在 401

第六讲 如何"存在"?——传统存在论(下) 404
 一、柏拉图的理念论与亚里士多德的实在论 404

二、中世纪的唯实论与唯名论 406
　　三、思维与存在的同一性：从巴门尼德到笛卡儿 407
　　四、思维与存在的二元论：康德 408
第七讲　传统存在论向现代存在论过渡 411
　　一、"存在在时空之中" 411
　　二、形式化的时间及其批判 412
　　三、实质性的时间——自由与存在 414

第八讲　现代存在论 419
　　一、"非存在"进入存在论 419
　　二、时间、非存在与存在 420
　　三、"人"带来"无"（非存在） 421
　　四、人之死亡的存在论意义 423

第九讲　"语言是存在的家" 426
　　一、艺术保存了"存在" 427
　　二、"语言是存在的家" 428
　　三、语言带来存在的消息 429
　　四、语言是有"使命"的 431

第十讲　知识论 433
　　一、知识是如何产生的？ 433
　　二、第一种观念：所有的知识实际上都是一种权力 434
　　三、第二种观念：知识是自由的知识 435
　　四、自由的知识是理性的知识 436
　　五、理性需要启蒙 438

第十一讲　经验科学知识论与存在论 440
　　一、知识论的存在论前提 440
　　二、经验科学知识论的根据 440
　　三、康德的经验科学知识论及其局限 443
　　四、经验科学知识的存在论基础 444

第十二讲　价值论 448
　　一、为什么要讲价值论？ 448
　　二、"价值论超越于存在论" 448

三、康德的价值论：自由 449

四、尼采的价值论：创造 451

五、价值论是存在论的一个部分 454

第十三讲 通向宗教的价值论 455

一、哲学与神学的一般关系 455

二、知识论与神学 456

三、价值论与神学 458

四、存在论与神学 458

五、在"未来"的立场上 460

附录 哲学十四讲 462

第一讲 哲学是一门怎样的学科？ 462

第二讲 哲学的任务 465

第三讲 从康德说起 468

第四讲 现象和本质 471

第五讲 第一性原则 473

第六讲 知识论、道德论和情感论 475

第七讲 理性·意志·自由 477

第八讲 善与恶 479

第九讲 至善与宗教 481

第十讲 艺术与目的 484

第十一讲 从康德到黑格尔 487

第十二讲 黑格尔与辩证法 490

第十三讲 康德、黑格尔之后 494

第十四讲 海德格尔与古典哲学 497

跋 502

| 西方哲学史 · 总论 |

前言　中国学术视野中的西方哲学

中国介绍、学习和研究西方哲学已经有数百年的历史了。现在中国进入了一个更加开放、迅速发展的时代,东西方哲学文化的交流、对话和碰撞日益频繁。我们这一代学术工作者的职责是,要在前辈学者工作的基础上作出自己的成绩,对哲学学科在学术上有所推进。

本书的编者和执笔者都是长期从事哲学专业工作的学者,大家共同的心愿是要在这个多卷本项目的带动下,把自己的工作做一次小结,又在这项任务中,推进自己的研究工作,不仅使这个项目能够很好地完成,同时也使自己的哲学专业领域有所扩展,水平有所提高,这部多卷本《西方哲学史》就是在这样一种专业的敬业精神指导下写作的。

本书之所以标出"学术版",只是想告诉读者:这部书的各个部分都是作者经过独立研究的成果,是各位作者的研究心得。

由于用途不同,可用不同的方式来写书。我们这部书,当然也尽量照顾到不同的需要,企盼着各界的读者都能关注它,但是我们的重点是放在学术性和研究性方面的。我们体会所谓学术性和研究性有下面几个方面须得注意。

一方面,我们注意第一手材料的积累和研究,在这个基础上,也重视研究第二手的参考资料。而我们的理论根据,当以第一手材料为主,这对于我们哲学专业来说,是十分重要的。我们经常强调的主要的学习和研究方法是研读"经典原著"。我们的立论要求做到"言之有据",这个"据"来自我们的研究对象。"经典原著"是客观地放在那里,人人得而读之,不是随便可以曲解的,因此我们的工作首先主张老老实实地读书,掌握第一手材料。

另一方面,我们也主张"创造性"地读书。"哲学"原本是一门创造性的学问,历史上公认的"经典原著",都是"创造性"的。教条式地读书,不仅违反历代诸贤哲的学术精神,也是违反这些著作的实际情况的。教条式地研究,表面上似乎是死死抓住"原著",实际上反倒是失之交臂而南辕北辙,是很不客观的。

所谓"创造性"地阐发"原著",需要用自己的头脑去"阅读"和"理解-思考"这些"著作",而得出自己的心得和看法来。当然我们的"头脑"与这些原著作者的"头脑"是不同的。我们与他们有不同的社会文化历史背景,我们的"头脑"是在"不同"的背景下"陶冶"出来的,因而在这些著作的启发下对问题的思考,不会是完全"相同"的。

首先的"不同"在于我们是中国的学者。我们有自己的几千年的历史文明传承,在哲学问题上,我们有自己的独特的思考方式。我们这些学者,不管自觉与否,都是在这种文明的熏陶中成长起来的,我们珍惜自身的文化传承和哲学传统。我们学者的任务在于以同样的创造性的精神来对待我们自身的哲学传统,相信只要我们努力工作,对于西方哲学的问题可以作出我们自己的创造性的阐释,可以在同等的哲学层次上与西方的哲学有真正的"对话",而不仅是各说各的话。这样,我们在受命(接受这个项目)之初,就把"具有中国学术特色"作为我们共同努力的目标。

我们这一代学者是生活在现代中国条件下的。现代中国从1949年开始,在全国范围内提倡学习贯彻马克思主义,固然在一个时期有教条主义的偏差,但在事实上这种倾向已经逐步得到克服的情况下,只要我们同样创造性地学习研究马克思主义哲学，我们过去所受的马克思主义哲学的教育，对于我们的专业工作来说，也是受益匪浅的。

对于开始研究哲学的朋友，我们经常建议他们重视学习研究德国古典哲学，如果这个建议有意义的话，就我们自身来说，也是得自学习马克思主义哲学。在全国学习马克思主义理论高潮中，我们这些做西方哲学研究工作的，自然就会重视作为马克思主义哲学来源的德国古典哲学。据我们的体会，我们这个重点的选择是有收益的。就西方哲学专业来说，我们以德国古典哲学的训练为基础，上溯至古代希腊，下达于当今"后现代"诸家，欧洲哲学的主线应是可以把握住的。这条"主线"，也是哲学思想"创造性"的主线，以此种精神和学养作为背景，来进行其他断代或学派的研究，在思路上应是比较通畅的。

这样，在现今世界讲"中国特色的哲学学术"，当包括了马克思主义哲学传承的训练在内。这也是我们这套书的作者们所要着重致力的地方。

所谓"创造性精神"，也就是"自由的精神"，哲学原本就是自由的学问。哲学里的"自由"当然不是随意地胡思乱想。事实上一些即兴的偶然灵感，往往并不是"创造性"的，常常是被他人已经"创造"过了的。有些貌似"创新-原创"的"突发奇想"，或者甚至是精心构造出来的"体系"，很可能是"拾人牙慧"，真的"古已有之"。"创造性"也有自己的"传承"，自己的"传统"，自己的"历史"；"创造性"的"历史"是一部"自由史"。哲学史也就是这种"自由史"的理论的表述。对于"创造-自由"的历史，我们也是要"学习-研究"的。"学习-研究"他人，特别是学习那些历史上的哲学大师们如何创造性-自由地思想，舍此之外，没有什么捷径可以使我们的思想成为真正"创造性"的。

因此，编写这部多卷本的《西方哲学史》，目的也在于把西方历史上那些载入史册的哲学大家们如何创造性-自由地"思想"哲学问题真正客观地介绍给大家,而要做到这一点,没有我们自身的创造性,是不可能的。只有"自由者"能够理解"自由"。

这个思路,也给我们这套书带来一些特点或问题。

读者或许会发现,我们的作品,各章各节的写作,都是独立研究的成果,因而很可能保持着独特的观点和风格,在相关的论述上会发现"不同",甚至"矛盾"。作为全书的编者来说,我们只要求一卷之内尽量避免矛盾的观点和论述,而不要求整套书贯彻同样的学术观点;就整套书来说,我们也只要求在编排形式上的统一,以便于读者阅读。

对于各执笔者,只要立论根据是经过认真研究,言之有据、言之成理的,我们都尊重作者的自由劳动,采取"文责自负"的办法向广大读者负责。

读者可以看出,我们是想尽力避免过去"集体写书"的一些毛病。

当然,这套书也还是有它的整体性的,除章节的安排是按照历史的、自然的联系外,我们作为主编者,还写了一卷"总论",给读者一个整体的观念,当然,也不过是"一家"之言而已。

这套书在诸位参加者通力合作下,近期内将陆续出版。在这里,我们对于他们的学术水平表示敬佩,也对他们在这项工作中表现的精诚合作表示感谢。当然,我们也要对我们院和所的领导给予本项目的资助和支持表示感谢。本书是中国社会科学院院重点项目之一。

我们尤其要感谢江苏人民出版社朋友们的大力支持。感谢他们对于我们这项难于投入市场的非产业性的工作给予了特别的关注。这些朋友们所表现出来的学术关怀和智慧,使我们深受鼓舞。

叶秀山　王树人
2003 年 8 月 21 日于北京

| 上篇　西方哲学观念之变迁 |

一　学习哲学的态度和途径

（一）哲学之用途

"哲学"通常认为起源于古代希腊，是欧洲的一门古老的学问。这样的共识，不等于否定古代其他民族也有"哲学"的问题。凡有人类的地方，多少都会有"哲学"的问题。"哲学"所提问题，乃是人类精神的自然的趋向，是人作为有限理智者在理性上所能提出的"终结-最终"问题，是人类精神力量的一种表现，是人人都具备的，只是表现的方式和执著的程度有所不同，所以叔本华曾经说，人是形而上学的动物，就是强调人类精神这种穷根究底、追根寻源的特点。

然而我们应该承认，在世界上众多的古代民族中，只有希腊人把这些哲学问题推向了"学问-学科"的层面，也就是说，由于古代希腊的智者们的努力，"哲学"成为一门"科学"。我们说"哲学"为一门"科学"意味着它不是"宗教"，也不是"艺术"，更不是日常的经验"技术"——不是处理日常事务的应变能力，在这些方面，"哲学家"有时显得很"笨拙"。古代希腊的哲学家被讽刺为"望天者"，他们只注意"天体"的运行，而没有注意眼前的道路，一脚掉进了泥坑里。讽刺哲学家的故事后来更是层出不穷。传说一位哲学家渡河，问船主懂不懂得哲学，听到否定的答复后，喟然叹曰，如不懂哲学，生活的意义去了一半。霎时间狂风大作，白浪滔天，船夫问哲学家会不会游泳，当听到否定的答复时，船主大呼，如果不会游泳，生命的意义就全部没有了。种种讽刺，无非说明"哲学"虽为"智慧"之学，而在实际的利害关头，哲学家往往并无"智慧"。

对此，我们只能以"大智若愚"来自我解嘲。我们说，日常所谓"智慧"乃是一些"小计谋"、"小聪明"，而"哲学"关心的是"大事情"，讲的是"大智慧"、"大聪明"。

就理性的智慧来说，一切从事专门的"科学"问题研究的人，都会在非其专门领域的"事情"上，显得有些"笨拙"，不那么"精明"，并不只是"哲学家"就会特别可笑些。

"智慧"的"大""小"之辨，使我们想起庄子的寓言。传本《庄子》开篇《逍遥游》用各种故事说明"大"和"小"的区别。最后一则，讲惠子讽刺庄子的话，"大而无用，众所同去也"，并以大树"樗"作比喻，这种树"不中绳墨"，连木匠都不会看它一眼，就像大众不会爱听某些哲学家的话一样。庄子也以寓言反驳道，狸猫倒是很小了，东蹿西跳，掉进了陷阱，"死于罔罟"；而大氂牛要它逮耗子固然不行，但是它也中不了机关，掉不进陷阱里，而那棵大树，因其大而无用，"不夭斤斧，物无害者"，你可以经常在大树底下乘凉，"逍遥乎寝卧其下"，"无所可用，安所困苦哉"。

大用解决大问题，小用解决小问题；大用持久，小用短暂。这是庄子要阐明的意思，这个意思，跟古代希腊对于哲学的态度，基本上是一致的。"哲学"好像一棵"大树"，在人的精神世界生根成长，因其"大"而不能、不必-更不舍得"用"，"大材"不能、不必-也不舍得"小用"。所谓"舍不得"，乃是"珍惜"它的"（大）用处"，不轻易用它。西方语言很难找到对应"舍得-舍不得"的语词，可用英文的"save"理解。"save"有"救"的意思，用在这里，也很恰当。"树"、"牛"因其"大"，而得"救"——庄子所谓的得（享）"大年"。

我们看到，"哲学"比起其他科学-学科来说，真可谓得（享）"大年"了。

当然，"科学"都具有跨越时间的特点，某种意义来说，"物理"、"化学"等学科，竟然可以是"永恒"的，不会有哪一天说"物理学-化学"这类科学"过时"了，但是"哲学"的情形又有不同。

科学在一般的意义上是持久的，而哲学在具体的意义上也是持久的。

大概我们可以合理地说，希腊欧几里得的《几何原本》作为一本书来说，主要只有"历史"的意义了，做科学史的会重视它，但没有人再从这本书开始学习平面几何学。但是柏拉图、亚里士多德的著作，我们就不能做这种论断。迄今为止没有人敢说他们的著作只有历史的意义，而没有理论的意义了，也就是说，没有人敢说学哲学的可以不必读他们的著作了。并不是说他们以后的大哲学家没有作出新贡献，恰恰相反，每一个称得上真正哲学家的，都是创造性的；也不是说后辈有些人修养高，特别谦虚，不忘前辈人的劳绩。不是的，我们看到后来许多的哲学家都在"批判"他们，有的态度还很激烈。然而，所有这一切，并不影响柏拉图-亚里士多德著作的"生命力"，它们继续"存活"，的确是"大命-大年"了。

"哲学"因其"无（小）用"而"命大"，得享"大年"。

为什么会出现这种情形？

（二）哲学作为"自由的知识"

"哲学"之所以有这样持久的意义，是因为在根子里它并不是一种实用的科学。从某种意义上来说，一切科学都是以不同的方式、在不同的层次上，为"实用"服务的，也正是在这个意义上，我们说，（一定的）科学（技术）是人类生存的必需。

那么，在"科学"方面，古代希腊人的贡献何在？

在人类历史上，古代希腊人使得一种科学性的思想方式得到了自觉的运用和发展。这种思想方式，并不完全受眼前的实用功利所支配，在形式上采取了客观的态度，使世界成为"对象"，对它进行观察、思考和研究。相对于那种狭隘的功利态度言，它是"自由"的态度，"静观-客观"的态度。在这种态度的自觉运用下，使得"科学-知识"成为不同于受制于眼下功利的"技术-知识"。在这个意义上，人类精神第一次摆脱了狭隘功利态度，成为"自由"的精神。

这种对待世界的客观自由态度，给人类带来的巨大利益，是有目共睹的。这种巨大利益，正说明了当精神摆脱了急功近利而得到"自由"发挥后，反而具有更为远大而深远的功利，舍"小利"而得"大利"。我们很有兴味地看到，庄子的思想，在欧洲的历史中得到了证实。

然则，这种自由的知识又意味着什么？

首先它在某种意义上印证了希腊一句谚语，叫做"悠闲出智慧"。关于"闲暇-悠闲"近世有许多的研究，从社会生产能力方面指出人们只有在一定丰富的物质生产条件下，才有"闲暇"去从事精神文化方面的活动。这当然是很正确的。就哲学来说，亚里士多德最早应用了这层意思，我们在他的《形而上学》里读到："最初人们之所以惊赞感觉上非同寻常的技艺，或许并非仅因其实用价值，而是因其有与众不同的智慧；随着此种技艺之积累，其中有的为适应需要（必须），有的则是适应休闲，而后者总是被认为在智慧上比前者要高，因为它不是为了有用。一旦这些技术充分发展，那些既非为了必需，又非为了愉快的知识就会出现，而此种知识首先会在人们有闲暇的地方出现。因此，关于数学的技艺，首先在埃及出现，因为那里的僧侣享有闲暇。"①

就"闲暇"对人们思想方式的意义来说，乃是提供了一种摆脱眼下实用功利、对世界作客观研究的可能条件，"闲暇"保障了人们的"自由"。当然，有了这种保障，并不是所有的人都拿来做科学的思考研究，也可以做艺术的创作，做体育的锻炼等等，也并不排除出现懒汉或精神不正常者。如何利用这种"闲暇"，自然也是有多种可能，而且当社会为了"保障"一部分人（往往是少部分人）的"闲暇"而"剥夺"另一部分人（往往是大多数人）的"闲暇"权时，双方都会受到"扭曲"。有"闲暇"的人因长期（有的是几代人）的懒散而成为白痴；有的则因过于胡思乱想而患上精神分裂，或孤独而精神郁悒，等等，这些都已成为小说家的素材。

而古代希腊是一个体魄健全的民族，他们把这种"闲暇"的自由用于哲学、数学、科学和文艺、体育。人们不仅仅为了划分地界而测量，人们也不仅仅为了调节而娱乐，"自由"的精神进入科学和艺术，改变了它们的性质、提高了它们的品位，使它们成为相对独立的精神文化部门。

正是在这种精神支配下，亚里士多德更说，"知识"源于"好奇"。他在《形而上学》里说："最初人们通过'好奇-惊赞'来做哲学。"②

---

① 亚里士多德：《形而上学》，981b。
② 亚里士多德：《形而上学》，982b。

亚里士多德这个意思现在容易仅从一般心理上来理解，这样就比较粗浅了。好像人这个动物常怀有一种"好奇心"，在这种心理的驱使下，人们对外部的世界进行探索，好像世界有许多秘密，要我们来揭秘，然后人们就从事科学的研究探索。这样来理解当然也并不错，只是嫌浅了些。这样浅显的意思，不待亚里士多德这样的智者来说。

其实，在古代希腊那个时代，"好奇"也是一种"奢侈"——有"闲暇"的人、配享"自由"的人才配享"好奇"。"好奇者"乃是"自由者"。当其时也，"好奇"就是"自由"。于是，"知识-智慧"源于"好奇"，就等于说，"知识-智慧"源于"自由"，这层意思，也就只有亚里士多德这样的人才有可能体会出来。在这层意义上，"好奇"就不仅仅是一般心理上的，而是哲学上的、精神层面上的意思了。

我们还可以追问下去，所谓"好奇-自由"的精神，还含有什么样的意思需要阐发出来？

我们前面说过，"闲暇-自由"乃是（暂时）摆脱眼下狭隘功利的一种精神状态，这种精神状态是"主动"的，不是"受动-被动"的，而"实用"、"功利"，则常常是"被动"的。

在古代，实用功利的被动性是很明显的，是人人都能感到的一种压力、一种"挑战"。人类为了生存，必须抵御自然的灾变，用各种技术避风雨、保温暖，寻觅或猎获各种食物以果腹，人们要利用、改造环境以适应自身的需要，而"需要"意味着"被动-被迫"，也意味着"匮乏"，满足需要即是填平"欲壑"，"空洞"填平了，融融自乐。

"自由"精神正是意味着摆脱了当下实用功利，则可以理解为一种"主动"的"好奇心"，尽管这种"好奇心"并不排除客观"对象"的诱发，因而并不完全排除感觉经验，如"印象"等心理过程。古代希腊哲人们建立的"知识学-智慧学"仍然具有感觉经验的因素，但却排除了"欲望-欲求"。

当然，"好奇心"也是一种"欲望-欲求"，"求知"也是"欲求"，也是出自一种"缺乏"——"缺乏""知识"；然而"求知"毕竟不是"谋利"，而且大多数情况也不是"曲线谋利"，并非为"学而优则仕"所驱使。对"知识"的"自由"态度，乃是"（求）知识"本来的目的。

"知识"一般情形下当然可以作为"工具"来使用，可以作为生存（谋生）的手段；然而"工具"有大有小，"自由"的"知识"在古代希腊是一种"大工具"，而不是"小工具"。

在这里，我们以什么标准来分"工具"的"大"、"小"？我们说，如果可以"增进"我们的"经验"，在实用功利上能够有所改进，那么我们就说它是"小工具"，有"小用处"；而如果是在精神上，在超越的意义上能"促进"人们的思考，提高人们的精神境界，而在适应环境上反倒并无什么直接的利益，那么我们就可以说，这种精神文化——包括纯粹意义上的哲学-艺术等，都是只有"大用处"，没有"小用处"，因而是"大工具"，而不是"小工具"。中国人常说"大器"、"大才-大材"，固然有一层褒贬的意思，如果说的是学理上的事，那么这里"大"和"小"，就是突出了哲学的意义，或许可以做"经验"和"超越"这样的形而上的理解。

日常经验中当然也有好奇心，只是这种好奇心常受物质欲求的驱使，最终注意的是与我们日常物质生活有关的问题，因而这种好奇心在某种意义上是"有限"的。而所谓"有限-受限制"，相对而言，也就"小"了，所以在这个意义上也可以说是"小好奇心"；而纯粹精神的"好奇心"乃是"大好奇心"，因为它不受物质的欲求所"限制"，乃是"无限"的"好奇心"，也就是"自由"的"好奇心"。

于是，我们看到，在日常生活意义上，在经验的意义上，我们并没有"权力"问"哲学"有什么"用处"这个问题。这就是说，在这个范围内问这个问题是"不合法-不合适"的：如果一定要问，我们只能回答，在这个范围内，"哲学"并没有什么"用处"——不管吃，不管喝，也不好玩，按亚里士多德的话，既非必需实用，也非使人"愉快"的。

然则，人们对"哲学"问题，有"大好奇心"。

哲学问题的追问，在人类文化历史上是一件"大事"——这是海德格尔说的那个"Ereignis"。海德格尔这个词，有多种翻译，我们在这里把它译成"大事"。这个词一般有"事件"的意思，相当于英文的"event"。但是德文还有更多的意思，我们在这里为强调与上述"大"相联系，理解为"大事"，但未将"eigen"的意思表达出来。我们不妨将经验事物的属性理解为事物的某些有用-实用方面,而谈到"大",就是完整的"事物""自己",在"物"在"我",都是"自己",以"自己"对"自己",各自都"自由",则不是实用功利关系网中的"环节"。

人为什么会有这种"大好奇心"?

"小好奇心"是"小事情"所"引起"的,那么"大好奇心"就应该是"大事情""引起"的。什么是"小事情"?按上述理路来说,举凡一切直接间接受实用功利制约的,被理解为"小事情"——并非说它不重要,恰恰相反,他们有时候比所谓的"大事情"更重要;只是在相对于"大好奇心"之"无限"而言,它是"小"的,而"大事情"并不受实用功利之左右和限制,这种"摆脱"实用功利的事物,乃是"自由"的事物,正是康德意义上的"物自身-事物自己"。凡对"事物自身"有"兴趣"的,乃是"大好奇心",这个"事物自身"也就是"大事情"。

从这个意义来看,"大好奇心"和"小好奇心"都是"被""吸引-引起"的,因而好像都是"被动"的,其实这两种"吸引-引起"之间却有着重大的区别。"小好奇心"为事物之有限属性所吸引,在感性的层面;"大好奇心"为"事物自身"之无限性所吸引,在理性的层面,是被"理性"自己"吸引"出来的。

按照康德的哲学,"物自身"不提供"直观形式",因而是纯粹理性的,对于我们的感觉经验来说,"事物自身"永远是一个"秘密"、一个"问题"。在这个意义上,"大好奇心"为"大事情"所"吸引",不是"被"一个具体事物所吸引,乃是被"问题"所吸引,而"问题"只能是由"理性"提出来的,于是在这个意义上,"大好奇心"为"大事情"所吸引,是为"理性"提出的"问题"所吸引,这样,就是"理性""自己""吸引""自己"。在这个意义上,我们看到,表面上看"大好奇心"是"被动"的,而实际上它却是"主动"的。"大好奇心"是"理性"自身提出的"问题-大事情"所"激发"出来的,因而是"理性"自己"激发-提出-涌现"出来的。于是,我们看到,所谓"大好奇心"乃是"自由理性"的"纯粹主动"。

从康德开始,这个"纯粹自由"的"理性",就已经不仅是"理论"的,而且是"实践"的。在康德的哲学里,"理论理性"固然是有其能动性的功能（Vermögen），但是仍没有完全摆脱"接受性"的限制，"理论理性"是"静观"的，它的"对象"是理性自己设定的"现象"，而不是"事物自身"；理性要完全摆脱"理论理性"的"接受性"，必须进入"实践"的领域。这个"实践"领域，不是"感性欲求"的领域，因为这个领域是比"理论理性"更为"低级"的"被动"领域；而康德的"实践理性"，不但要彻底摆脱这种"非理性"的"感性欲求"，而且是连"理论理性"的那种受制于自身建立的"对象"的被动性，都在"克服-摆脱"之列。这个更高层次的"主动"的"理性"，在康德是为"实践理性"，亦即"意志"。

"意志"在康德是"理性"的，因为它完全与"感觉经验""无关"，这就是康德的"意志-自由"的思想，亦即他的"道德动机"、"职责"、"德性-幸福"之二律背反等等道德哲学的理论基础。我们知道，康德的"实践理性"引向"宗教-基督教"，"基督教""信仰"在"实践理性"找到了"根据"。如果说"道德行为"乃是一种"绝对命令"——无条件地"令人"行动，那么，对于"天国（德性与幸福之和谐）"的"信仰"，就可以是"大好奇心"的一个表现。或者可以说，"信仰"与"知识"之不同，在于"知识""满足于""小好奇心"，而"信仰""满足于""大好奇心"。"信仰"乃是"超越"的"好奇心"的"满足"。

大千世界形形色色，充满了"奇异"，只有那"理论理性""管辖"的"领域"一切都是"合理"的，是可以"推论"的"必然"世界，无"奇异"可言。只要勤奋学习，没有不可解的"谜"。

然而人世沧桑，世界上许多事情是不可"推论"的；或者说，不是通过"推论"就可以"知道"的。康德在《实践理性批判》中揭示了"德性"和"幸福"的不可"推论"性，指出它们之间没有"因果"联系。世界上充满了"缺德有福"和"有德无福"的"荒诞"现象。这种"荒诞"，在现实的世界不可能得到完全"合理"的"解决"。这个"荒诞-奇异"的现象"引起"人们的"大好奇心"——而这种现象也是由于其"不合理"为"理性"本身提出的问题-疑问，而在康德看来，"宗教（基督教）"提供了一个"解决"的"样板-模式"。为"解决"这个问题——为"平息"这种"好奇"，"理性"必然要"设定"一个"德性"与"幸福"的关系"合理化"的"世界"，在这个世界里,"德性"与"幸福"有了"必然"的"推理"关系,由"德性"就可以"推论"出"幸福",反之亦然。我们看到,在这个世界里,"理论理性"和"实践理性"得到了"统一","理性"本身不再"分离"。这个(完全合理的)世界,康德说,就是基督教的"天国"。这就是说,只有这个(对)"天国"(的信仰)可以"满足-平息""理性"这种"大好奇心"。

"平息-满足""好奇心"乃是对"奇异"有一种"理解"。"好奇心"要求"理解",要弄懂为什么会如此,原本也是"理论性"的。"天国"的"设定"同样也是对于尘世间之一切"荒诞-奇异"的事情有了一个"理解":在尘世间,"幸福"和"德性"之间的关系是"偶然"的,而到了"天国",才会是"必然"的;而"天国"的设定,伴随着"全知-全能-全善"之"神"的设定,他老人家洞察秋毫、烛照万年,人世间时间绵延中种种磨难——包括种种不合理、荒诞之事,皆是回归"天国-神城"之种种"考验",这样尘世间那些"荒诞-奇异"之事,都在"天国-神"的光辉下变得"可以""理解"(也就可以"忍受")起来。

有了这种"信仰-信念",再来看我们生活的这个(尘)世界,它就会"开显-显现"出"另一种""样子"——即不同于"理论理性"面对的那个"经验(表象)世界-知识世界",这就是康德在《判断力批判》里所描述的"美-艺术世界"和"目的论世界"。我们在"艺术"和"目的"世界,看到"天国"的"投影",亦即在艺术和目的世界,我们看到了"最高-纯粹理性"的"例证"。于是,艺术和目的世界,处处体现出"神"的"踪迹"-"奇迹",大到天体之运行,小到花蕊之绽放,无不展现"巧夺天工","匠心独运",闪烁着"最高创造者-创世者"之"荣耀"。

然而哲学毕竟不是宗教,既不是宗教的"婢女",也不是宗教的"法官",但它却要将宗教在"理性"面前"审"出一个"理路"来。"哲学"以"理性"自身的方式"平息-满足-化解-消解"这种"大好奇心"。这就是后来从费希特经谢林到黑格尔完成的德国古典哲学的道路。这条道路,把哲学被康德偏离了的路线又拉回到希腊的传统上来,以"绝对理念"来"回答""大好奇心"所提出的问题。黑格尔以"思辨理性"为基础,将"理论理性"和"实践理性"统一起来,以"绝对精神"的王国作为"理性"的"家园"代替了基督教的

"天国";就历史的眼光来看,乃是把康德的《判断力批判》的问题"(思辨)理性"化,成为一个辩证的概念体系,使"哲学"又成为一门(不同于经验科学的)"科学-知识"。"哲学"成为"超越"的"科学体系"。这个"体系"就成为"现象学-开显学",成为"意义学-释意学-解释学"。

尽管"思辨理性"也有"静观"的局限,但是康德"自由意志"作为"实践理性"的"绝对能动性"问题仍"吸引着"哲学家的"大好奇心"而未被完全泯灭。黑格尔的"理性主义"被认为过于概念化,过于静观而不够"能动"。叔本华的哲学要把康德的"意志"论推进到"原创"的地位,使其不落入"理性"的概念体系,而康德划清了"实践理性"的"意志"和"感官欲求"的"需要"之间的界限,提供了叔本华"意志论"不同于一般的"心理欲望"的思想基础。这样,就出现了既非"理性"而又非感官欲望的"原始-原创"性的叔本华式的"意志论"。

在这里,和我们的论题有关的是叔本华这种"意志"之"摆脱"经验实用之功利性。"意志"而又"无(实用)功利",在经验世界乃是一个"矛盾";但是在哲学意义上,不但是有理路的,而且是重要的。叔本华的"意志"无关乎"小功利",而有"大功利"在。

在这里,又如何区分"大功利"和"小功利"?"小功利"为外界环境所支配,即使出自"内在""需要",也是为"物欲"所"驱使",饥餐渴饮,冬暖夏凉,诸如此类,人为物役。这种意志为"需要",在这种意志策动下的行动,是为了满足"需要",因为"匮缺"而"需要"行动。这种"意志"就被叫做为"饥饿的意志"或"意志的饥饿"——"意志的匮缺"或"匮缺的意志",实际上也就是"缺失的意志"或"意志的缺失",也就是"意志的(虚)无"和"(虚)无的意志"。

真正的"意志"不是"匮缺"而是"充溢"。这才是叔本华(以及尼采)所谓的"意志"。"匮缺"的行动是"被动";"充溢"的行动是"主动"。"匮缺"的行动表面上是"物"为"我"用,意志的目的是要外物适应我的需要,亦即"填补"我的"欲壑",而实际上却首先要"我"去"适应"外物的特性和规律,在这些"客观"的规律和特性面前,"我"的意志也是"被动"的、"接受性"的,而"外物"作为"客观对象"是"坚硬"的。这样,在某种意义上说，这种被动意志活动的结果，竟然会是"外物"把"自我""吸收"进去。在这种行动中，"自我-人"固然"改造"了"外物"，同时"外物"也"改造"了"自我-人"——"自我-人"成为"有知识-有技能"的"人"，亦即"科学的人"，而在某种意义上，成了"谨慎"的人，而不是"自由"的人。

"充溢"的意志，其行动纯粹出自"意志"之"主动性"，是希腊哲人说的"流射"、黑格尔说的"外化"，是"精神-意志""向外"之"开显"。"精神-意志"走出"自己"，与"外在"的"异己""交往"，固然要"知道-摸清"对方之"习性-特点"，但并不"失去""自己"，而是在与"异己"的"交往"中"保持"自己，"充实"自己，"发展"自己。"精神"不仅在"自己"中，不仅仅"自身""同一"，而且也还在"异己"中，使"异己"与"自己""同一"。也就是说，"精神"在"异己"中"见到""自己"。此其时也，"异己-外物-客体""开显-显现"出"不同于""外物-客体"作为"客观对象"的"意义"。

于是，我们看到，上个世纪以来最具影响力的"现象学"和"解释学"，在"充溢-主动"的理论中，得到了坚实的基础。"哲学"作为精神性科学，就表现为"现象学-解释（释意）学"。

从这里，我们看到，由叔本华、尼采所强调的"充溢"性"意志"固然对黑格尔哲学持强烈的反对态度，尤其是尼采，否定一切超越意义的存在，走的是另一条哲学道路，但是他们的问题仍在同一个哲学层面，他们的"自由意志"必须与日常意义下的"匮缺""意志"作原则区别。只是叔本华、尼采的"意志"并不是因为是"理性"的才是"自由"的，而恰恰因为是"非（不是）理性"的，所以是"自由"的。不过叔本华为求"解脱（这种意志）"，重新把"理性-理念（世界）"接纳进来，而尼采永远把"理性-理念"拒之门外，哲学的旨趣的确和黑格尔大不相同了。

就我们的论题来说，这种"充溢"的"意志"，无论是"理性"的，或是"非（不是）理性"的，作为"行动"的"动力"，乃是"纯粹主动"的，不是"迎接""外在-内在"的"欲求"的"挑战"，相反的是对内外"欲求"——"感性欲望-需要-匮缺"的"主动""挑战"，它是"挑战者-肇事者"而不是"应战者"，这样才是真正的"自由意志"。

在这个"主动"的意义下，"意志-理性-精神""主动"提出"问题"——

提出"疑问","主动"进行"探索"(行动),进行"思考"。哲学并非因为"匮缺-需要"而进行"思考-思想",乃是因为"哲学"本身就是"思考-思想"。"哲学之思"并非仅仅由一切"有限事物""引发"出来的,对于大千世界之具体研究,并不保证一定出现哲学思想。由"小好奇心"驱使的科学研究,需要一个"飞跃"才能进入"哲学"。"小好奇心"的日益膨胀以及经验科举知识的日积月累,也并不能保证一定绽放哲学之思。哲学之思需要的是"理性-精神"的"自我-自己""觉醒",亦即"理性-精神"之"自我意识"。在这个意义上,我们也可以说,"哲学""迎接""理性-精神"自身的"挑战"。大千世界的一切"挑战",比起"理性-精神"自身的"大挑战"来说,只能是"小挑战"。"哲学""迎接""自由"的"挑战"。"哲学"追求"自由"。

于是我们看到,"哲学"的精神,是一种"永远追求"的精神,即使当物质的生活需求满足以后,哲学仍然在"追求"什么;或者说,在一般情形下,只有当"匮缺"的"饥饿意志""填饱"了以后,真正的"哲学""追求"才开始,也就是真正的哲学的历史的开始,哲学自身历史的开始。

正由于哲学的追求,哲学的"大好奇心",并非由"有限世界"所"诱发",因而不是"被动"的,而是"理性-精神"之"主动"之行动,"理性-精神"对于眼下的世界,往往会表现为一种"否定"的态度。"理性"这种"否定"精神,意味着"理想"与"现实"的经久的"矛盾"——黑格尔的"绝对理念"永远对"现实世界"说"不"。

"理性"的"否定"精神在哲学意义上并非消极的,而是积极的,它引向更高的"肯定"。哲学追求的"理想性-理念"导向更高的"现实性"。

在哲学的视野中,世间一切都会、也都在"变","是"与"非"——"存在"与"非(不)存在"都在"流变"之中,在"时间"之中。这种实际的情况,为哲学的否定精神提供了根据。正是哲学的精神,在"存在-是"中看到"不存在-非",而在"不存在-非"中看到"存在-是"。

这种"超越-超然"的态度,中国传统叫做"居安思危"和"处变不惊"。这两句中国的老生常谈,体现出来的哲理,却是很深刻的。

身居太平盛世,享受安康,乃是很"自然"的事,然而沉湎于"安乐",却并非好事。就个人来说,"闲暇"多了,无所事事,常会"无事生非",不是闹事，就是生病；发生危机，遇到天灾人祸，呼天抢地，设法迎接挑战或躲避灾祸，也都是"自然"的事，然而陷于悲痛不能自拔，不能"节哀顺变"，然后尽力克服灾祸，不是精神崩溃，就是身体垮台。凡此种种，哲学都引导人们采取表面"相反"的态度，面对"现实"，看到事情的"另一面"，而不限于"片面"。

"哲学"这种与众（自然）不同的态度，在日常经验的层面来看，不仅不近人情，而且带有"玩世不恭"的意味；然而如果将实际之人情常态与哲学之睿智区分为不同的层面，不将人的精神世界定在单一的层面，则哲学这种"超然"态度，就不仅是应变处事的"常态"，而且是精神状态的一种"飞跃"和"升华"，对于世道人心，功莫大焉。

(三) 哲学与哲学史

学哲学必须要学习哲学史，这个意思大概不会有疑问，如果你说唯有通过学习哲学史才能学哲学，这层意思疑问就会多起来；因为学习别的科学，尤其是学自然科学，是不一定非学该部门的科学史不可的，更不是主要的学习途径。然而，我们要说，学哲学在这一点上很特别，非学哲学史不能真正把握哲学。在某种意义上说，哲学就是哲学史，反之亦然。

我们说"在某种意义上"，态度有所保留，以免陷于偏颇。这就是说，我们承认，做哲学史有两种做法，一种是"历史科学地"做，一种是"哲学地"做。学习的态度当然也随着可以分成两种，一种是"历史地"学，一种是"哲学地"学。这两种态度自然不是可以截然割裂开来的，但还是有所区别的。

一般说，"历史地"学属于"历史科学"范围。譬如在编写西方历史书时，为哲学思想的历史发展留有地位，也要研究它的思想发展线索，研究它的历史背景、社会作用，以及哲学家的生平事迹、社会活动等等，这一切当然很有意义，不但学历史的人需要知道，学哲学的人同样不应该忽略；然而这一切并不是"哲学史"的全部。哲学史的真正重点在于"理解"各种哲学思想的内在理路和各种哲学思想之间在理路上的关系，这本身也是一种哲学性-理论性的学习。

就哲学来说，所谓"理解"不仅在于"懂得"各种哲学思想之间的"因果"联系，找出某种思想的"原因"，就算"理解"了它，哲学思想的关系，并不是实际生活的"因果"关系。我们不能够从柏拉图的思想"推论"出亚里士多德的思想来，也就是说，我们不能说知道了柏拉图的思想根据"推论"就一定能知道亚里士多德的思想。我们还得从头学习亚里士多德的著作，才能懂得他的思想。我们这样说，也不是否认他们思想之间的"联系"，而只是说，思想之间的联系，不能以通常的"因果"关系来完全涵盖起来。

我们说，哲学思想之间的关系，与其说是"因果"关系，不如说是"贯通"的关系。"贯通"是指"理路"上的"贯彻（到底）-通行（无阻）"。

然而，理路上的贯通之所以不同于一般的"因果"关系，是因为各种称得上"哲学"的思想，具有不可替代的独创性，用哲学的术语来说，它们都是"第一因"，都是"创始者"。就一般的因果系列来说，哲学独创的思想，似乎找不到它的"原因"的；就经验的因果系列来看，它们似乎都是些独来独往的"天才"，其情形很像艺术作品之间的关系，而不太像传统的（自然）科学理论之间的关系。

康德在《判断力批判》里关于艺术有一个著名的思想，叫做"（艺术）天才为艺术立则"，这个意思引申开来，可以理解为从艺术来看艺术的历史，是一座座艺术（天才）作品的历史，是"艺术典范"的历史，"学习"艺术史，也就是"学习-欣赏"这一座座的"艺术丰碑"的"展示-展览"。

我们哲学的情形也是如此。从哲学来看所谓"哲学史"，主要也就是一部部哲学"著作"的历史，也就是这些"经典"的历史。学习"哲学"，也就是学习这些"经典"，而学习"哲学史"，同样也是学习这些"经典"。在这个意义上，学习"哲学"和学习"哲学史"，是完全一致的。

从一个方面来看，哲学史也有相当的"连续性"。这就是说，历史上各个哲学家的思想有自身的承续性，柏拉图接续苏格拉底，亚里士多德又接续柏拉图，代代相传，学有所师，思想理路自有传承。我们甚至可以把哲学史想象成是一个（长命的）人在一段一段的时间里"接着"想下去，后人接续前人，"不断地"做下去。在这个意义上，我们要理解亚里士多德的哲学必得了解柏拉图，而了解柏拉图又必得了解苏格拉底，以此类推，以至远古。当然，就其后世影响来说，也可以往下推，看看后人如何理解柏拉图，对于我们研究柏拉图，也是很重要的。譬如胡塞尔对柏拉图"理念论"在理论上的推进，就可以加深我们对于柏拉图的理解。柏拉图当年想说而因为种种原因尚未说出来的意思，后人说出来了，那么对于理解柏拉图的本来意思（如果承认有作者"原意"的话），当然也是很有价值的。从这层意义来说，学习哲学和哲学史要贯通古今，来来回回、反反复复地学，缺少应有的环节，就连贯不起来，则会影响理解的深度。

然而，哲学史不但是"连续"的，而且也是"断裂"的。这确实有些仿佛"艺术史"。"艺术"作品的历史发展，当然有其"连贯性"，但是每一个真正的艺术家又是独立的"个体"，是不可相互替代的。我们不会因为有了莎士比亚的作品就不再读古代希腊三大悲剧家和阿里斯多芬的喜剧作品；也不会因为有了程砚秋就不再看梅兰芳的京剧。艺术史上一切大艺术家的作品，都具有"不可替代性"。哲学作品亦复如是。我们不会因为有了黑格尔，就不再读亚里士多德的书，尽管他们都是"百科全书式"的哲学家。

哲学是"创造性"的学科，所谓"创造"，就不是"模仿"之作。在这个意义上，既不是"重复做"，也不是"接着做"，而是"从头做"。每一个真正的哲学家都是"开创者"，他的工作都是"从头"做起。"从头做"也就是"重新做"：表面上看是"重（复）"在做，实际上却是"新"的，是"创新"的"创造者"。

这样，任何称得上"大哲学家"的哲学工作，都有两方面的意义。一方面，他要把前人做过的工作，重（复）再做一（多）遍，就哲学工作来说，也就是说，他要把前人想过的问题再想一（多）遍，在这个意义上，也就是把哲学的历史内容，反复再思再想。于是，他的（思想）工作，也就蕴涵了（全部）哲学的历史发展。在这个意义上，我们说，"哲学性"的"思"，亦即"历史性"的"思"，而不是"抽象性"的"推论形式"。

另一方面，哲学家的工作都是"创新"的，"创造性"的。就哲学工作来说，你在"创造"，他也在"创造"，"哲学"本就在"创造"的层面。哲学家之所以读他人的"书"，因为这些"书"也是在"创造性"的层面，读这些"书"，是"寻求""创造"之"路"，通俗地来说，也就是向"他人""学习"

"创造"的"经验",学习这些大哲学家是如何进行创造性的工作(思想)的。在这个意义上,一部"哲学史"是一部"创造性的思想史"。

实际上,真正意义上的"历史",本就是"创造性"的,而不仅仅是"后人""继承-继续-模仿""前人"的工作,而是在"前人"的"基础-基地-平台"上"继续""创造"自己的事业,推动历史前进。这样的"历史",是"时间"的"历史",而不仅仅是"事实"(facts)之间的"因果"联系。在时间中,或在真正的历史意义上,同样的"原因",未必会有同样的"结果";因为在"理论上""相同"的,在"实际上"未必"相同",在时间中不会真正出现"相同"的东西,"时间"就是创新,为日新日日新,因而"时间"不可"重复",那些表面上"重复"的事件,实际都有新的因素,唯有"时间"不可完全"理论化-形式化-公式化"。这样,我们才可以说,哲学史上各个"哲学思想"之间的"关系",不能归结为"因果"关系,而是"创造性思想"之间的关系,不可重复-重演,不可逆转,也不可以完全"推论"出来。它们之间有一种"飞跃",对习惯于"线性"思想的人来说,有一种"断裂"。

"创造"即是"自由"。"创造"的"知识"是"自由"的"知识"。"哲学"这种"自由的知识"犹如"自由的""人"一样,每个"人"按本性皆为"自由"的。每个"人"都是"独立"的,不可替代的,而又在"关系"之中,相互"交往"。诸"哲学思想"之间的关系,犹如诸"自由者"之间的关系。

由于"哲学"的这样一种"双重性":"哲学"蕴涵了"历史性"而又有"独创性",遂使我们学哲学的也面临双重的任务。一方面,我们在任何一部大哲学家的主要著作中,看到全部哲学史的"缩影";另一方面,任何一位大哲学家的著作都不能代替其他哲学家的著作。"一滴水"可以见"天下",但不可"替代""天下",甚至不能"替代""另一滴水"。

"时间"原本就是这样"不断新进"地"绵延",世间万物原本也是"你中有我-我中有你",但"你"和"我"又不可替代,各有"个性",每个人都是"个体"(individuality)。作为"时间性-历史性"的学科的"哲学",亦复如是。

"哲学"作为"时间-历史"科学之"复杂性",给我们学习哲学的人带来一些特点。

"哲学"作为一门学科,它当然也有通常所谓"科学性"的一面,它是可以"传授"的，有一个通常意义上的"学习"过程，因而通常所要求的"教学"的程序，也还是有效的，是应该遵守的。但是"哲学"学科有本身的特点，它既不是"技术性"的，也不是"理论性"的。

学哲学不是学一门技术，学好数理化，走遍天下也不怕，哲学不同于数理化；哲学甚至不是通常意义上的"理论"。当然，我们常说"哲学理论"，但是这里的"理论"和数学的、物理的、生物的"理论"意义是有所区别的。说到"理论"，当然离不开"概念"的体系，但是通常意义上的"概念"和"哲学"里的"概念"是不尽相同的。

一般说，通常所谓"概念"是从"感觉经验"中"概括"出来的，或者通过"分析"，或者通过"综合-归纳"得出的。在语言符号中，有"能指"与"所指"的一一对应关系，而哲学的"概念-理念"，常常缺乏这种"对应"的关系，正如康德说的，哲学的"理念"，在经验世界中，并没有"相应"的"对象"。所以就传统来说，哲学固然采取理论的形态，但是却不仅仅是"理论"的，从而在这个意义上就不能说，学了一套"哲学理论"后，就可以"走遍天下"了。

西方的哲学，有一阵很标榜"体系"，有这个"主义"，那个"派"，有"经验主义、理性主义、理念论、唯意志论、新康德主义、新黑格尔主义、直觉主义"等等，后来又有"现象学（派）、解释学派、存在主义"一直到"后现代派"。情形也有点像"艺术"的"流派"差不多，有的或许就是从"艺术流派"那里借用来的，像"现代-后现代"等等不一而足。

"哲学"涉及问题方方面面，林林总总，大千世界作为"对象"，无所不问，无所不包。哲学家要说它，就不是一两句话可以说清楚，用几句诗，画几幅漫画，都意犹未尽，只有说上一大堆话，用一套一套的话来说自己的意思，尚可差强人意。话说多了，总有个轻重缓急、开头结尾，有个次序，于是"哲学"需要"体系"，一时间，"体系"似乎是"哲学"的唯一"存在方式"。有了"体系"，就容易分"流派"，你是这样说的，他是那样说的，形成了不同体系。一个"体系""跟随"的人多一点儿，就会形成"派别"。形成一个哲学"流派"的原因很多，诸如任课时间长，学生多，算是一个重要原因，自古就有明证。如今交往发达，媒体的宣传，也算一个原因，如此等等，当然主要还取决于"体系"本身的价值。当年黑格尔哲学在德国大学占统治地位,叔本华想动摇它,有点像"蚍蜉撼大树",垂头丧气。或许当时的学生尚不能领会叔本华"意志"与黑格尔"理念-精神"在学理上的区别,觉得叔本华的"体系",原也与黑格尔的有许多相似的地方。不过,曾几何时,黑格尔的哲学体系,居然成了众矢之的,甚至被宣告为"死狗","哲学"之"体系",也是历尽人世沧桑了。

"体系"时代终于被宣告"一去不复返",现在哲学的任务,就是要"解"传统的一切哲学体系,叫做"解构(学)"。

其实,"哲学体系"原本也不是"铁板一块",就连黑格尔那个庞大的"体系",原也不是"封闭"的。黑格尔的哲学是把诸种"矛盾"在自己的哲学体系中"暂时"找到一个"安身立命"的"位置"。他的"绝对理念"固然是"化解"各种矛盾的"大熔炉",但是"精神"自身的生命力和能动性,就不可能使这些根本的矛盾永久平息下去,人不能永远在"哲学"中"怡然自得",这一点倒是叔本华看得最清楚。他说"理念世界"对"意志"的"解脱"作用,只能是"暂时"的,而不是"永久"的。

实际上,即使是以黑格尔的哲学为例,我们也可以看到,任何的"哲学体系",任何"铜墙铁壁"式的"体系",都是会"自行解体"的;因为既为"体系",必蕴涵有"矛盾"。按康德的说法,这种植根于"理性"的"矛盾-二律背反",即使在指出了它的"虚幻"(Schein)性之后,仍不会匿迹的。在这个意义上,现在的"解构"学派,也还是在做着"助产婆"的工作,因为即使你不去"解"它,一切号称"哲学体系"的学说,都是会"自行解体"的。也就是说,这些"体系",都不是"封闭"的,而是"开放"的。

"哲学"作为"开放"的思想体系,"欢迎""他人"去"接续-批判-解体"它,"哲学"是"好客"的,他承认"另一个(体系-思想-哲学)"。这样,在"哲学"的"王国"里,并没有"至高无上"的"君主",大家全是"自由民-自由者"。在古代,柏拉图向往着"哲学王",然而既为"哲学",则凡哲学皆为"王",而"诸王"在一个领域(土)里亦争亦和,哲学之战,乃是诸王之战,而且是永久之战,因为原则上不能分"胜负"。如以"成王败寇"言,则哲学的领土上又没有真正意义上的"王",大家都是"王",只意味着"自主-

独立"，只是"自由者"。哲学是真正的"自由者"的"王国"。

"自由者"为"（唯）一"，也为"多"。哲学乃"多中之一"、"一中之多"。每一个哲学体系，都是"一"，是独特的，不可替代的，但世上有诸多的哲学体系，都是不可互相替代的。

就我们的论题来说，哲学固然有"一通百通"之妙，但无"以一当十"的捷径。我们并不能说，懂得了一种哲学体系，其他就可以不学了。应该说，只攻一家不及其他，或许这一家也未必能真"懂"了。

这是我们学哲学的一大难点。真正学通哲学，似乎非要"上下古今-左右逢源"不行；当然，学哲学有自己的方法，有自己的途径。如果要把几千年的哲学历史发展，在个人短短几十年生命里全都学一遍，显然是不可能的，真的那样要求起来，也就没有学哲学的了。我们还是有一些方法和途径，能够在不是太长的时间内把握哲学历史发展的脉络，使自己贯通于古今（中外）的哲学思想中。

这种"浓缩"的学习方法，并不是技术上（取巧）的"捷径"。我们的根据在于，我们并不要求完全掌握哲学历史发展的"事实-事件"——"（具体）思想-说法"也是一些"事实-事件"——而是要求在诸创造性"思想-理论"上的"贯通"，而只要我们用心学习和思考，贯通古今诸独创性的思想历程，是可能的，也是必须的。

我们说过，每一个大哲学家的基本著作，不仅是独创的，而且也是贯通的。"哲学"与"哲学史"不可分，意味着：每一部大著作，都既是"哲学"著作，同时也是"哲学史"著作。任何创造性的哲学书，都是一部"小"的哲学史书，是一部"独特"的"哲学史"。也就是说，任何基础性的哲学著作，本身是一个"全"，是一个思想的"全体"，是具有独特个性的"全"。一个"哲学"的"体系"，犹如一个活生生的人一样，他是一个"个体"，但他也在与"世界-他者"的交往之中，它在"过去-现在-未来"的流转之中，就这个意义说，他是一个"小""世界"。我们要了解这个"小世界"，不能脱离对"大世界"的了解，反之亦然。就哲学理路言，扎扎实实了解一个"小世界"，对于贯通理路，是关键的一步。

这就是说，我们学习哲学可以采取"一本书主义"，或以"一个哲学家"、

"一个哲学流派"为主,兼及其他。既然我们相信凡大哲学家的基本著作都是贯通历史的,则我们上述学习方法就不是一种不得已的"方便法门",而是学习哲学的"康庄大道"。

那么,哲学史上的著作浩如烟海,就是基本的、重要的著作也难以胜数。只要翻翻有关著作目录或参考书目,就可能让人望而却步。学习哲学从何入手,就需要引导。

实在说来,选择何种哲学著作入门,并无固定程序,应是因人而异的,甚至是随着人的兴趣而变化的;不过,就学习来说,学哲学和学习其他学科又有所不同。一般说,学一门科学,总要循序渐进,由浅入深,因而有一些"引论"、"导读"之类的教材是必须的;哲学当然也需要这类的教材读本,但是它们的重要性,相对于其他学科来说,比较弱一点。哲学的主要学习方式是研读经典原著,也就是说,哲学的经典原著是学习哲学的最好的教材。这就像研究"诗",没有任何"导读"可以替代你读屈原、杜甫、李白的诗作。辅助的材料,目的也是为了让你更好地读懂这些诗。哲学的情形亦复如是。

这就是说,我们并不能够再在哲学的经典原著中,排出一个"循序渐进"的次序,甚至并不能说,在时间上出现得早的一定要先读;或者说,哲学著作,越早就越好懂,柏拉图的《对话》就一定比康德的书好懂,因而就应该作为"入门"的书。"哲学"的"经典",既然是"自由的知识",具有"自由-独立"的"个性",那么在它们之间作出"选择",也是"自由"的,如同费希特说的,大半是由"个性"决定的,并没有什么"最后"的"理由"。

然而,哲学几千年的历史,作为一门学科-科学,它的主题和方式,也还有个"与时俱进"的过程,也还有个"自身""开显"的过程。

我们通常建议,学哲学的可以以18—19世纪的德国古典唯心论——我国习惯叫做"德国古典哲学"这一段作为入门的基础功夫。

学习哲学,从阅读经典原著开始,原则上从任何著作开始都是可以的,只是就哲学历史发展的实际情况看,我们建议从德国古典哲学入手。之所以有这个建议,乃是因为哲学发展到这个阶段,进入了一个更加专业化的阶段,它的问题、它的方法以及它的理论体系,都相当的成熟而清楚,便于更加直截了当地把握实质。对这个阶段的哲学下一番功夫,可以更加明晰地体会出哲学到底是一门什么学问，枝节性问题相对地少一些，实质性问题相对地突出一些。

出现这个情况的背景是相当复杂的，也是欧洲哲学史研究的专门问题。一般说来，可能和欧洲大学制度的确立，"哲学"作为一门独立学科与宗教神学相脱离等等情形，都有关系。到了 17 世纪，欧洲法国、英国以及德国的大学体制已经相当成熟。至 18 世纪，"哲学"作为一门学科，在大学中已有一定的地位，这对于"教授"哲学，促使"哲学"进一步专业化、系统化，对于梳理这门学科的理路是很有好处的。"哲学"从古代希腊开始，就是由苏格拉底与青年学子的"讲学-论道"以及后来柏拉图和亚里士多德的"学院"、"学园"逐渐"系统"化的。

当然，"哲学""进入课堂"，也带来诸多弊病，诸如脱离生活实际、躲进了象牙之塔等等，使得本来就相当"抽象"的"哲学"，变得"玄而又玄"。"书斋哲学"这种倾向，理所当然地受到了严厉的批评，当然不仅是形式问题，而且也是内容问题，涉及到立场、观点、方法问题，这是"哲学""专门化-专业化"之后，应该防止的一种不良倾向。

然而，并不是说"专门化-专业化"之后，就一定要脱离实际，关键还在于哲学思想本身的内容，是不是仅仅是抽象的形式，而缺乏现实的内容。

应该说，从康德到黑格尔这一条德国古典哲学路线，并非故意要"哲学"脱离实际，使之玄而又玄的，就其宗旨-原意来说，原是想把问题"明（朗化）"起来的，从康德到黑格尔走的是一条"开显"的路，是一条"现象学-显像学"的路，而不是相反。

德国古典哲学之所以会给人以"玄奥"之感，在理路上是因为它们要从"理念-精神"的角度"看""世界"，亦即"让""理念-精神""进入""世界"，这样问题就变得"复杂"而又"与众不同"起来。

与什么"众"不同？与"感觉-经验"之"众-杂多"不同。也就是说，德国古典哲学，并不是从"总结""（感觉）经验"出发，把"哲学""概括-抽象"出来，而是采取了相反的路线。从"感觉经验"概括-抽象出"理论-体系"这是"经验科学"的基本途径，而在那个时期的哲学看来，走这条路线，是"概括-抽象"不出"哲学"来的。

在德国古典哲学看来，"哲学"的问题涉及"经验之全体"，涉及"绝对"，涉及"无限",涉及"自由-自己",而经验中一切皆在"流变",存在和不(非)存在——有和无——是和非是同一的,经验中万物皆无(保持不住)"自己"。要求在"穷尽"一切"感觉经验""进入大全"之后再来做"哲学",那就不可能有"哲学",或者说,这样出来的"哲学"只是通过"想象""跳(跃)"出来的,没有"理路"上的根据,因而是"独断"的。德国古典哲学要走另一条路线,要从"绝对-大全-无限-理念-精神"的东西出发,"开显"出"感觉经验"的世界来。在这个意义上,"绝对精神"正是要从"(自己的)家园"里(或者可以理解为从"课堂"上)"走"出来,"开创""(自己的)世界",历尽千辛万苦,经过种种磨难,又"回到""自己"的"家园",于是这个"家园"也就有"整个世界"的意义。"哲学"作为"绝对精神"之"家园",包容了"整个(感觉经验)世界"的"意义"。

这是到黑格尔完全成熟了的德国古典哲学的思想之路,亦即"理性-精神"之路。它和英国的"感觉-经验"之路是逆向而行的。而经验主义之路如果径直往前,没有思想之"飞跃",则是一条"无家可归"的"不归"之路。

然而,"理性主义"这条思想道路,如果没有康德的奠基,也是不大好走的。

我们知道,他的《纯粹理性批判》的主要工作,就是他所谓的"哥白尼式的革命",就我们现在的论题来说,就是要在"(理论)知识"的范围内走从"理性"到"经验"的路线。

哲学知识论曾是经验主义的天下,近代从培根以来,知识的积累犹如蜜蜂采花酿蜜,从感觉印象开始,逐步升级,直至科学理论的体系。而知识是否正确,要看其是否"符合"所涉"对象"。然而,正是在这个问题上,"知识"无法证明自己与"对象"的关系有普遍的必然性,因而也就无权宣布自己为"真理"。由于从理路上论证知识论的经验主义路线遇到难以克服的困难,遂出现了形形色色的怀疑主义,休谟是他们的最大的代表人物。为反驳怀疑主义,为维护科学的真理性,康德首先在知识论的范围企图走出一条理性主义路线来;而就这个领域来看,康德尚属初创阶段,有不少折衷的地方。通常所谓康德的二元论,就是通向理性主义的过渡环节。

康德首先把知识的内容和理性的形式分别开来处理。他说知识的内容来源于经验，而形式则是不依赖于经验的，是"先天的"（a priori），亦即是"逻辑"的，而所谓"逻辑"，亦即"推理"的"规则"。这就是说，"推理"这些"规则"——"理性"的"原则"，是"不依赖于经验"的，亦即不是"从经验中概括"出来的，而是"理性"自身所固有的。我们并不能够说清楚，到底需要多少次的"经验"，就会"概括-总结"出这些"规则-原理"来，就像蜜蜂采花那样，到底需要多少的"花蕊"、需要多长的时间等等"条件"，才有"蜜"出来。"理性"不是"感觉经验"的"蜜"。

这样，康德就把由经验上升为理性的向上的路堵死了。

当然，康德并不是否定科学研究中"总结经验"、"概括-提升"的意义，而只是指出，在知识的基础处，存在着两个来源，并非全部来自感觉经验。在这个意义上，我们也可以体会出，康德的"知识论"，并非一般的"科学通论"，而是"哲学知识论"，走的是从"先天"、"直观"和"范畴"出发，"构建"（Konstitution）的"自上而下"的路线。康德的哲学知识论，并不排除经验科学去从事"总结经验"、"概括理论"的工作，恰恰相反，他的知识论正是要为这种经验工作，找出"根据"，证明它并非像怀疑主义那样悲观地认为一切皆为"习俗"，世上并无必然之理——真理。康德指出，只要坚持"理性"在经验世界的合法权益，即坚持他的"原则-原理"在经验世界"构建"自己的理论性科学知识体系，就有权说是普遍必然的；而这种普遍必然的理论知识，又不会妨碍经验知识不断去追求新的进展，以便经验的不断变化和积累。

康德在《纯粹理性批判》里为"理性""规定"的任务就只是在于"理论"方面，证明"理性"的诸"范畴"之必然性，是"合法"的，而严格防止"理性"在知识领域的"僭越"，即"理性"、"理论知识"，不能进入"事物自身-物自身"。关于"实际-事物自身"的知识，还得靠经验的日积月累，而这个"无限（过程）"是"理论知识"不可能"认知"的，对于知识来说，只是一个"理想-理念"。

"知识"领域，是"理性"遇到"异己-非理性-经验"的世界。在这个知识的世界，"理性"有"建构"的功能，而"理性""建构"出来的，当然就不是这个世界的"本来面貌-事物自身"，而只是一个"表象"的世界。于是我们看到，这个"表象世界"是"理性"自己"建立"起来的，但也不就是"理性"本身,它是可以"直观"的,是"时空"的世界,而不仅是"理性"的"形式"。于是,康德这层意思就已经蕴涵了费希特"理性-自我""建立""经验-非我"的意思在内,只是康德还没有把它清楚地阐发出来。

康德"知识论"的一个基本命题就是"经验"可能的条件,也就是"经验对象"的可能条件,而这些条件就是"先天的直观形式——时间和空间"。"时空"是"理性"的形式,不是从"经验"里概括-抽象-总结出来的。于是,把康德这个意思进一步发挥,就可以说,"非经验-理性"是"经验(对象)"的"条件",也就是说"理性"为"非(不是)理性(对象)"的"条件"。在这个意义上,"理性""建立-建构"了"非理性(对象)",于是,费希特可以说"自我-理性""建立-建构"了"非我"。"A"与"非A"原本是"同一"的。在这里,"经验对象"、"非我"、"非A"都是"事物"向我们"开显-显现"的"现象",而这个"现象"作为"对象",原本是"理性"自己建立-建构的。只是,费希特说,这种"开显-显现"出来的正是"事物自身",除此之外,并没有一个"不可知"的"本体";而康德则认为,就知识作为理论性而言,"本体-事物自身"是永不开显的,因而我们永不可"认知""物自身"。

我们看到,这里的分歧在于康德对"知识"(Wissenschaft - science)做了严格的限制,它只是指"理论性"的。康德的意思是说,我们"在理论上",即以"时空(作为直观形式)"、"范畴(作为逻辑形式)"的"经验知识",永无把握"事物自身-本体"之日,而并不是说,"本体"在"虚无缥缈"中。

我们知道,康德除了《纯粹理性批判》外,尚有《实践理性批判》和《判断力批判》,形成他的哲学的完整系统——当然他还有许多其他重要著作。

在这三个"批判"中,人们给予《纯粹理性批判》以主要的注意力,这是很正确的。可以说,第一批判乃是康德哲学的基础,但是并不是说其他两个"批判"就只有附带的作用,更不是它们只对"伦理学"和"美学"有意义。康德"三大批判"乃是一个完整的哲学体系,在这里蕴涵着费希特、谢林、黑格尔,以及后来欧洲哲学现象学思想的萌芽。

在《纯粹理性批判》的"辩证"部分,康德已经指出,"概念"只有依靠"直观"才能有"知识",没有"直观"的"概念"要"建构"成"知识",因其只有"幻象"(Schein)而不可避免产生"矛盾",处理"矛盾"的"辩证法"，是"幻象的逻辑"。这就意味着，他的《实践理性批判》所研究的"意志"，乃是绝对没有"直观"的，它作为"理性"（而不像叔本华、尼采那样为"非理性"），就"知识"来看，只能是"形式"，而它的"内容"没有任何"接受性"，完全是"自己""创造"的。"意志"不是"建立-建构"（constitute）世界，而是"创造"（create）世界。"意志"的"创造"完全不"顾及-迁就-考虑""经验世界"的"规则"，"道德"与"知识"无关。

于是，我们看到，"道德"和"知识"这两个世界，并没有任何"原理"使它们"一致"起来，"矛盾"是不可避免的，亦即并没有理路保证它们之间的一致性，因而它们之间的"和谐一致"，反倒是"稀有"的，"偶然"的。

然而，有理性的人并不因此而"泄气"，也不因此而鼓励为非作歹和肆无忌惮，理性还是孜孜不倦地劝人修善积德，其理由就在于"实践理性"通向一个"理性"与"感性""绝对和谐"一致的世界——基督教的"天国"。在这个世界里，凡是"合理的"，都是"现实的"。这个世界对于我们有限理智的人类来说，是一个可望不可即的"理想-理念"，是一个"信念-信仰"，而这个"信仰"不是"迷信"，不是"盲目"的，它恰恰是"理性"的一种"必然的""设定-悬设"。也就是说，这种"信仰"有"理性"作为"根据"，是"有理路的"，"合理的"。

康德的哲学并没有"止于""实践理性"，他在写《实践理性批判》时，已经孕育着《判断力批判》的思想。康德在经历了"知识"、"道德"的历程以后，在他面前的这个世界，展现了不同的风貌，呈现了另一种"意义"。"天国"并不真的"远在天边"，而就在我们的"生活的世界"之中。我们"眼前"这个世界，对我们展现了"美"和"合目的性"，亦即"意志"与"知识"的和谐统一，理想和现实的和谐统一，犹如一个"天国"的"影子"。

康德为什么为他的"第三批判"起了一个怪怪的名字，叫"判断力批判"？原来他是想说明，在"美"和"目的"的世界，并不是完全像"理论-知识"的世界那样要从感觉世界"接受"些什么，要"理论""符合""（个别）对象"，才算得到"真理"；也不完全像"实践-道德"世界那样只问"普遍的道德律令（动机）"，而不问"具体实际的结果"。在"美"和"目的"世界里，要为"理性"的"普遍原则""找出-寻求""具体个别"的"例证"，看其"符合"与否。于是，这是一个"判断"（是否合目的）的问题，一个"鉴赏"（是否美）的问题。

在这个意义上，我们的"美"和"目的"的观念，不是从"总结经验"里得出来的，而是从我们自身的"理性"中生发出来的。关于"艺术"和"美"，并非纯粹"感觉"的"快感"，而是我们"看到-发现"具体个别的"感性（形象）"和我们的"理性-理念""吻合-符合"，由此来的"愉快"。这里我们走的是一条"向下的路"。在这条路上，我们的"愉快"就是"美"的，是"鉴赏-欣赏"一切"艺术品"所共有的"愉快"。①

这也就是黑格尔后来说的"美是理性的感性显现"这句话的哲学含义。

这样，我们在康德的最后一个"批判"——《判断力批判》里，清楚地看到了一条"向下"的路线，从费希特到黑格尔，在这条路上；黑格尔以后，胡塞尔的现象学，以及海德格尔的"存在论"，也走在这条路上。

欧洲的"哲学"曾经作过很多的探索，古代希腊人曾相信"向下"和"向上"是"同一条路"（赫拉克利特），经过康德的"专业化"，变得更加清楚明白起来。"哲学"更加"开显"了自己。原来，正如海德格尔说的，古代希腊的"自然"（physis），不仅有"生长"的意思，而且有"开显"的意思，"自然-存在-在-有（物混成）""在""开显"的"路上"，亦即他的"存在"就"是（在）""时间（中）"——"开显""自己"，或者如同我们经常说的，由"混沌"到"有序"。

在这个意义上，康德的哲学岂不是一部"欧洲哲学史"的"缩影"？它"浓缩"了"过去"，"孕育"着"未来"。抓住这样一个"现时"，也就是抓住了"关键"。

---

① 这里，我们可以看到，为什么康德在《纯粹理性批判》里否定了对"情感"（Aesthetik）的"批判-审定"，到了《判断力批判》里，却改变了态度。理由在于，前者说的是限于"感觉"的，而后者则是由"理性"到"感性"的。

二 西方哲学之本源——哲学作为一门科学

(一) 哲学之觉醒

我们说过,哲学作为一门学科起源于欧洲古代希腊。我们虽然不能断定世界上一切民族都有自己的哲学,但是我们至少可以说,凡比较大的民族都有各自的哲学。按照学者们对于世界各大文明系统的分类,东方-中国的文明当有自己的哲学,这一点自不成问题,尽管它们的形态不同,但是其问题是相通的。

如何理解作为一门学问的哲学,它研究什么课题,这是讨论哲学遇到的基本问题。哲学从其诞生起已历经数千年历史,但是人们还总是要回到这个基础性的问题[①],足见它的重要性和复杂性。我们甚至可以说,不仅哲学的历史发展,就是整个人类的文明的历史发展也都和这个基本问题密切相关。在一部著作的开始就来讨论这个问题,会有许多的困难;因为我们所涉及的观点,要在以后的历史发展中才能逐渐明朗起来。

不过人们或许有一种"共识":事物的"开端",常常也是事物的"本质"所在。这是古代希腊人的观念,也是近代黑格尔的观念:最原始的,也是最本质的,历史的发展只是使这个"原始"的"本质""开显"出来,或"丰富"

[①] 1991年《反欧底普斯》作者德勒兹(Gilles Deleuze)和加塔里(Felix Guattari)发表的《什么是哲学?》(*Qu'estce que la philosophie ?*)并非一本通俗教材,而是有独创思想的专著。在这本书的最后,作者提出"混沌基质"(chaoide),尚需进一步研究。本篇以后还有所讨论。

起来。我们暂时搁置这个问题的合理性的探讨,就我们的理论研究来说,这个观念提供了从纷繁的开显出来的现象中把握本质的可能性,而把理论的研究和历史的回溯结合起来。我们将在"原始"处揭示"本质";在"本质"处,见到"根源"。

我们要提出的一个中心观念是哲学作为一门学问探讨的乃是"混沌-崩裂"和"和谐-宇宙"的关系。我们以这条线索来贯穿我们对哲学历史发展的观念,并以此来统摄传统哲学的其他范畴。

"混沌-崩裂"是一个很古老的观念,为许多民族的先民所共有。

按照古代希腊赫西俄的《神谱》,"混沌"是"最初""产生"的①,这就是说,"现实世界""最初"是一片"混沌","天地万物"皆未"分开"。于是,"世界""最初"的"问题",乃是"合"和"分"的问题。"合"是"混沌","分"则为"万物"。

什么叫"合"?"合"是"综合",是"混在一起",古人用"团"、"块"等来形容它,实际上"合"为"不可分",这样就不是普通的概念,而是哲学范畴,古代希腊原子论者的哲学观念。"原子"亦即"不可分"(atom),而这个观念又可以一直追溯到更早伊奥尼亚学派阿那萨曼德的"apeiron"(无形、无边界),用一个否定词来说它,表明正面说它不很容易。

从正面来说"不可分"乃是"一"。古人想象,"团"和"块"分到最后剩下了"一",就不可再分了。苏格拉底利用这个观念来论证"灵魂不灭"。因为凡是会"分解"的,才会"灭",凡物质都是"多",所以都会"分解",都会"灭",但"灵魂"为"(单)一",不可分解,所以也不灭。原子论者说,物质也是"一",现实世界"有""不可分者"——"原子",亦即"原始、本源"的"子(儿)"。"原子"为"一"。

原子论者说,凡可分解的全有"缝隙","原子"之所"不可分",是因为它"没有缝隙"。不但原子没有,泰利斯的"水"没有,巴门尼德的"存在"也没有。一言以蔽之,古代希腊早期的一切"始基"(arche),皆为"单一体"

---

① 参见康福德(F.M.Cornford)《从宗教到哲学》(*From Religion to Philosophy*, Harper Torchbook, New York, 1957),第66页。康福德此处强调"chaos"作"大裂口"讲,实际上,"混沌"和"裂口"可结合起来讲,都是指天地将分之际。

而"不可分"。

于是,我们也可以说,古代希腊早期哲学所寻求的竟然是那"不可分解"的"混沌"。"混沌"为万物的"始基",无论"水"、"气",以及"apeiron"和"存在"、"种子"、"原子"等等。"万物"皆可分解,皆"有灭",只有"始基"不分解、"不灭"。这就是说,"混沌"为"一",不可分解,"混沌""不灭","混沌""永恒"。

关于"混沌"的观念,古代哲人凭着想象来理解它,因为它是"apeiron",原本是无形、无状,为"不可视见"。所谓"水"、"气"之类,不见得为实指,而是一种"属性特征"的说法。在这个意义上,我们也可以说,"混沌"乃是"可思想"、"可感悟",而"不可确知"的东西,很有点像中国古代老子书里说的"惚兮恍兮"样子,也有点像后来康德在哲学理论上指出的"物自体——物的本来(原来-本源)",可思而不可知。

从常识来说,"混在一起"的东西如何认识的确是个问题,必须将它"理析出"一个头绪来,将其"分析"出来,才能一一认知。在这个意义上,所谓"知识"的第一步要求,就是"分析"。康德的"知识论"固然建立在"先天综合"的基础上,然而他的"综合"正是感觉经验提供的,这些感觉经验是"杂乱无章"的,因而是"混沌"的,必须经过"先天规则"的"整理",才能成为"科学-经验知识"。这些"先天规则"首先要使"感觉经验材料""分别"出来,使之"条理化",才能成为具有普遍性、必然性的"理论知识"。

或许在康德这个意义上,我们可以说,虽然"混沌""不可分",即没有什么物质的力量能使它"分开";但是"不依赖感觉经验"的"精神-思想"却有"能力"使它"开显"出来。

于是,我们也许可以进一步说,自从世界上有了"人"——"能思想、具有精神力量"的"物种"后,"世界"就向"人""显现"出"另一种""样子"。"混沌"被"开显"出来。"混沌"(向人)"开显"为"宇宙-秩序"。这似乎正是现代现象学所说的一条思路。

这样说来,"人"是"混沌""开显"的关键。

中国古代有一个传说,记载在《庄子》的《应帝王》篇中。故事说,南海和北海的帝在中央之帝叫"浑(混)沌"的那里相遇,"浑沌"待他们很友善,他们商量如何回报他。他们寻思，"人皆有七窍，以视听食息，此独无有，尝试凿之"。于是，"日凿一窍，七日而浑沌死。"庄子这个寓言意在强调"顺其自然"的帝王之术，然则"浑沌"本不能"开窍"，"开了窍"就不是"浑沌"，"浑沌"为"合-混"而不是"分-开"这一意思当是自明的。

不过，这里按我们的意思可以发挥为："人"正是那"开了窍"的"浑沌"，它走出了"浑沌"，不再是"浑沌"，成了"人"。"浑沌"死了，"人"生了。

"人"之"七窍"为"感觉材料"之"入口处"，但是就其原始意义言，乃与"心-智"相通，而作为物质材料之感觉材料之观念，乃是我们经过科学研究之后获得的。原始的"视"，其对象是"人"、"手"、"足"、"刀"、"尺"，而不是"光波"、"光谱"和"射线"之类；原始的"听"，"听"到的是"风声鹤唳"、"吴侬细语"，而不是"音频"。

于是，在中国人的用语中，"开窍"就是"开心智"。没有"窍"，"心智"是内在的，有了"窍"，"开了窍"，"心智"就有了"内容"，就有了它的"世界"，"窍""开了"，"世界"也就"开显"了。"人""有"一个"世界"。

"混沌""开"了，"本质"和"现象"也就"开"了。"本质""开显"为"现象"。而"本质"和"现象"则是欧洲哲学传统最为核心的问题。"现象"为大千世界，"本质"则是这个世界的基础。"现象"为"变化万千"，"本质"则"寂然不动"；"现象""不断分化"，"本质"则"不可分割"。"本质"乃是"混沌"，或者说，"尚未""分出""什么"的"存在"，即"什么"也不是的"是"。"是"则"是"矣，尚未为"什么"。

从"混沌"角度理解哲学传统的"本质"，既有传统的因素，又有现代科学和哲学的启示。

什么叫"混沌"，什么叫"不可分割"？"混沌"之所以"不可分割"并不是因为它"没有缝隙"（古代原子论），"没有窗户"（近代单子论），而在于它是我中有你、你中有我，互相纠葛，不是事实上"不可分"，而是"分"了就不是"它"了。"分"，不是"数（量）"的，而是"(性)质"的。一堆乱柴，可以"分"开，仍然是"柴"，甚至一堆乱麻，仍然可以理顺，理顺之后，不失其为"麻"。一个"活人"则"不可分割"，"生命""不可分割"。硬要"分割"，则"性质"就会起变化。

扩大开来，凡不可量化的都不可分割。我们可以把杯子打碎，但是作为本质概念的"杯子"，不可分割。碎玻璃不是"杯子"。一切"概念"都不可分割，"概念"为"一"，"数"分至"一"，不可再分，"概念"不允许有"半"个。此时的"一"，不再是"数"，而是"质"，为一"（单）元(unit)"。"本质"为"一"。

此时的"概念"为"一"、"混沌"。"混沌"因其"未分"而"浑然一体"，就其为"概念"言，是"抽象"的，"形式"的，尚无"内容"，或谓将一切内容"混"为一体，是为"本体"。

"混"则"乱"，"乱"则"动"，"动"则"开"。"混沌""开显""自己"，成为"世界"。"抽象概念""开显"为"具体共相"，"形式""发展"为"内容"。这是黑格尔的思路。

如果像黑格尔那样将"起始"只理解为"抽象概念"，"概念"既为理智的，那么此种概念又如何"动"得起来？于是，黑格尔把"起始"理解为"精神"(Geist)，"精神"为"生命"。"生命"当然"生生不息"，而"生命"之"始"，乃是"一（片）""混沌"。

"生命（精神）"和"理智"的区别，古已有之。古代希腊早期讲"psyche"（灵魂），到阿纳克萨哥拉，强调"nous"（理智），苏格拉底以为可以解决问题了。"生命-灵魂"是活动型的，而"理智"则是静观的。黑格尔使"理智"也要具有"生命活动"的特点，成为"精神"。要使"理智"自身也动起来，只有使它具有"矛盾"。有了"矛盾"，就有了变化发展，因此黑格尔的"理智"，就成了"思辨的"（spekulativ），使"镜像-静观"和"抽象-概念""结合"在一起，是为"具体共相"，这样的"理念"，就是自身"能动"的了。

"不同性质"的东西"混合-结合"为"一"，乃是一"混沌"。"混沌"不是"铁板一块"，"混"为"乱"，"乱"则"动"。所以"混沌"是亚里士多德说的那个"纯粹的动"，这是哲学的"第一原则"。

"混沌""动乱"，开显一个世界，开显一个"宇宙"。

"宇宙"在古代希腊是cosmos，原是"和谐"的意思。这就是说，"混沌-动乱"开出的是自己的"反面"，即费希特说的，"A"不等于"非A"，但

"非A"来自"A"。"宇宙-和谐"不等于"混沌-动乱",但是来自"混沌-动乱"。天下"大乱"而后"大治"。从现代科学眼光来看,如何由"混沌"开出"有序",普里戈金的著作有很好的阐述,他努力找出从热耗散-熵增加中产生自组织这种过渡可能性的工作,对于哲学也是很有意义的。①

"宇宙-和谐"是"混沌-动乱"向"理智者-人"开出来的现象世界,这个世界是人可以认知,可以把握的,是合规则的。现象界是"人的世界"。于是"混沌-动乱"开出了一个"人的世界"。此后,"探索""宇宙"的"秘密",就成为人的理智的崇高使命,"和谐-规则-合理"也就成了人类理智向往的目标。对于"理智者-人"来说,凡是"合理的",就是"有意义的"。

亚里士多德说,智慧起于"好奇",其意思不是对于大千世界的纷繁复杂产生"好奇心",而是对于这样纷繁复杂的世界居然运行不悖,有条不紊,一个个的个体原该各行其是,但却形成了一个和谐整体,实在是很奇怪的。最明显的和谐现象,莫过于"天体",于是古代的哲学家,往往成了"望天者"。他们对于天上日月星辰如此有序运行,周而复始,感到非要弄清其中道理不可。在这种"好奇心"驱使下,连认为"一切皆流变"的赫拉克利特也需要在变中寻求一个"度-Logos"来。

逻各斯的问题,是要找出世界之所以成为宇宙-有序和谐的"根据"。

在希腊人看来,既然世界向"人"显示了一个和谐-宇宙,这个有序的"根据"就应与"人"有关。"人"的"理智"使"世界"成为"有序"。"理智"为"思想",而"思想"有不依赖于感觉经验的"条理性"。"有序的宇宙"是"可以证明"的,是可以"推论"的。

于是,在古代希腊人看来,"感觉"是"混乱"的,不可预测、不可推论的,而"理智"才是可靠的,坚实的。这种倾向,明显地表现在"芝诺悖论"中:虽然感觉上共同承认运动的实在性,但是在理智上却是无法"证明"的,因而,只是感觉上的一个"幻觉"。

"证明"(demonstration)曾是哲学的最高的方法,这种方法显然在古代"几何学"中找到了自己的范式。

---

① 普里戈金、斯唐热:《从混沌到有序——人与自然的新对话》,曾庆宏、沈小峰译,上海人民出版社,1987。

古代希腊人认为，感觉提供的材料变幻无常，要经过理智的规范，使之成为"可理解的""现象"，才是"合理的"、"宜人的"，才是"有意义的"。"人是万物的尺度"，"人"根据自己的理智，合理地"管理"这个"现象界"。

感觉材料被认为是"需要管理"的，管理感觉的机能为"理性-理智"。按照后来康德的说法，感觉材料要进入"理性-理智的王国"必须经过"时空"、"范畴"的检验和规整，原则上不接受这些"时空"、"范畴"整理的"物自身"，不是经验科学知识的对象，是"不可知"的。"不可知"为"不可理解"，"不可（整）理"，对于科学知识来说，是"荒诞"的。"荒诞"为"无序"，因而康德意义上的"物自体"为一"混沌"。"物自体-感觉材料自己"乃是"混沌"，它不进入科学知识-理智的世界，因而不是"理智者-人"所能够"把握"的世界。

"物自体"不是这种意义上"人"的世界，而是"神（圣）"的世界。"现象（界）"和"本体（界）"的区别，乃是"人""神"之间的区别，乃是"人性"和"神（圣）性"之间的区别，这个思路，是从柏拉图一直到德国古典哲学贯穿下来的。柏拉图的"理念"，亚里士多德的"存在"，直到康德-费希特-谢林-黑格尔的"绝对理性"，走的都是这条路线。

只是在"前苏格拉底"时期，对于那个不合理、带有神秘性的"本体-混沌"，不像柏拉图、亚里士多德那样有一个明确的哲学"理念论"和"存在论"来统摄起来，成为一门"神圣的学问"（theology）（亚里士多德）。在经验科学之外、之上的"混沌"既然要有一门"学问"管起来，则非"哲学"不可；而"混沌"之所以能够被"理解"，则需要"高于"一般经验科学的"理智-理性"，这大概就是亚里士多德把"第一哲学"称作"神（圣）学"的根据所在。

"理解"那一般经验科学"不可理解"的东西（"混沌"），使"哲学"从它的诞生时代起，就带有"科学"的色彩，因此科学的"证明论"在很长时期内支配着哲学的形式。长期以来，哲学力图"证明""始基"、"本体"、"理念"、"存在"等等，甚至要"证明""神"的"存在"。

哲学以经验科学的方式"证明-论证-理解""混沌"，同时也就"掩盖"了问题所在，或者"转移"了问题所在：常常把"混沌"当作"另一类""有序-宇宙"来对待。

哲学不满足于"现象界",而要进一步探求现象的"根据"——探求现象之所以有序——成为宇宙的"理由",为"现象"找"根据"成了哲学的首要任务。然则,哲学常常把这个"根据"和"理由"理解为更高一层的"有序",一种"纯形式"——"无关乎感觉经验"的"有序"。于是,就西方哲学的主流来看,它基本上走了一条"先验-超越"的道路。正如胡塞尔在一个多世纪以前说的,欧洲哲学的问题,归根结底,是在"先验-超越"的道路上走得还不够的问题。

哲学要超越现象界,从表面现象进入实质,从有限想到本质,这自然是很重要的一步;然而这一步只能意味着哲学要由"量"的世界,进入"质"的世界,而不是意味着进入一个"更纯粹"或"更高级"的"量"。

古代希腊哲学的"证明论",其模式来自"几何学",欧几里德的《几何原本》乃是一切理智推论的范本。几何学不仅有"点",而且有"线"和"面",它们之间的关系是"可以推论"的,而"点"、"线"、"面"是感觉的"抽象"——只有感觉的"形式",并无感觉的"内容"。这种"推论-证明"的关系,是"现象界"之所以"合理"的"根据",在古代希腊,无论米利都学派或是南意大利学派,都是如此。

在这个意义上巴门尼德的"存在"有代表性。巴门尼德以永寂不动的"存在"为一切现象的"根据",把希腊人"无中不能生有"、"有必来自于有"这样一种思想提高到哲学的高度。这个意思在这里可以理解为:"有序"不能从"无序"来,"有序"来自(更高的)"有序",就像"存在(有)"必来自(更稳定的)"存在(有)"那样。巴门尼德为古代希腊哲学确立了一条"从有到有"的路线,"秩序"只能来自更高的"秩序",而不能来自"无序-混沌"。这样,"混沌"问题就长期地被哲学"搁置"起来,哲学-欧洲哲学逐渐地走向了"逻辑(中心)主义",因为只有"逻辑"的形式,才是最为"合理的",完全可以"推论"的。在这条思想路线指引下,欧洲哲学逐渐"形式化"、"抽象化"。"哲学"成为"分析"的。"分析"成为欧洲哲学的一大传统,一度走向反对哲学-形而上学本身,维也纳学派也难免遇到这个问题。后来这个传统有所突破,"逻辑分析"被允许进入哲学、伦理、审美以及日常语言的领域,这些领域成为它应用范围的一个部分。哲学的真正"根基-基础"——"混沌"

的问题，完全被"掩盖"了起来，在某种意义上的确被"遗忘"掉了。"混沌"的遗忘，才是欧洲哲学传统的一大偏向。

在现时代，重新唤起"混沌"观念的是现代科学。现代科学在自己的发展道路上重新遇到了"混沌"，从热力学熵的问题到宇宙大爆炸的理论。原先被巴门尼德的"必然性大箍"牢牢"箍住"了的"物理世界"，突然被释放出来，暴露了它"混沌"的本来面目，由此人们想到生命有机体，想到社会的变革风云，如此等等，"混沌"竟然要"无所不在"了。科学的发展向哲学提出了挑战，哲学必须反思自己的传统。

当哲学反思自身传统时，发现"混沌"问题虽然被掩盖起来，但并没有被放弃，而只是暂时地被遗忘。"混沌"问题以各种的"变形"在各种的"外衣"下，顽强地表现自己。"哲学"毕竟是"哲学"，它的特点就在于既不满足于表面的"现象"，更不满足于单纯"形式地"看待问题，而坚持着一种"追根寻源"的精神。"哲学"总是要"贴近""混沌"。

至少在进入近代以后，哲学就不满意于一种纯粹形式的观察方式。培根不赞成单纯的亚里士多德的逻辑演绎，提出"归纳逻辑"，把逻辑推向有内容的"知识论"，并认为"知识就是力量"，"知识-理智"本身就是"能动的"，而不仅仅是"被动的""镜像"。此后哲学家一直在进行"改造""逻辑"的"形式性"的工作，把"逻辑"与"知识论"进一步结合起来。

当然，改造"逻辑的形式性"不等于走向"非逻辑性"。一个时期，哲学家的工作集中在寻求一种更高的逻辑，即包括了"内容"的逻辑，即"科学的逻辑"、"知识的逻辑"，亦即有内容的逻辑。把这种逻辑推广出去，则成为"哲学（知识）的逻辑"。这就是号称集"哲学之大全"的黑格尔的"绝对哲学"。

从历史来看，掩盖"混沌"问题的无过于黑格尔哲学，它用一个最高的绝对理念-绝对理性使"混沌"即"本质"、"本体""绝对合理化"，把握它就成为理性的最高任务。

然而，黑格尔的重要之处在于他指出，他的哲学的"最高理念-最高必然性"乃是一个"矛盾"。所谓"矛盾"就是把"对立"的东西"统一"在一起，使之"不可分割"。于是，我们看到，实际上黑格尔哲学在"对立统一-矛盾"

的名义下保留了"混沌"的问题。从费希特到谢林、到黑格尔的"同一哲学",已经不再是巴门尼德的"铁板一块",而是"异中之同"-"同中之异"。"矛盾"就是另一种说法的"混沌"。

在这个意义上,黑格尔保留了康德的"物自体",只是在哲学层面,这个"物自体"是"可知的"。"物自体"乃是"本体",乃是"一",乃是"混沌"。它是"科学知识"的"王国"所无权涉及的东西。康德的理性为知识立法,作为这个理性王国的臣民,立法者只(有权)问"是""怎样的(人)?""是""工人"就得"做工","是""农民"就得"种地",如此等等;至于你作为人到底是"什么",乃是你"自己"的事,立法者(法律)无权过问。这个"人(物)""自己-自身"不能被"分析"为"工人"、"农民"等等,而是一个"整体",诸种的"多","混"在一起。"物自身-人自身",即"自己-自身"乃是一"混沌"。

就德国古典哲学来说,"混沌"在某种意义上或可理解为"矛盾",许多相互"对立"的概念"混"在一起,不为"知性"所理解。对于"混沌"一加"分析","矛盾"立即暴露出来。这就是黑格尔所指出的,不仅在"物自体"问题上出现矛盾,实际上矛盾无所不在。哲学的知识不同于一般经验知识之处,正在于要把握矛盾,"认识""矛盾","认识""物自体"。哲学知识,不但要把握那无矛盾的、可以形式化的"综合"知识,即"经验知识",而且要把握将那各种矛盾纠葛在一起错综复杂的"综合"知识,即"超越知识"。这种知识,作为"知识"言,在康德的视野里是不可能的。

我们从黑格尔哲学那里,看到了哲学对于作为"始基"、作为"第一性原则"、作为"本体"的"混沌"加以"把握"的可能性。

"混沌"既然"综合"了"矛盾",它就是"全面"的;而"混沌"被"分裂-分析"出来以后,就多少带有"片面性"。黑格尔哲学致力于克服"知性"的片面性,正是维护"混沌"那种"合二(多)为一"的"纯洁性-纯粹性",维护"一"的丰富的内容,而避免"一"被"分解"为"片面的""单纯的""多"。"混沌"为"未分"之"多",是"多"中之"一","一"中之"多"。"混沌"是"纠葛为一"的"多"。

这样一个集矛盾于一身(本身)的"混沌"乃是"大全",乃是"绝对",

再没有一个"他者"与其"对立";因为"对立-矛盾-他者"已经集在"一身",因而为"自身同一"。于是康德以后到黑格尔哲学,又叫"同一哲学"、"绝对哲学"。"同一"和"绝对"都不能用经验科学的视角去理解,而要从"混沌"的角度去理解,不是"铁板一块",不是"绝对独断",而是"孕育"着"发展"的契机在内。

"混沌"中蕴涵之"多",不是"拼凑"起来的"合",乃是纠葛在一起的"矛盾体"。于是"混"则"乱","乱"则"争"——赫拉克利特说,"争"为万物之母,"争"则"分"。古代希腊哲人常为"铁板一块"的"存在"如何会"动"起来设想出"爱"、"憎"的因素来加以解释,实际上此种"分"、"争"的可能性和必然性,盖出于"混沌-矛盾"的本性。

"混沌-矛盾"必然会"分化",而"分"出来就是"现象界",于是"分"、"争"就是黑格尔那个很难懂的"外化"。黑格尔把"混沌-矛盾"的"本体"定为"精神",他的"外化"就是"绝对精神"的"外化",带有强烈的主观色彩,需要费很多周折才能摆脱这种主观性,实际上"混沌-矛盾"的"外化"乃是一个实实在在的客观进程,不是"精神""想"出来的,是"本体""自己""开(分)"出来的。就这个意义来说,虽然"混沌-矛盾"的"本体"只是对有理性的人才开显的,但是"一分为二"又是一个实在的过程,人的主观精神只是理解其意义而已。

由于把"混沌-矛盾"理解为"精神-理性",这个"混沌-矛盾"的"本体""开显"的过程,就是一个"意识-理智"的过程,是"精神-理性"认识"自身"的过程。这个"理解-理性"的过程,最终将"化解"一切"矛盾"而达到"和谐统一"。在这个意义上,"混沌"又转化为"宇宙-和谐"。将"矛盾""化解",使"混沌"成为"宇宙",的确是黑格尔哲学存在的问题,虽然并不能简单地说他的哲学体系是"封闭"的。设定一个最高的"理念",把"矛盾"的纷争当作趋向这个"和谐的最高理念"的一个阶段和环节,则"矛盾-混沌"变得"可以理解"起来。企图"理解""混沌-矛盾",是黑格尔哲学的一个崇高目标,也是欧洲哲学从希腊以来着力之处:为一切变动、矛盾、纠葛等等,找到充足的"理由-根据",使它们变得"可以理解",亦即"论证"其"合理性",乃是欧洲哲学的传统任务。

与此相反，欧洲哲学史上对此提出"怀疑"的，也不乏其人，甚至古代爱利亚学派的芝诺都认为"运动"是不可"证明"的。芝诺悖论的意义还在于它指明了使"混沌-矛盾"、"运动""合理化"之"不可能性"。

揭示这种"不可能性"最为彻底的是后来的尼采。尼采的哲学精神在于：反对用一切方法来使"混沌-矛盾""合理化"，亦即反对黑格尔以一种和谐的"宇宙精神-绝对理念"来使得"混沌-矛盾"变得"可以理解-可以忍受"，或者甚至是"必须理解-必须忍受"。

哲学的问题不在于理解世界，而在于改变-创造世界。并不是说，不需要"研究-弄懂""混沌-矛盾"，或者对于"矛盾-荒诞"的存在采取闭目塞听的态度，恰恰要肯定这种情形，不用任何方式去为它涂脂抹粉，使它变得可以承受，而要因势利导地发挥人自身的能动性（在尼采为"意志"）。

然而，黑格尔哲学尚有另外的一层意义，即在原本是"和谐"的"现象界"看出"矛盾"来，在"宇宙-和谐"中看出"混沌"来，以保持这个和谐的世界的原创的能力，使世界在运动发展之中，这就是我们常常肯定的黑格尔辩证法的巨大意义所在，也是我们认为黑格尔哲学并不完全是一个"封闭体系"的根据所在。当然，这也是他的哲学现成体系和方法-道路的内在矛盾所在。作为他的既成的哲学体系，它以和谐的最高绝对理念来统摄一切，而作为他的哲学的活生生的方法和道路来说，矛盾的能动发展又是必然的，因而支配着"现象"运动变化的"混沌"则不是可以"消解"的。

从历史来看，哲学家从没有放弃"混沌"的问题。古代希腊哲学固然着重于"宇宙-和谐"的思考，但是芝诺悖论已经指明"证明-演绎"的"限制"所在，以后欧洲形而上学-哲学的对于"理念-存在-本体-实体-绝对"等的"论证-证明"，甚至关于"神"的存在的"证明"，都力图纠正芝诺悖论，但是为此建立起来的一切"哲学体系"，一个个都被"解构"，在这种"批判-解构"中，哲学开辟着自己的道路。欧洲哲学从未离开过"混沌"问题。

从这个意义上说，哲学家重视"混沌"问题要比科学家早得多，因为这原本是从哲学的根基里蕴涵着的问题；不过，我们应该承认，只有在科学家以自己的方式明确提出这个问题以后，"混沌"才成为一个受到普遍重视和思考的问题。哲学家才更加清楚地发现，自己的工作，作为探本求源而不满足于对表象世界的理解，则都和这个问题有关。

围绕"混沌"观念的哲学问题的提出，按照海德格尔的意思，乃是一件"大事"（Ereignis），它和发现一个物种的意义不尽相同。哲学的觉醒，海德格尔叫它为"Befindlichkeit"。它不仅仅是向外界"索求"的"发现"，也不是向内收敛式的"感悟"，不是内外分别-分析出来的，而是"在-世界-中"的"总体"式"把握"，黑格尔叫做"总念"（Concept）（"con-"取其"综合"之意），雅斯贝斯叫做"包容性"（Umgreifen），皆是取其"合-纠葛-不可分"等等的意思。

当然，这里所谓的"合"，并不意味着要把"人"降为"自然-动物"的层面，才能体验出"哲学"来。恰恰相反，"动物"和它的"环境"经常是"和谐"的，而只有"人"，只有人的"智慧"，才能在这种"和谐"中看出"荒诞-纠葛-矛盾"来。在这个意义上，基尔克特的"ex-"正是从"宇宙-和谐"中"出来"的意思：从"分"进入"合"，从"可分"进入"不可分"。

就欧洲哲学的发展言，不满足于"现象"，不满足于"经验科学"，乃是哲学跨出的第一步；不过当哲学跨出了这一步以后，它发现所进入的境界原来更为"原始"了，更为"本源"了。

（二）时间与空间

"时间"观念进入哲学是近代的事情，因为"时间"本质上是"混沌"，而传统的哲学注意力集中在"宇宙-和谐"上。

古代希腊人觉得"运动"不可解，"时间"更是很神秘的东西，它似乎是一种不可把握的"命定-命运"，于是他们把"时间"问题搁置起来，专门研究"空间"，形成一门很发达的学科——几何学。古代希腊的几何学是一门抽象的空间科学，他们把形式的逻各斯运用进去，研究空间的形式关系，成为由毕达哥拉斯学派倡导的"数"的学派的一个重要组成部分。毕达哥拉斯的"数"，也是侧重研究事物形式的数量关系。

希腊人感觉到了"时间"与"空间"的不同："空间"是可以量化的，而"时间"本质上不可以量化。"量"为"同"中之"异"，也是"异"中之

"同";而"质"则是单纯的"异-不同"。于是有"不能两次涉经同一条河"之说,因为"时间"如"流水",今日之河,已非昨日之河了。故"时间"只能是"一"次性,而不能有"二"。"时间"为唯一的"一"。"时间""不可分"。

面对"一"次性的"时间",希腊的科学-哲学显得无能为力。"空间"有"几何学"去研究它,取得了伟大的成绩。诚如后来黑格尔所言,"决没有任何研究时间的科学,对应于研究空间的科学,即几何学。"[①] 或者如有些研究者说的,几何学来自于"地理学","天文学、星象学"(astronomy)或可与其对应,但是那已经是"空间"化了的"时间",也就是"量"化了的"时间"。因此,黑格尔那句话的正确理解,是没有"时间"的科学,只有"时间"的哲学。"时间"本就是哲学的问题。

"时间"问题在学术研究上遇到较大的困难,乃在于"时间"不像"空间"那样有外在的对象与其对应。正如康德说的,"空间"是外感官的形式,而"时间"则是内感官的形式。因为有外在的对象与其对应,于是可以形成一门经验的科学来研究它,空间就是外在对象的存在形式,而"时间"不容易"对象"化,我们尽管可以把"时间"也理解为"对象"的"存在形式",但是这样就把"时间"和"空间"等同起来,也就使"时间""空间"化。"空间"化了的"时间",比"空间"本身更加容易暴露"矛盾",因为空间本身只遇到"量"上的"有限"、"无限"的问题,而"时间"则还涉及到"质"的问题,从而涉及"存在"本身的"有限-无限"的矛盾。这是康德在论述理性的"二律背反"时所没有充分涉及的问题。

因为这种种困难,"时间"进入哲学的思考,就被推迟了。"时间"较长时期被排斥于"知识论-存在论"之外。排除"时间"的"存在"及其"知识",乃是抽象的、形式的,其原型取自"几何学"。"形式-抽象"的"存在-对象"以及同类的"永恒"的"知识-真理"成了哲学家追求的目标。近代的牛顿力学,成为哲学的典范。

原本是"可感知"的"时空"成了只能是"可思考"的"形式"。

康德把"时空"拉回到"感觉经验"的世界中来,使它们重新成为真正的

---

① 黑格尔:《自然哲学》,梁志学等译,第52页,商务印书馆,1980。

哲学问题。

康德的时空,之所以是哲学的问题而不是经验科学的问题,是在于他虽然指出时空只是感觉经验的存在形式,但却不认为"时间"和"空间"是从感觉经验中"概括"出来的。他的《纯粹理性批判》的一部分"先验感性论"的主要工作就在于阐述"时间"和"空间"的"transzendentale Idealität"①。按康德的意思,"时空"固然为感觉经验的存在方式,但是一切的"方式-模式-形式"皆来自"主体",而不是来自"客体",因凡来自-接受自经验客体的都没有普遍性。"存在"与"不存在"随时在转换着,则是"无形式",从"无形式"产生不出"形式"来,因此"形式"必定要另有来源,这个来源就是非经验的主体性-知性原则。只是时空作为经验知识的必然条件并非是"概念",而是"感性",因而时空既非从感觉经验中"总结-概括"出来,又不是从"概念"中"推论"出来的,而是一种先天性的"直观-直觉"。康德这个思想的意义在于:不仅"理性-概念"是"形式"的,而且"感觉-直觉"也可以是"形式"的。也就是说,"感觉经验"也有"观念性"(Idealität, ideality)。感觉经验不仅仅是一些感觉材料(sense-data),而是"保存-存在"于"先天的感性形式-时空"之中,以成为"可知的""对象"。

于是,在康德哲学中,可以被我们经验到-认识到的世界,是时空的世界,时间、空间是这个可知世界的必然条件。也就是说,"时空"为"宇宙-和谐"的条件。

康德的时空观受到海德格尔的高度重视,海德格尔出版的第二本书就以康德哲学为主题,指出康德已经将时空紧密地和"存在"联系了起来,而不像传统形而上学那样把诸存在的"存在","存在"之所以为"存在"的根据看作是"超时空"的抽象。

海德格尔是将"时间"观念引进哲学-形而上学的主要代表人物之一。在他之前,法国柏格森的工作具有同样重要的意义。柏格森提出时间为不可分割的"绵延"(durée),是理解本原性"时间"的重要的环节,是使"时间"摆脱传统几何空间观念的决定性一步;但是他并没有把"时间"与传统的哲学问

---

① 康德:《纯粹理性批判》,B53,A36;参阅 Kemp Smith 英译本,p.78。蓝公武中译本(商务印书馆,1982)第58页译为"先验的观念性"。

题衔接起来，因而是一种"视角的变化"，是"另一种"观点，而尚未使这种理解上的变化进入历史的进程，使整个传统的理解有所变化。这项工作是海德格尔做的。

海德格尔把"时间"引入本体性的"存在"，而不是像康德那样，只限于经验性的、知识对象性的"诸存在者"；于是在某种意义上，"时间"也就进入了康德的"本体-物自体"。不过，康德的"本体-物自体"是"思想性的东西"（noumena），而海德格尔的"存在"（Sein）恰恰是"真实的-真理性（Wahrheit）"。"时间"进入"本体"，乃是海德格尔的工作，这项工作使欧洲传统的形而上学发生了根本性的变化。

海德格尔一反自亚里士多德以来把"存在（实体）- einai（ousia）"理解为"诸存在者""背后"的那样一种东西——"存在-实体"，把已经名词化了的"有-存-是"还原为"动词"去理解，"存在-本体"为"动态"中的"存在-本体"，而不是一种固定的东西。无时间的"思想体"，即使我们把它像黑格尔、胡塞尔那样理解为"具体共相"，充其量也只是一个（或一些）"思想性"的"境界"（mental world, Geist），而不是一个"实在"（real world, reality, Wirklichkeit）。"联系动词"、"存在动词"原本都是"动词"，从希腊以来的形而上学传统把它从"名词"方面来理解，"存在"就好像是一个实实在在的东西。当人们发现它原来并不是像人、手、足、刀、尺那样的一些经验的东西后，就宣布它为"不可认知"。因为只有适合"知性规则"的，才能进入我们的感官，那些不能进入我们感官的"物自身-本体"，就只能"被思想"，而不能"被认知"。根据贝克莱的说法"存在就是被感知"，则这些"物自体-本体"不属于"存在"范畴。这就是说，"不存在""绝对的存在"，即没有-不存在"超时空"的"存在"，这种"存在"是我们"思想"的产物，故曰"思想体"（noumena）。"思想体"为"混沌"，不是"宇宙"。我们可以"思想""混沌"，但不能"认知""混沌"，"混沌"不是经验性的，而是"纯粹""思想性"的。"混沌"只能被"思想"，而不能进入现实的经验的世界。这样，"混沌"就成了一个"概念"。

然则，"混沌"为"现实"，只是它的确不是"合规则"的和谐的现实，而是潜藏于这个"宇宙"深处的"基质-实质"。或许我们可以说，是一种尚未

"量化"的"质"。

这就是"时间（性）"的"存在"，或"存在（性）"的"时间"。"时间（性）"进入"存在"使"现实（性）"与"思想（性）"得到"统一-同一"，"思想体"就是"现实体"，"本体"就是"现象"。也就是说，"时间"进入"存在"，使"本体""有能力""开显"为现象，使"混沌""开显"为"宇宙"。"时间"为"催化剂"。一切皆"流变"，唯"时间"本身"不变"。在这个意义上，"时间"就是"永恒"，"时间"与"永恒"亦为"（同）一"，"时间"即尼采的"永恒的轮回"。

"存在"既然是"时间性"的，则这个意义上的"存在"就具有"晦暗性"，其"色"也"黑"。列维纳斯在他的早年著作《从存在到存在者》[①]中比较着重地探讨了海德格尔"存在"的"晦暗性"。他强调，要让这个晦暗的存在"开显"为"明亮"的"存在者"，这里"光"就是"催化剂"，"光"使天地"明"，但它自身却"不可视"。"光"即是"时间"。"时间"使"存在""可视"。既然"时间"本身"不可视"，则"时间"本身亦为一"混沌"，但"时间"又"开显"一切，于是"时间"又是"宇宙"之基础，为宇宙之"根"。

在这个意义上，"时间"本就是"混沌"，它为"绵延"，为"不可分割"。"时间"之所以被"分"为年、月、日，时、分、秒，乃是模拟"空间"。"质"被"量"化，亦即"时间"被"空间"化，亦即"本质-本体"被"表象"化。欧洲传统的形而上学路线是从"现象-表象"到"本质-本体"，也就是从"空间"到"时间"，是经验概括的路线，而不是"开显"的路线。在这条传统的路线指引下，"时间"被归约为"空间"，"空间"为"时间"的"基础"，"量"是"质"的"基础"。这样，"质"就是"性质"，不是"本质"，是"宇宙"的"属性"，不是"混沌"的"特质"。"属性"为"多"，"特质"为"一"，为"奇"。

欧洲传统的看法，"时间"仍可以而且应该是"科学"对象，"历史"是一门实实在在的学问，"历史学"是经验科学的重要分支。

从现代欧洲哲学的眼光来看，亦即从"现象学-显现学"视角来看，"时

---

① Levinas, *De l'existence à l'existant*, 1947, Vrin, Paris.

间"理应是"空间"的"基础",而不是相反。这就是说,"空间"原本是"为""时间"的,"空间""为""存放""时间"。

以"时间"为"基础"来看"空间",就使欧洲传统的视角有了一个转换。"空间"并不仅仅是"永恒现时"的"量"的关系,而且也是"过去-现在-未来"交替变化着的"质"的演变,"空间""储存"这个"演变",同时也就"开显"着这个"演变"。"现时"的"空间""蕴涵"着"过去"和"未来"。

"空间"里的"事物",不仅仅是"物理-自然""科学-知识"的"对象",并不是研究了它们的各种"自然属性"就能穷尽其"意义";"自然-物理(physis)"原本也是"生长-开显"的意思。

然则,"自然"向"人""开显"的不仅是给予"感官"的直接"刺激-交流",这种感觉的"物理-心理""反应"关系,是经验科学深入研究的成果,人们并不因为未曾充分掌握"视觉"的客观原理就不去"看"世界。原始的"看"属于"人"的世界,因而"自然"还向"人""开显"一个人文的世界。人文的世界是时间的世界,也是"历史"的世界。"空间""存放"着"时间"。也就是"存放"着"人","存放"着"历史"。"空间""首先(原始地)"向"人""开显"为"时间-历史"。

在这个意义上,欧洲哲学传统所谓的"存在"就不再可以理解为一个抽象的概念,一个形式,一个经验物理意义上的"物",而是"历史-事件"。"空间-世上""(万)"物",都有各自的"来龙去脉",都有一本"账",都有各自的"故事-历史"。

"存在"就欧洲哲学传统概念言,在古代希腊,einai 一方面有联系动词的意思,一方面含有"存在动词"的意思。这层意思,到拉丁语进入哲学后,有了 exist,就更加明朗起来。

就联系动词言,"是"总要"是"些"什么"。这个"什么"不仅仅是所指物的"自然属性",不仅是"物种"的特性,而指的是它"在""人"的世界中的"情形和状态"。中国古代没有明显的"是"(联系)动词,而有"存"、"在"、"有"这类的词来指"事物"之"情形和状态",后来把这些词组合起来翻译西文"einai, Sein, Being, l'etre"等,也还是相当确切的。"存在-存有",都是要"存放"点"什么"。

"空间"原本是为"存放""东西""腾"出来的，只是这些"东西"，在经验自然科学的眼光看来，是一些"物"的"自然属性"，而从哲学的眼光来看，无不打上"时间"的烙印。于是"存"放"在"那里（空间）的"东西"，就是"存在"，这个"存在"，从哲学的眼光来看，就不仅仅是"物"，而是"事-事件"（Ereignis, event）。

"事"是"人"做的，"人""在""做""事"。在这个意义上，"人""创造-做""历史"；但是，"人"不是"神"，"人"不能"凭空"做事，人的"做"也是"历史性"的。从某种意义上说，"事""大于""人"，也就是说，"存在"（Sein）大于"此在"（Dasein）。因为"存在-事"是"历史性"的，于是，就一个"人"的角度来说，又不仅是"人""做""事"，而且是"事""让-令""人""做"。"人"是"事"的"推动者-助产婆-催化剂"。

海德格尔这个思路，区分了"存在"（Sein）和"该（亲、此）在"（Dasein），区分了"时间的绵延"和"有限的时间"。海德格尔很强调"时间"的"有限性"，认为"无限的时间"是受经验科学的影响，或者说，是以传统"空间"观念为基础来理解"时间"。而本真的（eigentlich, authentic）时间则是"有限的"。"时间"的有限性，出自于"Dasein"（人）的"会死性"（sterblich, mortal）。人皆有死。"死"的问题，是随"时间"进入哲学-形而上学以后也具有了形而上的意义。"生"、"死"原本是物质转化的不同形态，从人文的观点来看，则是"时间-历史""开显"和"隐匿"的哲学问题。"生死"、"出入"乃是"存在-非（不）存在"、"有-无"的问题。"生"为"入世"，进入这个世界；"死"为"去世"，退出这个世界。"时间"进入"空间"为"生"，退出则为"死"。"退出""空间"，"时间"仍"在"。"时间"本身的"存在"就是柏格森说的"绵延"，亦即"混沌"。"时间"原本"不可分割"，只有"生"、"死"使其进入"可以分割"的"空间"。"Dasein"之"Da"，原为"在那里"的意思。"Dasein"即是在哲学上"空间"化了的"时间"，亦即"储存"了"时间"的"空间"。在这个意义上，也可以说是"时间"化了的"空间"，所以它不是经验的"诸存在者"。"诸存在者"并无"生死"问题，而只是物质形态的转化。

"Dasein"使"时间"与"空间"结合了起来，使"Sein"有了"具体性"：

"此时-此地",或"彼时-彼地"。也就是说,使得作为"流-绵延"的"时间-Sein"有了一个"断裂-Da",这样,就使得原本"玄暗"的"Sein""显得""明亮"起来。"生-死""开显"了"时间",使"时间"成为"历史"。在这个意义上,我们可以把"Dasein"理解为"该在",取其"具体"而又"正当其时-到时-造成(zeitigen)"之义。

在这个意义上,传统的"有限-无限"观念,得到了妥善的安置。就"绵延"来说,它原本是"无限"的,尽管并非"永恒"的,因为"永恒"当在"时间"之外,而"绵延"则是"时间"本身,但它是"不可分割"的,原本不是能够"受限制-给它以限制"的;然而"Dasein"之"Da",使"Sein"有了一个具体的形态,使"绵延""断裂",使"混沌""裂口",但仍是"chaos",仍是"绵延",仍是"不可分割"。在这个意义上,我们仍然可以说,"无限"就在"有限"中,"Sein"就在"Da"中,"生死"就在"轮回"中。舍"Da"谈"Sein"容易流于抽象形式,就像黑格尔所批评的,离开"有限"来谈"无限",是一种"恶的无限",于是"时间"就在"生死"中。"生"得"其所","死"得"其所","生于斯"、"死于斯","存在"总要"存在""在"什么地方。

于是,"Dasein"就不仅仅是"人",而且包括了"人"所做之"事"。如果把"人"和"事"分开来考虑,那么"事"似乎比"人"的分量更重。"事"比"人""活-绵延"得"更长"。

海德格尔曾经以当时报上一则消息为例说明"事"比"人"更长久。那则消息是报道当时希特勒行踪的,说他乘机到什么什么地方,海德格尔说,"元首"、"飞机"以及那个地方都会"不存在",但"元首乘机抵达某某地方"这件事则"永在"。我们不知道在说这话时,海德格尔有没有想到黑格尔也说过相同意思的话。黑格尔在《自然哲学》里说道:"阿奚里这位希腊生命之花,亚历山大大帝这位无比有力的人物都不在人世了;只有他们的业绩影响还遗留下来,就是说,只有他们所创造的世界还遗留下来。"[①]

"业绩-事"大于、寿于"人","Sein"大于、寿于"Dasein";但是,"业

---

① 黑格尔:《自然哲学》,梁志学等译,第51页,商务印书馆,1980。因为这个意思太接近了,所以我们怀疑海德格尔上述话的意思源于此。

绩-事-Sein"以"Dasein"得以"开显"。如果没有能够理解这些"业绩-事"的"意义"的"人-Dasein",则这些"业绩-事",也就"不存在",所以海德格尔说"人-Dasein意义上的人"是"存在（之意义）"的"守护者"。这些"事"如果没有"意义",就只是一些"自然"的"物",而不是"业绩"。"业绩"为"被创造的世界",为"历史",为"空间"中的"时间",因而是"具体的-有限的""时间",或者是"开显了的""时间"。"Sein"为"暗","Dasein"则为"明"。

"Dasein"是"在""空间"中的"时间",也是"在""时间"中的"空间"。从"Sein"来看"空间",亦即从"时间"来看"空间",恰恰是把传统的时空关系"颠倒"了过来。不是把"时间"归约于"空间",将"时间""空间"化；而是把"空间"归约为"时间",将"空间""时间"化。亦即从"空间"的"开显-显现"中把握住"时间-混沌"的"潜流",把握住"空间"中"存放"的"时间",不要将其"遗忘"。"存在"的"遗忘",也就是"时间"的"遗忘","历史"的"遗忘"。

就主观状态言,"时间"与"记忆"不可分。"记忆"并不仅仅有"心理"的意义,并且也有"形而上"的意义。"记忆"即是柏拉图的"回忆"。一切"知识"皆是"回忆",并不是说,知识的经验内容早已把握,也不是只指一些逻辑必然的形式,而是强调一切真知皆是"历史性"的、"时间性"的。

真正的知识乃是"理念"的知识。"理念"不是抽象概念,也不是概念的"例证"；而是"具体共相",是"空间"里"显现"出来的"时间",为"事物"的"意义"。亦即从"诸存在者""看出""Dasein-Sein",从"Da"中"看出""Sein"来。从这个视角来看,欧洲的哲学传统,就会"开显"出"现象学-显现学"的面貌来。

从"时间"与"空间"的关系来看,欧洲上个世纪以来的所谓"后现代-后结构"的思潮,仍然是在"现象学-显现学"的笼罩之中。所谓"后现代-后结构"强调的乃是"时间"如何在"空间"中"开显"出来的问题,亦即"时间"的"断裂"的问题。

表面上看,"后现代"思潮又把问题回归到"空间"上来,而否定"时间"的"连续性",但他们已经不可能将"时间""归约"为"空间",再回到"几何空间"的纯粹"量"的关系上去。

当代"后现代"哲学家很自觉地重视"空间",表面上看,他们是在"倒退",退回到一种被分割开来的"空间"结构上去;但是实际上,他们这种"倒退",乃是对于"时间-历史"问题的深化,是一种推进。① 他们思考的是"时间"化了的"空间",也就是说,"时间"是如何在"空间"里"显现"的。"时间"如何通过"人"在"世界"这个"舞台-空间"上,演出了一幕一幕的"活剧"——"历史"。

"后现代"哲学还有一层考虑,即"历史"因为包含了"非(不)存在(过去-未来)",因此总是"思想性"的。他们既然重视"空间",就自然地重视与"思想性"对立的"物质性",强调实际-现实的一面,而要把那传统构造起来的"思想体系""解构"掉,这大概就是福柯、德里达等人的问题所在。德里达有"分延-différance"之说,有"分"有"延","在场"的蕴涵着"不在场"的"轨迹";而福柯就把"历史学""还原"成"考古学",侧重在考古层面-断裂层的纵向关系,他认为这是一种"实际-实践（practical）"的关系,而不像"历史学"那样,只问"思想"的关系。

这样,"后现代"哲学也并不是把"哲学"拉回到"几何学"（geometry）的抽象模式,而是更"退回"到据说是"几何学"来源的"地理学"（geography）,这样,他们也就再一次把"哲学"从"天上"拉回到"（大）地上"。②

强调"时间"的确有强调"思想-意识"的可能,柏格森就是这条思路的代表人物。他把"空间"之"可分性"归结为"机械的-物质的",而"时间"之所以"不可分",乃是因为它是"意识的-精神的"。于是"时间流"就跟"意识流""合流"起来,自成一个体系。

"历史-时间"当然只是向"有意识"的"人""显现-开显"其"意义"的,只有"人"才能在真正的意义上说"有"一个"过去"和"未来",尽管它们都是"非（不）存在"。说来奇怪,对于"最高级（神）"和"最低

---

① 关于这方面的具体材料,除他们的主要著作应该参考外,尚有一套"访谈"的丛书,可以参考。这套书由上海人民出版社1997年出版,译文有些问题。
② 最早的一次是西塞罗说的"苏格拉底把哲学从天上拉回到人间",这里"人间"是指苏格拉底从早期希腊哲学重视自然,特别是天体,转变为对"伦理"问题的探讨。

级（动物和非生物）"的，都"不存在""过去"和"未来"。对于"神"来说，"过去"和"未来"都在他老人家的"眼皮子"底下，都是"现实-现时"的；而对于"蚂蚁"和"顽石"来说，只拥有"现时"。只有"人"，有一个"过去"和"未来"，因而，严格来说，只有"人""拥有""历史"。

"空间""存放"着"时间"，"时间""存放""在""空间"中，就是"历史"。"空间"中的"历史"，就不会仅仅是"思想史"，而同时也是"现实史"。

"后现代"哲学强调"地理学"，乃是强调地层断裂的意义，强调"人"的"（有）死"的意义。他们以"死"来阐述"思想"并非自身连续、自成体系。强调一切著作皆为"遗嘱"，而其解释权全在于"他者"手里。而"他者"则又有它自己的"考古-时代"的层面。"后现代"思想的意义在于："时间"原为"混沌"而"不可分割"，然则"死"将其"强行""分割"，使其不能自身持续。"绵延"的断裂，使事物有了"（性）质"变化，裂变和革命造成"意义-思想-精神"的变革和飞跃，此种裂变，乃是"时代-世界-空间"所造成，于是"现实性"重于、大于"历史性"。是"现实的存在"决定"意识"，而不是相反。

不过，"现实的存在"已经包含了"过去"，并指向"未来"，凡是"存在"的，都是"时间"的。"（个）人"的意识正是"在"这个"存在"中，不仅受当代的影响，也受"过去"的影响，同时还受其"未来""目标"的影响。

我们面对的"空间"，乃是已经并正在"时间"化的"空间"，而不是一个"荒漠"的"地方-场所"，是"room-Raum"而不仅是"place-Platz"。"地理学"是"自在的"，说的是一个"地方"；"考古学"则是一个"人文"的"层面"，这个"空间"是"为人"的。"死"固然将其断裂了，但是它"显示-开显"出来的"意义"蕴涵着"绵延"，亦即蕴涵着"时间"。因而在哲学上它是"可理解"的，而不是"不可知"的。

所谓"生""死"，如果从"过程-动态"来看，原本是"同一"的。"生"的过程，同样也是"死"的过程。"生"、"死"都不是一个"点"，尽管在经验科学上我们可以设定一个标准去把握"出生"和"死亡"的"度"，而且甚至科学家们常为这个"度"可以争吵不休。时间化了的空间，不是"点"、"线"，也不是"面"，尽管我们习惯于以"层面"来称呼它。"考古层"并不是一片

"堆放""杂物"的"地方",而是"存放"这"遗物"的"房间"。"遗物"之所以为"遗物",乃是因为"使用"它们的"人"已经"死"了。然而,他们既然"死"过,也就"活"过,他们的"时间——生命和死亡""过程""遗留-保存"下来了。

这些"遗物",作为"实物"来说,其中有些或许还可以"用",在这个意义上,它们并没有"时间性"。设想兵荒马乱的时候,地下挖出的锅碗瓢勺,也都是好东西。这时候,"决定"人们生活的是"吃饭-穿衣",是"生存-活命",就这个意义来说,他们"没有历史",属于"史前时期",面对的主要是"现实-现时"的问题。原始的人类,当然也有思想意识,也有他们的智慧,也有"过去-现在-未来"的观念,但是他们主要还是以自己的聪明才智迎接现实生活的挑战,"过去-未来"都是为了"现实-现时"服务。对于他们来说,一切都以"实用"为转移,包括原始的"巫术-宗教-神话"以及"祖宗的遗训"、"未来的预言"等等,都是为了"解决""当前"的"问题"。

真正"历史"意识的产生,也是"哲学"意识的产生:"有"一个"非(不是)现时"的"过去-未来""在",亦即"有"一个"潜存"于"现象"的"本体-实体-本质""在"。这个"(存)在",因其不显现于"现时"而"晦暗",但它却不像现时那样有时会是"过眼烟云",它们倒还有"恒常性";它们并不像"现时"那样"实用",但却有"大用"。

福柯要把"历史""还原"为"考古",把"文献""还原"为"文物(档案)",针对经验的"历史科学"言,或者针对孤立的"思想史"言,是很有意义的。不过"文物"同样属于广义的"历史",是"时间"的"空间"化。如果抽去了"时间","文物"亦只是一"物"。"文物"之所以为"文物",乃在于它"显现"了"时间",它是"人文"之"物","历史"之"物",而不仅仅是"实(用之)物"。

很多的"文物"原本大概也是实用之物,一旦成了"文物"之后,其"价值"大增,"没有"或"不能-不许""用"了,"价值"反倒"大"了。所以我们如果从"价值"眼光来看,"历史-时间"大于、贵于、重于、寿于"现时-空间"。这是因为"人"不仅仅是"现时"的"存在者",而且更为重要的,还是"历史"的"存在者"。一般情况下,人们把后者看得更重。

中华民族是最富有历史感的民族。或许正因为它对于"历史-时间"问题觉悟得太早，或者说，相对于欧洲人说，过于"早熟"，反倒缺乏像欧洲人那样对于"现时-空间"问题的抽象理论的思考，欠缺"哲学"的理论系统结构，因而反倒要向欧洲人学习。学问之道，走一点弯路不但是必定的，而且甚至是必要的。欧洲人有了大量的对于"空间-量化"问题的思考经验的积累，然后"时间-实质"问题再进入他们的视野，所取得的经验，当然值得我们重视。

至于说到"文物"，欧洲人应该也重视我们的体验。中国人对于"物"，一方面注意它的自然属性——它的"功能-实用价值"，同时也注意它的"历史"，常常因其"历史"而"搁置"其"实用"价值。一切器皿、衣冠、宫室、城镇无不如此。

"鼎"在远古原是实用的锅，为炊具，或许古代一个部族只用一口锅，人越多，锅也越大，逐渐地大锅就成为"权力"的象征。传说古代大禹作九鼎，拥有它们意味着拥有至高无上的权力。他人"问"都"问"不得的。

"象征"也不仅仅是"权力"，而且"象征"着"历史-时间"，"鼎"上经常刻着"子子孙孙永葆"什么的，要这个"权力""绵延不绝"下去。"鼎"体现着"过去-现在-未来"。

在中国，几乎世间的一切"事物"都可以入画、入诗、入文。有"咏"一个"人"的，更有"咏""日月山川"的，"咏""鸟兽草木"的，都是在"咏"一个"世界"，而不仅仅是"研究""人"和各"物"的科学论文。

在中国，人们珍惜"物"，保存它们，珍藏它们，并不仅仅因为它们的实用价值，而且在于它们的人文价值。"博物馆"的成立——在古代常是皇家的，少数是民间的，使得"保存""文物"成为社会有组织的措施。"博物馆"里的东西（物），吃不得、喝不得、穿不得，更是"偷窃"不得。偷博物馆里一只杯子，要比偷商店里的一只杯子处罚重得多，因为你不仅偷窃了"现时"，而且"偷窃"了"过去"和"未来"，罪过至少大两倍。

从中国的传统眼光来看，事物的历史和时间的"意义"，比事物的现实"意义"不仅重要，而且"明显"。中国人"天生"就有"搁置"事物"自然性"的能力，而胡塞尔所谓以"现象学的还原"求"现象学的剩余者"似乎显得"轻而易举"。也就是说，中国传统因为相对缺少欧洲那种"空间"现象的分析性积累，没有那样一层厚厚的"覆盖层"或者所谓的"积淀"，所以"时间-历史"的"开显"就不那样困难。中国人很能体会柏格森所谓的"直觉"，而"摆脱""机械性"的束缚。对于中国的传统来说，"过去"和"未来"是思考的重点，而对于"现时"的"（生存）空间"，往往被认为是"变幻无常"的不可靠的东西，"不值得"多加"关注"；也不因此而追求在"现时空间"基础上"抽象"出来的"本质-实体-本体"之类的概念，而是把"持久-永存"融入"时间-历史"，是一种"绵延"的"永存"。中国传统走着和欧洲不同的道路，这从"时间"和"空间"的关系上，也能看得出来。

（三）从"时间"到"因果性"

"时间"原本为一"混沌"，时间"不可分"；然而以经验科学为模式的欧洲传统哲学思维方式，将"时间"的"混沌性"简约为"有序性"，亦即将"时间""分割"开来，使之成为"可计算"的"单位"。大体的分法为"过去"、"现在"和"未来"，而其中细分，则又有各种的计年、计时的办法，各个民族、各个历史时期都有所不同。如今世界的计算方法，也许是最方便、最好的，所以为各国所普遍采用。

或许我们可以说，对于哲学来说，"时间"被分为"过去"、"现在"、"未来"乃是"时间"进入"有序"的第一步骤。

"时间"的这种分法，其立足点在于"现时"，"过去"是"现时"的"回忆-回想"，而"未来"基于"现时"的"设计-预想"，"过去"和"未来"都离不开一个"想"字，它们是"想"出来的。它们为什么要依赖这个"想"字，乃是因为"它们"并"不存在"："过去""已""不存在"，"未来""尚""不存在"。从语言的用法上，我们也可以看出，"时间"这种"有序性"原本是"思想"里的事，是"理论"上的事，不是"实际"上的事，而"实际"上的事就要"复杂"得多。

什么叫"实际"上的事？"实际"上的事就是"经验"上的事，是"可以""感觉"到的事。于是"时间"的"有序"化乃是我们的"理性"为了使我们的"感觉经验""有序"化的一种"工具"，在这个意义上理解的"时间"，不是"本源性"的，而是"工具性"的。

然而，哲学并不因为"理性"使"混沌-本源""有序"化而轻视"理性"的作用，也不因为"工具"只是为达到某种"目的"的"手段"而小视它。中国传统智慧有"工欲善其事，必先利其器"之说，黑格尔也承认有时工具大于目的；更何况，哲学的"目的"既为"无限"，则"理性"即使作为"工具"，也不可能被视为"敝屣"而抛弃。

其实，就某种意义上来看，整个欧洲哲学的历史都可以说是一种"工具"论的传统占了主导地位。他们为"理性"这个"工具"殚精竭虑，打磨砥砺，不遗余力，种种深入的思想见解，决不容后人忽视。

"理性"的作用，首先是要让"混沌""有序"起来，使世间万物，成为"可以认识"的"对象"，使我们的"科学知识"有一可靠的"根据"。

事物之"有序"在欧洲哲学传统中经常受到质疑，也即意味着"经验科学"的"可靠性"经常受到质疑。

既曰"经验科学"，当来自于"经验"，而"经验"基于"感觉"；"感觉"既非可靠之根据，那么在它的基础上建立起来的"科学-知识"大厦，其可靠性也是可疑的。"科学"的"理性王国"建立在了"感觉经验"的"沙堆"之上。"理性"为使自己坚实可靠，当另寻"根基-基础"。

有两条途径可以使"理性""可靠"起来：一条仍从"经验"出发，使"理性"成为"经验"的"飞跃-超越"，于是"摆脱""感觉经验"的"混沌"，进入"有序"；一条为使"理性"以自身为根据，"理性"来源于"自己"，然后进入"感性世界"，使之"有序"。前者或可叫"向上的路"，后者则是"向下的路"。两条道路都已经受到挑战，问题在于如何使我们的"科学的王国"坚实可靠起来。

在这条使科学王国"可靠"起来的道路上，"因果性"问题，是随着"时间"有序化后需要面对的关键问题。

按照康德的说法，"时间（空间）"为"直观"的形式，而"因果"则为"概念（推理）"的形式，因而是"科学知识"必不可少的"条件"或"工具"。

康德的说法，当然也是欧洲哲学的传统说法，它直接来源于亚里士多德。

1. 因果问题之提出

我们知道，亚里士多德在《形而上学》中提出"事物"的形成-完成之"原因"有四（种），即"形式"的，"材（质）料"的，"制动（有效）"的和"目的（完成）"的，这四种亚里士多德都叫做"原因"（aitia）。这里，亚里士多德心目中的"事物"乃是制作出来的"作（物）品"。要制造一件"物品"，必须要有这四种"条件"。首先要有"形状-形式"，然后要有"材料"，然后还得去"做"，"最后""目的"才能"完成"。在这里，亚里士多德的思想要比传统的"始基"说，更有概括性，更有理论性。

也许我们可以笼统地说，传统的"始基"说，只是涉及到"感性-时间"方面的"有序"，而亚里士多德的"四因"说，则进一步涉及到"概念-理智"的"有序"问题。

通常来说，"概念-理智"的"有序"是最容易理解的。因为，"概念-心智-理性"都是"抽象"的，因而它很容易归约为"形式"，而"形式"则无疑是"逻辑"的。"逻辑"必然"有序"，这本是没有任何问题的自明的真理。

然而，"形式"不是"知识"；光是"形式"的"推理"，只是逻辑的，还不是知识的。这一点，古代希腊的哲学家是很清楚的，连柏拉图的"理念"都是形式的，则强调现实性的亚里士多德当然更不例外；正是亚里士多德奠定了欧洲哲学知识论的体系基础，欧洲哲学知识论有导向性贡献的康德，也仍在这条道路上。

康德的"范畴"论，可以远溯到亚里士多德。当我们把他关于时空的学说跟范畴论连成一个完整的哲学知识论体系，就不得不正视他提出的问题。

在这里，我们应该注意的是，按照康德自诩的"哥白尼式的革命"，他的问题不是"事物本身"是否有"因果性"；而是"事物"要成为我们的知识"对象"，要"可以"被我们所"认知"——事物之所以是"可知的"，则"事物"的"原因"和"结果"之间，就必须有"必然"的关系。

这样，在"事物本身"是否具有"因果"的必然性问题"存疑-搁置"这一点上，康德的因果论就既可以囊括-涵盖休谟的观念而又往前推进，进入"知识""必然"的层面。这样我们才可以说，康德在"更高"的层次上"否定"了休谟的因果论。

应该说，即使在康德看来，休谟因果论的观念体系也是很严密的。休谟的前提是，如果"因果律"观念全来自"经验"，则这个因果律就不具有"必然性"。休谟认为，"原因"和"结果"之间的"推论"（inference），除"经验"之外，别无来源。①

什么叫做"必然性"（necessity）？休谟认为，所谓"必然性"，或者是"直接-直觉"（intuitively）的，如几何学的"公理"，或者是（从公理）"推出"的"证明"（demonstration）。② 在这个意义上，如果说，"因果律"是"必然"的，则"原因"和"结果"就或者是"直接"的，或者是可以互相"推论"的。而在休谟看来，"因果"既然概出于"经验"，则"经验"并不能保证有这两种特点；我们之所以认为"因果"有"确定性-恒常性"（certainty）乃是因为"习惯"（custom），而非来自"理性"（reason）。③

所谓"确定性"的"理性"的根据，就是指由"前件"必然"推出""后件"的逻辑"合法（合适）性"，欧洲哲学从中古以来称作"a priori"——"从前件（前提、前面）而来"。这里既然说的是逻辑的问题，其"前件"当然也是逻辑命题，"前""后"的命题，体现了逻辑推理的必然关系。譬如众所周知的三段论式："凡人皆有死"，"苏格拉底是人"，故"苏格拉底有死"。这个结论-后件是从前件推论出来的，所以它是"前件"的"必然""结论"，这个推论是"必然"的。

休谟认为，我们所谓"原因"和"结果"之间的关系，不是这种逻辑的必然的关系；也就是说，我们从"原因"作为"前件"没有逻辑必然的根据可以"推断"出"结果"来。"原因"和"结果"之间不是逻辑的关系，而是经验事实的关系，二者不可混淆，而且也不可"过渡"，亦即经验的事实，不可能"抽象"为逻辑形式。譬如前述"苏格拉底推论"，在逻辑形式上没有问题，但在经验内容上就难以成立，因为"人"之"死"乃是一个经验判断，而"经验"不可能"穷尽"，不可能"上升"到"无限"④，因而这个"前提-前件"并

---

① 休谟这个著名论点，参阅他的《人性论》（*A Treatise of Human Nature*）上卷，人人丛书，第84页等处。
② 同上书，第82页。
③ 同上书，第74、99页。
④ 同上书，第99页。

不可靠，从而全部判断的必然性也是可以怀疑的。这个推论之所以被普遍接受，其"结论"也被普遍承认，乃是因为普遍都看到"人死"的现象，习惯成了自然；而并非说这个判断是"理性""必然""推论"出来的。这就是说，"人皆是会死的"、"苏格拉底也会死"这类观念，不是学了逻辑就可以"推"出来的，而是靠"经验"积累得来的。

我们看到，休谟这个思想，在理路上是很严密的，也有重要的理论和实际的意义。在理论上，休谟严格划分"逻辑"和"经验"的界限，纯粹逻辑的演算只适用于"数学"这类形式的学科，而知识则靠经验之积累，经验的真理，只能靠实际的检验，而不能光靠逻辑的推理。人所能得到的知识，依赖于经验，经验不可"大全-绝对"，世上并无"绝对观念"（absolute idea），这是贝克莱以来经验主义-感觉主义的信条，休谟推崇这个信条为"伟大的贡献"。①

我们看到，休谟这个"怀疑主义"把"因果律"定为"经验"世界的习惯法-习俗律，对于经验科学-实证科学的发展原本是有好处的。我们看到，长期以来，欧洲科学一方面受基督教宗教的束缚，同时更加深远的"形而上学"传统同样束缚着经验科学的发展。科学中注重理论而不注重实际的倾向相当严重。当"形而上学"和"宗教信仰"结合起来一起压向科学时，"科学"成了"婢女"的"婢女"。从思想上来说，科学要取得发展，必须从只重"证明"，不重"证实"的束缚中解脱出来，把自己建立在"证实-实证"的基础之上，而不是仅仅建立在"逻辑-先天"（a priori）的基础上，勤勤恳恳在大地上，在人世间，做好自己的工作。休谟的"怀疑论"——怀疑因果律之先天必然性，正是为经验科学自身的正常发展提出辩护的。

2. 因果律之可知性与必然性

我们看到，休谟的怀疑论，否定因果律的"先天性"（a priori），并非说它是"不可知"的。他的怀疑论只是说，人只能通过"经验"来认识"原因"和"结果"的关系，而不能由逻辑来"推演"这个关系；相反的，康德虽然强调了"因果律"的必然性，但他却认为"事物本身"的"因果"关系，因为不受逻辑制约，反倒是"不可知"的。也就是说，在康德看来，"纯粹-单纯"的

---

① 休谟：《人性论》（*A Treatise of Human Nature*）上卷，人人丛书，第25页。

"经验",反倒不是"经验科学""知识"所能达到的地方。

我们可以这样理解康德的意思:"经验"要成为"科学",要成为"知识",就只能是"经验-感觉"中能够或被允许进入"理性"的那些部分,也就是"(可以-允许)显现"为"现象"(Erscheinung)的部分,而"事物本身-经验自身-纯粹经验"因其不(允许)进入"理性王国"而"不可知"。

在这个思想指导下,康德就要设法让"因果律"成为"必然"的,亦即成为"理性王国"的"法律"。应该说,把"因果律"接纳为"理性"的法则,乃是康德批判哲学知识论的重要步骤和环节。

在康德看来,"因果律"不但有"经验"的"恒常性-普遍性",而且也有"理性"的"必然性"。康德在阐述因果这个关键问题时,把它和他的整个"先验哲学"体系联系起来,使它在这个体系中有一个恰当的位置,并通过他的所谓的知识论中"哥白尼式的革命","颠覆"了休谟的"因果论"。

什么是康德的"哥白尼式的革命"?我们以后还要讨论。在这个论题上,就是让"经验"围着"理性"转,而不是"理性"围着"经验"转。也就是说,康德已经开始采取从"理性"到"经验"的路线,而不像休谟那样,始终在"经验"的道路上"徘徊"。

当然,休谟并没有完全忽视"理性"的作用,他承认逻辑推理,但却不仅在原则上,而且在实际上,把它和"经验"分割开来。在休谟看来,"经验"固然决不可能"上升"为"理性",而"理性"似乎也不能"下降"为"经验";在"先天"的理性和"后天"的经验之间,缺乏沟通的桥梁。

而康德的"先验哲学"(transzendentale Philosophie)似乎就不仅仅是"桥梁",而且就是"科学知识"。这意味着,休谟之所以找不到这个"桥梁",实际上是因为他的视角在于"事物自身",遂认为"因果律"对其无效,未曾看到,所谓"科学知识——(对于)经验(的)知识",原本就限于"现象",而非"事物本身",这一点是我们在思考康德哲学问题包括欧洲哲学问题时,要经常提醒自己的。

这样,所谓"因果律"之有效性,只是限于"现象界",而对"事物本身"无效。而所谓"现象界"也就是"科学知识"所能涉足的"领域"。

"因果律"之所以适用于"现象界"乃是因为这个领域虽然依赖"经验",

但其因素并不限于"感觉经验"。只有那些适合于"先天原理"（a priori principles）的感觉材料，才能进入"知识"的大厦；而所谓"先天原理"乃是"理性"的职能。并非一切"感觉经验"都能成为"科学知识"的"对象"，而那些能够成为"知识对象"的"感觉经验"，则必定遵从"因果律"，因为"因果律"正是"理性"的"先天原理"之主要内容。这就是说，"因果"的观念是"理性"自身固有，是"先天的"（a priori），而不是像休谟理解的那样，是从"经验""升华-概括"出来的。

那么，康德宣布"因果律"为"理性固有"，是否陷于"独断"？就康德自己的哲学思想体系来说，这个论断亦自有理路。这就是他的哲学是一种"先验哲学"。所谓"先验"（transzendentale），乃是一种既有经验内容又有理性形式的，并且由理性形式来"统摄"经验内容使之成为"经验科学知识"的一种哲学理路。

在这个理路的指导下，所谓"现象界并非事物自身"这句话应该理解为："现象界"乃是"理性""建立"起来的；也就是说，"理性"根据"先天原理"建立起来的。这样建立起来的"现象界"当然就具有"先天必然性"（a priori necessity）。

我们前面说过，康德已经把"时间"引进"现象"，使之"有序"。"时间"和"空间"一样，为"内外"两种"先天直观形式"。"时空"为"直观"，涉及"对象"之"存在"（existence）；"因果"则进了一步，乃是"概念"的"形式"，是"范畴"（category）。

康德的范畴论，自然和亚里士多德密切相关，但他把它奠定在"先验哲学"的基础上，阐发了范畴在哲学知识论里的深刻意义。

"时空"所涉仍还是"感性直观"的，"时间"涉及"先后-时序"与"同时"，"空间"则涉及"方位"，乃是知识对象的"存在方式"。"原因"和"结果"乃是"知识对象"的"概念"，而"概念"之间的关系，则是"逻辑"的关系。因而"科学知识"不仅追问"时间"的"先后"，还要进一步追问这"先"-"后"之间的"逻辑关系"，于是有所谓"先验逻辑"论。"先验逻辑"不同于"形式逻辑"，乃是它已经有了"时空"的"直观"内容，而不像一般"（形式）逻辑"那样只管"概念"的"形式"关系；因而，它已经不是一般的

"（形式）逻辑"，而是"知识论"，从而是"范畴论"——"原因"和"结果"乃是"知识论"中的一对"范畴"，于是"先验逻辑"就是"知识论"。然而，"先验逻辑"仍是"逻辑"，它的"范畴-概念"之间，仍有"必然"的"推理"关系。

既有经验的内容，又有推理的逻辑必然性，这个说法，显然和休谟完全不同。

那么，是不是在康德看来，世上一切的事情，既然有了原因和结果的必然关系，那么只要知道了事物的"初始条件"，那一切的"结果"都是可以"推算"出来的？

这一诘问，休谟可以提出，现代的自然科学也可以提出；但是，康德的意思并非主张世界一切事物皆是"命定"的，在知识完善以后都是可以预言-预见的。

3. 在"理论性知识"框架内的"因果律"

哲学所谓"因果"乃是知识论的"范畴"，而知识的"范畴"来自"理性"本身，并非经验的"总结-概括"，亦非经验之"跳跃-断裂"。然则，知识的范畴，只适用于"知识"领域，只适用于经验的可知对象，而不适用于"事物自身"。在这个意义上，康德批评休谟而承认"因果律"之"必然性"，恰恰同时也避免了认为"事物本身"也能够用"因果律""推算"出来。我们知道，康德哲学的基本任务就是要为"理性"的各种"功能"（Vermögen）划清界限，以防止"理性"之"僭越"和"降格"。既然"因果律"只是"知识范畴"，而不适用于"事物自身"，则我们完全没有理由说世间万事万物都允许用"因果律""推算"出来。我们只有权利-理由说，在我们的"经验科学知识"里，"原因"和"结果"是允许"推论"的，没有这个保障，我们对于经验世界的"科学知识"就只是一堆感觉经验的"碎片-混乱-混沌"，而不能形成一个"有序"的"体系"。至于"事物本身-物自体"原本就是"浑沌"的，它不是经验知识的"对象"，因而，不受"因果律"的支配，在"因果律"之外，也在"经验科学知识"可能的范围之外。

于是，康德的问题并未出在能够引起世间万事万物皆为"命定"、皆可"预言"的误解，而是出在他对于"科学知识"的理解上。

我们不能忘记，康德理解的"科学知识"是一种"理论性"（theoretical）的"知识"；"因果律"也只有在这个"理论性"的范围内，才是必然的。

知识-智慧分成"理论的"、"实践（伦理）的"以及"逻辑的"，也是亚里士多德的说法。① "逻辑"是形式的，"实践"则主要是指处理实际事务的聪明才智，而只有"理论"的知识，才是客观的，科学的，是把事物当作客观对象来观察、思考、研究，以求对"对象"的客观把握，乃是希腊人向往的知识的最高境界，是一种"真正的知识"，是"真理"。

就古代的意义来说，"理论"的知识，是人们暂时摆脱了"实用功利"的一种客观的知识。在这种知识中，人们的精神得到了第一次的"解放"。"理论性知识"脱离了原始实用的"目的"，"科学"与原始"实用技术"分离开来；"科学"乃是人类第一次的"自由知识"。"理论"来源于"看"（theo），而与柏拉图的"理念"（eidos, idea）意思接近，"theory"原是探讨"理念"之间的关系，是"理念"的体系。这样，在某种意义上，"理论"实际就是"理（念）论"。"理念论"不同于"逻辑"，不同于"三段论-蕴涵式"，它是有内容的。

由于"理论性"知识论的建立，古代希腊哲学把人们的眼下的"功利目的"转化为或升华为"理念-至善"；同时也把形式的"逻辑"转化或增进为"理念-知识"的"逻辑"，使"逻辑"成为"哲学"，从而也使"哲学"由诗、格言或片言只语的"智慧闪光"，转化为"体系-系统"。在这个意义上，原本只有"形式"意义的"逻辑"，与"哲学"不可分割，而逻辑中各个概念以及推理形式，在哲学里就有了内容方面的意义。形式的、抽象的逻辑就成为理念的、具体的逻辑。

我们看到，实质性的和形式性的知识——广义的知识，都可以是"工具性"的，因为它们都是为了实用功利目的服务的；唯有"理论性"知识-哲学，对于这两个方面的"局限"，都在一定的时间内有所"克服"，因而可以说它不是"技术性"的，而是"理论性"的。

这种"理论性"知识的强调，在当时是很解放的。这种"理论性"的"自

---

① 出自亚里士多德的《伦理学》。

由"的精神，建立起了一个"必然"的"知识体系"。这个"知识体系"既然不是纯粹形式的，而是"理念"之间的"必然"关系，则必定要用"原因-结果"之间的必然关系，来保障这个知识体系的可靠性。纯粹形式逻辑概念之间的推理，成为"原因"和"结果"之间的"推理"。在"理论"的层面上，而不是在"实际"的层面上，"原因"和"结果"可以互相"推论"。在理论上，当人们知道了"原因"，就必定可以"推论"出"结果"，反之亦然。如果没有这一个保障，那么，这个理论体系也就会瓦解，就像形式逻辑没有了三段论推理的必然性一样。在这个意义上，"理论理性"中的"因果律"就应像逻辑中的"同一律"、"矛盾律"一样有效。

我们看到，古代希腊的哲人们所倡导的这种"自由"的"理论知识"，对人类思想解放的贡献无论怎样评价都是不会过分的。然而，我们也应该看到，这种"理论性"的"自由"是"有限"的。"自由"而又"有限"，则是"自相矛盾"。因而，这种理论，经常受到各个方面的攻击，也使得怀疑论得以长期生存和发展，直至休谟，显示出它的强大的生命力。

首先"理论性知识"在"来源"上就是不很"自由"的。我们说过，"理论"意味着"看"。"看"是"直观"，离不开"感觉"，而"感觉"是"接受"来的，是"被动"的，因而是"不自由"的。"理论性知识"为使自己不同于"形式逻辑"，必得由"感官"——"看"为其中之一——提供"材料"，就这一点来说，"理论理性"就是被动接受的。这样，在"因果"问题上，这个"因"是外来的，不是"理性"本身做得了主的，而是"感性"给予的。"理性"在一开始就"不自由"。在"理论理性"中，"理性"不能是"自因"。[①]这就意味着，"理论理性"不能自足，"原因"既非"理性"自己给出的，也就是不能由"理性"自己"决定"的，因而，由"理性"自身不能"推论"出"原因"来，反之亦然。这就是说，"原因"和"结果"的关系，是"实际"的关系，而不是"推论"的关系。

理论理性是在"知识"层面以"有序"对"无序"的"自由"，是相对于

---

① 休谟曾经指出，"自因"是一个矛盾的概念，因为它意味着"在'存在'之前已经'存在'"（exist before it existed），见《人性论》（*A Treatise of Human Nature*）上卷，人人丛书，第83页。这是一个值得进一步探讨的问题。

杂乱无章的感觉材料（sense-data）的"自由"。"摆脱""无序"，则成为"有序"；然而建立这个"有序"的王国，遇到第一个难题，即如何论证"因果律"的必然性问题。

论证"因果律"的"必然性"首要的任务是让"理论理性"自成体系，而让"因果律""限于"这个"体系"之中，这样就可以自己决定自己，就可以"推论"。康德就是采取这个办法，使"因果律""限于""理论理性"之内，亦即"限于""经验科学知识"领域之内。在这个领域之外，"因果律"让位于"自由律"。由于康德明确了"自由律"，遂使"因果律"得到了"领地"的保障。而前者在古代希腊是不明确的，造成"理论理性""领地"的"扩张"，而使"因果律"的必然性受到挑战。而在这里，康德的"限制知识"，不仅为"信仰"留有了余地，也还显示出对于"知识-理论知识"本身的某些"积极"方面的维护作用。康德的《纯粹理性批判》，"批判-防止""理性"在知识领域里的"僭越"，以使"因果律"之必然性得以在"理论理性"里合理地发挥作用，康德在这方面的努力，是不可以被忽略的。

我们看到，上述所谓"哥白尼式革命""保证"了康德把"科学知识""限制"在"理论理性"之内的"权利"。康德批评过去的知识论，是"主体围绕客体转"，现在他把这个关系"颠倒"了过来，在这种"颠倒-革命"之后，"科学知识"就获得了"必然"的"可靠性"，而不必像过去那样，"主体"要"围绕-跟着""千变万化"的"大千世界"转，得不到一个可靠的基地和根据。

就我们这个论题来说，我们可以把康德的"哥白尼式革命"理解为：过去因为"主体"围着"客体"转，追求的是"实际"的"知识"，亦即"事物本身"的"知识"。而"革命"之后，改变了方向，追求的乃是"客体世界"可以向我们"显现"的部分——即"现象"的知识，亦即"理论性（化）"的"知识"。

在这个意义上，大千世界中，只有那被允许（适合）进入我们（主体）的"时空"直观形式的"部分"，才构成"知识"的"元素"，而那不受"时空"直观形式"规范"——不进入"时空"直观范围的"质料"，只能是"事物"它"自己"，而根本不是"知识"的"对象"。在这个意义下，康德才（有权）说出"知识（之所以）可能的条件就是知识对象（之所以）可能的条件"这样难懂的"名言"。

于是我们看到，康德之所以坚信"因果律"之必然有效性，根据在于："感觉材料"虽然千头万绪，一团乱麻，但凡能够进入统一"时空"直观的，已具有"先天"（a priori）之形式，而非"无形式"之"瞬息万变"，在这个条件下，"因果律"才能生效。在这个意义下，"因果律"之"工作""对象"，已经具有"先天性"，则"因果律"自身的"先天性"，必然就不会有任何问题，在理路上不接受任何质问。

于是，我们可以看到，包括休谟在内的一切经验主义-怀疑主义哲学之所以怀疑"因果律"之必然性，乃在于他们追求的是一种"实际-事实"的"知识"，追求世间万事万物、古往今来事实之每一种细节。就空间而言，他们追求穷尽大到宇宙无限，小到各种"（原、中、质子等）诸'子'"之诸种"特性"；就时间而言，他们追求穷尽亿万年之中年、月、日、时、分、秒等等所发生的事情，要求说明事情之间的"因果"关系。他们理所当然地发现这种做法是不可行的，而且自从量子力学创立以来，"测不准"原理揭示了这种"实际-事实"的知识，对于哲学所谓"理论性知识"的诸"先天形式——无论直观的还是范畴的"，都是不合适的。

"经验科学知识"这个概念，在康德和自然科学家心目中有不同的理解。我们可以批评康德在理解这个概念上有局限之处，但是我们也应该充分认真地考虑他的理路。或许，在哲学的层面来看，当前科学的新进展，正说明了康德划分"理论理性"和"实践理性"——"现象"和"事物自身-本体"的意义。当然我们应该指出的是，康德"限制""知识"，只是在"限制""理论性知识"方面，是有意义的。他并不能够"限制""实际-事实"的知识的与时俱进。而当他"留下"了"实际-事实"知识的"空白"之后，他对"本体-事物自身"的概念，过快地转向了伦理道德，而将"实际-事实-本体"的"知识""搁置起来"。①

---

① 我们很有兴趣地看到，史蒂芬·霍金在《一切都是注定的吗?》（湖南科技出版社，1996年，第91页以下）一书中也有同样的倾向，即在指出并非一切皆为注定之后，强调"意志自由"与社会责任的关系。也许霍金也读了康德的书，但是他在面对自己的研究对象时，也未能划分"现象"与"本体-实际"的界限。实际上，随着现代科技的发展，人们的"知识"对象，已经越来越趋向于对于"事物自身"的探索，亦即对于"混沌-本体"的探索。"科学"与"哲学"正在越来越"接近"。

4. "因果律"之僭越

"因果律"只适用于"现象界",亦即只适用于"理论理性"。它的应用范围是"有限"的,不是"无限"的;"因果律"进入"无限",则成为"宿命论"。"宿命论"之所以可能,根源自在于"理论理性"的"僭越",人们要用"理论理性"来获得"事物自身-本体"的"知识",也就是说,要求"事物自身-本体"也能够"推算"出来。

所谓"因果律",就是指"原因"和"结果"可以"推算",知道了"原因","结果"就可以经过"推算",准确地"预见"出来;如果知道了"结果",那"原因"也在"推算"之中。按照康德的哲学,我们知道,这种情形,只是在"理论"上可行,而"实际-事物自身"的情形,不是"推算"的问题。

在这个意义上,人-人性的"科学",只能是"理论性"的"体系",而任何"理论体系"虽然自圆其说,但不一定"符合"事物自身"的情形,而只是与其自身的"直观形式"相符合。至于"事物自身"的情形,即对于"物自身"的"知识",则只有设定的"神"才是"全知"的。"神"不仅具有"理论性"的"知识",而且具有"实际性"的"知识"。只有"神"才"无所不知",也只有在"神"的"眼"里,一切都是"预定"的;所以"宿命论"必定需要设定"神"之存在。"宿命论"必定为"有神论"。而"人(性)"只是在"理论"的范围内可以运用"因果律",在"科学理论"的范围内,允许"推论",承认"推论"的必然性,而不让"因果律""僭越"到"事物自身"的领域,企图在这个领域,光凭"理论推演"成为"万能"。

这种"因果"观,在消极方面说,正如康德承认的,限制"知识"为"信仰"留有余地。如要"扩大"这种观念的应用范围,必得设定一个"全知"的"神"的存在;然而为使这个设定成为必定的,同时还必须揭示"理性"的这种"扩大"也是必然的,是遏制不住的。也就是说"因果律"的"僭越",乃是人类"人(性)"自身的一个自然趋向,这种"趋向"只能"疏导",不能"遏制"。

哲学上经验主义"怀疑论"是从消极方面显示了这种"趋向",它因为"扩大"的失效而否认"因果律"的必然性,从而把"科学"降为"应付""变化"的"经验工具"。

从"积极方面"推动这种"扩大"的，有各种的"迷信"。"迷信"中的"推演-演算"，诸如"星象—占卜—风水"，以及"巫术"等，之所以不同于"宗教"，乃在于它们的"伪科学"性质。利用"因果律"之"僭越"趋向，在"人性"中添加"神性"，在"信仰"中添加"知识"，使自己的"通神"的"僭妄"，披上一层"因果律"的外衣，也是利用"界限"之混淆，迷惑"人性"。

"人性"中本有"超越"的趋向，人性不满足于"理论理性"提供的"知识"模式，而要"超凡入圣"。于是世界各民族在远古时期都不免"迷信"，而且即使在科学昌明的现在，也还难于避免，实是因为这种"扩大""因果律"的"欲求"乃根植于人类人性之深处，对此需要疏导而不能遏制。

人们总是相信，人世间的事情都像水到100℃就会汽化那样简单。而实际上，这个定律也还有各种条件的制约，如果在高原地区，情形就会不同。"事物自身"的"原因"总是"复杂"的。人事且暂时不论，即是自然界，作为事物自身来看，也是非常复杂的。"原因"和"结果"的关系并非直线，也非平面的，也不是"大""小"、"得""失"相当的。现在科学研究显示，生物基因遗传密码的一点点改变，将会造成重大的"后果"。这样，就不是"小"原因只产生"小"结果，"原因"和"结果"在数量上就会不成比例；而"因果律"原本是需要一定的"数量"的协调的，经验科学是"定量"的科学。

于是，人性对于"自然事物"的"预言"，只能是"理论性"的，而不是"实际性"的。譬如"水"至100℃就会"汽化"，这条定律也只是理论性的，实际上有种种复杂的因素可以使这条定律"失效"。霍金在他的演讲中以"气象预报"为例，指出由于实际因素过于交叉复杂，这种预报只能在短期内有效。[①] 这对于阐明在"实际"领域里"预测-预言"只有相对的有效性这一点来说，是很有意义的，如果把这种预言预测理解为完全可靠的，则"科学家"与"先知"就只有一步之遥。

事实上，就我们哲学的眼光来看，此种"预言"之所以不可靠，并不在于时间的长短。时间长短是经验的事，即使是短时间里发生的事，人性也没有保

---

① 《霍金讲演录》，第103页，湖南科技出版社，1996。

证我们有完全的把握作出可靠的"预言"。这种情形，我们从休谟的"太阳明天是否升起"的分析中，可以看出我们哲学对此表示怀疑的理由。即使是一天内的事件，我们也没有绝对的把握作出"预言"。然而在理论上，我们被允许从星球运行的规律推算出日出的轨迹，而计算出它相对地球"出没"的时间，这可以是"必然的"。我们人只能在这个"理论性"的层面上作出可靠的"预言"，而经验实际中之所以会有"习惯-恒常"的"现象"，正是因为"事情"在理论上-在道理上原该如此；至于"事物自身"实际究竟是个什么情形，则要"做起来-运行起来"看了。

所谓"理论理性-科学性推理知识"乃是人向往的一种"确定性"，企盼着有一天，人能穷尽世间万物之"理"，能知"过去"和"未来"，殊不知事物之理与事物本身乃是"两个领域"里的事。"事物之理"虽不是纯粹逻辑形式的，它有"直观"为其提供"表象"，但是它仍是"先天的"（a priori）。保持"理"之"先天性"，乃是保持"经验科学知识"必然性的必要环节；同时也就把这种"知识""限制"在"现象-表象"的可能范围之内，因为只有能够进入"直观形式"的"表象"，才能进一步被"知性"（Verstand-understanding）所"理解"，所"思考"，那些不能进入"时空"直观形式的"感觉材料"，乃是"不可理解-不可思议"的，因而是"不可知"的。

进入"直观形式"的当然不限于"现时"，也包括了"过去"和"未来"。对于"过去"，我们当然有"历史"的"知识"，然而"历史学"作为一门"经验科学"，也是"理论性"的，它把"过去"的"事件"作为"表象"进入直观形式，进行"思考-理解"，找出"事件"之间的"前因""后果"，这是"历史科学"的任务。然而实际的历史过程，不是线性的，即使暂时排除"意志自由"的因素，一切都以"审时度势"的利害关系来理解，历史事件之间也还有错综复杂的交叉关系，这就是为什么许多哲学家不满意停留在"历史科学"的面前，而要深入到"历史本身"的缘故。黑格尔—克罗齐—海德格尔—福柯等为其代表者。

无论"历史"与"现实"都有"现象"与"本质-本体"的区分，自从康德把它们从原则上"分割"开来以后，要想把二者"结合"起来，就不能回避康德的问题。然则，把这二者联系起来，贯通起来，原本是人性之自然趋向，因而康德所要防止的"理性之僭越"原本也是人性之自然趋向。"事物自身"在"理论理性"上为"不可知",已为康德阐明,而"实践理性"又被康德规定为"道德-意志自由"领域,于是黑格尔要在二者之上寻求更高的"理性-思辨理性"来"综合"二者的问题,克罗齐提出一切历史皆是当代史的观念,海德格尔指出"历史"之所以成为"历史"之"根据-基础-基地",福柯则不辞劳苦地"搜集"种种"碎片",努力做好"修补匠"的工作,诸如此类,都反映了"理性"原本"不可限制",揭示"理性之僭越"也只是在"理论上"有积极的意义,而在"实际上",从未"限制"住哲学家的"僭越"。①

---

① 哲学家们虽然"僭越",但并不敢置康德之"批判"于不顾;尚有那"伪科学家",自成传统,以"理性之僭越"为能事,相信世间一切之"事物自身"都是可以准确"推算"出来的,因而任何事情都可以"预言-预测"。中国古代《易经》一书,作哲学观,固有深入研究的价值;就其为"卜筮"之书来看,只能是一种伪科学。尚有佛教之"因果报应"说,亦当属于"僭越"之类。"善恶"如作"动机"观,乃是"意志"之事,而如作"幸福"与否观,则"善"与"幸福"之间没有"必然"之"因果"关系,反之"恶"与"不幸"亦无此种关系。为自圆其说,佛教遂有"三世"业报之构想,研究此间理路,亦为一大课题。此处只需指出,人之"理性之僭越"固不可"遏制",但理应疏导。康德的"界限",不能忽略不计。

三 哲学的古代观念

作为欧洲哲学发祥地的古代希腊,其社会环境为哲学的产生提供了有利的条件。至于为什么是希腊,而不是其他地方成为古代哲学作为一门学说的摇篮,原因是很综合的。就我们中国人传统观念来看,当是天时、地利、人和等等原因综合起作用的机遇,所谓因缘汇合,人类就有了"哲学"这门"智慧"之学。

"机遇"常常是"难得"的。"哲学"不能"闭门造车",一个完全"封闭"的"社会"是不容易产生深入的哲学思想的。人们"孤独"地"反省""自身"的"内心","悟"出来的"道理",往往是"空洞"的;然而如果心思一味发向"身外"的"世界",一心只想"征服"外部世界,常常也会陷于"过度""索取"而沉湎于眼前的"功利""世界","世界"无不打上"自我"的"影子",则易于陷入长期被误解了的"万物皆备于我"思想[①],实际上这是前一种态度的"投影"而已,"眼睛"里都是只有"自己"的"私利"。[②]

哲学的"机遇"常常孕育于那既有"自己"又有"他者"的环境之中。"他者"并不是"另一个""自己-自我"。"哲学"最反对"目中无人"。

当然,"哲学"也不能只有"(他)人",而没有"自己"。"哲学"是关于"自己"的学问,讲的是"事物自身"、"我自身-自我",而不是像经验科学那

[①] 孟子"万物皆备于我"说的是我"需要"之物,世界早已"备好",无须孜孜以求,正是批评急功近利的,这样才能与他的"义""利"之辨,舍生取义的思想衔接起来。
[②] 就连黑格尔的哲学也不能逃出这种"影子"的命运。请对比黑格尔"理性回到自身"之"家园"思想与海德格尔之"人"与"存在"为"邻"的思想。

样，仅限于在"经验"的"因果"系列中研究事物和人的种种必然关系。"哲学"是"自由"的学问。"哲学"探讨"诸自由者"之间的关系。

古代希腊的城邦，正是这种"诸自由者"的"温床"，因而也是关于"自由"的学问的"温床"。尽管我们看到古代希腊的"自由"观念，尚局限于"知识"——摆脱眼前利益之"束缚"，"自由"尚在"襁褓"之中，然而已经"呱呱坠地"了。

"自由者"推动着"自由"地思考。何谓"自由"地思考？"自由思考"乃是"无限定"地思考，是"不受限制"地思考。何谓"限制"？"限制"是"规定"，而"现实-经验"世界，乃是一个"规定"了的世界，人们的思考遵循着"经验""规定"的"轨迹"进行。"自由（者）"的思想，总是要"超越"这种既定的"轨迹"，或者说，"自己""规定""自己"的"轨迹"，"自己""创造""轨迹"。在这个意义上，"哲学"作为"自由"的思想，作为对于"世界"的"自由"地"思考"，就经验眼光来看，是"非常规"的、很"奇特"的。在普通人眼里，"智者"是一些"怪人"。"哲学"不是"独断"，不是"教条"，不是"教导"。

然而，我们已经说过，在摇篮中的"哲学"是一种"科学"的形态。这就是说，"哲学"同样是一种"知识"，尽管是一种很奇特的科学。

"自由"的精神原本也是"科学"的精神，"科学"需要"探索"，而"探索"需要"怀疑"，然则，"科学"的"目标"却不在于"不疑"，不在于对于"因果"必然性的"理论"之"信心"。"怀疑"在"科学"乃是"手段"，而非"目的"。

我们当然不能说"哲学"的"目的"在于"怀疑"，哲学对于"真理"有最坚定的"信念"，从古代希腊以来，"哲学"被"规定"为"追求真理"。只是"哲学"对于一切现成的"真理"采取"怀疑"的态度，亦即"自由"的态度。"哲学"的"怀疑"源自对于"真理"的信心，但并不认为真理乃是现成的教条。哲学坚信，一切现成的东西都将消失，黑格尔说，真理是一个过程，真理乃是"大全"。

然而"大全"如果也是"现成"的，则必有"矛盾"。"大全"乃是"矛盾"。"大全""一分为二"。然则，"大全"原"不可分割"。"一分为二"本身即是"矛盾":"二"而"一","一"而"二"。你中有我,我中有你。"你"、"我"都是"自由者"。

"科学"与"哲学"皆来自"大全";"科学"将"大全""分为""必然",而"哲学"将"大全""分"出的仍是"自由"。因而,在这个意义上,"哲学"的"怀疑",恰恰不是"绝对"的,不是"绝对"的"否定",而是"正""反"双方的相互"包容"——雅斯贝斯的"包容性"(comprehention-Umgreifen)。"哲学"是"矛盾"、"怀疑"的"肯定",是"否定"的"肯定"。因而,"哲学"也是"学问",也有"理论",也有"学说"。"哲学"具有"科学"的形态。"哲学""讲理"。

"哲学"之科学形态,出自"娘胎"。

(一)"哲学"与"前(准)哲学"

这里所谓"前哲学",不仅仅是指"宗教"或"神话",因为一般认为原始的"宗教""神话"是比"哲学"更为古老的思想形式,而"哲学"来源于这种形态。这里说的"前哲学"乃是宽泛地包括了或侧重指古代希腊哲学的"前苏格拉底"时期。我们这里把这个时期看作欧洲"哲学"的"准备阶段",所以叫做"准哲学"。[①]

这个时期最具代表性的乃是一种"追根寻源"的思想方式,它孕育着对于经验"因果"系列的"超越",它的问题是探求事物之"始基"(arche)。按历史的编年方式,泰利斯被定为"哲学之父"。然而关于泰利斯除了有一些传说之外,并无任何著作传世。固然这个时期的哲学家都没有什么完整的著作传世,只是在后人的转述中,经过精心整理,有一些比较可靠的"残篇",泰利斯连这种"著作权"也不拥有。只有一句话被定为是他的"著作":"万物之始基为水"。

事实上泰利斯一生决不可能只说了一句话,他这一句话之所以为当时和后

[①] 这种说法,肯定不同于海德格尔。海德格尔的看法,自有他深刻的道理,不应忽视。只是我们这里采取的态度,与海德格尔"退化"观念相反,是一种"进化"的态度。古代希腊人说过,"向上的路"和"向下的路"是同一条路。我们也可以套用这句话,说"进化"的路和"退化"的路,乃是同一条路。我们和海德格尔同在一条路上。

代的人重视，当尚有其他许多话在"维护"着它。就我们异域、异时的人来说，也不能想象就凭这一句话能够"开发"出黑格尔那洋洋大观的哲学体系来，即使是经过数千年的"孵化"也不可思议。

在这个意义上，也许我们可以说，这个时期我们该侧重的是"哲学"，而不是后来意义上的"哲学家"。我们不妨将古代希腊"前苏格拉底"这个"准备阶段"，作为一个"整体"来看。这个时期的"哲学"，对于"世界"的"始基"有过细致而深入的思考。

"始基"问题是"世界"从"混沌""开（显）"出来的问题，是"世界""理智之光"，是"宇宙"（cosmos）之光。"光"之所以有意义，之所以为人重视，乃是"设定""原本"有一个"黑暗"在。"光"在最初的意义上使"世界""有序"。

"始基"问题"设定"了人的"理智"有能力把"世界""理"出一个"头绪"来。有了"理智之光"，人们就有能力，有权利，提出"始基"的问题来。因为"始基"的问题意味着人们并不满足于自己与之直接"交往"的世界，而相信这个眼前的世界是由一个我们眼前已经看不到的东西"产生-生成"出来的。"始基"追问一个"不在"的东西，认为要"理解"目前"在"的东西，必须"理解""不在"的东西。就如同"人"自己一样，"现在"的"人"，都是"古代"的"人"的"子孙"，而"古人"已经"不在"——"始基"希腊文原意乃是"祖先"。

"始基"的追问，不仅意味着"因果"系列的"推溯"，而且意味着"因果"系列的"断裂"和"超越"。"因果"系列是"存在"系列，但是对它的"追根寻源"，却走向了"反面"，从"存在"走向了"非（不）存在"。只是，这种"断裂"和"超越"，在这个阶段是被"掩盖"着的，因为"经验"的"科学"态度，不可想象"非存在"的问题，这个"科学"，永远以"存在"作为自己的研究、思考"对象"。

"经验科学"的思维方式，按雅斯贝斯的说法，是"对象性"的思维方式，亦即对"有"的思想体系，不管这种"对象"是"在""现实"中，还是"在""想象"中；而不能以"无"为"对象"，对于"无-非存在"的"思想"，是"非对象性"的。"哲学"不排除对于"无-非存在"的思想，则它的思想体系就具有"非对象性"的特点,因而"哲学思维"具有"包容性"。

所谓"包容性",乃是"主体"与"客体"相互"包容"的一种形式,是一种"非对象性"的思维方式。这种"非对象性"的思维方式,实际上也就是"历史性-时间性"的思维方式,它不使"不存在""存在",亦即不使"不在场"以种种方式"在场"。"人"不是"神",不可能是"永恒性"的存在。对"神"而言,似乎"过去"和"未来",都是"现在"。对于"有死的""人"来说,"过去-未来"都是"不存在",都是"无"。对于这个"无",经验科学并无恰当的"范畴"来"思想"它,只能通过"想象",把它转化成"对象",以便逻辑的"范畴"能够"思想"它。在这个意义上,经验科学是把"非存在"当作"存在"来"认知",于是,此种主客体对应的"对象性"思想方式,就不是"包容性"的,所能达到的只能是"现象-表象"之间的"因果"之知识,而涉及不到事物之"本质-本体",因为"本体-本质""在""时间"中,"在""历史"中,而在时间-历史中的"事物","存在"和"非(不)存在"是"同一"的,"存在"是真正的"不存在","不存在"是真正的"存在"。在这个意义上,只有"哲学"的思维,才能真正把"不存在"当作"不存在"本身来思考,把"存在"当作"存在"本身来思考。

然而在古代希腊这个"前-准哲学"阶段,哲学的问题尚未能超越"经验科学"知识模式,他们把已经"不存在"的"始基"当作"万物"之一,泰利斯那个"水",是希腊人最为亲切、赖以为生的"大海"的"想象"产物。"最远古"的成为"最现时"的。"始基"就在我们的"面前"。

泰利斯学派的"始基",都是人们最熟知的物质元素:水、气。与此对立的南意大利学派也不例外,毕达哥拉斯学派的"火",同样是一种物质元素,而它们的特点在于将这种物质元素的"变化""规则"化,使"时间-历史-变化"成为科学范畴可以把握的"原则"。毕达哥拉斯本人强调"数",赫拉克利特强调"逻各斯",而与阿那克西曼德的"无定"(apairon)相对应,在学科性思想上,可谓有所推进了。

然则,阿那克西曼德的"无定",尽管指的乃是"水"的一种特性,但抓住这个"无定"的特性,仍是哲学思维的功劳。"水"性"自由","限定"是外在东西给予的。它的"自性"乃是"水性杨花",放荡不羁。看来希腊人与中国人有同样的感受，借题发挥，升华为一种哲学的"始基"，当是希腊人的贡献。相比之下，毕达哥拉斯学派的强调"数"，强调"pairon"，和赫拉克利特的"逻各斯"都过于"经验科学"化了。"数"和"逻各斯"都是力图将"不存在"的东西，当作"存在"来思考，使其"条理化-规范化"，成为一个科学体系。"哲学"只是众多的"学科"中一个更为"基础"的"学科"而已。将"不可分割"的东西"分割"开来，然后再"重新""连贯"起来，形成一个思想-概念的"体系"，认为这就是"真理"，这是早年"哲学"作为一门学科不可避免的命运。

然而即使是在"准备阶段"，"哲学"也并不安于仅仅追随"经验科学"的"模式"。"哲学"作为一门学科自身充满了矛盾，而且不像经验科学那样，通过"矛盾"的克服，使自身得到"进步"；而"哲学"似乎在这种"克服"中仍停留在"原初"的"地方"，仍是"回到源头"。在严格意义上，"哲学"的"矛盾"，并"不可克服"，"哲学"只能在"矛盾"中得到推进。"哲学"的"进步"在于发现、保持、发展"矛盾"。

于是在某种意义上，哲学家似乎总在"制造矛盾"。

为了反驳赫拉克利特的"万物流逝"，巴门尼德说，要严格划分"存在"与"不存在"的界限，"存在"就是"存在"，"不存在"就是"不存在"。说那"变动不居"的事物，充其量只能得到一些"正确的""意见"（doxa），而只有说那"存在"的东西，才能得到"真理"（alethe），于是他的哲学诗残篇有"真理之路"和"意见之路"之分。

当然就是赫拉克利特的"（水）流"，也像"火"一样，有生有灭，"在一定的尺度上生灭"，"logos"（逻各斯）乃是"尺度"。"尺度"乃是"秩序"，不是"混沌"。"哲学"要以自己的"尺度"来把握"混沌-无度"的"水-火"，"哲学"本是一个"矛盾体"。

"哲学"不能舍弃"不存在"。"哲学"不仅要在"流变"中"看到""尺度"，而且要在"尺度"中"看到""流变"，"度"与"无度"在"哲学"中，"不可分割"，就像"存在"与"非存在"不可分割一样。

然而，在古代哲学这个"准备阶段"，"存在"与"非存在"被分割了开来，成为学派之间强调的不同方面；不仅强调"度-存在"的学派如此，强调

"无度-非存在"的学派亦复如是。古代原子论很强调"虚空-非存在",说"非存在"不比"存在"缺少什么,但是它的"不可分(原子)"当是"存在",而为了"能动",才需要设定"虚空"之"存在"。

"空间"问题是古代希腊哲人的"天堂"——"天"在"人"的"上方";"时间"对于他们是一个"例外",一个"怪物-奇点"。"时间"是真正能够把"存在"与"非存在""混同"起来的"地方"。"过去",说它"不存在",它"存在"过;说它"存在",它已经"不存在"。"未来"也有同样的"怪处"。"时间""集-综合-纠缠-混合""存在"与"非存在"于"一身"。"时间"其为"物"也,正在于它这个"怪"字上,"奇"字上。

赫拉克利特深知"时间"之"怪",说了"时间是掷骰子的儿童,儿童为王"这样的"谶语"。

"哲学"努力来"破译"这个"谶语",然而哲学必须从"空间"入手使得"时间"变得"可以理解"。这就是说,哲学要使"自由"带有自身的"必然",使"混沌"带有自身的"秩序",使"哲学"具有自身的"逻辑"。

于是,"哲学"承认"辩证法",承认"二律背反",承认"命题"的"矛盾"的积极意义。这样,我们的"哲学"脱离了"襁褓",长大成人。

(二)苏格拉底-柏拉图的"辩证法"

古代希腊哲学到了苏格拉底-柏拉图的时代,进入成熟阶段。由于哲学作为一门学科的特殊性,人们甚至经常会说,他们之后欧洲哲学的任何"新"思想,都可以在这个时代的哲学著作中或明或暗看到一点远古的痕迹。以后的哲学家也都在不同的自觉程度上,把自己的思想与这个时期衔接起来,不要说胡塞尔很明确地把自己的现象学理念论与柏拉图相联系,甚至连上个世纪末故去的列维纳斯都说,他的"伦理学形而上学"都能在柏拉图"至善"理念学说中找到根据。

说这个时期哲学已经"成熟",还因为从柏拉图的《对话》开始,我们有了比较完整的"哲学著作",尽管这是一种现实"对话"的形式,犹如"现场(录音)记录"。以前人们也称作为柏拉图的"戏剧",在古代希腊悲剧、喜剧中"对话"是最重要的,尽管根据亚里士多德的说法,在实际演出中,戏剧的要点在于"动作"。

从形式来说,"哲学"在上述"准备阶段",主要是以"诗-韵文"来表述思想。这种"哲学诗",既非荷马式的叙事,也非单纯抒情,而可能是继承更古的希腊"七贤"的"道德规训"的传统,将哲学思想以"规训"的态度"吟诵"出来。这种形式,不仅杂有传统的"神话"的成分,而且带有独断教条的味道,并非"哲学"所宜。

"哲学"从"诗"的形式发展成"戏剧对话"的形式,不仅是时尚的一种转换,而同时也是"哲学""自由精神"的一种进步。独断教条束缚了"哲学"的"自由思想","对话"体裁,使"哲学"直接进入"问题"之探讨。

"对话"只是一种形式,并不能完全保证思想不陷于独断教条,就像哲学"诗"的形式不一定就是独断教条一样;然而"对话"这种形式,更容易展示思想之"矛盾",提示人们"哲学""教学"不同于一般的"知识传授",而是一种"自由交谈"。

"哲学"的这种"自由交谈",当然不是"闲聊"。"闲聊""止于""意见","哲学"则以追求"真理"为己任。

在此前的哲学准备阶段,哲学家们已经逐渐意识到,哲学不能光靠"说教""宣布""真理"。中文译成"真理"的,按亚里士多德的说法,乃是"真知识"。严格说来,"真理"和"真知识"在含义上是有区别的。按中文说,"真理"乃是"真""理路",偏重于"推理"方面,而"真知识"则有更多"内容"的意义在内。"知识"离不开"经验"的内容。

这样,在某种意义上,"真知识"这个概念比起"真理"来是更为复杂、更为"高级"的;然而,中文以"真理"来翻译、理解希腊的"alethe",还是有相当的根据的,也就是根据了希腊人自己的思路历程的。

希腊人看到,面对瞬息万变的大千世界,要想获得坚实的知识,只能从"理路"上去寻求;而在"感觉"世界,是无"真知识"可言的。这样,希腊人得到一个观念,即只有在"理路"上得到"论证"的"知识"才是"可靠"的,才是"真"的,而不是"感觉"的"假象"。这就是说,只有经过"论证-证明"了的"生活"才是"有意义"、"有真理性"、"真实"的生活,而不是

"过眼烟云"。

古代"芝诺悖论"充分说明了希腊人的这种态度。

然而"芝诺悖论"是一个"千古难题",使无数学者尽折腰。

"时间-运动-历史""不可分割",因而不是"分析""论证"范围的问题。"时间""不可证明",乃在于"时间"本身既不可感觉从而不是一个"对象",又不是必然因果系列所能涵盖的范围。"时间"为"自由"的系列;"历史"为"诸自由者"的"舞台"。"历史"之所以为"历史",乃在于"诸自由者"使"自由"得以"实现"。"实现"了的"自由"当然"欢迎"以"必然"之"因果"关系去"理解",这是"(经验)历史科学"的根据所在;然而进入"历史"本身,进入"历史"之所以成为"历史"的本质,则就进入"自由"的领域。

"论证-证明"一遇到"本质"的问题,由于它的"自由性",由于它"存在-不存在"之不可分割性,就显示出它的局限性。

充分揭示这种局限性的是苏格拉底—柏拉图的"辩证法",也就是柏拉图以"对话"方式"记录"下来的"二律背反"——正反双方命题都具有很强的论证力量,但却无"定论"。

长期以来,学者们为柏拉图《对话》之缺乏明确正面答案而很伤脑筋,久而久之,人们发现,柏拉图记录苏格拉底这些谈话,并非"教导"人们某些固定的道理,而是在揭示矛盾——并非揭示感觉世界的矛盾,而是在揭示"道理"上的矛盾,亦即"理性"的矛盾。感性上的"矛盾"在"理论原则"上是"可以克服"的,"火"之"生灭",都有一定的尺度-分寸,是为"逻各斯";然而,"理性的矛盾",因其"不受限制"而"不可解决-不可克服"。

"理性"并非在一切问题上都会陷入不可克服的矛盾,而只有在涉及"本质-本体"时,亦即涉及"事物自身"时,才会陷入此种矛盾。这就是说,"理性"在探讨柏拉图《对话》中所涉问题,如"正义"、"美"、"知识"等根本问题时才发生不可避免的矛盾,显示"理性""推理"之"不(足)够"。"推论-证明理性"在遇到"本质"问题时所发生的"矛盾"为"辩证法"。"dialectics"中"dia"在希腊文原是"分开"和"通过"的意思。只有"分开-分裂"才能"通过"。"人"在"裂开"的"道路"上巡行。同样的,"chaos"

也兼有"混沌"与"裂口"双重含义,这是"人"面对"chaos"唯一的理解方式:使其"裂开"。"chaos"的"裂开",如同"理性"之"辩证法"——"分"而后"通","分"后"人"才有"路"可走,这也是使得"本质"可被理解的唯一途径。这当是苏格拉底—柏拉图对于哲学问题的真切体会。

分裂开的东西已经不再是严格意义上的"混沌",它已经是"开天辟地",有了万物之规定性,因而也就有可能产生对于此种规定性的"知识";然而"哲学"既然坚持"追根寻源"的精神,探究"原始"和"始基",则必须"抓住"那"混沌""初开"之际,面对那"将分未分"的"状态",中国史家所谓"究天人之际",而这种"状态"恰恰并非"瞬间",而是"时间"之"绵延",是"历史"之本体和真实面貌,是"自由"之"现实","现实"之"自由"。要对这种"状态"说出"道理",要不"舍弃""混沌"而寻找到"道路",乃是"混沌"中之"秩序","秩序"中之"混沌";因为"哲学"面临的,原本就是"存在"中之"不存在","不存在"中之"存在","有"中之"无","无"中之"有"。于是此种"道理",就不是"单面"的,而是"双面"的,就要允许"说""两面的话"——"dia-lectics-dia-lego"。这样,"辩证法"就成为"哲学"思考的核心方式,一种哲学的"思维方式"。这种方式,源于古代希腊苏格拉底—柏拉图。

"哲学"为"非对象性"的思想方式,但又非"纯形式"的"推论"原则,则仍应有其"非对象性"之"对象"。我们通常说,"哲学"的"对象""无所不包",天地人神似乎全都包括在内,就其包容的具体事物范围来讲,它包括"无限"多的"具体对象",我们往往在这层意义上理解哲学之"(大)全";而"哲学"之"全",尚有我们经常说的"全面"的意思。何谓"全面"?"全面"就是"辩证法":不仅要看到"事物"的"正"的一面,而且要看到"反"的一面;不仅要看到"积极"的一面,而且要看到"消极"的一面;不仅要看到"存在"的一面,而且要看到"不存在"的一面。阴阳相生,相反相成,福兮祸兮,举凡众生一切,皆为"有""无"之"变";而事实上之"变",在理论上就成为"辩"。"事物本身-物自身"是"全面"的,"自相矛盾"的;对于这个"事物自身"的思考——"(哲学)理论",也是"全面"的。而"全面"并非"恶的无限","包罗万象","无所不有"。"全面"就是"两面","全面"就是"对立双方"。

在这里,我们看到,苏格拉底-柏拉图的问题一直延续到康德-黑格尔那里,成为欧洲"哲学"的"传统"。

柏拉图多数《对话》,对于所提问题,以诘难方式展开讨论,不少辩论,逻辑相当严谨,引人入胜。诘难的目的,企求达到一个一致同一的结论,为所设定的概念,给出一个正反双方都能接受的"定义";但往往以"失败"而告终,不了了之。在《会饮篇》讨论"美"的本质,最后用了一句双关成语"美是很难的—好事多磨"结束全篇。

史家公认,柏拉图是"理念论"的创始者。在《理想国》里他对"理念论"有比较集中的阐述,他那"洞穴之喻",可谓千古话题,没有哪个称得上"哲学家"的学者不认真思考的。海德格尔有专门的讨论,见他的《柏拉图真理观》。海德格尔对这个"洞穴之喻"分析得很细致,以"火光"-"影子"-"日光"与"太阳"四层意思,层层逼近,指出柏拉图的"理念"乃是"诸存在者"之"显现",未曾进入他自己的"存在"领域。"理念"乃是"事物-诸存在者"之"完满性-善的理念"。海德格尔认为既限于"诸存在者"而又具"完满性",此种"超越",遂注定了柏拉图为欧洲形而上学之父。

"理念论"的内在矛盾,柏拉图自己也已经清楚地意识到。

按柏拉图的思想,"理念"先于"诸存在者",早于万事万物,"理念"并非从"诸存在者"中"抽象-概括"出来的。从"诸存在者-万事万物"中由人的大脑"抽象-概括"出来的,是"抽象"的"名词概念",归根结蒂是一种"符号",它又指向"存在者-具体事物";柏拉图的"理念"正相反,它是事物的"原型","诸存在者"、"万事万物"是"依据"这些"原型""产生(制造)"出来的。在这个意义上,不是"理念""模仿""事物",而是"事物""模仿""理念"。世间万事万物是"理念"的"模仿物-影子"。在这里,柏拉图为"哲学"制定了一条从"思想"到"现实"的路线。

柏拉图的"理念"并不止于"思想",因为它不是"抽象概念",可以只问自身的"逻辑关系"。"理念"具有一般经验概念所没有的"能动性"和"创造性","理念""制造-创造""现实"。

"创造者"与"被创造者"不在一个层面,"被创造者"永远"低于""创造的原型"。"模本"只能无限地"接近"它的"母本",而不可能就是"母本"。

把"永远"和"无限"的"时间过程"化为"空间"的范围,将时间"空间"化,乃是古代希腊人的"习性"。于是,"模本"只是"母本"的"部分",而不是"母本"的"全体"。"理念"需要有一个"分有"观念来沟通"模本"与"母本"的关系,缺少这个沟通环节,"理念"与"现实"就会是风马牛不相及。

"模本""分有""母本",意味着"模本"为"母本"的一个"部分",而不是"全体",也意味着"母本"可以被"分割"为"部分";然而,按照原先的设定,"母本-理念"乃是"不可分割"的。

于是,柏拉图的"理念论"本身就蕴涵着"矛盾"。这个矛盾,在《巴门尼德篇》中,借爱利亚学派巴门尼德的口,揭示了出来。在这个"对话"中,苏格拉底尚年轻,而巴门尼德以德高望重的前辈学者身份出现,所诘难问题,自当有一番意义。

不论《巴门尼德篇》是柏拉图的虚构,还是真实的回忆,都说明了柏拉图后来对于"理念论"的进一步追问,正是这种追问,使柏拉图在《蒂迈欧篇》里从形式到内容,改变了"哲学"的观念。

柏拉图的《蒂迈欧篇》,"对话"已经完全处于不重要的地位,而由蒂迈欧一个人主讲,详细介绍、阐述了古代关于宇宙与万物起源的"故事",反映了柏拉图晚年的宇宙论和世界观。

按照《蒂迈欧篇》,现在这个世界是"被产生"出来的,但不是后来犹太-基督的"创世说",尽管其中有着可以沟通的途径。柏拉图的"产生"(gignomai)①原是"生产"(to born)的意思,借用过来,不仅是生物的行为的一种"变化",由"一种状态""变为""另一种状态",而且有几层意思需要分析:

首先,这里"一种状态"和"另一种状态"指什么?这涉及古代希腊哲学,也是整个哲学的基本问题。所谓"变化-生产-产生",乃是由一个"混沌"的状态,进入"有序"的状态,从"混沌"到"宇宙"。蒂迈欧说,"从

---

① 牛津校勘版,*Platonis Opera*,28a。

'ataxias'到'taxin'"①。

这里,"创世"问题也是"有-无"的问题,也是"从无到有",但是它的意思是从"无序"到"有序"。"无序"仍是"存在",而不是"非存在",只是"无(没有)秩序","是"则"是"矣,但是尚"什么也不是",一切以"无限速度""在""变",一切皆流,"不驻-不居"则"把握不住",于是"不可理解"。"混沌"在经验上"不可理解",无前因后果,不可"测量"。"混沌""深不可测","崩裂"之后,乃是"无底深渊"。

于是,紧接着的问题就是,是什么"原因",使"混沌""变"为"宇宙"？蒂迈欧说,"变化"有了"原因"才可"理解",从"无序"到"有序"要有"作者"(genesin)②,这个"作者"乃是"神"(theus)③。"神"为"宇宙-秩序"的"原因"(aitiou)④。"原因"在古代希腊,即是"作者-做(肇)事者"的意思,它对于"所做之事"负有"责任"。

从古代米利都学派的"apairon",经赫拉克利特的"流"和"逻各斯",到蒂迈欧的"有序""无序",说明"哲学"在它的"摇篮"里就关心着"秩序-原则-规律"的问题,说明那个时期的"哲学",乃是对于"秩序"的追求和热爱。哲学在古代,乃是"避乱","求治"之术。

"知识领域"里的"意见"(doxa),也是一种"混乱",人们常说,"真理只有一个",但"错误"却"千头万绪"。

于是,进一步的问题就是,为什么"神"有能力将"无序""变"为"有序"？在柏拉图那个时代,认为"意见"人人都有,各说各是,而"nous"只有"神"才有,⑤而"nous"为"一",不是"多"。"多"则"杂",则"乱";"一"为"一以贯之",乃是"有序"。

在这个意义上,古代希腊"哲学"里的"神",就是"理智者",是"nous"。它和更远古的"神话"(mythos)中的"诸神"不同。"神话"中的"诸神",也还是"多",纷争不已,而"哲学"中的"神",则趋向于"一",

---

① 牛津校勘版,*Platonis Opera*,30a。
② 同上。
③ 同上。
④ 同上书,28a。
⑤ 同上书,49a—52a。

虽然它还不是犹太-基督的"（唯）一神"。犹太-基督的"人格唯一神"，以"伦理"为根据，而希腊"哲学"之"神"，乃是以"理智"（nous）为根据，它是"认知"性的，而不是"意志"性的。"认知"当有"对象"，"意志"则必为"创造"。"认知"性之"神"，为一至高无上的"工匠"，在"他者"中"显现-保持""自己"；而"意志"性的"神"，一切皆为"自己"，无需"他者"之"中介"。

"理智"之"神""按照""必然性"（anagkaion）来"生产"世界。① 所谓"必然性"，也就是"秩序"，"神""生产"世界，也就是"使其有序"，使世界成为"宇宙"。

为什么说是"必然性"，而不是"随心所欲"之"偶然性"？原来希腊的这种"理智性""神"，不像普通人那样为"欲求"所左右，它"无私无欲"，按照一条"善"的原则"生产"世界，于是它的"产品"，也就像它一样"一以贯之"，有一条"理路"贯穿在内，因而这个世界是"可以理解"的，"神"不可能"生产"出"不合理"的世界来。②

Cosmos 中文译为"宇宙"。"宇宙"令人想起"头上的星空"（康德），在古代希腊也有这层意思。"宇宙"令人"抬头"，令人"仰望"。

蒂迈欧说，"神"先"产生"水、气、火、土，但光是这四种"元素"，尚未"有序"，只有"天""产生"了，世间才有了"秩序"。"天"为"秩序"之"原型"。那些向往着"秩序"的"哲学家"，被古人称作"望天者"。

水、气、火、土这些"身边"（at hand）的事物，由于离人"太近"而显得"错综复杂-杂乱无章"，反倒是那些离得"远"的"天体-星空"，显得"简单-单一"，许多"细节"对人的自然感觉，主要是视觉"隐藏"起来，人们看到的仅为"周而复始"的有"规律"的"运动"。

"细节-个别-特殊"被"掩盖"起来，"显现"的为"一般"，"一般"与"一般"之间的"关系"为"概括"与"概括"之间的关系，是一种"抽象"的关系。头上的日月星辰之间，"似乎"（as if）是一种"符号"之间的关系，归结起来为"数"的关系。逻辑的"推理"关系，则是它的基础。这种理路，

---

① 牛津校勘版，*Platonis Opera*，68a—69a。
② 同上书，30a。

在柏拉图的《蒂迈欧篇》中，表现得十分清楚。

如果仅仅是"抽象的符号"之间的关系，只要研究"数学"和"几何学"就能理解，问题还在于在"运动""变化"中如何把握住它的"秩序-规则"。"天体"的运行是赫拉克利特"流变"和"逻各斯"相"结合"的"典范"。

"变-运动"为"时间"，事物必在"时间"中"运动"和"变化"。"时间"之"流"在古人是一个"谜"样的问题，这从"芝诺悖论"可以清楚地看出来；然而按照《蒂迈欧篇》，这个"谜"就会被"天体"的"运行""解开"。

蒂迈欧说，"时间"（choronos）正是由于"日月星辰"之运行而"产生"，是"随着天体产生"的①，而且是按照"数"（kat'arithmon）作"圆周"（kukloumenou）运动的。②

"天上"这种有规则的运动情景，乃是"人间"一切事物之"原型"和"楷模"。在这里，柏拉图倒并未远离他早年的"理念论"，尽管在《蒂迈欧篇》里，已经很少提到这个理论。就其实质来说，柏拉图为"理念论"找到了更加深入的"根据"——这个根据不在地上，而在天上。"理念""在""天上"。

"地上-人间"的事物要"模仿""天上"的事物，必如"天上"事物一样地比较"抽象"，不那样"具体"，"细节"被"掩盖"起来，这样才会"有序"，事物之间才有"规律"可寻。在这个意义上，人们对于事物的把握，必须"超越"事物给与人的"感觉"，因为这些"感觉"是"杂乱"，是"混沌"不可分析——人的感觉与事物本身"不可分"，"感觉"为与事物的直接交流，"感觉""在""事物"之中。

"人"要和"事物"拉开"距离"，就像抬头"望"天上的星辰那样有"遥远"的距离，必须"超越"感觉，进入"理智"。"理智"是"人"与所感"事物"有了"距离"，是"主体"与"客体"分离。于是"人"有了"对象"。

人的"对象"，因为"距离"而成为"抽象"，"抽象"为"突出主题"而"隐藏细节"，于是，"抽象"成为"概念"。事物的"概念"之间的关系就会像天上的日月星辰那样成为"有序"的关系，"时间"关系同样可以"空间"化。这样，"事物"成为"概念"，而"事物"之间的关系成为"概念"之间的"方

---

① 牛津校勘版，*Platonis Opera*，38b。
② 同上书，38a。

位"关系，可以以"数学-几何学"的方式来把握。因而"事物"为"可知"的。而且，只有对于事物的"概念"的知识，才是"可靠的"，才是"真知识"，而那些局限于"感觉"的"知识"，则是莫衷一是的"意见"。

我们看到，经过"概念""抽象"的"知识"，在严格意义上只是"理论性"的，不是"现实性"的；"理念"失去原初的生动活泼的"能动性"，而"趋向于"形式性的"概念"。柏拉图这个思想路线，将是一切"理念论"的历史命运，即使强调"具体共相"的黑格尔和强调"直观"的胡塞尔，也难以完全避免。尽管人们很清楚"哲学"绝非单纯形式性学科，但是"理念论"天然有一种"抽象-形式"的"趋向"乃是出自"娘胎"，在柏拉图自己，已经有所表现。

有鉴于此，他的学生亚里士多德企图为"哲学"寻求另一种思路。

（三）古代哲学观念之大成与"百科全书"式的亚里士多德

亚里士多德在欧洲哲学史上的地位无人怀疑，他是欧洲哲学创始时期的完成者。他之所以被誉为"百科全书"式学者和在实际上具备多方面的知识，是同他的哲学态度和观念分不开的。在某种意义上，他是古代的黑格尔，或者说，黑格尔是近代的亚里士多德。

亚里士多德自己对于"哲学"这个词的用法比较宽泛，这跟他的百科全书式的兴趣不无关系。他似乎认为，凡是研究"实体"（ousia）的学问，都可以叫做"哲学"。因"实体"为具体的存在者，在众多的"实体-具体存在者"中，必有"第一（个）"，那研究"第一（个）实体"的学问，叫"第一哲学"。"第一哲学"，亚里士多德又叫做"神学"，才是后世所谓的"哲学"。

亚里士多德把"科学-哲学"的"对象"定为"实体"，显然是有针对性的。他师从柏拉图多年，深知师门"理念论"的盛衰演变。柏拉图后来对于"理念论"的犹豫质询，亚里士多德想必也很清楚。他的"实体论"，可以说是对"理念论"的一种批判，也是一种发展。

"理念论"彻底否定感性世界，把它称作"影子"；然则"理念"是天上的范本，可望而不可即。我们却生活在感性的世界，人的头可以向上仰观天象，而经常的是"俯察""万物"之"品类"。仅就视觉言,所见也是一个个具体的事物——我们"看"到的是"这一个"。"这一个"就是亚里士多德所谓的"实体"——实实在在的物体。

亚里士多德的"实体"(ousia)不是"抽象"的"本体",而是"感性"的,而且是"个别"的。"实体"为"个体",而不是"共相"。"实体"是实实在在的"知识-科学""对象"。"科学"原则上,即"理论上"只能以"实体"为"对象",而不以"空体-理念"为"对象"。

当然,在亚里士多德那里,"实体"并非仅仅为"感官"的"对象",它同时还是"心智"(nous)的"对象","科学-哲学"作为"(真)知识"正是对于"感觉""对象"的"心智"的把握。亚里士多德这个观念,我们可能会觉得过于"常识"化,然而正是在这种"常识"性观念中蕴涵着哲学的真理。这是亚里士多德为后世哲学发展奠定的坚实基础,正是在这个基础上,"哲学""维持"着它和诸种科学的沟通渠道,使它"贴近"人世的生活。

我们饶有兴趣地看到,可以与柏拉图"洞穴之喻"并列的亚里士多德有"蝙蝠之喻"。

我们知道,柏拉图"洞穴之喻"贬抑"感觉世界";然而这个比喻的结局,当人们走出洞穴,逼视阳光时,由于耀眼目眩,反倒一切惚兮恍兮。此喻的力量,仍限于"感官-视觉"。亚里士多德指出,如果没有"心智"(nous),则犹如蝙蝠,白昼也是黑夜。①

亚里士多德这个"蝙蝠之喻"有多少成分是针对柏拉图"洞穴之喻"的,后人当然不得而知;但是这个比喻在欧洲哲学史上较少受到重视,却似乎是一件不太公平的事。

科学-哲学知识为何需要"用心智"?在亚里士多德看来,知识的目标在于把握"事物"之间的"因果"关系,"知识""知道"什么?"知识"就是"知道""(事物的)原因"。

世间的事物绝大多数是"变化"着的。赫拉克利特说,一切皆流,但有"逻各斯"掌握着"分寸(尺度)"。"流"本身是"无序"的,"后浪"中仍有

---

① 亚里士多德:《形而上学》,993b。

"前浪",将其"割断",则为"水(江、河、海等)",而非"流";然而,人却"生活"在"有序"的世界中,人的生活常常不是"混沌一片",而是有条不紊的。因其"有序",人才能"驾驭"自己的生活。所以,亚里士多德的学说,最反对的是那个古代的"apeiron","无定-无限"不能提供"知识"。① "定"而后"安","限"而后"制(控制、驾驭)"。事物虽在不断变化之中,但任何变化都是有"原因"的,把握了"原因",也就把握了"事物",而把握"原因"要靠"心智",不能光靠感官。感观提供的可能是"混沌"的,混乱的,即使是在洞穴外面光天化日之下,也会天旋地转,把握不住"事物";因此,"事物"固然是"感性"的,但"事物"之"原因"却只有用"心智"来"把握"。因而"心智"(nous)为把握"原因"之官能。以"心智"把握的知识对象,就是"实体"。因而,"实体"又不仅仅是"感性"的。"实体"是在"因果系列"中的"具体事物",因而它不是"混沌一团",而是实实在在的"东西"。

于是,在亚里士多德看来,所谓"真知识",就是把握事物的因果关系,而这种因果关系,光靠感觉不行,必得有"心智"的参与。"心智"之官(能)在对"感觉材料"的"整理-加工",使之条理化,使之"有序";而"心智"这个"功能",恰恰是柏拉图的"理念"(ideas)所缺少的。"理念"只是"模本",它令"感性世界""模仿"或"分有",它"远离"感觉世界高高在上,远在天边;而"心智"之功能,则"离"不开对"感觉材料"之作用,是把"感觉材料""理"出个"头绪"来,即在这些材料中,何者为"因",何者为"果",使这些材料有"头",也有"尾"。把握了这个"绪-序",也就把握了这个"可感的""实体"。

"心智"的作用,不同于理念论那样排除"感觉"。亚里士多德的"实体"说,某种意义上是在努力消除"理念"排斥"感觉"的弊病,将"理念""下放"到"人间"来,是为"实体"。中文将"ousia"译为"实体",有其可取之处。"实体"是"实实在在"的"物体",当然是"可感的"(aisthetas ousias)。②

---

① 亚里士多德:《形而上学》,994b。
② 同上书,995b。

亚里士多德的"实体论",意义深远。他明确了"感觉"与"心智"的关系,把握了事物之间的因果关系,实际上奠定了哲学"知识论"的基础。"知识"乃是关于"对象"的知识,这个对象,是实实在在的事物,是"实体",它是在感觉上"存在"的,而不是非感性的"理念";但它又不止于"感觉",它同时也是"心智"的对象。只有这两者结合起来,才是"真知识-真理"。

我们看到,亚里士多德的"实体论",发展了柏拉图"理念论"的"现实性"一面,"实体"为"现实"的"理念","理念"的"现实"。亚里士多德在总结古代哲学史批评"理念论"时问:"理念"对于感觉世界的关系如何?[①] 他认为,柏拉图本人的"理念论"越来越走上"脱离"现实的道路,亦即与感觉世界越来越"分离"开来;而他的"实体"正是强调、发展了"理念"观念中已经蕴涵的"现实"的一面。这样,柏拉图的"宇宙-有序",才不仅仅是"在"天上的"理想-模式",不是人们头脑中的一张"设计图-想象的原型",而是"人间-事物"的可以把握的"规则-原理"。

事实上,经过亚里士多德的"实体论"的"批判-发展",欧洲哲学史上的大家们,在谈到"理念"时固然强调它的"理想性",但也都非常认真地思考着"理念"的"现实性"问题,黑格尔如此,胡塞尔亦复如是。黑格尔很强调他的"理念"不是抽象概念,而是具体概念,"(绝对)概念"本身就有对"抽象形式"的否定;胡塞尔说他的"理念论"是说了柏拉图当年想说而没有说清楚的问题,他的"现象学-显现学""显现"的并非天上的日月星辰,而是人间的"生活世界"。"人的世界",原本就是"理念的世界",而并非纯粹"感觉的世界"。

我们应该说,不仅黑格尔、胡塞尔在努力把柏拉图想说而未曾说清的问题重新说清楚,亚里士多德也在同一个精神下,觉得柏拉图的理念论尚有许多问题没有说清,他的"实体论",就有"另起炉灶"、"另辟蹊径"的意思。

由于把"有序"从"天上"拉回"人间","真知识"就不仅是"望天者"的事,不是"天文学",而是"物理学-自然学"。"物理学"不仅靠"看",而且要靠多种的感官——靠"经验"(empeiria experience)。亚里士多德的《物

---

① 亚里士多德:《形而上学》,991a。

理学》不仅是一部自然科学著作,而且也是哲学性著作。就是后世为他编纂的《形而上学》,一开头也是强调"经验"①,而且重新阐述了他在《物理学》中提出的"四因"说。

"四因——形式、质料、致动、目的"说是亚里士多德"有序-宇宙"观的具体化,也是"理念论"的变革和发展。"理念"作为"模式-原型",充其量只是"形式因",对形成"事物-实体",尚缺多多。亚里士多德提出另外三种,以弥补"模仿-分有"之含混和不足。有了"形式-原型"还得有"材料-质料",没有质料,原型-形式只是在头脑中,或在天上;有了形式、质料,如何使它们"结合"起来,尚须"中间环节",亦即一个"助产婆",要有一个"致动者",就好像一项工程,有了图纸,有了材料,尚须"工(作)人"去"做"它。最后,"实体"既是"个体",是实实在在的"物体",则它得有个"完善"的"目标","目的- telos -终极-完成"乃是"事物"成为"有序"的必要条件,如果没有这个条件,事物之间就会没有"界限",事物的世界就成为"无定"(apeiroan)。

有了这"四因","事物"就"完成"了,就"完善"了。善哉善哉,于是有了"秩序"。柏拉图的"最高的理念"——"善",乃是事物的"秩序"(taxis)。"taxis"为"善-美- kalos",而"无序"(ataxis)则为"丑"(aischros)。② 此处仍在"实体"知识之内,与"伦理学"无涉。"自然(物理)"自有其序,非关道德良心;而"伦理学"亦自有"经验规则",事关"人事",而不同于"自然"。"物之理",不同于"人之理",乃是"人"与"物"为不同之"实体"。

在某种意义上,亚里士多德的"实体"确为知识之"对象",而"知道"了"对象"之"因"——"形成""对象"的"四种因素(原因的要素)",也就是"知道"了"事物"之"本质","(该)事物"之成其为"(该)事物"之"原因-因素",因而,此时之"对象",乃是"实体",是实实在在的"东西",并非一个"理想-理念"。

"理想-理念"只是"概念","概念"要能进入现实,才对"知识"起作用。在知识意义上的"概念",则是"范畴"(category)。"范畴"和"理念"

---

① 亚里士多德:《形而上学》,981a。
② 同上书,985a。

都有"类"的普遍性的意思,但"范畴"是"作用"于"经验"的,是为了"经验"而设定的法则和规律;而"理念"则高居于天地之外,现实只能模仿它,分享它。范畴使"混乱"的"感觉材料""规范"化,使之"有序",使之成为"可以把握"的"知识对象"。"范畴"的原意为"判定"其为"某类",犹如"理念"(eidos, idea)也有"归类——诊断为何种病症"的意思在内。

但是,"范畴"与"理念"不同,"理念"是"本体"(Being, Sein, einai),而"范畴"只是"工具",是为得到"知识"服务的。"理念"为"目的"本身,而"范畴"则另有目的。

于是我们看到,恰恰是强调"真知识-真理"的亚里士多德,在反对"理念""脱离""现实"之后,把"知识"的"工具"从"现实""剥离"开来,成为"形式"的规则。

"知识"需要"工具"。"知识"的"工具"与"技术"的"工具"不同,尽管它们都是"属于""经验"的。"技术"的工具,为物质性-质料性的,它来源于"经验"又"服务"于"经验";而"知识-科学"的"工具",乃是"思想"的"工具",虽"服务"于"经验",但并不完全依靠"经验",它是"先天"的,即 a priori,是"逻辑"的。

据专家研究,亚里士多德并未用"逻辑"这个词,但他是西方逻辑学之父。他的前后分析篇研究了蕴涵式三段论的基本规则,一直到康德,还抱怨此后未曾有多少长进。

在亚里士多德这里,我们看到欧洲哲学史上一个迹象:强调"经验知识"的,往往同时也强调形式的逻辑;而那强调"理念-本体"的,则像康德—黑格尔那样要下大力气"改造""形式逻辑",使之成为"哲学",或者像海德格尔那样把"逻辑"追溯到更为远古的"逻各斯",将"分析"转化成"综合-采集"。

承认感觉世界的实在性,这是一切经验主义的前提。然而,感觉世界本身是"混沌"的,感觉世界是"流","存在"与"非存在"不仅交替出现,而且它们是"一",如何在"流变"中见出"秩序",使感觉的事物成为"可知的",成为我们"知识"的"对象",则需要经验知识的"范畴"来对这些材料加以"规整","知识"需要"逻辑"。

"逻辑"是"知识-思想"的"技术",而按照亚里士多德的看法,一切"技术"来自"经验",也服务于"经验"。"经验"(empeipia-empiri〔cal〕)产生"技术",而"apeiria-inexperience"则靠(产生)"运气"(tuche),因为前者能知"原因",而后者不能。①

与一切其他工具相同,逻辑作为思想的工具,虽然服从实际的功利目的,但是它本身却有相当的独立性,乃是一门独立的学科,如同"数学"一样。

我们知道,柏拉图在晚年已经更加倾向于毕达哥拉斯学派,强调"数学"的观念,使他早年的"理念论"染上了"数论"的色彩;而亚里士多德的"逻辑学",也可以看作柏拉图这个倾向的进一步的发展,因为感觉经验世界,并不仅仅在"数"和"几何"的关系中"有序",或者说,这种"有序"的关系,不仅仅是"量"的,同时也是"质"的。

"数"和"几何——量化了的空间关系"固然是"证明"(deiknuousi-apodeiktikoon-demonstration)的范例;但是就是"质"的关系,也是可以推论的,感觉的实体,同样可以服从"证明-推论"的规则。② 这样,柏拉图的"数论-几何学",就发展为亚里士多德的"范畴论"和"逻辑学"。

在亚里士多德看来,"范畴论-逻辑学"为"物理学"和"伦理学",以及一切经验科学的必要工具,也就是"真知识-知识论"的基础形式。然则"本体论"又复如何?

"本体论"亦即"存在论",在后世哲学上与"知识论"相对应,而在亚里士多德思想体系中已占有重要地位。

亚里士多德所谓的"本体",不同于一般的"实体"。他的所谓"实体"也许可以理解为康德意义上的"经验对象",海德格尔意义上的"诸存在者";而"本体"则为康德意义上的"思想体"(noumena),海德格尔意义上的"存在"(Sein)。亚里士多德经常用"ousia"指"实体",而"to on"指"本体"。"本体"之所以为"本体","存在(者)"之所以为"存在(者)"——"to on on-Being qua Being"(之原因),亦即一切"实体"之所以为"实体"的"原因"。

---

① 亚里士多德:《形而上学》,981a。
② 同上书,995b。

"实体"就经验上说,"因果系列"一环扣一环,无头无尾;但是无头无尾的东西(apeiron)又非知识"对象"(tas protas aitias),必得设定有一个"头"——"第一因",也必得设定有一个"尾"——"终结因(目的)",则我们才有权利说事物(实体)是"可知的"。

在众多的"原因"中,必有"第一因";因而在众多"哲学"中,必有"第一哲学",以"第一因-存在"为"对象"。① 这样,后世所谓"哲学",严格说来,在亚里士多德,为"第一哲学"。

我们知道,在后人整理的《形而上学》中,亚里士多德解释了为什么"物理学"和"数学"不是"第一哲学"。

在亚里士多德看来,"经验"分为两类:一类是实践性、技术性的,一类是理论性的。它们都涉及对于事物的"因果性"的把握,但是实践性、技术性是要操作的,而理论性则仅限于"观察-看",是对事物因果性的"理论性"的把握,这是一种"科学知识"。原则上说,感觉世界的"因果关系",只有在"理论"上,才能真正把握,因而我们对于"因果",只有"理论"的把握才有"普遍性",而实践和技术都是因时而异,不是"放之四海皆准"的。比起"理论"知识来说,实践性、技术性的"经验",更接近"幸运"。② 古代希腊哲人对于"理论"知识之推崇,确定了他们的哲学知识也是"理论"性的。这个态度迄今一直影响着欧洲哲学,而如何使"理论"与"实践"两种不同的态度协调起来,使之互相贯通,则成为欧洲哲学的一大课题。

"物理学-自然哲学"是"哲学"的,自无问题;但是它探讨"自然(生长)"的"因果系列",而不是研究"第一原因",因而它不是"第一哲学"。按亚里士多德的看法,"第一原因"是"因果系列"的"头",它自身不受制于另一个"原因";因而它绝不"被动",它是纯"致动者",而自身"不动"。这样一个"不动"的"致动者",自身当然不属于"万物""因果"环节的一环,而与这个环节是"脱离-剥离"的,如同柏拉图的"理念"一样,"独立"而"不行",或者也可以说是"特行","特"就"特"在它既是"致动者",而本身又"不动-不行"。这样,亚里士多德就为"第一因"规定了两大特征,一是

---

① 亚里士多德:《形而上学》,1003a。
② 同上书,981a。

"不动者",二是"分立者"。① 以此标准衡量"物理学",则它不属于"第一哲学"范围。

"物理学-自然学"当然是"理论的",它不是"实践"的,也不是"制作"(poietike)的,而是"理论"(theoretike)的②,但它研究的对象是"动者",而不是"不动者"。它"观察"感觉(自然)世界的事物"运动-变化"的规则,研究它们之间的"因果关系",而不涉及那个"不动"的"第一者"。这就是说,自然的"概念-范畴"固然可以"离"具体感性事物而"独立"——非此不足以构成其"因果"的合规律知识;但是它对那"不动者",那个"第一因",却无由过问。因而,它不是关于"第一因"的"学问"。

与此相反的,"数学"所涉之"数"或为"不动者",但是它是否与事物"剥离"并非十分肯定的事,"数"可能是"在质料"(in matter)中。③

于是,在亚里士多德的"知识-科学"体系中,就有三种"理论性知识-理论性科学":数学、物理学和"第一哲学"。

亚里士多德把"第一哲学"叫做"神学"(theology)。也就是说,我们后世所谓的"哲学",在亚里士多德那里的正式名称,叫做"神学"。④ 这是在基督教产生之前的"神学"。亚里士多德之所以把"第一哲学"叫做"神学",或许是跟这门学问研究的"对象"有关,即在亚里士多德看来,"第一因"具有"神圣性"。为区别基督教产生以后的"神学",不妨把亚里士多德的"神学"理解为"神圣学"。这个理解当然并不排除在亚里士多德时代,希腊人仍然保留了"诸神"乃是"(凡)人"的"第一祖先"的观念。希腊传说神话中的"诸神",被普遍认为是世间万事万物的"最早"的"祖先"。

然而,我们也应该注意,亚里士多德作为"第一哲学"的"神(圣)学",已经是"理论性"的,而不是"实践性"和"技术性"的。用现代海德格尔的话来说,如果"物理学"研究的是"诸存在者"的经验科学,则"第一哲学-神学"就是研究"存在"(to on,Being),或"存在作为存在"(Being qua

---

① "第一哲学是关于分立者和不动者的。"见亚里士多德《形而上学》,1026b。
② 同上书,1025b。
③ 同上书,1026a。
④ 同上书,1026a。

Being)。

这样，我们或许可以说，就"物理学"与"（第一）哲学"的关系看，"物理学"是研究"实体"（ousia）的，而"（第一）哲学"则研究"存在"，或"作为存在的存在"，应是"诸存在者-实体"的更深层的"基础"。在这个意义上，我们可以说，亚里士多德是欧洲哲学"存在论"的开创者，后人将他关于"存在"的学问——"第一哲学"放在"物理学"之后（meta-），在"超越"或更为基础的意义上来理解，就不仅仅是一个编排次序问题。"第一哲学-神学-形而上学"在亚里士多德的意义上，是共通的。

当然，亚里士多德本人并没有把"存在论"与"知识论"截然地分割开来；严格讲来，即使是康德，也没有把知识论和存在论绝对分割开来。康德的"知识论"，仍是涉及"诸存在者"的，如果没有感性的存在者，当无经验知识之来源；他反倒是将"存在"只限于"经验"范围，超出这个范围，就不是"存在"的问题，而是"实践"的问题。然则"实践"的问题却是"应该""存在"的问题，因而是一个"行动"中的"存在"问题，重心自然在于"行动-行为-实践"，但仍蕴涵着"存在"的问题。正是在这种前提下，黑格尔发展出了不同于经验知识的"哲学-自由"的"知识"体系来。

亚里士多德的"存在作为存在"的"形而上学"的"知识"，也是"另一种""知识"，在他看是"神圣"的"知识"。

"知识"需要"逻辑"。"物理学"的"实体-具体"的知识，亚里士多德有"前后分析篇"等诸多著作来阐述，有"蕴涵式三段论"来加以保障；然则，"第一哲学"的"知识"，又有何种"逻各斯"的保障？或许我们可以建议，在亚里士多德的《论辩篇》（*Topic*）里，可以得到一些启发。

亚里士多德的《论辩篇》没有受到足够的重视，其实它跟"第一哲学-形而上学-神圣学"有相当的关系。

"第一哲学-形而上学"研究"第一因"，而"第一因"为"不动"、"不受动"、"主动"，是真正的"始基"，生化万物而寂然不动。然而，在通常经验里，在对象性知识里，凡致动者亦受动，因为它自身要是"动"的，才能使"他者""动"，而"动者"必又"受力"于"他者"，这是在常识所能理解的范围内，可以形成的一门经验科学。而这门经验科学，又须得设定一个永不受动而又能致动的"第一者"以为其基础，则对于此种"第一者"之知识，则非"常识"所能及，须得有一门"神圣"的学问来对其进行思考，这门"神（圣）学"也不是以通常分析性逻辑为思想工具，它需要另一种"逻辑-逻各斯"，即"辩证法"（dialectic）。"辩证法"是"形而上学"的思想工具，它带有"神圣性"。这个观念，是和后来很不相同。后世的"形而上学"以通常逻辑为其思想工具，从而使之带上独断教条的性质，乃是南辕北辙，或是跟基督教神学思想之影响有关，而并非亚里士多德的"神（圣）学"的意思。

亚里士多德"神（圣）学"在"命题"、"判断"、"推理"等"逻辑"形式中如何体现？为什么说有些"命题"带有"神圣性"？对于这些"神圣性"的"命题"又如何"论证"？或许理解这些问题的关键，都离不开"辩证法"。

"辩证法"（dialectic）中的"dia"，有"分开"、"贯通"的意思，"分"而后"通"，意味着原本"混"而"不通"。① "dia"与"lectic"合在一起，指"分开来说"，"说两面的话"，"正面"说，"反面说"都可以"通"。这就意味着，它要说的"事"，原本是"矛盾"的，包含了相反的两层意思在内。"正题"蕴涵着"反题"，"反题"也蕴涵着"正题"。

或许这就是说，所谓"第一因"原本是一个"混沌"，是一个"矛盾"。最原始、最"神圣"的"原因"，真正的"原（始）因"，是一个"混沌"，为一"矛盾"，犹如阿纳克塞哥拉的"种子"，孕育万物，万物都"混"在里面，以后的事物，皆由其中"分化-开显"出来。"种子"亦一"混沌"。唯"混沌"为"致动"之"不动者"，非"动"而不能"分""万物""纠葛"于其间，须得"分（割）"而后"通"。因其"矛盾纠葛"，我们的"心智-理智"（nous）要"说"它，须得说"两面的话"。我们的心智要"思"它，须得"辩证地"思维。

"辩证法"所思所说，并非通常经验知识，就科学知识眼光来看，只是"意见"（doxa）；但就它所思所说为"第一因"言，这种意见，也非同寻常，而是一个"公理"（axiom）。"公理"不是"真理"。"真理"是"真实"之"理"，是关于"真实的""感觉世界"的"理"；而"公理"只是"公众""承

---

① "analytic"之"ana-"本有"依据"、"再次"、"复按"的意思，原本虽为"综合"，但可以"厘析"出头绪来；而"dialectic"非为"综合"而是"混合"，非"分"而不可"通"。

认"的"理",并不是关于感性世界的"真实(世界)"的"道理"。

我们看到,亚里士多德《论辩篇》所处理的正是这种"公理"——"公众""承认-相信"的道理,而不是关于真实感性世界的"道理"。"真(实)(道)理"须得"三段论"逻辑来"论证-证明",而"公理"则须得"辩证法"来维护。

亚里士多德在《论辩篇》里所讨论的正是这种为"公众"所承认、所相信的"公理-公众意见",而不是"真理"。

亚里士多德说,有一种"命题-前提"不是关于真实世界的判断,而只是一个"问题",是一个"问题判断",这个问题的"真假"值,不是根据感性世界的真实情况,而是根据多数人或聪明人或著名的人的"意见",这三类情形,代表了"公众"的"信念"。

普通逻辑蕴涵着真实的感性世界的"限制",这种"限制"为一个"准则",设定它的"前提"是"真实"的,而"公理"以"名人-聪明人(智者)"的"意见"为准则,公众以这些人的"意见"为准则,同样也运用逻辑的推理形式,但它的"前提"却是无关"真实世界"的,是这些智者在"两面的道理"中作出的"判断",因其"名望"而得以"公认"。我们看到,或许正是在这种思想支配下,亚里士多德在《论辩篇》里所举"问题性""命题",竟然包括了相当多的"(第一)哲学命题",如安提斯塞(Antisthenes)的"矛盾之不可能性",赫拉克利特之"万物皆流",梅利索斯之"存在为一"①,想来亦非偶然。

在亚里士多德看来,这些有名的人物所提命题,看上去似乎是对感性事物的一种判断,实际上却只是一些问题,只是对事物之"本源"的一种"断定",是对这个感性世界之"第一因"的"意见",因为这些人的名望而成为"公(认)(之)理",受到相当众多的人拥护。但因其无涉感性事实,故无"一定"之"理"。于是我们看到,对于"第一因"正因其"(唯)一"而不能归于"一",盖因这个"一",乃是"一""混沌","一""矛盾"。真实世界的"真理——(关于)真实世界的理",反倒是只有"一"条。"意见"为"多",

---

① 亚里士多德:《论辩篇》,104b,105a。

"真理"只有"一"条,"意见"或无关乎"对错",而只是说出一个"实际情况"。"一"为"混沌-矛盾",则只能"多"方面地"说"它;"宇宙-有序"的世界,则任何真实事务皆归"一理"。

"哲学-第一哲学"也只能以日常语言——普通逻辑来说话,而要说那个"混沌-矛盾-纠葛"的东西,就只能说"(许)多"的"话",而且包括了相互"矛盾"的"话",或者"不同"的"话"。"哲学-第一哲学"离不开"辩证法"。从亚里士多德的哲学观念来说,"辩证法"也可以说是"哲学"从"娘胎"里就带来的特点。

"第一哲学"是"神(圣)学",然而"哲学"又回到了"地上-人间",于是"哲学"就是"智者——受多数人拥护"的"学问"。"神圣"也同样在"人间",受到"多数人"信仰和崇拜。

当然,哲学不同于宗教,哲学仍须"以理服人",而不是"信仰"。"辩证法"仍是"有理路"的,而不是"无理取闹",或者以外在的因素压人。像后期"智者学派"那样的办法,为亚里士多德所不取,所以才有《论辩篇》问世,以正视听。

当然,亚里士多德虽然为"第一哲学"留下了"神圣"的地位(topos),但是他自己的研究重点还是在"经验知识"方面,亦即"(关于)真(实的)(道)理"方面,我们从他留下的大量科学著作可以看出他的研究主旨,而他对于"经验科学"的"工具"所作出的贡献,也是史有定评。至于"辩证法"的发展,当是后世的事业,不过在哲学的创始阶段,亚里士多德已留下了以后发展的空间。他在初创时期所具有的睿智眼光,足令我们景仰不已。我们在古典时期黑格尔那里看到"辩证法"长足的进步,在近代又看到海德格尔从"逻辑"追溯至"逻各斯"的轨迹,启示我们了解,亚里士多德的"分析论-逻辑学",原尚有一个更为原始的"逻各斯"作为基础。"逻各斯"才是从原始"混沌"中透露出来的"智慧之光"。它离"原始"不远,它的力量,尚不全在"分析",而在"收集",从"矛盾纠葛"中"汲取""可以理解"的"理路",在这个理路上,通过亚里士多德的劳动,人们总结了"逻辑",以作为"思维"和"认知"的"工具"。

四 哲学的古典形态

所谓哲学的古典形态，就中文含义来说，也可以理解为哲学的"经典"形态，也就是说，它是一种典型的形态。上承古代希腊的传统，经过中世纪同基督教思想的碰撞，从"婢女"的地位中解脱了出来——就像古代从神话的笼罩下解脱出来一样，形成了自己的相对成熟的形态，下开近世哲学的风气。近代西方哲学的思想方式和存在形式，固然有许多变化，但是迄今基本上仍是在这个范畴之内，直至上个世纪末的各个新思潮、新学派，在某种意义上，仍然只能说是这个古典形态的"分枝"或"变种"。

在这个意义上，我们常常强调，这个阶段的哲学，可以作为学习欧洲哲学的"入门途径"和"导论"；我们甚至可以肯定地说，要想越过这个阶段进入更为新奇的当代哲学，研究当代各个哲学流派的思路，往往是事倍功半的。

（一）何谓"古典哲学"

我们所谓"古典哲学"主要是指 18—19 世纪的德国古典唯心论哲学。我们这种称谓，乃是延续 1949 年以后中国大陆的学术习惯，肯定它具有相当的科学性和明晰性，只是我们觉得不妨把时限放得宽松些，将欧洲大陆作为一个整体来看，包括了这个阶段前后的法国和英国哲学，我们都可以宽松地叫做"古典哲学"。当然，在比较严格的意义上，我们指德国的古典唯心论哲学，也就是我们所熟悉的从康德到黑格尔这一段。

我们之所以把这一段称作"古典哲学"，除了上述历史的原因外，还有两层理由。

一方面，在这个阶段，哲学作为一门专业的学科，在欧洲的大学占据了坚实的地位，得到了普遍的承认，尽管它和"神学"在实际和理论上都不能全然分开。要做到这一点在当时并非易事。基督教"神学"长期具有强大的力量，从属于它的"哲学"，要从其中解脱出来，自然要经过一番艰难困苦的斗争，这种斗争包括了实际和理论两条战线。

欧洲的大学体制，是摆脱中世纪独占文化领域的"教会-修道院"体制的产物。大学内部学科科目之设置，当然也存在如何摆脱宗教控制的难关。

如果说，这些现实的制度的建立有一番实际的艰苦曲折，那么在学科的体系上，如果没有坚实的哲学理论体系与宗教思想相抗衡，要想顺利取得最终的独立权利，也是很困难的。欧洲的"哲学"，在这个阶段的成熟，反映了进入近代时期欧洲社会的成熟，也反映了哲学作为一门学科自身的独立和成熟。

另一方面，"哲学"从古代希腊的创始形态，经过中世纪基督教神学的"洗礼"，将宗教的问题放到了"理性"的"审判"台前加以考察，把上帝的"最后审判"权，夺取到"理性"手里来，"扩大"了理性的权限。在当年启蒙主义者眼里，"理性"正在行使"神-上帝"的权力，只有"理性"才是"真-善-美"的标准，而"感性"的欲求，固然保持着从文艺复兴以来的合法地位，但须当与"理性"取得和谐一致。"理性"成为世界的"最高主宰"。总之，"理性"成为哲学关注的重心。

"理性"权限的"扩大"，意味着它已经不仅仅是对于感觉材料的"加工"的"工厂"，不仅仅有将感官得来的印象组合成为经验的"概念"，再进行判断推理这类逻辑概括的功能，而且拥有自身的完整的权力。理性的功能也不是从感觉经验中"总结"出来的，单纯的"感觉经验"，无论积累至何种程度，不可能"出现-产生""理性（的概念）"。"理性"权力之扩大，"理性"作为最高"立法者-执行者-审判者"三权统一的代表者，迫使人们不能从"感觉经验"中去寻求它的根源，并非诸多感觉经验的"协商"把这种统一的权力交给了"理性"，恰恰相反，正是"理性"自身原就具有这种权力。

"理性"具有此种不依赖于感觉经验的自主权利，遂使康德在哲学知识论中的"哥白尼式革命"有了发生的基地,使得哲学意义上的"知识"问题,不是让"理性"围着"感觉经验"转,而是让"感觉经验"围着"理性"转,以此求得"科学知识"之必然可靠性。

不仅如此,既然人们赋予了"理性"以更多的"权力","扩大"了"理性"的职能范围,则厘定理性各种职能的权力界限,就成为必要的工作,这项工作,康德叫做"批判哲学"。这就是说,"哲学"不能像包括沃尔夫庞大哲学体系在内的启蒙主义者那样,笼统地谈论"理性"的"全知-全能-全善",而要进一步考察它在这三个方面的具体权力范围,既要"到位",也要防止"越位"。

于是,哲学的古典形态,就以康德的"批判哲学"开始。

(二)古典哲学的"知识论"观念

1. 康德的"哥白尼式革命"

古典哲学的观念,从知识论开始。

近代欧洲哲学,以培根作为开创者,他在哲学上最具影响的是他的《新工具》。"新工具"针对"旧工具"而言,乃是对亚里士多德传统的三段论"工具"而言。亚里士多德的蕴涵式三段论,强调"思想"逻辑的正确性,对于"知识"——"正确的认识"有"匡正"的作用,但是它也可以用来为"诸存在者"之"存在"的"推论"服务。经过中世纪基督教神学的利用,为"全能"之"神"作"论证",成为这个逻辑的主要论题之一。神学家们殚精竭虑要以逻辑的工具来"论证""神"之"存在"的"不可动摇性",于是似乎人类"最高的知识"都要在分析性"逻辑"那里得到。针对这股强大的思潮,培根的贡献在于提出一个"归纳"的"逻辑工具",以与"分析"的"逻辑工具"相对立。说明分析性逻辑,或可保证"思想"形式之正确,但不能保证"知识"的内容必有"积累"。人类获取"知识",犹如蜜蜂采集花蕊以"酿造""蜂蜜",是一个"收集-积累-加工"的过程。因此,"感性经验"之聚集,乃是一切"知识"之基础。

培根的经验主义其意义在于指明了"真理-真知识"不仅仅在于"形式"

之"正确",尚须有"内容"之"充实"。然而问题在于:"形式"是"合理性"问题,其本身并不依靠"经验"之积累,"形式"自身形成一个体系,这两者如何吻合,就是要有一个保障的先决条件。

欧洲哲学史上所谓"主体"与"客体"的关系问题,在这个意义上,有了新的内容。所谓"真理-真知识"乃在于"主体"与"客体"之"符合"就不仅仅是"主观印象"与"客观实物"之符合的问题,用中国人容易懂的话来说,就不仅是个"指鹿为马"的问题;而是如何理解两个不同来源的"原则"如何一致的问题。即来源于"主体"的形式原则(逻辑)与来源于"客体"的内容原则(感觉经验)如何一致的问题。

从培根开始的近代经验主义并不承认"知识"有两个不同的来源,而认为一切都来源于"感觉经验",逻辑的形式也来源于"感觉经验"的"概括";然则,如何从只具有感觉经验之"偶然性"能够"概括"出"逻辑"的"必然性",则仍然是个难解的问题,因此感觉经验主义经常导向"怀疑主义"。英国近代从培根经洛克到休谟,是一条明显的线索。法国近代哲学之奠基人笛卡尔,尽管是理性主义者,同样也由感觉经验导向"怀疑论"。

休谟把经验主义推到了极处,他的怀疑论具有思想的彻底性和不可避免性;笛卡尔则提出"我思故我在"的著名命题,用"思"来"挽救"对"存在"之"怀疑"。他们在哲学上的工作,都为欧洲哲学近代的"经典-古典"观念,奠定了基础。

康德的工作,首先集中在"知识论"上,为解决"主体"与"客体"的关系提出了清楚明了的建议。他认为,他指出的这条思想道路,在欧洲哲学上是"革命性"的。

在"知识论"上,康德主要的工作是:颠倒经验主义关于"主体-客体"关系的定位,将中心由"客体"转移为"主体"。传统的经验主义知识论,让"主体"围着"客体"转,而他的知识论,则要"客体"围着"主体"转。这样一种定位性的转变,康德自诩为哲学上的"哥白尼式革命"。

康德这个"革命",肯定了所谓"知识"必有两个来源,一是"感觉经验"的,另一是"理性"的。这样,实际上康德就接收了休谟的全部理论前提,即从"感觉经验"中"概括"不出在"理论上"具有"必然性"的东西来。但是康德并不"止于"休谟，他还进一步指出，"知识"尚有另一个来源，即"理性"自身的原则-原理。这些原理原则，是"a priori"，即不依赖感觉经验的——和休谟一样，康德认为不可能从感觉经验中概括出这些原则原理来，它们来源于"理性"自身。康德不同于休谟的地方在于：休谟并不认为"逻辑先天"的东西能够与感觉经验的东西在"知识"中"综合-结合"起来，而康德则认为此种"综合-结合"在"理论"上是"可能"的，因而是"合法"的。他认为，做好这种"合法性"的论证，也就是为防止"知识"流于一般经验习俗之"约定俗成"，而赋予"经验科学"以"理论"之"必然性"的哲学的根据。

就康德主张知识的两个来源看，康德是"二元论"者，但是他的哲学"知识"并不"止于""二元论"。他要在这两个来源中找出其必然"联系"之环节，从而在哲学的层面，使二者结合起来，使"多"归于"一"，使"感觉经验"之"杂多""归于-统摄于""理性"之"一"，从这里建立起一个理性主义的知识论体系。这个体系，就成为欧洲哲学对于知识问题之不可忽略不计的基本环节，是为古典哲学观念的基础和根据地。

"科学知识"是一个"秩序"的领域，"知识"不是"混沌"。"秩序"来源何处？"知识"何以是一个"秩序"的体系？康德的"先天综合判断"何以可能，实际上就是"知识"的"秩序"何以可能的问题。

既曰"知识"，就不单纯为"形式"，因而哲学知识论不"止于""逻辑"的"形式"。我们可以说，"逻辑"的"形式规则"可以不依靠"感觉经验"自成体系；但是我们并不能说，"知识"也不依靠感觉经验。一切"知识"都不能离开感觉经验，感觉经验为"知识"提供"材料"，这是近代经验主义者所极力维护的基本原则。这个原则，理性主义者并不能够弃置不顾的。理性主义要建立自己的天地，只能在这个经验的基础上另辟蹊径，找出"知识"之所以不能停留于"感觉经验"的理由。不难看出，这个"理由"早已为怀疑主义者从自己的角度透露或揭示了出来。经验主义发展至怀疑主义，走向了自己的反面，暴露了自身的矛盾，使自身解体：感觉经验自身不能提供知识的"秩序"。"感觉"为一"混沌"。感觉自身不能产生"秩序"，或者说，感觉不能保证"秩序"的"必然性"。

我们注意到，康德在他的《纯粹理性批判》第一版序中指出，传统形而上学如同一个独断的"女皇"，当她被推翻以后，这个（知识王国）政权就带有古代"无政府"（anarchy）的特点。整个王国因纷争而成为"怀疑者"（sceptics）和"游牧群体"（nomads）的天下。这样，包括康德在内的这个时期的古典哲学家，都是把"哲学"及其管辖下的"知识论"，当成一个"有自主权"、"有法制"，因而"有秩序"的"王国"来看待的。当传统"形而上学"的"独断"统治瓦解之后，如何在这个废墟上重新建立起一个"自由-民主"而同时具有更加井然的"秩序"的"自由王国"，乃是他们共同的理想。这当然是欧洲近代政治生活在哲学领域的折射，理解哲学的古典观念，不能不顾及此种时代的特点。然而，哲学有哲学自己的问题。

为什么说传统的形而上学是一个"独断"的体系？

批评传统形而上学为一独断体系实际上是经验主义手中的武器。欧洲形而上学在亚里士多德那里，提出探求"物理学-自然学"之"超越"（meta）部分，同时也就将"诸存在"之"存在"引向一个抽象的概念。在亚里士多德本人的著作中，固然尚强调"现实性"和承认"实体"之"可感性"，但是欧洲哲学的发展，"形而上学"与"本体论"进一步抽象化，特别是经过中世纪基督教神学的利用，"哲学"成为"论证""神-上帝""存在"之工具，将一切感觉经验之实际，加以贬抑，以求"超越"和"超脱"，而使"灵魂"进入"天国"。

欧洲自文艺复兴以后，"感觉经验"发出了自然的呼吁，逐渐地打破"形而上学"所谓"理性（超越）"的"权威"，有了自身的"权利"，崇尚感觉经验的学者们，遂称此种"至高"之权威为"独断"，实际相当于现实社会中之"独裁"，也是基督教会之"教条主义"。

经验主义反对独断主义之后，逐渐地又陷入上述康德所谓的"无政府"混乱状态，这样，又需"启蒙主义"出来呼唤"理性"之合法权威，使精神的王国与现实的王国一样，既非"独断"，又具"权威性"。

这样，"理性"就由"独断"的，走向"自由"的。欧洲古典哲学走的是一条"自由理性"的道路。"理性"既是"自由"，又是"秩序"。

从"混沌"走向"宇宙-秩序"，在"混沌"中见出"秩序"，乃是古代哲学的理想境界;而"自由理性",开显出一个高于机械必然的"有序"的世界,乃是古典哲学的追求目标。"自由者"之间如何会有"秩序",这种"自由"的"必然",或"必然"的"自由"乃是古典哲学所力图加以把握的哲学"真理";如同现实社会中享有合法权利的"公民"如何结合成为一个"有序"的"民主-自由"的共同体一样。

当然,这是一个非常艰巨的任务。"理性"要走出"独断"的阴影,而又要保持自己的"权力",亦即它"管理-统治"的不是一些已经把自身权利完全"交付"、"托付"出去的分子,而是保持着自身一定合法权利的"公民",因此"理性"本身就需要"厘定"自身的"权力"范围,在不同的"领域-领地"行使不同的权力,这就是康德在哲学中要做的主要工作。

2. "批判哲学"——厘定理性在不同领域的"职权"范围

康德称自己的哲学为"批判哲学","批判"什么?"批判""理性"。"批判"并非一棍子打死,并非单纯否定,尤其并非中国在一个时期流行的"大批判"的意思,"批判"为"厘定"、"审定"、"批审"或"审批"这类的"立法-行政执行(权力)"意思,也就是"审核""理性"自身在不同领域里的不同的合法"权力"。犹如实际的社会中,各种"权力-权利"需要有所分工,以划分"权利范围",避免互相干扰、互相侵犯的混乱局面。"理性"为实际社会划分合法权利范围,而"理性"也为自身划分合法的权力范围,"理性""厘定"自身的"职能"(Vermögen-faculties)。

对于"理性"的这种"批判",也是防范"理性"成为"独断"的一种方式,因此"批判"也就与"独断"相对应。"批判哲学"所针对的正是"独断哲学"。

"独断哲学"是未经"批判"的"理性主义"。"独断"的"理性"乃是社会"权力"高度集中的一个影子。"理性"不加区别地总揽一切大权,表面上为树立"理性"的"绝对权威",实际上使"理性"失去最可贵的本质:"自由"。"理性"陷于机械的片面的"必然性",使一切陷于僵化的机械运作,而毫无生气。"理性"在"独断"中走向自己的反面,将自身降为感觉经验的层面,而丧失了自身超出感觉经验"必然铁箍"的"权力"。"独断理性",自以为自身为"全能",实际沦为"机械"之"工具",为维持一个死寂的机械世界而竭尽全力。

表面上看,"独断理性"只承认自己的"权威",实际是滥用自己的合法权力,造成权力之"越位-僭越"。其结果在康德看来,只能形成不可克服又不可避免的"二律背反",除了一些空洞的"理念"之外,与实际的事务-实际的知识-经验科学知识,毫无"补益"。

"二律背反"乃是"矛盾","矛盾"造成"混乱"。原本"秩序森严"的"知识-科学",由于"理性"之"僭越",反倒陷于混乱,这种混乱局面,如不加以"控制",则同样会导致"无政府状态"。所以"独断理性"走向了自己的反面,成为"经验主义"的"同盟军"。极端的经验主义,必定导向"独断";反之亦然。

于是,康德"批判哲学"首先的任务就在于"厘定""理性"在"知识论",即"经验知识-科学知识"领域-领地中的"权限"所在,而不使其"僭越"。

3. 一切知识来源于感觉经验及其超越

谈到知识,不能完全离开感觉经验,这是近代自从培根以来确定不移的原则,它在抵制传统形而上学将知识归结为逻辑形式方面具有重要的作用。康德要建立"批判的"哲学知识论体系,不能不接受这样一个经验主义原则,在这方面,康德的新贡献在于他对这个原则所做的"补充"。他说,一切知识来源于感觉经验,但又不止于感觉经验。这就是说,要形成知识,尚须另一个来源——理性。

经验主义并非不要理性,不过它理解的"理性"仍是来源于"感觉经验","理性"是"感觉经验-感性"的概括和升华,是"感性"之"抽象"。这样的"理性",没有自身的独立价值,只是一些经验上约定俗成的规则,因而只有经验的"普遍性",并无理路上(逻辑上)的"必然性"(apriori)。经验主义这样一条"从经验到理性"的道路,即培根的"蜜蜂酿蜜"的道路,已经被哲学本身历史的发展证明将导致怀疑论,从而在根本上动摇了"科学知识-经验知识"的可能性,因为"科学知识"是必定要设定为具有"必然性"的。

然而康德为纠正经验主义的哲学路线,又要避免回到传统形而上学的老路,则需要另辟蹊径,即既要保证知识来源于感觉经验又要保证具有理论上的普遍必然性,即科学知识既要是经验的,又要是必然的。康德面临着结合感觉经验与理性原则的严峻任务。完成这项工作并非易事。

康德把自己这项工作,称作知识论上的"哥白尼式革命",当然是有理由的;我们也还可以进一步理解这个"革命"的意义也是对于传统形而上学的"改造",因为这个"革命"的"矛头"显然是"指向"经验主义的。所谓要使"客体""围着""主体"转,乃是针对经验主义使"主体""围着""客体"转的思想路线而言的。这个路线的结果,则是"主体"成为"白版(洛克)",釜底抽薪地把"主体"架空;康德的工作则是首先要使"主体""充实"起来,"主体"不是"白版"一块,而是自成一"体",有自己的来源,有自己的原则,这些原则是不依赖于感觉经验的。然则,这种"主体"的原则,不待康德来建立——传统形而上学者是这方面的行家里手,康德的工作任务在于:要把这原本是两个来源的两种原则结合起来,成为"同一"的知识的形式和内容,把两个"自由体"——二者都"自有"来源,结合起来,合而为一,就是一项艰巨的任务。

说"理性本身"为"自由体",比较容易理解;但是如果说"感觉本身"也是"自由体",就需要解释。其实,我们只要注意到,康德的"物自体"包含了为"感性"提供"材料"的那种来源,这个问题就比较容易理解。这一点在过去往往还是康德具有一点点"唯物主义"因素的一个佐证,但是正是在这一点上,人们所做的思考是很不够的。

我们常说,"感觉材料"(sense-data)是杂乱无章的。什么叫"杂乱无章"?说的是它无"规则"、"无序",这个"无序"观念,就已经和"自由"观念相当接近。

我们所谓"自由",在古典哲学意义上,首先有"摆脱感性"的意思在内;但是,我们应该注意,所谓"自由""摆脱感性",归根结底,乃是"摆脱""必然",摆脱"被动"的意思。"自由"那是"纯主动",乃是"自因"。这一点人们常常归于"理性",这当然也是很有理由的,但是"支撑"着"感性"的——或者说,潜在于"感性"中的感觉材料自身乃是"没有-无""性"的。在《纯粹理性批判》(*Die Transzendentale Aesthetik*)一开头,康德就用了几个词来说有关"感觉材料"的问题,一为"Empfindung",一为

"Sinnlichkeit",一个就是我们常说的"直观"(Anschauung)。① "Sinnlichkeit"既加上"keit"词尾,说明为一共性,即我们常说的,"何物"之所以为"何物"的那样一种东西,这里是"Sinn"之所以为"Sinn"的那层意思。"keit"已经是"抽象"化了的,而非"事物""自身"。那种原始的、基础的"Sinn"则别有所指。这或许就是康德把"Empfindung"与"Sinnlichkeit"分别开来用的原因;而那"Anshauung"则更有一层知识论的意思在内了。

按我们的理解,康德承认"有"一个"感觉材料""自身""在"。它"自在",而不为人所能认知,在康德的知识体系中,没有它的位置。这个"自在-自由"的"感觉材料自身",同样也是"物自身",它不向人的"知性-认知理性""显现",它是"隐蔽"的,不能"直观-直视",于是同样也是"不可知"。我们看到,如果没有这一层含义,那么,后来叔本华反对黑格尔的绝对理性而又要坚持哲学的本源性,也许就更加困难一些。他那"非(不是)理性"的"意志",不仅是"感性"的"力(量)",而且是"自由"的。

有趣的是,这样一个"感觉材料自身"因其"不显现-不开显"而"不可知",但"有"这样一个东西"在",却又是"可以思想"的。因而,这个"感觉材料自身"对于"知识理性-知性"来说,同样也是一个"思想体"(noumenon),同样也可以理解为与"必然"相对应的"自由"。

从这个意思来看,康德的知识论,实际上是避开了两个"自由者"之间的关系,把那作为"感觉材料自身"的"事物自身""悬搁"起来,从"知识论"里"括了出去",于是"剩下"的就只有"现象界"了。

在康德的"知识论"里,两个"自由者"都受到了"限制":"感性"要受"理性"的"限制";"理性"也要受"感性"的"限制"。"感性"要承认-适应-服从"理性"的"立法"原则,"接受""理性"制定的"原则",才能进入"有序"的"知识王国";"理性"也要承认"感性"的"被动性",亦即"理性"也要被打上"接受性"的烙印,承认它的王国,可以进入"他者-异己"分子,只要它能"归化"为自己的"公民",接受自己制定的法律。这样,"理性"为"知识王国"制定的法律,虽出自"理性"自身的权力,但也是为知识

---

① 参见《纯粹理性批判》,B34,A20等处。

而定，因而只适应"知识的王国"。"理性"并无合法权力将这些法则运用于"知识"之外，否则"理性"也会在某种意义上有"僭越"的问题。无论"感性"还是"理性"，在"知识论-知识王国"里，二者都不是"绝对"的"不受限制"的。"理性"自身虽然是"不受限制"的，但是它的"职权"也是有分工的，在"知识"领域里，"理性"受"感觉经验"提供"材料"之特性的"限制"，对于那些"超出""经验"范围之外的"材料"，"理性"当然有权去"思想"，但却无权"加工"成"知识"。

4. 关于"时空"作为感性直观的先天条件

在知识论领域内，"感觉材料"如何能够进入"知识王国"，亦即如何进入"理性-理论"的"必然"体系仍然是康德"知识论"首先遇到的难题。

困难在于如何使原本为"杂多、混沌、无序"的"感觉材料"进入"有序、可以推理、理论"的"知识王国"。康德的办法是将"时空"定为不依靠"感觉经验"的"先天条件"，混乱的感觉材料要进入有序的王国，必得经过这一关的检验，合格的方得入内，接纳为这个王国的"分子-公民"。"时空"是"知识王国""移民局"的第一关卡。

康德这种"时空"观，当然受到了牛顿"绝对时空"的影响。牛顿把"时空"想象为一个"绝对"的"大筐"，是一个没有边缘的框框，可以将天下万物往里面装；但是康德的"时空"与牛顿的观念还是不同的。从康德的观点来看，牛顿的时空，乃是"事物自身"的存在方式；而康德的时空，则只是"现象"的条件，"物自身"不"在"时空之中。这是一个很大的区别，它带来了巨大的哲学原则的不同。

康德的"时空"，不是从"感觉经验"中"抽象-概括"出来的，尽管在论证它的绝对性时，利用了"抽象"的办法，即认为将"时空"中的事物"抽象"出去，"时空"仍然"存在"，但是就其来源言，并非起于"感觉经验"的"抽象"，康德的"时空"乃"不依赖于感觉经验"，它们不是一个来源。

"时空"也不来源于"理性"的"概念"，因为"时空"并非从"概念""推论"出来的。"时空"是"直观"（Anschauung）。"直观"而又不是从"感觉经验"而来，反倒是"感觉经验"之所以为"感觉经验"（感性）的条件，这就需要进一步地阐明和理解。

康德的"时空"是一种"秩序"。"空间"是"并列"（Zugleichsein）的"秩序","时间"为"相续"（Aufeinanderfolgen）的"秩序"。"空间"是"外在"的，"时间"是"内在"的，这两者使"感觉经验材料"成为"对象"——"在"（我们）"面前"（Gegenstand），是我们"认知性-知性"（Verstand）的根据。

就单纯的"感觉材料"来说，"我"（作为认知者）是"在"其中，"我"与"感觉材料"的世界"直接混同"，没有区别，"物"与"我"两相忘，或也是一种"混沌"，"感觉"通过"我"的"感官""直接"交往（交换），"世界""在""我"之内，或"我""在""世界"之内，没有"（相）对"的关系，"世界"不"对""我"，"我"也不"对""世界"。"世界""不在""我"面前，即"世界""对""我"来说，"不在"。"世界"即是"我"，"我"亦即是"世界"。"我""没有"一个"世界"，"世界"也"没有""我"。"世界"不是"我"的"对象"和"客体"，因而"我"也不是"主体"。

"理智-理性"之光，使"混沌"初开："世界"成了"我"的"对象-客体"，"我"成了"主体"。就知识论来说，这个"光"，不是"感觉-感观"所给予的，而是源于"理智-理性"。"理性-理智"使"我"从"感觉-感官"状态"超拔"出来，发现"我""不在""世界"中，"我"并非"感觉"之综合。笛卡尔的"我思"，在"我"面前开显了一个"世界"，不仅仅"我""在"，而且"世界"也"在"。康德批评笛卡尔，认为不能用"思"来"证明""在"；但是，"思"恰恰是"在"之所以成为"在"的"根据"。"思"让"在"开显出来。"我"有了一个"世界"。"我"之所以"有"一个"世界"，乃是"我"并"不在""世界"中。"世界""在""我"之外（身外）。"世界"和"我""有"了"距离"，有了"区分"，有了"界限"。这个"原始"的"区分-界限"，乃是"时间-空间"之区分。"我"和"世界"具有了"不同"的"时空"，或者说，"我""不在""世界"的"时空"中。就"世界"来说，"我""在"（它的）"时空"之外。"思"超越"世界"的"时空"。

然而，"世界"的"时空"却"来源于"这个"思"的"超越"。

康德知识论的"时空"，固然一再强调是为"直观的形式"，而非"概念的形式"；但是，它既然具有不依赖"感觉经验"的"先天性"，亦即具有"逻辑必然性"（a priori），则它就不能跳出"思"的笼罩之下，另找一个根据。"时空"乃是"思"的"第一个""光耀-荣耀"。此时"天地初开"，"万物"有了"界限"。"界限"乃是"有序-宇宙"之"母"。

"感觉材料"是"自然而然"、"天生地设"的，它不"给与""人-我"以任何东西；是"思"将天下"万物""提供给"了"我们"。与基督教神学不同，就科学的知识论言，并不是"思""创造"一个"世界"。天下万物原是"给定了"（gegebend）的，"思"将它"开显"出来，"提供"出来，像一个"礼品"那样"给予"我们。我们须得研究它、开发它、利用它。我们须得"对"它们具有"经验-知识"，以便更好地"用"它们。

天下万物之所以是"给定"的，乃是因为"开显"它们的"思"，并不"在"它们的"时空"之中。对于"思"来说，它们是"被接受"的，它们仍然保留了自身"感性"的特性，此种特性又是与"思"的特性不一致的。

"思"的本质在"理智-认知概念"，而"时空"只是"感性"之"形式"。在这个意义上，"思"是"光"，而且仅仅是"光"，至于"烛照"出来-开显出来的"万物"又都是"给定了"的"客体"。"光"还不是"万物"，只是"万物"之所以成为"万物"的必然条件。因而，"时空"只能是"直观"的，而"直观"又只能是"感性"的，不是"理性"的。

在康德批判哲学中，没有"理智直观-直观理智"的地位。"直观"只能是"感性"的，而"理智"只能是"概念"的。然则，"感觉"的东西毕竟要与"理智"的东西相结合，"知识"才不仅仅是"形式"的，也不是"无序"的。"直观"与"理智"毕竟要在一个层面有权"结合"，才能有"经验科学知识"的合法性。

这个结合的层面就是所谓"现象界"（phenomena）。

人们经常认为，康德"知识论"所谓"现象"与后来胡塞尔之"现象学"有原则的区别。这从一方面看，也是有根据的；然而，我们仍然可以把康德的"现象"理解为一种"开显"，而将这种"理论知识"之"现象学"通过黑格尔与胡塞尔的现代现象学联系起来。

康德的"现象界"乃是通过"时空"开显出来的，而"时空"是"直观"之先天的形式，在"先天性"上与"思"是共通的。在这个意义上，也可以说，是"思"通过"先天时空"将"现象""提供-开显"出来。所以康德有一句不好懂的名言，叫做"知识"可能的条件，就是"知识对象"可能的条件。如果我们局限于通常的"建立"的意义来理解这层意思，就显得相当难懂；而如果从"开显-提供"这样的意思去补充"建立"，则问题就可能显得明朗起来。

"感觉材料"是杂乱无章的，使其"有序"起来的"先天原则"，来自于"主体"之"时空"与"概念"，而此种不依赖于感觉经验的"先天性"，盖出于"主体"之"本质"——"思"。"主体"有能力使"感觉材料"成为"围着它转"并与其"相对"的"客体"成为"有序"，但是二者的"本质"却不能"显现"出来，仍处于"暗"处，"本质"不是"现象"。我们在经验知识上有能力"认知"的只是"现象"，只是"相对"于"主体"的"客体-对象"。于是，我们的"经验知识"并无能力（无权力）"认知""客体"和"主体"的"本质"。要使"主体"成为"可知"的，必先将其转化为"对象"，即使其"在""时空"之中。于是，我们所知，皆是"芸芸众生"，天下苍生皆为"我"之"对象"，而"主体"之所以成为"主体"之"思"本身"不可知"。

在这个意义上，康德强调，"时空"本身也不可知。"时空"使天下"万物"成为"对象"，但是其自身却不可"对象化"。在康德看来，凡自身"先天"的东西，皆不可成为"客体-对象"，因而"不可知"。"在"我们的"经验世界"，就像找不出"思"之为"物"一样，也找不出"时空"之为"物"。"时空"是"物"之为"物"的条件，而本身却不是大千世界中之一"物"。"时空"本身，如同"事物本身"一样，不"在"经验世界，而是"思想体"（noumena）。

"时空"使"万物""可感"，但"时空"自身"不可感"；就如同"光"烛照万物，"自身"却不可逼视。

于是，我们看到，在康德哲学中，"时空"是"诸存在者"的（先天）条件。我们通常所说的"时空"为"存在"之方式，也是在"存在者"意义上来说的，也就是说"时空"是现象界-经验世界万物的"存在方式"。

就康德哲学来说，它的"时空"观念，只涉及"现象界"，亦即只涉及"时空"作为"诸存在者"的先天条件；因而对"时空"的理解也就限于"先天工具性"层面，而"搁置"了其"本质"的层面。按照康德的思路，就会出现这样一种局面："时空"之"本质"，"不在""时空"之中，而是与"思（想）"一样为"超时空"的。"时空"的"本质"为"超时空"这个矛盾，需要有另外不同于"批判哲学"的视角，来加以化解。

化解这个矛盾的途径，或许在于我们对于"思（想）"的理解上，亦即对于"先天性-主体性"的理解上，得到启发。也就是说，只有让"思（想）"不仅仅是"思想体"，不是抽象的、逻辑的、形式的"先天性"，而使其具有"时空性"，则"时空"之"本质"，亦即"时空"之"思想体"，同样也是具有"时空"之"存在"，于是"现象"与"本质"，"直观"与"理智（概念）"就会同一起来。对于"本质"的"时空"的"思"，就会具有真实的实在性。

在这个意义上，"时空"就不仅仅是"现象"的存在方式，更是"本质-本体"的存在方式，于是"本质"的"时空"，乃是"现象""时空"的"本质-根据"。这种观念上的转变，已经超越了包括黑格尔在内古典（哲学）的"时空"概念，即"本质、本体、事物自身"不再是"超时空"或"无时空"的"形式"，不仅仅是"诸存在者"（Seiende）的"先天形式条件"，因而不仅仅是"知识论"的，而是"存在"（Sein）的"本质"。而对这个"本质-存在"的认识，就不再是康德意义上的"理论性"的"知识"，不再是"现象"的知识，而是"本质"的知识；不再是"诸存在者"的知识，而是"存在"的知识。在这个意义上，康德知识论意义上的"时空"，就具备了一个实际的根据，而不仅是"直观形式"。这样"时空"也就具备了之所以为"时空"——就"时间"言，乃是"时间性"（Zeitlichkeit），"时间"之所以成为"时间"——那个"基础"。这就是海德格尔在《存在与时间》中所阐述的道理。

（三）康德的"先验逻辑"与知识论

康德把他的"知识论"分成两个部分：先验的直观和先验的逻辑，这两个部分要结合、统一起来才能成为"科学的知识"。

康德既然将"时空"的根基收归"主体"所有，"逻辑"则自然属于"主体"更无问题。如果说，"时空"如何由"感性"而具有"先天性"乃是康德的问题，那么"逻辑"如何由"理性"而具有"客观对象"，则成为康德知识论的特殊问题。在感性直观部分，康德的任务在于论证"时空"的"先验性"；而在逻辑部分，康德的任务就是相反，成了论证"逻辑"之"非形式性"与"具有对象性"。或者说，他的"逻辑"如何可以"先天地"运用到"客观对象"上。我们看到，这将是一个与论证时空的先天性同样艰巨的任务。

1. 康德对于传统形式逻辑之批判

"知识"要具有"必然性"，必须"符合""逻辑"，唯有"逻辑"才能保证这种"必然性"（a priori）。然而，传统的"逻辑"，即从亚里士多德以后的"逻辑"，只问"思想"之"形式"，而不问"所思"之"内容"。"逻辑"形式上之"必然性"，不受质询，不受怀疑，但是这些形式如何运用到经验的内容中去，也保证有同样的"必然性"，就是需要辩护的问题。而逻辑既然要保证自身的"先天性"，又不受经验内容变化之左右，则几千年来作为"形式"的工具，并没得到多少发展和改进。

逻辑之改进，一方面可以从内部作为工具来磨炼，这个时机，在康德其时，似乎尚未成熟，形式逻辑有待数学之进步，从而促进数理逻辑之创建；另一方面，可以从逻辑的外部来促进逻辑观念之发展。这是一条哲学的路线，是从培根到康德以来古典哲学的路线，延续到海德格尔对于"logos"的现代性的理解，都是在这条道路上。

如果说，培根的归纳逻辑尚在形式逻辑范围以内，康德则开始了对逻辑的哲学性改造。

针对传统的普通形式逻辑，康德提出了"先验逻辑"（transcendental logic）。康德所谓"先验逻辑"实际上就是"哲学的知识逻辑"，是"知识论的逻辑"。它不仅涉及知识的"形式"，而且涉及知识的"内容"。

逻辑被允许涉及内容，它可以运用到经验的领域中去，这本也是不成问题的。逻辑的公式以及逻辑的符号，都可以允许填入相应的事物。问题在于，不仅这些"形式"具有"先天必然性"，就是经过这样"整理"的那些"内容"同样也具有此种"必然性"，而不是一种"约定俗成"的经验普遍性，那就需要一番论证-演绎功夫，不是一眼就可以看穿的。

我们知道，康德哲学在知识论中提出的"先天综合判断"何以可能的问题，正是一个逻辑问题。这个问题之能成立，"科学之知识"也就有了"必然"的保证。而这个问题之所以成为问题，不在于那"先天"部分，因为"先天"是"分析"性的，自然具有"必然性"；但"综合"就完全不同，问题恰恰就在那"综合"部分。"综合"而又"先天"，才是一个必须解决的问题。

在这个方面，就逻辑的观点来看，康德的工作可以和培根的归纳逻辑的工作接续起来。我们可以把康德论证"先天综合判断"之可能性的工作，在某种意义上，看作"归纳"之所以可能的问题，即如何解决"杂多""归""一"的问题。

"综合"是要把"经验"中之"感性直观""合"起来，进入"理性"的王国，成为"必然"的"知识"。于是"先天综合判断"之所以可能的问题，又成为"理性"从"逻辑"形式进入"知识"内容的关键问题。"逻辑"与"知识论"在这个问题上找到了切入点，成为"同一"的东西。

康德这个思路，奠定了古典哲学关于"逻辑"与"哲学"的关系的基础，一直到黑格尔，走的仍是一条"先验逻辑"的道路。这条道路的意义在于使先天必然的"形式"与"经验"的"内容""综合-结合"起来，成为一个完整的"哲学体系"，虽然并未能够使逻辑在形式上得到推进，但是对于把"哲学"从"逻辑"的"形式"中解脱出来，面向广阔的现实世界，而又不失其先天的必然性，起了促进的作用。这条道路，在保障"哲学"沿着"科学"的方向前进方面，是功不可没的。从古代希腊以来，"哲学"作为一门"科学"，就与"逻辑"结下不解之缘，其中的关系，经过长期的艰苦"磨合"，在古典的时代，有了一个更加深入的切合点，康德的"先天综合判断"当是一个起点。

2. "思想"与"认知"

"逻辑"为"（正确）思想"的"工具"。"思想"只有与"认知"结合起来，亦即"思想"只有有了"认知"的"内容"，"逻辑"才由"（正确）思想"的工具，成为"真理"的"工具"；因为"真理"要求"知识"与"对象"的"符合"，而不仅仅是"思想"自身的"符合"，即"思想"之"无矛盾"，并不保证"思想"之"真理性"。

然而，"思想"是"主体"的，"对象"却是"客体"的，如何使这两个具有不同来源的"体"相互"符合"起来，揭示其"同一性"，则是一个需要论证-演绎的问题。

"认识"、"认知"都有"对象"的问题。对于一个或多个"对象""有所知"、"有所识"。在知识论里康德所谓的"思想",就是"认知、认识、知识",是"对象性"的"思"。

与普通的逻辑理论一样,"思想"乃是"理性"的"功能"(Vermögen-faculty),它不来自于"感觉经验",在这个意义上,它是"先天的"。这在普通逻辑观念中,并不引起疑问。

普通逻辑的思想形式,原本也是可以适用于经验的内容的,它的形式的规则,可以由符号来表述,也可以由例子来表述。然而,普通逻辑可以只是形式的,它的规则只考虑自身的一贯性,而不包括经验对象在内,它可以与对象兼容,但却是"非对象性"的形式规则。"先验逻辑"则不同,它固然来源于主体,来源于理性而与感觉经验无关,但却是"对象性"的,它的规则和原理,包括了"对象"在内,是有内容的,而非纯粹形式的。有内容的逻辑,则就是"知识的逻辑","真理的逻辑"。这个逻辑就不仅仅要求"思想""自身"的"一致性",同时还要求与其"思想""对象"的"相符合性"。

对于普通逻辑说,先天必然只是对"思想形式"的要求,普通逻辑只保证"思想形式"的先天必然性;至于它的内容,则是"经验的",它的正确与否,要由经验对象来检验,与逻辑-思想的形式无关。我们说"绿花红叶"与"红花绿叶"在逻辑-思想形式上是完全一样的,但是内容却完全相反,到底孰是孰非,全由感觉经验来决定。因而形式的正确性并不保证内容也是正确的,并不能保证知识的真理性。这就是说,普通逻辑,只保证思想形式之正确与否,而不能保证思想内容之是否"真理"。"真理"为"思想""形式"与"内容"之符合一致。

不仅如此,这种"形式"与"内容"的"一致性",在康德看来,并不能由感觉经验来保证,因为由感觉经验提供的"一致性",只是"偶然的",而非"必然的",然则"真理"当是"必然的"。

按照康德的意思,"时空"保证了我们作为有理智者有能力、被允许可以"先天地直观"一个"对象";但是"直观"还不是"认知-理解","认识"需要"思想",只有"思想-思考"一个对象,才能"认知-理解"它,"认识"

它。在"直观"的领域,康德的问题是"人们如何可以先天地直观"一个对象;在"认识"的领域,则问题就在于:我们如何可以"先天地""思想-思考"一个对象,亦即康德自己说的,我们如何可以先天地"关涉"一个对象。① 换句话说,就是"逻辑的形式"如何将"非逻辑的内容""综合进来",而仍然保持其"先天必然性",这样就在知识论的"理论的"(theoretical)层面,进一步具体深入地研究了"先天综合判断如何可能"的问题。

所以康德在《纯粹理性批判》的第一版序言里,强调了他对于"先验分析篇"第二章"知性纯粹概念演绎"所付出的劳作,提醒读者应给予特殊重视。

康德这个演绎的意义在于,在"知识论"中,不仅"逻辑"不再是"形式的","思想"同时也就不再是"抽象"的,而是有具体内容的,"思想"成为"知识",成为"科学",尽管"思想"并不等于"认知"②,其区别正在于有无"直观对象"。"思想"在"经验知识"领域里,"理应(如黑格尔所说)"具有感性之内容。

3. 知识论中之概念与范畴

"直观"凭借"感官-感觉经验","思想"凭借"概念"。跟"直观"一样,"概念"也分成"经验的"和"纯粹的"两大类。"纯粹直观形式"为"时空","纯粹概念形式"为"范畴"(categories)。

"时间"和"空间"并非从感觉经验中"抽象-概括"出来的;同样,作为"纯粹概念"的"范畴",也不是从"经验概念"中"抽象-概括"出来的。"范畴"来自于"主体-理性"本身,正是那"先天必然"关涉"对象"的"概念"。"理性"凭借"范畴""先天必然"地"思想-思考""对象";而"对象"为"经验"给予的,"范畴"既然"先天必然"地"思想""经验对象",于是就通过"范畴",将这个经验对象"综合"到"知识"的王国中来,成为"先天综合判断"。"范畴"乃是解决"先天综合判断"之所以可能的关键,亦即解决"科学知识"之所以具有客观必然性的关键。"范畴"虽来自"主体",但是它"先天必然"地涉及"对象",因而就"先天必然"地涉及"客体",于是也就"先天必然"地具有"客观性",而"客观性"乃是"科学知识-科学真理"

---

① 康德:《纯粹理性批判》,B82。
② 同上书,B145。

所必备的品质。

康德的范畴观念，当然来自亚里士多德。希腊文"范畴"有"判定-归（罪）因"的意思，譬如断定某人某事属于某种错误和罪过，并非单纯根据事物的物理属性，而有主观的"判定-审定"在内；但是这种"判定-审定"又是有"客观"根据的，并非主观随意。于是"范畴"原意就蕴涵了"综合""主体"与"客体"之间的作用在内，它不是经验的概念，不是从众多经验属性中"抽象-概括"出来，不是"归纳"出来，它是"主体-理性"自身"设定"的"概念"，在经验中"寻找"其"合适"之"对象-例证"，使其得到"合适"的"解释"，使这个"对象"得到"理解-认知"。"范畴"舍弃"经验对象"的一切"偶然性"，抓住其"本质"，"认知"其"必然性"，亦即"认知-把握"其"真理-真实面貌"。

在这个意义上，"范畴"就不仅仅是"逻辑（推理）"的"工具"，同时也是在理论上、在科学上、在本质上"认识"现实世界的"工具-环节"。在理论上，"范畴"必定具有"涉及"对象的能力，同时本身也具有"先天必然性"。通过"范畴"我们有能力、有可能"先天必然"地"思想-思考"一个经验的对象。

"范畴"之所以可能或能够把"对象""综合"进来，其根据乃在于："范畴"使"对象"成为"对象"。用后来费希特的说法，"主体""设定"了"客体"，A"设定"了"非A"，于是"范畴""设定"了"对象"。

就康德的意思言，"对象"当然是"给定了"的，但是"范畴"并不像经验主义者所理解的那样，"主体"如同"白板"那样通过"印象"进入"理性-理智"，然后再进行加工处理，使之成为科学知识。通过这样的过程形成的"知识"，永不可能被"演绎-证明"为"必然的"。在康德看来，如同"时空"使得"感觉经验"成为"可以直观"的"对象"一样，"纯粹概念-范畴"也使得"对象"成为"可以思想（思考）"的，而不至于"给予"我们的"材料"为"一堆乱麻"。"纯粹概念-范畴"使"对象"成为一个"秩序"的世界，成为"宇宙"，而非"不能两次踏入"的"（河）流"。

"（河、水）流"为一"混沌"，无时无刻不在"变化"。如果要说"外在"进入"内在"的表象（印象）也是一个"流"，则这个"给定"就为自身矛盾，因为它永无定日。为使这个"流"中诸因素能够-可以"定",则诸因素之"关系"皆须"有序",皆须有"定则",这是当年亚里士多德不满意于"apeiron"(无定)的原因所在。"无定"则"无(真)理"。如今我们看到,正是那"纯粹概念-范畴",使得"无定"之"流"成为"有定"之"对象"。我们终于"有了"一个"对象",就空间来说,不是"乱麻一团",就时间来说,不是"过眼云烟",来无影,去无踪,无头无尾,恍兮惚兮,神龙难见首尾,而是实实在在"在"我们"面前"之"对象"(Vorstellung)。在这个意义上,"范畴"为我们设定、提供、建立了一个可供认知、可供思考的"对象"。

这样,康德所谓"范畴-纯粹概念",就是那"对象"之间,或"对象"之"诸因素"之间的诸种"先天必然"的关系。于是,我们有了康德所列出的"先验逻辑"之"范畴表"。

康德的范畴表与逻辑判断的表象对应,意味着它固然是先天的,都来自于"主体-知性",但却是与经验相关的,是经验之所以成为经验的先天条件。这个范畴表,参照判断表,分为"质"、"量"、"关系"与"模态"四大部分,每部分又一分为三。其中所列,全都是欧洲哲学中经常讨论的基本问题,都是欧洲哲学史上常用的基本哲学概念,也是我国近几十年来最为常用或者为必须讨论的"哲学范畴",如"必然-偶然","可能性-不可能性","实体-偶性","一-多"等等,其中当然也包括了"原因-结果"这样一对备受质疑的知识论范畴。

在这里我们要强调的是:在康德看来,只有通过这些"范畴",经验的世界才能成为我们"认知"的"对象",才能是"可知的"。也就是说,只有运用"范畴","对象"才是"可以思议"的。在知识论中,"范畴"因为肩负着如此重大的任务,所以康德强调,他的"范畴表"中所列,必须是穷尽"(经验)对象"之一切基本-本质关系的,亦即穷尽"(经验)对象"之一切"先天关系"的,决不允许有所遗漏。

在这里,康德的不可避免的问题在于:他既然把"直观"与"理智"在原则上分隔了开来,则"理智性-概念性"的"范畴",又如何与"直观性"的"对象"有着"可以综合"的必然关系,则就是康德主要需要"论证演绎"的难题。

当然,"概念"自身也可以"提供""对象";但是概念自身提供的对象,不可能是"直观"的,而只能是"理智"的。"理智的对象"如果被当作"直观的对象"来看待,就是一种"幻相"(Schein),而"幻相"的逻辑,就产生"辩证法",一任自相矛盾的两个命题,相互争持不下,而不能得到"直观"的"检验"。这种"幻相的辩证法",亚里士多德就曾指出过。通过"幻相辩证法",我们得不到"科学知识",因为"经验的科学知识"是不允许逻辑上"自相矛盾"的。

在知识论的范畴论部分,排除了"理智-概念"自身提供"(经验)对象"的权力,将"幻相辩证法"的问题,留待《纯粹理性批判》《辩证篇》去讨论;于是,在知识论中,康德所面临的问题就是:为何"纯粹概念-范畴"能够对于来源不同的"直观""对象"也有"先天必然"的"综合"权力。

4."统觉"、"想象力"在"直观"与"概念"之间的作用

康德《纯粹理性批判》"知性纯粹概念演绎"部分最为侧重的,乃是强调"想象力"在"沟通""直观"与"概念"之间的重要作用,而"想象力"之"主体",为"统觉"。

在康德的知识论体系中,既然"感觉"与"思想"被"分割"为两个原则不同、来源不同的领域,"知识-科学的知识"却又是这两者的"综合",那么如何阐明这两者的"关系",就成为首要解决的任务。解决这个问题的关键,康德认为,必须找出一个"中间环节"来,使这两个不同原则的领域相互可以沟通,而不能像经验主义或传统形而上学那样,以一方"侵吞"另一方,陷入"怀疑主义"或"独断主义"。

在这个寻找中间环节的工作中,康德提出一个"想象力"作为沟通感性与理性的环节。

中文译为"想象力"的德文"Einbildungskraft",有"构建-归一"的意思,是一种"合力"。字根"Bild"有"结构"、"造型",而"画面"为诸种意思中的一种。英译为"image",仅取其一,不若中译差强人意。中译"想象",有"象",有"想",但也容易与通常"形象思维"相混同。"Einbildungskraft"乃是使诸种感觉材料"合而为一"的"综合-统一"的"心力",但还不是"概念"(Begriff-Concept),却具有"概念"的"先天性",它同样不是"出身-来

源"于"感觉经验"。从感觉经验"抽象-概括"出来的只能是经验的图像或概念,而康德所谓的"想象力"乃是一种"先验的能力"(transzendental Vermögen),出自于"先天"(a priori),是一种先天的综合统一的能力。① 在康德看来,"想象力"还是一种最为基本的"心力"。② 通过"想象力","知性"把"概念"与"可感的""图式"(Schema)"先天地""综合"起来,使"概念"也就"先天地"有了"内容"。

"可感"而不"杂多、混乱、混沌",知识"感觉"之"形式",原本是"时间-空间"的功能,它是感觉材料可以成为"先天直观"从而成为"知识-可知""对象"的条件;如今从时空直观到概念范畴,有"想象力"作为通道,"想象力"将已进入时空中之"直观材料",进一步"加工-综合"使"多"成为"一",成为"概念"。

"概念"为"给出规则"的能力,"知性"为"自然""立法";"时空"犹如"关口",使感觉材料经过这个关口之"审核"得以通行,进入"知识王国",而"想象力"则是这个王国的"基层"权力机构,它"整合、教化、归化"(bilden)感性直观,取得"合法权利",在这个王国中得到一定的"位置",于是在"判断-推理"中起到合法作用。"概念"之规则能够发挥作用,当依靠"想象力"这个基层权力机构的"教化-规整"作用,使得进入这个王国的诸分子,得到"改造",成为知识王国的一个可以行使"判断-推理""合法权利"的"概念"。

"概念"为"人心-主体"的功能,"想象力"是"人心"的更为基础性的功能;而只有把"想象力"同样也归于"人心-主体"才能保证其"先天必然性",而不划归"感觉"来"管束"。

"心之官则思","思想"为"心"的功能。人们用"概念"来"思想"。康德知识论既然把"概念"理解为有内容的,不是抽象的、形式的,则"心"功能也就不再仅仅是"抽象-形式"的,而是有"内容"的。"思"必有"对象"。"思"如何先天必然地"涉及"一个"对象",只有通过"时空"以及"想象

---

① Die Einbildungskraft ist also auch ein Vermögen einer Synthesis a priori,见康德《纯粹理性批判》,A123。
② als ein Grundvermögen der menschlichen Seele,见康德《纯粹理性批判》,A124。

力",即感性直观之"给予",以及对于这些"给予"的"建构-合型(bilden)",使之"归"(ein)"一"(Ein)。

我们看到,"先天的""想象力-归一和综合-合一"之能力引入知识论,遂使"主体-人心"的观念也发生了变化。

笛卡尔说"我思故我在",受到康德的批评,指出"思"与"在"不同源,不能以"思"证"在";然而我们在康德的知识论里看到,"思"与"在"——"理性"与"感性"却是真正"同一"的。在这个领域,康德的理论工作,正是致力于要"论证-演绎"出原本"不同一"的"感性"和"理性",如何在"科学知识"的王国里,具有"同一性"。

关键在于要为笛卡尔的命题注入新的生命力。"我思"这个"思"并非"抽象-形式"的,而是有内容的、具体的。"我思"不仅仅有"创造""概念"的功能(德勒兹),而且有"创造""型像-图式"的功能,有"建构-综合-合一"、"集合-统摄"的功能(康德)。亦即有了具体内容的"我思",就不仅仅是一种"抽象性"的,而且也是"存在性"的(海德格尔),"概念"则是"具体共相"(黑格尔)。在知识的王国,"理性"和"感性"原本是有能力可以"综合"为"一"的。这个"综合"的可能性,乃在于它们的"先天性"(a priori)和在这个基础上的"先验性"(transcendental)。

就"感觉经验"来说,它的难度在于它要具有"先天性",为此,康德提出"时空"作为"先天直观形式"。对于"思想"来说,它的难度在于它不仅仅是"形式的",而且是有内容的——就逻辑言,"经验知识"考虑的重点不是"分析判断",而是"综合判断","综合"而又具有"先天性",才是问题所在。但是"思想"又是"概念",对于"思想"来说,重点在于如何论证它不仅仅是"先天的",而且有能力具有"经验对象"的内容。"概念"要有"对象",而且要与"对象"相符合,才是"真理"。而"知识"即是追求"真理"。当然,对于"思想"来说,"知识"并不能以牺牲自身的"先天性"来换取经验的内容,这样得来的只能是"经验的""概念",不能保证知识的必然性。

于是,论证既有经验内容,又有先天的必然性之可能性,乃是康德知识论的最高任务。康德把这种既具经验内容,而又不依赖经验的"综合",叫做"先验的"(transcendental),这种双兼的"知识"叫做"先验的知识"。"先验不是"超验"(transcendent)。"超验"为"超出经验之外",不具有"经验的对象",亦即不"(存)在""时空"之内;"先验"则是"在""时空"之内,甚至仅仅限于"经验",但又具有"不依赖经验"的"先天必然性"。所谓"先天综合判断"也就是"必然之经验知识"。

"经验"而又具有"必然",其根据乃在于"心力"不仅具有"先天的""时空"之直观能力,而且还具有"先天地""思想"一个"对象"的能力。作为一种基本的先天"心力"——"想象力",把"直观"的"对象"引入"思想",打开了笛卡尔"我思"的缺口——也使莱布尼茨的"单子"有了"窗口",或许在"我思"之前,尚有"统觉"作为"我-心力"之功能在。

康德在论证-演绎纯粹知性概念时提出"先验统觉"(transcendental apperception)。"统觉"也分"依赖经验的"和"不依赖经验"的两种,前者是心理的,后者则具有"先天性",它是"综合-统率"经验杂多材料的一种"心力"。与"想象力"一样,它具有"兼容并蓄"的作用,但在根基上仍是保持"心力"之"先天性"。"心力"作为"想象力",则"主体"就可以理解为"统觉者"。于是,在传统知识论或逻辑学为"抽象的-形式的""思者",就首先是"想象者-构型者-教化者-塑造者"或"统觉者-总觉者"。"思者"为"悟者-感悟者"。

在这个意义上,"思者"不仅仅是"内在的",不是将"内在的""感觉材料"加工整理使其条理化的一部"思维机器",而是要有其自身的"对象"。有了"Gegenstand",才有了与"主体"(Subjekt)相对的"客体"(Objekt),"知识"才有客观性,从而具有"真理性"。

康德哲学意义上的"知识对象-客体",并不是一般意义上的"感觉材料"(sense-data)。只有能够进入"时空"的才是"可以直观"的,只有能够进入"范畴-概念"的,才是"可以思想"的。

何物可以进入"范畴-概念"? 康德说:"不难看出,此种对象(dieser Gegenstand)必须只是作为某种一般(之物)(nur als etwas überhaupt)＝X 来思想(müβe gedacht werden)。"[①] 紧接着,在后面,康德又把这种"某物—

---

① 康德:《纯粹理性批判》,A104。

般"称作"非经验的"(nichtempirische),即"先验对象(transzendentaler Gegenstand)＝X"。①

关于康德这个"对象-X"素来有不同看法,康德在《纯粹理性批判》第二版中不再提这个问题;然而从胡塞尔到海德格尔,都对这种"非经验"的"对象"给与了充分的重视。胡塞尔认为,"一般的东西"同样可以成为"对象";海德格尔据此作出"存在"与"存在者"之区分。这个"一般的X",就康德知识论来说,既非经验的"印象",又非他的那个"不可知"的"事物自身",它是"可知的",而且是"经验知识"的"基础",即一种不依赖感觉经验的"先验的知识";这个"对象",也就是那不同于"诸经验存在者"的"本体论"意义之"存在"。这样,康德所谓"先验的知识",也就可以理解为"本体论"之"知识"。于是,康德的"本体"也就成了"可知的"——不仅仅是"可知的",而且是为"经验知识"之"基础"。这样就与康德在知识论里坚持的"本体"不可知的立论相抵触。或许这就是后来康德不再着重讨论这个"X"的原因。康德在《纯粹理性批判》第二版时,更加强调"知识"之经验内容,而甚至认为那个先验的对象X是"不可知"的。

然而,我们看到,康德提出这个"X"作为"事物一般"为其"先验知识"之"对象",应是康德知识论之"先验主义"之不可或缺的重要环节,也是他既要承认这个"对象"在时空中,具有"可直观性",又要坚持其"先天性"这一立场理应坚持的一个理论前提。

为论证直观与理智在"知识论"中的"同一性",康德在"主体"的演绎方面做了大量细致的工作;但是在"客体"方面的阐述,相比就显得分量不够,而为后人留下了理论的空缺。

5. 经验知识之"必然性"——因果律

康德认为,"时空"给出"直观对象","知性——概念、范畴"给出"规则","知性"原本是给出"规则"的能力,因此是"立法者"。② 和"时空"一样,它自身虽然是"直观的形式",因而是"先天的",但却是"有对象"的。

---

① 康德:《纯粹理性批判》,A109。
② 同上书,A126。

"时空"本身并不能"感知"①，可感的是那些在"时空"中的"经验对象"；同样，"概念-范畴"固然是"思想"的"形式"，但是却也是"有内容"的，是关涉"对象"的。这就是说，"范畴""规整""时空"所"提供"的"对象"，因而具有"客观-客体"性。

所谓"客体性"，乃是指"在""我"之外，"对象""外在于""我"。"我"作为"思"之"主体"，于是，"对象"外在于"我"，也就是"外在于""思"，外在于"我思"。"空间"保证了"经验对象"这种"外在性"。

然而，"对象"又是"内在于""我"的，"内在于""意识着"的我，内在于"自我意识"，因为"对象""在""时间"中，而"时间"是一种"内在的感觉"。要使此种"内在性"仍具有"客观性"，同时也适用于"经验的外在对象"，则需要"知性"进一步的"立法"②，给出"知性"自身的规则，使"内在的秩序"成为"外在-客观"的秩序，这就是"范畴表"中的关键问题"因果关系"。就知识而言，也就是从感性的形式向知识的内容转化-深化的一个重要环节：感性"时间"的"顺序——一个接一个"转化成为"知性-思想-理论"的"原因-结果"之"必然关系"。"知性"给出了"因果律"，保证了我们的关于对象的客观知识之"必然性"，亦即我们的"经验知识-科学知识"在理论上的"必然性"；"知性"授权给我们，在理论上允许从"事物A"作为"原因""推断出""必然"有一个"事物B"为其"结果"。

关于"因果律"，康德在把它引进"理论性"知识论时，运用了"想象-图式"作为过渡的环节，使"范畴"由此进入"客观对象"，亦即进入"经验"，使"感觉经验"成为一个"知性"在"理论上"可以把握的领域。

"知性范畴"进入"经验对象"，起到"规整-调整（regulativ）"作用，康德叫做"经验之类推"（Analogie）。其中涉及"实体"、"因果"以及"相互作用"三个方面，而"因果"据其中项，占据关键的地位。实际上，仍是"时空"之"先天直观"在"经验对象"世界中经过"想象-图式"进入"知性范畴"的深化过程。

---

① 康德在《纯粹理性批判》中，多次指出"时间"本身"不可感"，见 B219、B225、B226、B233。
② 康德：《纯粹理性批判》，B233—235。

我们注意到，"实体"（Substance）同样也"在""时间"中，而不是"超时空"的"本体"。就康德哲学来说，即"实践"不是"思想体"，它是指"时间"中之"常驻"，"变"中之"不变"。一切"变化"，皆是"属性"之变，并非"实体"之变。"存在"与"不存在"皆指"属性"而言，"A物""变"为"B物"，"变者"为"A"与"B"，其为"物"也，则"不变"。这原本是从古代希腊以来的哲学思路，"无中不能生有"，"知识"永远以"有"为"对象"。亦即"经验"之"对象"必为"有"，这个"有"，亦即"经验存在之一般"，那个"对象X"。

由"不变"之"实体"，进入"变"之"因果"系列，使经验知识能够把握事物属性变化之规律，这当然是"经验知识"之成为"科学"之关键。在"因果"范畴之"规整"下，"经验对象"之"变化"，成为"知性""可知-可把握"的"对象"，"时间"的"内在"系列，成为"对象""变化"之环节，内在之"体验"（柏格森），成为"客观-对象"之"科学知识"，"自由"成为"必然"。于是，康德完成了古典哲学知识论的奠基工作。

康德在讨论经验第二类推即因果律时说："我们之所以能够从经验中提炼出清楚之概念，只是因为这些概念原本是我们将其放入经验的。"① 这里的"我们"当指"我们的知性-理性"，从经验中提炼出之"概念"，乃是"经验概念"，而所谓"清楚之概念"，乃是包括"因果"在内的"知性之范畴"，它们原本是"先天的"，不依赖于感觉经验的，它们之所以得以进入经验领域，仍是理性-知性的立法作用，有了这种立法作用，"经验"才成其为"经验"，即"经验"才成为"对象"，成为"客观的经验"，而不是个人偶然的、内在的"体验"。一句话，"经验"才成为"知识"，"知识"也才成为"科学"，才能成为"真理"。

（四）道德哲学之古典观念

1. 从"自由"出发的道德观念

道德问题必定涉及"理性"。无论"利己"或是"利他"，都有一个"利"

---

① 康德：《纯粹理性批判》，A196、B241。

字在内。"利"是感觉经验上"趋利避祸"的"本能",但这种"本能"往往是"不可靠"的,所以真正的利害观念,必有"理性"的"审度"在内。"利害"之"度",在于"理性-理智-智慧"之"度"。"利他"固然必有"审度"在内,"利己"也不能全靠"本能",故而希腊哲学从古代"理智-智慧"型之最高理想出发,遂有苏格拉底"无人故意为恶"之论。这个命题之根据,就在于希腊人的理想,乃是"理智型"的,最高之"智慧",绝无故意危害自身利益之理。希腊人由此进一步说,"一切之恶,皆为'失误'","失误-错误"乃是"判断错误","聪明才智不够"之故。

"利己"必有"利他"的问题,反之"利他"也有"利己"之问题;因为"自己"与"他者"必有"交往"。"诸自己"之间关系如何?"社会-群体"必有"法度"调节"诸自己"的关系,于是遂有"契约论"予以解释。"诸自己""协商",对于"自己"的"权利"向"对方"作出"让步",以求"平衡"。古代之"正义-公平"建立在相互让渡权利之基础上,或如尼采所谓是一种"公平交易"之原则,源于"交换"。

凡此种种,皆须要"理性",但又都不是"绝对"地建立在"理性"之基础上。犹如诸经验知识,皆须"理性"先天必然原理作保证,但仍需有"给定"的"经验对象","知识"之"绝对性"只是"理论"的,在实际上,都还需以"给定经验对象"为转移。建立在"利害关系"上的道德哲学必以内在与外在之"感觉经验"为转移,乃是一种"知识性"之"伦理-道德关系"。

真正的道德哲学,需要一个"不依赖感觉经验"的"纯粹理性"作为"基础"。在这个基础上,"道德哲学-道德论"才能从"知识哲学-知识论"的"限制"下"摆脱"出来,成为"道德""自己"。

"知识王国"是一个"必然的王国",康德的"知识论"为这样一个"王国"作了理论的演绎-论证。"知识"这种"必然性"是由它的"直观和概念形式"之"先天性"以及"对象"之"客观性"来保证的,以及所谓"先天综合判断"之"可能性"来保证的。对于那些无"对象"之"客观性"的事物,则无"知识"之可能。这些"事物",乃是"思想体",它不"在""知识王国、领域"之内,它"在""思想"里,是一些"无对象"之"单纯概念"。此种"单纯概念",不受制于"时空直观",而只受制于"理性(概念)""自身"。

"理性"自己为自己之根据,自己为自己之原因——是为"自由-自因"。

于是,在"知识的王国"遂有"现象"与"本体"之分。"知识王国"作为"必然王国",只能涉及"现象";如果涉及"无对象"之"本体",则必然出现"矛盾-二律背反"。而对知识之判断和推理言,决不允许出现矛盾,"知识"如果自相矛盾,则不成其为"知识"。这种"无对象",或以"幻相"为"对象"的"逻辑",从古代开始,就叫做"辩证法"。这是康德在《纯粹理性批判》的《辩证篇》里,详细讨论过了的。在这个意义上,康德不承认有"本体论"之"科学知识"。

在康德看来,"事物自身"是"本体",即"思想体",为"可以思想",但"不可认知"的。"可认知"的必具有"时空直观形式","事物自身""在""思想"中,不在"时空直观"中,不是"感性"之"对象",故"可思"而"不可知"。"在""思想"中,在"知识论"领域,即在"概念-范畴"中。对于这些"事物自身",我们可以运用"概念-范畴"去"思考"它们,但因缺乏"感性直观对象",这种"思考",不具有"对象性-客观性",无从"检验",也谈不到须与"对象"相符合之"真理性"。

这种"思考",如仅就"单纯""思想"范围,即限于"单纯概念-范畴"范围之内,固无甚大妨碍,甚或对于"宗教"之情怀,不无补充;然而,"概念范畴",原本是为"经验知识"而设立之"原则-法律",当其自身单独运用时(单纯理性),常常会越出自身之范围,将本无经验对象之"理念",也设想为一种"对象",这种并无"经验对象"可言之"单纯理性"之"对象",就"知识"言,原本是一种"幻相",并非实有之事物。康德《纯粹理性批判》主要意旨之一,就在于要防止"理性"在"科学知识"领域之"僭越",指出,此种"僭越"乃是种种无谓争吵之根源;因为"理性"之越位,必然引起不可克服之"矛盾-二律背反",遂使"知识"自身解体,而又欲罢不能。康德认为,欧洲哲学中许多关于"本体"之争论,正是这个问题的写照。经康德之揭发,理应偃旗息鼓。不过康德颇有先见,尝叹息人心自然有一种越位之倾向,虽经揭示而不肯罢休。于是在康德看来,"形而上学"乃是人类理智之一种痼疾。

"理性"在"理论-静观"之"知识"领域,不可不涉及感觉经验之对象,单纯理性之概念范畴，只能建构那理念性之"空中楼阁"。如果"理性"所面对的乃是一个"实践-行动"之领域，又复如何？这时，"理性"只面对"自身"，并无"给定"之直观对象，于是"理性"为"自由"，而非"必然"。"事物自身-本体-思想体"，即"自由体"。从这里，康德将问题引入"道德-伦理"。

康德的"批判哲学"，乃是为"理性"厘定运用范围，划定其合法运用之界限，是在"理性启蒙"基础上的一个进步，也是现实社会法制分工的一个理论写照。"理性"不再像起初那样笼统而独断，而是在不同的领域有不同的"职权范围"。

就哲学来说，康德将"理性"的"概念"划分为"必然的"与"自由的"两种。"必然"之"概念"乃是"知识"之"范畴"，通过"想象-图式"与"时空直观"相结合，形成"经验知识"，因其"必然性"而为"科学真理"。"自由概念"则运用于"超感性"之"意志"，从而成为"伦理道德"之基础。

"自由概念"即"自身概念"，亦即"概念自身"。这就是说，"概念"不与"直观"相结合，不"涉及"任何"感觉经验"而自己行使自己的"职权"。"自由概念"即"理性自身"。"理性"不依赖任何"感觉经验"，"自行其是"，而这原本是"理性"自身之"本性-本质"。"自由"乃是"理性"之"本质"和"本性"。这个"本质"的"理性自由"乃是"纯主动性"，"自己""产生""自己"，不来源于感觉经验，即不受感觉经验之任何影响，也不接纳任何感觉经验进入自己的领域，即使在对经验世界发挥自己影响作用时，也永远保持着自身之纯洁性。

在康德哲学中，"知识"概念已经确定，它由外在于"主体"之感性直观对象作为"客体"，提供"概念"作为"思想"之"材料"（Sachen），由"概念""建构"自身之"对象"，即"先验对象-对象一般- X"，以防止我们的知识陷于"随意性"（Geratewohl, oder beliebig）。[①] 如果没有这个"客观对象"，"概念"全由"自身"出发，得不到"先天之综合"，则并无经验之客观内容，从而不能形成科学之知识，以这种概念体系当作"客观的科学知识"，乃是传

---

① 康德：《纯粹理性批判》，A105。

统形而上学所陷入的人心根深蒂固的陷阱。

然而，当我们以理性之态度，对待道德问题时，情形就大不相同。

"道德-伦理"乃是对于"行为"之评价，犹如"真理"乃是对于"知识"之评价一样。以哲学之分为"理论的"与"实践的"而论，"知识"属于"理论-静观"，"道德"属于"实践-行为"。当然，"理论"与"实践"之区分，在古典哲学概念中，亦是就原则而言，在实际经验中，有许多的交叉。"理论"领域，有种种"实践"，而"实践"领域中，也有许多"理论"，但是并不影响它们之间的原则区分。

与通常想象的相反——通常以为，"理论"有时"脱离实际"，可以海阔天空幻想一通；而实际行动则似乎性命攸关，并不那样优哉游哉，就哲学观点说，情形正相反："理论"出自"必然"，"实践"则出自"自由"。

"实践-行动"之"动力-动机"为"意志"；"我行动，因为我要"，"要"（Wille）是"行为-行动"之"动因"。然而，"要"可以是"汲取"性的，也可以是"给予"性的。前者为"匮乏"，于是"需要"；后者则是一种"创造"。

在哲学意义上，"意志"与"欲求"有原则的区别。"意志"为"理性"的，而"欲求"为"感觉"的，在严格意义上，只有"意志"才是"主体"的事，而"欲求"是"客体"的事。

"欲求"为一种"必然性"，受制于"客观-自然"之"需要"。饮食男女乃是"人"之"大欲"。在人组成群体的社会，要有一个"度"来调节。不仅"欲求"有度，满足"欲求"的"方式"也要有度，而这些"度"都是经验的，因时因地而异。"普遍共同的伦理道德"，是相对而言的。

为"欲求"所驱使之"行动"，有时可似洪水猛兽，汹涌澎湃，但究其根源，皆发自感性之"匮乏"。其"行为"皆属"被动"，受制于"利害关系"，遂有"利欲熏心"、"利令智昏"之陷阱。如何"合宜地"获得利益，生财有道，取之以宜（义），则需道德之涵养，更需智慧之技巧。"巧取豪夺"固然为社会所谴责，但是"生财有道"虽为社会所允许甚至鼓励，终非道德之上乘境界。

哲学探究如何会有一种"非感性"之"欲求"，即不受制于感性匮乏而为纯理性的"要-欲求",那是一种"理性之希望",绽放着"理性之光"。这就是说,"要-意志"而又不受制于"感性之欲求",是为一种纯粹主动的"行为"之"动机",此种动机,概出于"理性自身"。

在这个意义上,"意志"不同于"欲求"。"意志"为"自由"。

"意志自由"乃是"理性"自身就能够发动"行为"之见证。"理性"无须感性之"刺激"就能运作,"理性"自身就有运作的能力,"理性"自身具有"能动性"。"理性"按其本性来说,是"实践"的,而非"理论"的。"理性"不"止于""静观"。

"理性"之"自由行为"首先要"摆脱""感性"对于"欲求"之"制约",将"意志"从"感性欲求"中"解放"出来。西文中之"自由",首先有"解脱"的意思。

"理性"之"意志",首先对其面对之"花花世界"说"不",是一种"否定"的精神。这种"否定",并非"感性"上之"欲壑难填",而是"意志"通过"理念"对感性世界的一种"否定",这是柏拉图所奠定了的思想路线。到了康德,将"理念"归于"理论理性""僭越"之领域,而实际上通向"理性"自身之"自由"。只是因为康德的这种哲学建构,"意志"则无"理念"之"内容",而成为"纯粹形式"之"命令","意志"则成为"无范畴"之"概念",因而是"自由之概念",从而将"实践理性"与"理论理性"的界限严格划分开来。"意志"只属于"实践理性"之职权范围。在这个范围内,"批判哲学"的任务正与它在"理论理性"中相反,它要努力防止"实践理性"之"降格-不到位"。即,将原本是"理性"自身的问题"降为""感性世界"的问题,将"道德伦理"问题"降为""知识-技能"问题。

将"道德"定位于"自由"之领域,对于哲学之"道德论"具有的意义是很明显的。"道德"脱离"(机械)必然",使"责任"成为"无可推卸",而"责任"当是"道德哲学"之核心问题之一。"责任"乃是"社会"存在之一个支柱。"责任"或可来源于经验现实之"利害关系",一定之责任随社会团体"分派"而定;然而,社会之所以有"权"根据现实情形分派一定之职责,其基础当在于已经预设人必定要为自己的"行为""负责"的前提在内。在康德看来,道德之所以有"责任"问题,概出于意志及行为是"自由"的。如果一切皆为"必然",行为及其动机皆受各种条件的限制,则无"责任"可言。当然根据"必然性",人们所作所为,也有"合适、不合适"、"符合、不符合"某种概念的问题。社会之分工,各种社会"角色"之设定,都有"尽责"、"完成任务"的问题。但是此种"必然"之"职责",犹如"杯子"要能"盛水","房子"要能"住人"之类的经验概念之"目的",这种具有经验内容之"目的"概念,并非实践理性之"绝对命令",不是"自由"之"目的"。① "自由"之"目的"并无经验之内容,就这一点言,它是"纯粹形式"的。于是康德所谓"道德的绝对命令",并不教导人在何种条件下"应当"如何"行动";而是提醒人们,在采取任何行动之前,你的"行动"之"责任"已经"先天地"设定了。无论条件如何错综复杂,无论作出"选择"如何之艰难,甚至无论作出何种"选择","行为者"的"责任"都是"无可推卸"的。

康德"绝对命令"之"应当",乃是"没有具体经验内容"的"应当",是一个"普遍"的"应当",也是一个"自由"的"应当"。"必然"之"应当"是"无可选择"的,譬如"烈士""自当""殉国",自古"忠臣""不怕死"。"文臣""死谏","武将""死战",就道德节操言,并无"选择"的余地。然而,就"自由"之"应当"言,则是"有选择"的,而且无论在任何条件下,都是"有选择"的,"战死在沙场"或是"谏死在朝廷",全是"我"作为"行动者""自由选择"的结果。"我"的行动,为"我"的"主动",不为名——忠臣烈士万古流芳,不为利——封妻荫子,公侯万代。一切在"自然"看来为"必然"的——包括"死"这个"必然性"在内,对于"我",作为"理智者",都应该作"自由"地处理,"自由"地对待。

这种"绝对的命令",这种"自由的应当",这种"善良的动机",因其不涉及经验之内容,的确显得"软弱无力",它不能作为经验行动的"具体指导",在这个意义上,可以说是"于事无补";但是它却是一条普遍的铁律,不使任何"乱臣贼子"有任何的借口来"推卸责任",也不容那些狡诈舌辩之徒,有"混淆视听"的机会。

经验的概念可以随时而变。当今之世,"烈女不事二夫,忠臣不事二主",

---

① 在这个意义上,我国儒家传统之"君君、臣臣、父父、子子",都属于经验概念之"必然职责",而非康德意义上的"自由"概念之"责任"。

已经显得如此之迂腐，早已失去"应当"的意义；但是人们在"自由选择""行为"的同时，"先天地"有"应当"跟随，则是不依赖任何经验条件的一条"道德律令"。

2. 道德哲学中之"德性论"与"幸福论"

在《实践理性批判》等著作中，康德严格划分道德伦理哲学中"德性"与"幸福"之界限，强调二者在哲学理论上各自之独立性。

康德哲学并不否定"幸福"，他甚至认为"追求幸福"乃是人之天然之权利，只是强调在谈论"德性"时不可涉及"幸福"，反之亦然。他称这两者的关系乃是实践理性之"二律背反"，表面上"矛盾"，实际涉及两个不同之领域，乃是一个"悖论"。

在康德奠定的关于道德的古典观念中，"德性"与"幸福"分属两个不同的领域。"德性"属于"理性自身"的事，而"幸福"则是"经验自身"的事。

"理性自身"为"内在的必然"，同时也是"内在的自由"。"理性自身""悬搁"起"外在之必然性"，因而只问"动机"。康德认为，只有"意志"的"动机"因其为"单纯理性"的，因而为"绝对之善"；但是此种动机，既然纯属"内在性"，则就是"知识"所不可及的地方，因而是"不可知"的，它不属于"知识"之领域。它是我们行为之"本来面貌-事物自身"，在我们"理论知识"之"彼岸"。人们对于我们"行为"之"性质"，只能按照它在"经验世界"之"轨迹"与"结果"之"效应"得到"知识"，此种"知识"只是"现象"的，而非"本质"的。至于"行为"之"本质"只能是"天知、地知、我知"，它不可能成为理论性的、具有普遍性的科学知识，人人得而知之。

于是，真正的"德性"，不是"知识"的事，而是"道德"的事；不是"必然"的问题，而是"自由"的问题。"道德"不是因果系列里的一个环节，不可以另一个"原因""推论"出来，也不可以其"结果"回溯地"推论"出来。

在经验世界，"德性"只能从"反面""指示-标识"出来，即从人们对于感性欲求的"克制-否定"中"透露"出来。一种"否定"，必"透露"出一种"肯定"，但这种"透露"并非"感性"之"显现"，只是一些"标识"，"提示"人们除了"感性欲求"外，人间尚有更高尚的情操在。

然则，道德哲学并不能止于这种朦胧的提示上，理性虽然不能从"感性活动"中"推论"出"德性"来，但是"理性"自身之"自由"，就足以"理解"此种"德性"之"意义"。"自由概念"为"理解""德性"之关键。"德性"不能从"自然"中"推论"出来，但却可以从"自由"中"推论"出来。从"自由"中"推论"出来的"德性"带有"推论"之"确实性"，但却不是借助"知性范畴（如因果等）"进行的，"德性"具有"自由"之"必然性"：并非"感性"之"欠缺"而"需求"，而是"理性"之"命令"而"必定""行动"。

"理性"之"命令"是为"绝对命令"，不讲任何条件，亦为"无条件之命令"，不能讨价还价。在这个意义上，"理性"之"命令"，不问"行动"之"成败利钝"。"成败利钝"是经验世界的事，由知识水平、技巧技能所决定，而这些都是相对的。人们并无绝对的把握预计"行为""必定"成功或"失败"，即使是日常最普通的事，也有"失手"之时；人们所能确定无疑的，只是那个"理性"之"命令"——"应该-不应该"。

"理性"之"命令"虽然只问"应该"，不问"成败利钝"，但是"理性"并非下一道空头命令，一纸空文，"理性"之"应该"与其"可执行性"是一致的，"理性"在自身的范围，已经设定"凡是应该的，都是可能的"。"应该"就意味着"行动"，亦即凡属"意志"，皆必"能够-有能力""行动"，而不仅仅是一种"意念"。"理性自身"虽然是"内在的"，但是却是一种"外向性"的"力量"，是一种"力"，故而"意志"是"创造"，"理性"为"精神"（Geist）。

与此相对的"幸福"，原本是"经验世界"的事。"幸福"乃是"人"作为"感性世界"一分子与其他分子和谐一致的一种状态。"人"作为"有理智者"，"自觉地""经营着"自己的"生活"，以"知识"作为"谋求"自身"幸福"的"手段"。

然而，我们已经知道，"知识"作为"必然性"来看，只是"理论理性"的事，也就是说，"知识"只是在"理论上"保证自身的"必然性"，保证"推论"之"必然性"；而在事实上，亦即在"经验本身"，在"事物自身"，这里所谓的"知识之必然性"则不能形成"对象"，并无"客观性"可以提供。因而，"幸福"因其涉及"经验自身-事物自身"，而竟然是在"理论知识"之外的一种"实际的知识"。"幸福"是实实在在的"享用",而不是"纸上谈兵","画饼不能充饥"。这种"实际的知识"不具备"理论推论"之"必然性",而具有"经验自身"的"偶然性"。"幸福论"不能保证"主观感觉"之"需求"与"客观世界"之"绝对和谐一致",一切人间之"智慧-聪明才智"都不能保证"幸福"之"必然性"。"机关算尽太聪明,反丢了卿卿性命"。在这里,休谟之怀疑论,显示了强有力的证据,经验自身,不能保证其"必然性"。于是人生幸福与否,荣辱兴败,说到底,只能是"机缘汇合",碰碰运气而已。以消极的态度对此,则可以淡泊名利,不惊荣辱;以积极态度对此,则抓住一切机遇,精神抖擞,准备"再一次""掷骰子"。

然而,欧洲哲学仍有在"幸福"与"德性"之间寻求"必然之联系"的传统。他们不是认为,从"幸福"就能"推出""德性"(伊壁鸠鲁派),就是认为从"德性"就能"推出""幸福"(斯多亚派)。康德指出,将两个不同领域的事,相互"推论"是"不合法"的,是一种"混淆-越位"。"幸福"与"德性"是"两回事",不可互相推导。

从逻辑概念说,"幸福"和"德性"并非"分析-蕴涵"的关系,我们从"幸福"概念中"分析"不出"德性"来,"幸福"概念不"蕴涵""德性"概念;反之亦复如是。

再则从知识的"因果关系"言,"幸福"与"德性"也不具备"因果"的关系。"幸福"既不是"德性"的"原因",也不是相反。

由此,足见"幸福"与"德性"之间,并无"推论"之"必然性"。

在这个思想指导下,人们就可以避免将这两者在人世间的矛盾当作真正的逻辑矛盾而认为"荒诞",从而"愤世嫉俗"。实际上,如同知识论中之"二律背反"一样,乃是混淆两个领域的以"幻相"为"对象"之结果,是一种"幻相"的矛盾。人们之所以常会犯这种错误,乃是因为人们认为,既然同为"理智者",同具有"理性",缘何又有如此的"矛盾"存在。殊不知,"理性"当有"权力"之分工,权限所在,不可"越位",复不可"降格-不到位"。"幸福"不能"越位"进入"德性","德性"亦复不能"降格"进入"幸福"。"知识"不能保证"德性","德性"亦不能保证"幸福"。于是,人间"有福之人无德","有德之人无福"种种"不合理"现象,比比皆是,殊不足怪也。

3. 关于"至善"的观念——从道德到宗教的过渡

"至善"观念来源于古代希腊柏拉图，是作为一个至上的"理念"来思考的。康德说，在古代，"哲学"被规定为"求得至善之术"。"理念"为"善"，而"现实"乃"理念"之模本，在这个意义上乃是"不完善"。在柏拉图看来，"理念"与事物之"种属"差异有关，于是在"诸种""理念"之上，乃有"最高的""理念"在。此种最高理念乃为"至善-最高的善"。

按照现代的观念，"善"乃是超越于"诸存在者"之上的，而在古典阶段，哲学已经意识到"道德哲学"有"超越""知识论"之处。这就是说，当代列维纳斯所谓"伦理学"（ethics）"早于-超越""存在论"（ontology）（在古典阶段，这个"存在论-本体论"乃为"知识论"所占据，因此代之以"知识论"），则康德伦理学已经很清楚地孕育了列维纳斯的思想，而康德所谓"实践理性之优越地位"正是列维纳斯"伦理学""早于""本体论—存在论"思想的前身。

然则，康德所谓"实践理性之优越地位"的思想，并非仅仅强调"实践理性"之重要性，或者"早于"本体论这类的意思，他的重点在于："理论理性-理论知识"不能"影响""实践理性"，亦即"知识"不能"影响""道德"，但是"实践理性-道德"却必定要"影响-规范""理论理性-知识"。

也就是说，在道德问题上，康德进一步强调了从"理性"到"经验"的道路。不仅仅在知识上，而且在道德上，人们可以看出"理性"如何"规定"——不是像知识那样"建构"——一个"应当"，虽然它不是理论上"必然"的现实世界。

"应当"的世界，固然不是在知识层面"必然"出现的，亦即我们不能由"时空"和因果"范畴""推断""善"的必然出现的现实性；但是我们在实践理性上却"必然"设定"善"的现实性，亦即在道德的王国，"善"就不仅仅是形式的"应当"，而同时也是具有现实性的"应然"。

在道德哲学里，实践理性固然具有"现实性"，而"至善"乃是道德之"目标"和"对象"；但是如果人们仅仅限于道德的眼光，那么此种"至善"止于"目标-对象"，其真正的"现实性"尚需其他的条件。也就是说，在道德哲学里，"至善"之"现实性"乃是一种"可能性"，尚非"必然性"。人们只有把目光从道德移向"宗教-基督教",这种"至善"之"现实性",才具有"必然性"。

而我们知道,"必然性"原本是"知识论"的范畴,我们在这里之所以仍然应用"必然性",就意味着:超出"伦理学"进入"宗教-基督教"之后,"实践理性"就会和"理论理性"开始"同一"起来。"道德"和"知识"也就开始"同一"起来。

宗教的世界——"天国",乃是人们设想的这样一个世界:在那里,"理性"的功能完全得到了统一,不再分别为"知识"的与"道德"的,感性与理性也不再区分为"内容"与"形式",成为完全和谐的一体。在这个世界里,感性的也就是理性的,现实的也就是合理的,现象的也就是本质的,反之亦然。我们看到,康德通过"道德"进入的"天国",乃是后来古典哲学所谓"同一哲学"的"雏形"和"影子"。

(1) 德性与幸福之必然关系

如果说,上述的"应当"乃是"至善",那么,德性与幸福的和谐统一,完全的融合一致,乃是"至善"的更为确切的含义,"至善"乃是"最高级的圆满-绝对的圆满"。这在感性的现实世界,永远只是一个"理念-理想"。

在现实的世界,"德性"和"幸福"没有"必然"的"同一性",它们之间的一致,只是"偶然"的。这就是说,在现实世界,它们的关系不是理论的,而是实际的,不是"推理"的关系,而是要看具体情况来定的。我们不能从"德性""推论"出"幸福"来,也不能从"幸福""推论"出"德性"来。

什么叫"推论"?康德说,或者我们可以从"德性"概念"分析"出"幸福"来,反之亦然;或者我们能够确定"德性"和"幸福"之间虽非蕴涵关系,但却是"因果"关系,因而按康德知识论,也是可以"推论",具有"必然性"。然则,"德性"和"幸福",显然二者皆不是。

康德在《实践理性批判》里,还非常简明而有力地批判了古代两种对立的道德理论:伊壁鸠鲁的"幸福论"和斯多亚学派的"德性论",指出它们的混淆之处正在于认为"德性"和"幸福"之间有一种必然的"蕴涵"和"因果""推理"关系。事实上,从"德性""推论"不出"幸福"来,反之亦然。

在这个意义上,现实世界-人间远不是"完满"的,"至善""在""彼岸"。

"道德学"只有超出自身,亦即具有感性存在的有限理性者——"人"只有"超出"自身,才能具有真正的道德-实践上的"至善"。

从这里可以看出,在某种意义上,康德已经具有"超人"的思路。只是康德的"超人",乃是"超出""感性"进入"纯粹理性"的境界,而尼采则否认此种境界,但"人"仍需不断"超出""自己"。在尼采为"自己"之不断"创新"而"永恒轮回";在康德则是"设定"一个"超越"的"天国",在那个"世界",并非只剩下"抽象"的形式理性,通体透灵,绝无感性之"幸福",恰恰相反,在这个世界,感性幸福受到了最为"公正"的"分配"和"保护"。在这个意义上,"至善"的现实性才是"必然的",也就是说,"德性"和"幸福"才有"推理"的关系,从"德性"能够必然推出"幸福",反之亦然。在这个意义上,我们可以说,"至善"就是"至福",就是"极乐"。

(2) 关于"灵魂不灭"的"悬设"

从"至善"推导出"宗教",设定一个与人世间截然不同的"超越"的"天国-神城",乃是康德哲学的工作,是将"宗教"置于"理性"审判台前的一种对"宗教""批判"工作。这在当时是引起宗教界保守人士的愤怒的一种"亵渎"。然而"哲学"要坚持自己的阵地,"理性"要承继启蒙主义的传统,别无其他选择,"宗教"要么放弃理路而毁灭自身,要么听从"哲学"的"批判",厘定自己"位置",以求在"理性"王国占有一席之地。"哲学"则依仗着"理性",义无反顾地一往直前。

哲学的"批判"工作,已经进入到关键的一步,"理性"必须直面最为困难的问题。

何谓"灵魂不朽"?我们知道,灵魂不朽或不灭是一个古老的哲学命题,其起源早于基督教。在柏拉图的对话中,苏格拉底已经相当详细地讨论过这个问题。与其他对话不同,在这个问题上,苏格拉底的态度很明确,结论也是很清楚地支持这个命题。苏格拉底以这个信念支持他勇敢地面对死亡,那种视死如归的大无畏精神,曾使许多人为之赞叹;然而他的理论却经常是批判的对象,因为他的"灵魂不灭"基于一种独断的经验,相信"灵魂"独立于"身体""存在",生时受"身体"的束缚,死后得到"解脱",得与古人相聚于九泉,其乐无穷。支持他这个信念的理路,只在于"身体"为"杂多",必然会

"分解",而"灵魂"为"一",既然为"一",则无从"分解-分化"。尽管苏格拉底的这个理路,有其语词上的根据,因而影响深远。但是在他的这个理路中,"一"只是概念的、语词的,其背后的"存在"是经验的,即"存在"作为经验的事物,"分析-分解"至"一",已至极限,无可再分,就如后来的"原子"观念那样。抽象概念的"一",乃是经验存在者的极限,因为经验世界没有"无"的地盘,古代原子论的"虚空"同样是"存在",而不是真正意义上的"非(不)存在",这是巴门尼德设定的界限,是科学思维不能逾越的雷池。

正如胡塞尔后来说的,包括古代希腊在内的欧洲哲学主要问题在于"超越"不够。柏拉图的"理念论"未能完全摆脱"经验-概念"的束缚,于是才有"卑贱之物"如"鞋袜"之类有无"理念"的问题。

这样,希腊哲学之"灵魂不灭"以及"身体"为"灵魂"之束缚这类观念,则为基督教神学所利用,成为论证宗教信仰之工具。

苏格拉底的"灵魂不灭"观念,既然建立在经验存在者的基础之上,为不可分之"一",则他就必须设定它为一种"永恒-不变"之"实体",就会在"变化"之"时间"之外,去寻求"永恒",好像"永恒"与"时间"是两个不同的东西。这样一种观念,是和古代希腊哲学从"混沌"观念中开显出来的"宇宙-秩序"观念相一致的,也可以说,是"宇宙-秩序"世界观的一种必然结论。

这种观念,在近代古典哲学中,有了新的面貌,或者说,有了新的转变。

表面上看,康德在《实践理性批判》中讨论"灵魂不死",是一种很落后的表现;实际上,康德是在做一件崭新的工作,一种转变观念的工作,即他把"不死、不灭、不朽"的观念放回到时间之中,而并不是追求一种"时间"之外的"永恒"。

我们通常研究康德的"灵魂不死"论,常常注意他如何阐述"至善"需要设定"永久修善"作为条件,这当然是正确的,康德本人也是以此为重点加以论述的。然而,如果我们不注意"不死、不灭、不朽"就在"时间"中,则我们就会忽视"至善-天国"至少在康德心目中是"现实"的,而不仅仅是"理想-理念"。"灵魂不死、不灭、不朽"并非仅仅为了保证"至善"作为"理念"

的"合理性"——这一层,"理论理性"通过自身必然的矛盾,已经展示了它不可能为"反题"所"颠覆-驳倒",而是要在"实践理性"中保证其"现实性",亦即是说,"至善"虽然不能在"理论理性-知识"中,有一个"直观"作为"对象",但是却在"实践理性"中,必定有一个可以理解的但无直观的概念作为"对象",而这个"对象",又可以在"宗教"信仰中,成为"现实"——"天国"。

在这个意义上,"天国"不是一个抽象概念,不是由知识-理论理性"推论"出来的,而是由"理性"通过道德实践"开创"出来的(一个现实的世界)。

这个由实践理性开创的世界,就不仅仅是"永恒"的、无时间的"理念",而是有时间的"现实"。

然则,我们在康德理论理性批判中得知,"时间"乃是感性直观的形式,何以能与超越的"天国"有某种关系?

康德在这里提出了"时间""绵延"的观念,也就是说,我们可以在两个层面上理解"时间":一方面,它是"现象"的"显现"方式——直观;另一方面,它也是"本体"的"无限"与"自由-自身"的"理解"方式。"事物自己"并非是无时间的抽象概念,而同样也是"存在",是实实在在的"存在",只是它不是"感觉经验"的"存在(者)",而是"超越性"的"存在"——这当然是海德格尔发挥出来的意思。海德格尔也非常重视康德关于"时间"与"存在"的本质联系。"本体"作为"思想体"来看,亦即从理论性知识来看,乃是"思想",而"思想"不是"存在","思想"为"非(不)存在",但是在实践领域,"思想"会"转化"为"存在",而道德实践,则由道德律"令"其"应当-必须""存在",于是在道德领域,"思想"与"现实"同一:"思想"的,就"应"是"存在"的。

在康德看来,此种"思想"之"存在",仍离不开"时间",不过不是形式的"时间",而且是"实质"的"时间",为"时间"本身,即"绵延"。"绵延"为"不断","不断"即"无限",亦即"混沌"。在这个意义上,由于实质性时间的进入,"绵延"就不是"不变",不是抽象概念意义上的"永恒",在"时间"之外的不变的"永恒",而是"永恒的变"。

这样，人们的"不断"的"修善"才有现实的可能性。"至善"乃是一个"过程"，这个"过程"在尘世是没有"终点"的，一个人的"死亡"并不能"终止"这个"过程"。一个人生命的结束，当然意味着物理"行为"的终结，但是他生前所作所为的无形和有形的"影响"并没有结束，仍在直接间接地继续发挥作用，而且这种作用不仅仅是"精神性-思想性"的，它仍可以是"实际性"的。我们所做一切之"事"，其"寿命"都长于、大于我们的生命。我们的"事业"在"时间"中"绵延"，而我们的"事业"中就有我们的"灵魂"——我们的思想、意愿、品位、人格和精力，这些也都可以在"时间"中绵延，继续它们的生命和发挥它们的作用。在这个层面，"灵魂不死"就可以避免和摆脱日常经验中存在的浅薄之迷信，而进入一个理性可以理解的层面。

其实在我们认真"做事"的态度中，已经蕴涵了这一层意思。我们时常被教诲，做事要为子孙后代着想，尤其是当代环保问题的提出，对于资源开发的慎重，等等，更不用说，我们行事中的道德楷模的考虑，这些都是一些已经超出个人生命限度的审视，为古代先贤的一种"慎终追远"的态度，而与"一死百了、一了百了"的只顾当下的经验主义态度是截然不同的。

以个人生命为限度的经验主义，固也有其理论的根据，它的目光集中在当下现实世界，抓住"现时"，而认为"前世"与"后世"——"身前"与"身后"，并不以我的意志为转移，那是"他人"——前人、后人的事，无论怎样替他们操心，也是"不起作用"的，因而要采取"逍遥"的态度，"儿孙自有儿孙福"，顺其自然可矣。这种态度并没有否认有"他人"存在，而是认为，既然必定有"他人"，则"评判权"不可能在"我"手里，"好坏-善恶"全要由"他人"来评说的。于是，这个主张，或者根本否认"灵魂-精神"之绵延，批判"灵魂不死"，言之凿凿；或者虽也承认我之所作所为，对于后世仍可保持影响，但是非功过，由不得我来说，说了也不算数的，于是不必顾忌尘世中之道德上动机和现实的效果，一切听命于"自由意志"之"决断和创造"（尼采），抓住时机，相信"机会"之"永恒轮回"。从"灵魂"在实践理性意义上的绵延，直到在"意志"于现时机遇上的轮回，我们看到哲学观念的转变和人生态度之不同。

(3) 关于"神-上帝"的"设定"

从道德哲学，从实践理性，必定会"推出"有一个"神-上帝"的"存在"。这是康德为基督教神学所能做到的力所能及的服务，也是欧洲哲学在这个阶段化解宗教问题的一条途径。这对于基督教神学当然是不敬的，因为神学自认为不需要从属于"理性"之下，要受到"理性"的"审查-批判"，才能得到自己的位置。而更何况，康德在《纯粹理性批判》中已经否认了"神"作为经验对象的可知的可能性，而此处又在理性的实践领域，网开一面地将"神"接纳进来，这对神学家来说，自然是很难接受的；然而，康德根据的是一个哲学的理路，同时也是欧洲哲学思路在这个阶段上的一个发展。

不仅是哲学家，欧洲的神学家也同样考虑着如何在理路上来"论证""神"之"存在"。如果我们确实难以在经验的世界找出与"神"的观念相应的"对象"来加以"直观"地把握，那么，至少应该在"理路"上能够"论证"这个观念的"合理性"。

关于"神"的"存在"在理路上的论证，康德面临着丰富的哲学遗产。在众多的理论论证尝试中，安塞伦的"本体论证明"是最为著名的，康德在《纯粹理性批判》对于神之存在的几种证明所做的批判，都围绕着"本体论证明"为核心。所谓"本体论证明"乃是强调神之存在并非经验可以检验出来的，而是逻辑概念"推演-分析"出来的，因而并非偶然的存在，恰恰是必然的存在。我们并不一定要在感觉经验的世界与神-上帝"遭遇"，而是在我们所设定的神-上帝的"概念"中，必然已经蕴涵了"存在"。这种"存在"，不是一般感觉经验意义上的"存在（者）"，乃是作为"本体（noumenon）-思想体"的"存在"。我们既然已经设定"神-上帝"为"全知、全能、全善"，则如果我们再说"神"是"不存在"，就会自相矛盾。这个论证方式一直到斯宾诺莎的泛神论，得到了深入的发展。斯宾诺莎从"自因-实体"方面发挥了这个论证的思路，成为他的《伦理学》的主要基石。然而，康德在《纯粹理性批判》里，着重批评了这个论证，指出这是混淆"思想"和"实在"的典型例证。康德在"知识论"中，坚持纯粹"思想"不能成为"知识"，而只是"逻辑形式"，"思想"必须与"内容""结合"才能成为"知识"，因而这种"知识的内容"才能在感觉经验的世界中，找出相应的"对象"。这样，我们就无权从纯粹"思想"——"本体-思想体""推论"出"存在"来。"存在"必定是"存在于"感觉经验世界的,是实实在在的可感的事物,必定要"显现"在"时空"的直观中。"思想体"不进入"时空",因而,与"存在"无涉,于是就没有根据由"思想"来"论证""存在"。

但是,康德这种由"知识"推论不出"神"的"存在"来的立场,到了《实践理性批判》却有了一个根本的"转变":在"知识论"里不能论证的"神之存在",在"道德论"里,却是一项必须的设定。康德这个"转变",并非立场的改变,而是论题领域的转向,乃是"理性"功能的转向:理性由知识的领域进入实践的领域。

原来,在知识领域,康德知识否定"神"作为一个只是对象的"存在",但是承认它是一个"理念"作为纯概念有其"必然性",尽管如果将其作为"知识",此种"概念"就会成为"幻相",产生不可克服的矛盾。如果我们不把神的概念作为知识的对象来对待,情形就会完全不同。

那么,在康德意义下的"实践理性"对于神的存在的论证,又有何种优势,使得这个论证具有合法性?

我们知道,在理论理性-知识的意义下,"理性"是"静观"——康德意义上"思辨"的。它对于自己的"对象"采取"静观"的态度,当然它具有"时空"、"范畴"的先天性,但是"时空"乃是"直观"的形式,而"直观"(Anschauung)同样是"静观"(Contemplation)的,在这个意义上讲,"直观-静观"乃是"存在"的第一道关口,是它的本质的条件。因此,在知识论-理论理性中,谈到"存在",必定是"感觉经验"的。于是我们看到,在这个领域,是不可能找到神的存在的根据的。

然而,实践理性的情况就大不相同。实践理性从"自由"的概念出发,从这个源开显出自己的世界,而不是像理论理性那样,需要一个给定的"感觉经验材料",对于这些材料,理性具有"接受性",因而具有"被动性",因而理论理性有"必然性"。"自由"则完全没有这种"接受性"和"被动性",它摆脱一切的感觉经验的束缚,全从理性自身出发,行使自己的权利。

正因为实践理性不是"静观-直观"的,对于这个"直观-静观"领域的超越,就不仅仅是一个"理念",这种"理念",在理论理性中只具有"理想性"。

但是，实践理性却具有直接的"现实性"。

实践理性表现为"意志"，"意志"直接诉诸"行动"。"意志"的概念——"目的"具有"现实性"，是要去"做事"的。"实践理性"的"意志"，既然是"自由"的，则它的"目的"就没有感性欲求的"内容"，而只具备实践的"形式"，这就是道德"无条件命令"，是不受任何感性欲求支配的实践理性的道德律令。这一道命令，正是那"理性"本身的"行动"，是脱离一切感觉经验材料的"自由"的"行动"，就理论理性来说，它只是"形式"。

"自由"意味着"行动"。"行动"当然具有"现实性"，而不仅仅是"思想-理念——理想-理论"。于是，我们看到，并不是从一个"静观-直观"的"全知、全能、全善"的"概念"中"推出"必定有"存在"的概念"在"，因为这种"在"，仍是"理论的-思想的"，从"理论-思想"到"现实"有一个"跳跃-断裂"，故而，是"推"不出来的；然而，如果从"自由"的概念出发，就能合理地蕴涵了"现实性"概念在它之内。"自由"原本意味着"要-意志""做点""什么"；只是这个"什么"并非在经验上"确定"的"概念"，而这个"做-行动"却是确定无疑的，具有理性的推理的"必然性"。于是，从"自由"概念推出的"现实性"就具有理性的必然性，乃是不依赖任何感觉经验而自身就能成立的命题。

"人"只有在实践"道德律令"时意识到自己是属于一个不受任何感性经验束缚的"理性-自由"领域的。但是"人"又是一个感性的存在者，它执行道德律的命令需要"克制-摆脱"，因而作为感性的"人"要不断"超越"自己，进入一个"他者"的世界。"天国""超越""现世"、"神""超越""人"。"神"的设定，乃是"人"的"超越"的设定。"人"的"自由"使"人"的"超越"得到了实践理性的支持，有了"理性-理路"的"根据"，从而使这个设定不是"想象"的产物，而是理性的"必然"。

"人"在"时间""绵延"中"不断"地"超越""自己"，这样一个绵延进展的设定，仍是根据一个实践理性——道德律令的"必然性"，也是根据人的"意志自由"的"必然性"，因而，"神""存在"的设定，也就能够从"自由"概念的"现实性"中"必然"地"推论"出来，而不至于像在理论理性那里，只是一个"理想"的"理念"，一个"本体"，一个"思想体"。

在这里，我们看到，"本体"或"思想体"，如果作为"理论静观"来看，是"不可知"的，因为它缺少"时空"之"直观"。"静观"而无"直观"，乃是"自相矛盾"，就知识来说，是不能够成立的。但是，如果"本体"作为"行动"来看，亦即作为"自由"的概念来看，在实践领域里，则必定是具有"现实性"的，但因其为"自由"，而"自由"乃是"不受限制"的，于是，这种"本体"和"思想体"的"时空"也是"不受限制"的，"时空"而又"不受限制"则是"无限"的"绵延"。在"无限的绵延"中，实践理性必定要设定"神"之"存在"。

于是，我们又看到，这个欧洲哲学史上成为大问题的"存在"，在这个阶段，也可以分成两个方面来理解。一方面，它是经验的，通过"有限制"的感觉经验来把握；另一方面，又可以通过"不受限制、无条件"的"时空"（就"时间"来说为绵延，就"空间"来说为"扩展"）来理解。而这种"无限"性，就只能是"理智"的事，而如果"时空"仍然是"直观"的话，则我们就有了"理智"的"直观"。这在理论理性-知识论中是不能成立的。

我们通过康德的实践理性，有了一条理路，通向了"宗教"。在这条路上，我们遇见了与知识论中不同含义的"存在"概念，即"本体论"的"存在"概念，在"实践理性-道德行为"的不断绵延中，找到了安身立命之处。

"存在"在这里虽然没有"感性直观"，但是却有"理智直观"。"时间"之绵延进入了"存在"，就康德的思路说，"时间"自身进入"存在"自身，"事物自身-本体"在"无限绵延"中"显示"出来，仍是有理路有根据的，因而是"合（乎）理（性）"的。

如果说，这时候的"时间"乃是"无限"的，那么，从"实践理性"对于"理论理性"之必定具有的"优越性"来说，则"实践理性"对于经验世界——"道德"对于"知识"，"自由"对于"必然"也就有了"优越性"——"天国"对于"尘世"所施加的影响，使得我们生活的"世界"具有不同于"理论理性-经验知识"的面貌。这种由"理性"作为纯粹"主动"的"力量"施之于感性世界使之"改变面貌"的问题，正是康德《判断力批判》所要解决的。

（五）活生生的"人"的世界——艺术论与目的论

康德在写作《实践理性批判》时，对于《判断力批判》中的问题已经构思成熟，所以在出版《实践理性批判》后不到两年的时间，《判断力批判》也紧跟着问世。康德在后者的前言中说到，他已步入衰年，不得不尽快把它公之于众，那时康德67岁，事实上，他活到了80岁，尚有许多时日，但是他的完整的古典性、经典性的哲学体系，终于被"逼"了出来。

我们知道，康德在讨论实践理性道德问题时，已经将目标引向了宗教。他在《纯粹理性批判》中持否定态度的"超越"问题，在《实践理性批判》中得到了妥善的安置。下一步人们或许期望着他将随着实践理性的思路，使他的"批判哲学""上升"到"宗教"问题。果然，康德有《在理性范围内的宗教》一文问世，但是在这之前，与他的"批判哲学"直接相应的，则是《判断力批判》。而这个批判，却是把目光拉回到活生生的人世，拉回到人的"生活世界"，而经过实践理性、道德哲学洗礼之后的世界，已经全然不同于为我们提供"知识对象"的"理论（必然）世界"，而是美-艺术和目的的世界。

康德这个做法，或许说明他的哲学思考的重心，仍然是围绕着"人"的问题。"人"作为有理智的存在者，或者"有理性的动物"是哲学问题的核心部分。因此他将人的"理性"分为"理论"的和"实践"的两大领域之后，感到有必要将这两大块"统一"于完整的"人"的"基地"上。因为在活生生的经验中，"人"之所以为"人"，是一个完整的整体，"生命"并不可以真的分割为"理论"和"实践"两大块，如何在"同一"的"理性"中，"理解""人"的完整性，当是一个不可回避的任务。

于是，我们看到康德所提四大问题：我们能够知道什么，我们应该做什么，我们可以希望什么，而最后归于"什么是人"。《纯粹理性批判》回答了第一个问题，《实践理性批判》回答了第二和第三个问题，而《判断力批判》则试图来回答这第四个问题。

从这个角度来看，似乎我们可以说，古典哲学的经典性，在于有启蒙主义传统下的理性主义，也有文艺复兴传统下的感觉主义和经验主义，二者结合起来，则是一个完整的"人"的问题。"人"原本是具有"感性"的一面，又具有"理性"的一面；而要将二者"有机"地"统一"起来，而不是"机械"地"拼凑"起来，这就是古典哲学所面临的主要问题。

然则，如何才是"有机"的而不是"机械"的，则要从一个统一的原则-原理出发，"推出"或"开出""自己"的多样性和现实性来。这样的多样和现实，虽然不是"理论知识"所能把握的，但却是"理性"所"可以理解"的。

如何理解多样的现实世界，是康德《判断力批判》所要解决的问题。

1. 何谓"判断力"

"理性"在知识领域和道德领域都需要运用"概念"、"判断"、"推理"这一套逻辑形式。知识以"概念"为重心，以求"概念"与"对象"相符合的"真理"，而道德则因其无经验之内容，而仅仅依靠"推理"就能得到"善"的观念。在这个意义上，知识与道德——"真"与"善"是不相干的两个具有不同原则的独立领域，然而它们都依据着"同一"的"理性"，于是其中必有相关之处。

从康德的《实践理性批判》里我们知道，在康德看来，"知识"对于"道德"绝无影响力，而反过来，"道德"却必定会影响"知识"，这就是说，实践理性必定会影响理论理性，即"自由"必定会影响"必然"。

实践理性对于理论理性的这种影响力，并不能改变理论理性自身的立法作用，但是却会"调节""理论理性"的"具体"行程和途径，因而赋予"必然"以"另一种（自由）"的形态。

这个意思，在逻辑的形式上，就表现为"判断力"在"概念"和"推理"之间的"连接"作用，亦即内容（在知识上，概念是有内容的）与（推理）形式的统一。

于是，"判断力"又是"内容"与"形式"、"特殊"与"一般"，"感性"与"理性"相统一和可以"过渡"的桥梁。或者说，是经验（尽管自然知识具有先验性，但它却只能是"经验的"世界）与超越（即康德在理论理性中否定的 transcendent 世界）的沟通环节。

我们知道，"判断"乃是连接"个别"与"一般"的命题形式。譬如"这花是红的"，是"判（定）断（定）"这一朵花是具有何种属性，"这朵花"是个别的，而"红"则是普遍的一种属性。一般来说，我们已经确定了"红"这种属性的意义，然后寻找"一朵花"作为"例证"，"指出"它是"属于-从属"这个普遍概念之下，这是一种知识性判断。然而如果我们这个属性的"概念"并非"决断性"的，因而它不是"确定"的，此时我们必须紧紧抓住事物的"个别性"而作出"判断"，不脱离"个别"，并且由"个别"进入"一般"，达到一个并不是"规定性"的"概念"，这样乃是一种"反思性"的判断，而在康德看来，我们所谓"审美-趣味"判断，正是具有这样的性质，所以不同于"知识判断"。

"审美-趣味判断"不同于"理论知识判断"，亦即不同于"先验的知识判断"，也不同于一般的"经验判断（经验知识）"，它只具有"经验知识判断"的形式。即在判断的形式上，"这花是红的"和"这花是美的"具有相同的判断形式，但在意义上却不相同。

2. 关于审美-趣味判断

审美-趣味判断具有知识判断的形式，而且只具有"经验知识"判断的形式。这样它就不是理论性知识判断，因而它在实质上不具备先天的必然性，而只具有这种必然性的形式，在实质上，它是"自由"的。

何以能够在"必然"的事物中，见出那超越的"自由"，从而使"自由"不但能够从"理性"中"推导"出来，而且可以从"现实"中"看"出来？亦即"自由"何以也具有了"时空"的"直观形式"？这个问题，反过来即是康德自己明确提出来而为后来伽达默尔强调的：为什么原本是每个人不同的感受——如"这花是美的"就等于"我觉得这花是美的"，又等于"这花给我以快感"等等，何以能够允许以"经验知识判断"的形式，"要求"别人也"同意"？

我们知道，在《纯粹理性批判》中，康德特地在一条小注中指出，纯粹的感觉是没有先天的条件可寻的。他这个意思到了《判断力批判》有所改变，这里的全部工作正在于判明感觉中仍有先天条件可寻。不过，我们仍可以从论题的转换来理解康德这个转变。在《纯粹理性批判》里，讨论的是"经验知识"如何可能，亦即感觉经验材料必得遵守理性为经验所立定的法则，才允许进入知识的王国。这里的"纯粹感觉材料"即是"物自体"，首先不能进入"时空"

直观，乃是一团"混乱-混沌"，则无"知识"可言。在"审美-趣味"里，"感觉经验"之"个别性"不是作为"知识"之"给予"进入"理性"，"理性"也不是作为"立法者"向这些"个体""规定""法则"，而是作为"反思判断"的"材料"，寻求一种不确定的——只起"调节"作用的"理性概念"，因而就不在知识的层面，而是在审美-趣味的层面提供一种"不确定"的"秩序"，只具备"秩序"的形式，而不能"概念"化，不能"公式"化，亦即不能"规律"化。审美-趣味，并不是从一条原则或公式、定理出发来寻求"例证"，而是从"个别"中见"一般"，于感觉中见理性，于"混沌"中见"秩序"，于"现象"中见"本质"，在"必然"中见"自由"。

审美趣味判断离不开纯粹感觉上之"快感"，然而，"快感"仅是"主观"的，虽然我们可以假定人的生理结构的相同性，因而会有"（共）同感"的事实出现，但是单从经验的事实，我们无法断定，我们在理路上一定有权力断定有一个"（共）同感"的存在。因而，我们并无权力说"快感"是人人都要承认的。然而审美的快感却被允许具有人人都能同意的特点，就是说，在审美趣味方面，人们被允许说出一个"判断"来要求他人也要"同意"，这种不同于理论理性中的纯粹感觉的特点，人们在审美判断中这种"合法性"的探讨，正是《判断力批判》中所要做的工作。《判断力批判》"判定"审美判断的"合法性"，乃是基于这样一个前提："审美的趣味的快感"不同于一般的"生理物理的快感"，那是一种"无功利性"的"愉快"。

何谓"无功利性"？又有何种根据说"无功利"而又有"愉快"？

我们知道，"知识"虽说最后由"功利"来支配，但它的直接形态是"静观"的、"客观"的，并不夹杂眼下的"功利"在内。审美鉴赏判断的"无功利"性，与"知识判断"在"静观"上，有共同之处，或许这就是审美鉴赏判断也可以同样采取"知识判断"形式的缘故，譬如"这花是美的"之类。但是，就"知识判断"本身来言，并无"快感"与"不快感"的问题，而只有对与错、正确与不正确的区别。审美鉴赏判断则不然。它不仅仅是客观的知识"断定"，而且也是主观情感的"表达"。一般来说，主观情感都是和"功利-利害"相关联的，而审美鉴赏判断则虽有快感而并不与利害相关联。

我们所谓"功利-利害"关系，乃是把"对象"作为一种"工具"，一个

"手段"来加以考察，看看他们是"有益"还是"有害"。这种"目的"与"手段"的关系，乃是实质性的，乃是实质性-物质性交换关系中的一个环节。审美鉴赏的态度与此不同，它不是把"对象"作为一种实质性的关系的环节，因而也"悬搁"起与它的物质性交往关系，而只"注视""对象"自身。于是我们看到，审美鉴赏的"对象"，吃不得，喝不得，总之是"用不得"，与实质的功利没有关系。

这样，我们看到，审美鉴赏判断之"无功利愉快"兼有两个方面的特点：一方面，它是"静观"的，把"对象"当作"客观"的；另一方面，它又是"情感"的，把"对象"当作"引起""主观"愉快的"原因"，这种"因果"关系，不仅仅是理论的，而具有实际的"效果"，"对象"乃是"主观""情感"的"有效因"。这两个方面的互相制约与交融，就形成了审美鉴赏判断的自身的特点。

"无功利性之愉快"这种特点，使得审美鉴赏态度，既不是"知识"的，又不是"意志"的；就先验性而言，它既非"自然律"，又非"道德律"。"理性"并不像在"知识"与"道德"的"领地"中那样起"立法"（constitution）作用，而只是一种"规范（regulation）-管理"的作用，因而审美判断，乃是"反思（reflective）判断"，即不是从一个已经把握了的"普遍概念"出发，寻求对"个体"的判定——这是"知识判断"的特性，而是从一个"个体"出发，来寻求一个"不确定"的"概念"。当我们说，"这朵花是红的"时，我们是要断定"这朵花"的客观属性，如果这朵花是"蓝"的，则我们的判断是"错误"的，要修改的是我们的"判断"，即将概念"红"修改为概念"蓝"。然而，当我们说"这朵花是美的"时，我们并不是将一个固定的"美"的概念，当作对象的属性来加以判断，因而即使人人都反对这个判断，我们也无须修改这个判断，用别的什么概念来替换"美"这个"概念"，因为"美"并非对象的客观属性，因而只是"概念"的"类似物"。在这个对比之下，"美"还"表达-表现"了一个"主观"的"情感"，而"主观-情感"则保留了"个体"的"自由"性权利，而并不要求概念的普遍"必然"性。

审美鉴赏判断这一"无功利性之愉快"特点，不仅对于解决审美鉴赏和艺术问题具有启发作用，而且给哲学思考带来的结果也是很有意义的。

在审美鉴赏态度中，我们"看"到了我们审美鉴赏的"对象""自己"。

就康德哲学来说，我们已经知道，在理论理性所管辖的"知识"领域，"事物自身"是"不可知"的，也就是说，它不能成为"表象""显现"出来，因为它不进入"时空"直观。而在实践理性管辖的"道德"领域，"事物自身"也还是"不显现"的，因为它根本不具备"时空"直观形式。而似乎只有在审美鉴赏的领域，"事物自身"才真正"显现"出来了，但这种"显现"，不是"向着""知识"，也不是"向着""意志"，而是作为审美鉴赏"对象""向着""鉴赏者""开显""自身-自己"的意义。

"审美"的"对象"，当然是"直观的"，在这个意义上，它"在""时空"中；但是由于这种对象，不是为经验知识提供出来的，不是理性的先验性所"设定"的，因而它所"在"的"时空"就"知识-科学"来说，就不是"确定-判定-决定"的，我们对它下的"判断"，所作"推理"，也都不是"判定性的"（constitutive），而只是"调节性的"（regulative）。由此"审美对象"所"在"的"时空"，虽是"直观"的，但却不能进一步进入"因果"的范畴之必然性，对于审美对象所能够使用的"范畴"也是"不确定"的，或者说，我们对审美对象所下的"判断"，也只是徒具形式，在实质上与经验科学判断，绝不相类。审美对象与审美判断，在形式上与经验科学相同，但在内容上，却是"自由"的，而不是"必然"的。如果我们说"颜色"是"花（在种种复杂的客观条件下-在错综纷繁的分子结构中）"的"必然"之"属性"，那么"美"就是"花"的"自由"的"属性"，如果我们一定要套用"属性"这个词的话。

广义地说，"美"是世间事物向具有"理性"的"人""开显"出来的一种"意义"，就像"颜色（红等）"向具有"（正常）感觉（以及理智）"开显出来的"属性"一样；只是一种是"必然"的，而另一种是"自由"的。

审美判断，具有"必然"的形式——它和经验科学判断一样的形式，但却具有"自由"的内容。

我们知道，所谓"自由"，在康德哲学中，是实践-道德领域里的事情。这样，审美判断就是介乎"知识"和"道德"之间的一种判断形式。所以康德曾说，"美"是"道德"的"象征"。康德并不是说，"美"乃是"道德"的图式，而是说，"美""象征"着"道德"，"必然""象征"着"自由"。

在《实践理性批判》中,"道德-自由"乃是纯粹"形式"的,它没有感性直观,不"在"时空之内,故而不是"知识"。但是到了审美的领域,"自由"有了"不确定"的时空直观形式,这种时空,只是提供人们作为"自由"的"象征",而非"必然"的"知识""图式"(schema),因而它的判断不是针对客观的"对象"之客观属性,而是"显示""对象"的"自由",即"显示""对象""自己",显示"事物自身"。而这种"自己-自身"在知识领域乃是"思想体-本体",因而是"不显示"的;如今到了审美领域,它通过"审美判断","显示"了出来,释放了"自由-自己"的意义,不是供人"研究"而获得"知识",而是供人"鉴赏"。

审美-鉴赏并非"显示"一个感性知识的"对象",不仅仅"显示""现象",而是"显示"出"事物自身"。该"物自身"当然不作为"(知识)对象"而"显现"。"物自身"既非感性知识"对象",而之所以又能够"显现",乃在于它虽不进入"必然"的"时空",但却能够进入"自由"的"时空"。所谓"自由的时空",乃是能够使在"客观对象"上"不在场"(absent)的"在场"(present),而使"在场"的"不在场"。使"不在场"的"在场",乃是将"不在场"的"事物",通过"语言"等手段,"带入""现场",此时,为海德格尔所谓的"不在场""笼罩-维护"着"在场";① 而使"在场"的成为"不在场",则"对象""脱离"客观眼下之"时空",进入"自由"之时空,因而审美对象虽在"眼前",但并无实际"功利"可用。审美-鉴赏乃是使得"不在场"的"显现"出来。

元代马致远小令"枯藤、老树、昏鸦","小桥、流水、人家",说的皆是具体"事物",它们早已"不在场",但确是千古佳句,如今读来仍如在"目前",犹如"在场"一样。尤有甚者,此种"不在场"之"在场",或"在场"之"不在场",却高出于作为感性知识"对象"之"在场"。这些"不在场"而又"在场"的"事物"给我们带来的不仅仅是这些"事物",不是要我们去认知这类事物的种种属性,而是给我们带来了一个"世界",这些事物与这个世界"同在","事物"在"世界"中,则不是"抽象的-抽出来"的事物"表象-

---

① 见海德格尔《诗—语言—思想》英文本中"语言"一文,p. 199, Harper&Row, 1957。

现象",而是事物的实实在在的"本质-存在",是"事物本身-事物自己"。"事物自己"固然在感性知识上不可能"在场",但却在审美鉴赏上"显现"出来。将"不在场"的"显现"出来,这就是审美鉴赏的"功能"。①

3. "作品"的观念——艺术

要使"在场"的"包容"着"不在场"的,亦即使"现象""显现"着"本质",使"存在""显现"着"不存在",使我们眼前的"对象""显现"出它的"过程",使它成为一件完成了-终结了的"事物",这个"对象"就只能是"作品";它是因果系列中的一个必然环节,又是"自由""创造"的产品,这个作品就是"艺术品"。将我们眼前的"对象"作"艺术品"观,就是审美的、鉴赏的态度。

艺术家的工作,就是这种审美鉴赏态度的表现。以自己创作的作品,使事物的"本来面目",使"事物自身""显现"出来,而不是停留在事物表象的"模仿"上。"模仿"之作,乃是"经验知识"的附属品,譬如生物学的插图之类,固然也需要很高的技巧,但不是艺术的作品,乃为普及知识而作。

艺术家的工作,当然也不是仅仅表现(expression)艺术家的主观情绪。人们每天都有七情六欲的"表现",有的人喜怒无常,时哭时笑,皆不可谓"艺术表演"。艺术家的工作是要把"事物"的"真相"表现出来,揭示出来,不是主观随意的发泄。既然"事物"之"本来面目"不可能在知识"因果系列"中"显现"出来,而艺术家的工作恰恰又是要将它直观地提供、揭示出来,则他的工作就不可能是"知识性-技术性"的,而是"自由"的,"创造性"的。他要使"不在场"的"在场",就必须从"无"中"生"出"有"来,使"无"也"有",使"不(非)存在"成为"存在",使"思想体-本体"成为"实在体-现象",亦即在"现象"中体现"本体",在"现实"中"显出""理想"。而总括起来说,既然为"无"中"生""有",则必是一种"创造"。

艺术家"创造"了一个"世界",他创造的这个世界,"在"我们这个日常经验的世界里,就显得似乎是"另一个""世界"。这时候,艺术作品里所提供

---

① 我们看到,这里所引我国元代马致远的小令和海德格尔在上引"语言"一文中所引G. Trakl的诗"冬夜"意境非常相似。马词中的"断肠人"即Trakl诗中的"流浪者"。然而,Trakl的"流浪者"尚看得见温暖小屋和餐桌上的面包和酒,马词中的"断肠人"虽见到"人家",但仍只得浪迹"天涯",无以为家,真正的homeless。

的"时空",相对于眼下现实的时空言,似乎是"虚拟"(virtual)的,是艺术家想象的产物①,然而这个"虚拟"的时空,却比眼下当前的"时空"还具"真实性",也就是说,这个时空的"世界",比之眼下当前的世界更高,更真实。这就是通常所谓的"艺术""高于""现实"的意思。问题并不在于经验上的"高""低"之分,而在于这两个世界原本重叠在一起,"现象""覆盖"着"本质",使"本质""不在场",如今艺术家通过"自由"之创造,将"本质""呼唤"了出来,"呈现"在"世人"面前,就使我们这个世界体现了"另一种"的"意义"。

然而,这个"另一个"世界,却仍然"在"我们眼下这个"世界"中,它们"是-在""同一"个世界。我们常说,"艺术"为"生活"的"反映",它是"生活"的形象写照;但是"艺术"同样也是"生活"的一个"部分",它不仅仅是一些"形象",它"参与""生活","影响""生活",这些我们通常叫做"反作用"于"生活"。其实,我们如果不是把"思想"和"实际"、"理论"和"实践"、"观念"和"实在"等等分割开来考虑,那么它们就是"同一个""生活"过程的"诸种因素"。它们"在""同一个""过程"中。

按照康德的哲学,我们有限的理智者从事实际的劳动,谋求自身生活的"幸福",乃是人类天然的权利。然而作为理性者,我们还有更高的"追求",我们的行为必须不仅是遵从约定俗成的社会规范,而且要求"从道德律出发",使我们的行为"符合"道德,"本乎"道德。至于此种意愿-意志能否在"生活"中"实现",则与我们的行为性质无关;因为,道德只要求行为和意愿-意志为"自由"的,因而道德意志的"自由",乃是纯形式的,只是源于"理性"并不问这种形式能否在经验现实中获得"实质"的"内容"。

我们看到,无论是"知识"领域,还是"道德"领域,在康德的哲学中都是非常"严峻"的,都不"保证-许诺""生活"的"幸福-完满"。"美满"的"生活"也许只能在"艺术"中寻求到一种提示,而艺术的世界,似乎是康德意义上的"天国"的"投影"。

通过"实践理性",我们体会出"道德律"的森严和我们的"自由"之职

---

① 关于艺术的"虚拟性"(virtuality),美国哲学家、美学家苏珊·兰格(S. Langer)已经着重讨论过,见她的《情感与形式》一书。此书已有中译本。

责。遵从和本乎道德律的行为，即自由的行为，使我们有一种斯多亚学派说的那种"理智的愉快"，这是"道德"本身就能够提供出来的。通过"经验科学"，我们倒是能够得到"感性的愉快"，我们可以利用我们获得的知识，来为自己幸福服务，将理智的知识降为"手段"，然则当人人都这样做的时候，这种"手段"也是大受限制，很不可靠的。利用"经验知识"的技能，并不能够保证-许诺我们"必然"得到"幸福"与"愉快"，因为"幸福-愉快"面临的不是"理论性"的世界，而是实际的世界。要想在这个实际的世界"必然"获得"愉快-幸福"，就必须"认知""物自体"，也就是说，必得假设我们依靠"理论性知识"，亦即"经验知识"就能够"认识""物自体"，而这一点，已经为康德的《纯粹理性批判》的全部工作所否定。这个意思就意味着，如果我们不把我们人类变成"神"，那么我们的"知识"是不可能"保证"我们在现实世界"必定"会得到"愉快-幸福"。我们必得承认，人世间-生活中有"偶然性"，而我们作为有限的理智者，不可能穷尽人间一切的"偶然性"。

然而，在"艺术世界"中，我们正是在"偶然性"中看到了一种"必然性"，或者说，"必然性"正是就"在"那"偶然性"中。

在艺术的世界，我们看到的"必然性"不是"理论性"的，而是就在"偶然性"之中的"现实性"；同时也不是一种形式的"自由"，而是一种"实质性"的"自由"，亦即我们在感性现实中看到"自由"。这就是说，在艺术中，"必然"和"自由"都是"在-存在于""现实"之中。

古典的哲学观念，孕育了古典的艺术观念。艺术的理想成了生活的理想，成了生活的"意义"。"生活""原本""就该"如此这般。应该的也就是现实的，现实的也就是应该的。这就是后来为席勒所阐发了的康德美学思想，而这种美学，与当时浪漫派艺术思潮结合，在古典哲学的框架中，找到了自己的哲学根据，也推动了古典哲学强调理性能动功能的趋势，从而使"理性"更具"精神"的意义。

4. 艺术与天才

艺术之浪漫精神，使得康德在哲学的古典形态中，引进了"天才"观念，对后世发生过巨大的影响。

康德关于"天才"的思想，有一层意思须得注意。他紧接着审美鉴赏判断,指出"审美"需要"鉴赏力",而"艺术(之创作)"则需要"天才"。这层意思,不仅仅在于,一般鉴赏需要学养,艺术的创作需要实际操作上的技巧;还在于艺术天才的本质不是光靠"锻炼"就能得到的。这就是说,"艺术天才",不是"知识性"的"能者"。所以康德严格划分了"知识的学习"和"艺术的创作"之间的界限,指出"天才"不能仅仅是勤奋学习的产物。在康德看来,科学里的事,包括技术性、技巧性的事,只要你下功夫学习和锻炼,就能够做到;但是艺术里的事,有时候已经很下了功夫,未必保证能够成功。科学靠勤奋,艺术靠天才。康德这个意思经常受到批评——这是意料中的事;然而康德这层意思的理路,也还是可以考虑的。

按照我们前面的理解,经验科学面对的是经验上"存在-有"的事,它从来跟"有"的世界打交道,从"有"到"有"。从一种"有"到另一种"有",需要学习、了解其中"原因"与"结果"的必然关系,从而我们可以根据"有A""做成""有B",这是我们有把握的,也就是说"必然"会成功。但是在"艺术"里的情形就很不一样。我们说,艺术乃是"创造",乃是"自由"的活动。从理路上来说,这种活动为从"无"到"有",要把经验上"无-不存在-非存在"的"事物自身""显现"出来,使"之""有",这就不是经验科学的事,而因"事物自身"不在"经验知识"范围之内,于是我们无法"学习-锻炼"。从"无"到"有"不是一个"学习-锻炼"的事,而是一个"飞跃",一种"跳跃"。从"现象"到"本体"在康德看来并没有"经验知识"的"通道"。

这里,鉴赏判断也已经显示它的特点。审美鉴赏并非对客观事物属性的认识,它是从客观对象的现象中体悟出"事物本身"的意义来。从这个意思来说,审美鉴赏态度是从经验的"有"中"看"到了"无",在"现象"中"看"到"本质"。也就是后来从古典哲学到胡塞尔现象学所谓的"直观的理智"和"理智的直观"。

如果说,审美鉴赏还利用了"理论理性"的"静观"态度,那么艺术-创造,则是一种实际的活动,它要从"无"到"有",召唤那个"无-本体-事物自身"到我们面前来,亦即"显现"出来,这真有点"降神术"的意味。

的确,"天才"观念即使在浪漫派艺术中,也有某种"神秘性"。康德反倒是将其"理性化"了,使它变得"可以理解"。也可以说,是康德以"哲学"

化解"宗教"工作的一个部分。

在古代,艺术活动确实和这种迷信的观念有相当的联系。我们知道,古代希腊流行两种艺术观,一种是"模仿说",一种就是"灵感说"。"模仿说"是从"经验知识"方面来理解;"灵感说"就是从古代宗教方面来理解的。柏拉图在他的《理想国》中,把模仿的诗人赶了出去,却收容了灵感式的诗人,这和他哲学的"理念论"有关。随着研究的深入,后来一些史家认为古代所谓"模仿",与其说是模仿"自然",不如说是模仿"神"。"神"无从"模仿",于是"模仿说"与"灵感说"合流。所谓"灵感"(inspiration),亦即"神-精灵""附体"。于是,"人"就有"资格""代表""神""说话"。而既然多了一层隔阂,经过"人"作为"传达者"(messenger)的传达,"话"就含糊起来,就像"事物自身"要在"现象界""显现"出来,也就不那样"清楚明白",遂使"诗无定解"了。

按照康德的理路,艺术天才的确似乎在"模仿"着"神"做的事。它从"无"中生"有",把"事物自身"的"信息"带到"现象界",把"神圣性"带到"人间",使人们在"必然"的"现象界",也能体会出"自由",在"森严"的"因果链条"中也能"保持"、"看到""自己"。"天才"似乎是"介乎""人"-"神"之间的那样一种"生灵"。它的"作品"——艺术品,"沟通"着"神"-"人","沟通"着"上天"和"大地","就天人之际",这个"界限",被它"消除"了。如同德勒兹在他《什么是哲学?》一书中所说的,康德在《判断力批判》里,把他过去精心设计的一切"界限"统通打破了。[①]

哲学在这个古典的阶段,对于"人"的理解,仍然是"有理智的动物",是介乎"理智者"与"动物"之间——"天使"与"野兽"之间的一种"存在者"。"人""生""天""地"之间,足踏大地,头顶青天,起着"上传下达"的"沟通"作用。也就是说,"人"按其本性是应该如此,但是人在世界上为声色货利所累,常常不能起到这种作用,只有那些"特殊的""人"——这里所谓的"天才",能够穿透"现象",直窥"本质",并把这种"从上天"得来的"信息"带给人间。"人"的这种境界和本质,在康德看来,只有在"艺术

---

① G. Deleuze, F. Guattari, *Qu'est-ce que la Philosophie*(《什么是哲学?》), lesedition de minuit, P. 8, 1991.

家"那里能够找到；而一般的人，即经验世界的人，则身在"因果律"中，只能按照这个规律办事，发挥着理性的理论和知识性的功能。而那具有道德觉悟的人，或许能够超越到道德的境界，意识到自己乃是"自由"之身，但由于这种"自由"乃是纯粹形式的，它离实质性的"创造"活动，尚有距离，于是实质性的"自由"，则是一个"信仰"，"信仰"有一个地方，"必然"的也就是"自由"的，而"自由"的也是"必然"的。

"天才"将这种"信仰"在自己的范围内转化成"现实"，它像"神"那样"创造"了一个"现实"。在经验的世界里，"开辟"了"另一个世界"，即"艺术"的世界。在这个世界中，人们体会到"自由"的"必然性"和"必然"的"自由性"。然而，在这个时候的哲学看来，很遗憾的是这个"艺术的世界"，在某种意义上乃是"虚拟"的。席勒感叹，"生活"是"严酷"的，只有"艺术"才是"和谐"的，才能把"必然"和"自由"在想象-虚构的方式中"统一"起来。"艺术世界"不是"天国"，"人"，即使是"天才"，也毕竟不是"神"。

5. "自然"的"合目的性"理解方式

"艺术"与"自然"相对应，这里的"自然"已经不仅是作为"知识对象总和"的"自然"，而另有一层含义在内。康德《判断力批判》的第二部分讨论"目的论"，以与"审美鉴赏""艺术"相对应，这种思路，一直影响到后来的谢林。康德在这一部分着重讨论的"目的论"问题，长期以来被认为是过于"落后"，也过于艰深，常常被忽略不计，是很可惜的。其实，康德在这一部分，重新回到了古代希腊哲学的本题：在大千世界之形形色色的偶然交错中，亦即在"混沌"中仍体现出一种"秩序"，于是便提出一个问题：是不是需要设定一个"最高"的"设计师"的存在，才能加以"理解"。

在审美艺术部分，康德阐述了"作品"的观念，"艺术"乃是一件"作品"，乃是有一个"理念"付诸实践的，亦即由一个"普遍的规律"来发现-创造"例证"的，在这个个别"例证"中能够体现出"普遍的规则"来。由这个态度，产生出我们对"自然"的不同于"知识"的把握方式，即"作品"式的把握方式。问题还在于进一步追问：不仅人工的作品如此，即使是"自然"自身的作品，是否亦复如是。或者说，以"艺术"的眼光来"看""自然"，"自然"为"人工"或"神工";是不是同样也以"自然"的眼光来看"艺术",这时连"艺术"也就会是"(巧夺)天工",乃是"自然"自身的产物。这后一个问题,乃是康德《判断力批判》"目的论"部分所讨论的问题。

"天才"固然表现得很"怪诞",但是它的"作品"仍是很"自然"的。人们之所以感到它"怪诞",乃是有时它不符合"日常的经验",它原本不是"经验知识"中的事,它是"自由""创造"的产物。它那"怪诞"的"作品",却体现了"巧夺天工"的大手笔,比起我们当前眼下的"自然"更加"自然"。即使是"荒诞派戏剧",比起我们日常的生活,也更加"真实",而毕加索的绘画,即使眼睛长到了胳膊上,那种摄人心魄的力量,岂是面前的漂亮姑娘所能比拟?

然则,我们如果反过来以同样的态度"看""自然",在那复杂纷繁的现象中,仍有某种"秩序""在";在那流逝的时间中,有那神圣持久的力量在;在那"铁箍"一样的"因果律"中,跳动着"自由"的"生命"。"自然"本身——"事物本身"原本也是那样"巧夺天工"。无论那崇山峻岭,那潺潺小溪,夏日炎炎,秋虫唧唧,无不显示自然之"造化",似乎在冥冥之中早有"安排"。"自然"的"机巧"与"理性"的"机巧"原是"异曲同工"。

这种态度,固然可以比之于"拟人化"的比附,但是人之所以有能力作出这种比赋,乃是因为"人"本来就具有"自然"和"理性"两个方面的素质。"人"将"理性"运用到"自然"之中,无论"技能技巧"如何高明,原本也只是"让-帮助-协助(助产婆)""自然"自己"显示"自己的"机巧"。这是古典哲学时期关于"技术-技巧"的观念,与当代的"高科技"观念不可同日而语。

康德在《判断力批判》中说,"自然的目的"与其说是"艺术的类似物",不如说是"生命的类似物"。

我们知道,"目的论"与"神学"有密切的关系,通过艺术与技术的类比,很容易导向一个全知全能的"造物主"。康德当然并不反对对"造物主"的信仰,但是康德的"造物主"是由"道德-实践理性"推导出来的"神",而不是仅仅为"理智型-技能型"的"神"。我们看到,康德的"批判哲学"在《判断力批判》中既然已经从道德的"至善""下降-回到""现实的""人间",他就面临着"人世间"的问题,又不能违反他的"神"在"现实世界"并不"显现"的原则。如何让"神"不出现在"前台",而又能完成对于自然本身之"完善性"之理解,这是康德面临的新任务。也就是说,康德的"目的论",跟他的艺术"天才论"一样,虽然蕴涵着与"神"的沟通,但是毕竟是"人间"的事,他的"目的论"亦复如是。

要把"目的论"严格控制在"人间",首先面临着"知识论"的问题,因为在康德的第一批判意义下的"知识"领域,是不允许"目的(论)"的渗入的。作为"知识"的"对象全体"的"自然",是不包含"目的(因)"的。将带有"神学"意味的"目的因"驱逐出"经验知识"之外,这原本是康德的一大功劳;然而,到了他的第三批判,"目的因"又被堂而皇之地"请入"了关于"自然"的"知识-理解"的殿堂,而且还要做"物理学"(physics)的"补充"与"扩展",这是需要一番论证的。

康德的这项工作,并非仅是他自己理论的需要,也不是他自己虚构出来的,他是接续了历史上的一段公案,因而他的工作,对于解决这段历史问题,具有重要的参考价值。

首先是休谟的怀疑论。我们看到,按照康德意思,休谟怀疑论的问题在于他未能揭示"经验知识"本身需要"先天直观与先天范畴"的"建构",这样,"原因-结果"之间,就不仅有逻辑的推论关系,而且也有感性内容的材料"相继-并列"的时空关系。然而应该说,休谟揭示单纯感觉经验并无先天必然性——从单纯感觉经验"概括"不出"必然"的"知识"来,这一点还是很有意义的,这也是从古代希腊哲学以来长期讨论的问题,到了休谟这里,有了一种彻底经验主义的解决。这就是说,"知识"的"对象",为"事物自身",休谟的结论是不容易回避的。然则,在康德看来,"经验知识"的"对象",原本不是"事物自身",不是"本质-本体",而只是"现象"。"现象""在""时空"之中,"在""秩序-时序"与"方位"之中,才是经验上"可知的",而"(知性)概念"只保障"对象知识"之"可能性",使之不出"矛盾",所以"直观"与"概念"、内容与形式有个"综合-结合"的问题。

然而在这个意义上,关于"现象"的知识只是"理论"的,而这个知识的"对象",乃是"自然"的"机械性"的规则,而不是"自然"的全部。我们要

"理解-认知""自然",光有"理论"的知识,显然是不足够的,"理论"知识不涉及"事物自身",不涉及"现实自身",也不涉及"经验自身"。

"理论的知识"不能充分"解释"经验自身的规律。我们面对的世界不是"理论"的,它具有千变万化的样子,多姿多彩,小桥流水人家,每一事物之"存在",固然都可以用"因果关系"的"必然性"来解释,然而一草一木之所以"在"此,而"不在"彼,则远非机械"因果律"所能充分解释。就机械因果律来看,它们在理论上固然是"必然"的,但在"现实上"却是"不必然"的,亦即就理论来看,知性的"概念-因果"只提供它的"可能性"。而"实际"上究竟如何,亦即"事物自身"的实际样子,那是"理论理性"所不涉及的"超越"部分。

同时,就理论理性来说,之所以必定有一个"不可知的""物自体-本体",正是理论理性自己特性所决定的,亦即理论理性所涉及的"因果性",只是古代亚里士多德所说的"有效因"(effective cause),而尚未涉及他说的"目的因"(final cause)。

于是,就我们的论题来说,我们又从休谟进入莱布尼茨的"可能世界"与"现实世界"的关系问题。

我们知道,莱布尼茨有一个著名的论点,说"神"在众多的"可能性"中,"选择""最佳"的方案,使之成为"现实"。莱布尼茨这个命题中的"现实",显然是指康德意义上的"事物自身"。不仅仅是"理论性"的,也是"实际性"的,即它涉及的不仅仅是"理论"的因而是"先天的"规律,而且是"经验的规律"。这也就是说,莱布尼茨延续着古代希腊"望天者"的哲学传统,力图理解原本该是"混沌"的感觉世界中为什么会有一种"秩序"存在。为了理解这种"秩序",古人设想有一个"最高智慧"的存在,它使"混沌"的世界,成为可以理解的有规律的"宇宙"(cosmos)。就这方面说,莱布尼茨的思路,没有超出这个范围。

康德比起莱布尼茨来,把问题推进了一步。他把"本体"搁置起来,在知识论中致力于对于"现象"的理论把握,他的批判哲学判定"现象界"在"理论上"是"可知"的。然而,我们的"知识"或许可以"止于""理论",但我们的"生活"却不会"止于""理论"。我们并不"生活"在"理论"之中。于是，我们除了"先天的"规律之外，大量的还有"经验"的规律，亦即休谟所着重依靠的那种只能来自"经验"的规律。

如果我们不满足于休谟的怀疑论，不把这种"经验规律"归结为"习俗"之约定俗成，而要把它同样也看成具有先天的"必然性"，则我们显然不能在理论知识的"因果关系"中得到这种保证，而必得另寻根据。

这个"根据"就是"目的"。

康德指出，作为"根据"的"目的"，可以有两个方面的界定：一方面，它可以被理解为在"自然"之外的一个"理智性"的"原因"，这乃是包括莱布尼茨在内的上述"有神论"的"神学"理解。然而，"神学"与"自然-物理"毕竟是完全不同的领域，将"神"引入"自然"显然也是悖理的事情，于是康德就要为"自然-物理"本身的"目的论"寻求"自然本身"的"根据"，从而严格地将"目的论"限制于"人"的世界，而不像古人那样由此进入宗教神学的领域。在康德的哲学中，只有通过伦理道德的"至善"，才能通达"天庭"，而通过传统的"形而上学-元物理学"只能把"神""想象-推想"为一个"（最）高级工程师"，并非"全知、全能、全善"之"创世者"。

"上帝-神"作为"第一因"，仍然是"理智型"的，只有将这个"第一因"同时也理解为"终极因"，亦即"至（完）善"，这个"第一"，才同时具有"完善"的意思，"始基"才能"尽善尽美"。"至善"既是"第一"，也是"最后-终结-完成"。

从这层意思，可以引导出"目的"观念的另一方面的含义："目的"是"结果""先于""原因"的那种"理智型"的"概念"——"结果"以"概念"的形式"先行"存在于"智慧者"的"思想"之中，不仅仅如此，"目的"而且还要以"完善"的"整体""先期-在时间中""规范"着"事物"的存在方式。在这个意义上，"目的"就"在"事物自身"，而不需要设定一个超越事物的"理智者"。为了避免误解，我们不妨将这层意义上的"目的"，翻译、理解为"终结-完成-完善"，它是 end，是 final，而不是 purpose。这里避免了任何外在的、超越的"理智"作用，不论是"神"的还是"人"的。这样理解下的"自然"，仍是"自然"，不是"神"的"创造物"，也不是"人"的"技术-艺术品"。"自然"的"作者"是"自然""自身"，没有"拟神化"或"拟人化"的余地,也避免了像"自然目的"是有意还是无意这类的问题。这是康德力图强调出来,但往往被忽视的要点。并不是说,康德主张无神论,他这样做,一方面固然是维护了"自然自身"的固有权利,同时也维护了他坚持只有通过伦理道德才能通向宗教,而"神"的观念决不可从"经验规律"中"上升-提炼"出来。

"神"既然是"至善",则一切"完善性-合目的性"这类的"判断",只源于"神"自身。"人"既然"模仿着""神"来"创造""艺术品","人"也"模仿着""神"来对"自然"的"完满性-合目的性"作出"判断"。"目的论"只是"人"的"判断-理解"方式,而不是"认知"方式。

就康德哲学知识论来说,认知方式是双向的,不是单向的,即由感性提供的"材料"和由理性提供的先天形式是两个来源。但是所谓"目的论"的"判断-理解"则是"单向的",康德叫做"autonomy"①。"目的论"是"人"的一种"评判-评鉴",而不是对客观对象的一种"认识"。也就是说,"客观对象-自然"并不"提供""目的"的属性、"目的"观念,"自然""提供"的只是能够从必然的"因果系列"所理解的客观规律。"因果律"乃是"目的论"评鉴在客观对象上的依据和归宿,我们并不能从"自然"对象中找出"目的"来。康德严厉批评了"老鼠"的存在是"为了"替"猫"提供"食物"这类荒唐的理论。

然而"目的论"评鉴,也不是人们随意的想象的产物,"目的论"作为"知识论"的补充和扩展,仍有其"先天的"根据,也就是说,有其"必然性"。但这种"必然性",不同于单纯的"因果"必然,乃是机械性之外的另一种必然性,这就是"自由的必然性",即在那原本是"无规律-混沌"的地方,见出了"规律",在那原本是"感觉经验"的地方,见出了"理性"。这就是把"自然"当作一个"有机体"来看。

"有机体"观念的出现,对于理解哲学问题提供了很好的范例。"有机"观念不同于"机械"观念的主要表现在"有机体"中,"整体"对于其"部分"来说,具有"优越性";而"机械"的事物,"整体"是其"部分"的简单"聚

---

① 康德:《判断力批判》,J. C. Meredith 英译,"目的论"部分,第35页,1952。

合"。"整体"对于"部分"的优越性,正是"哲学"作为一门科学不同于其他经验科学的要点所在。

我们曾说,"哲学"把"自然"、把"世界"作为一个"整体"来"思考",但是我们不必也不可能"等待""整体"完成以后再来研究它。也就是说,如果哲学研究"经验之全",但人们并不等待"结束-穷尽"一切"经验"之后,才有能力研究哲学。相反,"哲学"是一门很古老的科学,甚至古老到"早于"一切"经验科学"。人们常说,"人文科学""早于""自然科学"。"哲学"在某些学派看来,正是"人文科学",而不是"自然科学"。如果把"世界"作为一个"整体"来研究的"哲学"非要"穷尽""世界"之一切"组成部分"之后才有可能,则世上绝无"哲学"这门学问。

"哲学"之所以"可能",乃在于"整体""优于-早于""部分"这一潜在的"根据-理由"。哲学的思路,常常是以"整体"作为"出发点",再来理解"整体""内部"的相互关系。这种关系,就不完全等同于"原因-结果"线性的推导关系,也不同于"机械"的"因果律",而是"整体"内部各部分"互为因果"。而对于"整体"来说,各个"部分"都是"形成-维持""整体"的"手段",任何"部分"对于"整体"来说,都是"有用的"。于是,"整体""优于""部分"就意味着"目的""优于""手段"。

于是,在古代,亚里士多德在"有效因"之外,尚有"目的因"。在康德的意义上,"自然-物理目的"既然不同于"人为"的"目的"观念,则我们可以把"目的因"理解为"整体因"或"完整因"、"完成因"。这个"因",就哲学来说,高于、优于、早于"有效因-作用因"。这样,从经验的眼光来看,"哲学"正是在"全体-整体"尚未"完成"时,"看到"了"整体"。套用海德格尔的话,或可谓"提前进入整体","提前进入大全","提前进入完整"。

这样,"哲学"就从"第一因-初始因"的问题,"扩展"为"完成因-终结因",合起来,"哲学"或许可以叫做"终-始之学"。"哲学"为在"没有开始"处见出"开始",也在"尚未终结"时,见到"终结"。"于无声处听惊雷",于"无"处见到"有"。"哲学""慎终追远"。"尚未开始"时,为"第一因","尚未终结"时,为"终结因",都是"尚未",皆为"无",但是却已经为"有","无""优于-早于""有","结果""优于-早于""原因",这就是为"目的",

是对"因果系列"的一种特殊的"视角-理解",只有在追问"最初"和"最终"问题时才会出现的新境界,亦即"哲学"的境界。

"哲学"讲"终"、"始",并不是意味着"哲学"要研究"宇宙起源"、"太阳系形成与毁灭"的问题,也不是要研究"物种起源"、"人类起源"或"消亡"的问题,当然"哲学"密切关心着这些问题的研究,但自己并不、也不能回答这些问题,"哲学"只是在思考,这些问题如何会"成为问题",即"开始"与"终结"——亦即"起源-消亡"如何会"成为问题"。"哲学"思考这些"问题"作为问题的"合理性"。

哲学不能把"目的"这个概念强加于"自然",但是"自然的""事物"有始有终,却是一个有基本的经验作保证的定则。当然,这条"定则"在"理论理性"上受到"质问",因为人们的科学知识教导说,"事物"是"无限——古代希腊的 apeiron"的,"无始无终","物质"只有"形态上"的转变,"自然"作为客观对象的"总和",不可能从无到有,也不可能从有到无。经验的自然科学这条定则,在哲学知识论上得到了论证,经验知识,只以"有-存在"为"对象",而不能以"无-非存在"为"对象"。

然而,"无-非存在"同样并非人主观臆造出来强加给"自然"的,"世界"作为"整体","自然"作为"全体"虽非当前时空中的一个"对象",也不是"超越时空"的"思想观念",并不是"存在"于"思想"里,恰恰是实实在在"存在"于"人世间",也"存在"于"作为整体的自然"之中,"世间""有"一个"无""在"。

根据这个哲学的道理,包括经验的科学在内,如历史学、考古学、人类学等等,才有在理路上合法的"权利"提出"起源"的问题;也就是说,这些经验科学,才能把"事物"当作某些"完成"了的"种类"来考察。

自然界"有机体"的结构特征,提供出"哲学"作为"终始之学"的一个范例。而格式塔心理学,对人类心理的有机性方面作出了贡献,其核心观念,正在于它们对于"整体-完成"观念的强调,使单纯的"因果关系"有一种"辩证"的理解,从而使这种关系"上升"到"目的与手段"关系。

"哲学"重视"目的",乃在于它重视"完成-终结",并不局限于"目的与手段"的相互关系中,"整体-完成"乃是"绝对的目的","部分"、"过程"

"服从""整体"、"完成",而不是相反。在这个意义上,"整体-完成""不受限制"。

"整体-终结-完成"乃是"自己",为"自由"。

世间有了"整体-完成",事物才有了"自己"。"有机体""自己""生长","自己""修复","自己""再生",由此"扩展"开来,世间万物,莫不"有始有终",万物莫不有"自己"。哲学的"目的论-终结论-完成论-完整论",即"整体论",保证了世间万物之"个体"之"区别",才能将天下品类万物区分开来,以后黑格尔才有理由说,一切有限的东西都是要毁灭的,亦即都有"始终"。

世间万物终于有了"自己"。我们眼前所视所见,日月山川,亭台楼阁,甚至一草一木,虽然都在世界的联系网络(因果关系)之中,但是似乎又都是"独立"的"个体",它们的"独立"程度,似乎也可以排列出次序来。于是,我们有了自黑格尔以后常常提到的"机械的"、"化学的"、"有机的"、"生命的"这类对"自然"的"分类"和"等级",而我们"人类"当然被划归了最高的层次。我们看到,这种按照"自己"程度的分类,以及上述"因果"、"互为因果"的区别,盖出于康德《判断力批判》。而这曾是作为古典形态的"哲学"体系必定有的内容,成为事物由低级向高级发展的一些必经阶段,而且后一阶段必定涵盖了前一阶段的诸种特性。这样,有机的"目的论"就必定涵盖了机械的"因果性"。既然"因果性"可以"上升"到"目的性",则作为有理智的最高层次的"人",就有依据从"目的-完成-整体"的角度"下降"至原本为"机械因果律"所统治的领域,不仅在"理论"上把握其"规律",而且对于"事物本身"的"个体性",对于万紫千红、繁花似锦、千姿百态的"经验世界""本身-自己"作出"合理的""判断-评鉴"。

在"因果"的基础上,"上升"为"完成-整体-目的","上升"为"自己",也就是从"必然""上升"到"自由"。"自己"就是"自由"。在《判断力批判》里,我们有了一个"非意志-无意志"的"自由"。这就是说,不像在《实践理性批判》里那样一种"纯粹的""形式的自由",而是具有"个体""内容"的"实质性自由"。

在《实践理性批判》中,康德通过"自由"的"形式性",由"道德"设定"天国",在绵延中,"天国""实现"了"完善-完成-终极"的"理念",这个"理念"终于在"自然界"找到了栖身之地,有了一个"地盘",尽管这个地盘还不是它的"领地",并没有"立法权",像在"知识"的"领域"那样,但是"理性"通过"目的论",可以得到一种"解释权-评判权",由于行使这个"权利",可以使"自然""开显"出不同于——但并不违反"知识对象"的"另一种面貌",也就是说,把"全面-完善-终结"的"理念"在"经验"中"显现"出来,而不像在"知识论"那里,仅仅"潜在于""思想"之中。

"理念"有了"现实性","自由"也就不仅仅为"形式的",而且也是"实质的"。当然,这种"自由"既然不是"形式的",就是"在""现实"中的"自由",是"有限"中的"无限"。"无限"不仅仅是"思想",而且也是"现实"。"现实"的"事物"有了"自己",有了"自己"的"开始",也有了"自己"的"终结-完成"。"世间""事物"之间的关系,乃是"自己"与"自己"的关系,这种关系并不能仅仅归结为机械的"因果"关系,不仅仅是"必然"的关系,而且是"自由"的关系。"万物静观皆自得"(程颢),"自得"为"自己完成-自己完善",但各自处在"自由-和谐"的关系中"同中有异"、"异中有同","相生相克"、"相克相生"。在康德看来,如果没有一个"完善因-终结因-目的因",则如何会有这样一种"杂多"中的"统一"局面?这是难以想象、不可思议、不可理解的。而把这种"自由的和谐"归结于"偶然性",又是"理性"所不能"停止"的地方。于是"理性"为"理解"这种情形,行使了自身的"判断-评鉴"的权利,使得"理性"在保持行使对"自然"作为客观对象-现象的"知识-认知"权之外,不仅以"幻相"为依据"推论出"一个"物自体""理念"来,而且被允许对自然事物作为"对象",作出非主观随意的"判断-评鉴"来,使这个"事物自身"的"理念"由"事物自身-自己""自由地""开显"出来。也就是说,按照"理性",将"自然"作为人们的"生活世界"的"有机"部分,使它不仅仅是我们的"工具",或为了更好地使用这些工具去"认知"它,"研究"它,而且将其"评鉴"为"事物自己",万物皆"自得"。此种"自得"之物,乃是"自由"之物,皆有"自己"之"本性",而不仅仅有"自然"的"属性"。

在这个意义上,"人"也是"万物"之一。"人"相对于机械的、必然的

"自然-万物"来说，它是"万物之灵"，"它"不（仅）是"（万）物"；但是"自然"作为"自己-自身-自由"来看，"人"与"万物"具有"同一性"，在同等的层面，都"生（活-存）在"这个大地上，"人"与"万物""同在"，"人"与"万物"为"邻（里）"。

当然，"人"在"目的论"中具有特殊的意义，就康德哲学来说，"人"毕竟是"判断-评鉴"的"主体"，"判断-评鉴"只是对"主体"的"理解"有意义，而并无"客观"的知识的意义。这就是为什么我们不能将"目的-意志"的观念强加于"自然"——将"有意识"或"无意识"的问题向"自然"提出来的缘故。

"人"作为"理性"的"主体"，原则上不能"客体"化，"人"是"自由者"。"人"使"必然的因果系列"发生"断裂"，使其"开显"另一种"意义"。"自由"的意义只向"人"开显；所以康德在《判断力批判》中提出一条感人至深的命题，即世间只有"人"不能当作"手段"来看，而只能当作"目的"。

康德这样说，并不是他忽略了成千上万的"人"在被当作"工具"来"使用"。康德的理路在于：如果作为一个"完整者-自己者-自由者"来看，"人"不可能被当作"工具"。"总体"只以它的各"部分"为"手段"，而"总体"的各个"部分"也只能以这个"总体"为"目的"。"人"作为不可归约为"客体"的"主体"，是一个"总体"，不是"部分"，因而只能是"目的"。"人"必须"完整"地、"自由"地来被"他人""判断-评鉴"。

这并不意味着，经验中的"人"不会被当作"手段-工具"来"使用"。要指出的是：这样作为"工具"来使用的"人"，不是"完整"的"人"，而是一些"片面"的"角色"。社会的"分工"，"人"为"工农商学兵"，为"教授"、"专家"、"学者"，以及古代的"君君、臣臣、父父、子子"，不是"人"的"本性"，不是"人"的"本质"的"存在方式"，而是某些"特性"的表现。在这个意义上，无论"人"的"角色"如何的"大"，也都是"片面的"人，而不是"全面-完整"的"人"。即使把所有这些"特性"集于"一身"，也不是"真正的""人"，更何况，集合全体的"人"的"属性"，原本是不可能的。只有"自由"的、作为"目的"来"评判"的"人"，才"止于（人的）

至善"。

"人"必须作为"目的",也就是"理性"必须作为"目的"。在这个意义上,它恰恰不是"工具理性",而是"目的理性"。"人"是"理性者"。当"人"把"自身"当作"目的"来评鉴,就"尊重"自己为"自由者",这是"人"的"尊严"所"在"。然则,"人"又是有限的理智者,"人"的"理性"常常"降为"牟取"(眼前一时)利益"的"手段","理性"成为"小聪明"、"小计谋",任他"辩可以乱众","智足以惑主",仍是一个"单面人"。越是"聪明",则离真正的"理性"越远,离真正的"人"也就越远,更谈不到"人格——人的至善完美"之"尊严"了。

(六)古典哲学之"同一哲学"观念

1. 从康德到费希特——"哲学"归"一"

康德哲学严格划分感性与理性的界限,既不许"僭越",也不容"降格"。但这种界限只是就"原则"而言,亦即就其"来源"而言的,在哲学的实际运思中,康德仍然努力将二者"结合"起来。在知识论中,他的"先天直观形式"必与"概念范畴"通过"想象力-图式"相结合,形成科学知识;在伦理学中,他的"德性"通过"无限绵延",在"宗教"之"天国-彼岸"有着必然之联系;而此种关系之"投影-象征",乃在"审美-目的"世界,成为"可以感觉到"的"理念"。

然而,感性与理性既然在"原则-原理"上"不同源",它们的"同一性"就不可避免地会受到质疑,而要回应这种质疑,乃是一件非常劳心费神之工程,康德"批判哲学",为此付出了"二元论-怀疑主义"的代价。他的"哥白尼式革命",只是把问题"翻转了过来",至于在哲学中,"主体"与"客体"何以为"一",似乎仍是问题。哲学要保障追求真理的权力,就不能止于康德的"批判哲学",而是要把这个哲学的精神贯彻下去,将"哥白尼革命"进行到底。

古典哲学从康德以后的发展,主要的问题是围绕着"主体"与"客体"的关系展开,以求在它们的"同一性"上有一个合理的哲学基础。

康德已经努力论证了从"经验"之积累中，只能得出相对普遍的原则，而不能跳跃至一个先天的——不依赖于感觉经验的绝对原则-理性原则。但是康德在知识论-真理论中仍然保留了"感觉经验"之独立于"理性"之外的"来源"，从而留下无尽的困难，而等待一个不同于"知识论"的"伦理学-道德论"来进一步讨论。我们看到，在"伦理学"中，康德从单纯理性之"自由"概念，建立起一个"价值-意义"之世界，并将其引向"宗教-天国"。而在尘世中，通过"审美"与"目的""开显"这个"价值-意义"。这条哲学路线，乃是欧洲哲学的"自上而下"的"理性主义"路线，只是在"知识论"中，康德采取了调和的态度，将"事物自身""搁置"起来，留待以后用不同的"（理性）把握方式"来处理。欧洲古典哲学的进一步发展，正是要将此思想向前推进，从"理性"角度来处理康德留下的这个"尾巴"——"事物自身"，使之不仅成为"伦理学"、"审美-目的论"的主题，而且也同样是"知识-真理"的主题。这样遂使"哲学"归"一"，以避免"二元论-怀疑论"。

2. 费希特和谢林的工作

使哲学归一的工作，以费希特最卓有成效。

费希特年轻时怀着崇敬的心情晋见年迈的康德，献上他一气呵成之论文《试评一切天启》（1792）。后来发表时因漏印作者名字而引起误会，康德因而申明与该书立场不同。实际上，这篇论文已经显示了费希特正在推进康德的哲学工作。

费希特这篇论文讨论宗教问题，接续着康德《实践理性批判》的思路。但强调的是由神"创造"的"自然"自身就能够"显示""神"的"道德立法"意义，"显示"着"神"为合乎道德的世界的"创造者"，因而只有经过"宗教"才能理解"道德伦理"的意义。从这个立场出发，费希特划分了"自然宗教"与"天启宗教"的界限：前者通过"自然"的概念，从"自然"到"神"；而后者则通过"神"到"自然"，从"自由"到"自然"。

在这个意义上，我们看到，所谓"存在论"，并非从"诸经验存在者"提升（概括-抽象）为"最实在之存在者"；"宇宙论"则非从"因果系列"上溯至"第一因"；"目的论"亦非从"感性欲求之概念"推溯至"理智者"。古典哲学的路线恰恰相反。只有采取由"理性"在"感性"中"设定-开显"的道路，哲学中之"主体"与"客体"才能"同出一源"，二者的"同一性"才不会受到"质疑"，成为先天必然的"同一性"。

根据康德的经验，问题的关键还在"知识"领域。因为这个领域面对的不是"主体"如何"创造""客体"，而是如何"认知""给定"的"客体"。

为解决这个矛盾，康德已经提出了"经验可能的条件"也就是"经验对象之所以可能的条件"，以此来说明"主体"的认识与"客体"的对象之间具有"同一性"，它们共有"同一"的"可能条件"。康德的问题在于，此种"同一"的条件，只能是"形式"的。因而，康德的"知识论"只能保证"经验知识"在"理论上"具有此种"主体-客体"之同一性，从而只能在"现象界-表象世界"才有这种同一性。至于"事物自身"，则因无此同一，为建立表象之概念-范畴所不及，故而不能进入经验领域。这就是说，康德保留了一个不能进入我们"时空直观"的"感性物质世界"自身之存在权利，亦即我们必须在理论上-思想上承认这个世界，但是仅此而已。由于这个世界不进入"时空直观"，因而不能形成"表象"，不可"想象"，对于我们作为主体"认知者"言，它只是一个"思想概念"，而不是一个"知性-知识范畴"。在这个意义上，康德关于"主客体"关系的思想，只是谁围着谁转的问题，"理性"的"认知"能力和功能，停止在"事物自身"的门口；或者反过来说，"事物自身"夐然停在了"理性-范畴"的大门之外，不得入内。

"事物自身"之所以不能得到这张"通行证"，乃是因为它并非"理性"所建立。它在"理性"之外，"客体"与"主体"具有不同的"来源"，不是"同根"所生，"门第"不同，不具有"亲和"力。

康德关于"物自体"的观念，自身含有一个矛盾：既然为"事物自身"，但却又是"思想体"。"物自体"包含了"感觉经验-物质世界"本身，但是这个"物质世界本身"又是"不可感"的，因为它不进入"时空直观"。我们看到，"物自体"观念，对于"意志自由"、"神"而言，的确只具有"思想的内容"，只是一个"理性概念"，不能进入"时空直观"；但是作为"事物自身"而言，如何仅为一个"思想-理性"之"概念"，其清晰度就不是那样直接明了。犹如"时空"本身不能进入"时空直观一样"，"感觉本身"也不能"被感觉"而只能"思想"，不能成为"感性"之"对象"，而只能成为"思想"之

"对象"，这种立论方式，如不作进一步阐明，则在理解上，有相当的困难，其难度与从"理性""推导"出"感性"来相等。

费希特的工作是要将"理性主义"的原则贯彻到底，在"知识论-真理论"中，不允许有"物自身"这个"死角"。应该说，他的工作是康德工作的推进，而并未完全离开康德之哲学原则；然而，我们看到，在哲学的理论方式与哲学工作的途径上，费希特与康德是不同的。康德的工作方式是"综合"式的，费希特则是"分析"式的。康德先承认有一个"给予"的"感觉经验世界""在"那里，与我们"主体"相对立，然后考虑"主体"如何将其"统一"进来，使它"围着""主体自己"转。费希特的工作方式则是一切从"主体"出发，从"主体"开发出-推导出"外部世界"来。而这条路线，康德只是到了《实践理性批判》才明确的，如今费希特作为"一切知识"之基础和出发点，将康德的原则"扩大"到"知识论-真理论"中来，这是康德不能允许的。康德坚信，"道德哲学"的原理，不可能为我们的"经验知识"增加任何财富，不能进入"知识王国"，他的"道德"与"知识"两个王国真的是"壁垒森严"。打破这堵"铜墙铁壁"，乃是费希特哲学工作之重点。

于是我们有费希特《全部知识学的基础》（1794）一书。从其书名，我们可以体会到费希特哲学之目的，首先要将被康德分割开来的"知识"（Wissenschaft）重新"统一"起来，成为"同一"的"理性王国"。而这种"统一"的途径，是从康德的《实践理性批判》那个"自由"之"主体-理性"出发，所向披靡，拆除康德设置的重重疆界，直至完成"理性"之"统一"大业。

首先"理性"要坚守自己之地盘，有一个坚定、稳固的"后方基地"，这就是"理性"坚守自己的本性，"理性"无须借助感觉经验而"自给自足"。

费希特不像康德那样将"理性"的"先天性"作为既定的前提，或者只是指出从感觉经验中不可能"推进"到"理性"之绝对性；费希特从一个最为简单也是最为基本的"逻辑命题"出发，分析思考这个命题，从中见出"理性"之独立自主性，无须借助任何感觉经验之积累。

费希特指出，最为基本的逻辑命题为"A 是（＝）A"这个"同一命题"。这个命题的无须借助感觉经验是自明的。

首先,"A"只是一个符号,它到底是指"何物",为无关紧要的;无论"A"为何物,这个命题都是成立的。在这个命题中,"A"可以是任何之物。

其次,在这个"同一命题"中,也不涉及有没有"A"这样的事物,也就是说,"A"作为"主词"甚至是可以"不存在"的。"A"无关乎自身的"存在"与否。不论"A"存在与否,"A 是 A"这个命题都是成立的。

"A 是(=)A"作为理性-逻辑的基本出发点,清楚地意味着,这个原则可以完全不依靠感觉经验之积累和概括,本身是自明的。这是逻辑的"同一律",在抽象的意义上,这个原则是"同语反复"。

然而,按照费希特的说法,这种形式上为"同语反复"的"A 是 A",实质上作为"主词"的 A 和作为"谓词"的 A 还是有不同的作用和蕴涵的。"主词"的 A 是通过"谓词"的 A 指向-涉及"存在",亦即谓词 A 可以理解为主词 A 之客观"属性","描述"一个"经验存在状态"。关键在于,在费希特看来,这种涉及存在的作用,同样并非"感觉经验"所能供给的,而是理性逻辑"先天的"。亦即是"推论"出来的,不是"概括"出来的。

理解这种推论的先天性,乃是理解费希特同一哲学的重要环节:"A"与"—A"全是基于理性之逻辑机能。"—A"并非"感觉经验"所"给予",而是"理性-主体"所"设定-建立"的。"A 是 A"的反命题"A 不是—A"具有同等的理性-逻辑之有效性。然则,"A"仍是那个"A","—A"不过是"A"之否定形式。"—A"来源于"A";或者说,"—A"原本是"A""设定-建立"的。有了肯定,才有相应的否定。

于是"我—A"设定-建立"非我——A","主体"设定-建立"非主体-客体",由此"非我-非理性"的"感觉经验"世界,是"我-理性"设定-建立的。

费希特这样一个表面上似乎很荒谬的思想,也有它自己的理路,并非随心所欲之妄语;尽管站在另一个视角,我们理应对它加以批评。这个思路的关键在于:"理性-自我"乃是"非理性-非我"的先决条件。此处所说,亦如"A 是 A"那样并不立即涉及感觉经验上之"存在",并非说,那些感觉经验的材料是我们"理性"所"建立"的,没有"理性"它们就"不存在";而是说,"经验的客观世界"之所以成为这个世界,乃是有我们"理性(费希特之大我）"作为先决条件的。

这就是说，我们人类作为感性之存在者，原本就在感觉材料之中，为感觉材料世界之一分子，融合在其中，"天人合一"，其乐也无穷。"理性"之产生，使这个混沌之世界"分出""主-客"，而我们作为"理智的存在者"，"有"（了）一个"（客观的）世界"向我们"开显"着。这个世界是"异己"的，"非我"的，因而是"客观"的。于是在这个意义上，也只是在这个意义上，费希特可以说"自我"建立-设定"非我"。"我（们）"之所以"会-能够""感到"有一个"异己-非我"的世界"在"，乃在于"（自）我"是一个"理智者"。"（自）我"作为"理智者"才"有能力"去"感觉"那个"异己"的"非我"世界。"理性-理智"这种"能力"，就是"设定-建立"的"能力"。哲学的工作，就是要"揭示"那"异己"的"非我"世界，原本是"自我-理性""设定-建立"起来的。

"理性-自我"通过"非理性（感性）-非我"所建立起来的"知识"，就不是对于一个"混沌"世界的"感知"，而是有内容，经过发挥"理性-理智"能力所得来的"客观知识"，同样也是对于"理性-自我"自身之"主观知识"，为"理性"之"自我认识"。

于是我们看到，经过费希特的努力，"同一哲学"就不再是那抽象的"混沌一片"的"感悟"；而是一个有区别，有内容之"科学知识"。费希特在他的哲学工作中，用他特有的方式，将"同一性"，做了辩证的理解，既不是简单的"一"，也不是机械的拼凑，而是由"一"而"多"，由"多"而"一"的一个"过程"。

发动这个过程的"（能）力"，在于"理性-自我"。"理性"并非仅仅是"直观-静观"的能力，而它之所以具有这种"静观-直观"的能力，恰恰因为它原本就是"实践"的，具有"设定-建立"一个"异己-对象"的能力。费希特将这种理性的能力叫做"原始行为（Tathandlung）"①，它是一种"早于-先于""直观-静观能力"的理性的"实践-行动能力"。这样，既然实践的"做

---

① 费希特"Tathandlung"一词很难译，一般译为"原始行为（行动）"。"原始"是按我们的理解加上去的，意思不错，实际也许就是指"设定""客观事实-实际"的"行为"，亦即"自我-理性"设定"非我-非理性"的"行为"。

事（原始）行为""早于"理论的"静观行为"，则后来的理论静观之"知识"之"对象"，究根寻源地说，乃是这个发动"行为"的"理性"自身。于是，在这个意义上，"一切的知识"，又都是"理性"对自身"行为-能力"之"认识"。

于是我们看到，"一切知识"既然都是"对于""理性"自身"建立"之"对象-客体"之"认识"，那么，传统所感到困难的"主体"如何与"客体"相"一致"的问题，就能迎刃而解，因其同出一源。

"理性"不仅作为"直观-静观"的能力，在"客体"之外，通过"注视-看"来把握世界之观念（eidos-Idee）。这其间当然也有"理性"之"能动"作用，但只是在"理性-主体"内部的加工运作，这种"能动性"是"受限制的"、"有限的"；如果"理性"同时还是一种"实践"的力量，是一种"做事的行为（Tathandlung）"，则这种力量康德已经证明，是"绝对""主动的"，绝不允许夹杂丝毫"感觉经验"之成分。"理性"从自身开始，从"向外"建立-设定（自己的）"对象"开始，而不必等待"感觉经验"的"给予"。相反的，"感觉经验"自身作为一个世界，其"根据-根基"仍在"理性"之中。"理性"使"感性"成为"可能的知识对象"，而不是相反。

费希特认为，哲学只有两种"选择"：要不从"感性"出发，概括-抽象出"理性"来——这是"唯物主义"路线；要么从"理性"出发，设定-建立-开显出"感性（世界）"来——这是"唯心主义"路线，中间的道路是不存在的。费希特在哲学的基本立场上，严格与康德的调和论划清界限，"选择"了"唯心主义"路线，并在这个基础上，使欧洲哲学重新走上"一元论"的道路。

3. 谢林的"同一哲学-绝对哲学"

我们看到，从费希特哲学到谢林的"同一哲学"和"绝对哲学"，只有一步之遥；但要跨出这一步，亦非易事。

谢林是欧洲哲学史上早熟的天才，但也是一个"永不成熟"的"思想者"和"探索者"。从他25岁出版的《先验唯心主义体系》（1800），到他晚年的种种讲稿，表现出他那永不止息的探索精神。在这个意义上，他也是一个"体系"与"方法"的矛盾的集合体；他的哲学体系是"绝对"的，但是他的"道路-方法"却是曲折的，有时还是"怀疑-犹疑"的。也许我们可以用古典哲学自身的语言来说，谢林的体系是哲学的，而方法却是科学的。"科学"是"怀疑-探索-追求"的精神；而当时的"哲学"，是要"超越"这种"经验科学精神"，寻求一个"绝对的"、"无可怀疑的""基础"。

也许，正是这个原因，就出现了人们通常所说的：费希特是"主观唯心主义的"，而谢林则走向了"客观唯心主义"这种情形。从谢林以后，古典哲学的问题，就不仅仅在那"主体建立-设定客体"这样一个初创阶段，而要进一步探讨这个被建立、被设定的"客体"如何与"主体"一致起来，从而保证"哲学"所追求之目标——"真理"之可能性。于是，哲学的问题也就不仅仅是坚持住"实践理性"之"主体性"或"意志"之"自由性"，而是要进一步使"实践理性"与"理论理性""同一"起来，使"意志"与"知识""同一"起来，也就是使"道德伦理"与"科学知识""同一"起来。

"实践理性"与"理论理性"之"同一性"，谢林叫做"绝对理性"。"理性"本具有自身的"绝对性"，这原本是康德就提出来的原则。所谓"绝对性"，是针对"感觉经验"之"相对性"而言。然而，康德将他的"批判哲学"定位于替"理性"之职责范围划定界限，他的"知识""限于""经验"，他的"理性""限于""形式"。只有到了他的《判断力批判》，"理性"之各种"界限"才被打破（德勒兹），"感性"与"理性"才不但在"理论上"，而且在"现实上"得到"统一"。

在这个意义上，我们可以说，未曾受到应有之重视的康德的《判断力批判》正是理解"同一-绝对哲学"的关键所在，也是开启这个哲学的一把"钥匙"。如果我们说，费希特主要是从康德的《实践理性批判》出发，推进哲学之进程，则谢林就主要是从康德的《判断力批判》出发，构思自己的"同一-绝对哲学"。

当然，谢林并非简单重复《判断力批判》的"艺术"与"目的"的思路，他甚至指出单纯的"目的"概念，并不能完全解决"自然哲学"的问题。然而，从他的《先验唯心论体系》中表现的思想趋向来看，谢林理解哲学由两条道路进入最高的层次，一是从"自然"到"理性"，一是从"理性"到"自然"，而两条道路实际是殊途同归，都归于"理性"，归于"绝对"。前者，在谢林看来，是"自然科学"所走的道路。"自然科学"并非将"自然"当作纯粹的"感觉经验",更不是"止于"感觉经验,而是从感觉经验提升为"(理智的)原理-规则"。我们看到,在这里有着康德"理论理性"的先例。在康德那里,"自然科学"是"理论性"的,或者说,只有达到"理论性"的"规律-原理",才是可靠的、必然的"知识"。哲学的另一条道路,则是从"理性"到"自然"的道路,即谢林所谓的"先验唯心论"的道路。而谢林是从后一条道路开始他的哲学探索的。

在这条先验主义的道路上,谢林心目中始终萦绕着他的哲学的两大问题和领域:"自然"和"艺术"。

哲学当然为追求真理的学问,然而哲学中长期困惑的"主体"与"客体"的关系,必须有一个"同一"的基础,才能理解它们的一致性,才能理解"真理"——关于"真实世界"之可能性。于是从"先验主义"出发来进一步理解"主体-客体"的关系,正是解决哲学之"真理性"的关键。而要理解这个关键问题,则又必须面对哲学的两大领域:"自然"与"艺术"。

先验主义的视角,对于"自然"有一种新的理解。"自然"不像在康德"知识论"中那样是"机械的",而是"能动的"、"进化的",甚至是"创造的"。

康德当然也是先验主义者,但是,他的"理论理性"和"实践理性"是被他的"批判哲学"分割开来的,而在谢林看来,哲学的全部问题,恰恰在于要使这两部分"同一(统一)"起来。克服这种分裂的办法只有"超越"二者,在"理论理性"和"实践理性"之上,有一个"绝对理性",因为它克服了"理论理性"和"实践理性"的相对性,所以一定是"绝对"的。

从"绝对"的眼光来看,作为"理论理性"的"自然",与作为"实践理性"的"自由",原本是"同一"的,这种"同一性"最为集中地表现在"艺术"之中。

我们知道,"实践理性"之"意志",乃是"自由",乃是"创造",是一种精神-生命的力量。这种力量,在道德实践的行为中是"有意识"的。从这种角度来看它的"创造物",则是一个"创造品-作品",而包括"自然"在内的一切"物品",在先验哲学的光照下,无不为"作品"。知识就其为"自然"本身的"产品"而言,乃是一些"无意识"的"作品"。"自然""无意识"地

"创造"着自身。

只有从这个先验主义的立场来理解"自然",把它作为"自然科学"的"根基",才能够解释,为什么从原本是凌乱的感觉材料,却能走向"科学"的"理论",提炼出"科学"的"规律"来。没有这种"同一性",没有这种"有意识-无意识"皆来自"理性"之"自由创造"的观念,"自然科学"就失去了"统一的根据",成为"混沌"。这样,在谢林看来,"自然"与"艺术"只是在"自觉"的程度上有所区别,并无原则的差异。

"艺术"为"觉醒"的"自然";"自然"为"沉睡"的"艺术"。从理性的、先验的立场思考这一深刻问题,是谢林终身为之奋斗的目标,这个目标,一直吸引着许多愿意思考的"思者"。我们在当代海德格尔的思想中,能够体会出这一思路的脉搏。

(七) 古典哲学之完成者——黑格尔

黑格尔与谢林同时,因患传染病早故,而谢林在黑格尔死后尚继续工作了许多年。然而,就当时的影响来说,黑格尔超过谢林,这可能同他们的学风和表达方式不同有关。黑格尔哲学在风格上给人以成熟、系统之感,他的著作有相当的连贯性,大有吾道一以贯之的气势。所以他的哲学虽然也很晦涩难懂,但相对谢林而言,对于学者-学生来说,还是比较容易被接受的。就思想的原因说,谢林和黑格尔固然都是出于"同一哲学-绝对哲学",但是谢林强调"直觉-直观",黑格尔则强调"概念"。而哲学原本上承古代希腊,下接康德之理性主义,是一种"科学性"的思维形态,在这个意义上,黑格尔哲学的"概念体系",就更具有"科学"的意味,也就是说,在当时人们看来,更加"像""哲学"。

从古代希腊以来,"哲学"离不开"概念体系",而这个体系,是"哲学"与"(经验)科学"共同使用的。于是,"哲学"的思路,常常模仿"科学",由感觉经验出发上升至"概念",只是"哲学"需要"上升"到"极顶(绝顶)",寻求一个"绝对高度",一个"绝对"的"制高点",达到这个"高度","哲学"就发生了一个"飞跃",由"经验""进入""超越"。康德为"哲学"开创了另一条路线,就是由那个"制高点",那个"至善"的"理念","下降""进入""现实世界"的路线,亦即先有"感觉经验"与"理智理性"的二元分立,通过"实践理性""影响"现实世界的路线。由这条路线,又发展成费希特、谢林的"同一哲学-绝对哲学"。在这条哲学的古典道路上,黑格尔作出了一个大总结。尽管这个哲学体系,曾经很有理由地被当作过一个反面教员,遭到了许许多多合理的和不合理的批评、批判和清算,甚至几度要被当作"死狗"抛弃,然而仍然保持着自身的哲学魅力,为后来许多严肃的哲学家所重视,受到了应有的尊敬和重视。

从当时的哲学理论问题来说,黑格尔面临着将谢林的"绝对-同一哲学"改造并发展成一个完整的体系,使之成为一门不同于"经验科学"的"哲学科学"。这项工作,对于"哲学"本身来说,其重要性是不言而喻的。

黑格尔这项工作的第一步,就是他的《精神现象学》。

1. 黑格尔的《精神现象学》——哲学科学之导论

黑格尔《精神现象学》的中心任务就是要纠正谢林"绝对-同一哲学"的"直接性",而将哲学所追求的"真理"理解为一个"过程",理解为"时间",理解为"历史"。我们看到,"哲学"跨出这一步,其意义无论怎样估价都不会过分。与这层意思密切相关,黑格尔哲学还有进一步的意义,即它是在更高的层次上将"哲学"与"科学"结合起来思考的一个范例。在这个意义上,我们也可以说,黑格尔为"哲学"找到了一个"科学"的形态,从而不仅继续保持着"哲学"与"科学-经验科学"的原则的界限,而且进一步阐明了二者的内在关系,为"哲学"找到了"科学"的形态。这种哲学观念,是哲学的古典形态的一个必然结局,但是后世因为黑格尔哲学经常受到严厉的批判,又常常被忽略,现在我们重新强调这个涉及"哲学"作为一门学科的根本性质的问题,仍是很有意义的事。

"哲学"作为一门"科学"这层意思,是黑格尔《精神现象学》所特别强调的。黑格尔之所以强调这层意思,一方面当然是针对谢林而言,另一方面是和他对哲学的基本观念分不开的。

我们知道,"哲学"经过康德的"批判",严格划分"先验"与"经验"的界限,这个"先验"的"领域",在康德当然是"理性"的,是"单纯""理性"的，不受"感觉经验"之干扰，这成为在古典意义上"哲学"的铁律。在这种严格的"批判"精神下，"知识"只限于"经验"，而"超越"则成了"道德"的领域。我们看到，为联系"知识"与"道德"，康德设计出"审美"与"目的论"，二者都与"艺术-技术""作品"有关。我们也已经指出，谢林的"绝对-同一"哲学，常常伴随着康德《判断力批判》的影子。于是，从"艺术"出发，"哲学"成为"直觉-直观"的场地。谢林与当时德国浪漫主义艺术思潮的密切联系，是众所周知的。

面对这种趋势，黑格尔为使"哲学"回到"科学"的道路上来，第一件事就是出版《精神现象学》，以作为他的"哲学科学"体系的"导言"。在这个意义上，我们认为，黑格尔《精神现象学》乃是在古典意义上为"哲学科学"放下了一块坚实的基石，在这个基础上，建筑他的"哲学科学"的大厦——他的哲学体系。

当然，如果黑格尔的工作仅仅是把"哲学"拉回到"经验科学"的层面上来，他的工作就会是全无意义的"倒退"。他的工作的困难在于不能绕过康德的"批判"，而是要将这种"批判精神"贯彻到底，从而开出一个更为广阔、更为"综合"的"新天地-新科学"来。黑格尔以《精神现象学》作为导论，引向他的"新天地"。

《精神现象学》的书名体现了黑格尔哲学的基本思路："精神"乃是一种"生命"，是一种"活力"，但同时又是"理性"的。"理性"并非"静观"，不是"静止"的，而是"能动"的。"精神"蕴涵了"过程"、"时间"、"历史"，"精神"蕴涵着"始"、"终"，有"始"有"终"。"精神"的学问，乃是"终始之学"。

"有始有终"，就是一个"过程"，就是"时间-历史"。康德的"时间"，乃是"形式"的，"时间"自身"不可知"。黑格尔的"时间"是"现实的"、"实在的"，"时间"就是"时间"自身，而不仅仅是"形式"。康德的"时间"虽是"直观"的，但是却只能应用于"理论理性"的范围之内，"实践理性"反倒是"非（无）时间"的。黑格尔的"时间-历史"则既是"理论"的，又是"实践"的，是"理论"与"实践"的"综合"。

"有始有终"乃是一个"大全"，"真理"是一个"全"。单纯的"始"，只是一个抽象的概念，而不是真理的概念。真理的概念就是现实的概念，事关"现（真）实世界"的理路，不是抽象的概念，不是理论的概念。这样，"真理"就不是"直接"的，不是"直观"，而是"过程"。这当然也是针对谢林的。

"真理""反映"了"过程"的"终始"，不是"直观-直接"的，而是有"中介"的。"中介"就是诸种具体的"规定性"，因而"真理"不是"混沌"，而是有"中介"，有"规定"的"具体概念"，既不是抽象的知性"概念"，也不是诗意朦胧的"直觉"。黑格尔说："对那具有坚实内容的东西最容易的工作是进行判断（zu beurteilen），比较困难的是对它进行理解（zu fassen），而最困难的，是结合两者，作出对它的陈述（Darstellung）。"① "陈述"是"历史性"的，因而也是"哲学性"的。黑格尔这层意思常常没有被足够的重视，但它却是《精神现象学》以及整个黑格尔哲学的要点所在。"哲学"因此而摆脱了"抽象理论"的窠臼，成为"历史的"、"具体的"、"现实的"，因而是"有规定性"的。

"哲学"通过"中介""开显"自己。"哲学"为"陈述""精神"通过"历史""中介""开显"自己的"终始过程"。"精神"从"自身"出发，经过种种"历程"，又"回到"自己的"家园"。

这样，"理性"-"哲学"就不仅仅是一个抽象的"一"，抽象的"A＝A"，不是抽象的"绝对"和"同一"。"理性"为"精神"，"精神"为"主体"，是能动的，它开创着自己的"客体"，使自身在客体中得到丰富与完善，不仅具有"概念"的形式，而且有充足的内容，成为"真实的-真理性的概念"。

这就是"真理"开显自身的"现象学"。

"真理"在康德那里只限于"知性"的理论知识，"事物自身"则永不"显现"。"事物自身"在黑格尔哲学看来，是"正在开显"的"过程"之中，因而不是一个静止的概念，不是一个黑暗的深渊，不是无规定性的混沌，而是一个"终始过程"，一个"全"。

这个"全"，乃是"主体"与"客体"的"统一-同一"。"同一哲学"并非

---

① 黑格尔：《精神现象学》上卷，贺麟、王玖兴译，第3页，商务印书馆，1962。

没有"差异",并非没有"矛盾",并非漆黑一片,而是通过"差异-矛盾""回到""自身"的"同一",是"蕴涵"着"差异-矛盾"的"同一"。

我们看到,黑格尔的"绝对哲学"乃是强调"差异-矛盾"的哲学,也是强调"他者"的哲学。所谓"同一",当然保持着"自身同一"的原始含义,然而有内容、有中介的"同一",又是在"他者"之中保持自身的"同一"。黑格尔说,"唯有这种正在重建其自身的同一性或在他物中的自身反映,才是绝对的真理"①。

黑格尔意义上的"绝对",并非与一个他者的"相对"并立,不是在"相对"之外另设一个"绝对",而是就"在""相对"之中。同理,"同一"也不在"差异-矛盾"之外,"自由"不在"必然"之外,而就在其中,这样才是"真实-现实"的绝对、同一、自由。"哲学"并非为了"照顾""联系实际"的需要来联系实际,哲学本就在"实际-现实"之中。

"哲学"的"精神",当然是理性的"自由"的精神;然而黑格尔的"自由",并不像康德那样只是一种"形式"的"无条件者",因而是一切"有条件者"的"条件",是整个的"因果系列"的"第一因"。在黑格尔看来,"自由-无条件者"并不是孤立地与"必然-有条件者""对立"地"在"那里,"自由-无条件者"就"在""必然-有条件者"之中。只有通过"有条件者"作为"中介","无条件者-自由",才能具体地-而不是抽象地"开显"出来。在这个意义上,所谓"自由-绝对-无条件者"才不是"思想体",不是一个抽象概念,而是一个完全的"实体-存在者",才是现实的存在。"自由-绝对"不"存在"于"抽象"的"概念"之中,而是"在""有条件的""现实"之中。"无限-不受限制者-自由者"只有"通过""受限制者"才完整而具体地"呈现-开显-显现"出来。

于是,只有"现象学"才能把"精神-理性"的全过程"显现"出来;并不是在"现象"之外尚有一个与之"对立"的"本体"——这个"本体"永不会成为"现象",因而永不开显自己,永远只是一个"理念",而是"本体"就在"现象"之中。脱离"现象"的"本体"只是一个"抽象"的概念,只是一个"名字",就连"上帝-神"也不例外。"上帝-神"如果离开了它的业绩,也

---

① 黑格尔:《精神现象学》上卷,贺麟、王玖兴译,第11页,商务印书馆,1962。

就失去了自己的光环，失去了自己的荣耀，成为一个单纯的"名字"。

"理念"如果不经过发展，不经过矛盾斗争，不经过"异化-他者化"，就只是一个空洞的概念。"理念"的不可避免的"矛盾-二律背反"，原本是康德自己指出过的，但是他为了"避免"这个"矛盾"以求知性理论的一贯性，牺牲了"理性-精神"的"现实性"，从而也牺牲了"哲学"的现实性，把哲学限于一种理性的"批判"，而避免使它成为一门"科学"。于是，康德的"理念"也成了永不结"果实"的"花朵"。

康德的"理念"永远保持"自身"的单纯"同一"，高高在上，一尘不染，它没有"他者"，不含"杂质"，固然庄严肃穆，恰如一潭死水。表面上这种理念不同于"知性""范畴"，但是实际上仍是静止的、抽象的概念，仅仅停留在"理论理性"上；但在这个知识领域，又没有"理念"的位置。于是，在康德看来，"理念"是"理论理性"的"僭越"，是一个"怪胎"。它原本应该在"实践理性"里找到自己的位置，不过在"实践理性"里，它又仅仅是一个"形式的""无条件者-至上命令"。

康德的"批判"利刃，划分了种种界限，而都各自保持自身的"同一"，但恰恰缺乏"哲学"理性精神的"全体"的"同一"。于是，康德哲学陷于"二元论"。

这一切只是说明，康德并未走完他的"批判"的历程，但他所走过的，并不是毫无意义的。康德的"批判哲学"，厘定了各种"界限"，但没有在各种"界限"之间，发现出"通道"，将这些被划分的"领域""沟通"起来。康德哲学只有"小范围"的"同一"，而没有"大范围"的"同一"，因而他的哲学被"批判"分割得四分五裂，在哲学的总体上，达不到"同一性"。

就某种意义说，哲学上的"通道"，并非一条康庄大道，"路"上充满了各种"关卡"。要通过种种"中介"，不经过"中介"，不经过重重"关卡"，达不到理性精神"自身同一"的彼岸。

理性精神在其"开始"时，还只是"抽象的"，并无"什么""内容"，"理性-概念"只是抽象的"是什么"，就是黑格尔说的"判断"（urteilen）。在黑格尔看来，这是"最容易的"，无论康德的"理念"，或是谢林的"直观-直觉"都还停留在精神的"起始"阶段。精神不会满足于这样一个抽象阶段，精神的发展要使自己"存在",要在"他者"那里得到"安身立命"之处。这就是说,精神不停留在起初为自己设定的"界限"之内,而要"超越""自身"的"界限",于是"精神"自身产生了"差别",而"差别毋宁说是事情的界限;界限就是事情终止的地方,或者说,界限就是那种不复是这个事情的东西"[①]。

"界限"就是"终止"那个"事物",就是对那个事物的"否定"。"否定"并非外加于事物,而是事物自身的必然性。"事物自身"必定会向自身的"反面"发展。"他者"就是"自身"的"否定"。起始的"精神"被"否定""进入""他者",并非有一个"现成"的"他者""等待着""精神"的进入,"他者"为"精神"自身的"自我否定","精神""进入""他者",就是"精神""成为""他者","精神""成为""实在"。"精神"为自己树立了"对立面"。"精神"为"主体","主体"的否定成为"客体"。

这样,"客体"就成为"主体"需要"理解-把握(zu fassen)"的"对象"。

然而,"精神"为"自由",而"自由"乃是"在""他者"中"保持""自身",在"否定"中"肯定""自身"。"精神"最终不会在"他者"中"丢失""自己",最后的"终结"乃是"精神"自己"回到""自己","陈述"这个"精神回到自己"的过程,也就是黑格尔理解的"哲学"的工作,即结合"判断"与"理解-把握"的工作。黑格尔说,这是"最困难的"。

"哲学"的"陈述",是把"判断"和"理解-把握""结合为一"的工作,也就是说,哲学不是一项单纯形式的分析的工作,而是一项富有内容的综合的工作。黑格尔说:"自觉的精神现在不是那么着重要求从哲学那里得到关于它自己是什么的知识,而主要是再度通过哲学把存(现)在所已丧失了的实体性和充实性恢复起来。"[②] 就精神本身来说,亦复如是。"精神"在"起初",只是简单地"判断"为"是什么",在经过"理解-把握"之后,这个"是什么"就具有了"充实"的内容。而更进一步对于这个"从头至尾"过程的"陈述",才是哲学的"真理"。

2. 哲学与经验——哲学与经验科学

黑格尔这种包含"他者-否定-异化"因而包含"时间-历史"在内的"绝

[①] 黑格尔:《精神现象学》上卷,贺麟、王玖兴译,第2—3页,商务印书馆,1962。
[②] 同上书,第5页。

对-同一哲学",就使他在学理以及学科上对于经验与经验科学不采取完全排斥的态度。这就是说,在黑格尔看来,"哲学"的"对象"是在时间中变化、矛盾发展着的"理性-精神"。"理性-精神"有自身的"经历"和"历程",在这个历程中,各个阶段都有自己的"规定性",都是具体的,理性和精神不是混沌一片和漆黑一团。这样对于诸阶段之规定性的把握-理解,就成为"哲学"作为一门学科必不可少的环节,而这些规定性在时间和历史中,因而也在"经验"之中。在这个意义上,"哲学"作为一门学科,就不应该排斥诸种经验科学,而是将它们吸收到"哲学"中来,使其在"哲学"的光照下,开显出不同于一般经验科学的"意义"。

在黑格尔看来,"哲学"并不在"经验科学"之外有自身的思想体系,而是这种"体系"在"经验科学"之"全体""综合"之中。

当然,"哲学"有自身独立的超越形态。"哲学"作为"经验科学"之"综合",并不意味着"哲学"是诸种经验科学在数量上的"总和";而是意味着"哲学"将吸收一切经验科学之成果,使"哲学"不仅保持着理论上之"纯粹性",而且由于深入到诸种经验科学的内部之发展过程,遂使"哲学"自身在保持这种"纯粹性"的同时,具有自身的"现实性"。就如同"理性精神"进入"时间-历史"的"经验-历程"一样,不让自己停留在抽象空洞的名词概念上,使自身充实了"实际"的内容。

"哲学"吸收着"经验科学","充实"着"自己"。

那么,"哲学"会不会被淹没在"经验科学"的汪洋大海,从而丧失"自己"?

"哲学"会不会丧失自己的问题,同时也就是"理性-精神"会不会丧失自己的问题。

"哲学"作为一门学科的存在,正是为了"提醒"世人:在纷繁的大千世界的经验中,在时间历史的长河中,"理性-精神"正在努力不被淹没而保持着自身,并且相信,"经过-经历"这种"磨炼",通过经验世界的矛盾斗争,"理性精神"将会得到"提高"。"经历(经验)"使"精神""充实-厚重"起来,成为不可动摇的"基石"。

既然"精神-绝对-否定"只有在"现实-相对"中得到实实在在的"肯定","精神"将在"经验"的汪洋大海中奋勇拼搏,乘风破浪,以达到"彼岸"。

在这个意义上,"哲学"作用固然仍是传统意义上的"牛虻"(苏格拉底)和"木铎"(孔夫子),或者如当代贤哲所说,是一种对"危机"的揭示(胡塞尔),对"被遗忘了的""存在"的"思念"(海德格尔),而且还是一种"引导",是一种"科学的导言",使人们不脱离现实的历史存在就能把握-理解"绝对-精神",亦即把握"真理"。不仅如此,按照黑格尔的意思,人们只有不脱离实际的现实和历史,只有通过"经验",只有吸收诸种经验科学,在"经验"及其"科学"中,才能真正把握-理解"绝对",才能理解-把握"哲学"的"真理",而不仅仅是口头上说一些空洞的哲学名词概念。"理解-把握(zu fassen)"需要"经验-体验-体会",然后将它"陈述"(darstellen)出来,而不是简单的"判断"(urteilen),告诉世人"什么是'绝对'(Absolute)",或者"什么是理念","什么是精神"等等。

我们现在再来研究黑格尔这种"哲学"的观念,发现它的意义常常是被掩盖了。一个时期,黑格尔哲学被理解为脱离实际的"玄学-形而上学",是驾凌于"科学"之上的"科学的科学"。而实际上,就在《精神现象学》的"序言"中,黑格尔就很明确地指出了"哲学"与"经验科学"的内在联系。"理性-精神"既然不是一种"启示"或"灵感",不是"直觉-直观",而是一个"大全",一个"有始有终"的"过程","无限-绝对"就在"有限-相对"之中。因而"大全"也不是一个空洞的概念,不仅仅是一个没有经验对象与之相应的"理念"(康德),而是包含了"过程"在内的,或者是在"过程"中的"总念"(Concept),因而是"现实"的、"有对象"的"理念"。"理念"不仅仅是"思想体",而且是"实在体",是"实体"。

我们看到,正是在这个意义上,我们说,黑格尔在哲学的层面,把"永恒"的东西"时间"化,把"抽象"的东西"具体"化,把"理想"的东西"现实"化,亦即把"思想"的东西"存在"化。于是我们在黑格尔的"哲学"观念中,看到了我们经常说的思维(思想)与存在同一性的真正含义。

"哲学"作为"同一哲学"的古典观念,在黑格尔哲学体系中,得到推进和完善。这种推进和完善,对于"哲学"作为一门学科来说,具有深远的意义。

黑格尔说:"只有完全规定了的东西才是公开的、可理解的,能够经学习而成为一切人的所有物。科学的知性形式是向一切人提供的、为一切人铺平了的通往科学的道路,而通过知性以求达取理性知识乃是向科学的意识的正当要求;因为知性一般说来即是思维,即是纯粹的自我,而知性的东西则是已知的东西和科学与非科学的意识共有的东西,非科学的人透过它就能直接进入科学。"①

黑格尔这段话的意思很重要,他说明了"哲学"如何借助于"经验科学"使自身也成为"科学",而不是"艺术"或"宗教(启示)"。这段话的意义还在于:"哲学"与其他"科学"一样,原则上是"可以学习""获得"的。"哲学"同样是"知识"。这样一种"哲学"的观念,对于"哲学"自身发展和普及,当然是有很大的意义。在这里我们也可以体会到,为什么黑格尔哲学会在当时德国甚至欧洲的大学一个时期占有重要地位。除了当时欧洲的社会政治原因起了主要作用外,这种"哲学"的"科学性"与"可学习性",也当是一个原因。

我们知道,"科学"具有一种公众的普遍性,在自身条件具备时具有"可重复性"。也就是说,"科学"扬弃个别的感性的"主体",并将其升为普遍一般的"思想性"的"主体",即扬弃个别主体的偶然性,而只要求必然的"主体"的设定。这是从古代希腊以来就确定了的思想路线。在古代希腊,"个体-主体性"之"偶然性"问题,要到它的"悲剧作品"中去寻找。"哲学"在它的希腊的母胎中就打上了这个烙印:"哲学"作为一门"科学",它是一门"学问",只要下功夫,动脑筋,就能够把握它。"哲学"也就依靠着这个"科学"的特性,以自身相对的独立性,延续下来。在这个意义上,"哲学"如同其他"科学"一样,在时间中,在历史上,虽常有变革和突破,但是自身尚具有相续相随的关系。我们已经提到,"哲学"的发展,有时候似乎像是"一个人"在不同的时代"继续"在"想",前后"想法"自有不同,但其间交切点,还是有迹可循。在这个意义上,"哲学"与"科学"一样,只需要"有思想能力"的"大我",每个具体的"科学家"和"哲学家",都要"投身"到这个"大我"中去。

---

① 黑格尔:《精神现象学》上卷,贺麟、王玖兴译,第8页,商务印书馆,1962。

与此相对应的，"艺术"的情形就不很相同。

早在古代希腊的柏拉图，就看出了"艺术"与"科学（知识）"的不同。他认为，"艺术"不能跟在"科学"后面盲目地"模仿"。他设计的"理想国-共和国"里，没有"模仿"性诗人的地位，但却欢迎"灵感"性诗人光临，而我们知道，"灵感"有很大的偶然性，不是"学习"所能够完全"获得"的，"灵感"得自于"天然"，是"上天-神"的一个特殊的"恩宠"，因而只有"个别"的、"特殊"的人，才有这种"禀赋"。

到了黑格尔的时代，由当时的浪漫主义诗人们推波助澜，又有康德《判断力批判》在理论上的支持，加上大诗人席勒的弘扬，已经深入人心的一个思想是："艺术"需要"天才"（genius）。

"哲学"是靠"天才"，还是靠"学识"？黑格尔回答的重点是在后者。

做"哲学"当然也要有一些"天分"。因为"哲学"毕竟是一门"超越"性的学问，要从日常感性经验的世界中"超拔"出来，没有一定的"思想力度"，是达不到的。在这个意义上，并非一切人都有相当的能力去做哲学的；然而，这不等于说"哲学"是"天才"的学问。原则上说来，"上天"通常"分"给一个人的那"一份"，已经能够做一切的科学学科，只要下功夫学习，是有能力理解-把握某种学科的；然而对于艺术就不容易下这样的断语。往往会有那做了一辈子诗的人，却不"知""诗"为何物。

严格说来，"哲学"作为一门学问，似乎是介乎两者之间，要看你的侧重点定于哪个方面了。黑格尔为纠正浪漫主义艺术思潮对哲学的影响，特别是为遏制谢林"直觉主义"的趋向，其重点放在了"科学性"的一面。黑格尔这项工作，对于"哲学"作为一门学科来看，可以说是挽救哲学于颓亡之中，将"哲学"纳入"科学"的轨道，在原则上，使人人得而学之，可谓功莫大焉。至于这种倾向的消极的一面，不久就显露出来，但就黑格尔自己的哲学体系来说，则绝无将"哲学""等同"于一般"经验科学"的意思。他的"绝对理念"包括了"艺术-宗教-哲学"，说明了他是清楚"哲学"与这些"高级"的"精神境界"的关系的。

黑格尔的工作目标是要建立一个"超越"的、但又涵盖了"知性科学"的"哲学理性的科学知识体系"，以供大众的"学习"，这一点是明确了的。

这个"科学体系"终于诞生。这就是黑格尔后来于1817年出版的包括《逻辑学（小逻辑）》、《自然哲学》和《精神哲学》三部的《哲学百科全书》。

3. 黑格尔如何使"哲学"成为"科学"——黑格尔的哲学知识体系

使"哲学"成为"科学"并不是一件容易的事。一方面，"哲学"要保持住从康德以来的"超越"性，不使其"降格"为一般的经验科学，同时为使"哲学"成为"科学"，就不能拒绝"知性"的手段（工具），不能拒绝"逻辑范畴"和"逻辑推理"，而企图借助"天启"、"象征"，或"诗意的朦胧"之类的手段来表达自己。

在《精神现象学》中，黑格尔提示了这种难度。黑格尔说：

> 古代人的研究方式跟近代的研究很不相同，古代人的研究是真正的自然意识的教养和形成（die eigentliche Durchbildung des natuerlischen Bewusstseins——自然意识的真正完备教养）。古代研究者通过他的生活的每一细节都作详尽的考察，对呈现其面前的一切事物都作哲学思考，才给自己创造出了一种渗透于事物之中的普遍性。但现在人则不同，他能找到现成的抽象形式；他掌握和吸取这种形式，可以说只是不假中介地将内在的东西外化出来并隔离地将普遍的东西（共相）制造出来，而不是从具体事物中和现实存在的（Daseins）形形色色之中，把内在和普遍的东西产生出来。因此，现在的工作与其说在于使个体脱离直接的感性方式，使之成为被思维的和能思维的实体；不如说情形相反，在于扬弃那些固定的思想，从而使普遍的东西成为现实的有生气的（begeisten）东西。但要使固定的思想取得流动性（Flüßigkeit）却比将感性存在（sinnlich Dasein）变成流动的要困难得多。①

黑格尔这段话的意思在于强调古人没有许多自然科学的理论知识体系可以借鉴，而必须亲自接触实际的材料，自己"上升"到普遍的哲学理论。此时由于离开"感性存在"不远，而这种存在，原本是变动不居的，因而他们的"普

---

① 黑格尔：《精神现象学》上卷，贺麟、王玖兴译，第21—22页，商务印书馆，1962。

遍性""概念"相对比较容易地保持自身的"生气-流动性"。现代的人就没有这种便利条件，一切都"抽象化-理论化"了，甚至是"符号化"了，要想将这种抽象化的体系贯注其"生气"，使其"流动"起来，则显然是要困难得多。从这种对比中，我们看到，黑格尔在《精神现象学》这个导言中，透露出来他的"哲学知识体系"的取向所在：要在"知性的必然体系"中，贯注其"生气"，使其"流动"起来，亦即使其成为"自由"的体系。

在黑格尔看来，离感性存在尚近的抽象观念，比较容易打破，因为它们并没有多大力量（unmächtige），要使它们回到"现实事物"的"流动性"，并不困难。但是现代科学使"思想"自成体系，固执于"自我（知性）"自身之形式的连贯，远离感性事物之实际情况，将事物之流动性，事物之变化发展，化为机械的"因果系列"，成为毫无生气的"铁板一块"，要使这种抽象的体系回到现实世界，贯注其生机，就不是感性经验或知性所能做得到的。黑格尔认为，对于这个僵化了的思想体系进行冲击，使其"流动"起来，使其生气勃勃，只有依靠"思想"自身来完成。要使已经被知性僵化了的"思想"，重新活跃起来，自己变革自己，亦即要在"纯粹思想"中进行变革，则是困难得多的任务。

这就是说，"思想"不能完全放弃自己，回到感觉经验中去，以求得到自身的生命。因为感觉经验本身虽然变动不居，但是却是知性的温床，如果不是康德的揭示，人们总以为"知性概念或范畴"来自于感觉经验之抽象和概括。知性范畴之"先天性-主体性"的阐明，揭示了"知性"与"理性"原来同出一源，要使"知性""流动"起来，也就是要使"知性"提升到"理性"的层次，或者，由"理性"来"改造""知性"。使"必然"的"知性"体系，成为"自由"的"理性"体系，乃是哲学的主要任务。

"哲学"并不抛弃"知性"另起炉灶，而是利用它的范畴，扬弃其僵死的成分，激活其受制约的"自我"，发扬它的自由创造的精神，肯定"否定性"，不回避矛盾斗争，在自身建立的过程中完善自己，在他者中开显自己。这样，知性的一切概念范畴，都不是抽象的片面的，而是具体的全面的，因而也是"真实-真理"的。

在这个意义上，"哲学"也不是抛弃"（经验）科学"的语汇而自己生造一些词汇，包括黑格尔在内的大哲学家，从不生造一些谁也不懂的名词概念来吓唬人。哲学须得借用经验科学甚至日常生活的概念来"陈述"自己，不得已才造些名词来说明自己。哲学是最不需要"命名"的学科，因为它并不以发现"新物质"或发明"新工具"为己任。哲学的功夫不在于"发明-发现"，而在于"陈述"（darstellen），对于世界的"新陈述"。

在某种意义上，真正的"哲学"永远是"新"的。因为它的工作正是要使一切经验科学的体系"活动"起来，在那"必然"的逻辑框架中，见出"自由"，在那森严的推理中，见出"生命"的跳动和"精神"的活力。

"哲学"使一切"固定"的东西"松动"起来，"动摇"一切"铜墙铁壁"。

"哲学"当然仍是科学体系，仍是一个"知识"的大厦，但是正如德勒兹说的，墙上的砖块是"干的"（dry-stone）。① 或许，在这里可以看到黑格尔哲学的影子。

4. 黑格尔的"逻辑学"及其"应用逻辑"

黑格尔哲学的任务要使"思想"摆脱那僵死的知性形式，进入有内容的现实的领域——不仅进入康德意义上为时空建立起来的"对象"，即"表象"领域；而且要进入"事物自身"的领域，而按照康德的说法，这个"事物自身"乃是"思想体"。"表象"接受知性的范畴，在"逻辑"的概念、判断、推理中，包含了感觉经验通过时空给予的材料，使之成为科学知识。康德认为自己这项工作将"逻辑"纳入"知识"，而不仅仅作为"工具"来理解它。"逻辑"当然是"必然"的，而"事物自身"乃是"思想体"，为"理性的"，也是为"自由的"。"自由"与"必然"相对立，于是也与"逻辑"不相容。"自由"不讲"逻辑"。

黑格尔既然强调了"哲学"之科学性，并将它的任务规定为对于"事物自身"的"陈述"——即"判断"与"理解-把握"相统一，而将在"知性"中一切"必然"的东西，都让它们"自由"起来。"哲学"成为"自由"的"知识"，"逻辑"也就成为"自由的逻辑"。我们看到，黑格尔并不是另外创造一套去替代普通的"逻辑"，正像他并不是撇开经验科学另搞一套"哲学科学"

---

① 德勒兹和伽塔利：《什么是哲学？》，英译本，第23页，哥伦比亚大学出版社，1994。

那样，他是要使"经验科学"自身就体现出"哲学科学"的内涵来，使"经验科学""理性化"，在"知性"中见出"理性"，在"必然"中见出"自由"。"哲学"对"经验科学"有"自己-自由"的"判断-理解"，因而也有"自由-自己"的"陈述"。这种"哲学的陈述"，也就是"哲学的逻辑"，或者是"自由的逻辑"，黑格尔自己叫"思辨（Spekulativ）逻辑"。

什么叫"思辨逻辑"？黑格尔说："思辨逻辑，包含有以前的逻辑与形而上学，保存有同样的思想形式、规律和对象，但同时又用较深广的范畴去发挥和改造它们。"[①] 理解黑格尔哲学的关键，应是首先把握好他的"思辨逻辑"含义，否则就难以把握为什么他在《精神现象学》这样一个生动活泼的导言之后，两次出版有关逻辑学改革的（我国称作"大"、"小"逻辑）专门的著作。

"哲学"不排斥经验科学，他自身同样为一门"科学-知识"。而"科学"乃是"理论体系"，是一个"必然"的"推理""系统"，因此"科学"离不开"逻辑"，"哲学"也离不开"逻辑"。然则，"哲学"虽借重经验科学，但它却不同于一般经验科学，"哲学"为"形而上学"。

早在 1812 年《大逻辑》第一版序言里，黑格尔就表达了对当年欧洲"形而上学"式微的悲哀。他说形而上学已经被（康德）连根拔掉，一些深刻的哲学问题，已不再作为学问来探讨，最多只是作为道德情操的一种陶冶需要得到承认。他把康德在《纯粹理性批判》里所做的工作，称作"通俗的学说"，虽收到当下眼前的欢迎，但排斥了"思辨思维"（spekulativen Denken），亦即排斥了"形而上学"的可能性，"于是便出现了一个很奇怪的景象，即：一个有文化的民族竟没有形而上学——就像一座庙宇，其他各方面都装饰得富丽堂皇，却没有至圣的神那样"[②]。

如果说，黑格尔《精神现象学》主要的对手乃是谢林和费希特，那么他的"大"、"小""逻辑学"的主要对手，则是康德。黑格尔的目标是要把被康德否定了的"思辨思维"-"思辨逻辑"-"形而上学逻辑"加以肯定，恢复它作为一种"知识"以及一门"科学"的地位。这样，黑格尔哲学的任务首先就是"改造"康德的《纯粹理性批判》，使其适用范围不仅仅是"经验"的知识，而

[①] 黑格尔：《小逻辑》，贺麟译，第 49 页，商务印书馆，1980。
[②] 黑格尔：《大逻辑》上卷，杨一之译，第 2 页，商务印书馆，1974。

且是"超越"的知识,即形而上的知识,"自由"的知识,亦即"理念"的知识。"理念"不再仅仅是"理想"的,而且是"现实"的;甚至只有"理念"才是"现实"的,"真实"的,才是"真理"。"哲学"正是那被康德否定了的关于"事物自身"的"知识",而不是仅仅关于"外在"的"现象-表象"的"知识"。

在这个意义上,我们看到,黑格尔的"哲学-形而上学"的"知识论-科学",就包括了康德《实践理性批判》和《判断力批判》的全部内容,但已经不是"道德"和"审美"的情操问题,而正是"知识-科学"的问题。黑格尔将康德的"三大批判"全部"科学"化、"知识"化,"综合"成一个庞大的"哲学知识""体系",而"逻辑学"为其骨干部分。

"逻辑"讲"概念-判断-推理","思辨逻辑"同样如此。然而通常的"逻辑"不允许"矛盾",不允许"命题-判断"之间的矛盾,康德就是因为这一点,否定了"理念"可以自成"逻辑",因为在"理念"领域,正反命题有同样的逻辑力量,而凡自相矛盾的命题,在逻辑上不能成立。于是,为要使"理念"也能成为"知识-科学",如何使它在"逻辑"上也能成立,亦即如何"克服"康德所揭示的"理念"在"经验"使用中必然出现的"矛盾",也就成了关键的问题。

在康德的哲学中,"理念"因为"超出""经验"之上,找不出相应的"经验对象"而得不到"验证-规范",因而并存了两个矛盾的命题,不能解决。实际上,就是在时空中的"经验对象",如果不作"理论"的对待,不是要在原理上作出"理论体系",即"知性知识体系",则本就是"充满矛盾"的。"时间"乃是"存在"与"非存在"的"矛盾-对立统一"。

再就"思想"本身看,"理念"为"纯粹思想"。在康德哲学中,只有"理念"要带有"现实性"时,才会有"矛盾"产生。譬如"时间"本身作为"理念",本无矛盾可言,但要追问它的"起源-开始",已经超出范围,进入"现实经验世界",产生矛盾。因为"起源"原是个实际的问题,"思想"乃是"永恒",并无"起源"问题。

为使"思想"进入"现实",黑格尔指出,"思想"同样不是"静止"的,而是通过"矛盾"变化、发展的。"哲学"以"思想"为"对象",因而,它研究(认知)"思想"本身的变化发展的"矛盾""过程"。"思想"本身的矛盾变化发展，就是"思辨逻辑"，亦即是"哲学"。

"经验科学"以给定的经验材料为"对象"，它是"受制于"这些在"时空"中给予的存在材料的。"科学"当然要对这些"对象"进行"思维"，但这种思维既然"接受"已经存在于"时空"中的材料，因而不是"自由"的。"哲学"不同于"经验科学"的地方在于它以"思想体"自身为"对象"，亦即以"理念"为"对象"，对这个"对象"进行"思维"，于是"哲学"是"思想"对"思想"自身进行"思想-思维"。

"思想"自身进行"思想"本是"同一哲学"的主题立论，它会不会是毫无意义的"同语反复"？

黑格尔将矛盾-辩证的思辨思想引入"逻辑学"，就使得这个"同一哲学"具有了"现实"的内容，而不会陷于形式的同语反复。这里需要"精神"的"否定"作用，而矛盾正是一种"否定"的功能。"同一哲学"同时必定是"辩证的"——矛盾的，否定的。

"思想"首先"否定"自身。经验科学接受外在于自身的感觉材料，而哲学则依靠否定自身来理解这一过程。"思想"的"否定"为"现实"，"现实"与"思想"对立并矛盾。"自我""产生"了一个"非我"。"非我"的"现实"，在经验科学是"给予"的，在"哲学"则是"设定-建立"的，是通过"思想"的"自身否定"设定建立的。

在这个意义下，"经验科学"具有了不同一般的"意义"。在"哲学"视野里，"经验科学"是"思想""否定-异化"的产物。

"思想"不停留在"经验科学"的层面，思想不会停滞不前，思想为能动的精神。思想进一步的运动，就是超出"经验科学"，否定经验科学，扬弃经验科学的僵固性，使它的概念-判断-推理都"流动"起来，这样思想进行了第二次的否定，"否定之否定"，乃是"哲学"这种思想方式的"肯定"。

经验科学以感性世界为"对象"，它的"概念"是从感觉经验中抽象、概括出来的，因而"受制"于这些外在的"材料"。由于这些"材料"永不能成为"思想"自己，从而就有一个"主-客"相符合的问题，而这个问题在经验科学的框架内是永不可彻底解决的。

然则，经验科学也是"思想"的产物，只是这个在经验科学中的"思想"，由于受到感觉材料的限制而未曾完全"自由"。"思想"的"自由"的本性——"精神"赋予它的"生命力-活力",促使它要冲破这个限制,"突破界限"是对"界限"的"否定",于是,就通常情形来说,"哲学"首先对"经验科学"采取"否定"的态度。这种"否定",并非"正确"与"错误"的转换,"哲学"并不狂妄地"宣称"一切经验科学都是"错误的",相反的,"哲学"尊重一切经验科学的成果,认为它们即使对于哲学,也具有重要的作用,只是它们对于哲学来说,还是不够充分的。经验科学是哲学的一个必要的"环节",但"哲学"不"止于"这个环节,哲学的"精神"要继续向前发展,"超越"这个环节,克服它的片面性,不仅仅把握"现象-表象",而且要把握"事物自身"。

"事物自身"就是事物的"本质"。"本质"并非外加进去的,它就"在""事物"之中。然而,只有"思想-思维"才能揭示-把握这个"本质"。"哲学"是对"事物""本质"的意识,是对"事物""本质"的"科学","事物"之"本质",就是"哲学思想"的"材料"。"哲学"何所"思"?"哲学""思想"那"事物"之"本质"。"本质"为"思想"的"材料"。这个"本质"不是"思想"加给-赋予"事物"的,它就"在""事物"之中,所以这个"本质"是"思想"的"对象"。然而,这个"对象"又只是对于"思想"来说才成为"对象",只有"思想"才能把握这个"本质",在这里"思想"与"对象"是完全同一的。"思想"认知"只能够被思想"的"本质",亦即,"思想"认知"思想"的"对象","思想"认知只对"思想"开显的"本质"。于是,"思想"的"材料"是"思想"自身"发现"的,"思想"为"自身"提供"材料",而不是像经验科学那样由外在的"感觉"来提供它的"思想材料"。

在这层意义下,"哲学"作为"科学",它使用的"概念"就不是从感觉经验中单纯重复提炼概括出来的,这样提炼出来的概念,无论怎样拔高,也都是"事物"的"现象-表象",是"事物"的某个或某些方面的"属性",而不是"事物""完整-全面"的"本质"。"哲学"的"概念""反映""事物"之"全面-完整"之"本质",既然这个"本质"只对"思想"开显,于是也可以说,"思想"的"概念"乃是"思想"之"对象"的"反映",亦即"思想"自身之"反映","对象-客体"与"思想-主体"原本是"同一"的。在这个意义上,"哲学"乃是"思想""自己""认识""自己"的"科学"-逻辑;同时也是"思想对象"-"本质""开显"自己的科学——现象学。

"事物"的"本质"乃是"事物"的"真理","哲学"回到了亚里士多德的目标——追求"真理",追求"真知识",即关于"真实"的道理。

在康德哲学中,"真理"只限于经验科学知识,而将"形而上学"逐出"知识王国",在"道德"与"审美"情操中寻求廉价的满足。黑格尔将"真理"重新迎接到"哲学"中来,恢复了它在"哲学王国"中的地位,从而推进了康德的哲学。黑格尔在《大逻辑》中说:

> 所以纯科学(哲学——引者)绝不是形式的,它决不缺少作为现实的和真正的知识的质料,倒是唯有它的内容,才是绝对真的东西,或者,假如人们还愿意使用质料这个名词,那就是真正的质料,——但是这一种质料,形式对于它并不是外在的东西,因为这种质料不如说是纯思维,从而也就是绝对形式本身。因此,逻辑须要作为纯粹理性的体系,作为纯粹思维的王国来把握。这个王国就是真理,正如真理本身是毫无蔽障,自在自为的那样(Dieses Reich ist die Wahrheit, wie sie ohne Hülle an und für sich selbst ist)。①

"哲学"的"思(维)"就是要让"事物"之"真理""毫无遮蔽","自在自为"地"开显"出来。"思想-思维"就是"哲学"唯一能够运用"工具",也就是说,"自身反映"的"概念-思辨概念",乃是唯一能够把握"事物本质-事物自身-事物真理"的"工具"。② 于是,这个"知识"的"工具"与"知识"本身也是"同一"的。在这个意义上,哲学的理性,就不仅仅是"工具理性"。

"真理"只有对"思想-思维"才可能是"无蔽障"状态。对于经验科学,当思维有了"自觉",充满生机的时候,将"突破-超越"自己,把经验科学当作一个"环节",而不作为"绝对真理"。"精神"由于"自由"发展,对于经验科学概念之片面性和抽象性,加以"否定",向着更高的层面前进,从而"揭开""表象-现象"的"遮蔽",直透"本质",这时"哲学"的问题就开始

---
① 黑格尔:《大逻辑》上卷,杨一之译,第31页,商务印书馆,1974。
② 黑格尔:《小逻辑》,贺麟译,第47页,商务印书馆,1980。

明朗起来。这是"哲学意识"的"自觉",为"理性"自己"意识"到"自己"。"理性"的"自由",不受经验科学任何"规定性"的限制,否定这些规定,超出这些规定,以开显自身的自由与无限。经验科学所设定的这些"规定性",适足以"考验""理性"自身的创造能力,"证明""理性"有能力超出任何"规定"。理性并不是将自身的"无限-自由"强加于"经验",也不是从外部施加压力使这些规定性化为齑粉;恰恰相反,理性只是"揭示"这些"规定"自身的"非实体性"。这些规定,由于自身的不完满性和内在的矛盾,必然走向分崩离析。经验科学所设定的诸"规定性"自身必然瓦解。于是,世间一切有限之事物,都必然会消亡,就成为哲学理性的一条铁律。

在这个"同一"的意义上,黑格尔的大、小《逻辑学》就是《精神现象学》的延伸和进一步的"科学"化。既然"精神现象学"就是"事物本身"的"现象学",则"逻辑学",也就不仅仅是"思想"的"逻辑学",而同时也是"事物本身"的"逻辑学",亦即有关"事物本身"的发展"规律"的学问。

这就是"同一哲学"所坚持的"思维与存在的同一性"原则。这个原则由康德揭示出问题,经费希特的奠基工作,再经过谢林的发展,至黑格尔可谓已达到完成的系统工作。这项工作的完成,当然是建立在观念论-唯心主义的基础之上,但同时也是真正"现实"的"真理":不仅仅反映事物的"现象",而且反映事物的"本质","反映""事物自身",而在"事物自身"为"思想体-思想之对象"的意义上,这种"反映",就不仅仅是"思想"对"非思想-他者"的(镜像式)"反映",同时也是"思想"对于"思想(思想体-思想之对象-所思)"的"自身"的"反映"。"思想""思考""自身",正是"逻辑学"的确切含义,不过在"哲学"意义上的"逻辑学",已不仅仅是形式的科学,或者仅是形式的一种"技术",而是有充实内容的"现实"的科学。

"哲学"既然为"现实"的科学,则不能脱离"经验"的内容,"哲学"并不排斥"经验",就像它并不排斥"经验科学"一样。黑格尔的《精神现象学》已经蕴涵了"精神""经验学"的意思在内,"绝对"的"精神",在"经验"的过程中得到其自身的"规定性",同时又"克服"诸种抽象片面的"规定"而回到自己的"家园"。"逻辑学"为思辨概念体系,这种概念不同于一般知性概念,并非抽象的形式。哲学概念作为"有内容"的"普遍性",必定包括了经验之实在，"概念"与"存在"同一，于是"哲学"与"经验"同一，亦即"超越"与"经验"同一。黑格尔说，"自由-上帝"等对于经验科学固然如康德所言乃是"不可知"，因其不能在经验内寻求；但是"凡是在意识内的都是可以经验的。这些对象之所以属于另一范围，乃因为它们的内容是无限的"①。

于是在黑格尔那里，"经验"就有了不同于康德的理解，这对于后来欧洲哲学的发展具有重要的意义。康德意义上的"经验"，与其哲学的二元论一样，也是两极分化了的。一方面，"经验"是必定为"可感知"的，这一层上康德与贝克莱有相同之处，即"存在（者）"必定是"可感知"的，也就是说，凡客观的"对象"，必能为我们的"感官"提供"感觉材料"（sense-data）；另一方面，"经验"在康德又是"理智"的，"经验科学"为一门"理论性"科学，是对于那些"感觉材料"行之有效的"理论框架-逻辑形式"。一方面是"理论形式"，一方面是"感觉材料"，这种两极分化使得康德的"经验"实际上缺少"精神-意识"的"内容"，"客体"与"主体"仍处于"分裂"状态。在康德的哲学中，"感觉材料"只有在进入这个"主体"设定的框架之内，才是"可以认知"的，而这些感觉材料"本身"其实并不是"知识"的"对象"，而是"不可知"的"本体"。

然而事实上，作为"经验科学"加工"材料"的感觉世界，并非最为"原始"的，并非"事物"的"本来面貌"。我们直接"感知"的并非那些"材料"，这些"材料"是经过经验科学"分析"之后才有的观念。人们并非先有光谱的知识再来"感觉"诸种"光线"的。"光"这个原始的感觉，使得天下万物都"呈现"在我们"感官"的"面前"。这是"现象学"所采取的哲学取向，黑格尔也不例外。

就黑格尔"现象学"而言，我们似乎可以说，"感觉"开始的地方，也就是"概念"开始的地方。这个"概念"就不是康德意义上的"知性范畴"，或"经验（抽象、片面）概念"，而是"绝对概念"或"思辨概念"。"感觉"也是"概念"，这也是"现象学"的通则，胡塞尔也不例外；只是胡塞尔的"理智直观-直观理智"是直接的，而黑格尔的"绝对-同一"哲学，尚有一个辩证发展

---

① 黑格尔：《小逻辑》，贺麟译，第47页，商务印书馆，1980。

的过程。

在黑格尔哲学中,"概念"不是"静止"的,它之所以不是静止的,乃是因为它包含有"矛盾",它是"思辨"的。所谓"思辨"(Spekulativ),乃是说这种"概念"为"具体"的,并非"抽象"的。"思辨"是一种"映像",而这个"(映)像"与概念的"普遍性"总还是处于"矛盾"之中,为克服这种矛盾,"概念"就要"超越"自身,进入更高的层次。

因此,黑格尔的"概念"是分阶段的。在"感觉"的阶段,"概念"还是相对抽象,相对空洞的。"概念"要进一步"具体"化,就要"反映"出"事物自身"的变化发展,"反映""事物"的"全部"过程,于是"概念"就蕴涵了"时间"和"历史"。"概念"的"逻辑""必然性""反映"了"事物"的"历史发展"的"必然性"。

此种"必然性"又是高于经验科学之"形式的必然性",因而"思辨逻辑-辩证逻辑"之"必然性"高于"形式逻辑"的"必然性"。

黑格尔之所以肯定"思辨逻辑"的优越性,乃是因为"思辨逻辑"的"概念"是"自由的概念"。"必然"与"自由"在黑格尔哲学中,也是"同一"的。

于是,黑格尔的"逻辑学",就不像在康德那里只为"经验科学"服务——康德改造"形式逻辑"使其具有内容,但是这个内容仅限于知性范畴所能"归化"的范围,因而经验科学的"概念"仍是"理论性"、"抽象"的。黑格尔把康德的变革推向了新的境地,他的"逻辑学"是真正的"哲学",是"哲学"作为一门"科学体系"的存在形式。黑格尔的"逻辑学"以逻辑推理的"必然"形式"反映"了"事物自身-自由"。"推理"的必然性,乃是"事物自身-自由"的内在发展的必然性。这样,"推理"就不是"形式"的过程,而是"概念"自身发展的过程。"概念"不是静止的,"自由"也不是静止的。"自由""概念""自身"的发展,"自己""反映""自己",也是一种"自由"的"反映",不是"被动"的接受外来的"印象":在"他者"中"看到""自己",在"他者"中"发展-充实""自己","自由"的概念,就成为一个"必然"的"体系",成为一个"推理"的"过程"。而这个"推理过程"同时也就是"事物自身"发展的现实过程,因而是"真理-真实"开显自身的过程。

在黑格尔哲学中,"逻辑学"、"知识学"、"现象学-显现学"得到了同一。

五　哲学的当代观念

从哲学的古典观念,到当代观念的演变,当是有迹可循的事。欧洲哲学发展到了当代,可谓丰富多彩,从多方面展示了哲学和哲学家的个性。哲学在当代,比起欧洲历史上任何一个时期都有更多的流派和独特的系统。我们可以说,20世纪以来的欧洲哲学所具有的创造性,是历史上任何时期都不可比拟的,这个时期的欧洲哲学,简直是不能用"流派-主义"这些范畴所能框得住的。由于当代文化和信息手段的发展,著述已不是困难的事,甚至不是专业化的事情,对于哲学问题感兴趣的文人学者,不论何种专业,都可以对这些问题发表自己的观点,其中不乏真知灼见,甚至令专业的哲学家望洋兴叹。于是,极端地说,也许每一个人都会有自己的哲学,都可以"发表"自己的哲学著作。

这自然反映了哲学的本性,它是以最为个性化的方式思考那最为普遍化的问题。随着人类文化和科学的进步发展,为哲学提供思考的材料越来越多,它所能借助的方式也越来越丰富。欧洲大陆理性与英美分析两种方式,在现当代也有长足的发展。仅就大陆理性的系统而言,19世纪末以及整个20世纪,都有许多新的创造,提出了新的问题,有新的思路。

然而,我们并不能因此就忽视了哲学发展自身的内在线索,这种线索,不论承认与否,都是实际存在的。这种情形,就欧洲大陆本土来看,尤为突出。

（一）黑格尔以后

欧洲大陆哲学，在黑格尔哲学以后所面临的问题，是如何走出黑黑格尔的阴影，因为大家觉得他的体系过于僵化，过于"逻辑化"，而缺乏生气。哲学要想取得进一步的发展，恢复自身的原创力，必须阐发被黑格尔忽视或掩盖的问题，这个问题就是"感觉、感性、直接性"问题。

我们看到，尽管黑格尔哲学已经为"感觉-感性"的问题在他的哲学体系内，找到一个他认为是唯一恰当的位置，在解决"感性"与"理性"的关系问题上，有许多深刻的见解，但是仍然不能消除人们对这个体系过于概念化的印象。黑格尔的概念论，固然并不排斥"感性"，但是在他的体系里，"感性"仍是处于比较低级的地位。它"透露"出"理性"的光芒，但是"理性"要在"感性"世界得到"显现"，却要经过"辩证"复杂的历史过程。唯有"概念"，才能真正把握"时间-发展"之"全体"。于是，在这个体系里，处于"形而上学""宝塔"之顶尖的，仍是那"理性"的"概念"。

黑格尔以后的欧洲哲学家，要把这个"秩序-次序""颠倒"过来，而不仅仅是强调重点之不同。于是我们看到，黑格尔哲学受到两个方面的攻击。一方面，与大陆理性派相对立的经验派，以彻底的经验主义-感觉主义立场，批判黑格尔哲学为一种完全脱离现实经验世界的"玄学-超越"理论，并无实际经验作支持，从而彻底否定"形而上学"体系，指出那原是一些不可解决、不可验证的"假问题"，因而"形而上学"被认为是貌似科学而实际并非科学的"伪科学"。这原本是对康德的《纯粹理性批判》为理性在理论运用中所划界线的推衍，使得康德哲学暴露了自身的矛盾。这个思潮，尽管也把康德哲学列为批判对象，但是在基本精神上，却是一致的。批判黑格尔忽视"感觉经验"的另一方面，是一条欧洲大陆自身发展出来的路线，他们自觉或不自觉地仍然围绕着黑格尔哲学的问题，但是他们却把"理性-概念"从"形而上学王国"的"王位"上拉了下来，而将"感性-直接性"扶上了"国王"的宝座，以"感性-直接性""君临天下"，由此开发-创生出整个世界来。在这个世界中，"理性"的地位处在"感性""统治"之下。

就黑格尔哲学来说，他受到的这两种攻击，具有不同的性质。英美经验主义是从外部来"攻打"这个"形而上学王国"，因而带有摧毁性；而另一种攻击就理论说，则是来自自身内部，是一种"政变"，一个"王位"的"褫夺"。尽管每一次的"颠覆"，都被称为"革命"，而经常宣告"形而上学王国"已经被"歼灭"，而实际上被"歼灭"的只是"国王"，严格意义上说来，只是中国传统意义上的"改朝换代"。

当然，就"哲学"作为一门科学来说，亦即"哲学"作为一个"文明-文化"之"国家"来说，"改朝换代"亦自有其意义，而不必非要将这门学问"消灭"不可。

走在这条道路上的，我们看到叔本华、尼采的身影。

叔本华、尼采都是被称作"唯意志论者"，他们以"意志"替代了黑格尔的"理性-概念"，又被称作"反（非）理性主义者"。

"意志"是一种"感性"的力（量），但它又是"自由"的。叔本华在创建这个"唯意志论"时面临的问题是：将"意志"既要理解为"感性-非理性"的，又要理解为"自由"的。而这个意思，原本是康德阐明过了的，只是康德的"意志"是"理性"的，正因为它是理性的，它才是"自由"的，如今的任务就在于，要使"意志""自由"，又必定要使它是"非理性"的。即"意志"如要"自由"必先"摆脱""理性-理论理性""因果必然"之锁链；不仅如此，还需进一步揭示"意志"之"自由"原本不在"因果系列"中，因此"意志"并非"第一因"。如果"意志"为"第一因"，它仍在"根据律-因果律"中，因而它是"理性"的，甚至是"纯理性"的——这是康德的立场。如今要使"意志"既是"自由"的，而又是"感性"的，则只有让它"在"根据律-因果律"之外"，也就是说，"在""理性"之外，于是为"感性"的。"意志"为"感性"而又"自由"的力（量）。

我们知道，根据律-因果律在康德哲学中，原属于"知性"的范畴。叔本华在谈到康德认知范畴时，只着重讨论"因果"范畴，是有他自己的哲学上的理由的。他的哲学的任务既然在于阐明一种既非理性而又自由的"意志"，这个"意志"就不能"在""知性""之中"，因一切在知性之中的，皆不自由。然而，如"意志"在知性之外，按康德哲学则为"本体"，而"本体"为"思想体",乃是超出知性之上的"理性"自身,这个"理性"当然是"自由"的,不受感觉经验的支配。在某种意义上说,由知性必然到理性自由,康德走的是一条"向上"的路;叔本华的思路正相反,他的哲学走的是一条"向下"的路。这就意味着,当康德把"事物自身(包括感觉自身)"看作"思想体"时,叔本华却仍然坚持它的"感觉"性质,强调它是"事物"之"本质-自身",但恰恰不是"理性",而是"感性",是一种"意志""力"。"感觉自身"为"混沌",为"自由"。

"意志"是"原始"的"力",不是"理性"的"概念",而是实实在在的感性的"能动-创造力"。在这个意义上,它不是因果系列中的一个环节,甚至不是"第一因"。"意志"并非这个"现象界"的"原因","现象界"有自己的"原因",即经验的-物质的"原因","意志"并不能"改变-违反"这个"现象"的因果必然性。"意志"不能"影响"康德意义上的"理论理性"的"因果律",在这个意义上,"意志""无关乎"因果律,"意志"与根据律-因果律"无关"。

如果"意志""在""因果"之中,则它的"启动",就是受感觉经验支配的,则它就是感性的欲望。如果它要对感性的世界发生影响,则自身必须"符合"因果律,亦即必定要"在""因果系列"之中。这样,"意志"就受制于"知性"的"审度",并非"意志"本身。

于是,只有把"意志"当作"自身"独立的系列,即本"在""因果系列"之外的一个自主系列,才能保持它既是自由的,又是非理性的。

我们看到,为保持这种独立性,叔本华付出了"沉重"的代价。之所以说是"沉重"的,乃是因为叔本华的"意志"与"因果系列"的"现象界"永远处于矛盾之中,无法保证它们之间和谐一致,而现象之"因果"乃是一条"铁律",因而叔本华的"意志"经常就处在"苦恼"之中。

叔本华的"意志"之"苦恼",不仅仅是"欲求"不能得到完全"满足"的"苦恼"——叔本华自己常常借用这种感觉经验之烦恼来阐述他的"意志"之苦恼,而是一种"形而上学"之"苦恼"。或者说是缺少莱布尼茨"预定和谐"之苦恼:"意志"作为自由系列与"现象界"作为(因果)必然系列之间无休止之纷争之苦恼。

于是,"摆脱"这种矛盾之困境,就成为叔本华哲学的"最高任务",也成了他的哲学上的"心病"。

不无讽刺意味的是,为"治疗"这个形而上学的"顽症",叔本华却从柏拉图-黑格尔的欧洲哲学传统中索取"药方"。他的"意志"之"苦恼",居然从"理念"中得到了片刻的、暂时的"宁静";而且"理念"的形态与黑格尔一样,同样包括了艺术、宗教、哲学。

将叔本华的"意志论"贯彻到底的是尼采。

尼采一方面将"意志"严格理解为彻底"自由"的"力",而与感觉经验的欲望继续划清界限;与叔本华不同,他另一方面以更大的力度批判欧洲哲学传统的"理念论",揭示它的虚伪性,从而不允许"理念"驾凌于"意志"之上,即使是"暂时"的,也不能容忍。

我们看到,比起叔本华而言,尼采的"意志论"更具有自身的独立性,因而更具有"积极""向上"的特点,或许可以说,比起叔本华的"病态"而言,是更为"健康"的。

为保证"意志"的"健康""向上",尼采不仅强调他的"意志"的"创造"力,而且还要同时坚持"意志"自身也是"评估"的标准,而不将这个"标准"让与"理念-理性"之"真理"。

"意志"并不"创造""物质"的世界。这个世界有其自身的规律,人们当然需要加以把握。尼采并不叫人忽视这些规律,相反他要人们在经验的积累中变得"聪明"起来,"意志""创造"的是一个"道德"的世界,一个"价值"的世界。这个世界是独立的。"聪明的人"并非"不计""成败利钝",他只是警告世人"勿以成败论英雄",也就是说,道德的评估标准,仍在"意志"本身。"意志"的"创造"是"自由"的,"意志"的"评估"也是"自由"的。并没有一个"更高"的"理念"支配着"意志"的"创造",也没有一个"更高"的"理念"支配着"意志"的"评估"。道德善恶的评估权仍在"意志"自己手里。

从这样一个视角出发,尼采的"道德善恶谱系学"以及他的"偶然性-掷骰子"等等新奇的理论,至今吸引着热爱思考的人们。

尼采进行了两条战线的战役:一方面,他要坚持哲学的阵地,不使哲学混同于一般的经验科学,这是一个基本的阵地,如果放弃这个阵地,就会陷于一般的经验主义,尼采将不成为尼采;另一方面,尼采又反对一切的"超越",对于自柏拉图以来的"理念论"进行了无情的批判。尼采的哲学蕴涵了这样一条思路:将"意志"归结为感觉经验之欲求,固然失去其自身自由;将"意识""受制"于"最高"的"超越-绝对"之"理念",同样使"意志"失去自身"自由"。正如黑格尔哲学所展示的,"绝对理念"之"必然性""高于""意志自由","意志-道德-伦理"只是"绝对理念"自身开显的一个阶段、一个环节、一个中介,而尚未完成"绝对理念"自身之回归。尼采认为,欧洲传统之超越"理念论",束缚了欧洲思想数千年,经过基督教的"神学",变本加厉,使欧洲人的思想禁锢于"至高无上"的"神"或"理念"之下,变得谨小慎微,唯唯诺诺。所有这一切编造的谎言,都是一种麻醉剂,无非是说明这个当下的或者过去的现实世界,虽然荒诞悖理,却是"绝对理念"运行的一个并不完善的阶段,是这个"理念"要达到自身完善的必经之路,那么人们在这个世界所"遭遇"的一切,都有其"合理性"。受苦受难的人一旦想到了一个遥远的,可望而不可即但又是"被许诺"的"天国-理念",就会有一种"慰藉",一种"寄托",一种"希望",从而现实尘世之一切不公和屈辱,都会变得"可以承受","可以忍受"起来。

于是,我们看到,尼采所进行的这两条战线的斗争,其实仍是一条战线:反对"抽象理性-理智"。在尼采的心目中,那种"超越"的"绝对理念",仍是"抽象理智"的产物,而并非"事物自身"。"事物自身"并非"思想体",不是"概念体系",不是"思想体系",而是实实在在的现实自身。"自由"的"意志",才是真正的"事物自身","意志"决定着这个现实的世界"应该"是个"什么""样子"。"意志"为"本质","世界"为"现象",而"意志"既非感性欲求,又非抽象理念。"意志"是"创造性"的"力","现象"就是"力"的开显。康德意义上的"知识王国",仅仅是这个"创造-创生力"的"舞台",而我们在思考这个"意志-力"本身时,这个"舞台"是被"悬搁"起来的。尼采的"意志"将在任何的"场地""演出"惊天动地的"活剧"来。

在某种意义上,尼采的"意志"并非全无"超越"。尼采只是反对"抽象"的"超越",即"理性-概念"的"超越",而他的"意志"乃是"具体-感性"

的"超越"——它既"超越""感觉经验",又"超越""理性概念"。尼采的哲学指出了"理智-概念""超越"之不足,他要在实实在在的现实世界寻求一种本源性的能力,一种自由的原创能力。他的"超越"方向是"向下"的,而不是"向上"的。"事物"的"本源""在""地下",而不是"在""天上"。"在""地下"是实实在在的"在",而"在""天上","在""思想-概念"中,则为"不(存)在"。

这样,从欧洲哲学史的角度来看,尼采哲学显示出欧洲哲学传统之局限:一谈到"超越",就"上升"到"天上",只是一种"思想-概念"的"超越",而缺乏"感性-直观"之"超越"。在这个意义上,我们也可以说,尼采哲学实际上揭示了欧洲哲学传统并未真正"完成""超越"的任务,遂使胡塞尔有理由说,欧洲传统哲学的缺点在于"超越"得不够。

尽管胡塞尔的哲学与尼采哲学的区别是那样的明显,但是胡塞尔致力于一种非概念的、直接的、直观的"现象学",亦即致力于本源性感性世界的"开显",将原本是高高在上的"理念""拉回-还原"到实实在在的"生活世界"中来,因此我们可以说,他仍是走在这条道路上。

(二)胡塞尔的当代"现象学"

胡塞尔是当代欧洲哲学思想的奠基者,他的"现象学"开创了一个欧洲哲学的新纪元。上个世纪的欧洲哲学,可以说大体上都是在它的影响笼罩之下。

胡塞尔的现象学之所以对于当代欧洲哲学具有如此巨大的影响,其原因是多方面的。就学理方面来看,胡塞尔对于传统的欧洲哲学提供了一个新的视角,而这个视角,正是当代欧洲知识思潮关注的焦点方面,胡塞尔为它提供一个哲学的基础,可能是最主要的原因之一。

在欧洲科学思潮中,从 19 世纪以后,心理学得到长足的进步。心理学逐步地摆脱经验描述而进入理论思考的层面,从而由自身提出哲学的问题,对传统的哲学形成了挑战。其时欧洲哲学本身正处在转型时期。"形而上学"式微,被英国的经验主义者认为是些不可解决的假问题,这个传统本身也在向经验科学靠拢而寻找新的出路。黑格尔哲学经过叔本华、尼采的摧毁性打击,几乎成了"死狗"。于是哲学家喊出了"回到康德"的呼声。这个呼声说明了当时哲学的困境,当然也说明康德哲学本身的生命力。直至上个世纪末,康德哲学仍是一个不可忽视而引人入胜的哲学课题。之所以如此,或许因为康德哲学更多地关注了"理性-意识"本身的"批判-分析厘定",而不像黑格尔那样将注意力集中在事情的"客观"方面——遂有"客观唯心主义"的称号。

于是,同样是"现象学",胡塞尔和黑格尔的区别当然是非常明显的。利科(P. Ricœur)在《胡塞尔及其现象学分析》中一开头就指出:"《精神现象学》中有两个题目,胡塞尔与黑格尔无关;具有否定的丰富性的悲剧和表现一切精神形式协调发展的必然联系的逻辑。"[①] 利科的看法是准确的,而且都很关键。胡塞尔为什么不涉及这两个方面,未必如有些研究者所认为的,在胡塞尔档案里找不出受黑格尔影响的材料,而更可能是两种"现象学"的性质不同,一是古典的,一是现代的。

至于如何区分这两种趋向的不同——当然并非绝对的,从它们体现的时代思潮的不同,揭示它们对于哲学问题在观念上的区别,是哲学史家的工作范围。

利科说胡塞尔现象学缺乏黑格尔现象学的"悲剧"性,当是法国哲学家情绪性表述特点。黑格尔哲学以"和谐""同一"为旨归,"悲剧"只是一个"中间环节";但这个环节,却是"理念"发展为"现实"——亦即具有丰富内容的必经之途。黑格尔的"真理"之路,在于"无限"在"有限"里体现出来和开显出来,因而"无限"必先"否定"自身,进入"有限",然后通过斗争,使"自身""开显"于"有限"之中。在这个意义上,黑格尔的"开显"之路,是一条"克服""感性"之路。黑格尔未曾完全摆脱康德的前提:"感觉材料"是由"感观"提供的,因而是由"外部世界""给予"的。

随着心理学的发展,人们对于感觉的认识进一步加深,并经过科学的实验给出了理论的阐述。"感觉"被"科学化-精确化"。人们发现,对于"感觉之分析"(马赫),并非天生"给予"的,而是科学分析研究的"结果"。康德的"理论理性"仍是"理论的""科学",然而,人们的"感觉",并不待"感觉的

[①] P. Ricoeur, *Husserl—An Analysis of His Phenomenology*,英译本,p. 3, Northwestern University Press, 1967.

科学"形成之后才有的。"感觉"必"先于""感觉的科学"。也就是说，关于"感觉"的"意识"，"早于-原始于"关于"感觉科学"的"意识"。关于"原始感觉"的"意识"，是"原始意识"；"感觉科学"正是在这种"原始意识"的基础上"产生"出来的，而不是相反。

关于"感觉"的"意识"，就是关于"感觉"的"概念"——"范畴直观"（categorial intuition）。关于"原始的感觉意识-直观"的"概念"，并非从众多"感觉经验"积累概括抽象出来的，亦即不是在"感觉科学"研究之后"概括"出来的，而是"直接""开显"的。这里，没有黑格尔式的外化的"过程"，而是"直接"的。

"概念"-"理智的直观"并没有一个从抽象到具体的"过程"。"概念"一开始就是"具体"的，就是有内容的，不是抽象的，抽象概念反倒是后来的事，是经过"知性科学"——套用古典哲学语言——发展以后的事。在胡塞尔的现象学中，没有"概念"与"感觉""分裂"的余地，不像黑格尔那样在"分裂"之后，再求得"同一"，而是一开始就是"同一"的。我们看到的"人手足刀尺"，就是"人手足刀尺"，它们不是"抽象"的，不待"历史"发展"终结"之后，这些"概念"才"丰满"起来，而是一开始就是"实实在在"有"内容"的，它们什么也不"缺"。只是经验科学发展之后，才将它们"分解"了，"人"变成了"工农商学兵"，"统治者-臣民"；"刀"成了"武器"等等。而这些，又是因时而异的，不是持久的；只有那"原始的意识"，那"原始的概念"亦即"原始的直观"，才是"恒久"的。通过这种"原始的知识"，我们才能"理解""历史"之"变化"，甚至才能"读懂"古人的书，即古书中那些"名词概念"才能为"人""理解"。后人是借助"理解"那些"原始的语言"来了解"历史"和"现实"的；而这些语言，并非通常意义上的用来"交往"的"语言"，它不是交往的"符号"，而是"交往本身"，因为"原始的意识-原始的意义"原本不需要任何外在的"符号"就能直接"表达"（ausdrucken）出来的。我们就是通过这种"语言"然后进入"历史"的"变化"，进入与古人的直接交往，而不仅仅是进入"历史"的"科学"。

在这里，我们看到两种现象学的两种不同的出发点；但它们又同是"现象学"，亦即"事物本质"如何"开显"的学问。

黑格尔的现象学尚须经过"经验"之"否定"之发展,"理念"逐渐地"开显"自己。这就是说,在某种意义上,"理念"尚须"经验""丰富"自己,"完善"自己。胡塞尔的"理念"既然是"直接"的呈现,则无须任何"经验"的"中介",或者说,"理念"就是最基本、最原始的"经验"。在黑格尔,"经验""帮助""理念"丰富自身;在胡塞尔,则是在"理念"的基础上,才开出经验科学的花朵。二者的关系,是完全相反的。

这种相反的态度,反映了不同的时代对于"经验科学"的不同态度。

胡塞尔出自"数学"之门,早年研究"心理学",师承布伦塔诺,从"意向性"入手思考"意识"问题。黑格尔对于数学确有浓厚兴趣,但不脱文科学生特性,早期研究宗教问题。在对待"经验科学-数学"的态度方面,反映了各自的时代特征。

康德以精深的"经验科学"训练,提出划清"知识"与"信仰"的界限。黑格尔则将"经验科学"作为他的"哲学"的一个"中介"环节,以"完成"自身,或许可以看出当年"经验科学"之方兴未艾的趋势和不可动摇的地位。时至胡塞尔当年,在新的形势下,人们想起了卢梭的警告,"科学"的发展对于"人"的基本存在,可以是一种"遮蔽"。指出这种"遮蔽"的危害,就成为追求"绝对"或"严格"(stringen)的哲学家的工作。

胡塞尔的现象学,对于一切"自然的科学",采取"悬搁"的态度。"自然的科学"也是"自然的态度"。人们对事物采取"自然"的态度,就是把事物作为"(存)在(于)"我们之外的"对象"来对待,接受它发出的讯号,经过我们头脑的加工整理,形成规律性的"理论"知识,此时我们就"把握"了这个对象。这在某种意义上近乎康德《纯粹理性批判》里所讨论的"经验知识"范围,而胡塞尔恰恰要把这个范围统统"括"了出去,"搁置"起来。

胡塞尔的"搁置"(epoche)并非黑格尔的"否定",而是"不置可否",是"存疑"。"否定"是"逻辑"的功能,而"搁置"则是"心理"的功能。黑格尔强调的是对"逻辑学"的改造,而胡塞尔强调的是对"心理学"的改造。康德和胡塞尔都很认真地反对"心理主义",反对把"逻辑学"归结为"心理学",都曾经为保持"逻辑学"的纯洁性而奋斗过。然而,康德的斗争止于"逻辑学",他的"纯洁性"到"逻辑学"为止,胡塞尔则将这场斗争更向前推进至"心理学"本身。这原本是他的老师在"心理学"领域里所做的工作，胡塞尔把它推向了哲学的高峰，在欧洲的哲学中引起了一场"革命"：从"原（元）物理学"（meta-physics）转向"原（元）心理学"（meta-psychology）。胡塞尔本人的著作，在《逻辑研究》之后，也都集中在"纯粹意识-纯粹心理（pure psyche）"的阐述上。

"逻辑学"探究"概念-判断-推理"之"必然性"，其来源在古典哲学看来是"先天的"（a priori），严格讲来，是思想形式的必然性。从康德到黑格尔力图使"逻辑"哲学化，使这种先天形式具有内容。康德的办法是通过时空直观形式，引进感觉经验，使之成为"逻辑-哲学"的内容。然则，此种内容仍不免要由"外面"引入，从而不能完全契合一致。黑格尔要把这场对于"逻辑"的"革命"进行到底，就必须克服康德的"二元论"，使"逻辑-理性"自身有"产生-创造""内容"的能力，亦即"形式"自身就能"产生-创造""内容"，"先天"自身就能"产生-创造""后天"，"理性"自身就能"产生-创造""经验"。为在理路上找出这种变革的根据，只能走由费希特开创的"理性"自身"否定"自身——"A 不是非 A"的道路："逻辑-理性""自身否定"为"非逻辑-非理性"，即"逻辑-理性"经过"自身否定""产生-创造"亦即"开出""感觉经验世界"。

在这种思路下，黑格尔需要改造古代希腊的"辩证法"，把亚里士多德的"辩证法"由"工具性"改造为"实质性"，并将在康德那里的消极辩证法改造为积极辩证法，从而使"辩证法"成为"哲学"的"存在方式"。我们看到，"辩证法"摆脱了古代的朴素形式，不再是阴阳反正，东西南北，以及黑白方圆之类的"感性"之"差异"和"对立"；而是"概念"通过否定中介的自身发展，这种发展，是"逻辑"的，也是"现实"的。

胡塞尔既然将"形而上学-原（元）物理学"的问题转向"原（元）心理学"，则不需要"否定"这个中介环节，因此也不需要"辩证法"。"心理"问题不是"逻辑"问题，而是"意识"问题。"意识"本就应该有"内容"的，只是在"逻辑"的干预下，才会出现意识的"空位"这种假象。当我们将这种"逻辑的形式"连带"自然科学"的"内容"统统"搁置"起来以后，事物的"真相"，最为"原始的-本原的""事物自身"（Sache selbst）就向我们"开显"

出来。

"我们-我-我思"不是抽象的逻辑形式,因而不需要从外面"接受""感觉材料",而本身就有"内容",是一种"意识"。于是,"我思"就不仅仅是笛卡尔的"cogito",而且是"cogitation"。"自然的我"所做的"思(维)"乃是"抽象的-形式的",需要从"外面"引进内容去"填充"它;但是"纯粹的我"所做的"思(维)"本就具有内容,不需要"搜集""自然"的"感觉材料"然后"综合"起来,形成"先天综合判断","纯粹自我"的"纯粹思维"本身就是一种"综合"的活动,是一种"完整"的"意识",而不是"抽象的思维"。这种"纯粹意识"亦即"理智直观-直观理智",而且是"直接"的"理智直观-直观理智"。"客体"与"主体"的"同一性",是由这种"直接性"来保证的,两者没有"分裂-矛盾-异化-否定"的余地。在这个意义上,"主体"与"客体"是二而一、一而二,真正的"不可分割"的关系。"客体"不作为"感觉材料"的来源,因而对"主体"说,不是"接受"现成的(given)东西;"主体"也不仅仅是"理性-逻辑"的"形式",因而也没有从外面"强加"给"感觉世界"的问题。"主体"与"客体""在""一个"世界,在一个"理念"的世界。

就本原(原始)意义来说,我们本来是"生活""在""理念"的世界中,而并不是生活在"感觉"的世界中。"感觉材料"的物理结构和规律是"自然科学-物理科学""分析研究"出来的,而我们并不是先研究了这些材料以后才"生活"的。我们在科学上把握"日月山川"之前就已经"生活"于其中,有了一种基本的、原始的"理解",科学研究是以后的事。这是一种原始的"知识",原始的"理解",同时也是原始的"感觉"。我们不假"自然科学概念"地"直观"着我们的"生活的世界"。在这个世界中,我们并非"无知无识",也不是只具有"低级"的原始知识的萌芽,恰恰相反,我们拥有最基本最本质的"知识"。我们"在"世界"中""理解-把握"世界,是一种"最严格"的"知识-科学"。

为什么说是"最严格"的?因为它"不可动摇","不可怀疑",不受"质疑"。也就是说,是一种"悬搁"不起来——"括"不出去的"科学-知识",亦即过去狄尔泰说的"人文科学"(Geisteswissenschaften),只是胡塞尔的现象学人文科学不再是黑格尔意义上"精神"发展的"历程"的"显现",而是"理念世界"直接在"纯粹心理"(pure psyche)意识里的"显现"。

纯粹心理的意识状态是胡塞尔现象学的"剩余者",是"挂"不起来的"问题"。其他一切"自然科学"的问题都可以并且必须"挂起来",因为它们作为"问题"来说,没有"绝对性",永远"追问"下去,并无尽头。而人文科学的问题却是"终始"问题,是"歌于斯,哭于斯"的问题,是"存在-非存在"的问题,因而不受"质疑"。

"质疑"是一种"科学精神",没有这种精神,就没有科学的进步,"怀疑"为一切科学之母。然而,我们已经说过,人们并不要等到"穷尽"一切科学疑难之后才能探讨哲学;恰恰相反,人类各大民族,在科学尚很不发达的阶段,"哲学"就已经很是繁荣了。古代希腊和古代中国,都是很好的例子。

哲学教人"不惑",孔子在 40 岁时就有了哲学的境界。当然,哲学不是独断,哲学的"不惑"正是胡塞尔现象学的"严格"的意思。哲学之不惑,乃是对于"怀疑精神"本身之不惑。笛卡尔已经指出,我们可以"怀疑一切",唯有"怀疑"不可"怀疑",否则就是自相矛盾。

康德哲学已经告诫我们,一切经验科学所知的只是"现象-表象",而非"本体"。关于"现象-表象"的知识,只是"理论",而"理论"不能"影响""实践-本体",但反过来的影响是存在的,即"实践理性"对于"理论理性"有一种"优越性"。这种"本体"对"现象-表象"的"优越性"或许正表现在"本体"对"现象-表象"永远拥有"质疑"的权利。这就是说,科学的怀疑精神来自"事物自身",亦即来自"理性-精神"自身。于是,黑格尔就很有根据地提出了他的"否定"之"辩证法",以"解体""知性概念",以"推动""事物自身"的发展,使"逻辑概念"的"推理"的理论过程,与"事物自身"的实际过程"同一"起来。

胡塞尔的"搁置"既然不是一个逻辑判断,不是要在理论上分出"是非对错",因而不是黑格尔的"否定",因此不必等待"过程""完满"之后再出现那种"和谐统一"的局面。"理念"不必在"现实的世界""躲躲藏藏",而要为自己的"现身"而"奋斗"。"理念"就在当下的现实世界中。

当然,"理念"就在人们的"生活世界"之中,并非意味着人人都能无阻拦地"看"到它。人们之所以"忽略"了真实的"理念世界",并不是"理念"尚未显示或充分显示自己,而是人们习惯于"生活"在"抽象"的"科学世界",对于"生活"的真实面貌反倒"视而不见,听而不闻"。如今的"世界"已经"抽象化-符号化"——更有所谓"数字化-虚拟化",人们生活在"概念"之中,习惯于"数学"和"物理(因果)"的必然性的思维方式。人生在世,也按照社会各种"分工"或"角色"行事,中国古代有所谓"君君、臣臣、父父、子子",如是各安其位,各守其分,则世世代代,永葆"太平"。人们已经习惯了"生活"在"思想"之中,而"遗忘"了人的最为本质、最为基本的"活生生"的"生活世界",这个世界是"理念"的世界,原本不需要任何外在的"抽象符号"就可以把握。这个世界之所以是最基本的乃在于它也是那些"抽象科学"得以产生和生存发展的"基础",没有这个基础,那些科学将失去根基,迷失方向。然则,人们依附抽象世界越久,离现实世界也就越远。人们经常把这种关系"颠倒"过来,似乎"理念的科学"是在"自然的科学"基础上生出来的,哲学好像在科学的"宝塔"尖上,像黑格尔想象的那样,"理念"要经过千辛万苦达到一个历史的高峰,自己回到自己,那才是"哲学"。在胡塞尔看来,这种思路,大概还是"知性科学"、"自然科学"的思维模式影响太深的缘故。黑格尔的哲学的确需要被"颠倒"过来,费尔巴哈做了,马克思做了,胡塞尔从"理念论"自身,也在做这项"颠倒"的工作。

哲学家们在呼吁:回到事物自身来。回到事物本身,并不是回到"感觉材料"中来。我们通常所谓的"感觉材料"恰恰并非事物本身,而是"自然科学""分析"的结果。"自然的态度"是将事物"分析"了以后,再"综合"起来,那样"加起来"的"事物"已非事物原貌,而是"抽象理性"的产物。所谓"事物自身",按康德的意思乃是"思想体"是"所(被)思者",是与"感觉经验"对立的。如果我们把"感觉-直观"与"思想-理性"结合起来考虑,它们原本也是"不可分割"的,原是"同一"在一起的,"分裂"是"自然科学"发展起来以后的事。"同一"才是人的"意识-心理"的本源性状态,也是人们最为基本的态度。在哲学家的"提醒-警示"下,人人都必须承认这个基本事实。一旦这一基本事实-事物自身展现在人们面前,人人都会"恍然大悟",觉今是而昨非,这就是胡塞尔现象学揭示欧洲科学之"危机",呼吁重视

"超越之现象学"的用心所在。

哲学从在摇篮（古代希腊）的时候起，就有一种"警世"的作用。在古代，柏拉图既然认为"知识"乃是一种"回忆"，则"哲学"的任务当在"医治"这种"理智"的"遗忘"，从而"唤醒""记忆"。

科学、自然科学、经验科学重无时间的"现在"。它的理论知识，它的公理规则，没有"过去-未来"，它的进展是"理论性"的，"后来的"将"涵盖"并"淘汰""先前的"。在这个意义上，它不"畏惧""遗忘"，亦即不"怕""遗失""历史"。于是，在这种态度支配下，人"生活"在"抽象"的"时空"中，在"抽象"的"现时"中。人们如果在这种状态下生活得太久，渐渐地"忘记"了自己的"根本"，忘记了那最原始、最基础的"生活"，忘记了在那种生活中，我们到底是一种什么样的"心态"和"意识"，到底是一种什么样的"状态"。亦即忘记了"原有"的"理念"性的"知"。

这种"回忆"，并不是要人退回到"原始人类"的状态。并不是说，只有当人类住进山洞的时候，才最有"超越"的意识；恰恰相反，在那个时候，人类也许是更为"抽象"的。他们要应付的是当下眼前的各种挑战，"无暇""依恋""历史"和"过去"，"回忆"对他们乃是一种"奢侈品"。古代希腊人是拥有这种"奢侈品"的得天独厚的民族之一，于是希腊成为"哲学"的摇篮。只是按胡塞尔的说法，过去哲学如果有缺点的话，那就是它们"超越"得不够。

"超越""什么"？"超越""自然的态度"，"超越""经验科学"，"超越""抽象-形式"，"回到事物自身"。在这个意义上，"超越"就是"搁置"。"原始人"为生存而艰苦劳作，至少在"谋生技术"上"搁置"不易；只有那有大智慧的少数精英，像柏拉图那样，有此"超越-超脱"态度，"返朴归真"，"看到""理念"的世界，不被那"理念-理性"的耀眼的光芒吓退。

哲学家"搁置""经验世界-自然态度"，进入真实的"理念世界"，以"纯粹的心灵"（pure psyche）使这个世界开显出来，成为"直观"的"对象"。这个"对象"不是经验意义上的"个别-个体"的知识客体，乃是"本质"（essence）的对象。"本质"并非"抽象"，而是一个"具体"的、可以"直观"的"对象"。

"本质"可以直观，说明"本质"并非"抽象概念"，而是"具体概念"，但又不是黑格尔意义上的"绝对概念"。因为黑格尔的"绝对概念"本身也有一个从抽象到具体的发展过程,因此似乎"理念"也要经过"抽象-具体"的过程,从而"理性概念"似乎也是由"知性概念"提升发展出来的。这种意思,在胡塞尔看来,可能同样为"超越"不够。"理性"与"经验"的界限划得并不十分清楚,因而对比胡塞尔现象学来说,黑格尔现象学竟然也是"不(够)严格的"。

"理念-本质"本不是"抽象"的,它直接就是"具体"的;无须"等待"去"充实"它,而本身就是"充实"的。

胡塞尔现象学对"自然"与"超越"的严格划分,同样可以用于对我们自身的意识理解。此时笛卡尔的"我思"就可被划分成"思"的"活动"与"思"的"内容"两个原则不同的方面,即学者们常说的 noesisnoema 的区别。前者是"自然"的,"经验"的,后者则是"超越"的,"纯粹"的。如果人们把"思"的活动作为"自然-经验"的问题"搁置"起来,那么"剩下"的就是纯粹的"意识-心理(psyche)",就经验来看,为"纯内容"——不需要任何外在"形式"的"内容"。这种"纯内容",乃是"纯本质",无需任何外在"发展-添加"的"直接性-直观"。

在胡塞尔现象学中,"理念"既然已经为"直观",则无"外化"的问题,也无"理性"自身"否定"的问题。在这种意义上的"理念",是"严格"意义上的"内容",或为"纯粹内容"。"纯粹内容",就不是"抽象"的内容。严格意义的"纯粹性",原本是内容与形式的"同一",亦即"理性-理念"与"感性-直观"无须"分化"了再去"统一"。

胡塞尔强调"绝对"的"纯粹",不是在"相对"中"见(显)出""绝对",在"驳杂"中"见(显)出""纯粹",而是"纯粹的纯粹"。"纯粹的内容"在"纯粹的形式"之中,"纯粹的意识"与"纯粹的对象""同一"。就"对象"为"普遍的",则为"本质";就"意识"为"直接-直观"的,则此种"普遍本质"为"直接""显现"。研究这种"严格"的"纯粹"——"纯粹的纯粹"之学问,乃是胡塞尔的"现象学"。

胡塞尔的现象学,因为把"自然-经验""搁置"起来,因而也把"自然-经验"之"时空""搁置"了起来,在这层意思上,胡塞尔的现象学似乎是

"无时间性"的。然而，在本质的层面，亦即在"严格的纯粹-纯粹的纯粹"意义上，胡塞尔的现象学由于强调"直接-直观"，又是有"时间性"的，而且是"纯时间性"的，亦即"时空"也是"理念"性的。

康德把"时空"作为"先天直观形式"，开启了从"先天"（a priori）条件来理解时空的哲学视角。但他的"时空"只能被运用到"感觉经验世界"，而"理念-本质世界"则是"超时空"的。黑格尔哲学将时空本质化，但它们仍是"理念""在""历史进程"中的"显现"形式，仍是"经验-经历"的"序列"。胡塞尔的现象学既然强调"直观"，则不能绕开"时空"问题，不能将"时空"完全"搁置"起来，使他的现象学成为"超时空"的"抽象概念"。胡塞尔现象学涉及到"本质"的"时空"，即"时空"的"本质"，而不仅仅是"时空"的"形式"。"时空"就在"思想体所思者"（noumena-noema）之中。"时空"在"纯粹意识-纯粹心理"之中，"理念"本就具有"时空"，因而"理念"就能够"直观"。

相对于"外化"了的"自然-经验"来说，现象学的"时空"是"内在的"，也是"意识的"。在这里，胡塞尔为他的学生海德格尔留下了余地。

（三）欧洲思想危机时代的哲学——海德格尔对当代欧洲哲学之贡献

每个哲学家都感到他的时代有一种思想上的"危机"。欧洲哲学史上许多哲学体系，也都是某种时代危机的产物，柏拉图、亚里士多德如此，康德、黑格尔如此。针对一种危机，哲学家提出自己的思考，把这些思考系统化、学术化以及专业化，就成为一种具有创造性的哲学思想，体现出对于一定时代问题的深入系统的思想研究成果。

当然任何严肃的学问家都不会回避"问题"和"危机"，然而哲学家揭示的危机是最带有根本性的。所谓根本性，并不一定是最明显的，或最突出的，犹如财经、生态、疾病那样，有时这种根本性危机是被掩盖着的，但它却不是一时性的，而是持久性的。在这个意义上，欧洲的哲学史也许可以说是欧洲哲学家的一部"忧思录"。他们当然以自己的专业，以自己的理论方式来表现这种"忧思"，而不同于宗教家和艺术家。这样，他们就从专业上推动了哲学作为一门学科的发展。

海德格尔是我们刚刚过去的那个世纪的欧洲思想的代表人物。依我们中国人来看，他是一个承前启后的人物。但唯有创造性的劳动，才能有承前启后的作用，这是中外都可以普遍接受的实际情形。

海德格尔哲学是欧洲现代思想危机的产物。这种"危机"的意识，胡塞尔已经表现得非常明显，海德格尔可以说是继续了胡塞尔的思考，同时也在新的基础上推进了这种思考。海德格尔把胡塞尔揭示的"理念-理性-人性"的"遗忘"，推进到"存在"的"遗忘"的层次，从而使整个欧洲的哲学思想的发展，有了一个飞跃，也就是说，使欧洲哲学这样一门古老的学问，有了新的"生命力"，使"哲学"成为了一门真正的"活"的学问。

这样的哲学，有时候让人很"扫兴"，总是在没有问题处找出问题。说得好听是"居安思危"，说得不好听则是"无事生非"。哲学的确往往是"没有事找事"，在"有"的地方看到"无"，在"无"的地方看到"有"。然而，这样令人扫兴的哲学，却往往不幸言中。因而即使人们一时不喜欢，也要硬着头皮倾听哲学的声音。欧洲人渐渐地习惯了哲学的警示，而且渐渐地尊重这种警示，认识到哲学的尊严，因为哲学的声音，原来也正是人们自己心里的声音。这是一种"远古的声音"，因其久远而渐渐被"遗忘"。哲学帮助人们"回忆"起这种声音——在新的历史条件下，这个声音当然具有新的力度。

人们"遗忘"了什么？人们"遗忘"了"自己"。胡塞尔说，人们（欧洲人）"遗忘"了"人"，海德格尔说，人们"遗忘"了"存在"——"遗忘"了"自己""是什么"。

欧洲人很容易"忘记""自己""是什么"，因为作为哲学问题的古老的"存在论-本体论(ontology)"长期被理解为从"诸存在者"里"抽象"出来的一个"概念"，脱离了现实的世界。对于这样一个"抽象概念"的思考，自然不会有什么积极的成果。于是尼采就批评这个概念乃是一个空洞的名字，而早在康德，就限定"存在"必定是有"感觉经验""对象"的，"理念""不存在"，因而也"不可知"。

然则，胡塞尔揭示了"理念"之可以"直观性"，实际上也就揭示了"理念"的"存在"性，"理念"并非只是"思想体"，而且也是"存在体"。"理念"不仅仅是"概念",而且也是"存在"。或者说,只有"理念"才必须为现实的"存在","存在"也须得为可以理解的"理念"。

"理念"如果仅仅是"概念",则可能是抽象的"什么"(what-Was)。只有在"什么"之前尚有"是"在,"理念"就有可能摆脱概念的抽象性而进入实在。于是,这个"是""什么"的"是",就不仅仅具有"联系动词"的性质,而且具有"存在动词"的性质。"是""什么",也就不仅仅指 A 是 A、A 不是-A 这类的意思。"理念"的"是"就是一个不能"搁置-括出去"、"符号化"的实质性动词,更不能像在古代汉语或俄语里那样被"省略"掉。"理念"有了"是-存在",就能保障"理念"不被"抽象化"为"概念",而是实实在在的"有","有""理念""在","理念"也就能够被"直观",因为"存在"须得是能够被"直观"的。古代希腊动词 einai 的实质化,从单纯联系动词的意义中解脱出来,是古代哲学——形而上学成为一门学问的第一步。

然而,在古代,"存在论"与"理念论"走向了分离的道路:"理念论"渐渐陷入抽象概念论,而"存在论"则感觉经验化,最终同样走向抽象概念。

人们渐渐"忘掉"它们原本是同一的。"遗忘理念","遗忘存在","遗忘""什么是人-人是什么","遗忘""人"之"存在"。而"遗忘"了"人"之"存在",也就是"遗忘"了"存在"本身,就像"遗忘"了"人的理念",也就是"遗忘"了"理念"本身一样。

所以,海德格尔就从"人"本身的"存在性"开始他的哲学思考,即从"人"作为"Dasein"的分析入手展开关于"存在"(Sein)的研究。这就是他的《存在与时间》的主线。我们注意到,他这本书是题献给胡塞尔的。

为什么海德格尔要以"Dasein"来称呼"人"?

"人"可以有多种的理解角度,或许可以下多种的"定义",或许它是"不可定义"的。海德格尔之所以将"人"定位于"Dasein",乃是因为在他的思想中,"人"与"Sein"有一种特殊的关系,即唯有"人"才有能力"提出""Sein"的问题,因而也只有"人"才有能力"理解""Sein"。之所以如此,正因为"人"不是别的,乃是"Sein"的一个具体特殊的"存在方式",它是"Dasein"。

这样,欧洲思想之所以发生"危机",之所以"遗忘"了"理念","遗忘"

了"存在",正在于"人""遗忘"了"自己""是什么"。而这种"遗忘",又正是当代欧洲"人"的"Dasein"的特点。当代欧洲人患上了这种"遗忘症",之所以有这种"疾病",不是"细菌"的侵入,而正是欧洲人这个"Dasein"的"历史命运"。当代欧洲人作为如此这般的"Dasein",就会"忘掉""自己"。"遗忘"正是当代欧洲人作为"Dasein"的特性和命运。

有了"Dasein"才会有"Sein"的问题,而"有""什么样"的"Dasein"也就会有"什么样"的对"Sein"的"理解",也就会有什么样的"存在论-本体论(ontology)"。当代的欧洲人,遗忘了本源性意义上的"本体论-存在论",执着于当下眼前的"感觉经验世界",认为"存在"只是一个空洞的名词,或者只是一个可以符号化而允许省略的联系动词。于是,"诸神逃逸","大地荒芜","人为群盲","以庸俗为时尚","仇视自由和创造"[①],欧洲传统中"高贵-自由-创造"的精神解体,"形而上学"由其自身的歪曲而衰败,欧洲的历史走到了危亡紧急的关头。挽救这种危亡局面乃是欧洲哲学家义不容辞的历史使命。这可能就是海德格尔在那博学深入的哲思后面跳动着的一颗不安的心。

海德格尔说,"Dasein"有存在者的(ontisch)和存在论的(ontologisch)两个方面的优先性,一方面它是诸存在者中的一员,另一方面又是与"存在"相关的。只有"Dasein"才能使"Sein"的问题显现出来,也就是说,只有作为"Dasein"的"人"才有能力(会)提关于"Sein"的问题。它不仅仅是诸存在者(Seiende)的一分子,而且是"Sein"的凸现部分,它是"Da""Sein"。

"Dasein"是"人",但"人"有多种含义,如何在存在论-本体论意义上理解"人",亦即如何理解"Dasein",理解"Sein"这个特殊形态,当是问题的核心。海德格尔的《存在与时间》正是从"Dasein"的分析入手,探讨"Sein"的本体论问题。

在阐述"Dasein"问题时,海德格尔强调了它的"时间性",对于"时间-历史"做了经验性和本体性的区分,这是他的基本的立足点和贡献。

---

① 海德格尔:《形而上学导论》,英译本,第31页,Anchor Book,1961。

我们需要进一步思考的是：按照"Dasein"与"Sein"的本质-本体的联系，我们应该把"Dasein"理解为一个"思者"。它是"思考-思想""Sein"这个问题的"人"。"Dasein"之其他特点，如"历史性"、"语言"以及"会死性"等等，都可以在"思（想-考）"这个维度中得到阐明。应该指出，恰恰是这个维度，常常被人们忽略，而被人们重视的则是另一个维度——"诗"。"诗"的维度因海德格尔的名言"人诗意地栖息在大地上"而大行其时，似乎"哲学"自己也须有另一种"存在方式"了。

不错，海德格尔确是说过唯有"诗人"的工作可以与哲学在同一个层次，但它们毕竟是两回事。①

"思者"在"做"什么？"思者""在""思想-思考""Sein"。

康德说，"本体""不可知"，但"可思"，它只要不涉及、不下降到表象-现象世界中来，就不会发生矛盾，是"可以""思维-思议"的。

然则，康德的问题在于把"本体-理念""抽象化"了，"理念""不存在"。这个问题，在康德以后，经过许多大哲学家的研究，特别是经过黑格尔和胡塞尔，终于明确，"理念"不仅"存在"，而且是"本质"的"存在"。"理念"必定可以"直观"。"理念"的"直观"，使"理念"进入"存在"，也就是进入"时空"。换句话说，也就是"时空"进入"本体"——"理念"，使其"存在"。"时空"进入"存在"，成为"使其存在"。"存在"就不再是"抽象意义上"的"概念"，而恢复了这个词的原意：Sein-einai 原本为动词，应从"动态"来理解它。

"存在"本身"动"了起来。不仅是表象世界"在""动"，"本体"也"在""动"中。于是"变"与"驻（在）"原本为一回事。

那么，作为"Dasein"的"思者"又复何如？什么叫"思"？海德格尔有专文论述。

对于"本体-本质"的"思"，在海德格尔的意义上，不再是"形式"的，"Sein"为"时间性"的，"Dasein"则为"历史性"的。"思-思想"和"知-认知"就不像在康德那里被分割为两个不同的领域，而在本体-本质的意义上同

---

① "只有诗和哲学站在同一层次，虽然诗和思并非一件事。"见海德格尔《形而上学导论》，英译本，第21页，Anchor Book, 1961。

一起来。"思想"与"认知"的"同一",也就是"思维"与"存在"的"同一"。"Dasein"与"Sein"原本为"一"。"思维与存在的同一性"这一古老的命题,在黑格尔那里,得到了一次弘扬;在海德格尔这里,再一次表现了新的生命力:"Dasein"具有"诸存在者"与"存在"两个方面的优先性。

"Dasein"是"思者"。作为"Dasein"的"人",也是"思者"。"人诗意地栖息在大地上"与"人思想地栖息在大地上"原是一个意思,只是"诗"没有被传统的形而上学"败坏"过,而"思-思想"则常常被误解为抽象的、形式的逻辑思维。为此,海德格尔对于"逻辑"与本原意义的"逻各斯"之间的区别与历史发展,有专门的阐述。

从康德到黑格尔虽然对于传统逻辑进行了改造,但是在理解上并没有根本性的变化,即逻辑是思想的工具,"思想"必需按照逻辑的方式运行,才是可以理解的。"思想"就是"概念-判断-推理",原本只是"抽象的形式",而"内容"是"后天"接受的。有了这些内容,也就有了"知识","知识"不能光是"形式",而要有来自感觉经验的内容。然而,像"理念(自由-神等)"这样的观念,由于后天经验"给"不出相应的内容来,康德就宣布它们是"不可知"的,但因为它们符合逻辑形式的思想规则,于是虽"不可知"但仍是"可以思想"的。黑格尔批判、推进了康德的哲学,要使"可思的"也是"可知的",但又不能从感觉经验"接受""神"这类的"思想对象-理念"作为其"内容",黑格尔就让"理性-逻辑"自己来"创造-设立"自己的"内容",以保持"本质的知识"、"哲学的知识"之纯粹性。而这种"自己创造-自己设立"自己的"内容"的工作,对于"逻辑"来说,又必定是一种"异化",乃是"逻辑"自身"否定"自身,即对于自身"形式性"之"否定",由"逻辑"形式自身"开创""非逻辑-经验"的内容。

具有"理性"自身否定-自身开创能力的力量,黑格尔叫做"精神"。"精神"为一种"活力",是一种"力量"。它自己开创自己的世界,使自己在"世界"中"显现"出来。而在"理性"范围里的这种"精神"创造能力,同样也是"逻辑"在哲学层面的不同于"形式逻辑"的意义,即"辩证法-辩证逻辑"的意义。"逻辑"的"概念-判断-推理"在"精神"的推动下,也具有自身"否定"的力量:"概念"具有设定-创造"非概念-感性"的力量。这就是"思辨的概念"。

在古典哲学"创世说"与基督教"创世说"受到包括尼采在内的众多的批判之后，特别是经过胡塞尔"纯粹心理-纯粹意识"的现象学洗礼之后，"逻辑"与"思想"在海德格尔这里有了一个新的视角："逻辑"原是"逻各斯"，并非仅是抽象概念和形式之推理的问题，不是"分析性"的，而是"综合性"的"采集"；"思想"也不仅是"抽象"的"形式"，不仅是具有"概念"的"内容"，而是与"存在""同一"的。"思想"是"存在"的，"存在"也是"思想"的，其间无需"异化"、"否定"的环节。海德格尔尽管在许多方面推崇黑格尔的伟大贡献，但和胡塞尔一样，扬弃了黑格尔的"辩证法"。

"辩证法"之所以在当代欧洲哲学受到贬抑，乃是因为欧洲哲学已经扬弃了对于"本体"的"逻辑"的把握，或是如同英美分析哲学那样，将逻辑仍作为形式推理之工具来研究，或是如同胡塞尔、海德格尔那样，将"思想"作"全身心"的"纯粹意识-纯粹心理"来理解，揭示此种"人文性-存在性"的"状态"乃是"逻辑"的根基，是比形式性"逻辑"更为原始的。

存在性之"运思"，已非形式性之"推理"。"Dasein"的"思"，是"历史性"的。

海德格尔说，所谓"历史"，并非已经"过去了"的"事实"，而是"发生着"（geschehen）的"事件"（Ereigenis）。所以，在海德格尔这里，"Geschichte"和"History"是不同的，前者是存在论的，后者则是经验的。

就经验层面来说，有许许多多的事情都"发生过"了。"秦皇汉武"，而今安在哉？然则就历史的发展过程来看，它（他）们又仍"在""过程"中。

"时间"不是"点"的集合，"过去"、"现在"和"未来"都不是"点"。"时间"为"不可分割"的"流"。克罗齐说，一切历史都是"当代史"，并非强调要用当代眼光解释历史以"古为今用"，而是强调"历史"并非"过去"，而仍是"现时"的。"现时"为一个"流"。在那个时候的欧洲，这种对"时间"的理解，占有相当的优势。意大利的克罗齐、法国的柏格森、德国的海德格尔，大概都是属于这个思想潮流的。

海德格尔把这种"时间"观，接纳到他的"存在论"哲学中来，使传统的本体论，发生性质上的变化。"本质-本体"不是"概念性-理念性"的，而是

"时间性"的。从这个思路着眼,海德格尔重视康德关于"时间-空间"的论述,就是很可以理解的事情。康德哲学认为,一切"存在"都"在""时空"中,只是他的"存在"止于"经验性的诸存在者",而形而上学的"存在"既然是"超越经验"的,则为"知识"所不及。"经验"与"超验"的壁垒,经过多位哲学家的努力,已趋崩溃,海德格尔的工作,就是要进一步将"时间"与"本体性""存在"结合起来,使康德的"时间"摆脱"(直观)形式"的空洞性,而进入到"现实"中来。"存在"的"时间性",就是"现实"的"时间",也就是"时间""本身"。

黑格尔说,"真理"是一个"过程";海德格尔说,"存在"就是"过程"。

海德格尔哲学的一切基本观念,都须从"动态"来理解。他的最基本的概念——"存在"(Sein)原本是"动词",在成为"名词"以后,仍保留着"动词"的意义在内。"存在"为"使存在",或用日语的方式:"存在中"。

这种"时间性"的"存在",是世界上有了"人"这种特殊的"存在者",才"悟"出来的"问题"和"道理"。叔本华说,"人是形而上学的动物",只有"人"才有能力提出"形而上学"的问题。

就海德格尔的思路来说,"人"之所以是"形而上学的动物",有能力提出"形而上学-本体论"的问题,乃是它(他)自己就在"形而上"的层面,就"在""本体"之中。

"人"不仅是具有各种特性的"诸存在者"之一,而且也是"存在"的一个特殊形态。是"Da"的"Sein",是"Sein"的"Da"。"人"作为"Sein"的"Da",就与"Sein"有相适应的"关系",从而"有能力"提出并理解"Sein"的问题。

"Sein"是"时间性"的,则"Dasein"当然也是"时间性"的。而且"Dasein"的"Da",就是"具体化、限制化、规定化"的"Sein"。由"Dasein"显示出来的时间性是"有限"的。这里引导出海德格尔关于"时间""无限"和"有限"的议论。海德格尔指出,通常经验里所谓的"时间"被理解为"无限"的,而"无限时间"实际只是一个形式的概念,真实的"时间",本质的时间,是"有限"的,因而是"具体"的,不是"抽象"的。

"Dasein"何以有能力揭示"时间"之"有限",而不至于永远陷于"无限时间"之空想？海德格尔对"人"作为"Dasein"的"Da"之理解，提出一个"有死的"基本维度。

"人"作为"有死者"原本是古代希腊的观念。然而欧洲哲学的发展，既忘掉了"生-存在"，也忘掉了"死-不存在"，即遗忘了"本源"与"归宿"。哲学作为"终始之学"，被"无时间性-永恒的""抽象的形式-逻辑形式"所代替。孔子说，"不知生，焉知死？"遗忘了"存在"，当然也就遗忘了"不存在"。

"死"的问题，是当代哲学的"新问题"。并不是说，过去的哲学家对这个问题关注不多，乃是因为它往往停留在经验现象上被思考，虽有种种智慧的闪烁，但缺乏哲学的理论探讨。真正探讨"死"的哲学意义，是当代哲学家的事。

"人"之"死"，不仅仅是一个物质转换的过程，不仅仅是由一种物质形态转变为另一种物质形态；"人"之"死"乃是"时间"的"断裂"。这就意味着，"时间"不仅是"流"，而且"流"中有"断"。物质形态的转换不能使"时间""断裂"，因为"物质"犹如"原子"，本没有"缝隙"。然则，"时间"却有"断流"。

柏格森说，时间为"绵延"，"不可分割"。"时间"之所以"不可分割"乃是因为它为"自由"，而非机械之物质。"自由"为"自己"，"自己"被"分割"，被"切断"，则为"非己"。"死"正是由"自己"转化成"非己"的过程。就物质的形态看，活人和死人都是由一些物质构成的；然而，"活人"保持着"自己"，保持着"自由"，"死人"则"完成"了"自己"，"终止"了"自由"。因此我们说，"死人"已经"不在"，并非有意与"物质不灭"规律对抗，而是指出他作为"自由"、作为"自己""完成"了。他不进入"存在"的过程中，因而就不是"存在中"，而"不在"了。

然则，"时间"并不因为"人"之"死"而最终"停止"，也就是说，"Sein"并不因为"Dasein"之"有限性"，就"终止"其自身的"动态"。"逝者如斯"，仍"不废江河万古流"。"时间"为"流中有断"，"断中有流"，正是那"有限中之无限"，而"Dasein"似乎为那"无限中之有限"。只要这个"无限"不被理解成抽象的概念而是"自由-自己"之精神能力，则海德格尔确是在真正意义上发展了黑格尔的哲学思路。

"人"作为"Dasein",正是在"自己"的"有限性-有时限性-有死性"中体会出-思考着"时间-历史"之"绵延"。"Dasein"以"超越"的态度对待"自己"的"死",它之所以有这种"能力",正是因为,它不仅仅是"Da",而且同样也是"Sein"。

世界上只有"死"必须以"超越"的态度才能"理解"。当然,"死"也可以作为"客观对象"来把握,即对于他人之死作表象的研究。但那是生物学和医学的任务,是一种科学性的知识,对象性的知识。"死"由于不可能亲身经历到,当"死"来临时,已经终止经验。所以"死"只是一种"经验-经历"之终止,人们决不可能具有"死"的"体验",萨特的剧本《墙》也只是一种"临界"的想象。如果我们把"时间"像康德、柏格森那样,理解为一种"内感觉-意识内"的状态的话,则"死"的确可被理解为"时间"之"断裂"。但这种"断裂"并不意味着"时间"的真正意义上的"终止",因为"Dasein"既与"Sein"相关切,则已经"超越"了经验的"个人",而是"Sein"系列的一个特殊状态。因而"个人""时间"的"断裂",并不意味着"时间"之真正终结,并不意味着"历史"的"终结",而只是"历史"的一个"环节",是"流中之断"。因而"人"可以被看作"历史"长河的一个个"中流砥柱"。经验的"人",为"历史"发展中的一个个"里程碑",只是大多数的"碑"因为太小而被淹没,被"大浪淘沙",只有那些具有丰功伟绩或罪大恶极的人,才"耸立"出来,作为"历史"的正反两面的典型。

因此作为"Dasein"的"人",则是"超越""死"的。不是说它是"不死的",而是说它有能力在"超越"的层次上"理解""死"。

"Dasein"既为"Sein"的一个环节,则不是"Dasein""超越""Sein",而是"Sein""超越""Dasein"。而又由于"Dasein"为"Sein"的一个环节,它与"Sein"相关切,于是我们也可以说,"Dasein""有能力""自身""超越""自身",也就是海德格尔说的,"人""有能力""死",世界上只有"人""有能力""死",因为"人"的本质乃是"Dasein"。

"人"既不能够"亲自""体验""死",它就必定要在"超越"的层面"理解""死"。也就是说,"死"这种"现象"最为清楚地表明,不能通过"现象-

经验"的"积累""跳跃"到对其"本质"的把握，即把握其真实的"存在"，而只能在"超越"的层面来理解它的"存在-本质"。

何谓在"超越"的层面"理解""死"？这里的"超越"不仅仅是"理论性"的，而且是"时间性"的。所谓"超越"，即是"超过"，在时间上的"超前"，亦即"提前进入死"。

在经验上，"死"是一个"临界点"，因而我们不可能在经验层次上把握"死"的"存在-本质"，因为这个"存在-本质"乃是一个"过程的终结-完成"。

作"过程"观，"生-死"为"一"，"存在-不存在"、"有与无"乃是同一个过程。

"Dasein"有"始"有"终"，是一个"有限"的过程。因为有了"Dasein"才出现"Sein"的问题，所以"Sein"同样也不是一个"永恒"意义上的"无限"的问题，同样也是个"时间性"问题。无非在某种意义上，它要"大于、长于、寿于""Dasein"。

"Sein"为"有-存在"，但这个"有-存在"既然不是"永恒"而是"时间"，则就"有""始"，"有""终"；既然有始有终，则"始""终"就不是一个"点"，而是一个"过程"，而且"有-存在"和"无-非存在"，正是"同一个"过程。"有"为"使之有"，"无"为"使之无"，方生方死，方死方生，"生""死"为"一"，是为"齐生死"。"生"的"过程"，也就是"死"的过程，故"人生"为"趋向死"。

于是，"有"的问题：也就是"无"的问题。海德格尔在《形而上学导论》一开始就重复莱布尼茨的问题："为什么是'有'，而不是'无'？"海德格尔指出，后面那个"无"的问题，不是附加的，而具有"本质"的意义，而且因其为"无"，就更带有"严肃性"，是一个"生死存亡"的"迫切"问题。

然则，"人"并不"止于""死"，"人"是"在""死"的"前面""等待"着"死"，而不是把"死"作为一个不确定的"悬设"，"在""现时""混吃等死"。"人"在"未来""等待"着"死"，"在""未来""注视"着"死"，从而"理解"着"死"。

在这个意义上我们说，"人""超越"地对待"死"，因而"人"也"超越"

地对待"终始","Dasein"也"超越""终始",或不"止于""终始"。

"思"保证了"人"这种"超越性"。

"思"不仅仅是"经验认知"的能力,而且是"超越认知"的能力。"思"为对"存在-本体"的"思"。

"Dasein"为"Sein"之"Da",它就能克服"自身","克服"这个"Da",而进入对"Sein"的"思"。"Dasein"之"思",保证了"人"与"Sein"的关切和联系,对"Sein"的"思",使"Sein"不致"遗忘",常常受到"思念""怀顾"。"思""在""未来""回忆"着"Sein","召唤"着"Sein","呵护"着"Sein",时时"想"到"它"(Sein)的问题。"人"为"Sein"的"守护者"。"人"不仅在"现时""回忆"着"过去","谋划"着"未来";"人"作为"Dasein"更是"在-立足于""未来","思念"着包括即将消失的"现时"在内的"过去"。

"人""思(想-念)"着"Sein","守护"着"Sein",也就是"思想、想念、守护"着"神圣(性)"。"人"与"Sein"的关系,恢复了古代希腊的本质的理解:"人"是"有死的",而"诸神"则是"不朽"的,它们"大于、强于、寿于""人",但它们并非"永恒",它们只是"不死"。"永恒"是"不变-静止"的,因而是"抽象"的,"无时间性"的,而"诸神-神圣性"则仍是"时间性"的,它们天天在"变",但它们是"神圣"的。

"Sein"的遗忘,也就是"神圣性"的遗忘。"诸神消失","人"被"庸俗化",乃是欧洲的时代的危机。

"守护"着"Sein",也就是"守护"着"天-地-人-神"。"事物"作为"天-地-人-神"的"自由"结合,海德格尔 1950 年在巴伐利亚艺术研究院所作的演讲中,有集中的论述。他说的不是经验的"事实",而是康德意义上的"事物自身"。他说,没有比"事物自身"离我们更近的了,因为我们就在其中,而并非通讯科技发达的结果。如今我们拥有的通讯手段又是海德格尔不可想象的,但是我们和"事物自身"的关系,如果仍执著于康德的态度,则并未"靠近"一分,仍是"不可知"的。"Dasein"的历史命运使得"Sein"具有不同的意义。康德那个时代的"Dasein"的历史特点,反映在他对"事物自身""不可知"的观念中,因为他对于"人"的理解乃仅是"有限的理智者"。然则，如果我们把自己看作"Dasein"，则"Sein"就"在"我们之中，亦即"Sein-事物本身"的"意义"就能够向我们"开显"。

"天-地-人-神"是"事物自身"，是"Sein"的"意义"，而非"事物"之"自然属性"。事物之自然属性在"事物"的自然结构中，有一种"必然"的联系，而"事物自身"之"天-地-人-神""四大"元素，在"事物"中，却是"自由"的"游戏"。[①]

"Sein"之"意义"的历史，为"自由"的历史，而非"诸历史事实"相互之间"因果"联系的"必然"史。

"自由"为何会有"历史"？"历史"原是"时间"，"时间"原本为"自由"，而不是像康德理解的那样，只为"因果必然"提供活动的舞台。

"时间""恢复"了它的"混沌-自由"的本性，这同样是欧洲"人"作为"Dasein"的历史命运。意大利的克罗齐，法国的柏格森，德国的胡塞尔、海德格尔都"觉悟"到了"自己"这种"本性"，承担着历史赋予他们的"使命"：为进一步阐述"自由"而工作。

在海德格尔这里，"自由"由"意识"的，转变为"存在"的。

海德格尔在《存在与时间》里，把"Dasein"理解为"existential"，借用基尔克特的"实存-生存"来阐述"Dasein"。而基尔克特的"existenz"是"自由"，是从万物的"因果系到"中"跳出（ex-）"的"自由者"。"Dasein"是"Sein"的特殊"部分"，但又属于"Sein"。并非"Dasein"为"自由"，而"Sein"为"必然"；恰恰是因为"Sein"是"自由"，"Dasein"才"分享""自由"。"分享"并非"分享""抽象"的"概念"，而是"分享""历史"的"意义"。

在康德那里，"自由"为一个"点"，这个"点"又是"无"，"无中生有"，犹如基督教的"神-上帝""创世"一样。海德格尔的"自由"，乃是"存在"的"自由"，不是一个"点"，而是一个"过程"的完善，因而"有""无"乃是同一个过程。"自由"为"有"的过程，同时也是"无"的过程。"有"为"使之有"，"无"为"使之无"。

与"Dasein""分享""Sein"因而为"有限性"一样，"Dasein""分享"

[①] 海德格尔：《论事物》，笔者此处用的是收在 Hofstader 英译文集 *Poetry, Language, Thought*，第179页，Harper&Row 出版公司，1975。

"自由",也是"有限"的。"死"为"Dasein"之"Sein"的限制——"不在了、死了";"死"也是"Dasein""自由"的限制。

什么叫"限制"?"限制-界限"乃是"终结-完成"。世上万事万物,"完成"乃是"存在",只有"人","完成"了,反倒"不在了","不是了"。"人""死"了,就"不再""是""人","不再""是""他(我)自己"。"完成"了"自己"就"不再""是""自己"。"人""不再""自由"。"人"归于"必然","回归大自然"了,所谓"物化"了。

所幸尚有"Sein""在"。"Dasein"的"Da""不在"了,但是"Sein"还"在"。在这个意义上,"Sein"也保存-守护着"Dasein","历史"保存、守护、呵护着"个人"。

"人"把"自己""托付"于"历史"。

"人""不在"了,尚有"历史""在","时间"并未"终止"。"我""死"了,在经验的层次上,"我""回归""自然","天人合一";在"形而上"的层面上,"我""完成"了"自我","我"以"我自己-我自身""融入""历史","我""回归""Sein"。既然"人固有一死",于是"人人"都"归于""Sein"。

"博物馆""保存"了"历史文物"。看起来是保存着"物",实际上这些"物"之所以具有特殊价值,乃在于它们"保存"了"(古)人(的意义)"。使用这些"物"的"人""不在"了,他们不再是"Da",它们为"无"。但"有-无"既是"过程",这些"物"也展现着"过程",展现着"有"的"历史",也展现着"无"的历史,展现着"从无到有-从有到无"的历史,"历史"乃是"终始"之"时间","时间"过程中之"断裂"层面。

"时间"本无"缝隙"。雅斯贝斯有所谓"永恒的现时"之说,"历史"的确似乎就是这种"永久的现时",是一个"现时"的永久的"绵延"。"过去"仍然"存在","未来"也"在""现时"之中,只是"等待"着"开显"。我们和古人"共在"同一个"日月山川"之中,但是这个物质的世界其"意义"则不同于"古代","存在-Sein""变化"着,而且是"自由"地"变化"着。或者说,只有"自由",才"变化"着,这种"变化",不仅仅是物质形态的转化。物质的形态之转化,是"有"的形态的转换。只有"自由",才是"有无相生"。萨特说,"人"给"世界"增加了一个"无","人"给"世界"带来

"自由",也带来"自由"的"历史"。"历史"不是"过去"了的"事实"的堆积,不仅仅是"事件"之间的"因果联系";真正的历史是"自由"的历史,是"在""时间"中的进程,伽达默尔的"有效应的历史"(Wirkungsgeschichte),是"(正在)起作用的历史"。亚里士多德的"有效因"需要"人-(工作)者"去"完成",在这个意义上,"历史"为"人""自由"地"创造"的"历史",而不仅仅是"事实史",而是"活动史"。

"Sein"就是"时间",也就是"历史"。"Sein"是"Da"的"综合",是"Da"的"汇集-采集"。于是,"Sein"同时也是"逻各斯",而不是一般意义上的"逻辑"。"逻辑"是形式的"必然";"逻各斯"则是"历史"的"自由","历史"的"选择",因而是"时间"的"决断"。"历史"不仅仅"保存"着"过去",而且也"实现着""未来"。

由于"Dasein"属于"Sein",故而"Dasein"有能力"超越""Da",而进入"Sein"。"Da"就不仅仅是"现时"的,而且为"过去"和"未来"的。正因为"Da"之被克服,"Dasein"也就有能力"提前"进入"未来",在"未来"尚未(在经验上)"到来"之前,进入"未来"。因而"人"有能力站在历史的高度——未来的角度来理解世界。

现实中的"人"并不像基督教的"神"那样"在""时间-历史"之外、之上来"垂顾"世界之演化,人世间的一切"过去"和"未来",在他老人家眼皮子底下全都是"现时",对它全都是"无遮蔽"的,它有能力"知道""过去"和"未来",因而它是"永恒",是"无时间"。现实的"人"不是基督教的"神",它是"有时间性"的,是"Dasein",它有能力就"在""时间"中"超越""自己",克服那个"Da",进入"过去"和"未来",即对于"过去"和"未来",也像对于"现时"那样"有所知"。能"知""过去"和"未来",就具有了"神圣性"。于是,在这个意义上,说到了"人",也就同时涉及到"神"——不是基督教教义上的"神",是那为我们传递"过去"和"未来"之"消息"的"神(古代希腊诸神中的传令官 Hermus)",于是遂有研究此种"消息"之"解释学"(Hermuneutik),经海德格尔的学生伽达默尔发展,蔚为大观。

此处所谓"有所知",也就是"有所思"。"历史"作为"存在",作为"本体",只有"思",才能"知",这是与经验的"历史知识-历史学"不同的学问。"人"作为"Dasein"经过自己-自由的"思""克服"那个"Da",克服"自己"的"有限性","超越""自己","超越""自己"的"死",即"超越""自己"的"完成"之"封闭性",把"自己""开放"给"历史",亦即把"自己""托付"给"历史"。

"历史"使"自己""复生"。"Dasein"通过"历史"使"自己""在""时间"中"绵延"。

"历史"作为"存在"并非"抽象概念","历史"是"事件","事"是"人""做"的,"人""创造"了"历史",而"历史"作为"Sein"又"大于、强于、寿于"作为"Dasein"的"人"。

"历史-事件"原本是从"Dasein""异化"出去的。"人"进入"历史","超越""自身",于是,"自己"进入"历史",也就进入一个"他者-异己"的世界,而这个世界却是"大于、强于、寿于""自己"的。

这条思路,被上个世纪法国的激进哲学家开发了出来。这条路线的被开发,意味着欧洲古典意义的"同一哲学"观念之终结,人们将在"形而上"的意义上,看到"异"的世界。

(四)"异"的哲学——当代法国哲学的探索

欧洲哲学进入上个世纪以来,特别是二战以后的几十年,法国哲学异常活跃。当然,德国哲学虽战后的情形特殊,仍多建树,伽达默尔创建之"哲学解释学"便具有深厚之理论和历史传承。法国新兴哲学思潮,多方面吸收德国以及美英哲学的成果,联系自身从笛卡尔以来的传统加以融会贯通,形成百花齐放之繁荣局面,至今不衰。

在近代欧洲,法国哲学原本处于领先地位。欧洲近代哲学的开山之祖,除英国培根而外,当为法国的笛卡尔。而从后世影响来看,笛卡尔的重要性当在培根之上,这个看法已日益得到认同,而胡塞尔对于笛卡尔哲学问题的思考,是尤为著名的。

有着笛卡尔哲学光荣传统的法国哲学,理应在欧洲哲学中发挥更大的作用。

法国的当代哲学是在与德国哲学和英美哲学对话中发展的。进入20世纪以来，它的哲学呈现出五彩缤纷的局面，可谓千头万绪，充分说明法国是一个具有深厚民主自由传统的伟大国家。我们看到，对于德国的古典哲学，他们对于从康德到黑格尔的传统有深入的研究和独到的见解，至今不可忽视。对于尼采，法国哲学家可谓息息相通，尼采因猛烈批判德国古典哲学，对于法国哲学，明显流露出好感。至于弗洛伊德的心理分析、英美的语言哲学等等，当也是法国哲学家之研究重点。

与我们这里的思路有关的，是当代法国哲学如何在发展德国古典哲学的基础上，介绍和研究胡塞尔现象学，然后在海德格尔的基础上，开发出不同的思路，结出不同的果实来。

从我们的思路来看，法国激进哲学在海德格尔那里找到了一个切入点："Dasein"和"Sein"的关系。

我们在海德格尔思想中，看到一个似乎悖理的意思："Sein"的特点是由"Dasein""规定"的。这就是说，一方面，只有出现了"Dasein"，"Sein"的问题才被提了出来；另一方面，有了什么样的"Dasein"，就会有什么样的"Sein"的"观念"。而在海德格尔看来，"Sein"，亦即"Sein"的"意义"。这就是说，"Dasein""是什么（样）"的，"Sein"也就会"是什么（样）"的。

这里的"Dasein"当然不是"主观"随意的"个人"，好像你"想""Sein"是什么就是什么那样。"Dasein"是"时间"中"历史"的具体存在，这个"Da"，不是主观随意性，而是"历史的命运"，因而"Dasein"又是"Sein"的具体表现，"Dasein"是"Sein"的"Da"。

海德格尔这层意思，在他的《存在与时间》中，说得很直接。而后来，他的思想重点，"转移"到"Sein"方面来，"Dasein"成为"天-地-人-神"中的一个"因素"，探讨它的"会死性"，对于"Dasein"之具体的"历史-时间"特性，从"Sein"方面考虑得更多些。

法国当代哲学深受胡塞尔"人文科学"之影响，坚持对"人"之"存在""本质"的思考，但仍根据海德格尔"Dasein"之"历史-时间"性"存在"，使"人"的"本质""在""历史-时间"中有具体的"位置"和"活动"的

"空间"。在这方面我们应该提到福柯的工作。

1. 福柯在当代法国激进哲学中的地位

福柯(1926—1984)是法国当代激进哲学家代表人物之一,他的工作的意义,正在日益明显地显示出来。由于他在"哲学"这个历史沉积深厚的领域,带进了全新的问题,由这些问题将传统加以"化解",使尘封多年的"遗迹-档案"重新"活动"起来,使那些被深深埋葬而无人注意的问题成了哲学家们常常谈论的主题,他的影响可以说有"发聋振聩"之功。然而,他也因此常常被人误解。他被看作是"思想(观念)史家",因为他似乎在挖掘被人们所忽略的观念和想法,找出其社会历史根源;他也被看作是"结构主义者",因为他似乎在为一些观念和思想,找出它们的"内部结构"来。应该说,这些都是福柯做过的工作,因为他做得很认真、很专业,有时甚至很"琐碎"——因为他强调"个别性"而不得不注意事件和思想观念的"细节",如同"结构主义"那样,要做一些"修补匠"的工作;然而,他的目标,在于找出历史事件和思想观念的"存在论"(ontological)的"根据"来,因而是"哲学"性的。他是对海德格尔的思想,从"人"及其"思想观念"以及各种"制度"方面加以丰富的一位创造性的哲学家。由于他的工作,"哲学"也大大扩充了自己的视野,深化了自己的内涵。

1984年保尔·拉宾诺夫(Paul Rabinow)编辑出版了一个《福柯读本》。在引言中他提到了丹麦电视台组织的一个"人性-正义对权力"的辩论,介绍了福柯与美国的乔姆斯基的对立观点。根据各自的哲学原则,乔姆斯基主张人性普遍的同一性,而福柯则强调"人性"在各个历史时期的"分裂"原则,并无一个"普遍"的"人性"观念。不无讽刺意味的是,乔姆斯基所根据的是法国笛卡尔的理性主义,而福柯则似乎是"经验主义"的。但是实际的情形,并不如此,这是原编者所没有明确指示出来的。

就在这个读本中,编者从福柯未发表的手稿中,译出《什么是启蒙?》作为第一篇,倒是颇具眼光。

福柯在这篇文章开头引用康德和门德尔松为应征一个杂志征文的同名文章,指出二者观点不同,但所代表基督和犹太立场仍属同一个历史时期。

康德论文强调"启蒙"乃是"人-理性"摆脱"不成熟-无知"而进入"成

熟-勇于认知（aude sapere）"的一种状态，因而"启蒙"与"蒙昧-盲从（权威）"等等相对立。

福柯认为，康德这篇文章固然是独立的，但却是和他的三个"批判"密切相关的。[①]

"勇于认知"当然是"理性"的事，"启蒙"乃是"理性"的"启蒙"，"智慧"的"启蒙"。"理性""启蒙"只承认"理性"的"律令"，而不"服从"任何外在于"理性"的"权威"。"启蒙"之"成熟"，亦即"理性"之"成熟"。

何谓"理性"之"成熟"？"理性"之"不成熟"又是一种什么"状况"？康德的工作又如何促进了"理性"的"成熟"？

我们知道，康德的"批判哲学"是为"理性"划定"界限"，"理性"明确了自身的"界限"，无损于"理性"之"纯粹性"，而恰恰说明自己的"成熟"。"理性"明确了自身的"运用"范围，更好地发挥自身的"作用"，既不"僭越"，也不"降格"。"理性"不是"混沌"，而正是"秩序"和"界限"。"理性"就是"度"。

联系到这篇关于启蒙的文章，康德的"批判哲学"所针对的也正是"理性"之"不成熟"的阶段。"理性"或者超出"经验知识"的范围，潜入"超越"领域，企图在这个领域，也建立一个像在经验领域中那样的"（理论性的）知识体系"；或者在"超越"的"实践领域"，以"经验的幸福论"代替"意志自由"。凡此种种，在康德看来，或许都是"理性""不成熟"、"启蒙"不够的表现。

"成熟"地"运用""理性"，乃是"启蒙""成熟"的要求。康德为"理性""划定"了"运用"的"范围"，"理性"就不会像"过去"那样，不加"分析"地乱了自己的"阵脚"，而能够清楚地提出："人"能够"认识"什么，"人""应该""做"什么，"人"能够"希望"什么。对于这三个问题有一个清楚明了的"界定"，是"理性""成熟"的标志。

然而，"理性"原本是"自由"的，它不"服从"任何外在于自己的"权威"。因而"理性"不断打破自己为自己设定的"界限"，是"理性"必然具有

---

① *Foucault Reader*, p. 37, New York: Pantheon Books, 1984。

的倾向。于是，就有康德的第四个问题："人"是什么？亦即"人"的"存在性"问题。

"人"是"理性者"，包括康德在内的欧洲哲学传统，对于"人"，也都是限定为"有限的理智者"。然而，在文艺复兴以后，欧洲启蒙主义强调的重点则在"理性"方面，康德认为，对于"理性"的"职能"范围，划出合适的界限，是"理性-启蒙"成熟的表现。福柯认为，这是欧洲哲学在"现代"（modern）的一种"态度"（attitude），这种"态度"形成一种"环境"（ethos），大体上规范着"人""能够知道什么"，"人应该做什么"和"人能够希望什么"。

福柯认为，这种"规范""人"的"环境"同样是时代历史的产物，这种关于"人"的观念，是"现代"作为一个"哲学环境"（philosophical ethos）的"产物"。这个"时代"-"现代"，就康德哲学意义来看，福柯称它做"界限的态度"（limit attitude）。同时我们也看到，"现代"之所以有这个"环境"和"态度"，乃是欧洲人的"Dasein"在这个时期的"历史命运"。说明了此时的欧洲"人"，"（应该）是什么"，"想"我们"该想"的，"做"我们"该做"的，怀抱着我们"该有"的"希望"。这就是"现代"欧洲人的"（Da）Sein"。

如果问题"止于"此，则福柯就真的是一个历史学家、思想史家，或者是结构主义者；但是，我们在《什么是启蒙？》这篇短文中，明显地看到，福柯的问题并不"止于"此。他是从"否定"但"积极"的方面来看这个"界限"，他的注意力在"超越""界限"的方面，应该说，这同样也是康德的哲学精华所在。

就康德哲学来看，"批判"为"理性""厘定"职能范围；但是，"理性"是"自由"的。这些"界限"和"规则"，乃是"理性""自己"为"自己""立定-设定"的"法律"。"非A"是"A-理性"自己"设定"的。康德哲学的困扰在"物自身"，在"事物自身"，在"事物"的"实际"，而非在它们的"理论"。

福柯把哲学的注意力正是集中在那"事物"的"实际"方面，并且不像康德那样从"先天性"角度阐述事物之"理论-现象"方面。而是从"事物""实际"方面揭示这些"现象"如何"理论化"，而成为"界限"。因而，福柯哲学的力度是在"超越""界限"方面,是在"理论"控制不住的"事物"的"实际"方面,以及如何从这些"实际-实践"中"产生-发生"那些"理论-观念"的。

福柯在《什么是启蒙?》中,很清楚地表明了他的哲学立场:

> 如果康德的问题是弄清楚知识有何种界限不能僭越,那么对于我来说,如今批判的问题就应转向积极的一面:在什么情况下给与了我们普遍、必然、服从,又在什么情况下,那种个别、偶然以及独断强制得以占据地盘?简单说来,关键在于要将必然限制形式的批判转向一种实践的批判,这种实践的批判使僭越成为可能。①

紧接着,福柯就进一步阐述要把"形而上学"的方法转变为探讨"谱系学"和"考古学"的方法,以便弄清是什么样的"事件""限制-规定"我们的"存在"方式,使我们"(该)是什么",因而"能够知道什么","应该做什么","能够希望什么",亦即"规定-限制""我们""是""什么样的""人"。而问题的另一面就是:又是什么样的"实际-实践"使我们能够-有能力"非其所是",我们"不是""我们","知道""不可能""知道"的,"做"了"不应该""做"的,"希望"着"不能""希望"的。是什么样的"环境"(ethos),或者是什么样的条件,使我们不再"是其所是",尽管这种条件只是"偶然"的。于是,福柯的工作,就在于:"为自由地不受限定地工作尽可能广泛地寻求一种新的动力。"②

从这段话里,我们可以看到福柯的研究工作之所以显得"异类"——他把长期在哲学视野之外的"非常""事件",如"疾病"、"疯癫"、"犯罪"等问题作为他的哲学思考的主题,并非仅仅为了"标新立异",而是有深入的哲学根据和理由的。在他看来,那些为时代条件规定了的规范性观念——法律、医院、学校等等组织,以及与此相应的意识形态,具有"普遍"的规范形态;而那些"违反"这些"普遍规范"的"行为-事件",则被认为是"个别"的、

---

① *Foucault Reader*, p. 45, New York: Pantheon Books, 1984.
② 同上书,第46页。

"例外"的、"偶然"的，却正是思考"人"的"越位-僭越"和"自由"的关键所在。福柯说，从这个角度来研究、思考"自由"，则"自由"就不像"梦境"那样飘忽不定，而是有时代、历史、社会的现实背景的实实在在的问题。① 时代、社会"在""结构"之中，而"人"的"实践"又不断"打破"这种"结构"，显示着"自由"的"僭越"；而反过来，一切"结构"，又反映着对于"实践-自由"的"限制"。这些"结构-观念"自身，并非"自成体系"，而是由"实际-实践"支配的，"理论观念-意识形态-上层建筑"是由"实践基础"支配的。因而一切"知识-真理"、"法律"、"道德规范"以及相应的组织，都是为了"规范-限制""实践-自由"，因而是"权力"的体现，而并没有抽象的永恒的"真理-公正-道德"。

福柯对于"理论理性"的态度，强调的乃是"实践理性"的"优越地位"，当来自康德哲学。但是，他并不把"自由"理解为"抽象"的"理性形式"，一种"绝对"的"普遍性"。恰恰相反，他在那被"理论理性"认为是"个别-偶然"的"实践-事件"中，看出"人"的"自由"，"人"的"僭越"的本性。这就是说，他的"（知识）考古学"、"谱系学"是以他的"历史本体论"为基础的。

从这样一个理路，福柯研究历史社会的"非常""现象"，从这些"现象"中，看出"人"的"自由"本性。这个"自由"，同样也是"历史"的、"时间"的、"社会"的，但却是"个体"的。如果说，"理论理性"讨论重点在于"普遍必然"的"事件"，而福柯的"历史本体论"所考虑的重点则是在"理论理性""结构"中显得格格不入的"个别-偶然""事件"。

在福柯的哲学中，"同一哲学"，让位于"异的哲学"。

哲学中的"异"，乃是"现实生活"中的"异"，不是理论上的"自我"，是"实际"的"自由"，而不是"理论上"的"自由"，因而不是"先验"的"设定"。在这个意义上，福柯的哲学深化了胡塞尔的"人"，也推进了海德格尔的"Dasein"。"人"作为"Dasein"，重点不在于"Sein"，而在于与"Sein"不可分——"在""Sein"之中的"Da"。

---

① *Foucault Reader*, p. 46, New York: Pantheon Books, 1984。

在福柯的思想中,"人"(Dasein)从理解上被分为两个方面:一方面,它"在"一定的"历史-时代-社会"中,受普遍的制度性的规则、法律、组织的制约;另一方面,它以自己的实际行动探求"僭越"的"可能性"。这是"人"的"实践体系",也是"历史的本体论"。探讨"制度体系"的"可能性",与"自由-实践体系"的"可能性",乃是福柯哲学思考的核心问题。

在这篇短文的结尾处,福柯又把注意力回到康德。他说"批判的本体论"(critical ontology)作为一种"态度",作为"处境"(philosophical ethos)或"哲学的生活"(philosophical life),要对加诸我们的"界限"的"可能性"以及我们试图"超越"这个界限的"可能性"这两个方面作出我们的思考。他又把前者叫做"理性的技术类型"(technological type of rationality),后者为"自由的战略游戏"(strategic games of liberties)。①

我们看到,"批判的本体论"正是要把"本体"(Sein)的表面被"理论-思想-原则及其制度"之"同一性"掩盖着的"事物自身"——个体的、相异的、试图"僭越"的"自由"揭示出来,即康德的"批判精神",不但适用于"理性",而且也适用于"实际"。从人们表面"同一"的"实践活动",也要经过分析批判,探讨实践活动中"界限"的形成与"超越"之"可能性","在""界限"中如何"超越""界限",这种"自由",就是"现实"的,而不仅仅是"理性"的。"现实的自由"其表现形态,就不是"同",而是"异"。由"诸自由者"组成的"社会",乃是一种"自由组合","自由的博弈(游戏)"。

2. 列维纳斯的"伦理学-形而上学"

我们现在要探讨列维纳斯(1906—1995)的哲学思想对于法国哲学以及整个欧洲哲学观念的新转变和新贡献。这种转变和贡献,就哲学的历史发展来看,它的影响力还会逐渐地显示出来。尤其是在哲学的开放的时代,经过东方、特别是中国传统哲学的研究之深入,在东西方文化的交汇上,会更进一步显示出它的生命力。当然有许多工作还等待我们自己去做,但是列维纳斯已经强有力地向欧洲哲学传统灌注了的新血液,将会在欧洲哲学体内变异这个哲学的"文化遗传基因"。现在,经过列维纳斯的工作,已经有了明显的结果。尽

---

① *Foucault Reader*, p. 50, New York: Pantheon Books, 1984。

管注重东西文化和哲学比较、会通的大有人在，但是在哲学上如此强有力地作出挑战的，首先是列维纳斯。

关键在于，列维纳斯牢牢抓住了与欧洲"同一哲学"相对立的"另一面"："异"（l'autre）。

我们知道，强调"异"乃是当代法国激进哲学的一个特点，甚至竟是一种"时髦"。但是从哲学的层面，将"异"与整个欧洲哲学传统深入地结合起来思考，以欧洲哲学的传统的语言自己说出与自己传统相反的意思，当是列维纳斯。他的工作，让欧洲哲学传统自己从自身"走了"出来，自己去"发现"自己的"局限"，自己去"看到"一个更为深层、更为广阔的天地。

列维纳斯幼年的教育，受到俄罗斯和欧洲大陆交叉的熏陶。法国文化的自由的环境，使他经受俄罗斯文学陶冶所产生的生命力，是很值得探讨的问题。当然，他的哲学，还得力于他的犹太出身和对犹太教的研究。

就传统的西方文化来说，犹太文化是"东方"的，尽管不是"亚洲-中国"的。黑格尔在批评斯宾诺莎哲学时，就说他缺乏西方个人自由的观念。[1] 尽管犹太教与基督教原本是一个来源，但是基督教在长期的"斗争-磨合"中已经与希腊罗马的欧洲传统完全融为一体，而犹太教因为种族和宗教的原因长期被排斥于欧洲哲学的"正统"之外。如今随着世界之一体化和宗教的宽容，犹太教正在向欧洲哲学展示着它的"原始的魅力"，促使着欧洲哲学观念的"变异"。法国激进哲学诸家，都在不同程度上具有这种宽容的精神，而列维纳斯当是更为自觉地将犹太教问题接纳到欧洲哲学传统中来思考而取得重要成果的一位。

列维纳斯最早的著作是研究胡塞尔现象学的"直觉"（intuition）观念（1930），而1947年的《从存在到存在者》（*De l'existence à l'existant*），已经看出他与这个学派特别是与海德格尔的分歧，尽管他终生对海德格尔抱有特殊的崇敬。

应该说，列维纳斯受胡塞尔、海德格尔的影响是非常明显的，他自己也从不讳言这个影响。他的《从存在到存在者》走了与海德格尔相反的道路。但是

---

[1] 黑格尔：《小逻辑》，贺麟译，第314页，商务印书馆，1980。

如同历史上许多伟大的哲学家那样,并非撇开历史"另起炉灶",而是在这个历史的基础上加深加大,然后建筑出更为雄伟壮丽的大厦——至少是风格不同的大厦来。

在《从存在到存在者》中,列维纳斯很敏锐地指出,海德格尔这个"Sein"是一个"晦暗"的东西,"Dasein"固然使其"明"起来,但"明"出来的仍是一个"暗"的东西。"Dasein"使"Sein"作为"问题"凸现出来,这里缺少一个能使"Sein"真正"明"起来的环节——缺少"光"。"Dasein"不能使"Sein"真正"明"起来,乃是它自己为"Sein"的一个部分,"不识庐山真面目,只缘身在此山中","Dasein"的"超越"不够。"Dasein"与"Sein"为"同一"。人们"等待-希望"着从"超越"出来的"光"。在"光"的照耀下,万物各得其所,各自显示自己的本性。于是光照下的"世界"为"万紫千红",为"多",而不是"同",不是如同黑格尔批评谢林的那样"夜间观牛,其色皆黑"。"大千世界"乃是各自相异的"存在者",是可感、可触、可以"直观"的"存在者"。

然而,如果列维纳斯只是恢复传统经验主义的常识观念,则对于哲学就毫无贡献可言。他的思想建立在一个更加"超越"的基础之上,与常识的经验主义不在一个层面上,但是它却能更加哲学地解决被同一哲学传统压制了的"感觉-感情-直觉"等等问题,使康德的《判断力批判》所涉问题,又往前推进了一步。

列维纳斯在1961年出版他的系统的著作《全与无限》(*Totalité et Infini*),这部书或许可以毫不夸大地说,乃是当代"异的哲学"的经典。

"异"乃是"他者",这个问题原本是马丁·布伯强调出来的。不过他的意思是"他者"是一种客观的存在,是对象化、制度化、工具化了的现实。他看重的则是"我-你"之间的"亲和"关系,这种关系不能概念化、对象化,不是经验科学研究的"对象",是哲学和宗教的问题。毫无疑问,列维纳斯受到了马丁·布伯的影响;但是,他把重点放在了"自我"和"他者"的关系上,而仍然把持住"我-他"关系在哲学-形而上学的层面,不使它们"下降"为"经验-科学"的层次,从而反倒将过去理解为在经验-科学层面的问题,都"提升"到哲学-形而上学的层面,在一个新的基础上,完成黑格尔"接纳"

"感性经验"作为"绝对理念"一个环节的形而上学哲学体系。只是在列维纳斯这里,"感觉经验"已不再是一个"低级"阶段,而就是"形而上学"问题"本身"。也就是说,"感觉经验"已经不是康德意义上的有待"先天直观和范畴""建构"的"知识""对象",而是"感觉经验""本身",是"(杂)多""本身"成为思考的"对象"。于是从休谟以来一切经验主义-怀疑主义所思考的问题,都得到了形而上学的"净化"。

"他者"为"绝对"的"异","绝对"的"另一个(类)-另类",甚至不是"另一个自我","他者"就是他者。"自我"不能"同化""他者","我"-"他""不""在""同一"的层次,不"同属于""Sein",它们"不同在"。"他者"与"自我"这样一种"不均衡"关系,带来了一系列哲学问题和观念的转变。

首先,在列维纳斯看来,欧洲哲学传统把"形而上学"归结为"存在-本体论(ontology)"是不够深入的,因为它建立在一个"同一"观念的基本态度上,而这个态度,忽略了"我-他"的"不同一性"。他认为,如果揭示了这种"不均衡",人们就会发现,"ontology"是由于不承认这种"不均衡性"而"强加"给"他者"的,是企图"消灭""他者",而将它归于"自我"的一种"暴力手段"。但是实际上"他者"为"绝对",为"无限",是"不可能""被消灭"的。

"自我"打着"理性"的旗号,以"理性"一统天下,将天下万事万物视为"同一",实际上以"理性"的"普遍性"为名,实行"自我"对"他者"的"围剿"。"万物皆备于我",万物在"理性"的名义上"同一",而这种"同一性",在"存在-本体论",则为"Sein",乃是"诸存在者"之所以为"(诸)存在者"之"根据"。

列维纳斯揭示这种"自我"中心-"理性"中心思想之根源乃在于"自我-理性"企图借 ontology "建构"一个"大全"(totality)。但是实际上,"他者"乃是"无限"(infinity),而不可能"全"。

在列维纳斯看来,一切以"自我"为中心,打着"理性"的旗号,以"存在论-本体论"的名义所作所为,实际上都是一种"暴力"哲学。在这里,我们看到了从尼采以来到法国激进哲学诸家之"知识"与"权力"的关系之讨论，在列维纳斯这里有了自己的哲学解释："自我"最为关注的为"杀害-消灭""他者"，而道德律令中的第一条，就是"勿杀我"。①

于是，"他者"的道德律令使一切"理论理性"，一切"存在论-本体论"从根本上发生了动摇。"他者"的"不可消灭性"，引导出列维纳斯"伦理学""高于""存在论-本体论"的思路。列维纳斯指出，真正意义上的"形而上学"（metaphysics）乃是"伦理学"。"伦理学""早于""存在论-本体论"。

在这里，列维纳斯似乎"回到"了康德《实践理性批判》的立场，其实他们的阐述具有完全不同的精神。

我们知道，康德的"意志自由"，是理性纯粹绝对的特性，它是一切"有条件者"之"至上"的"条件"，它本身是"无条件者"。"自由"这样一种基础性的特性，是不受挑战的。但是，如果"自由者"不是"一"，而是"多"，则"自由者"之间就有个"关系"问题。"我"是"自由者"，"你"是"自由者"，"他"也是"自由者"，"诸自由者"之间，又是一种什么"关系"？在康德的"实践理性"中，这层"关系"被"理性"的"同一性"掩盖着，"诸自由者"之间，似乎有着一种天然的"亲和""关系"，它们"和谐"一致，亲密"无间"，因而是一种"无关系"的"关系"，它们为"一"。

然而事实上，"我"、"你"、"他"为"多"，它们的"关系"是"不平衡"的。"诸自由者"之间，仍有"关系"在。

列维纳斯认为，正是因为"他者"为"绝对"的，它"大于"、"重于""我"，因而"我"的"自由""在""他者""面前"受到"质疑"。"自由"受到质疑，并非"我""不自由"，而恰恰是因为"我自由"，"我"才受到"他者自由"的"质疑"和"挑战"。

"自由"自身"分裂"为"我-他"，则对于"自由"的理解，也就不同于康德的理性之"同一性"，而吸收了尼采的相反的思路。

"自由"不意味"欠缺"，并非"需要"，而是"充溢"，是一种"创造力"。这样，"我"之"自由"，就不再是"满足""我"的"需要"的"根据"，而是真正"摆脱"一切"感性欲求"的"生命"之"创造力量"。在这个意义上的

---

① Emmanuel Levinas, *Totality and Infinity*, trans., Alphonso Lingis, pp. 198 - 199, Martinus Nijhoff Publisher, 1979.

"自由",原本就是一种"给予",而不是"索取"。

"他者"的存在,使这种"给予"有了一个"对象"。"他者"的"自由",不是"我"的"自由","他"的"自由",恰恰是"我"的"给予""对象"。这个"对象",因其"非对等"的"自由"表现得"一无所有","他者"为"孤儿寡母",向"我"提出"请求"。

于是向"他者""给予",向"他者""奉献",乃是"我"的"义务",是我的"责任",是"我"的"职责"。并不是"我"先有"自由",然后才有"职责-责任-义务"问题,而是"我"的"自由"与"我"的"职责-责任-义务""同在"。正是因为有"他者""在","我"的"自由"经受"考验":既然"我"是"自由",则无论在何种情况下,"我"没有"推卸责任"的"自由"。"我"的"自由",受到"他者"的"自由"的"限制","自由"对"自由"的"限制",或者如同萨特说的,"自由"不受任何"限制",而只有"另一个自由"能"限制""自由"。这个"他者"的"自由",乃是"请求",乃是"命令"。在这种"限制"下,"我"的"自由",同时就是对"他者"的"责任",就是"给予-奉献"。

"他者"的"自由","大于""我"的"自由"。"我""没有""消灭""他者"的"自由",而只有"奉献"的"责任"。在这里,"他者"的"存在",表现为"正义"。"正义""大于""自我"的"自由"。"勿杀我"由"请求"而作为"正义"的"命令",体现了"诸自由者"之间的"不对称-不平衡"的关系:"正义""大于""自由"。

"正义"不再像古代希腊那样理解为一种"平衡-均衡",一种"等价交换"(尼采),而是一个"至上-无上命令"。在这个意义上,"职责-责任"就不仅仅是"自由"的必然"结果",而是一个真正的"动机",是一种"主动-非被动"的"欲求-希望(desire)"。

"希望"不是"需要",不受制于感觉的刺激,但它却"接受""他者"的"请求-命令",列维纳斯叫做"非被动的接受性"[1]。在这个基础上,亦即在"他者"的"无限"的基础上,列维纳斯将一切原本为感觉经验的"情感",都

---

[1] Emmanuel Levinas, *Totality and Infinity*, trans., Alphonso Lingis, p. 211.

"形而上学"化，都成为"无限"的一种"趋向-希求"，从而在"接受性"中揭示出"自由"，揭示出"主动性"。

"无限"原本也是"自由"的意思，但是列维纳斯指出，"他者"的"无限"，却不仅仅是"自由"，它"高于""自由"。在这个意义上，"他者"并非与"自我"在同一层次上的"另一个""自由"，"他者""高于""自我"。"他者"是"自我""向往-希求"的"对象"，这个"对象"因其"无限"而不可"克服-征服"。"勿杀我"表现为一个"绝对命令"，也是一个"客观必然"。"他者"作为"无限"，迫使"自我"没有"可能""杀伐-消灭""他"，而"他者"却以"主人"（master）的身份，"居高临下"地"发号施令"，遂令"我"的"自由"在"他者"的"命令"下发生"动摇-怀疑"，"自由"就意味着"职责"。这就是说，"自由"与"职责"的关系，因"他者"的"无限""强大"，而从康德的意义上颠倒过来：不是因为"我""自由"，"我"才"尽职"；而是因为"我""尽职"，"我"才"自由"。"职责"是对"自由"的"考验"，你"自由""不自由"，要看你尽不尽"责"。

从这样一个角度引导出来的结论，对于欧洲哲学的传统是革命性的，但是又不是完全外在于这个传统的。列维纳斯认为，"伦理学""超越""本体论-存在论"的思路，原本就孕育在这个传统之中，西方人不必引入东方的哲学，就能开发这个"伦理学"作为"形而上学"的思路。列维纳斯指出，柏拉图的"（至）善"的"理念-观念"，就是"超越""存在"的，"高于""存在"的"他者"。[①] 并指出，古代希腊之"（按照）自己"（kath' auto）已经具有"善"的意思在内，亦即"为他者服务"的意思在内。[②]

"自我"与"他者"的关系，不在"同一个"层面，它们之间不是连续的，而是"断裂"的。海德格尔的"Sein"与"Dasein"，当然也有"断裂"的一面，海德格尔以"Ex-sistenz"的"Ex"来理解"Da-sein"的"Da"，当含有"断裂"的意思。但是"Dasein"仍"属于""Sein"，它们是"同中之异-异中之同"。而列维纳斯的"自我"与"他者"则不然，它们"绝对""不同"，"他

[①] Emmanuel Levinas, *Totality and Infinity*, trans., Alphonso Lingis, p. 38. 列维纳斯曾指出，西方哲学毋待借鉴东方哲学的伦理道德传统，在柏拉图的"理念论"中，就已经蕴涵"善""超越-高于""存在"的思想。见《全与无限》，第102页。
[②] 同上书，第183页。

者"乃是"绝对"的"异",它们的关系就是"绝对"的"断裂"。

然而,它们本质上又都是"自由"。我们知道,按照法国哲学的传统,按照柏格森之看法,"时间"乃是"自由",乃是"内在"的"绵延"。"时间"是"不可分割"的。如今,列维纳斯的"自由",列维纳斯的"本体-存在""断裂"了,"断裂"为"自我"与"他者"。"自由-存在-本体"一分为"二"。"绵延-自由"的"断裂",按照柏格森之看法,乃是"异","时间"的"分割",乃使该事物不成其为该事物,于是"自我"成为"他者"。原先被看作"另一个自我"的,因"断裂"而成为"绝对"的"他者",成为"绝对"的"异"。

"时间"的"断裂",使"存在"的"全""破裂"成为"无限",使"同一""分裂"为"异",使"自由""升华"为"正义"。

在这个意义上,"时间"就不再停留于单纯的"绵延",而为"生"-"死"的过程,"死"与"再生"的"交替"。"时间"为"断裂-死"中之"再生"。

"生-死"交替,人生-存在的"意义"就不再是"趋向于死",而是"希望"着"再生"。"全"的"破裂"乃是"无限"。"希望"的"无限",也是"无限"的"希望"。

"死-大全"的意义在于"再生-无限","自我"的"死亡"意味着"他者"之"再生"。"终结"的意义在于"开始"。"开始"不是"绵延",不是"同一"之"继续",而是"异"之"更新"。

"时间"为持久的"创新"。柏格森说,"时间"为"自由",而"自由"总是意味着"创造"。"创造"乃是"从无到有"。"无-非存在"乃是"有-存在"的破裂、断裂,"时间"为"创新",为"新事物"之"产生","不同-异"之"产生"。"旧事物"之"灭亡",乃是对"新事物"的"奉献","自我"之"死",也是对"他者"的"贡献"。[①]"死"的必然性,使得"大全"必然"解体",同时也显示"他者-无限"的必然"再生"。"再生"强于、大于"死亡"。"新事物"必定"战胜""旧事物"。"除旧更新"不仅是"自然"的法则,同时也是"道德-价值"的法则。这个法则,归根结蒂,乃是"形而上学"的法则,

---

① Emmanuel Levinas, *Totality and Infinity*, trsns., Alphonso Lingis, p. 230. 即使是最自私的人,他至少要做一件为他人服务的事,即他的死亡。

是"形而上学"意义上"伦理学"的法则,是"自我"与"他者"关系的法则,是"生-死"的法则。

哲学仍然是"终始"之学。但是,不再是"周而复始",而是持久的"创造",持久的"裂变",同时也是持久的"希望",持久的"再生",亦即持久的"终",持久的"始"。

3. 德里达的"延异"(différance)

讨论当代法国的激进哲学观念,当然应该有雅克·德里达的地位。

在当代法国哲学中,德里达是最为活跃的一个。他的博学深思和才华横溢,使他的多产的作品具有广泛的影响。他的著作在我国也保持着相当持久的吸引力,被认为是"后现代"以及"解构主义"的主要奠基者和代表人物。

他对于欧洲哲学传统,采取了激进的批判态度。他把这种传统形而上学概括为"语音中心论",并针锋相对地提出"文字学"(grammatology)。因其简明新颖而颇深入人心,尤其受到使用与西方表音文字完全不同的"意象文字"的中国学者的欢迎。

德里达认为,西方的"表音文字"使"文字"成为"语音"的"符号",这些"符号"自身并无意义,它的"意义"在"语音-语言"所"代表"(representation)的"思想"。因而,"语音符号"的作用,只在于"表达""思想",一旦"思想""出现","符号"就终将"消失","得意"而"忘言","言"只是作为"意"的"符号"才有"作用"。于是,这种"符号"式、"能指"式(索绪尔)的"文字",维护、支持了"思想"的"自身"的"体系"。似乎"思想"是一个独立的系统,自相传承,其"变化-发展"的"源泉""在""思想"自身,在"思想"的内部,而不是受"现实""实际"支配的。

然而实际上,思想是没有自身传承的独立体系的,一切思想都是"现实"的产物,是受"实际"的历史、社会条件支配的;因而任何一个"思想体系",任何坚固的"思想""结构",都是会"解体"-"解构"的。

在这里,我们看到了福柯"知识考古学"的身影,同时也看到黑格尔"辩证法"的"否定"原则。德里达为使从古代苏格拉底以来的哲学体系"解构",做了大量的工作。在这些工作中,我们看出了德里达对于欧洲哲学传统之专业研究的深入程度。

德里达的思想，孕育于欧洲哲学的大的思想背景之中。在他的大量著作中，我们不仅看到欧洲哲学的传统问题，而且看到尼采、弗洛伊德、胡塞尔、索绪尔、福柯、列维纳新等近代以来的哲学家所思考的新问题。特别是他在1968年（也是他自己的思想的成熟时期）欧洲激进思潮的影响下，从自己的角度思考了马克思哲学所提问题，引起广泛的争论，是当代欧洲哲学论坛上最为活跃的哲学家之一。

上个世纪60年代，他出版《文字学》，强调"写"、"轨迹"、"文本"，而批评"语音中心"和"逻各斯中心"的欧洲传统。力求在这个传统的"思想"外表下，寻找出"实际"的"轨迹"，在"时间"的"绵延"中，寻找出已经"淡化"了、"涂改"了的"空间""轨迹"。

我们看到，按照欧洲哲学传统，特别是近代法国哲学在柏格森"时间"为"内在直觉"的框架中，"思想"与"时间"成为"内在""绵延"，"文字"只为"思想"之"符号"，"空间"成为"机械""因果"之代名词，这样"空间"问题被排斥在哲学之外。按康德、海德格尔的意思，"空间"似乎只是"诸存在者"的形式，而"时间"，只有"时间"才是"存在"的真正形式。

然而，"存在"仍是"在""空间"中，"时间"与"空间"原"不可分割"。"空间"原为"存放""时间"，"空间"中之万事万物，原本为"历史-时间"之"档案"。福柯的"知识考古学"正是研究"时间"中之"空间"，"历史"中之"档案"。"空间"为"外在化"了的"时间"。

然则，又是按照柏格森之看法，"时间"为"绵延"，为"不可分割"。如果"被分割"，则"事物"就发生"变化"，"事物"之"同一性"，就会"终止"，"同"就成为"异"，"该事物"就不成其为"该事物"。"异"为"时间"之"断裂"，亦即"时间"之"空间"化。"空间"使"同"成为"异"。"时间"中之"空间"，"空间"中之"时间"乃是"同"中之"异"，"异"中之"同"。

"时间"之"空间"化，乃是德里达的"延异"（différance）。这里，德里达利用法文"différence"（异、不同）与"différance"同音的特点，一箭双雕地指出"异"和"延"的双关意思。"différance"有"不同-异"的意思，又有"延续"的意思，而它们的读音在法语中又完全相同，这就说明了"语音"的局限。德里达在《文字学》中曾指出,实际上,西方的表音文字,并不能够完全表达"意义"。书面上一些不发音的符号,实际上都是有"意义"的,这种"意义"就是"语音"所未能表达的。

德里达的"文字学"当是文学中一些流派思潮的哲学概括。法国在文学和艺术中的创造性想象,为哲学家提供了很好的范例,绘画也不例外。我们知道,福柯有一篇文章分析了超现实主义画家玛格利特的画和题词"这不是烟斗"的多层面的意义,说明不仅语言的"所指"具有"意义",而且"能指"同样也具有"意义",或许还是更为本质的"意义"。

为反对"语音中心论",德里达在他的文集《书写与差异》中,讨论了法国激进戏剧家阿尔托(Antonin Artaud, 1896—1948)的所谓"残酷戏剧"(Le théâtre de la cruauté)。

阿尔托是法国戏剧艺术中的一个怪杰,他彻底否定了欧洲的戏剧传统,极力推崇东方的戏剧原则,而专门介绍了"巴厘戏剧"的演出方式。她的戏剧理念是让戏剧成为戏剧自身,而不让戏剧成为"文学"的"附庸"。从这个角度,他批判西方戏剧以"对话-语言"为核心而忽视"舞台"艺术。阿尔托推崇的"巴厘戏剧",是一种原始的戏剧表演,强调的是形体的夸张动作、撕心裂肺的呼叫和震撼的音乐,将人的情感"无情地、残酷地"发泄出来。相比之下,欧洲的戏剧已经完全脱离了戏剧之所以为戏剧的根基,过于文雅而过于虚饰,戏剧成为"案头之物",失去"表演""舞台"之特色,沦为"思想"之"傀儡",只是"人生"之"重影"。①

"残酷戏剧"强调"(舞台)空间",人体动作和在"空间"意义上理解"声音(包括歌唱和音乐)",都在很大程度上支持了德里达对于"语音中心论"的批评。

"空间"是"时间""存留"的"轨迹"(trace),"时间""在""空间"中,而不是"在""思想"中,"思想"为"不(非)存在"。就"思想"来说,"过

---

① 研究阿尔托的"残酷戏剧"观念,对于中国的学者来说是一件重要而饶有兴趣的工作。中文将近代西方戏剧(drama)译成"话剧",以区别中国传统的"戏曲",当会得到阿尔托的认可,只是我们这个译法不含贬义。应该说,阿尔托的思想,在一定时候也是一种思潮,将戏剧回归到古代节日之庆典活动,以及不分观众与演员,而一律"参与""演出",也是欧洲舞台上曾经尝试过的戏剧形式。同时,"戏剧"重在"动作",原本是亚里士多德《诗学》中早已指明了的,说明亚里士多德的戏剧观念去古未远。

去"和"未来"都"在场",或者说,"思想""令-让""不在场"的"在场","思想"犹如"神","过去"-"未来"皆为"现在",故它是"全知"。然而"有死的""人"却"断裂"于"一定"的"空间"之中,"生活""在""时间-空间"或"空间-时间"之中,亦即"生活""在""空间"化了的"时间"或"时间"化了的"空间"之中。对于"有死的""人"来说,"时间"与"空间""不可分割"。

于是,我们看到,法国当代激进哲学,强调"空间",并非回到过去牛顿单纯几何观念去,而是经过"时间"化了的——亦即经过柏格森、海德格尔哲学"洗礼"以后的"空间"观念,是"令-让""事物""现实化-外在化"的一个必经的途径。"空间"为"外在化"了的"时间","时间"则也就是"内在化"了的"空间"。世间万事万物,皆是"时间-历史"的"轨迹",这种"轨迹"不是"直线"的"绵延",而是"层层"的"覆盖"。"现在""覆盖-删改"着"过去","透示"着"未来"。这就是说,就人们的现实的实践,"改写"着"历史",而就世间的万物来说,也就不仅"占据"着"空间",同样也"埋藏""时间"的"痕迹"。"轨迹-痕迹""在""空间"中,但"存放"着"时间"。"在""空间"中的"痕迹"为"现在-在场",但它"存放"着"过去-未来","存放"着"不在场"。于是,世间万物都可以看成为:"不在场"的"在场",或者"在场"的"不在场",而不仅仅为它们的"物理"之"属性"、"物质"之"属性"——不仅仅是单纯的"在场"。但是,"空间"的"在场"既然离不开事物的"物质属性",则"轨迹-痕迹"式的"事物","历史-时间"的"事物",则是"物质"之所以成为"物质"的"本质属性",乃是"物质性"(materiality)。"空间""赋予""时间"以"物质性","空间"使"时间"不仅仅为"内感知",而且为"外感知"。"空间"使"时间"不仅仅为"思想",而且为"存在"。"空间"与"时间"的统一,也就是"思维"与"存在"的统一。这里的"统一-同一"乃是"有区别"的"同一-统一",乃是"延异"。亦即德里达自己说的,"异""在""同"中。[①]

德里达的"延异"(différance)是"时间"之"断裂"。然则,"时间"之

[①] Jacques Derrida, *Writing and Difference*, trans., Allen Bass, p. 396, Chicago: Chicago University Press, 1978.

"断裂"仍是"时间",乃是"连中之断"、"断中之连"、"断断续续"、"层层覆盖","时间"被"断裂""在""考古"的"层面"(福柯)、"冷冻"了起来。但各个"层面"之间有交叉的关系,并非截然断开,仍是"你中有我"、"我中有你"。我们"眼前"的"事物",大多为"昨天"的"事物","事物""在""延续"中保持"自身同一",但是"今日"之"事物",已非"昨日"之"事物","今非昔比","同"中"有""异",是为"延异"(différance)。

既有"延续",则有"重复","重"与"复"同义,乃是"覆盖"。就"写"来说,是为"重写"、"改写"。"覆盖""层"多了,就难以"辨认","折戟沉沙铁未销",但也当"磨洗"才能显出"前朝(时间-历史)"来。于是,我们对于事物的本质的"认识",须得"磨洗",须得从"在场"的眼前直接所示,"磨洗"出"不在场"的"历史-时间"来,"令其""在场"。这样的"物",就不仅仅是眼前的物理之物,也不是内在的心理之物,而是"历史之物"、"时间之物"。而"物"必"在""时空"中,因而"空间"中之"时间"之"物",乃是"真实"的"事物",而非"事物"之"影像"——不论是"内在"的,还是"外在"的。

4. 尚未来到的"德勒兹时代"

1995年德勒兹因患不治之症而自杀,他似乎没有看到他自己的"时代"的到来,尽管他的好友福柯曾经"预言"过这个"时代"会出现。当然,福柯这个"预言",我们也需要"等待",只是在这个智者辈出的信息化时代,对于这个预言不可过于认真。

然则,德勒兹在哲学方面所做的工作,的确不是可以忽略不计的。在如今"哲学"被"解构"与"分析"得支离破碎的局面下,德勒兹却写出了一本颇成"体系"的哲学著作,对于"哲学"作为一门学科,提出了一个新颖而又系统的观念。光是这一点,就足够引起我们的注意。

他的系统观点集中表现在1991年他与他的长期合作者伽塔利(Félix Guattari)一起署名出版的《什么是哲学?》(*Qu'est-ce que la philosophie？*)中。

据英译本的介绍,这本书刚出版时,被当作通俗读本而畅销[①],实际上这

---

① Gilles Deleuze and Félix Guattari, *What is Philosophy？* trans., Hugh Tomlinaon and Craham Burchell, Translator's Introduction, Columbia University Press, 1994.

是一本非常艰深难读的专业书。想象当年法国的一般读者，在买到之后，大半也会将它"束之高阁"。

这本书是德勒兹晚年的著作，早年他以《反欧底普斯》成名，写过论康德、柏格森的研究著作，都很有独创性，而这种独创性又是建立在对于哲学和文学艺术甚至数学、自然科学的博学基础之上。因而他的《什么是哲学？》一书，虽然部头不大，但是涉及领域非常广泛，从哲学、文学艺术、社会制度直至物理学、天文学、数学、逻辑等等，是当今难得见到的（小）百科性质的哲学体系。

提到《什么是哲学？》，人们能够记住的是他的"哲学"为"创造概念"这个观念，于是就以为"哲学"的工作就是"创造-发明-铸造"出一些新鲜而又有点道理的"名词"来。一旦普及，成了公众的"口头语"，有了"市场销路"，就沾沾自喜，有一种"吾道不孤"的良好感觉。然则，德勒兹所谓"创造概念"果真如此的简单而势利？做哲学就只是"觅得"几个"新词"就"进入""德勒兹时代"？

然而，德勒兹果然强调了"哲学"的工作不同于"科学"和"艺术"，乃在于它"创造概念"。那么何谓"创造"，又何谓"概念"，二者结合起来又作何讲解？德勒兹"创造概念"的哲学观念，有他的全部的哲学工作作为"后盾"，它的意义不同于通常意义上的"构造""新名词"。

为了把握德勒兹的思想脉络，不妨把他的《什么是哲学？》这本书倒过来读。在读过一遍不得要领后，先读这本书的"结论（从混沌到大脑）"部分，然后返回去读第一和第二部分。

"混沌"是德勒兹"哲学体系"的"基础"。"哲学"、"科学"和"艺术"都是"人"的"思想"企图"窥视""混沌"的不同的"途径-方式"。"哲学"以"创造""概念"的方式使"混沌"向"人""透露-开显"出来。在这个意义上，包括"哲学"在内的"人""思想"的，就不仅仅是古代意义上的"宇宙（学）"（cosmos），而是"混沌（学）"（chaosmos）。[①] 德勒兹在书里多次

[①] Gilles Deleuze and Félix Guattari, *What is Philosophy？* p. 204.

利用普利高金的"混沌"理论,来说明他的"哲学"的"背景"和"基础"。①他说,"混沌"与其说是"无序",倒不如说是"无限速度"②,实即"速度"之"无序","无定速"。"无定速"乃是"时间"的问题,"时间"之"无序",乃是"时间"之"本质",即"时间"之"自由"。"时间"之"自由",乃是"速度"之"自由"。

有了"自由",才有"创造"。"创造""概念",乃是"自由"的"概念"。"哲学"的"概念",不像"科学"那样,是"功能性"的"命题","命题"在"必然"联系之中;而哲学的"概念"是"自由"的,因而它不是科学的"命题"。

我们看到,"哲学概念"之"自由"性,是黑格尔的逻辑学所着力的地方,他是以"否定"的辩证法使"概念""自由"起来。这种"辩证"的"概念",直接接触"本体"——"本体"因其"矛盾-对立"而非"知性-科学"僵固的概念所能及。"本体"一旦纳入僵固的概念体系,则失去其"自由",亦失去其"自身"。"混沌"被"分-析",则"混沌"死。

"自由"之"概念"要"窥视""混沌"本身,而不使"概念"落入僵固之"职能"(function)体系,则需得保持自身之"自由"特性,因而哲学之概念,需要"创造",而没有"成品"可以利用。"哲学概念"以"不定"的"速度""更新"。也就是说,"哲学"以"不定"的"速度""创造"自己的"概念"。

"混沌"不可分割,"时间"也不可割切。"混沌-时间"不是"成品",而只是"在""变"中,"在""可能性"中。世间只有"可能性-变""在","存在"即是"可能性-变"。然则,"混沌"之"变"为"无定速",我们对它的"把握",不可能是"实际"的、"成品"式的,"混沌"不是一个"东西-物",而只能是"虚拟"的(virtual)。③"时间"有"间",一个虚拟的间歇,在这个"空缺"(void)中"产生"的"概念",必为"创造"出来的,乃是"无中生有",因而为"(永)新"的。

然而"哲学"仍有"历史",这个"历史"的"相续"性,使得哲学的诸

---

① 法国人重视从哲学的角度思考"混沌"的问题,1991 年第二季度的《哲学评论》(*Revue Philosophique*),出有专号。
② Gilles Deleuze and Félix Guattari, *What is Philosophy*? p. 118.
③ 同上。

概念似乎是"推导"出来的。没有这种"推导"的历史,哲学就失去了自身的"一贯性"(consistence),成为"任意性"。"自由"并非仅为"任意"。

"哲学"的"思想",需要"历史"的"平台"(plane)。"历史""包裹"着"人",实际的历史包裹着人,思想的-内在的历史也包裹着人。"哲学"的工作就是要"捅破"这层"包裹(衣)",让那"混沌"的"自由"之光透露进来。这层"衣包"是"人""捅破"的,而"混沌"是自己"透露"的。把握这点点透露进来的"自由-混沌"乃是"哲学"、"科学"、"艺术"共同的工作,而它们的"把握方式"却很不相同。

按照德勒兹的看法,"哲学"需要具备三个条件,亦即三个"因素"(elements)。一是设置"内在的平台"(immanent plane),这是"前哲学"(prephilosophical)的条件;其次为"设想"一个或多个"角色"(persona, personae),来"做"这件事;最后就是"创造""概念"。"角色"需要"内在一致"(insistence),"概念"则要求诸概念"之间"之"和谐一致"(consistence)。德勒兹还说,设置平台,乃是"理性"的工作,设想角色则是"想象力"的工作,而使"概念"的和谐一致,就是"理解力"的工作。因而"哲学"面对着复杂纷繁、矛盾交错的"历史""平台",设想一个或多个"思想"的"主体",然后进行"概念"的"自由""创造"。

这或许是康德哲学的另一种表达方式。只是"理解力"为"创造""概念"的普遍性服务,而不限于"经验科学"的范围,显然是考虑到康德以后至黑格尔"哲学"作为"科学体系"的发展。但是在对于"哲学"的"总体(黑格尔的'概念')"式把握方面,仍是归于康德。因为在德勒兹看来,"总领"这三大因素的乃是"趣味"(taste)。这就是在《什么是哲学?》一书"导言"里就强调指出的,康德在晚年《判断力批判》里把他以前精心设置的"理性"的种种"界限"统统打破了。①

打破"界限"为"自由"。"趣味"统领"哲学"的三大因素,体现了"哲学"的"自由"。"哲学""窥视"了"混沌"。

"哲学"让一切"现成"的东西,"开了""天窗"。"我们——现实中的人"

---

① Gilles Deleuze and Félix Guattari, *What is Philosophy?* pp. 2, 76 - 77.

被"层层""现成"的东西"包裹"得严严实实。"我们"经常是感到"安全"和"舒适",但也"有时"感到"窒息"。"我们"太"统一",太"整齐一律",连相互之间的"区别"也是"分门别类""预定"好了的。"我们"没有"自己",没有"个体",只有"们"。然则,"生命"原本为"混沌",是"不可分割","不可""同一"的。我们在"哲学"这个"裂缝"里看到"绝对"的"异"——凡是被"规范"了的"自己",都已经是"同",而不是"异"。"生命"在不断地"异化",不断地"创造","生命"只有"在""异化"中才"存在"。"存在"就是"变异"。

现实中的"变异"在时间上是有规定的,因而是可以预测的;因为现实的变异为"功能性"的,为"物性"之变异,当有迹可循。"哲学"所思考的"变异"是"本体"的"变异",是"绝对"的"变异",它的"速度"是"不可限定-无限"的,因而"哲学"的任务为"创造""概念",而非"构筑""命题"体系。"哲学"的"概念"固然需要"创造"的"和谐一致",从而也如同"科学"的"命题"那样具有普遍的可理解性(understandable);但它的"出现",不取决于"命题"之间的"推衍",而取决于"趣味"的"自由""创造"。

在这一点上,"哲学"与"艺术"相似。真正的"艺术"作品的出现,不是可以"推算"出来的,而是"自由"地出现在大地上的,是不可"预计"的。

按照古典哲学的观念,"自由"不"在""自然"的"因果系列"之中。"自由"当然也对"自然"产生"影响-效应",但是"因果""必然"系列不能"保证""自由"的"必然性"。"混沌"(chaos)要成为"宇宙"(cosmos),才有规律可循。因而,"自由""在""自然"中的"显现",就不像黑格尔—胡塞尔想象的那样是"历史"的,或"直接-直观"的,而只能是"偶然"的。这个问题,康德在《实践理性批判》中关于"德性"与"幸福"在经验世界中的关系上,有所提示。但其强调点乃在于"德性"之"自由"的根基。在讨论经验知识问题时,也着重于讨论"科学知识"之"先天必然性",对于"偶然性"问题虽有提示而语焉不详。现代的哲学思考,正如海德格尔说的,要把前人想说而未曾说清楚的问题发挥出来。古典哲学在现实经验世界留下的问题,受到更多的重视,对于那些原先为"偶然"、"个别"、"差异"、"无序"这类的"非常（规）"问题，毫不放过，在这些问题上，开出"哲学"的新天地来。

"偶然"为"混沌"、"无序"、"无定"，"自由"的意义被进一步深化。"自由"在"经验世界"的"显现"，乃是"偶然"，而这种"偶然"，却又是"本质"。"本质"在于"不定"，在于"变异"。"变异"为"存在"之"本质"。

"哲学"之"概念"固然须得内部的"一致"。我们可以说，它要借助科学的"命题"和"推理"之"逻辑"来让人"理解"。然而它的"概念"又是"自由"的，"概念"之间的关系虽需内在"一致"，但并非"必然"之"推理"，而是一种"自由"的关系，即"哲学概念"之间的"组合"，乃是"自由"的，它们之间的"一致"乃是"自由"的"一致"，因而哲学概念之间，乃是"自由组合"。正如德勒兹在《什么是哲学?》一开始就说的，"哲学"这堵"墙"，是用"干砖"(dry-stone)砌成的。①

于是这堵墙就可以"推倒"重垒，犹如博弈的"洗牌"那样，每一局内部是"一致和谐"的，因而是可以理解的，但是"组合"却是"偶然"的，完全"不定"的，因而是"自由"的。博弈的每一局都是"自由组合"。很容易看出，这正是尼采的"掷骰子"的"永恒轮回"思想。

在这种博弈的"轮回"中，每一次"轮回"都不是"同一"的，"轮回"恰恰是"异"的"轮回"。博弈的每一局，是不可能"相同"的，而如何产生这种"异"，则是完全"偶然"的，"不定"的。每一局的"局面"，是"前所未有"的，因而是"创造"，是"创新"，是"全新"的，是"绝对"的"创造"，是"绝对"的"新"，因而也是"绝对"的"异"。

在某种意义上，"哲学"作为一门学问，具有这种"博弈"的性质。"哲学""概念-思想"的"出现-产生-进入现实"并非靠"推论"就能"确定"的。它的出现，既不是"理论"的"推论"，也不是"现实-经验"的"因果"，如同"艺术"一样，一种"哲学"的"出现"，不是"必然"，而是"自由"。

在这个比喻的意义上，"哲学"的"创造"，当然也有所"本"，"博弈"也有"博弈"的条件和规则，尽管这些条件和规则也是"自由"的，但只是为了"内部"(immanent)的"一致"(consistent)。这样，"哲学"的"历史"，就

---

① Gilles Deleuze and Félix Guattari, *What is Philosophy ?* p. 23.

是"创造"的"历史","自由"的"历史",而不是一般的"经验"的"历史",不是"自然"的"历史"。如果说,"时间"为"绵延"的话,那么"哲学"就"存在"于"时间"之"断裂-缝隙-间"之中。"时间-历史"中的一个个哲学思想体系如同一座座哲学之高楼大厦,它们所使用的"砖瓦"固然有多有少,或者甚至为代代相传,但它们的"组合-结构"却是各不相同。每一幢大厦都是"绝对"的"异","绝对"的"个体",乃是一个个"独一无二"的"丰碑"。在这个意义上,德勒兹说,"哲学"是"变",而不是"历史",是"地理志"(geography)而不是"历史志"(historiography)。如同福柯说的,"历史学"应还原为"考古学"。"哲学"的"历史",乃是"一层层"的"文档",犹如一局一局的"牌局"。德勒兹还说,"哲学"是一种"恩宠"(grace),而不是"自然"(nature)。①

一种"创造性""哲学"的"出现",常常需要种种的"机缘汇合",实在是"可遇而不可求"的,因为人们不可能"穷尽""全部"的"机缘"。这种情形,并非源自人的知识能力有限,而更根本的乃是"机缘"自身本不可能"大全",而只是"不定-未完成(infinite)"(列维纳斯)。"本质-本体"原只是"可能性",而并非一种"现成之物",也不是"想象之物"。"哲学"为"本质-本体"的学问,因而也是"可能"、"自由"的学问,是"创造"的学问。"哲学"使得"自由"、"本质"、"可能"、"偶然"、"变异"、"时间"为"可以理解"之"事"(event),于是"哲学"也使得"混沌"为"可以理解"之"事"。"chaos"透过"裂缝"成为"chaosmos","chaoid"。②

世界刚刚进入 21 世纪,"哲学"在欧洲或许还在不断地"洗牌"。欧洲历史上"出现"过许许多多值得我们"惊叹"的"好牌",当然也有不少"次牌"。当然,"好""次"的标准因时而异,也都在不同的"考古层面"。

"哲学史"研究种种的"考古层面"之"档案",探讨种种"哲学事件"如何"窥视""本质-本体"之"变异""真相",使它们在我们这个时代成为"可以理解"的"事件"。了解这个思路,对于"哲学"之"思想训练",当大有裨益。

---

① Gilles Deleuze and Félix Guattari, *What is Philosophy?* pp. 96-97.
② 同上书,第 204 页。"chaoid"不知如何译成中文,或译为"混沌基质"?

六　西方哲学中经验主义传统及当代分析哲学之趋向

"西方哲学"的范围，包括了欧洲大陆理性主义和英美的经验主义。这种区分不仅仅是地理上的——英美同样接纳甚至流行过"理性主义"，更主要的是思路上的，在哲学的深层问题上有其分歧的渊源。

按通常的理解，理性主义强调主体的能动性，而经验主义似乎把理性放在低一层的地位，将感觉经验放在首位。这主要是在知识论层面理解它们的区分，当然也还是正确的；但如果我们进一步思考它们的分歧之理路，就会发现，它们在哲学的深层问题上，态度是不同的。

何谓哲学的深层问题？我们这里涉及的是"感觉经验""自身"的"混沌"性问题。无论经验主义还是理性主义，它们共同的目标都是要使这个"混沌"的东西"有序"起来。而哲学为使自身不离"混沌"这个"根源"太远，使这个"混沌"保持着对于"有序"世界的"基础"地位，从而"推动"它"有序"的"运动"。正是在这个基础性问题上，理性主义和感觉主义的思路发生了分歧。

在这个总绪论中，我们讨论得比较多的是在欧洲大陆理性派方面的问题，但这绝不是意味着英美的经验主义不重要，或者较少"哲学味"。这是一种非常严重的误解，是我们竭力要避免的。我们认为，英美经验主义就其哲学本身而言，它涉及的哲学问题，绝不比大陆理性派"浅薄"，甚至我们可以说，它们对于西方社会的繁荣昌盛所作出的贡献，在某种意义上超过了大陆的理性派。深层面的哲学经验主义，在更大的范围内和更深入的层次上维护甚至推动了西方科学技术的发展，这尤其是值得我们中国的哲学工作者学习的地方。

从近代中国接触西方哲学实际情况来看，初期重视的是经验主义，但是后来欧洲大陆理性主义似乎受到更多的重视。从上个世纪80年代中国改革开放后西学东渐的情形看，也有这种特点。逻辑分析方面的学说领先介绍，80年代"语言转向"问题曾经有过较多的关注和讨论。后来，人们的注意力逐渐转向现实的社会问题，萨特以及存在主义思想，成为社会的思潮，目光转向了欧洲大陆哲学。而当90年代来临，人们的视线投向海德格尔，一时间"存在的遗忘"、"人诗意地栖息"等等，成为谈论的热点。与此同时，海外传来中西合璧之"新儒家"，也为人们所重视。对比近百年以前，由严复译《天演论》，至后来"宋明理学"与黑格尔哲学融通结合，历史似乎又在不同的条件下、不同的深度上"重新"走过一遍。

哲学上经验主义这个系统，由于种种原因，似乎不但没有在"思潮"上起过长久的作用，就是在哲学的专业上，也未曾进入基础的层面。也就是说，在我国专业的哲学界，有没有经验主义哲学的训练，似乎不是基础的要求。针对这种情形，我们理应更加强调对于经验主义哲学系统的引进和研究，这是我们长期以来，深深感到的一个紧迫的问题。对于我们相对欠缺的东西，我们理应投入更多的精力来加以补充，以便使我们这个民族的机体和思想更加全面发展。

我们常常容易接受和理解欧洲大陆哲学的传统，而潜心"学习"英美经验主义传统，在哲学的深层问题上探讨其原因，也是一个很有趣的问题。这不仅涉及如何把握中西哲学"比较"问题，同样也涉及对于西方哲学中"欧洲大陆哲学"与"英美哲学"两种不同传统的"比较"问题。

（一）"感觉经验"与"思维（逻辑）形式"

无论大陆理性派还是英美经验派，都认为"单纯""感觉经验"是"流动-杂乱"的，是一个"混沌"的东西，而"知识"则需要"秩序"。"知识"是"有条理"的、"理论"的，至少是可以-能够"理论"化的。那么，"理论"化了的"知识"如何与它的"对象"一致，就成了问题；因为说到"对象"总还是离不开"感觉经验",而"感觉经验"是"混沌"。按照亚里士多德的看法,所谓"真理",乃是对于"真(实世界即可感世界)"在"理(路)"上的把握。于是,哲学-第一哲学的任务就在于理解"真理"如何可能,我们如何可能具有关于"真实世界"的"知识"。即"理论"如何与"真实-现实""结合","理论"如何"进入""真实-现实"。

为此,亚里士多德指示出一条途径:"理论"可以规约为"逻辑"的"形式"。这些形式可以运用到"感觉经验"中去,"整理"规范它们,使之在我们的"知识"形态中"有序"。

于是,我们看到,在西方哲学史上,恰恰是"经验主义(者)",重视发展"形式"的"逻辑"系统,使之成为一门独立的科学,如同"数学"一样,有自己的"历史"。而理性主义者,则往往不满意于"逻辑"的"形式"性,而要"改造"它,使之成为"哲学"的"存在"方式,从康德到黑格尔,直至海德格尔,莫不如此。

当然,"混沌"的"感觉经验"对于理性主义来说,也是一个麻烦的问题;因为"哲学"总还是一个"有序"的"思想体系",这个体系,如何切入它的"对象",是不可回避的问题。我们已经看到,在西方哲学的"古典"阶段,它们走的是一条"从上而下"的思想路线,即由"理性"自身"开显"出一个"感性直观"世界来。这个世界,虽是"感性"的,但也是"有序"的,是"有意义"的世界,而不是杂乱无章的"混沌"。"理性"自身包含了"矛盾",因矛盾而分裂变动,从而有能力"开显-开创"一个对有理性的人"有序-有意义"的世界来。这是理性主义解决这个问题的思路。这个思路的成熟,应该说,与"基督教"思想的冲击有关。也就是说,希腊哲学思想,是在受到基督教"创世说"冲击后,开启出来的。哲学家体会到,哲学必须"解决""无中生有"的问题,才能理解如何从"混沌-无序"到"宇宙-有序"的问题。

就某种意义来说,经验主义是相当实在地承认"感觉经验"本身为"杂乱无章"的。它们将"秩序"归于思想(或语言)之规则化,用一种"有序"的方式来"说-思"那"无序"的"感觉经验",犹如"逻各斯"之与"流变"。

这样,从根源上来说,经验主义很肯定感觉经验及其对象之客观性和独立性,即使这个对象与其所给予的感觉经验是一个流变,也是一个必须承认的

"事实-现实"。正是由于经验主义承认这个流变的、混沌的感觉经验对象是不以人的意志为转移的，因而经验主义在其思想深处，保持着一种怀疑的精神，在学说上也是经常表现为怀疑主义的。在古代希腊如此，在近现代亦复如是。

经验主义的怀疑精神，有时候表现为一种消极的倾向，怀疑真理之可循，怀疑知识之可靠；有时候也表现为一种积极进取的态度，不"止于至善"。因为它根本怀疑有"至善"这样一种"圆满"的东西存在，即使在"思想-理念"里，也没有它的"存在"的地位。因"凡存在者皆可被感知"，"绝对理念"既然"不可感知-不可直观"，则为"不（非）存在"，而我们的知识又非以"存在"为对象不可，于是此种"至善"只能归于思想之"虚构"。

不仅如此，哲学上积极之经验主义-怀疑主义，倒也并不"怀疑一切"。它承认并且积极坚持世间尚有"不可怀疑"的东西，只是这个东西不是感觉经验之"对象"，不是感觉经验之"存在"，而是"（思想）工具"之"存在"。对于这种工具，像世间一切其他工具一样，需要人的呵护和改进，但它的可靠性是不容怀疑的。

这就是逻辑和语言的规则，它们类似于古代数学和几何学。"工具"大于"对象"。只有合适的工具，才能使感觉世界这块"璞"，经过"规整"，成为"有意义"的"知识""对象"，才能从那"无序-混沌"中"开发-开凿"出来，"为我所用"。在这个意义上，经验主义者本质上就倾向于"工具论"，这也是经验主义-逻辑实证主义-分析学派在美国发展的特点。美国哲学的发展似乎表明了这样一种趋势：经验主义经过逻辑实证和分析学派、语言学派，在技术上比较彻底地推进之后，在哲学理论上常常向"实用主义"靠拢。

当然，这种"靠拢"，并不是一般哲学理论的规范，而是通过分析学派对于逻辑和语言的技术性深入探讨，自身提出的问题，因而是非常专业的问题。"工具"自身的磨洗，显现出它自身的哲学特性。

（二）"分析（哲学）"自身之被质疑

"工具"并非一劳永逸地放在那里，"工具"自身需要改进发展。思想的工具——逻辑和语言，或语言之逻辑结构，也是不断变化发展，而人们对它们的研究，也不断地深入。

上个世纪是分析学派哲学大发展的时代。这个发展的积累，并不是一个世纪的事情。自从培根批判亚里士多德，提出"新工具"以来，经验主义传统已经有了很大的变化和发展。

培根的《新工具》强调"归纳法"自有其理路：因为亚里士多德集中研究的是三段论推论形式，而对用"归纳"的方法得出的"定义"，则认为是柏拉图的失误之处。他理解柏拉图从"归纳"事物之特性作出事物本质属性之"定义"，成为事物之"理念-种类"；而他的"三段论"乃是"分析"性的，前提本就"蕴涵"着"结论"在内，因而就如同几何学公理一样，只要前提正确，结论也就必然正确。亚里士多德的哲学并未止于这个三段论的层面，相反他本人十分重视经验知识之积累，而并非只强调逻辑的推论工作；然而他的"分析论"，却为后世的逻辑学奠定了基础，同时还由于中世纪神学的介入，基督教的唯一"神"，"远在天边"，不是"经验积累"所能达到的"彼岸"，于是为使这个"彼岸"显得"可靠"，恰恰更需要"逻辑推理"的"支持"。我们看到，既然"天启-神之显现"乃是信徒个人作为"目击者"之"明证-目证"，而不具有"知识"之普遍性，则逻辑之"证明"就成为支持"神学"之重要"工具"。这样，在中世纪神学统治时期，逻辑学反倒有相当深入进展。只是此种进展，对于人们的经验知识并无半点帮助，为"推进"现实的经验知识之积累，培根遂有"新工具"之提倡。除三段论外，尚有"归纳"一法，用以"促进"科学知识。在这一方面，培根可谓功莫大焉。培根将人的目光从天上又拉回到人间。培根所追求的，与亚里士多德正相一致：求得对"真实（世界）"的"知识"——"真知识-真理"。

然而，"分析"问题则容不得质疑。"分析"出来的"理"，虽是"形式"的，但却是颠扑不破的，是"不依靠经验"的，或者用现在的语言来说，对于任何"可能（经验）世界"都是适用的。"工具"虽运用于经验对象，但却不限于、不依赖于一时一地的经验对象，"工具"有更大的普遍性。"工具"不是"经验之流"，而是"中流砥柱"。

经验主义之发展，使这一点越来越明显起来。到了休谟，这种区分已经非常清楚明朗，以至于他认为，除了逻辑和数学之外，一切经验知识都只能是一种约定俗成的"信念"。

休谟的怀疑论，被康德扭转了方向，以理性主义代替了经验主义的立场。康德工作表明了一个问题，即似乎为克服怀疑主义，唯有走理性主义的道路。然而经验主义坚持认为，既然"工具"本身已是"无可怀疑"的，人们就大可不必"虚构"出一个更高的"理性"来维护知识的可靠性。这就是后来 G. E. 摩尔向包括康德，尤其是黑格尔在内的一切理性主义发起的攻击得到巨大反响的原因。

在近代，由 G. E. 摩尔发起的对理性主义的批判，产生了长远的效果。此后维特根斯坦以及罗素，将英国和维也纳学派连接起来，成为一股强大的逻辑实证和分析的思潮，推动了经验主义的发展，随着国际社会力量的发展变化，逐渐地成为哲学的主流，当然也有其学理上的根据。

就哲学历史发展来看，分析学派继承亚里士多德的"正统"，努力寻求"真知识"。在指明这种"真知识"的可能范围及其与"工具"性质的关系等问题上，分析学派当然是强有力的武器。在当代的条件下，"知识""可能条件"的问题，须得用"分析哲学"的精神来回答，这是对康德知识论的推进，或者叫"纠正"，理解这一点，似乎已经应该是当代哲学家的基本观念。

德国施太格缪勒在他的《当代哲学主流》中认为，维特根斯坦的《哲学研究》和蒯因的《语词和对象》是上个世纪影响最大的两部著作[①]，这是就分析学派方面来说的。如果就整个欧美哲学来言，似应加上海德格尔的《存在与时间》和列维纳斯的《全与无限》。

就分析哲学而言，维特根斯坦是决不容忽视的人物，尽管也是有争议的人物。

维特根斯坦之所以引人注目，在于他一个人做了两个人做的事情：他的后期著作，彻底否定了前期的观点，而并不能消除前期著作的影响。他的两部著作，前期的《逻辑哲学论》和后期的《哲学研究》都是成熟的著作，所以维特根斯坦这一个名字代表了两个同样伟大的哲学家。这种现象，在哲学史上是很罕见的。因而我们只能承认，维特根斯坦是一个哲学的天才，他能"创造"完

---

① 施太格缪勒：《当代哲学主流》下卷，王炳文等译，第 204 页，商务印书馆，1992。

全不同"风格"的"作品"。在这个意义上,或许我们的确可以说维特根斯坦 1 和维特根斯坦 2。

一个人一生做许多不同的工作,远不是什么特别的现象。维特根斯坦所做的这两件工作之所以特别,是因为它们原本该是两个人来做的。在哲学的学术领域,一个哲学家批判、否定、反对另一个(或一些)哲学家,乃是通例,而把这两个人所做之事,集于一身,虽不能说绝无仅有,但却可以有把握地说,乃是特例。

不仅如此,维特根斯坦前后这两件工作,代表了分析哲学内部学术层次上的两种不同的倾向,而这两种倾向又代表了两个历史时代。或者说,他的前期工作影响了罗素和维也纳学派的工作,而且具有更高层次的理论内涵;而后期工作,则又开创、启示了这个学派的另一个方向。

以《逻辑哲学论》为前期工作的贡献在于它将逻辑分析与语言分析紧密结合起来,以对"经验-事实"作出规范为目标,剔除一切无关的杂质,为形式的语言的逻辑必然划定了绝对的范围,是迄今以来最为锋利的"(奥康)剃刀",而这把"剃刀",又并不因为后期著作的出现而废弃不用,它在这条理路上,因其彻底性将长久地保持着自身的优越地位。而后期《哲学研究》,以"家族的相似性""融化"一切前所设定的僵硬的"界限",从根本上动摇"语言"被"定义"的可能性,从而"瓦解""意义""蕴涵"之"先天性"。于是,拥有"意义分析"权力的"语言-逻辑",为"进入""流动"之"感觉经验",也"变得""灵活"起来,或者说,这种"灵活",并不是使"剃刀"的"锋芒"变"钝",而是使它更为"锋利"起来。"超薄"的"刀刃",进入"千变万化"的"现实世界-事实世界",才能"游刃有余"、"左右逢源"。"剃刀"变得更有"适应性"。

这种"适应性"的态度,逐渐在美国的分析学派中受到欢迎,并在学术上得到发展。

(三)分析学派在美国的发展

美国常常被认为是一个没有哲学的国家。美国重视科技的发展,尤其重视高科技的研究开发，在多种技术领域，居于世界领先地位。在我们中国人眼光里，美国和欧洲为一体。它们之间确实有很多的合作和沟通，美国原本是从欧洲分立出去的一个部分；然而美国在精神上与欧洲大陆具有很大程度的不同，而与作为岛国的英国比较接近，但又更加兼容并蓄。美国似乎没有"自己"，它的"自己"是许许多多"他者""综合"起来的。而它这种"综合"，似乎也不将"他者""融化-同化""归一"。保持着各个方面的"多元性"似乎是美国作为一个国家的特点。美国作为一个实体的"自己"，正在那许许多多的"多"中。

美国在"哲学"上确有"兼容并蓄"的特点。

美国以二战后强大的经济实力，有条件兼收世界各国的杰出的专家学者，其中也包括哲学家在内。有些国家的哲学家，在本国似乎未能得到充分发展，几次在美国的讲学，播扬了名声，奠定了学术地位，也是常有的事。法国一些锐进哲学家是如此，德国年轻一代的哲学家也是如此。在这种条件下，美国的学者受到世界各国大哲学家的教益，可以直接简便地研究多方面的哲学思想，对于丰富其自身的学养，当是大有裨益的。

不过，在哲学方面，在诸种思想的会通下，美国也还是有"自己"的哲学精神，这就是"实用主义"的哲学精神。

"实用主义"表面上看似乎是一种比较浅薄的思想，离开欧洲正宗的"第一哲学"、"形而上学"传统甚远。这种理解当然也是有道理的；然而，"实用主义"虽然和欧洲形而上学传统不同，但也不完全是浅薄的学说，它同样具备"哲学"思维的那种"彻底性"和"绝对性"，只是方向不同而已。

"实用主义"是"经验主义"的"哲学"。这个意思是说，"经验主义"只有走到"实用主义"的"地步"，才算是有了"哲学"的"彻底性"。"实用主义"是"经验主义"的"第一哲学"，是"经验主义"的"形而上学"。

"实用主义"并不把自己的原则强加给其他学派，而是让其他学派的思想，按自己的轨迹推进下去，相信它们最终会和"实用主义"有汇合之处。我们注意到二战中，新康德主义佼佼者卡西尔避难定居美国，美国待为上宾。美国学者受惠于卡西尔者固然多多，但是卡西尔居然从自身哲学系统，看出了与美国实用主义，特别是杜威的"工具主义"有着会通之处，这也许是康德哲学中经验主义的成分起了作用的结果。

作为彻底的"经验主义"的"实用主义",原本与"逻辑学"不可分割,"实用主义"奠基者之一皮尔士在逻辑学上的贡献和造诣,是公认的。不过,将欧洲分析学派的思想写进美国,使之走向"实用主义",则是上个世纪的事情。

也许正如"实用主义"所预料的,分析学派自身发展中的问题,迫使它由自身的裂缝中就能够走近"实用主义"。维也纳学派的解体,哥德尔的发现,"哲学逻辑"诸多分支(模态逻辑、义务逻辑、认识逻辑,以及多值逻辑、时间逻辑、拓扑逻辑、决定逻辑、量子逻辑等)中所出现的种种悖论,以及蒙太古逻辑企图将"语言"和"句法""逻辑化"、"意义化"过程中所出现的问题,都促进了这个分析学派向"实用主义"的哲学原则靠拢。

在这个大趋向中,蒯因起到了不可忽视的作用。

蒯因是上个世纪美国最有影响的哲学家,对于整个分析学派来说,也是举足轻重的大家。他在逻辑哲学、语言哲学方面,做了大量系统的工作,但究其创造性的影响而言,他的破除经验主义两大教条可以当之无愧地载入哲学的史册。只是如果我们同意他的破除工作,则"分析哲学"将不"分析",亦即"分析哲学"就变得名不副实起来。

蒯因所破除的经验主义两大教条,之所以事关重大,乃是它涉及经验主义传统中两大柱石:"思想的(观念的)真理"和"事实的真理"之原则区别;而在确定这种区别之后,经验主义如何将它们沟通起来。

这个区分,并不起始于狭义的"经验主义"。在近代,培根特别是笛卡尔的"双重真理"论,已经着重地提了出来;而至怀疑主义的休谟,将它们更进一步地阐发出来,从而成为康德知识论所必须面对的问题。

哲学史上的"双重真理",实际上也涉及到"分析"与"综合"的区别与联系问题。"观念-思想"的真理,是"分析"的;而"事实"的真理,则是"综合"的。休谟的怀疑论认为,只有"分析"的"思想真理"是"先天的"(a priori),因而具有"必然性";而"事实"的真理,则是"后天的"(a posteriori),只有常识的普遍性。否认"事实"真理的必然性,被认为动摇了自然科学-物理学的可靠基础,康德就是要扶植这种基础,遂有"先天综合判断"何以可能的问题。康德所谓"先天综合判断",是要论证:不仅"分析"的判断是必然的、"综合"的判断，就理论上说，也可以具有"必然性"。这就是说，在康德看来，"综合判断"在理论上也可以具有"分析性"，所谓"先天综合判断"，意味着"综合判断"也可以有"先天性"，即对于"事实"的判断，也可以"推论"出来，如从一定的"原因"，就可以"推断-判断"出一定的"结果"来。

然则，我们看到，这一切的"必然性"，仍是建立在"分析性"的基础之上。如果没有这个基础，则一切的"必然性"，将会发生动摇。反过来说，如果要想动摇知识的"必然性、可靠性、确定性"，则必先动摇"分析性"的观念。

蒯因做的就是从基础上动摇这个"分析"的概念。他很明确地指出，经验主义两个教条，实际上后一个"还原论"与"分析"的观念是不可分的，因而他的主要工作是要破除"分析"与"综合"的界限，使经验知识这种先天必然性发生问题。

蒯因在做这项工作的时候，是非常专业的。也就是说，他不是从分析哲学的外部来指出它的问题，而是从这个学派的内部，通过专业技术的分析，揭示它的矛盾与含混，迫使这个学派必须在内部专业问题上有所辩护，否则不足以回答他的挑战。

蒯因对于"分析"观念的怀疑，主要依据的是对于"意义-语义""蕴涵"的否定。而他的论证主要通过对所谓"同义词"允许相互替换的质疑来进行的。蒯因提出了三个表面看真值相同的命题（话语）：

(1) 没有一个不结婚的男人是结婚的。

这是一个在任何可能环境中都是真的语句，即不论如何解释"男人"和"结婚的"两个"变项"，这句话都是真的。这里关键在于"如果"、"不"、"和"等逻辑常项的结构合适。

(2) 没有一个单身汉是结婚的。

这句话的真理性在于它可以以"不结婚的男人"作为"单身汉"的"同义词""替换"句中的"单身汉"，则语句（2）就转换成语句（1），由此就证出它的真理性。

(3) 所有和只有单身汉是不结婚的男人。

蒯因认为，这里的"替换"固然起通常的做法，但是它的意思是不明确的。如果这种替换是建立在"同义性"的基础上［即"单身汉"与"不结婚的男人"为"同义词",因而认为语句（2）是"分析性"的］,即得出语句（3）"所有和只有单身汉是不结婚的男人"这句话是分析性的。蒯因认为,这样的判定则是错误的。

为破除经验主义者对"同义词"的迷信,蒯因从"定义"和"人工语言"的"语义规则"两个方面来堵死他们的反驳。蒯因说,"定义"实际上是在已经有了"分析"观念的前提下进行的,或者说,一切的"辞书"的"定义",都已经是在"分析"观念的掩护下作出的,因而字典的"定义",不能再用来为"分析"的合法性作辩护;而蒯因经过细致的考察,所谓"人工语言"一点也不比"日常语言"在"语义"问题上推进多少,因而它也不可能在"同义词"作为"分析"合法性问题上有更多的帮助。

不过,蒯因并不是一概否定"替换"的可能性。他只是否定在"语义"上的"同义性"和"可替换性",因而涉及的是语句的"内涵"方面的问题;而在"外延"上,蒯因承认有外延相同的语词,是可以替换的。如他引用的"有心脏的动物"和"有肾脏的动物",外延相同,但是在"意义"上却不相同,但它们是允许"替换"的。而外延相同,并非"分析"的,无论我们如何思考、分析"心脏",也出不来"肾脏"的概念,因而外延的问题,只能是依赖经验的,而不是先天的（a priori）。上述三个命题中,只有命题（3）是站不住脚的。

蒯因还将经验主义的"还原论",即一切关于"事实"的判断、语句,都可以规约为对于"感觉材料"（sense-data）的"指称",因而可以经验地"证实"和"否证"。蒯因说,这个教条根源于把语句的真理性分为"语言成分"和"事实成分",承续着"双重真理"的学说,实际上仍可以用来为"分析性"观念辩护。因为一个语句,当它的"事实"成分为"零"时,即"事实"为"空洞"时,这个语句就是"分析"语句。蒯因将这种"双重"语句观,叫做"胡说"。在蒯因看来,所谓"事实"语句,不可能将"事实"一一列举,即一一对应,任何语句都向整体的"经验-科学"开放,而不可能是孤立的。于是关键问题在于我们用何种"工具——语言、逻辑"来"进入-切入"这个"经验之流"。

在这里，我们对于蒯因哲学的结果更感兴趣；而这种"结果"，蒯因自己是非常明确地意识到的。他在《经验主义的两个教条》一文的开头就说："正像我们将要见到的，放弃它们（即经验主义'分析'和'还原'两个教条——引者）的一个后果就是模糊了思辨哲学和自然科学之间的假定分界线。另一个后果就是转向实用主义。"①

在破除经验主义的两个教条之后，蒯因提出"没有教条的经验论"。所谓"没有教条的经验论"就是用语言-逻辑的方式把"实用主义"原则贯彻下去，将人类的"思想-思维"彻底"工具"化，否定"思想-理论"中有任何"确定"的东西，一切都是人们"对付-切入""经验世界"的手段。因而任何语言陈述和理论体系都不可能是颠扑不破的，"没有任何陈述是免受修改的"②。蒯因坦陈："作为一个经验论者，我继续把科学的概念系统看作根本上是根据过去经验来预测未来经验的工具。"③

在这个"没有教条的经验论"中，所谓"物理学的对象"，与荷马史诗的"诸神"在同一个层次，只是"把握经验"的"方式-工具"不同，而"物理学对象的神话在认识论上优于大多数其他的神话的理由在于：它作为把握一个容易管理的结构插入经验之流中的手段，已证明是比其他神话更奏效的"④。

我们看到，蒯因这种"更彻底的实用主义"⑤，在承认"感觉经验"本身之"混沌"性方面也是决不含糊的。由于这种"没有教条的经验论"之彻底性，看来康德哲学知识论所作一切努力将要"化为乌有"，经验判断就是经验判断，焉有既是经验-综合的，又是"先天的"之理？"先天综合判断何以可能？"也成了一个假问题，或者说，"不可能"有什么"先天综合"之说。

至于"思辨哲学"的结局，当然更为岌岌可危。已经不仅是与"自然科学"的界限"模糊"，而是生死存亡的问题。因为所谓"思辨哲学"，乃是对力图在"现实的经验世界"中"建立"一个"必然"的、在逻辑上可以"推论"的世界来，这个世界恰恰就是蒯因极力反对的"意义"世界。

---

① 马蒂尼奇编：《语言哲学》，牟博等译，第39页，商务印书馆，1998。
② 同上书，第60页。
③ 同上书，第61页。
④ 同上书，第62页。
⑤ 同上书，第63页。

不仅"思辨"的"意义"不可"推论",就连语词的"意义"也是"不确定"的。在语言哲学内部,罗素的"摹状词"理论也受到挑战,因为蒯因已经指出,"意义不可以和命名等同起来"①。这个思想,得到克里普克的发挥。事实上,人们命名一个事物,并非根据对该事物有多少属性、因而有多少摹状词来作出选择,"名字"(name)和"摹状词"是不同的概念。"专名"可以"代替""摹状词",但"摹状词"却不能完全代替"专名"。"摹状词"是"意义",而"专名"却是"指称",用"摹状词"来确定"指称"是错误的。② 按照克里普克,"命名"是由"传递信息链"决定的,因而是在"社交"中形成的。③

分析哲学似乎在走向自己的反面,与崇尚"不确定性"的实用主义合流,成为美国实用主义新发展的一个趋向。"实用主义"作为"切入""经验之流"的一种"工具",被认为是"有效"的。实际上,美国的确在这种"没有教条"的"教条"的信念指导下,收到了相当的效益。

然而就哲学来说,实用主义用来"迎接""挑战"的"工具"固然有一定的效应,但是缺乏"整体"的效应,即缺乏与整体经验之"混沌"性相抗衡的"理性"的力量,缺乏"形而上"地"对应""形而下"之"思辨"力量。当然,我们也看到,以整个"哲学-形而上学"的全部历史与整个"经验-实际世界"的"历史"相抗衡,人类仍需继续作出艰苦的努力。由于此种努力之艰苦性,给予了"实用主义"以"被选择"为一种"优越"的"应变""理论",也就是可以理解的了。

---

① 马蒂尼奇编:《语言哲学》,牟博等译,第40页,商务印书馆,1998。
② 同上书,第551页。
③ 同上书,第552页。

上篇参考文献

本篇的参考书目,都已分散在以后各卷的参考书目之中。如果详细列出,不免过于庞大,更难免重复。至于影响本篇写作观点的主要著作,也是西方哲学史上的经典之作,辑其要者如下:

康德. 纯粹理性批判. 蓝公武译. 商务印书馆, 1960

康德. 实践理性批判. 关文运译. 商务印书馆, 1960

康德. 判断力批判. 邓晓芒译. 杨祖陶校. 人民出版社, 2002

Plato, *The collected Dialogues of Plato*, Ed., Edith Hamilton Cairns, Princeton University Press, 1961

Aristotle, *The Complete works of Aristotle*, Ed., Jonathan Barnes, Princeton University Press, 1991, vol. 1

Edmund Husserl, Gesammelt Schriften 2, 3, 4 *Logische Untersuchungen*, Felix Meiner Verlag, Hamburg, 1975, 1984, 1984

Martin Heidegger, *Sein und Zeit*, Max Niemeyer Verlag, Tübingen, 2001

Emmanuel Levinas, *Totality and Infinity*, trans., Alphonso Lingis, Martinus Nijhoff Publishers, 1979

Gilles Deleuze and Félix Guattari, *What is Philosophy？* translated by Hugh Tomlinson and Graham Burchell, Columbia University Press, 1994

注：引用这些著作所用版本也比较自由,有中译本的尽量用中译本,为说

明问题也参考包括古希腊文在内的原文；有时也引用英文译本。

　　本篇重在思想观念之阐述，确切的版本，请参考以后各卷相关的参考书目。

人名索引

B

巴门尼德(Parmenides)
　　36,42—44,81,87,144

柏格森(Bergson,H.)
　　49,53,56,60,131,227,229,230,233,250,252,254,256

柏拉图(Platon)
　　11,22,23,26,28,29,41,55,62,68,82,84—95,97,98,136,141,143,144,162,193,209,210,219,221,249,266

D

德勒兹(Deleuze,G.)
　　35,127,162,181,196,255,256,258,260,261

德里达(Derrida,J.)
　　56,251—254

笛卡尔(Descartes,R.)
　　107,115,127,128,216,217,220,236,238,270

杜　威(Dewey,J.)
　　269

F

费尔巴哈(Feuerbach,L. A.)
　　218

费希特(Fichte,J. G.)
　　17,28,32,34,39,41,44,123,174,175,177—181,184,197,202,215

福　柯(Foucault,M.)
　　56,58,74,75,238—243,251—253,255,261

弗洛伊德(Freud,S.)
　　237,252

G

伽达默尔(Gadamer,H. G.)
　　153,235,236

哥德尔(Gödel,K.)
　　270

H

海德格尔(Heidegger,M.)
　　14,34,47,49—51,53—55,74—76,78,86,96,97,99,103,118,119,127,129,

145,157,158,169,183,191,221—233,235,237,238,242,244,245,249,252,254,259,263,264,267

赫拉克利特(Heraklitos)
34,40,45,80—82,88,90,92,102

贺　麟
186,187,189,192,194,197,201,203,244

黑格尔(Hegel,G. W. F.)
17—20,23,26,29,30,32,34,35,39,41,43—48,50,54,61,74—77,79,86,91,94,96,100,103,104,113,116,118,120,122,127,171,183—199,201—204,206,207,209—215,217,218,220,221,225—228,230,237,244,245,251,257—259,263,264,267

胡塞尔(Husserl,E.)
23,34,42,50,59,82,91,94,116,129,144,161,191,203,211—223,225,227,233,236,237,242,244,252,259

K

康　德(Kant,I.)
15—18,22,25,26,28—34,37,41,44,45,48—50,61—68,70—72,74,75,86,89,96,97,100,104—134,136—138,140—145,147,148,150—153,156,159—169,171—177,180—188,191,193—198,201—204,206—208,210,212,214,215,217,218,221,222,225,226,228,230,232,233,237—243,245—247,249,252,256,258,259,264,267,269—271,273

克罗齐(Croce,B.)
74,75,227,233

孔　子
217,229

蒯　因(Quine,W. V. O.)
267,270—274

L

莱布尼茨(Leibniz,G.W.)
128,166,167,208,231

老　子
37

利　科(Ricoeur,P.)
212

列维纳斯(Levinas,E.)
51,82,141,243—250,261,267

卢　梭(Rousseau,J.J.)
214

罗　素(Russell,B.)
267,268,274

洛　克(Locke,J.)
107,112

M

马丁·布伯(Buber,M.)
245

门德尔松(Mendelsohn,M.)
238

孟　子
76

摩　尔(Moore, G. E.)
　　267

N

尼　采(Nietzsche, F. W.)
　　18, 19, 33, 46, 51, 132, 143, 146, 207,
　　209—211, 222, 227, 237, 246—248, 252,
　　260

O

欧几里德(Euclid)
　　10, 42

P

培　根(Bacon, F.)
　　30, 43, 106, 107, 111, 119, 120, 236, 266,
　　270

Q

乔姆斯基(Chomsky, N.)
　　238

S

施太格缪勒(Stegmueller, W.)
　　267
叔本华(Schopenhauer, A.)
　　9, 18, 19, 26, 33, 113, 207—209, 211, 228
斯宾诺莎(Spinoza, B.)
　　147, 244
苏格拉底(Sokrates)
　　22, 29, 36, 39, 41, 56, 63, 64, 78, 82,
　　84—87, 132, 143, 144, 191, 251
索绪尔(Saussure, F.)
　　251, 252

W

维特根斯坦(Wittgenstein, L.)
　　267, 268

X

谢　林(Schelling, F.W.J.)
　　17, 32, 41, 44, 163, 175, 180—186, 188,
　　193, 197, 202, 245
休　谟(Hume, D.)
　　30, 62—67, 69, 71, 74, 107, 108,
　　140, 165—167, 246, 266, 267, 270

Y

雅斯贝斯(Jaspers, K.)
　　47, 78, 79, 234
亚里士多德(Aristoteles)
　　11—14, 22, 23, 29, 39—41, 43, 50, 61, 62,
　　66, 68, 83, 91—103, 106, 109, 119,
　　123—125, 166, 169, 201, 215, 221, 235,
　　253, 264, 266, 267
严　复
　　263

Z

庄　子
　　10, 11, 38

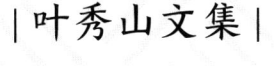

自 序

我 1956 年被分配到哲学研究所工作,将近 50 年没有换过工作,虽说改革开放前由于各种运动和下放劳动种种原因,耽误很多的工作时间,但是毕竟一生在研究单位,理应有更多的研究成果,所以在我编这个集子的时候,实在感到很惭愧,没有什么像样的东西可以提供给读者。

承蒙一些出版社厚爱,我也出过一些集子,这次只能从已经出版的各集子中抽出一部分,合起来成一个集子,也有几篇刚发表的,但不多。

我毕业后一个时期主要兴趣在美学,觉得那是一个接触艺术的领域,比较有趣,再加上 50 年代的美学讨论,相比之下比较自由,可以允许不同意见发表,年轻人好发议论,就被美学问题吸引住,以后一个较长时期,心思放在了美学上,而我所在的研究室(组),是研究西方哲学史的,幸好这里老先生和老领导都很宽容,我的倾向并不受到排斥,有时还得到鼓励。

不过我这个研究方向,自从我参加高等教材"美学原理"的编写组后,就逐渐地转变了。这个编写组起初也是很自由的,各种不同意见可以充分表述和辩论,没有帽子更没有棍子。在自由讨论的气氛中,我渐渐感觉到,美学研究并不像我以前想的那样,有了一个艺术部类做基础就能深入的，更重要的还是哲学的基础要扎实，于是，正是这个美学编写组，把我又推回到哲学的道路上来。从那个编写组回来后，我一心一意做起哲学史的研究来。

那时因为急于求成，不用功学习外语，是"文革"提供了一个专心学习外语的条件。"文革"时万马齐喑，什么文章也写不成了，老老实实学外语，念外语毛著和语录，虽不提倡，也不会被公开斥责，这样，有几门语言就可以勉强阅读了。这对于今后的研究工作当然是很重要的。

实际上，我的研究工作是从"文革"后期，特别是改革开放以后开始的。在这个意义上我常说，我的工龄虽然很长，但是"学龄"并不很长。

起初我想做古代希腊哲学研究，觉得那是一个专业性强而又远离政治的领域，后来去了美国进修，又觉得在专业上要掌握古代希腊哲学的资料不是我们力所能及的，遂又转向现代哲学研究的问题，转来转去，终归觉得我们这一代人，深受18—19世纪德国哲学影响，而这个哲学又仍在继续影响着当代欧洲的哲学趋势，于是就特别注重我们常说的德国古典哲学的研究。有这个支点，上达中世纪、古代希腊，下及胡塞尔、海德格尔以及法国后现代诸公。跨度这样大，要想做文本的专业研究，几乎不可能了，于是就侧重在问题的贯通上来思考，以思想为主，当然也要建立在可靠的材料基础上。于是，我对于西方哲学史的研究工作，就由"历史性"的转向了"哲学性"的。这里收入的近几年的文章，大都在一个历史的题目下，讨论哲学的问题。

作为中国的哲学史工作者，当然不能脱离中国的传统和现实，我在研究工作中注意体现一个中国的视角，对于我们的传统哲学，也读一些书，写一点心得，但都是学习性的。我不大赞成"对比性"地套一些名词概念，而是求理路上地贯通。这个工作当然很难，要求两边的学问都要做好才行，可惜人的精力有限，底子又薄，只能适可而止。

这里收入的几篇文章，完全是习作。

　　用过去常说的话来说，我如今也算是学术战线上的一个老兵了，如果要问我有什么经验体会，我只能说一句大实话：我们要坚守住"学术工作"这个岗位。任何人都应该坚守住自己的岗位，这原本是最普通的道理，但实际上往往有多种原因让你坚守不住。有些原因是主观的，有些是客观的，而客观的原因也是通过主观来起作用的。就客观原因说，大体上过去是政治的，现在是经济的。以前的运动多，不允许多做学术工作，有时候是完全停顿的，那种条件下，学术工作者往往要偷着做自己的工作，生怕被发现成为批判对象。那个时候还有许多条条框框，不允许自由发表学术意见，连《兰亭序》的真伪也弄得成为"政治问题"。如今这样的情形不会再现了，这是学术工作的大好时光，是很值得珍惜的。费孝通先生曾经呼吁的"知识分子"的"春天"，已经持续了20多年，而且相信会继续持续下去，实在是中国学术事业值得庆幸的事情。

　　当然一个时期有一个时期的问题，我觉得我们现在的问题主要是经济和社会方面的。过去社会的兴趣被"政治"方面吸引，使得许多聪明才智之士，趋向"政治"，原本有学术才能的，或者被耽误了，或者被"埋没"了；如今社会的兴趣主要是被"经济"方面吸引，使许多聪明才智之士，趋向"经济"，这当然是很好的事情，不过其中也使得一些原本很有学术前途的人士，为名利驱使，不能成才，或者不能成大才，这是很可惜的。眼看着一些年轻人很有才能，也已经入了学术之门，弃学经商，不论发不发财，我都觉得很可惜。

　　现在社会上吸引人的事情太多，即使不是弃学经商，仍然会有许多吸引力使你离心学术工作，譬如兼职、兼课太多等等，还有一种表面上很难抵制的吸引力，叫做"学者""文人"化，原本是"学术工作者"，却去做"文人"的事情，写点散文随笔，沽名钓誉，充其量只是以"学术"做点缀，还硬说这是"最好"甚至是"最高"的"学术"。

这也难怪，我国原就有崇尚"文人"而不很重视专业学术的偏向，中国古代崇尚"文人学士"，而轻视"专家学者"，认为那是"百工之徒"。近代以来这种风气当然有所转变，但是仍然还很有市场，于是一时间"文人"坐大，使得大大小小"文人"都要成为"国学大师"。"文人"自有"文人"的价值和意义，绝无贬低之意，只是想强调一下"学者专家"的分量，和我们传统中比较薄弱的环节，引起重视而已。

中国的知识分子大都具有"文人"的倾向，我自己也不例外。我前几年也常写一些短平快的文章，做的不算很坏。后来有一位老朋友好意对我说，你年纪大了，不要做太专门的文章，就写点回忆之类的散文就很好啦。这句话引起了我的警觉：我还没有老到不能做专业工作的地步，还是应该坚守我的学术工作的岗位。于是，我又集中精力研究一些专业的问题，认真研读一些学术性强的著作，渐渐感到，"学者"的确要有"学者"的"视角"，而不可大而化之，随便发表议论。

当然并非说"文人"就一定"大而化之"地"好读书不求甚解"，只是说既然是"学术工作者"，就须得维持在"学术"的水准上。

我过去也曾想过，"学术"应和"思潮"有一定的区别，譬如20世纪80年代，萨特的思想曾是一个"思潮"，当然很有意义，但真正对萨特进行哲学和文学研究，就不完全是流行一阵子的"思潮"所能涵盖的；还有那在我国几次流行过的尼采，大半也是"思潮"式的鼓吹多，"学术"式的研究少，我觉得这两方面都是重要的，但不能互相代替。"思潮"固可为"学术"的社会基础，但"学术"不止于"思潮"。多年来我们对于西方哲学的开发研究，实际上是"思潮"多于"学术"，"学术"对"思潮"的支持"力度"不够，同样也会影响"思潮"鼓吹的力度和质量，使"思潮"没有"底气"，行之不远。

"文人"大都"止于""思潮"，其鼓动宣传之功，盖莫大焉；"学术"承其续，深入探讨研究，使之在学理和资料上精益求精，成一学问之系统，传诸久远，所追求者，非一时之功利，而为开长久之思路，其坚忍不拔之精神，乃"学术"所宜发扬者。

"文人"常"领一代之风骚"；"坐冷板凳"则常是"学术"工作之座右铭。世间之所以尚有许多志士仁人甘愿"坐冷板凳"者，皆因见到"学术"之恒久的价值，并从中得到乐趣，那种追求真理有所得的乐趣，那种哪怕是短暂的"豁然贯通"的乐趣。

我近几年的工作趋向，大都努力朝着"学术"的方向努力，觉得其乐也无穷。

我们现在生活在对于发展"学术"精神最有利的时代，相比起我们的老师辈，我们幸运了许多，我们理当珍惜社会给我们提供的大好时光，努力工作。

这本文集，也是我的一个工作汇报。

在编这个文集的过程中，先由赵鹏和王晓红两位从我过去的文集中，选出若干，输入电脑，由我来增删，然后由王平总其成，排版扫描校对，制成电子版光盘，他们的辛劳，在此一并致谢。

叶秀山

2004年12月6日　北京

斯宾诺莎哲学的历史意义
——再读斯宾诺莎的《伦理学》

贺麟先生翻译的斯宾诺莎《伦理学》商务印书馆出版于1958年，至今已经四十多年，期间也曾读过多遍，总觉得不大容易得到要领。因为抓不住主要思想脉络，对于它何以有如此巨大影响，也心存疑问。

表面上看，《伦理学》的论述方式是非常古老的，它几乎完全模仿"几何学"的方法，先有一批"公则"，每一个"公则"下都有简短"证明"，然后有许多"命题"，"命题"下不但有"证明"，"证明"下还有一些"附释"，形式上是很刻板的，现代的人读起来会有"枯燥"之感。

逐渐地，我从他那"枯燥"的"证明"过程中，体会出一些意思来了，觉得形式虽然"刻板"，但是内容还是很过得硬的。只要你静下心来认真读，就会觉得他用"证明"的方法把哲学-形而上学的命题"推导"出来，显得那样的坚定不移，要想反驳它，倒也是很不容易的。哲学不能舍弃"论证-证明"，这本是古代希腊为欧洲哲学奠定的基础，基于一种确定性的寻求和追根寻源的精神，比起那种重"感悟"的方法来说，各有长处。在读斯宾诺莎的《伦理学》时，我们深深感到他那种把"证明-推理"方式运用到哲学问题上以求笛卡尔所谓的"清楚明了"的"知识"的努力，的确取得了成果。在这个意义上也可以说，斯宾诺莎把自托马斯以来对于"神-实体"的"论证-证明"的确向明晰化、坚实化方面"推进"了一大步。所以，不管你同意他的观点-结论与否，要想在他的"推理"过程中去"动摇"这个过程，却是不大容易的。

譬如他的基本命题"上帝-实体-自因"的"界说",开宗明义的一句话,说明"本质"(essentia)即包含"存在"(existentia),先设定"本性""必然""包含""存在",应该说,比起亚里士多德的"实体"(ousia)论,要"推进"了许多。这不仅仅是思考的人多了,有了进步,而且也是拉丁文化的交融,亚里士多德的"实体"思想,有了一种更为精确的表达方式,把"existentia"和"essentia"更明显地标志出来,在语词里找到了更恰当的表达形式。当然,正像后来海德格尔所指出的,也使得那原始的、本源性的同一性被分割开来了。不过,在我们的思路历程上,这种"区分",也是必要的,实际上斯宾诺莎这个"自因"的基本含义,也正是强调那个原始-本源性的"存在- Being - esse",而不同于一般经验的"存在"(existentia),"自因"乃是"本质"(essentia)和"存在"(esse)"必然"地"统一"在一起。"存在-本源性存在- Being",正是"自己-物自己"。"自因"即"自己"。

关于"上帝-神"的"存在"也需要有一个"证明",现在看来,也可以说是有点自相矛盾的问题,因为按照"神-上帝"的"定义",它既是"绝对"的"完满"——全知、全能、全善,而且为天地万物之"创造者",则就像它的本质-定义必然包括"存在"一样,它的"存在",也就必然包括了自身的"证明"——"神-上帝"什么也不"需要-缺乏",更不接受"外在-他者"的"命令-必须"。

实际上,"神-上帝""存在"的"证明"乃是"哲学"在向"宗教-神学""下命令""发指示":你需要并必须作出"证明"。这时候,"哲学"是"法官","神-上帝"居然处于"被告"的地位!

然而,"宗教"居然"容忍"了"哲学"的"质询-盘问-审判",它自信"神-上帝""经得起"这个"考验-考问"。果然,不仅哲学家,而且一些有哲学倾向的神学家都致力于这方面的工作,亦即把"神-上帝"放到了"理性"的"审判"台前"盘问"。

这个"上帝-神""存在"的"证明",到了斯宾诺莎《伦理学》,似乎有了一个小结,"上帝-神"的"存在",在理性上是"自明"的,"上帝-神"的"本质"必然包含"存在",因为"上帝-神"是"创世者",是"自因","上帝"为"惟一"的"实体",因而,从"上帝-神"的"本质-定义"中,就能

"推出""神-上帝"的"存在"来。这样,"上帝-神"的"存在",在理性上没有疑问,不可动摇,是得到理性的支持的。"神-上帝"的"存在性、实体性、实存性"受到理性法律的保护,在哲学中有了"合法性"。"哲学"支持、保护"神学"。这就是我们通常所说的斯宾诺莎的"理性神学"。斯宾诺莎这个哲学路线,经过康德-费希特-谢林、黑格尔,"理性神学"路线得到深入的贯彻和发展。这就是为什么斯宾诺莎哲学受到德国古典唯心主义一致推崇的一个原因。

斯宾诺莎的"理性神学",以"理性"的"推论""证明""上帝-神""存在"的必然性,使基督教"信仰"受到"理性"的保护,在人类的"理性"中找到了根据,而不必归于盲目的情绪和神秘的"天启",这样,基督精神就根植在人类理性之中,成了人人必须遵循的定律,像几何学一样,每个有理性的人都必须承认。从一方面来说,基督教得到了一层保护色彩,接受了过去认为是异类的希腊哲学精神;另一方面,就哲学来说,哲学的"理路"也进入了"宗教"的领域,以理性的方式,以理性的推论"化解"宗教问题,显示着"理性"对于一切领域的可行性,同时也扩大推广了自己的视野,而且通过这种扩展,使自己得到磨炼,使自己的理路得到深入。"理性神学"在历史上有过一定的进步作用。

斯宾诺莎既然将"神-上帝"理解为"本质"必然包含了"存在"的"自因——自由者",他就把这个"神-上帝"和从希腊以来的整个传统哲学密切联系了起来,"神-上帝"成了希腊哲学追求理解的"始基-根-理念"以及亚里士多德的"实体"。"神-上帝"就是"实体"。这就意味着,宗教的"神-上帝"乃是哲学中的一个"概念",尽管是最为基本的概念,但是,宗教的问题,终于"化解"为哲学的问题。

就哲学的发展来说,哲学引进了宗教的问题,努力化解它,这项工作也并没有白做,这项工作对于哲学的传统来说,也是一个挑战。

我们知道,哲学自从提出了"始基-根-原子-理念-实体"等理论以后,常常遇到一个理解上的问题,亦即如何理解这些"概念"就成了"问题"。"始基"是什么?早期伊奥尼亚学派说是"水",毕达哥拉斯学派说是"火",然后有四个"根",然后有"努斯",然后有"原子",然后有"理念",然后有"实体"，好像是越来越"概括"，但也越来越"抽象"，问苍茫大地，何处是"实体"？"实体"连同它自身包括了的"存在"，都越来越"抽象化"，越来越"概念化"，最后只能到"思想"里去找它了。

哲学问题的抽象化、理论化而越来越"脱离""现实世界"，哲学本以为"形式化"、"概念化"能够挽救哲学，防止它等同于一般的经验科学，然而这条"超越"的路线却把哲学引导到一条死胡同。哲学要"回到""现实"，要从"天上"回到"人间"（西塞罗语）。然而，"人间"已被各种日益发展的经验科学"瓜分完毕"，哲学何处存身？

正当哲学在古代罗马时期一度"降格"于"实际事务"，身陷"折中主义"而不能自拔，更由"大智慧"而"蜕变"为"小计谋"之紧急关头，基督教的传播，有如雪上加霜，釜底抽薪，哲学不得不重新思考自己的传统，重新整理自己的思路，看看自己长期困惑的问题，基督教居然有一个简单明了的解决方式，尽管这种方式，在哲学看来，似乎因缺乏理性而非常独断，但却在现实生活中显示了有顽强的力量。

哲学发现，就"终极性-原始性"关怀来说，宗教与哲学似乎有着相通的问题，但是思路却完全不同。

"哲学"作为一门学科，起源于古代希腊，它的思想模式是经验科学。当时经验科学有两个方面，一方面为靠搜集、观察、研究"感觉材料"加以总结概括的广义的"物理学-自然学"；另一方面就是"数学"和"逻辑"的"形式（推理）"科学，当然在实际上它们是结合在一起的。"哲学"要不同于它们，但是只能在已有的"基础"上"超越"出来。

什么叫"超越"？什么"需要""超越"？"超越"就是要"超越""经验科学"和"形式科学"，"需要"从它们那里"超越"出来。从这个思路出发的最高水平，是达到"第一因"的观念。"第一因"可以说是这条思路下的一项最为重要、最值得称道的伟大成果。

然而，"第一因"的原理，又是从何"推"出来的？"第一因"的思路显然来自"经验"的"超越"。我们知道，无论当代科学或哲学如何看待"因果"关系，在很长一个时期内，人们对于"因果"的必然性在"现象-现实-经验世界"之有效性是相对地持肯定态度的，当然，并不否认"怀疑论"在这方面的警策作用；特别是自然科学本身，一般并不对"因果必然性"持怀疑态度。因果性-必然性被认为是解释自然现象的正确途径。在这种思想笼罩下，"哲学"要"不同"于一般经验科学，就必须从这个"因果"系列中"超越"出去，进入另一个境界领域，这个领域，本身"不同于""因果系列"，是这个无头无尾的因果系列的"第一"个"原因"，也可以说是"最后"的"原因"。亚里士多德很重视这个"最后"和"第一"，否则我们的知识就会失去"确定性"，就会陷于"无定"（apeiron），而得不到"真知识-真理"。

在这里，我们暂先"搁置"其他问题——这些问题，过去已有不少哲学家讨论过，我们的问题集中在这样一点上：这个"第一-最后"的"原因"是从经验科学那里"推论"出来的，是经验（科学）的"概括-总结-抽象"或者叫"升华-超越"，都是一个意思，即它来自于"经验"。

用中国人的成语来说，"哲学"从"经验科学"里"脱颖而出"，至少在思想的途径上是如此，"哲学"成为"第一"，但就思想进程来说，它又是"最后"，是从"经验科学"那里"超越"出来的。

这个思路本身隐藏了许多问题。在这种思路下，"哲学"原本"来自""经验（科学）"，如何又产生了"超越"，或者像上个世纪"存在主义"说的那样是"跳跃"，然则无论怎样，按照尼采的"谱系论"，"哲学"的出身不很"高贵"，它出自"经验"。

我们看到，有时往往是那"出身低贱"的，最"贬低"自己的"出身"，遗憾的是"哲学"有时也未能例外。"哲学"往往最看不起"经验"，从而使自己越来越"抽象"化，越来越"概念化"，而以"脱离经验"为荣。

正当"哲学"要"摆脱"那"低贱"的出身，钻进象牙之塔，钻进牛角尖而出不来的时候，基督教神学向欧洲人提供了另一条思路。

按照基督教义，"神-上帝"为"世界"的"创造者"，这就是说，"经验世界"乃是"神-上帝""无中生有"地"创造"出来的；而不是从原有的经验世界"超越"出去的。这是一条相反的路线，是一条"自上而下"的路线，与古代"自下而上"的路线正相反；而在古代，人们认为"向上的路"和"向下的路"是"同一"的。

"向上的路"是要努力"摆脱-脱离"经验世界,而"向下的路"则是要努力"开创-进入"这个世界。两条路线,两种态度。

"向上的路"要"超凡脱俗",尽量和这个世俗的世界"脱离关系",因而它的态度是趋向"冷漠-静观"的;"向下的路"则是尽量的"拉关系",它的态度趋向于"情感-爱与憎"。我们看到"眼睛向上"和"眼睛向下"之不同态度。"哲学"趋向于"冷静的理智","宗教"则趋向于"热情的情感"。这两种态度,发展开来,似乎都有其"弊端"。"哲学"会过于"冷漠",而"宗教"则陷于"迷狂"。

看来两者如何取长补短,就成为各自有识之士的努力方向。于是"理性神学"应运而生。

实际说来,无论"向上的路"或是"向下的路",在理路上都有些"独断"的地方。为什么"第一因"就不能再"推","第一"是你宣布的;而为什么世上万物全是"神-上帝""创造"的,要"论证"起来,也很费事。"理性神学"就是要把这两条路线在"理性"上结合起来,在"理路"上打通。

"理性神学"是要把基督教"创世说""理性"化,亦即"神-上帝""创造"世界,不仅是一个"实际-历史"过程,而且也是"逻辑"的"推理"过程,因而不仅仅可以"明证"(evidence, witness),而且可以"证明"(demonstration)。"理性神学"是把"向下的路""理性""推理"化。这项工作,不始于斯宾诺莎,但是在斯宾诺莎手里可以说有了一个小结,是他把问题说得那样清楚,那样严格,迫使后人不能不重视他的理路,说他开创了从康德到黑格尔这条哲学路线也不为过。

按照上面的意思,在这里,我还愿意说,斯宾诺莎的贡献,还不仅仅在于使"神学""理性化",以哲学的理性精神,化解了宗教的信仰;同时还在于他根据这条"向下的路",将"经验""理性化",开显了"经验世界-情感世界-道德世界"的另一种意义,所以他那充满"几何学论证"的书,叫做"伦理学"。

尽管这本书在斯宾诺莎生前并未出版,但《伦理学》显然是相当全面地阐述了他的基本哲学思想。那么如何理解这本书会定名为"伦理学"?因为斯宾诺莎《伦理学》并非论述一般经验伦理道德的书,他说的"伦理学"不是一般的"道德谱系学",也不是"道德规范学",而是"道德哲学",是在一种哲学的视野下的"伦理学",即在"向下的路"中的"伦理学"。当然,斯宾诺莎所理解的"伦理学",也并不是一些抽象的道德律令或格言,而涉及到道德感情、善恶标准等实际的经验问题,正是在这里,我们看到了"哲学"如何走着"向下的路"。

原来斯宾诺莎的哲学工作,并不止于"神-上帝"的理论证明,而且从天上走下来,进入人间,从"理性"走向"感性",在"理性"的光照下,"感性"世界——包括道德的情感,会具有什么样的不同于一般经验科学的"意义"。既然斯宾诺莎在这本书中以大量的篇幅讨论感性世界的道德情感善恶问题,那么我们在研读它的时候,就不能光注意他对于"神-上帝"的证明部分,而要注意他如何从这个"证明"过渡到对于感性现实世界的理论的阐述。斯宾诺莎既然已使"创造者""神-上帝"有了一层"理论"的"保护色彩",他也要以同样的原则,使这个"被创造者——大千世界",也要有一个"理论"的"根据"。

应该说,这一层意思才是斯宾诺莎《伦理学》的主要着意的地方,也是为以后从康德到黑格尔的德国唯心主义所特别看重的所在。如何真正在哲学上"走出""向下的路",如何把神学的"创世说"揭去其神秘性和独断性,在理论上转化成为"现象学",并得以走向当代的"解释学-释义学",斯宾诺莎或许在某种意义上有创始之功,是始作俑者。

"现象学"和"解释学",走的都是一条"向下的路"。因为按照胡塞尔和黑格尔的实际学术关系(尽管许多学者否认这一关系),哲学所理解的"理念-观念",并非从经验"概括"出来,而恰恰相反,所谓"经验"正是从"理念""开显"出来的,是先有"理念",然后才有"经验"的"意义"。那种客观的纯感觉式的"研究",是经验(自然)科学发展了以后的事。我们说这朵花是"红"的,并不需要对"红"的光谱有多少了解才能说得出来的;我们"感觉"它"红",也不是先"感觉"它的光谱,然后才"概括"为"红"的。在这个意义上,"观念-理念"是世界的基础,包括自然科学所研究的问题和对象在内的一切所谓"纯粹感觉"的"经验",都是建立在这个原始的"观念-理念"基础之上的,都是在这个基础上"开显-显现"出来的。甚至海德格尔,按他自己的说法,他仍然是在"现象学"的道路上,他指出古代希腊的"phy(u)sis"不仅是"自然-生长"的意思,还要有"开显"的意思,而他的"存在"当然绝不是从"诸存在者"那里"概括"出来的,这些充分说明,他的确仍在"现象学"的道路上。在这个意义上,我们可以说,"哲学"传统之路,并不完全在于"超越"之路,而在于"下降"之路。就强调"观念-理念"之"超越"于"自然感觉"言,可以如胡塞尔所说,欧洲哲学传统的毛病,在"超越"不够;但就"理念-观念"之"抽象形式"性而言,则欧洲哲学传统的毛病,恰恰还在于"下放"得不够。只有在"理念-观念"顺理成章地进入"感觉经验",使其"呈现"出生活的"意义"之后,哲学才算是找到了自己"安身立命"之处,而不会被悬在了"天上-空中";而这正是使"创世说"转化成"显现-开显"学的过程,是"哲学"对"宗教"的批判过程,通过这个过程,"宗教"得到了"哲学"的"化解"。而在这条"化解"的道路上,欧洲人不能忘记斯宾诺莎开创之功。

就哲学的整体意义来说,从"理性"来看"感性",也使"感性世界"在"理性"的基础上,重新得到确认。由于斯宾诺莎哲学是从一个理路贯串下来,就不是采取你说一个东我说一个西的办法,你强调"理性",我就另外来强调"感性",而是在"理性"的光照下,使"感性"得到自身的"意义"。

我们知道,崇尚"理性",贬抑"感性"乃是自古代希腊以来的逐渐加强了的传统,于是有斯多亚主义发展为禁欲主义、苦行主义等等。基督教一方面强调万物莫不为"神-上帝"所"创造",对于自己的"创造物"理应"充满""爱心",然而,这个"创造物"又是"不完善"的,因而隐含着尘世生活之"卑贱"和"无价值"的前提,于是悲观厌世得以滋生,以便为进入"天国"留有余地。"哲学"进入"现实生活",首先也给"感性生活"带来"意义",而增加了光彩。这在初创者斯宾诺莎那里表现得尤为突出。

我们在斯宾诺莎《伦理学》的第四部分读到这样一段话:"所以能以物为己用,且能尽量善自欣赏(只要勿因过度而感厌倦,因享受一物而至厌倦,即不能谓为欣赏),实哲人份内之事。如可口之味,醇良之酒,取用有节,以资补养,他如芳草之美,园花之香,可供赏玩。此外举凡服饰,音乐,游艺,戏剧之属,凡足以使自己娱乐,而无损他人之事,也是哲人所正当应作之事。"①

读上述这段话，我相信大多数哲学家都会感到欢欣鼓舞。哲学家得到"恩准"（神的？理性的？），能够名正言顺地、正当地"享受""生活"，而不必囚首垢面奢谈诗文（苏老泉批评王安石语）。

当其时也，斯宾诺莎要说出那样一段看似平常的话，我猜想，不仅需要智慧，而且需要勇气。当然，这种勇气也是来源于智慧，来源于有理路作为根据，而并非盲目争取什么生活的权利。斯宾诺莎既然在"理性"的道路上，找到"快乐-善恶"的根据，那么从事"理性"工作的哲学家，自然在"享受-欣赏"生活上，就会"理直气壮"，"心安理得"。

"理性"在"向下的路"上，经历了漫长的"逻辑推理"历程。斯宾诺莎《伦理学》的第一部分"论神"当然是他的学说的逻辑起点，论证、证明"神"为"自因-实体"，以后的命题，都是从这个基本命题的定义界说"推衍"出来的。这本书的第二、第三部分，从理性的眼光考察"心灵"、"情感"的起源和性质，或许有些仍有就经验论经验的松懈的地方，但是从第四部分起，到第五部分结束全书，乃是"理性""回到"了"自己"的"家园"（黑格尔的意思），此时"心灵"与"情感"得到了"升华"，在"理性"的系统中得到了自己的"地位"，获得了自己的"意义"。这两部分当然是研究哲学思想的重中之重（套用现在的话）。

把握这个"重中之重"，"重点"在于，这时的"情感"已由"被动"转化为"主动"。

我们从欧洲哲学发展的历史知道，"主动"和"被动"是涉及哲学基本问题的重要观念，亚里士多德曾把哲学的任务定为寻求"纯粹的主动性"（pure action）。斯宾诺莎在这个问题上也不含糊，他明确指出："我们的心灵有时主动，但有时也被动；只要具有正确的观念，它必然主动，只要具有不正确的观念，它必然被动。"② 这样，就把主动-被动的问题与知识-观念的正确与否联系起来，也就是与"真理-真知识-正确观念"联系起来。

为什么"主动性"必定意味着一个"正确的观念"？其根据在于在斯宾诺

---

① 斯宾诺莎：《伦理学》，贺麟译，商务印书馆，1958年，第191页。
② 同上书，第91页。

莎看来，凡"主动"的观念皆出自于"我们的本性"，他说道："所谓主动就是当我们内部或外部有什么事情发生，其发生乃出于我们的本性，单是通过我们的本性，对这事便可得到清楚明晰的理解。"①

身体接受外界的刺激，产生感觉和情感，这原本是极"被动"的事，如何"主动"得起来？从我们的视角方面来看，斯宾诺莎哲学的问题重心，就是要使原本被理解为纯粹"被动"的"感觉"、"情感"，在"向下的路"中，也要"主动"起来，而不像古代的哲学传统那样，因其"被动"而被舍弃。斯宾诺莎说，如果我们有了"正确的观念"，我们的"情感"就会是"主动"的。而所谓"正确观念"也就是出自"本性"的观念。何谓"出自本性"？"出自本性"亦即"分享"了"神"的"实体性"，分享了"神"的"自由"、"自因"。既然包括"人"在内的万物都是"神""创造"的，或者说，都是"实体"所"显现"出来的，于是这种"显现"出来的"意义"，当然就可以"分享""神-实体"的"主动性"，而不是单纯的"被动"。

"人"和自己"生活世界"的关系，不仅仅是"物理-心理"的"物质性""交换"、"交流"，而是一种"意义"的"理解"。而这种"意义"和"理解"，又不是"抽象"的"概念"，或"概念"之间的"逻辑（形式）"关系，不仅仅是"逻辑推理"。在这个意义上，斯宾诺莎哲学这个"向下的路"，并不是从"概念"到"概念"，不是一条"抽象"的路，而是非常具体的、实际的道路。由"本质""推"出来的，不是"抽象概念"，而恰恰是人人面对的真正的"生活世界"，"意义的世界"，而不是一个"死寂"的世界。"本质-实体""开出"、"推出"的世界是一个丰富多彩的花花世界。这里，我们看到了后来费希特哲学的"雏形"——由"A""推出""非A"，"非A"不是"A"，但它"属于""A"，来自"A"；就像基督教说的，包括人在内的万物皆"属神"，因为都为"神"所"创造"，都来自"神"。这样，扩大开来说，从费希特经谢林到黑格尔，都是行走在这条"向下的路"上。

就斯宾诺莎的《伦理学》言，他的哲学体系的"首尾衔接"也是故意精心安排的。他在第五部分关于"理智的爱"的强调，呼应着前面的"情感""主

---

① 斯宾诺莎：《伦理学》，贺麟译，商务印书馆，1958年，第90页。

动",同时也呼应着他在第二部分关于"观念"、"知识"分三种的思路。

斯宾诺莎关于"三种观念"的思想,在哲学史上具有重大意义,这是研究者所公认的。他说,第一种观念来自单纯的感官提供的感觉经验,未经理智的整理,因而是混乱的,一切"错误"概出于此;这种观念还包括从"记号"得来的,斯宾诺莎统称这两种为"第一种知识"、"意见"或"想象"。此外,斯宾诺莎指出尚有一种对于事物的特性的正确观念,他称为"理性"或"第二种知识"。

我们看到,关于这两种知识,都是欧洲传统哲学史上经常讨论的思路,斯宾诺莎的贡献在于提出"第三种知识",他叫做"直观知识"(scientia intutiva)①。斯宾诺莎认为,这种"直观知识",以及上述关于特性的知识,"必然是真知识"②。

斯宾诺莎的"直观知识"也可以看作"理智直观"、"直观理智"的雏形,尽管它们在含义上有相当的不同。按照斯宾诺莎的说法,"直观知识"不包括"想象"、"形象"在内,但它也不是"证明",而是"比任何证明还史明白","单凭直观"就能被判断为"真"的知识。斯宾诺莎用来说明这个道理的例子是相当简单的数的比例问题,他说设有1,2,3三个数,求第四个数,这个数和第三个数之比,等于第二个数和第一个数之比。斯宾诺莎认为,在这里,"单凭直观"就能得知第四个数必定为"6"③。或许说,在这里原本是一个"推理"的过程,认知这个过程在这里很短,被"简化"为"直接的"。因此,这里的"直观知识"等于"直接地(可以)知道",或者说,在"推理上"是"自明"的。"证明"需要一个"过程",而"直观"则"简约"了这个过程,成为"直接""自明"的。"直观"相当于几何学里的"公理",而斯宾诺莎所举例子,则是数的比例关系,说明数的关系和几何中空间关系,也是相通的。无论如何,数和空间的关系都不是纯粹形式的,不仅是逻辑的,而是离不开经验的。数目多少,不可能单纯由逻辑推论出来,而必须实际地去数一数,"数(去声)"是"数(上声)"出来的。几何的图形,按后来康德的话说,

---

① 斯宾诺莎:《伦理学》,贺麟译,商务印书馆,1958年,第74页。
② 同上。
③ 同上。

是"图式"（Schema），乃是构成经验知识的必然的环节。

于是，斯宾诺莎这个"直观知识"固然不能与后来现象学"理智直观"、"直观理智"完全等同起来，但是也可以说已经有了它的"雏形"。斯宾诺莎"直观知识"强调的是"直观"之"直接性"，乃是"一目了然"；而"一目了然"的东西则离不开感觉的，经验的。"直观知识"乃直接把握经验世界的理路，而无需"证明"的"过程"。在这里，"感性"和"理性"是"同一"的。"直观的知识"就是"哲学的知识"。哲学之所以有这样、也需要这样的知识，在斯宾诺莎，又是和"神-上帝"的"存在"这个基本命题分不开的。"直观知识"是从"神-上帝"的"存在"这个命题"推衍"出来的。

这样，我们跟着斯宾诺莎又回到全书的开头的"界说"，"神-上帝"作为"实体"，其"本质"就包含了"存在"，因而"神""必然""存在"。在这个意义上，我们可以说，"本质"包含了"存在"的"实体"，就不仅仅是"本质"，它还是"存在"。这就是说，"实体"不仅仅是"抽象"的"概念"——无关乎"存在"与否的"概念"，而具有"存在"的"现实性"。"神"-"实体"必定是"现实"的，由它的"本质"、"本性"就可以"推出"它的"现实性"。

"存在""必定"具有"现实性"。"存在"必定不排斥"感性"、"经验性"。"存在"并不是单纯的"物质-感觉"的关系，在这种关系中，"存在"与"非存在"交替出现，引起对于"存在"的"怀疑"，这方面，笛卡尔为"前车之鉴"；由"神"之"实体性""推出"来的"存在"，则是"必然"的，它"无可怀疑"，"不容怀疑"，它的"存在"有"理路"上的保证，"存在"决不会"变"为"非存在"。这是古代巴门尼德的"铁律"。只有"向下的路"才能保证这条"铁律"颠扑不破。在这里，我们看到，欧洲哲学史上所谓"理性主义"与"经验主义"之分殊，在某种意义上，乃是"起跑点"的不同。它们走在"同一条"路上，但是"方向"却相反。

欧洲哲学从斯宾诺莎到黑格尔，走的是一条"向下的路"。这条路也不是"一帆风顺"，它也遇到许多麻烦的问题。在这条路上，"自由"只是"上帝的一击"。斯宾诺莎的《伦理学》从"自因-自由"开始，但以强调"必然"而告终。"神-上帝"在"创世"之后，人世间的一切都是由这个"自因-自由""推衍"出来的，是一种"必然性"。于是，在斯宾诺莎看来，连"意志"也是如同其他心灵状态一样，是"必然"的。"神-上帝-实体"真的成了"惟一"的"自由者"，真正意义上的"第一因"，今后所有一切，皆为"结果"。黑格尔的哲学固然比斯宾诺莎哲学大大复杂化了，但是在大的趋势方面也逃不过"必然性"的理路。当然，黑格尔哲学之所以需要"复杂化"，乃是因为他面对着康德哲学的强大挑战，他无法忽略康德的"意志自由"，必须把"自由"与"必然"的关系更加往深处多加思考，他的成果是很值得重视的，需要专门的研究，而基本思路，在现实存在的世界中，强调"历史"的"必然性"，则仍是和斯宾诺莎哲学在同一条道路上。

（原载《江苏行政学院学报》2003年第1期）

哲学的三种境界

"哲学"作为一门学科，源于古代欧洲，但它的智慧的来源，或许来自东方。古代希腊人对于"哲学"所做的创造性的贡献，在这门学问的初始阶段，已经显露出来。

一、"哲学"作为一种"智慧"

古代希腊的贤哲，为"哲学"做了什么工作，使其成为一门独特的"学问"？

中文译成"哲学"的这种学问（或许来自日本的译法），按中文的理解，乃是"聪明之学问"，"聪明"也就是"智慧"，于是"哲学"就是"智慧之学"，这个用法与希腊字根 sophie 原意相去不远。

"智慧"有多种含义，有思想的智慧，有实际的智慧，两者也是不容易分开的。应付变故的能力，需要思想的协助；而思想又可以促进实际事务的进展。"智慧"包含了"认识"与"技巧"两个方面。

任何民族在远古时代，为了生存，总要有某种技能技巧，因为人作为一个生物族类，其自然的生存能力是很脆弱的，我们可以从古代希腊关于"人"和"神"的区别中看出这种遗留的观念。

然而，希腊的先哲向人们显示的不仅仅是限于求生存的技能技巧性"知识"，他们表现的恰恰是这样一个在"自然"上比较弱势的族类所具有的其他族类所不具备的"能力",一种"超越"的能力,即"超越"当下眼前"实用功利"的"能力"。

为当下功利所作脑力和体力劳动乃是生活必需(anangche, Notwendigkeit, necessity),"超越"这种"必需",就人类作为一个族类来说,乃是这些"生活必需""满足"之后的事,这就是说,当"闲暇"已经不仅仅是"恢复"体力,即不仅仅是"劳动"的一个"必需"条件,因而是附属于"劳动",是"劳动"的一个部分的时候,也就是说,当"闲暇"成为"闲暇"本身显示出"自身"的意义而为人们所注意的时候,人们才有"能力"把包括自己的"劳动成果"在内的"事物",当作一个"对象"来"欣赏",来"观察",来"研究"。

人类这个由"闲暇"带来的"能力",使人这个族类,"摆脱"、"暂时摆脱""生活必需",而对世界采取"自由"的态度。"自由"首先是一种"摆脱",一种"解放",一种"超越"。古代希腊的先哲,是这种"自由"的"先知先觉",他们最能集中自己的精力,来"观察、思考、研究"世界的"事物"。

世上万事万物成为与我们相对应的"对象",而不是我们"身体"的一个"部分"。人们看到的日月山川,并不仅仅是为我们提供生活的便利,因而"保佑"我们生活的原始"神恩",也不是与我们作对的"妖魔鬼怪"。它们原本与我们可以没有"利害关系",而是一种"共处"关系,我与"他者""同在"一片蓝天下。

有了这种"态度",人类作为一个族类,将自己"提高"到一个"自由"的境界,也就是"人类""自己"的境界。"自由"地"对待""事物","让""事物""自由","人""自己"也得到"自由"。"人"与"世界",为"自由"的关系,是"自己"与"自己"的关系。

"万物静观皆自得"(程颢诗)。"静观"的境界,乃是"自由"的境界,是"让""它""自由","我"也"自由","自得"就是"自由"。"四时佳兴与人同","万物"都有"佳兴","人"与"万物""同""在"。

此种"自由"得自"静观","静观"包括了"欣赏、观察、研究"。"静观"态度,是"客观"的态度,"让""事物""客观地""在""我(主观)"的"面前",即使是"解剖"它,也是"让"它"在",而不是转化为

"我"(包括我的生存环境)的一部分——消灭、消耗、消费它。

这种"静观"在古代希腊也还不仅仅是"消极的""让",而是为"积极的""理解"开辟道路,是以"退"为"进"。当然这种"积极性"还限于"理智"、"心智"的层面,"积极的""静观"乃是"科学"的态度,也是"科学"的境界。古代希腊是已经达到这种境界的少数几个民族中的佼佼者。

在这个意义上,所谓"积极静观"是将"自由"不仅仅理解为"摆脱",而且理解为"创造"的起始。在"自由"的精神推动下,希腊为人类开创了"科学知识"的康庄大道,开创了通向"真理"之路。

"理解"按中文的意思是把原本是"混乱"的东西"理""顺"了,原本是"纠葛"在一起的东西"解""开"来。"理解"就是使原本是"混沌"的东西"有序",原来"看不清"的,使之"看清楚",原来没有规则的,使之有规则。在古代希腊,人们认为这是"心智"(nous)的作用,阿克萨哥拉说,"nous"为万物(之所以成为万物)的本源,即通过"nous"万物分门别类地、有序地向"人""开显"出来。

这样,在古代希腊,"哲学"是"知识"型的学问,是一门"科学",讲一个"理"字,柏拉图的"理念",亚里士多德的"真理",中文翻译都有一个"理"字,按亚里士多德的话来说,是"理论性"的,讲的是"规则",因有"规则"而"看得见"。希腊原文"理论"有"看"的意思,是视觉性的。亚里士多德所强调的"第一哲学"乃是"真理"的学问,其意义可以理解为:"第一哲学",即我们通常意义上的"哲学",乃是关于"真实"、"实际"的"理论性""知识",关于"实际"的"理"的学问。"实际"是很复杂,很混乱的,"哲学"要对它"观察","研究"出一个"理路"来,"哲学"追求的是关于"实际(事物)"、"真实事物"的"知识",是(关于)"真(实)"的"知识"。这就是说,"哲学"是关于"混沌"的"知识",要在"混沌"中"见出""理路"来。

"哲学"并不"脱离""混沌",相反,"哲学""贴近"着"混沌",也就是"贴近"着"真实",而并非纯粹的"抽象""形式"。"抽象形式"乃是人们按照"利害关系"设计出来的"工具";"哲学"并非"工具","哲学"乃是"本质","哲学"的"超越",恰恰是"贴近""本质"的"生活","贴近""实际"

的"真实"。

"不入于此，则入于彼"，"哲学"的"自由"，从"当下利害关系""摆脱"出来，便"进入"一个更为"真实"、更为"复杂"、更为"本质"的世界。"哲学"不"回避""复杂"、"混乱"、"混沌"，因而，"哲学"的"理路"是"自由"的"理路"。

二、"哲学"作为"自由"的"科学"

"哲学"走在"科学"的大道上，"哲学"也走在"自由"的大道上，"哲学"是"自由的科学"。把这层境界开发得最为壮观的是 18 世纪德国古典哲学，特别是黑格尔哲学。

"哲学"不是宗教式的"信仰"，也不是艺术式的"欣赏"，尽管它们之间有着某种需要进一步探讨的密切关系。"哲学"以"知识"的形态出现，以"知识（科学）体系"作为自己的"存在方式"，而"知识体系"，乃是"概念体系"，而一般说来，"概念"又是从具体的"感觉经验"中"概括"出来的。"概念"来自"经验"，"知识"也来自"经验"。从这个角度来看，"哲学"作为"知识"（科学），当不能例外。

然而，"哲学"的"知识"，又不同于一般的"经验知识"，于是，从一般经验科学的角度来理解，"哲学"似乎是在"经验科学""基础"上做出的"第二次"、"再一次"的"概括"，因而它似乎是"最概括"、"最抽象"的"学问"。"哲学"似乎将"世间事物""概括"到"无限"，使它的"对象""无所不包"，"至大""无（出其）外"。

然而，这种理解，一方面使"哲学"容易成为一门"空洞"的学问，将一切具体内容都"抽"出去，"哲学"成为"最形式"、"最抽象"的学问；另一方面，我们从"经验""上升"至这种"至大无外"的"无上抽象"，乃是一种思想之跳跃，因为我们并没有客观的尺度确定"抽象"到何种"程度"，就能作出这种"最最"的"抽象"。在这个意义上的"无限"，"这个最最的抽象"乃是"想象"的产物，而仅靠"想象力"，作为"知识"（科学），还是不够的。

这里的问题在于：哲学家们发现，我们并不能说，一般的经验科学乃是哲学的"基础",相反的,我们倒是应该说"哲学"才是"经验科学"的"基础",如同我们现在经常说的,"人文科学"乃是"自然科学"的"基础"类似。

"哲学"是"最远古"、"最原始"的"科学",因而也是"最基础"的"知识"。"哲学"之所以对比"经验科学"有一种"超越性",并不是它"最抽象"、"最形式",而是因为它"最具体"、"最具内容"。

人们从事哲学的思考,"放下(摆脱)"当下眼前的"事务""功利",实行"超越",人们忽然发现,这种"超越"、"超然"的境界,恰恰是"最原始"、"最基础",因而是"最根本"、"最本质"的境界。

人们之所以能够有能力实行这种"超越",对事物采取"超然"的态度,并非仅仅是一种"修养"或"锻炼",而是因为这种态度,原本就是"人"的"最基础"的"本质"。

"人"是有"理性"的,"人"生而"自由"。

"哲学"坚持住"理性",也就坚持住自己的"基础本质",也就把握住自己的"根基"。

这样,"哲学"的思想路线,就和一般经验科学有所不同,哲学以"理性"为"出发点"。

在这个思路中,"理性"的出现,不依赖"经验"的"积累",人们不能给出一个"度",说"经验""积累"到了什么样的"程度-数量",就必定或可以"产生""理性"。"理性"与生俱来。当然,"理性"作为大脑的"功能",并非没有"生理"的"物质"条件,一个人的"理性",当和他的生理状况有关,在这个意义上,"理性"的出现,也和人的生理-大脑成熟程度有关,就生理方面来说,"理性-思维"可以说是人类大脑的一种特殊的"功能",是物种亿万年发展进化的结果。但是,"理性"的出现,与"对象性""知识"的"积累",没有直接的关系,或者说,"理性"并非从关于"对象"的"知识""积累"过程中"抽象"出来,在这个意义上,"理性"不是"终点",而是"出发(始)点"。因此,我们并不能说,"理性"和"经验"既是两个"领域",就不发生"关系",而是说,它们之间的关系,并非"抽象"的,哲学意义的"理性"并不是"经验"的"抽象"。

哲学的理性，亦即自由的理性，不来自"经验"，不来自"他者"。"理性"不来自"非理性"，而是来自"自己"。"自己""产生（来自）""自己"，即是"自由"。

在这个意义上，我们说，"理性"就不仅仅是"静观"的。单纯"静观"的"理性"、"理智""让""他者""自在"，这样"理性"与"他者"的关系，很容易被理解为一种"镜像"关系。不仅经验主义说"心灵"如同一个"白板"，就是像莱布尼兹这样的理性主义者，也认为"单子"没有"窗户"，而相互成"映像"，在"自身"中"反射""他者"。

"理性"从"自身"的基础上，进一步发挥自身的"能动性"，"哲学"就开现出另一种境界，有了另一番气象。

"理性"为"自由"，已经不是"静观"的意义，或许说，"静观"的"理性"只是"理性"的"初级阶段"。古代希腊的"静观"式"自由理性"，某种意义上，还是"消极"的，其思考重点，是从"功利"的世界中"退让"出来，如今，"理性"还要更进一步发挥自身的"积极"作用，"积极"的"自由理性"，乃是黑格尔开显出来的哲学境界，黑格尔的哲学科学知识体系，是一个积极的能动的知识体系。

"理性"既为"自由"，则它本该是"积极"的，"主动"的，而不是"被动"的，"消极"的，这在理路上不发生问题，因为"自由"即意味着"创造"。问题在于："理性"在知识范围内，通过"概念"表现自己，而"概念"又如何"积极"、"能动"、"自由"起来？"概念"在"逻辑"的环节之中，如何又能"自由"起来？于是，"自由"的"概念"系统，要求"改造"传统的"逻辑"，使之适应哲学理性之"自由"性，这样，从康德开始的在哲学意义上"改造"形式逻辑（传统逻辑）的工作，到黑格尔，得到长足的发展。

"哲学"的"概念"是"自由的概念"，哲学作为科学知识体系，需要"自由的逻辑"。

在日常经验里，"自由"好像与"逻辑"不相容，"自由"为"非必然"，"非逻辑"；但是在哲学里，"自由"必定是"逻辑"，"逻辑"也必定是"自由"，因而是"自由"的"必然"，"必然"的"自由"；相比起日常经验来说，是更高的"必然"，就跟相对于"静观"的"自由"来说，是更高的"自由"

一样。

"自由"意味着"开创",而"开创"意味着"道路","开辟"出一条"道路"来,因而,"自由"就意味着最基本的"道",最基本的"理",是最基本的"逻辑",不是形式上精致化了以后的"形式逻辑",而是现实的实实在在的道(路)。

然则,实实在在的现实道路,就不是那样笔直的,那样"顺理成章",而是充满了曲折坎坷,充满了"矛盾""斗争"的。日常经验将事物"有序"化,而真实的现实则往往是"混乱"的,不可能完全"有序"化。哲学从事物的"本质"出发,"提示"着"矛盾"和"混乱",提示着一个本质"混沌"的世界。

单纯的概念只是静观的,缺乏"创造性";"概念"要"动"起来,则非"矛盾"之"概念"莫属;这种"矛盾的概念",已为康德的"二律背反"所揭示,而黑格尔说,如以哲学的眼光来看世界,则"矛盾""无所不在"。

"逻辑"作为"工具",用来"推衍""概念",从一个命题"推导"另一个命题;而"逻辑"作为"基础",则如实地保存着"矛盾",从这个包含矛盾的"全面"的"基础"上"推导"出对于真实世界的"知识"来,即"推导"出"真理"来。

哲学意义的"真理",不是几个命题之间的"正确"的形式关系;哲学的"真理",是关于"真实世界"之"理",是关于真实世界的"理论"、"逻辑"的把握。

哲学探求"真理",这是亚里士多德就已经规定了的方向。但是"真理"并非仅是"无矛盾"的"命题组合体系","真理"乃是"实实在在的""道理",是"真实"的"道理",或者更确切地说,是"关于""真实"的"道理",它不仅不回避"矛盾",而且"揭示"被日常经验现象掩盖着的"矛盾"。哲学这种"揭示""真理"的方法,就是"辩证法"。

柏拉图、亚里士多德都是欧洲哲学史上的辩证法大师,而黑格尔为总其大成者。

"概念"有了"矛盾",就不再是"单面"的、"单纯"的"一",而是"一"中之"多","多"中之"一",才能"一"分为"二"。"矛盾"的"概念""动"了起来。"概念"并非"受制"于"外在"的"条件"、在外力推动下才"动"起来的,"概念"因"矛盾"而"自己""动"起来,这种概念,乃是"自由"的"概念","自己""推动""自己"。"概念"具有了"创造性"。

"概念""创造"了"什么"?

"创造者"与"被(创)造者"当不是一个东西,"概念""创造"了"非概念","自由""创造"了"非自由"。于是,"概念""创造"了"实际对象"——现象,"自由""创造"了"必然"。

我们看到,在这个思路下,"哲学"的"逻辑",哲学的"道路",其行走的方向与日常经验、日常现象给我们提示的正相反。

"反者道之动"。"换一个角度"看世界,"返回"到事物的"源头"、"基础",我们就有了"哲学"的立足点、立场,在这个立场"看世界",看到一个"哲学"的境界,即如何从"自由"的基地"生长"、"开显"出来的"世界",如何从"本质""开显"出"现象"。

这个由"自由""开创"出来的"世界",既然是一个"世界",它就是"现实"的,"可经验"的,而且是"自由理性""经验(经历)过了"的,于是,这个"世界"就不是"形式"的,而是有"内容"的;不是"抽象"的,而是"具体"的。

在这个意义上,我们看到,"哲学"的"视角","哲学"的"境界",乃是从"抽象"到"具体"、从"形式"到"内容",亦即从"理性"到"(经验)现实"的路线。这条路线,看起来不符合日常经验的观念,似乎不是从"现实"出发,而是从思想、从一个"原理"、"原则"出发,当然是"唯心主义"的。从康德到黑格尔这条哲学路线,自己承认不同于日常经验,也自称为"唯心主义"。

然则,这条路线虽然不同于日常经验,但也并不"违反"日常经验,它只是试图找出日常经验之所以为日常经验的"根基"和"原理"。

日常经验中我们应用许多的"概念",同样的"概念",其"内容"、"内涵"可深可浅,黑格尔比之为"老人格言"。同样一句道德格言,小学生也会懂得其基本含义,但是如果出自老人之口,则包容了其一生的经历在内,同一句话的"内涵"则不可同日而语。

同样一个"概念",内容可以是比较贫乏的,只具有这个概念"躯壳",徒具"形式",也可以是比较丰富的,有了"充实"的"内涵",这时候,这个"概念"才是"现实"的,实实在在的,而不是空洞的。这里,走的正是一条从"抽象"到"具体"的路线。

从哲学的层面做科学研究工作,同样也存在这个历程。马克思《资本论》开始研究"商品"这个"概念"的一般含义,逐步深入研究,通过种种环节,使得"商品"这个"概念"逐步"丰富",逐步"清晰",逐步"具体化",通过《资本论》这部科学著作,"商品"就不再仅仅是一个"抽象"的"概念",而是"充满"了"现实"的"内容"。这是列宁的见解,他还把这个过程,叫做马克思的"逻辑学"。

"逻辑""概念"的"推演"与"历史"的现实发展相一致,乃是黑格尔辩证法的核心内容。

"自由理性"的开显,同样也是"历史现实"的发展,"逻辑"的"必然性",也是"现实"的"必然性",而不仅仅是"理论"的"必然性"。"历史的进程"并不是"理论理性"按照"形式逻辑""规则""推论"出来的,"历史"的"现实进程"植根于一个"自由"的行动,"人""创造"着"历史"。"自由""开创"有其自身"非形式"的"逻辑"。"内容"的"逻辑",才是"哲学"的"逻辑",这个"逻辑"在黑格尔为"辩证法",为"概念"自身的"矛盾""发展",而不仅仅是"形式"的"推论"。

"退回"、"回溯"到"原始"的"自由理性",只是"哲学"的"出发点",是哲学的"始基","始基"之声,未"尽善尽美",只有达到"终结","概念"的"历程"才"完善"。"出发点"和"终点",虽为"同一"概念,但"意义"则大不相同。从"终点"来看,"自由""经历""艰难困苦",终于"回到""自身",回到自己的"家园"、"自由"的"历程",同样也是"必然"的"历程",这个历程不同于、高于"理论推理"的"过程",高于经验理论因果的"必然性"。"哲学"的视野,在"因果"的"必然"中"见出""自由"的"历程",见出"自由"的"回归",亦即"理性""回归""自身"。站在此种境地,纵观"历史",见出、开显"自由理性"之"历程",见出"自由概念"之"历程",见出"创造"之"历程"。此时,"历史"呈现在人们面前的是一种不同于"历史学——作为经验科学"提供的"事件"（事实）因果环节的"图式"，而是另一幅画面，另一种境界。

"哲学"为"自由""理性"提供了"知识"（科学），"哲学"拥有"自由的概念"、"自由的范畴"、"自由的逻辑"，哲学"拥有""辩证法"作为"自己"的"工具"。"哲学""利用"这个"工具"，"认识-认知-把握"这个"世界"。

三、"哲学"作为一种"存在的生活方式"

黑格尔哲学已经超越了康德的"理论理性"，"激活"了"理论理性"中诸种"范畴"，亦即注入康德理论理性以"自由创造"的活力。黑格尔的"哲学"已经"进入"了"生活实际"，然而，他的"哲学"仍是一个"理论体系"，他把这个"自由"的活力努力适应一个"理论知识"的"框架"，以完成他的"科学知识体系"。

黑格尔的哲学-科学知识，要进入"现实"，"自由的理性"要成为有内容、可经验的"世界"，而不仅仅是形式，需要"理性-概念"自身的"辩证法"，通过"矛盾"、"斗争"的艰苦"劳作"，"开显"出那个世界来，然则开显出来的仍是一个"理念"的世界。这样，尽管黑格尔努力"超越""理论理性"和"实践理性"的对立，但为追求"绝对的知识"和"哲学的科学体系"，其结果只是达到一个"更高"层次的"理论理性"，把"哲学"置于"科学之科学"的"顶峰"。

此时，我们想起还有另一条道路可以使"理性""进入""经验现实"，这就是康德的"实践理性"。康德的"实践理性"，不像黑格尔"绝对理念"那样只是"思想"地"进入""现实"，而是"实践"、"行动"地"进入""现实"，是实实在在地进入现实，跟"现实"打交道。康德所谓"实践理性"能够"有能力"影响"理论理性（现象界）"，而"伦理道德"问题在黑格尔哲学历程中，处于较低的位置。

"实践理性"（意志）直接进入"行动"，它本身就有"现实性"，而且这种"行动"乃是一种"创造"，它根据的是一个"自由"的原理，而不是被动的"必然"的原理。"自由"作为"理性"的"概念"，因其自身就具有"能动

"性",而并不需要"概念"的"辩证法",就可由"意志"直接进入"现实"。"意志"的"行为"不是"逻辑""概念"的"运行"、"推衍",而是直接的行动。"自由"通过"意志"直接进入"现实"。

"现实"由于"自由"的进入,一切"现象"的"必然"都"活动"了起来,于是"现实世界""开显"出一个不同于"现象世界"的"境界",这个"境界",就哲学眼光来看,原来是最为"基础"、"根本"的世界。

这个"境界",首先是康德《判断力批判》通过"审美"和"目的完善"所探讨过了的;也是胡塞尔的"理智直观"(直观理智)的"理念世界"所思考过的;同时,更是海德格尔的"Dasein"、"Sein"所着重讨论的。

"哲学"是一种"存在方式"、"生存方式"、"生活方式"。

"自由"是一种"活动",用"自由"的眼光来看世界,世间万事万物无不"在""动"。就是那表面最为"固定"的"是"、"存在"(Sein, einai),也"在""动"。"Sein"原是一个"动词",由"动(态)"来理解"存在"、"是"(什么),是理解海德格尔思想的关键之一。

当然,黑格尔的"理念"概念也是"动"的。从"抽象"到"具体"是一个"历史过程","真理"是一个"过程","真实的""事物"不是"固定"的,它是一个"过程"。"概念"从"抽象"发展为"具体","回到""自身"。

"概念""回到""自身",乃是"概念"之"完善"、"完成";"完善"、"完成"是为"达到""目的"。"目的因"乃是"完成因"。"事物""自己""完成""自己","完成"达到"自己"的"目的"——不是一个"外在"的"目的",而是"事物""自身"的"目的"。事物"达到""自身"的"目的",就是事物"自身"的"开显"。原本在《纯粹理性批判》里"不开显——不能呈现出来成为'现象'"的"事物自身",在《判断力批判》里"呈现"出来了。如果通过"艺术"的"呈现",尚属"理念"(理论)的"静观世界",那么通过"目的""呈现"出来,就是事物自身的"存在",而不仅仅是"理念"。

"存在"也是一个"过程"。"事物"有"始"有"终"。"哲学"成为"终始之学"。

"终始之学"不同于古代希腊的"apeiron"(无定),亚里士多德为什么很反对"apeiron",原因是他强调的是形而上学存在论。亚里士多德的存在论之所以比较"抽象",乃在于"时间"对于古代希腊人来说,是一个"谜"。

"存在"不是"抽象概念",而是"具体概念",它有始有终,有"边缘",有"界限"。"界限"不是"外在"的,而是"自己"的,说的是"该事物""成为""该事物","是其所是"。"该事物""出现"了,"完成"了"自己"。"自己""成为""自己",乃是"自由"。

"自由"乃是"无限",黑格尔思考重点在于"无限",即"自由"不可"限制",因而天下万事万物莫不"消亡"。但他也说"无限"就在"有限"之中,"抽象"之"无限"乃是"恶的无限"。"有限"中之"无限",乃是"具体"之"自由","自由"之"存在"。"该事物""完成"了,成为"Dasein"。"Dasein"为"该存在"。"Dasein"是"Sein"的"存在方式",而不是现象界"诸存在者"之"属性"的"存在方式"。

按照海德格尔的意思,"Dasein"是"有限"的,它的"时空"也是有限的;然而自然科学教导我们,"物质"是"无限"的,作为它的存在方式"时空"也是"无限"的,那么,"时空"的"有限性"从何说起?"时空""有限性"来自"Dasein"的"有限性"。"无限时空"奠基在"有限时空"的基础上,因为现象界"诸存在者"奠基在事物作为"Dasein"之基础上。

"Dasein"该"(亲、此)在"与"诸存在者"之区别,来源于"人"与自然"万物"的区别。并非说,"人为万物之灵",万物中惟有"人"具有"理智"这样一种"属性"。"哲学"所关心的是:"人"与"万物"在"存在-不存在"问题上有区别,亦即在"本体论"上有区别。如何理解"人"与万物"诸存在者"在"本体论-存在论"方面的区别?

"人"与"万物"这种"存在论"上的区别,自从"哲学"诞生之日,就为古代希腊人所注意到了。"人"作为一个"存在论"的"族类",它是"有死"的,而"神族"是"不死"的。剔除古代人的"迷信"成分,它的哲学意义被海德格尔相当充分地揭示了出来。

海德格尔说,世间万物中,只有"人""会死",他强调所谓"会死",乃是"有能力死","有死的能力",此话怎讲?

一方面,我们可以理解为:万物作为"物质",是"不死"的,它们只有相互的"物质""形态"的"转化",它们"变"而"不死",如同孙悟空那样;

同时另一方面，我们也可以理解为："人"的"生""死"，乃是"存在"与"不（非）存在"的"转变"。

我们看到，世间万物之"完成"，皆为"存在"，惟有"人"之"完成"，反倒"不（非）存在"。在这个意义上，世间万物只有"人""有死"。"完了"、"成了"、"结了"（了结了）等等语词，对于"人"和对于"万物"有截然不同的意义。对于万物来说，"完成"乃是该物的完整的"存在"，但对于"人"来说，"完了"就是"死了"，乃是"该（此）人"的"不存在"。

"人"这样一种"有死的""Dasein"，其趋向于"完善"即意味着趋向于"不存在"，它与"世界万物"就有一种特殊的关系。"人"与"物"的关系不同于一般的"物"与"物"的关系。如同萨特说的，"人"为"世界""增加"一个"无"（不存在）；"人"这个"有死"的族类，带给世界一个"无"（不存在）的观念。

自从"无"进入"世界"，世界就开显出"另一种""境界"。"绵延"不可分割的"时间"，似乎出现了"裂缝"、"断裂"。"死""楔入"、"嵌入"这个"铁板一块"的"必然""大箍"里。"混沌"裂口，"时间""空间"化，"内在""外在"化了。

于是，不仅"人"有了"始终"，万物莫不有始有终。原本在"物质"形态持续转换中因而并无"自己"的"万物"，有了"自己"。有了"自己"，"存在"与"不存在"才有了实际的"区别"。在这个意义上，作为"Dasein"的"人"，使世间万物以"自己"的面貌开显出来，于是我们有了"宫室车马"，自然的质料，成了人文的事物——成了"文物"、"文化之物"、"人文之物"。

"时间""空间"化，由康德所谓的"内形式""外化"为"外形式"，则"时空"为"存在"（Sein）的"形式"；"人"作为"Dasein"有了"居"所。

这样，"空间"的意义有了新的内容。"空间"不仅仅是"诸存在者"的形式，而且是"存在"形式，这就是说，"空间"是"时间"的形式，亦即"空间"里"存放"着"时间"。

"居"所里"住"着"人"，"住"为"停（放）"、"止（息）"，"人""停""息"于"居所"。于是"时间""有限——固然有'长'有'短'"，"空间"也"有限——固然有'大'有'小'"。"邦畿千里,维民所止","止于至善","歌于斯,哭于斯","生死存亡"皆"处(居)"于"此"(Da)。

"空间"存放着"时间","时间"为"过去-现在-未来",这个维度,也依据于"Dasein"之"有限性"。"Dasein"之"在"(Sein),意味着它仍"在""过去-现在-未来"的"流程"中,"Da"仍属于"Sein",而不仅仅是一个单纯的地理位置,指示"(某或诸)存在者(物)"的状态。

"流程"原不可分割,"现在"固然包涵着"过去-未来","过去"也孕育着"现在-未来"。然则,作为"Dasein"的"人"的"立足点",不是"过去",也不是"现在",而是"未来"。立足"未来","Dasein""看"到的是一个"流程",而不仅是"被分割"了的"原因-结果"的"逻辑"进程。立足"未来","看"到的是"自由",而非机械的"必然"。立足"未来","现在"也为"过去","看"到的正是"历史",于是,"人"作为"Dasein"的"思想",乃是对于"过去历史"的"思念",对于"自由"的"思念"。

包括"现时"的"过去",乃是"非(不)存在",乃是"无",而"未来"尚未存在,则"人"作为"Dasein"的"思念",乃是"无"对于自身的"历史"的"思念";或者说,是对于"从无到有"和"从有到无"的"有-无"交错的"流程"的"思考"。

立足于"未来","看"到历史的"轨迹",但这个"轨迹",是"自由"的"轨迹",这种"轨迹"显示出来的是一种"可能性",而非机械的"必然性"。人们对于"未来"的信心,来源于这种"历史""可能性"的觉悟,这种"可能性"保护着人们的"自由"。

"居室""住"着"人",存放着"生","坟墓"存放着"死"。中国人将"居室"和"坟墓"分别叫做"阳宅"和"阴宅",都"存放"着"有限"的"时间"。

"坟墓"存放着"死",但同时也存放着"此人"的"(一)生","盖棺论定";"居室"存放着"生",但恰恰"生者"立足于"未来-无",亦即"提前进入'死'的状态"。作为"Dasein"的"人","思前想后",而"前"(过去)、"后"(未来),皆为"无"(非存在)。"于无声处听惊雷"。

"历史"的"可能性","时间"的"流程",乃是"自由"的"消(信)

息",只有那能够"思前想后"的"人",只有那自身"自由"的人,才能、才有能力"听到""历史"的"脚步",得到"时间""流程"的"消息","掌握""历史"的"命运"。

(原载《江苏行政学院学报》2004年第1期)

哲学的"未来"观念

西方的学术传统,哲学长期以来处于"无时间"或"超时间"的框架之内,哲学之"超越性"就意味着"超越""时空",某种意义上说,也是古代希腊哲学的特点。"时间"问题对于西方哲学来说,长期以来是一个难点。

按照西方哲学的普遍的思路,在"形而上学-第一哲学-神学"之下,大体分成"本体论"、"认识论"和"逻辑学"这三部分,当然还有下属的"物理学"、"伦理学"等等。在哲学分支中,逻辑学具有核心地位,皆因古代希腊崇尚推论式的理解,认为只有"论证-证明"了的,才是可以理解的,而只有可以理解的,才是有意义的。

这种思想方式,可谓是一种几何学的方式。几何学或起源于古代埃及人为了测量尼罗河的一种技术,而希腊人则更进一步加以论证,成为一门科学。古代希腊人不满足于目测的直观,非要得到理论上之证明而不罢休,这种精神,也贯穿于古代希腊哲学精神之中,理论的思维方式,是希腊哲学的主导的方式。

哲学似乎是比一般经验科学更为理论的。表面上看,古代希腊哲学的发展似乎沿着一条越来越"抽象"的道路在发展,它所思考的问题似乎越来越"大",越来越"普遍",走的是一条从"特殊"到"普遍"的道路。

然而哲学如果只是从具体经验中越来越"抽象",越来越"脱离""经验现实",则就会"止于""形式",于是"哲学"就会等同于"形式逻辑",研究哲学的发展历史将会发现,哲学恰恰是要避免这种形式化的偏向。哲学是一门

"科学",而不仅仅是"技术",它和一切其他科学一样,有自己的"内容",这个内容是具体的,经验的。

然而,哲学又要"超越"于一般的日常经验之上,是一门"形而上学",不是"形而下学",它是"道学",而不是"器学",所以西方将"哲学"称作"meta-physics","meta"和"physics"缺一不可,于是两者的"同一性",就成为哲学思考的重要问题。

在古代,这种"同一性"基础皆在推论性、论证性、逻辑性。这是西方哲学的一个传统。

一、"不变"与"变"——向上的路和向下的路

"meta"既然要与"physics"结合,就意味着"不变"要与"变"结合。

"变化"和"运动"在古代是比较神秘的事情,但它们又是直观的事实,哲学既要包容现实的内容,就不能回避这样的事实,于是就有种种的哲学理论出来。大体上似乎有两种办法可以把它统一起来,一种是从"变"走向"不变",古代赫拉克利特叫做"向上的路";一种他叫做"向下的路",则是由"不变"走向"变"。前者是"综合-归纳"的路,后者是"分析-推衍"的路,而赫拉克利特说,这两条路实际上是同一条路,即都是把"变"与"不变"相"结合"的路。

我们现在也可以将这两条路叫做"经验(主义)"的路和"理性(主义)"的路,而这两条路线,在西方哲学史上是贯串始终的。

大体上说来,古代希腊在前苏格拉底时期,以"向上的路"为主导,从"经验"上升到"理论",而苏格拉底至柏拉图以后的"理念论"则从"理念"下降为"现实",走的是"向下的路",只是亚里士多德说柏拉图的"理念"也是从"经验""概括"出来的,这大概只是亚里士多德的驳难,而实际上,柏拉图的理念论的确是主张"现实"要"模仿""理念"的。

我们感到,在古代,无论"向下的路"还是"向上的路",都要以"逻辑推论"为归依,才被认为是"可以理解"的。

赫拉克利特说过"一切皆流","人不能两次进入同一条河",但他又说,

"万物的尺度为逻各斯"。"逻各斯"固然不是后来的"逻辑",但是它具有很强的"推理性"的意义,自是比较清楚的,因为它有"分寸"、"尺度"的意思,连"火"的燃、灭也都是"有分寸"的,不是"无序"的。

"序"大概来自于"数",而"数"和"天文"有关,这是古代毕达哥拉斯学派的长项,他们是古代的"推算"专家。古代的天文学依靠"目测",行之不远,大概主要依靠"推算"。

古代"空间"观念来自"几何学",而"时间"观念则来自"天文学"。于是,在古代,"时间"之"序",被"数学化",被"推算化"了。人间之"四时",季节之"变化","春去秋来","秋收冬藏","人事"亦在"变"中"有序",这个"序"则是"不变"的,"可以推算"的。

于是不论"天上"、"人间",凡"事"皆可"推"而"论"之。"论"为"理论",一种朴素的"理论"思维方式使"万物""可以理解"。"天上"、"人间"固然透着一种"神秘性","变化莫测",但仍是可以"推算"的,不过最深奥的"推测"技术,不是一般大众所能掌握的,只是有相当的难度,而并非"原则"上"不可测"——"阴阳不测是为神",并不排除有的"神人""能掐会算",能"通阴阳",大概中国古代《易经》就是这样一种高深的预测技术学的书籍。

古代能通"天文"、"地理"之学的都有点"神气",因为他们有高深的"预测"技术,时空之"序"只有他们能够"把握"。

而古代希腊人力图将这种"技术",也"科学化"、"学问化",使之成为能教可学的"知识",这就是"哲学"。希腊人创建"哲学-形而上学"这门学问,为世界各民族作出了伟大的贡献。

所谓"科学化",同样也是"可推论",并是一种可以"证实"和可以"证明"的学问。可以证实和可以证明,也就是可以"重复"的,可以重复的,就是人人可以把握的——这是科学精神所要求的。

"几何学"保证了"空间"的"可知","天文学"保证了"时间"的"可知"。"时序"和"天体"的"运行"都是"合规律"的,可以推算的,故而是为"序"。古代希腊哲人仰望天空(望天者)发出"惊赞"——惊赞"天体""运行"之"秩序"森严,思考这种"森严秩序"的"形而上学"(第一哲学),

被亚里士多德称作"神（圣）学"（theology）。可见使"不测"成为"可测"，在古代都带有某种神圣性，只是希腊人力图将这种"神圣性"，也发展成一门"学问"（科学），邀请人人来"学习"。

无论"向上的路"或者"向下的路"，都是一种"学问"之路，"可测"之路，"可知"之路。大体说来"向上之路"通过"归纳"，而"向下之路"通过"分析"，而这两种途径，各自又都有自己的问题。

"归纳"的问题在于如何"归纳"出"必然性"来，即可以推算的道理来，更不用说如何"归纳"出"超越"（meta）来；"分析"的问题在于如何"分析"出"内容"来，而不是越"分析"越"抽象"。方法的问题带动出实质的问题。

从"经验"上升至"超越"的"形而上"，需要"跳跃"，而"逻辑推论"不允许"跳跃"，因而强调"归纳"的，有时竟会进入怀疑论；强调"分析"的，从"形而上"下降进入"经验"，像柏拉图那样要"现实""模仿""理念"，也不免受"独断论"之讥。两者的困难，仍然反映了"变"与"不变"之间的矛盾：无论从"变"到"不变"，或者由"不变"到"变"，皆为使得"变"成为"可以理解"、"可以测量"、"可以认知"，都会遇到不少困难。"向上的路"要使"变"中有"不变"；"向下的路"要使"不变"在"变"中保持自身。

在哲学的重重困难中，显示着解决困难的途径：如何理解"时间"、"有序"、"逻辑"、"理解"的关系，关键在于如何在哲学中理解"时间"。

二、"向后的路"与"向前的路"——"回溯"的观念与"前瞻"的观念

古代希腊哲学的传统是"回溯"的传统，所以我们常说，哲学是"追根寻源"的学问，这个"根"和"源"乃在于人类难以记忆的"远古"。从"远古"到"现时"，固然历经沧桑，面目全非，但是"从古""到今"，这个"时间"过程，乃是"有序"的，知道了"古"，就能"知道""今"，"古""今"是可以"推论"的，固有"通古今之变"、"博古通今"等等说法。"历史"（过去）就成为"现时"的"根"和"源"。"知根知底"乃是"真知"。

我们知道，古代希腊哲学前苏格拉底阶段侧重追求理解万物之"始

基"(arche),似乎已经奠定了西方哲学的主题方向和路线。认识了万物的"始基"(起源),就是把握了"真理"。

"时间"的"度"的重点在"过去",在"源头"。

当然,并不是说,古人不知道"现时"和"未来",然则蕴涵着的思路为:"时间"既为"有序",则"知道"了"过去"就等于"知道""现时",而"知道"了"现时",也就(等于)"知道"了"未来",因为"现时"和"未来"都可以从"过去""推论"出来。

"时间"成为了一个"有序"的"因果"系列。

"时间"转化为"因果"乃是将"现实"转化成"逻辑",使之成为"可以推论"、"可以理解"的必要的和关键的一步。在亚里士多德的《形而上学》里,对于"原因"的认识,被认为是"知识"的重要的核心部分,而这样一种"原因"观念,又和赫拉克利特的"逻各斯"有密切的联系:如水流逝、瞬息万变的大千世界,只有从"因果"的关系上才能"理"出个"头绪"来,才能使之"有序"而加以把握、理解。

这样,古代的"时间"观,就转化为一种"因果"观,似乎这种被"因果"化了的"时间"观念,就能够既保证了哲学的"可推论性",而又保证了它的"现实性"。"逻辑"与"历史"就可以在这个思路中得到统一。

于是,古代的"始基"(arche),就可以理解为是某些物质性的实体——水、气、火、四根、种子、原子等等,又同时可以理解为一个"原则"、"原理"(principle),从这里,能够"推导"出"结论"来。

"时间"就这样被"逻辑"化了,"直观"、"直觉"(intuition, Anschauung)也就这样被"概念"(concept, Begriff)化了。

于是,"时间"又被"概念"化了,这样,"概念"又成为"历史"和"逻辑"相统一的关键环节。这种将"时间"、"现实"、"历史""概念"逻辑化的思路,在古代就受到种种怀疑论的责难,到了近代,休谟集此种责难之大成,指出从感觉经验"概括-概念化"不出"必然"的逻辑推论来,从"经验"到"理论",从"偶然"到"(日常所谓的)必定",只是一个"习惯"的普遍性,而没有"理论"上的必然的保证。这样,在休谟看来,一方面是感觉经验的习惯性,一方面是逻辑推论的必然性,两者并无过渡的环节,没有"同一性"可言。这就意味着:"时间"不可能被"概念"化。我们看到,休谟这种思路理应得到很好的发挥,但是近代的欧洲哲学,似乎又在更高的层面上,回到了古代的希腊哲学传统。近代德国从康德到黑格尔,在使"时间""概念"化的道路上走得更远了。

在康德哲学中,"时间"、"空间"是"(经验)存在者"的"直观形式",这样保证了"时间"、"空间"的"现实性","存在者"必"在""时空"之中。然而,康德还说,"时空"作为"感性的直观形式"又不是从"感觉经验"中得来的,而是一种"先天的"(a priori)形式,只是这种"先天形式"不是"思想性"的,而是"感(觉)性"(直观)的。如同并非一切"概念"都是从"感觉经验"中"概括"出来的一样,也并非一切"直观"都是从"感觉经验"里得来的,有"先天的概念范畴",也有"先天的直观";"概念范畴"可以是"形式"的,"直观"同样也可以是"形式"的,并非一切直观都是"质料"的。这种"无质料"的"直观(形式)",就是"时空"。和"先天概念"一样,"先天的时空",也是一种"纯粹的形式",它的产生,不依赖于"感觉经验",但是却是对"感觉经验"有效的,它们能使"感觉经验"成为"知识""对象",没有它们的"建构"或"整理","感觉经验(本身)"(事物自身,Dinge an Sich)不能成为知识"对象",是为"不可知"。

当然,我们不能说,康德把"时(空)间""概念"化,因为在康德哲学中,"时空"是"直观",不是"概念";但是我们可以说,康德把"时空""形式"化,而"形式"化是为"概念"化铺平道路的,其作用在于为使"在时空中"的"事物"成为"有序",成为"可知"的。"时间"的"形式"化,乃是为了"感性事物"之"因果"化。"时间"(时序, succession, sequence)是"因果"的"前提"、"条件"、"基础",有了这个条件和基础,"概念"(先天概念)才有根据进入"直观",使"感觉经验的世界"成为"知识的对象"。

这样,我们也看到,康德哲学的"时空",乃是一种"形式",并非"时空""自身",康德明确说过,关于"时空本身",我们"有限理性"(人类)是一无所知的,它就像"物自身"、"我自身"那样,是"不可知"的。

"时间"为"因果系列"的基础,康德认为,这样就既保证了"因果"概念的"先天""纯粹"性,而又能保证这个"概念"是有"直观""内容"的。

然而，既然"时空"仍然只是一种"形式"，此种"形式"的"内容"乃是"接受"自"感觉经验"（质料），而这种"质料"到了"时空"之中，已非它们"自身"，而是经过"形式化"以后的"内容"，这就是康德所谓的"现象"、"表象"。

"表象"的"现象界"，在康德哲学中，是"在""时空"中的"因果系列"，这就是科学知识的"对象"和"内容"。"科学"的任务，回到了亚里士多德提出的任务：追溯事物的"原因"。于是，由"果"回溯"因"，成为科学知识的追求目标。

在经验科学的范围内，"因"、"果"乃是一个无限的而且是循环的系列，亚里士多德解释古代"始基"（arche）时说，出自此又复归于此，是谓"始基"，所谓"原始返终"，"终""始"乃是同一个因果系列中的环节。

在这种思想路线中，"时间"的"过去"、"现在"、"未来"，被理解为"同一个""因果系列"，它们之间的联系如同"因"和"果"一样是"必然"的，是"可以推论"的。

在这种思路中，固然也有"未来"的问题，但是此种"未来"，仍是"因果"的环节，是"在理论上""可以推论"的。"可以推论"出来的"结果"，就是"未来"，在这个意义上，"未来"也是"现实"（现时）的，一切都"化为""理论"的"必然性"。"过去"、"现在"、"未来"成为"原因"和"结果""必然"的环节，"理论"的"推论""化"掉了"事物自身"的"区别"；在"理论"上，并无真实意义上的"过去"、"现在"、"未来"，有的只是"永恒的""现在"（现时），"时间性"经过"理论"化，成为"无时间性"。

于是，康德的"知识论"只是在"理论"层面保持着自己的"权利"——康德自己也称作"理论理性"或"思辨理性"。

然则，康德并非放弃"哲学"的"超越"（transcendent）的任务，知识认为此种"超越"原本不属于"科学知识"领域，除论证"科学知识"的"合法性"外，"（批判）哲学"尚有别的事情要做。

这个"别的事情"，对于哲学来说，恰恰是更为重要的事情，即思考"事物自身"的事情。理解"事物自身"，是西方哲学从古代希腊以来原本要做的事情，而康德在理论上可以认知的"现象"，在古代只能达到"意见"（doxa）

的层面，只是康德从变革知识论的角度，将这部分提升为"真理"（真知识），但并不可能，也无意取消"事物自身"的问题："事物自身"在理论上不可把握，不等于说，在"实际"、"实践"上也不可理解，所以康德说，"事物自身"的问题是不可避免的，即使指出它的不可知性，人们仍然会努力去探讨它，思考它。

"事物自身"为什么"在理论上""不可知"？康德说，因为它没有在"可经验世界"的"直观"，从而不能成为"知识对象"，这就是说，"物自身"不"在""时空"之内，"超越时空"，因其"不可感"而"不可知"，这样，康德就用了"noumena"和"phenomena"来区分"不可知"与"可知"："本体"（思想体）不可知，而"现象"（表象）可知。康德的意思固然很清楚，但是往往这个"本体"被理解为一个"纯粹抽象"的"概念"，只是"在""思想"里；而事实正相反，"物自体"之所以"不可知"，不是因为它"太抽象"，而是因为它"太实际"，因其"太实际"而不能"理论化"。

什么叫"理论化"？"理论化"就是"形式化"。我们看到，康德的"知识论"，只是"理论性"的"知识论"，或者说，是建立在"理论化"基础上的"知识论"，它所能运用的范围是"有限"的，即可以形式化的那些"现实经验"世界，这一部分是可以"归化"为"知识王国"的臣民的那些"分子"；"事物自身"则不接受其"归化"的"条件"，是为"无条件者"，不能成为"知识王国"的"分子"，不成其为"知识对象"，因而不可知。

"知识王国"的第一关在于"时空"，亦即"时空"为"理论化"（形式化）的第一个"条件"，"事物自身"正是受阻于这个关口，至于"概念范畴"，似乎倒能为"物自身"所运用，而正因为它运用了"没有时空直观"的"概念范畴"，于是乎引起"二律背反"，矛盾百出，不能自圆其说，自己破坏了自己，使"理论（知识）"不能成立。于是，"物自身"似乎只是在"概念"、"范畴"、"思想"里打转转，"脱离了""经验实际"。

然则，此种"脱离"的关键在于"时空"这一关没有通过，而"时空"在康德又是首先被"形式化"了的，它们是"先天直观"的"形式"。

于是，从另一个角度来谈同一个意思，即"事物自身"并非不接受"时空"，而只是不接受"时空"的"形式"，不接受"形式化"了的"时空"，这里未曾涉及"事物自身""自身"之"时空"问题，即"事物自身"有无"自身"之"时空"，或者说，不接受"形式化"了的"时空"，那么对于"非形式化"了的"时空"，"物自体"又当何如？

这样，我们从"另一个"角度来理解康德的意思，真是"柳暗花明又一村"，展示在我们面前的，竟是全新的境界，而这个境界是后人通过其他途径已经进入了的，无非我们单从康德的思路，也是可以通行的。

"非形式化"的"时空"，就是康德所谓的"时间（空间）自身"，举凡一切"自身"，在康德都是"非形式"、"非理论"的，而所谓"非形式"、"非理论"，也就是"实质"的、"实际"的。一切"自身"皆为"实际"，在这个意义上，"本体"为"真实体"，而非"思想体"。然则，从"另一个"意义上，康德既将"理论"与"思想"加以区别，认为"物自体"可"思"，而"不可知"，则其所谓"可思"，就并非仅仅"思想"（思维）在一个命题中避免"矛盾"而可以"想通"的意思，而可以进一步理解为"思"自身原本含有"非形式之时间（空间）"的意思在内，"思"接纳具有"非形式时空"之"物自体"，成为其"对象"，而此种"时空自身"、"事物自身"和"思想自身"，恰恰是最为"实际"的，是"真正"（eigentlich-authentic）的"实际"（Wirklichkeit）。

从这层意思推衍开来，海德格尔关于"时间"的观念，关于"存在"的观念，关于"思"的观念，等等，似乎全都可以沟通起来。因为我们不妨将康德的"表象"（现象界）从海德格尔的角度看作"存在者"，而康德那个"不可知"的"事物自身"，或可作海德格尔之"存在"讲，而此时之"思（想）"亦即具有"时间性"，而不同于一般之"逻辑性"，"思（想）"就与"认识（知）"，"理性"（Vernunft, reason）与"知性"（Verstand, Understanding），就在哲学的意义上区分开来，而且进一步，"思（维）"与"（存）在"之"同一性"，也就不仅得到黑格尔之"（辩证）逻辑"上之"贯通"，而且在"实际"上与海德格尔之"存在论"的意义相"贯通"。

然而，在康德哲学本身，强调的仍是一种"因果"范畴的推论关系，因为它把一切"流变"都"形式化"了，将"变""形式"化，即是"推论"、"推理"化。"变化"只有在能够"形式化"和"推理化"的条件下，才是"可知"的，"可以理解"的。于是，"时间""提高"为"因果"。

就哲学的知识论来说,"因果"是一个"必然"的范畴:从"因"可以"必然地""推导出""果",反之亦然。"时间(空间)"由"形式化"的途径"化"为"因果",所谓"前因后果",中外都有这种思路,"时间"(历史)是一串"事实"之间的"因果"联系,有此"前因",必有此"后果","历史"成为"可知","可以理解",成为一门"科学",因为从已知的"果",同样可以"回溯"未知的,或已不存在的"因";由"已知""推""未知",乃是"科学"的"职能","向上推"和"向下推"因其"必然性"而具有完全相同的性质。"过去"、"现在"、"未来"在"科学"面前"一律平等"。在这方面,"科学"只承认"已知"和"尚未知"的区别。

只是这种"因-果"互相"推导"的思路,善则善矣,惟已将"时间""化"掉,"有时间""化"成了"无时间"了。盖"因果"在"必然"中,可以理解为"永恒的现时","古-今"为"一瞬","现时"为"瞬息"之"点",千万年亦为"瞬间",古人感叹"时间"之"短暂",而"短暂"之"极",乃是一个"点"。然则,"时间"如"化为""因果",则一切皆在"必定"之中,掌握"必定"之"理",虽"万世"为"可知",更有那"圣(明)(聪明)"之人,"一心观万心,一身观万身,一物观万物,一世观万世"(邵雍),可以"博古通今","鉴往知来"。

不过我们已经知道,就哲学来言,这种"可知"的"必然性",乃是"理论性(上)"(theoretically)的,而非"实践性(上)"(practically)的。我们从科学概念上"把握"到的"历史事实"之间的"因果"联系,只是一个理论的框架,至于"真正""真实""实践""实际"的"历史"并不等于此种"理论的框架"。

"真正的"(authentic, eigentlich)"历史",不可能"形式化","理论化"。

于是,康德在《实践理性批判》中着重提出了与"必然"相应的"自由"观念。

三、"时间"与"自由"

"时间"的形式化使得"时间"成为可以推算、推论的必然过程,"时间"

成为"因果",于是实质上取消了"时间"。为恢复"时间"的本来面貌——理解"时间""自身","时间"须得摆脱"因果"化、"形式"化的束缚。"时间""自身"不是"必然",而是"自由"——按照康德的思路,一切的"自身",皆为"自由","自身"属于"自由王国"而非"必然王国"。也还是根据康德的思路,"时间"被形式化,"时间"就成为"知识王国"的"直观形式",成为一种"先天的直观""工具",犹如"先天范畴"成为知识的"工具"一样。尽管在康德"知识论"本意,"知识"不仅仅是"形式"的,而是要有"内容"的,因而从康德开始的德国古典哲学的主旨之一就是要"改造""形式逻辑",使之成为"(有内容的)知识逻辑",但是在康德,这种"形式"和"内容"仍在"分离"之中,它们有原则上不同的来源:"内容"来自于"感觉经验","形式"则来源于"理性主体"之"先天性",而此种"先天形式"和"形式"之"先天性",亦即"先天工具","工具"之"先天性"。凡"工具"都有其有效的使用范围,"时空"与"范畴"之"先天性"只限于"科学的经验知识"范围,亦即"理论知识"的范围。这是亚里士多德的工具论传统。

然则在康德哲学中尚有另一种性质的"时间",那是一种"绵延不断"的"流逝",它趋向于"道德"的"至善"。隐藏在康德道德"至善"背后的"时间绵延",是他的"实践理性"诸"悬设"的"根据";如果没有这种"时间绵延",那么对于"灵魂不灭"、"神的存在"这类"信仰",就会失去"理路"上的"根据";而如果在"实践领域","时间"也像在"理论领域"里那样是一种与"必然性"兼容的"形式",则不仅"理论"的"因果"为"可知","实质"的"因果"也为"可知",这样"人"将与"神"一样为"全知"、"全能"、"全善"。"理论"的"时间"和"因果"对于有限的理智者来说为可知,事实上就是说,"形式"的"时间"和"因果"为可知,因为它们的"内容"都经过了"先天""形式"化了。

"形式化"使得"时间"与"因果"都走向自身的反面,成为"非时间"与"非因果",一切之"可知性"都"化为""理论上"之"可推论性"和"可推算性",而我们知道,从古代希腊以来,"数学""可推算"和"逻辑""可推论",都只能是"理论的"(theoretical),"形式的",不能是"实质的"(material, substantial),这就是亚里士多德不把古代毕达哥拉斯学派归入"自然哲学家"

的原因。

"形式化"的"时间"和"因果"不是"真""时间"、"真""因果"。这里所谓"真",并非逻辑上之"真假""对错",而是指"真实""实际"的意思,即是徒具"时间"、"因果"之"名",而无"时间""因果"之"实"之意。这类"形式",固然有逻辑概念之"必然性",但无实际现实之必然性,于是,理论归理论,现实归现实,理论上固然有"可推导性",而实际上却仍然充满了"不可测性"。

"时间"固然可以划分为"过去"、"现在"、"未来"三个维度,但是如果只是在理论上来考虑,则"过去"、"现在"、"未来"皆为"形式"的、"概念"的,则"过去"与"未来"和"现时"等值,可能这就是所谓的"永恒的现时"。一切"理论性"的学说,都具有"永恒现时"的特点;或者说,凡理论上"可推导"的学说,大都具有"非时空"的性质。

至于理论上的可推导的"因果关系"不能涵盖"因果"本身的意义,即"理论因果"的自身矛盾,是更为明显的,"因果"自然要求有"经验现实"的内容,而不能以概念"公式"代之,此休谟之怀疑论不易颠覆之重要根据,盖凡理论之"必然性",皆建立在"先天性"(a priori)基础之上,而"a priori"乃是逻辑之范围,"因果"却是现实的领域,此康德知识论着力之处,而是非尚待评论,如今更是英美分析哲学和科学哲学讨论的问题。

然则,"时间"如是"自由王国"的事情,就是另一番面貌了。我们说过,在康德哲学思路中,凡"自身"皆为"自由王国"之一分子,此种"分子",不是"自然王国"之"臣民",而是"平等"之"分子"。但是康德将"自由"理解为"纯理性"的,与感觉经验毫无瓜葛,它是道德责任的前提和基础,而道德责任则是一道"无条件"的"命令",与感性的需求绝无关联,在这种意义上,康德的"自由"更加是"纯形式"的,没有任何经验内容的,而且是不允许"接纳"此种内容的,在这个意义上,我们说,康德的"自由"乃是"超时空"、"无时空"、"非时空"的。但是康德又强调,他的实践理性诸悬设,乃以"时间"之"不断绵延"为前提,而康德这种道德领域之时间绵延,常为他的自由之超时空性观念所掩盖不彰。人们理解康德《实践理性批判》的重点常常在那"超时空"方面。

解释"时间"与"自由"的内在联系最为著名的是后来的法国哲学家柏格森。

柏格森的"时间"自由和绵延的学说，当然有自己的理由和来源，而他对康德哲学的批判也是很严厉的，只是就我们从哲学史的角度来看，他的观念和康德在《实践理性批判》中未曾彰明的意思有无沟通之处，也是可以探讨的，因为"机械"之"因果律"与"自由"之间的原则界限，原本是康德着重强调的，也许柏格森从这种划分贯彻下去，直至"时间"观念也起了变化，"自由"并非"超越时间"，恰恰是"时间"（之与"空间"机械相对立）之本性。

按照柏格森之意，"空间"将事物"分割"开来，然后再以机械之"因果"关系联系起来加以理解；而"时间"本"不可分割"，乃是一"混沌"之"绵延"，与外在之机械性相对立，"时间"乃是"内在"之"自由"。"时间"是与外在性、空间性相对立的精神、意识。

"时间""不可分割"，"时间"不可"空间"化，没有"时间"的"几何学"，"天（文）学"不是"地（理）学"。"天象"因其（与人类生存之）"距离"而（模糊不清）"混沌"。"混沌"乃是"自由"，皆"不可分割"。

"形式-必然"的"时间"，可以分成"年、月、日、刻、分、秒"甚至"微秒"等等，但是此等"分割"的"无限性"，也意味着"时间"本身原"不可分"，"分"乃是一种人为的"手段"，乃是"工具性"的"计算"。"自由"的"时间"乃是"不可分割"的"绵延流"，康德所谓实践理性悬设之"不尽绵延"大概本应是这种意思。

然则即使在"自由"的意义上，"时间"虽不可分割，却有自己的维度，这是一种不同于"自然""时间"的维度，它是"自由的维度"。

"自由"既非经验意义上之"无限"——所谓"至大无外"、"至小无内"，即黑格尔所谓的"恶的无限"，而是"有限"中之"无限"，"无限"中之"有限"。"自由"消融了、"使模糊，使混沌"了"有限-无限"的僵硬界限，两者并无一条绝对之鸿沟。

"自由"为"一"，亦为"多"。"我"是"自由"，"你"亦"自由"，"他"亦"自由"；此亦一自由，彼亦一自由。"（他者的）自由"为"（自我的）自由"的维度，"自由"以"自身"为"维度"。

四、"过去""现在""未来"

"他者"的维度,在"时间"上反映为"过去"、"现在"、"未来",因为有"另一个""自由者","时间"才从"混沌"转化为"有序"、"有度","时间"才变得"可以理解"。但此种的"有序"、"有度"、"可以理解",又不是"理论"、"形式上"的,而确是"实际"、"实质上"的,为"时间""在""内容"上的"度"。这样理解下的"过去"、"现在"、"未来",就不等同于"年、月、日、刻、分、秒"这样的"计时""单位"。"单位"是一种大大小小的"计量""点",这种"点"可以是没有"内容"的,仅是一种"形式",如同"数"一样;但是,"过去"、"现在"、"未来"却不仅仅是一个"单位",不仅仅是一个"点",而是"面",而且是"立体"的。"过去"、"现在"、"未来"意义上的"现在",也不仅是一个"点"。

"过去"、"现在"、"未来"之所以不是一个个的"点",乃因它们和"事""不可分割"。我们说到它们时,总是和一些清楚或不清楚的"事件"(Ereigenis)相联系的,而不是一个个的"空洞"。

于是我们看到,"自由(的时间)",与康德哲学相反,恰恰不是"形式"的,而是"有内容"的,"实质性"的,这正是胡塞尔另一个杰出学生舍勒对康德道德哲学的批判,而他的"实质伦理学"所根据的理由也正在于此,而并非将伦理学拉回经验科学的轨道。关于他的思想,我们还应很好地加以研究。

"实质性""时间"之"过去"、"现在"、"未来"中,只有"现在"是与"自我""同在"的,"过去"和"未来"皆为"他者"向"自我"提示的"维度","自我""在""现时"中,"我""在世",即"现""在",而"他者"提示着"我(们)""有"一个"过去"和"未来"。

"过去"、"现在"、"未来"的观念,当然是采取了"自我"的立场(position),以"现时"、"在世"为基准所作出的维度。在这个意义上,"自我"当然首先是一种"意识"的状态,同时也是一种"存在"状态,而不是单纯"主观"的"意见"。

"时间"的"过去"、"现在"、"未来",乃是"存在"的状态。

"时间"之所以允许分成"过去"、"现在"、"未来",乃是"人"(自由者)的一种特殊的"存在"状态,这或许就是海德格尔意义上的"Dasein"。

"Dasein"以其"Da"显示"Sein"的维度,"人"作为一个"特殊"的"存在者",是"有限"、"有限度"、"有维度"的,它不是一种"恶的无限",而是"有限"中的"无限"。"Sein"的维度,明显地、突出地(existence)表现在"人"这个"Dasein"中。

"人"作为"Dasein",它是"有限的"、"有时限"的,"人"是"有死的"、"会死的"。"人"具有很多"属性",而"有死"、"会死"乃是它的"本质"的属性,亦即"存在"的属性。

"人"这个"Dasein"是以"死"来"划分""时间""维度"的,对于"人"来说,"死"是"时间"维度。这个维度,是不以人的意志为转移的,是确定无疑的,因而是与"逻辑"的"先天性"相对应的"存在"的"先天性",或"历史"的"先天性",其意义比之黑格尔的"凡有限之物皆将消亡"这个命题,还有进一层的意义。

在这个存在性的维度中,"死"不是一个"点",而是一个"过程",在这个"过程"中,"生-死"为"一",亦即"存在-非存在"为"一"。这个"一",就是"自我"的"现时""在世"。

"死"固然是"自我"的"事情",是必须"自己"来做的事情,任何"他者"不能代替,然而,如果仅从"自我"的立场来看,"死"是很"神秘"和不可理解的。经验科学的知识不可能真正"理解"、"认知""死",因为"死"是"不可经验"、"不可体验"的,然而人人都"知道""死",这种"死",是"他者""提示"的。

这种提示,不仅仅是指:"我""知道"、"看到"、"听到""某人"、"他者""死了";"我(们)"、"在世之人"不必等待"有人""死了",才"知道""有""死"这回"事","他者"的"存在"时时、处处"提示"着"有""死"这件事情——"死"是"存在"的,"死"这个"不(非)存在"(是)"存在"(的)。世上"有(存在)(着)""死",亦即"世上""有"(一个)"无""在"。

"死""分割"了"时间"的"过去"、"现在"、"未来",也就意味着,"他者""分割"着"时间"的"过去"、"现在"、"未来"。"自我"与"他者"既然是"诸自由者"之间的关系,则"时间"这种"分割",乃是"诸自由者"之间的"事情",是为"自由"自身的事情。"时间"仍然"在""自由""存在"的领域中,而并未降为"形式"的"计时""工具",但已经具有了"维度",这种维度,乃是"自身"的维度,"自由"的维度,于是萨特才说,"自由"乃"不受限制","自由"要有"维度",只有"另一个""自由"才能"限制""自由"。

"另一个自由者""他者"与"(自)我""同在"。

"他者""使(让)我""存在","他者""让(使)我"确实地"知道""有"一个"过去""存在";对于"存在"问题,"他者"从不"欺骗"。对于"过去"这个"无"、非(不)存在,"(自)我"有"充足"的理由"相信"其"存在"。"世上有一个'无'在"这个命题,就"存在论"言,乃具有"先天性",它是"历史的必然",而对于历史的(过去的)具体经验事实,则或多或少可以"存疑"——胡塞尔的"悬搁",留待经验的历史科学或考古学去考证。

"我(们)"和"他者"一起"生活"(现时),和"他者"一起"回忆""历史"(过去),也和"他者"一起"进入""未来"。

"生-死"作为"过程"为"一",即,乃是"同一"个"过程",这个"过程"包含了"过去"、"现在"、"未来",这就意味着,"过去"、"现在"、"未来"即"生-死"。当然,就感觉经验来说,"生-死"乃是"现在"、"过去"和"未来"皆在(我的)"生-死"之外。但从"存在论"意义来看,"过去"和"未来"皆在"生-死"的维度内——"生"、"死"皆"在(存在于)""过去",也"在(存在于)""未来"。就"死"作为"过程"言,"过去"已经"开始"了"死",而"将""在""未来""完成"、"终结"。

在这个意义上,"开始"与"终结"都不是一个"点",而是一个"过程","开始"的过程,也就是"终结"的过程。

然则,终须"有""点",有"点"才能"标志""界限"。"生-死"的"点",是必须"有""存在"的"标识"。

对于"到时"(zeitigen)这个"点"的思考,同样不能离开"他者"的维度。

"点"是"面"的"界面",所以叫"临界点",按照黑格尔的说法,达到这个"临界点",该事物就"完成",而完成之后,"超越"该"临界点","该事物"就"转化"成"另一事物"。因此,与通常几何学的观念不同,"面"并非"点"的"延续"、"延伸",而"点"倒是"面"的"终结",或者说,"点"为"诸事物""之间"的"中介"。

如果"生-死"果然为"一",则,"生-死""完成"之"点",为"自我"与"他者"的"临界点",为"诸自由者""之间"(zwichen, between)的"中介"。

就事物之"自然状态"言,或可曰"万物混成","此亦一是非","彼亦一是非","是非"、"存在"、"非存在"不断地在转化,"阴阳莫测","(感觉之)时间"为一不可分割之"流";但就"社会"人文状态言,"事物"则"有间"焉。包括人的我、你、他在内的诸(社会)事物,其间的"区别"、"界限",并非仅仅是"感觉"或"概念"的,而首先是"时间"的。

"我"之"方生","万物(包括他人)""(存)在"矣,日月山川、父母双亲,"万物皆备于我","他们""已经""存在"——于是在"我"之"先(前)"(vor, before),确确实实"已有"一个"世界"存在。当"我""终其一生","临终""弥留"时,"我"清楚地"意识"到,在"我"之"后"(nach, after),"世界"仍会继续"存在",于是,"他者"对于"我"而言,除掉别的"属性"不同外,其最为"本质"的区别,就是"先""后"而已。这里所谓"本质",按海德格尔的意思,即是"存在",于是,"事物"(包括人在内)的"本质"区别,亦即"存在(方式)"之区别,或谓"存在论(上)"(ontologically)的区别,乃是"时间(先后)"的区别。就哲学、人文科学来看,有了这个"存在论"上的区别,才会有进一步的自然(科)学(或一般的社会学)的"属性"上的区别。

更有甚者,既然"生-死"为"同一"之"过程",则不必"等待""过程"真的"完结",作为"有限"之"存在者"的"人",即使"在世",也会"有能力""区分""(自)我"与"他者",此即海德格尔所谓的"提前进入死之状态","人"是"会""有能力"去(体验)"死者"。

"人"是"会""有能力"去(体验)"死者",亦即"人""会""有能力"

经"时间"之"先(前)""后",亦即能够将"我"、"你"、"他"区分开来。

"能(够)"将"我"、"你"、"他"区分开来,亦即能"区分""过去"、"现在"、"未来"。

当"我""在世","我"与"他者""同在",然而"他者"或"先(前)""我"而"在",或"后""我"而"在",有"先生",有"后生"。虽然不能说一定是"先生先死",但是"先生"必经"先"于"我""在(场)";而"后生"未必"晚死",但是"我""不在(场)"时,总有"后生""在"。在这个意义上,"他者""掌握着"、"拥有""过去"和"未来",而不是"我"。"我""充其量"是和"他者""一起""进入""过去"和"未来"。也就是说,"我"之所以"有能力""进入""过去"和"未来",乃是因为实际上"有""他者""在"。

"有能力"进入"过去",说明"人"是一个"历史性"的存在者;"有能力"进入"未来",则说明"人"又是一个"理想性"的存在者。按照海德格尔的意思,"人"为"Dasein","Dasein"为"具体的"、"有限的",是"Sein"的一种"方式",实际上,"Sein"就"在"这个"Da"中。"Dasein"的"Da"的历史,也就是"Sein"的历史,只是"Sein"的"寿命""终始之度",大于、长于个体的"Dasein"。

在"Dasein"(人)的"过去"、"现在"、"未来"的"度"中,"未来"居于核心的位置,居于"始"位,而不是"终"位。"有""未来",就"不会""终结","未来"意味着"尚未终结-尚未完成"。

五、"未来"与"存在"

"过去"、"现在"、"未来"皆为"存在"的方式,我们的工作重点可以在阐述为什么"过去""已经不存在"而仍有"存在"的意义,我们的工作重点也可以在阐述为什么"未来"尚"不存在"而仍有"存在"的意义。而这两者应不在"平等"的层面上。"未来"是"存在"的核心意义。

按照黑格尔之意,一切"有限的东西"皆要"消亡",这就是说,"一切有限的存在"皆会"消亡","存在"皆会转化为"非存在",这就是"(有限)事物"之"终始"过程；而黑格尔认为,"事物"之"完成""终结",则向"另一个事物""转化"。

在这个意义上,只有那"尚有""未来"的"事物",才是"真正"的"存在"。"存在"是"时间"的,说到"存在",就意味着"未来""在""有限时间"中的"绵延持续"。

然而,"未来"尚未"存在",在"过去"、"现在"、"未来"的度中,似乎只有"现在"才是"存在"。当然我们可以说,"存在"不等于"在场"。我们并不能说,凡"我""不在场"者,一概"不存在"——巴克莱"存在即是被感知"如在"凡存在皆可被感知"意义上,则与此处意思不相矛盾,因为"尚未"被感知,不等于说"不可感知",巴克莱的问题仍出在对于"存在"未曾引进"时间绵延"这个度。按照康德的意思,"时间"作为"先天直观形式",当可直观,与"感知"不发生矛盾。

"存在""在"于"时间"的"过程",而非僵硬的"个体",更非抽象的"概念"。"有限的存在""有始有终",凡"有""未来"者,皆"尚未""终结",故"有""未来"者,就"有""存在"。"未来"不因其"尚未存在"而"不存在",这个意思是说,不因其"尚未""在场"而"不存在"。

"未来""尚未""在场",亦即"尚未""到时",此时之"时"乃是通常意义上之"点",尚未"到时"乃是尚未"到点"。这个"点",或是"终点",或是"始点","该事物"之"终点","另事物"之"始点"。"事物"进入寻常的意义之中,乃是尼采所谓之"永恒轮回"。但在尼采感到扑朔迷离的"存在(论)"意义上,乃是真正意义上之"新事物"之"轮回","他者"之"轮回"。

凡"有""未来"者,皆"有""存在",或者皆"必定""存在",尽管"未来者"尚未"在场",但它必将"在场",尚未"到时",但必将"到时",此"未来"所以为"未来","存在"之所以为"存在"之本意。

"存在""在""时间"中,"存在"贯串着"过去"、"现在"、"未来",并不因为"过去""不在场"就从根本上说它"不存在";"现在"也并不因为它"瞬间"即成为"过去"而从根本上说它"不存在";"未来"亦复如是,并不因其尚未"存在"就从根本上说它"不存在"。"过去"、"现在"、"未来"都是"存在"的方式和状态。

然而，在这三种"存在方式"中，"未来"有其"优越性"。

"未来"这种"优越性"表现在它是最能体现"存在"作为"时间""自由"的优越性。

"过去"固然"曾是""自由"的，然而它已经是"自然化""物化"了的"自由"，乃是"自由"的"痕迹"、"轨迹"，它的"有效应""自由的"作用，只有通过"他者"的"现在"的"自由""体现"、"显现"出来——"历史"作为"事实"（facts）不能"限制""（我的）自由"，但是作为活的"历史"的"他者"的"自由"，却可以"影响"、"限制"、"有效应"于"我（们）"。

历史事实的"影响"，"规定""现在"的内容，而"历史性他者"之"效应"，却引导着"未来"的内容方向。前者为"自然社会"的经验科学知识，后者则是"哲学人文"的超越知识。

"人"作为"自由者"，"站在""未来"的立场，即"立足"于"未来"。

"自由"不仅仅是一种"先天形式"之道德"命令"，而且是一种"创造"，此尼采之所以不满康德之处，同时也是舍勒强调"实质之伦理学"意义所在。

"自由"不仅是"形式"，而须得有"内容"，此种内容既不能来自于"感觉经验"，则必来自于其"自身"，于是"自由"之"内容"，必为"自身"之"创造"。

"创造"为"从无到有"，"无"中生"有"，从"非（不）存在"到"存在"，"创造"乃是一个"过程"，自由之"创造"不需要任何感觉经验的"材料"作为"条件"，但是"自由之创造""需要""时间"，此种"需要"既非来自外在之感觉经验，则来自其"自身"，于是，"自由之创造"即"时间"，"时间"即是"自由"，此亦为柏格森"创造进化"意义之所在。

然则，"自由"之"创造"，使"非（不）存在"成为"存在"，不正是海德格尔所说的"存在"的本意吗？海德格尔强调从动词的原意上来理解"存在"（Sein），"存在"乃"存在着"，乃是"使存在"，于是，海德格尔意义上的"存在"正是"自由"之"创造"。

更有进者，"创造"总要"创造"些"什么"，"创造""什么"？人们总会说，"创造""未来"。

或谓"存在"在西文为"是"，则"是"总要"是"些"什么"。"什么"(what, Was)如为经验之"存在者",为感觉经验之"对象",则,存在论-本体论之"是"(存在)可以被理解为"什么"也不是的"是";然则,"什么"如在胡塞尔的意义上,亦即"在""理念"的意义上,在哲学现象学的意义上,则,"什么"与"是"不可分割,是一而二、二而一,"是"必要"是"些"什么",而"什么"亦必为"是",此哲学中"思维与存在同一"乃传统原理之固有之意思。

于是,在这个意义上,"自由"、"创造"、"时间"、"存在"、"未来"为"一"。

"存在""在""未来"。"未来"不在"时间"之外,也不在"存在"之外,而在"时间"、在"存在"之中。没有"未来",则"时间""终结","存在"也就"完成""终结","时间"进入"非(超)时间"(永恒),"存在"成为"非存在"(虚无)。到了此时此刻——"到时"、"到点","世界"即将成为"没有(自)我"的"他者",成为"绝对的他者"。"绝对"为"无对",没有"(自)我"与其相对,是为"纯粹他者"。"他者""超越"时空,"超出""三界"之外,或许这就是列维纳斯所谓的"神"。

"神"无"过去"、"现在"、"未来","神""超越""时间",在"时间"之外。或曰,"神"有永远的"未来",只是"永远之未来"(无尽之未来)即是"永恒"——"永恒"既非"永久之过去",如同希腊神话以及一切原始宗教设定的那样,也非"永久的现时",因为"神""超越""存在"、"非存在"之"悖论",即超出了"存在论-本体论"的范围,超出这个存在、非存在的悖论,进入"永恒","永恒"即"永在"、"永生"。基督教的出现,使得亚里士多德的"神学"(theology)与"存在论-本体论"和"(第一)哲学-形而上学"截然分开。"神"就是"神","神学"就是"神学"。

"人"非"永恒"、"永在"、"永生","人"是"有死者"、"会死者","人"的"死",提示了"神",提示了"超越",提示了"永恒"。"人"也只有在"提前进入死亡状态"的条件下,"窥视"到"神","窥视"到一个"绝对他者"的"永恒"。

对于"(自)我"来说,"死"不拥有"未来",意味着"在世"(有限时间)之"终结","死"为"去世"。然则,"人"却有能力"提前进入死亡状态",亦即不必等到"死"的"时刻"、"点",就能"觉悟"、"警觉"到这种

"状态",于是,"人"不但"必然""去世",而且"有能力""在世"时就"出世","人"有自身之"超越"、"超然"之能力。世上各种"宗教"团体都是邀请"人""在世"时,就"出世"。佛教谓"出世"为"出家",因为它认为"家"为"世"上最大的"业障"。基督教的"修道院",也是"出世"的一种方式,还有那种种"修隐"之士,离群索居,虐待自我,压抑自我,企图将自我修炼为"他者",以为藉此能够"超出""过去"、"现在"、"未来"之"轮回",进入"绝对他者"的世界,进入"永恒"。

凡此种种幻觉,皆提示一个"绝对他者"的境界,提示着"存在""时间"之"有限性"。"时间"的"终结",意味着"永恒"。我们说过,"他者"大于、寿于"自我",而"绝对他者",就意味着"绝对"的"大","绝对"的"寿"。"绝对大"则"无所不在"(绝对存在),"绝对寿"则"永生"(绝对时间)。

"绝对他者"或谓即是"绝对未来";"绝对存在"或即是"绝对自由"。"绝对未来"就是没有"过去"、"现在"与其"相对"的"未来","绝对存在"即没有"非存在"与其"相对"的"存在","绝对自由"即没有"另一个自由"与其"相对"的"自由",凡此种种,只是"神"之"存在方式"。此种"存在方式",只能藉"信仰"予以安顿,而非"理智"所能认识。

人世间一切皆在"关系"之中,皆在"结构"之中,即使是作为"自由者",亦有"另一个""自由者"与其"相对"。"人""在世",必有"过去"、"现在"、"未来",而在此"关系网"中,"未来"居于"优先"的地位。正是由于这种"未来"的"优越性",宗教才应运而生。基督教之"末世论"、"弥赛亚"、"救世主"等等观念,得以藉此而立足。

"宗教"之"根",宗教之得以产生发展,皆源于"人"作为"有限"、"有时限"、"时间性"的"存在者"之"存在方式"。"人"有一个"过去"、"现在"、"未来",因而,"人"不仅有"回忆"、"思念",不仅有"知识"、"科学"、"技术",而且有"希望"。

六、"未来"与"希望"及哲学诸"范畴"

康德提出"人能认识什么","人应该做什么","人能希望什么",概括了人的"科学"、"道德"和"宗教",三者综合为一个问题:"人是什么",围绕着"人"这个"有限的""理智者",亦即"有限的""自由者"。

"人能希望什么"这个问题使康德哲学得以通往"宗教"(基督教);然而即使在"人"的"自由王国",也会有"希望"问题,哲学的发展,已经将那个被康德推向宗教的"希望"问题,又拉回到"哲学"本身。这是"哲学""化解""宗教"的一贯的方式。

"希望"问题进入"哲学"的视野,使"哲学"传统"范畴"的理解发生了变化。

或许正因为康德把"希望"的观念导向"宗教"(基督教),与基督教的"救赎""救世"问题紧密联系起来,他提出的这个"人能希望什么"的问题,就不像他的其他问题那样受到应有的重视,近代哲学家们所重视的,首先是"人能认识什么",哲学在"知识"(科学)方面得到深入的探讨,然后康德的伦理学——"人应该做些什么",也有相当的推进,至胡塞尔,"什么是人"的问题,有了一个新的视角;而关于"希望"的问题——"人能希望什么",直至20世纪初,才被哲学家们充分地重视,而最初的视野,就现在的眼光来看,似乎仍停留在比较表面的层次——譬如布洛赫在自己的多种著作中,探讨了"未来"、"希望"的观念,的确功不可没,但仍需进一步深入地研究他留待解决的问题。近几十年,法国诸激进哲学家以及利科等,对"希望"这个观念在哲学中的意义,又有所推进,他们的研究成果,当是我们要注意吸收的。

问题当仍需回到康德。

康德既然将"希望"的问题与"知识"和"伦理"以及完整的"人(性)"问题并列,意味着至少在他的心目中,这个问题是与"知识"、"伦理"、"人文"不相同的。

我们知道,康德是最愿意将不同问题作"原则"、"原理"的区分的。"人能认识什么"是"知识论"问题,属于他的"第一批判"——《纯粹理性批判》,"人应该做些什么"则属于他的"第二批判"——《实践理性批判》,这两个"批判"所根据的"原则"、"原理"是完全不同的,前者根据的是"自然"的原则,后者则是"自由"的原则,两者绝无允许沟通之处,而只是在他的"第三批判"——《判断力批判》中,这两者才在"审美"(艺术世界)和

"目的世界"得到了和谐一致,就某个角度来说,"人"只有放到了这种"虚拟"(virtual)的"世界"中,才具有"理论理性"和"实践理性"相"统一"(和谐)的完整性——"人是什么-人性是什么"。

从这种原则的严格区分中,我们循着康德的哲学思路,所谓"希望",就不属于"知识"范围,也不属于"伦理道德"范围,不是"知识论"的"范畴",也不是"道德"的"命令",而有其自身的特殊内涵。

"希望"不是康德意义上的"知识",因而不是一般意义上的"谋划"和"预见",也不是一般意义上的"理想"。"知识"来源于"必然",也回归于"必然性";但是"希望"来源于"自由",也回归于"自由"。

在这个意义上,"希望"更加接近于"伦理道德"。但是康德的"伦理道德"根据于一个完全"形式的自由",这样,对于有限的理智者——一种特殊的感性存在者来说,"道德"乃是一道"无条件"的"命令",而不是完全发自"人""自己"。然则,完全不可思议"希望"也可以是一种"外来"的"命令"。"希望"出自"内在",出自"人"本身,"希望"本质上不可能"强加于人"。

"人"的"内心的""希望",不仅仅是"形式"的,而且也是"实质"的,"希望"有自己的"内容",这个"内容",就是"未来"——"未来"是"希望"的"对象",而这个"对象"又不是"知识"的,不是一个"科学"的"预见"。

"科学知识"、"科学预见"当然也有错对,但是它的目标在于追求一种"必然"的"现实性"(reality,action);而"希望"则由于它来自"自由",因此它并不具备这种科学知识的"必然性"。

"希望"、"未来"强调的是一种"可能性"(possibility)。

西方的哲学,从亚里士多德以来强调的是哲学的"现实性",当然有其很深的道理在内,我们看到,在康德,特别是黑格尔的哲学体系中,"现实"的优先地位——实践理性(绝对理性)的优越地位,是经常受到重视的。然而,在海德格尔的思路中,哲学的另一个范畴"可能性"受到了特别的关注,我们甚至可以说,在海德格尔看来,"可能性""高于""现实性"。既然"时间"为"存在",则"可能性"是作为"时间"的"存在"之"存在方式"。"存在""存在"于"时间"中,意味着,"存在"于"未来"中,"存在"于"可能中，也"存在"于"希望"中。

"希望"不是"知识",不是"命令",也不仅仅是"审美"——"希望"不是对于"虚拟""存在"的一种"审美愉悦",而是对于"尚未""在场"之"存在"的"向往"和"信念","希望"是对"未来"的"信仰"。

"信仰"不是"知识",不是对于"科学预见"的"信心"。"科学预见"的"信心"建立在"必然"的基础上,而对于"未来"的"希望"之"信仰"乃是建立在"自由"的基础上。

对于"未来"之自由"信仰",乃是哲学"化解""宗教"以后的观念,是对于"没有神"的"他者"的"信仰",只有有了"自由他者"的观念,"希望"和信仰",才有"理性"的根据。而正是在这条理路上,宗教(基督教)将"自由他者"推向极端,成为"绝对他者",形成"天国"。哲学的理性则始终注视着"人间",人们并不一定"需要"(就理路的意义言)有一个"天国",同样可以有"希望",有"信仰",因为人类的"未来"永远只在"尘世",而不在"天国"。"存在"是"人间"、"时间"的"事情"。

对于"他者"的"信仰",也就是对于"另一个自由"的"信仰",亦即是对"自由"的"信仰"。中文用"信仰"来表达这种心态,同样也说明了人们对于"他者"的"仰慕"、"仰仗"、"信任"、"崇敬"这类的情感,如同"希望"意味着"希求""仰望"一样,而不仅仅是理论上"必然"的"推算""推论"。

对"未来"的"希望"和"信仰",不仅不等同于一般的科学知识,而且在某种意义上,既然"未来""高于""过去"、"现在",那么"希望"和"信仰"也是"高于"一般意义上的"知识",甚至是"高于""道德"的一种意识状态,当然它们之间在哲学-形而上学的层面上,也是可以沟通的。

"希望"当然不等同于一般感性的"欲求",而且在理性的层面上,不等同于"审美"和"道德"。"审美艺术"也反映了"希望"、"欲求"和"理想",但集中在对于"虚拟"的"在场"的"观赏"、"聆听",而"希望"、"信仰"之"对象",则"不在场",它或许就是雅斯贝尔斯所谓的"非对象性"意识状态,而他认为这是一种与一般"对象性(知识性)"的思想方式不同的:"道德"为"命令""自由意志",之所以是为"命令",仍因为"人"毕竟是一种"感性的存在者"、"有限的理智者",因而道德乃是理性向感性下的一道"命令"，带有庄严肃穆的性质，而不立即产生"愉快"；同时也因为它只是一道"命令"，虽带有理性上之"强制性"，但它不是"科学知识"，不带有"理论"的"必然性"，这就是说，"命令"的"强制性"，只对"理性"，对于"自由意志""有效"，对于"感性世界"，尚有待于"现实"（科学知识）之转化，而"自由"与"必然"，"道德"与"自然"又是两个原则上不同的"领域"（领地），相互之间没有推论式的"必然"关系。因此，尽管"道德"下了这道"命令"，但在感性的"人"来说，并无理论上之"必然"把握说（即不能以推论的方式说），这道"命令""一定"会被执行。

"自由"与"必然"的坚硬对立，意味着"理论理性"与"实践理性"的坚硬对立，这是康德为"理性"划分"界线"使之成为"不可逾越"之"鸿沟"的结果，非忽略其间关系，但以《判断力批判》作为"沟通"环节，则（康德）自觉尚未尽善，遂有前述"希望"一问，从此导向"宗教"，此后的德国哲学家已作出了"弥合"，而尤以黑格尔为大成。

黑格尔使"哲学"又回到"科学"的道路上来，亦即使哲学意义上之"自由"，仍具有"必然性"，此种"必然性"，不是康德意义上"理论"之"必然性"，而是"实践"（现实）之"必然性"，这就是说，就哲学作为一门特殊的科学言，"实践"（现实）不仅仅是"偶然性"，而且也具有"必然性"。在黑格尔那里，"自由"不是"抽象形式"，而且也有"实质内容"，乃是"现实的"、"实践的""自由"，因而"必然"也不仅仅是"理论式"、"推论式"的，同时也是"实质性"、"现实性"的，"自由"与"必然"在"现实性"、"实践性"上统一起来，这在黑格尔，是比"理论"的"必然"更为"高级"的"现实"的"必然"。

这种"必然性"，在黑格尔叫做"历史"的"必然性"。

"历史的必然性"开显着"自由"的"必然""未来"，为人们的"希望"提供"理性"的根据。"未来"具有"自由"的"必然性"，乃是"必然"的"可能性"，"可能"的"必然性"，因而对于这种"未来"的"希望"，同样也是"理性"的，而不是"想象"的，就如同"未来"的"存在"，是有"理路"、"理性""保证"、"担保"的，而不是主观想象的产物一样。

"理性"、"理路"当有"普遍性"，"哲学"作为"科学"不是"秘传"，而是"大众"(公众)的。做哲学虽然需要"灵性",但哲学不是"灵感"的产物,因而在原则上如同其他科学一样是人人可学、可做的。"希望"也不完全是"私人"的,而是"公众"(大众)的。"希望"本质上"在"于"他人",而不在于"自我"——"他人""保证"、"担保"了"我"的"希望"。"他者"为"众","众人""担保"、"保证"了"我"的"未来"和"希望"。有了"众人"(他者),"(自)我"就有了"未来",就有了希望,"死"并不能够完全"绝灭""(自)我"的"未来",因而也不能完全"扑灭""(自)我"的"希望"。即使是"死亡"的"必然性",也不能完全"阻抑""未来"和"希望"的"自由"。

"死亡"之所以不能完全阻抑"未来"和"希望",盖在于"(自)我"所"知"之"死亡",只能是"他者"的提示,"他者"的"死","提示""我"也"有死",同时也"提供""(自)我"一种"能力",使"我"在尚未"死"、尚"在世"时,就有"死"的问题和意识,就有"死"的"体验",而不仅仅是"理论上"的"知识"。这种"提前"进入"死亡状态"的"能力",使"(自)我"不仅能够在"知识"上把"他者"当作"对象""观察"、"研究"和"利用",积累许多"处世"的"经验"、"知识"、"计谋",而且使"(自)我"有一种"超越"的"能力"——"超越自我","进入""他者"的"世界"。

"超越自我""进入""他者世界",实际上也就是"超越""现时""进入""过去"和"未来"。"他者"使"(自)我""超越""死亡"。"提前""进入""死亡",亦即"超越""死亡"。"(自)我""有能力"(to be able to)"提前进入""死亡",就"有能力""提前进入""未来",使"希望"不流于空洞"幻象",而有"理路"、"道理"上的充分根据。

作为"自我"的"人"之所以"有理由"说"超越死亡"、"提前进入"这样的话,乃是因为这种"超越"和"提前"正是建立在"必然"的"自由"和"自由"的"必然"的基础之上,也是建立在"可能"的"必然"和"必然"的"可能"之基础之上。而我们知道,即是按康德的"知识论",凡"必然"的东西,都是"可知"的,因而,对于"未来"这种"希望"的"自由"和"可能",既具有了"必然性",也就具有了"可知性",只是这种"知识",不是康德意义上的"理论"知识,而正是"实际"、"实践"的"知识",乃是

"形而上"的"知识",它不是"经验科学"的"对象",而是"哲学"的"对象"。

"人"原本是"形而上"的"存在者",它"进入""时间","在""过去"、"现在"、"未来""间""进进出出","自由""进出"于"过去"、"现在"、"未来",使"时间"的三个"维度"皆不成为僵硬的"事实",而是一种"可能性"、"或然性"。"未来""尚未"成为"事实","过去"同样可以作"或然性"观,"后人"对于"历史"的种种不同"版本",说明了"历史"可作"自由"的"历史"观,而不可能像理论知识那样作出"形式"上"必然"的"推论",但"自由"的"历史"仍有其"必然性"。

然而,既然"时间"不能"倒流","他者"(古人)的"死亡"不能"复生",则"历史"不能"重演",在这个意义上,"我们"、"后人"、"现代人"对于"历史"、"过去"只拥有"解释权"、"评判权",这种权力,使我们"后人"具有"历史"的"重构"能力,或者说,"后人"只能在"重构"中"认知""历史"。克罗齐强调"一切历史皆是当代史"也有这层意思。

或许,在这个问题上,我们还可以理解为,"自由者"之间的"自由",是不能"替换"的,"我们""有能力"、"有自由的权力""重构"历史,却"没有能力"、"没有自由的权力"去"替换""他者"(古人)的"自由"。

"诸自由者"之间的这种"不可替代"的关系,乃是源于"自由"、"时间"、"存在"的本质特性,而这样一个特性,又"迫使""我们"(在世者)与"古人"之间有一个"时间"的"鸿沟","阴阳"二界,不可"逾越",两者之间只有"形而上"的联系,没有"形而下"的联系,"过去"、"现在"、"未来"在"现世"这个"界限",不可"打破",显示了"时间"在"现实"上,乃是"一个方向"(单向)的"流逝",显示了"自由者"在原则上不可"克隆"。

"实质的"、"时间的""自由者"不可"克隆",使得"自由者"总是要"在""提前进入"的状态下"看"、"认知""生活世界",亦即总是站在"未来"的立场,来"看世界"。在这样的意义上,包括"现时"在内的一切"知识",皆是"回忆"。这是柏拉图说过的意思。但是惟有对于"未来"的"知(识)",人们只具有"希望"。"希望"是对于"必然的可能性"之"信仰"。

由于"希望"这种"信仰"是建立在"诸自由者"之间不可替代的关系基

础上，就"自我"这个"自由者"来说，"死亡"使"我"与"他者""断裂"，"希望"和"信仰"总是"在"于对于"他者"，于是，"超越"、"提前"也就是将"自我""委托"于"他者"，这种"委托式"的"希望"，既具有"自由"的"必然性"，则这种"超越"、"提前"就具有"救赎"的意思。

"他者"的"未来""超越""（自我的）死亡"，虽然"自我"对于"死亡"乃是"必然"的、"不可逾越"的"界限"，但是因为"自我"具有"提前"的能力，因此"未来"并不"拒绝""自我"，即使是对于"自己"的"死亡"，也有能力"在""他者"身上看到"逾越"的迹象，"他者"是"自我"能够"超越""死亡"的"明证"、"证据"（evidence），但却不是"证明"、"演证"（demonstration），因为"死亡"毕竟对于"自我"实际上是"不可逾越"的。"自我"在"死亡"后并无"灵魂"不灭，如果"自我"真的"有""灵魂"的话。

然则，"自我"的"灵魂"（广义的）"在""他者"那里却有所"寄托"、"委托"、"依靠"，因为"自我"之"存在"（Dasein），是"他者"之"存在"（Sein）的一个"部分"，"自我"的"Da"，将随"时间"进入"他者"之"未来"。

"自我""跟随""他者"进入"未来"；"他者""带领""自我"进入"未来"。"未来"是"你们"的，也是"我（们）"的。只要"我们"努力向善（广义的"善"，包括一切物质的文化的贡献），"他们"不会"抛弃""我们"。"我们"寄"希望"于"他们"。

"自我"作为一个"Dasein"，它是有思想、有意识的，如果可以把"思想意识"叫做广义的"灵魂"的话，那么"自我"也是有"灵魂"的。"他者"并无能力将"自我""灵魂""附着"的"肉体"永久"带入"遥远的"未来"，亦即"自我"作为一个"自由个体"，总有"到时"的"死亡""点"，"死亡"乃是"自我"的"大限"。然而，"他者"却有能力将"自我"的"（广义的）灵魂"带入跨越个体"死亡"的"未来"。

"我们"是"有""灵魂者"，"我们"不是"行尸走肉"，"自我"的"灵魂"与"我""共在"，也与"他者""共在"。不仅我们的肉体为"存在（者）"，我们的"灵魂"也为"存在（者）"，我们的"思想意识"、"道德品质"、"学术成绩"等等，无不为"存在"，"思"、"在"之"同一性"，乃是哲学从巴门尼德以来一个传统的原则观念，而为黑格尔在近代、海德格尔在当代所极力维护的基本立场。广义的"思"，也是一种"存在"形式——一切我们通常认为的"非存在"，诸如"思想意识"、"语言（符号）"、"瞬息万变的表象"、"内心的道德品质"等等，无不为"存在"之表现"方式"，这就是海德格尔解释莱布尼兹所提"为什么是'存在'（有），而不是'非存在'（无）"这个问题的基本途径：（这些诸如"变化"、"表象"、"思想"，应该表面上看为"无"等）"无"（非存在）亦为"存在"，而海德格尔认为，就某种意义来说，是更为重要的"存在"，亦即，"不在场"的"存在"对于"在场"的"存在"言，是更为重要的，因此，海德格尔认为，那个问题"为什么是'存在'（有），而不是'非存在'（无）"的后半部分"而不是'非存在'（无）"不是多余的，而是不可省略，至关重要的。正因为有了这个问题的后半部分，"存在"的"时间性"、"历史性"，即"存在"不仅指"现在"，而且指"过去"和"未来"这两个"不在场"的维度才能凸现出来。

"不在场""大于"、"寿于""在场"，意味着作为"存在"的"自我""大于"、"寿于"作为"存在者"的"自我"，"我"的"有效应的"（effective）"历史"，"大于"、"寿于""我"的"自然生命"的历史。也就是从本体论形而上学来说，"我"的"历史"，"大于"、"寿于""我"的"寿命"。亦即，"我"的"死亡"的"临界点"（到时），并非"我"的"历史"的"终结"，"我"作为"存在者"的"完成"，并非"我"的"存在"的"完成"。

"我"仍然"跟随""他者""继续""存在"，"他者"仍然"带领"着"我"进入"未来"，只是这个"未来"，乃是"我""不在场"的"世界"，在这个意义上，乃是"无我"的"纯粹他者"的"世界"，"我""寄生"、"寄托"、"委托"、"交付"给"他者"，"我"的"意义"、"命运""最终"由"他者""决定"。这或许也就是列维纳斯所谓的"我"是"他者"的"人质"的意思，只是如今一提到"人质"，人们就会产生恐惧之感，而古代"交好"、"和平"的意思已经被淡忘了，所剩下的乃是"我"之"生-死"的"临界点"（到时），全由"他者""决定"、"规定"。

就"存在论-形而上学"观念来看，即使"我"已经"不在场"，但只要有

"他人""在"、"在场","我"仍"可以被允许""在"、"存在"。

"我""在世",与"他者""同在",共同生活在这个世界上。"我""仰仗"着"父母"、"老师"养育成人,与"他者"在"矛盾"中"成败利钝",在种种经历中"锻炼成长",使"我"成为"自己"、"自我"——"我"的一生,正是在历经艰辛困苦中自觉不自觉地"塑造"、"建构"这个"自己"、"自我"。

"我"向"他者""学习知识技能","领取报酬",我也向"他者"作出"贡献",在"取"、"与"之间"形成""自己"、"自我"。"他者""塑造"了"自我","我"向"他者""取得"了"自己"、"自我","我""付出""学费","他者"向"我""颁发""('自己'、'自我的')证书"。"我"的"贡献"乃是"我"的"赎金","我"向"他者""赎出""自己"、"自我"。"我"向"他者""救出""自己"、"自我"。

"我"以"我"的"贡献"、"奉献""救赎"我"自己"、"自我"。

既然为"赎金",就可以"量化"。"我"的"赎金"付得越多,"我"的"贡献"越"大",则"我"的"在场"、在世"就越"长","寿"、"夭"在"人世间"跟"赎金"、"贡献"的"多"、"寡"大有关系。不过无论多大的"赎金",皆不够、不足以"完全"将"自己""赎回",因而"时间"总是"有限",总有"到时"的一"点"。"赎金"、"贡献"可以"延长自我",终究遏制不了"他者""收回""他"的"人质"。在这个意义上,"他者"无可逃避地成为"自我"的"杀手"——"你去生,我去死",乃是不可避免的存在论的铁律。

然而,事情还有另外的一面:"他者"还正是通过"我"的"死",使"自己"、"自我""继续延续"着"自己"的"历史"。在这个意义上,"他者"又是"救赎者"、"救星",基督教的"弥赛亚"在"哲学-形而上学"的层面有了不同的意义。

"他者"之诸种"历史形式",即"他者"之"过去"、"现在"和"未来"对于"(自)我"都具有"时间"上之"优越性",即具有"哲学-形而上学"上之"优越性":"我"不仅要为"现在"和"未来"的"他者""付出""赎金",请求"他们""拯救"和"保护",而且也要为"过去"的"他者"支付"赎金","接受""他们"的"给予"。"他们"、"前人"、"古人""提供"、"给予""我""生活"的环境,"教会""我""生活"的"技能",使我得以"完成""自我"。"前人"成为"古人","他者"的"亡故",使"我"失去"依靠","依靠"、"委托"无门,但也使"我"感到"我"的"自我"渐渐"成熟","我"作为"自我",与"现在"、"现世"的"他者"都作为"自由者"有条件"平等"相待,"我"作为"诸自由者"、"诸自我者""在""同一"的层面上。

正是"自我"与"他者"原本"在""同一"个层面,它们之间的"角色"允许"转换",是"人"与"人"的关系,而不是"人"与"神"的关系。在这个意义上,"他者"对于"自我"的"优越性"只是"数量"的,而非"实质"的,即"他者"为"多","自我"为"一"。这种"在""质"上"平等",遂使"自我"与"他者"可以"平等交易",如同古代希腊人的"正义"、"平衡"、"公平"观念在古代"民主制"的条件下得以成立,而"在""数量"上的"多寡",遂使"自我""寡不敌众",不处于"优势"。这种"多(数)-少(数)"的观念,同样也可以在古代希腊城邦"民主制"的"投票"中找到反映。"自我"以其"少数",必得"服从""他者"的"多数"。

由于这样的理路,使得"形而上学-哲学"的"自我-他者"关系不完全等同于基督教的宗教观念,尽管"哲学-形而上学"在"迎接"基督宗教思想的挑战中,在理路上得到了推进。

仍然沐浴在希腊传统阳光下的"哲学-形而上学",应该认真思考"救赎"观念,使"赎买"和"拯救"也成为哲学思考的问题,但是并不需要设定一个"至善""全能"的、与"人"不"在"一个层面的"神"来"贯通"、"圆通"这个理路。

"神学"问题对于"哲学"极富挑战性,"神"之所以"必须"加以"设定"乃在于"人""自己"不能——没有能力"救赎"自己,"人"之"得救"乃在于"神"的"恩宠";按照康德的思路,"人"为"有限者",而"人"通向"至善"之路,需要"时间"之"无限"绵延,于是,只有作为"无限者"的"神",才能"使之""得救"。于是,"神"是"救世主"(弥赛亚)。

然则,如果"神"的观念基于"他者"的"绝对化",如列维纳斯所说的,则如果"他者"与"自我""在""实质"上处于"同一"层面,而只是"数量"上的"优势",那么"数量"问题按照黑格尔所说是一种"恶的无限",因而是不可以"绝对化"的,这样,这个"绝对化"的"他者"就不能够、也不需要在理路上"推"出来。而我们知道,"神"的"存在",归根结底乃是个理路的设定问题,既然他老人家并无可资"直观"的"时空"形式。这就是说,"自我"与"他者"都"在""时空"之中,哲学-形而上学不需要也不允许在"时空"之外"设定""超越时空者",不论是"抽象概念"还是"神"。

"哲学"的"希望","在于""未来","他者"将"自我"带进"未来","自我"的"希望"在"他者";但是"哲学"不寄"希望"于"救世主"。"他者"仍"在""时空"中,"他者"不可"绝对化"。"我"的"自由"是"我"从"他者""赎出","自我"、"自由"乃是"我"的"贡献",而不是"他者"的"恩赐"、"给予"。

"我"以"我"的工作"解救"、"赎出""自己"、"自我","我""需要""他者"的"合作","我""感谢""他者"的这种"合作",但是"我""得到"的只是原本"属于""我"的"自由"、"自己","我""自己""解救""自己"。这大概也就是费希特在早年向欧洲君主"讨还"原本属于"人民"的"思想自由"权利的意思所在。"他者"固然"拥有"(因为投票选举)"分派"、"分配""自由"的"权利",但是"我"所"得到"的,原本是属于"我"自己的那一部分。"我"以"我"自己的"劳作"使自己成为"自己","我"实行"自我解救"(自己解放自己)。"我"以"自己"的"奉献"(劳动、工作)"相信""自己""必然"和"他者"一起进入"未来"。

"哲学"迎接着种种问题,随着这些问题的思考,"哲学"正进入"自己"的"未来"。

(原载《江苏行政学院学报》2005年第1—2期)

| 哲学要义 |

前言

前几年，我在北京大学哲学系为本科一年级新生上过两学期的"哲学导论"课，第二次的讲义整理为本书正文，第一次的讲义作为附录放在本书后面。

北大哲学系跟我商量上这门课时我很踌躇，因为我的专业是西方哲学，对于概论方面的问题相当生疏，平时也很少系统地考虑这类问题，因为却之不恭，就大着胆子答应下来。

附录里收的是我第一次的讲课内容，当时的想法是"以史带论"，通过梳理西方哲学史的大线索，突出讲一些哲学问题，当时课堂记录不很齐全，如今事隔数年，我自己也忘了大半，好在我根据讲课的提示，重新写了一个"西方哲学史导论"，放在了我们编写的《西方哲学史（学术版）》的首卷上编（江苏人民出版社，2005年），虽内容不同，但有兴趣的读者不妨参考着读。

正文部分是第二次的课堂内容，这次记录得比较全，而我在接受这个任务时想法稍有改变，把上次的"以史带论"变为"以论带史"。反正三句话不离本行，还是以我的西方哲学专业为背景的，这样，就一种"导论"言，本书肯定是有相当的片面性的，还望读者批评指正。

我在社科院工作，没有多少讲课经验，尤其不善于事先写好讲稿，我的偏见是感到那样会妨碍临场发挥，受讲稿束缚，这样就给后续的工作带来不少麻烦。两次讲稿的整理，北大哲学系的教师和研究生都付出了辛劳，特别是这次出版，编者袁筱芬小姐和吴兴元先生重新整理，工作量很大，省去我不少劳动，实在是要衷心感谢他们的。

从这项工作中，我体会到"讲"和"写"还是很有区别的，我深感利科说的"'写'把'说'的偶然性去掉了"这一观点的正确性。现在我认识到，要把课堂的录音、笔记整理成文，太不容易了。我在修改两个整理稿时，有时竟有"陌生"感，其实有录音为证，就是我自己说的，但我却执拗地认为，要写的话不会那样写的。

如今流行"口述史"，有的整理得很好，口语生动，妙趣横生，我也喜欢读；但有的就稍嫌啰嗦，或者甚至有前言不搭后语的情形，反倒费解。之所以需要"口述史"，大多是有些老先生年纪大了，不便写作，记录下来，当然是好事；不过我觉得我们"哲学"，要"口述"很难，要"记录"则更难。当然，也有好的先例，如黑格尔的一些课，有学生整理出版，影响很大，海德格尔帮他老师整理过关于"时间"问题的讲稿，他自己的一些课堂讨论，也有学生在整理出版，有些哲学教授的书，全是讲课的讲稿，也不影响其学术价值。事情都不可一概而论。

不过我还是觉得，我们做哲学的，还是要多注重一点儿"写"；反过来说，学哲学的学生、研究生，要多注重一些"读"。"听课"不能代替"读书"。记得贺麟先生有一次对我说，他不大相信听康德讲一遍《纯粹理性批判》就能听懂，康德这本书当然不是讲稿整理的，他的意思是说这本书要翻来覆去地读的，讲课、讲解只是一个"引导"。

最后，关于开列参考书目，我也是很踌躇的，开多了，等于没有开；开少了，似乎又感到提供的资源不够。这里我还是选择了少开的办法，这跟我现在的工作方式也有关系。过去，我也很努力去掌握更多的资料，不敢言全，但也要力求多，慢慢地，我读书的范围却越来越收缩，特别是精读的书，似乎翻来覆去就是那么一些，于是我变得孤陋寡闻起来，但自己感到对于哲学问题的体会倒是更深入了些，唯恨能力不够，不能两全。这样，只能请读者自己在别的书上找比较全的参考书目了。

还有一点需要说明，我开列的参考材料，都有中译本，有的不止一种，读者可以自己选择，就不做规定了。

叶秀山

2006 年 2 月 7 日于北京

这次出版这两部讲稿，我补写了一个跋，因为毕竟已经有好几年了，想法上也有一些推进，就写在这个跋里了；另外，在审阅书稿时，觉得作为附录收入的第一次讲稿，因为整理出来的材料少，倒也有简明扼要的好处。

叶秀山又记

2006 年 5 月 29 日

第一讲　哲学的危机与哲学的权利

第一讲总是有些开场白，今天的开场白是针对新同学、新朋友的，欢迎大家进入哲学门的高层次的学术台阶。进入北大哲学系，不仅意味着入了哲学的专业队伍，不仅是工作的分工，而且是打开了哲学专业高级层面的一扇"门"。过去哲学系不叫哲学系而叫哲学门，这个说法已经改了很多年了，但入门还是最重要的。进入这扇门并不等于登堂入室，这堂奥里到底有什么，可能你们一时还看不清，那么就需要有一个向导来带领你们，我们这些老师就是这样的向导。哲学导论这门课的立意也是如此。所有的哲学系都应该有这门课，让大家能够了解在专业方面哲学到底是一门什么样的科学，哲学都讲些什么，需要学些什么，需要想些什么。

一、哲学的危机与哲学的可能

进了这个哲学门，应该说前面的道路并不那么平坦，并不是一条简单的笔直的平坦大道。哲学门里面五光十色，矛盾重重，有时候甚至可以说危机四伏。哲学面临着危机。有人会说，这是不是危言耸听啊？不是。我们的前辈，一些大哲学家也谈过这个问题。比如，黑格尔在《精神现象学》的前言里说，哲学发生了问题，哲学被败坏了，哲学产生了危机；胡塞尔说得更严重，他有一本书就叫《欧洲科学的危机和先验现象学》。有一阵子，西方人和西方哲学家愿意谈危机，不回避危机，那么哲学的危机到底是什么呢？我在这里要谈的是哲学本身的危机，哲学精神方面的问题。

　　这个危机的表现是多方面的。从黑格尔和胡塞尔的意思来看，危机就是生死存亡的问题，就是有没有哲学的问题。这个危机是永久性的危机，哲学总是在生死存亡的边缘，总是在生死存亡的危机之中；如果没有这种危机，实际上也就没有了哲学。我们哲学导论的第一讲也想加强一下各位的危机感。从古希腊开始一直到现在，哲学都是在危机之中生存并发展的，危机就是存亡问题。实际上，哲学永远面临着有没有哲学、要不要哲学的问题；哲学永远面临着存亡的问题。

　　那么，什么是哲学？在字义上大家都知道，但是到底什么叫哲学，可不一定都能说得清楚。我虽然做了一辈子的哲学研究，但也说不大清楚。哲学在生死存亡的危机之中，体现了它是一门很特殊的学问，它的对象、方法和功能，不同于一般的其他学科。无论你研究中国哲学、中国传统哲学，还是研究欧陆哲学、英美哲学，问题不会随着研究就得到解决，问题只会越来越深入，越来越严重。你并不容易找到一种东西，让你觉得这就是哲学，我们心安理得好好研究吧。研究哲学总是迫使你回过身去，重新思考这个问题——什么叫哲学？这个问题会一直伴随着你。你老是会想：在过去，哲学出现过什么问题，现在哲学还是面临着什么问题。

　　整个哲学史都会让你自己去思考这个问题。远的不说，从近代以来，哲学到底面临什么具体问题以致发生危机？它遇到什么挑战以致不断考虑生死存亡的问题？应该说，哲学的危机最集中表现在哲学被忘掉了，被遗忘了。

　　哲学被遗忘了，没有哲学了，这是最可怕的危机。冒昧地说，欧美的相当一部分学者都被认为是在研究哲学，他们自己也这么觉得，但实际上他们相当一部分并没有在研究哲学，他们研究的不是哲学。许多人都认为那是哲学，事实上却不是，如同希腊人说的，"好像是，但实际不是"。哲学被遗忘掉是它自身内在的一个危机。作为研究者说，他并未在做哲学，却自以为在做；而且读者也认为那个作者的工作就是做哲学，他研究的就是哲学，大家都忘掉了"什么是哲学"还会成一个问题。这么说是不是有些武断呢？人们不是常常说，到处都有文学，到处都有哲学，哲学深入到历史，深入到社会，深入到科学，深入到人的思想内心，哲学无所不在吗？但正因为它无所不在，所以常常被人忘掉，因为不容易抓住它的要领，所以哲学常常被遗忘。然而，尽管哲学作为学科来说面临严重的挑战和问题，但哲学还是一直延续到现在，它不是一个空名。哲学的精神常常被掩盖，但是它不会被消灭掉。哲学的精神一旦迸发出来，你就能够明白，哲学原来是这么一个样子。

我想要说的就是，哲学的危机在于哲学常常在做着非哲学的事情。用一个不一定准确的词来说，我们现在做的很多事情是"准哲学"，也就是"it seems"。它不是，但它还有点儿像，这就是"it seems"和"it is"的区别。它也有一些哲学名词，也有一些概念范畴，非常像哲学，但实际上它不是。这就是为古希腊所强调的哲学传统的理论——似乎是，但不是（it seems, it is not）。我并没有批评贬低"准哲学"的意思。这些做"准哲学"的人如果很有思想，很有灵感，可以做得非常好。他们从生活的体会出发，从某一种学科出发，从对社会的体察出发，例如对于伦理道德问题、社会风尚问题等提出很深入的看法，非常好，非常有启发性，在社会上取得成功，也很有效果。但是，他们做的不叫哲学，所以我把它称作"准哲学"。近几十年来，这样的"准哲学"比比皆是。

在我们哲学所，有一个学习班把自己研究的对象命名为"纯哲学"。这个"纯哲学"的概念容易引起很多误解。一旦谈到纯粹，就会被人认为是脱离实际。我们向来强调理论联系实际，这样做是不是意味着要躲进象牙之塔呢？是啊，做学问总是要躲一躲的。但我们所说的"纯哲学"的这种纯粹性也是哲学意义上的。

"纯粹"这个词的哲学意义不等于不联系实际。恰恰相反，它要求你联系实际；要求你深入到实际中去，要求你在实际的、现实的、复杂的环境之中通过它的检验。只有通过在"非哲学"的现实中仍能"保持""哲学"，"保持""自身"的"纯粹性"，才是真正的"纯粹性"，也才是真正的-真实的"哲学"，才是我们研究的哲学的本质。既联系实际，有丰富的内容，又仍然要保持哲学的纯粹性，这就不容易。如果仅仅研究一些抽象的（不从哲学意义来讲，从一般意义来讲）、形式的概念范畴，那不算学问。学问是什么？学问是经验。纯粹哲学绝对不是不要经验，纯粹哲学是要一切的经验，不排斥任何经验，甚至很细微的经验也绝不放过。纯粹哲学是从纯粹的角度来理解和体会一切社会和历史时代的经验。

哲学不提倡抽象的思维，而是提倡具体的思维，研究哲学的人绝不能忽视细节，比如我最近在阅读的福柯。福柯是个怪人，他在知识考古学和道德系谱学方面有很深入的思想，他说系谱学（哲学）不拒绝任何细节，提倡最广泛的博学，也就是"书袋子"，任何细节都不放过。过去，我们的哲学有一个大而化之的毛病，注重历史上大的革命事变、社会变革或大的科学脉络，而到了20世纪后期，像福柯这样的人特别重视细节。他研究的领域有的历史学家都不去研究或很少研究。他研究医院的历史、精神病的历史、监狱的历史等这些奇奇怪怪的东西。这些本来是在我们哲学的视野之外的，我们不大在意，但他却研究了。他的这种理论和想法为我们哲学打开了更广阔的视野。

学问在哪里？学问在细节中。没有细节，你的学问到底有多少就很难说，因为学问要解决实际问题，而不仅仅是有一些想法，提出一些概念名词。打个比方，听说少林寺练功如果要毕业的话，就得从所有的山门打出去，一道关一道关地考试。如果打不出去，就说明本事还是不行，功夫还不到家。能打出山门的就能毕业了，得道了；做学问也是这样。你要用哲学的光把这些细节都穿透才行，如果不能穿透就不行，那就说明你的理论是抽象的，在某种意义上说也是不纯粹的、片面的。我们需要全面，虽然不容易做到全面，但也要努力追求全面，所以我们不反对博学。哲学不怕"杂"，学哲学的人兴趣都很广泛，对什么都有兴趣才是学哲学的料儿。哲学不怕杂，杂了也能让它纯粹起来。光"杂"不"纯"当然不行，那是在"大千世界"中未能"保持"住"自己"；光"纯"不"杂"，"自己"倒是"保"住了，但"保"住的是一具"尸体"，一个"空壳"，没有"精神"，没有"内容"。

细节是一门学问。但是另一方面，这些细节如果没有哲学就没有灵魂，就是死的材料。我们要以哲学的"能"让-令其开显出来，显出它内在的光芒。如果没有哲学，那就是一般的搜集材料，例如收集古玩、收藏钱币等等，虽也是一种细节，如贯穿不起来，"纯粹"不起来，尽管不失为一种很好的"玩好"、"雅兴"，但毕竟不是"历史学"。

二、哲学的三大权利

刚才讲到哲学存在这么多的问题，现在我想讲的是，哲学有危机，有挑战，当然也有机遇。哲学被掩盖的精神要开显出来，就必须理解到哲学也有一种权利。它并非指政治权利，哲学有其自身的权利。我们可以在精神和物质的一般意义的区分下来谈权利这个问题。

在物质方面，比如说我们有追求幸福的权利。这也是康德所极力维护的——维护人们在这个世界追求幸福的权利，这是人人都允许追求的天然的权利。哲学主要并不是要帮你去追求幸福。当然，哲学要研究幸福，理解幸福，思考幸福。过去，人们说哲学是聪明学、明白学，学哲学会使人聪明，不是没有道理。有些历史名人原来是学哲学的，后来虽然不做哲学了，却也卓然成家，朱自清就是如此。现在亦是如此，有人从哲学专业改行去从事其他事情也非常成功。大家知道，泰勒斯是西方哲学的开山鼻祖，被载入史册的第一位哲学家。当时的人都讽刺他总望着天，对眼前的事情却处理不好，然而他却在第二年橄榄树大丰收中发了一笔财。这也许是野史，但也足以说明我们学哲学的智商不比专做生意的人差。

虽然哲学是聪明学、明白学，但也有学傻了的。哲学不保证你能够发财，不保证你能够得到幸福，哲学并不给你这样的权利。那么哲学到底给你什么权利呢？哲学给你精神上的权利。我在这里提三个权利，这三权虽有区别，但不分立。

第一，哲学给你理解的权利，给你认知的权利。这就是说，我要知道这个世界。这种觉悟并不是人人都有，而哲学启发你精神的活力，所以哲学在某种意义上永远是一个启蒙的任务。启蒙是什么？启蒙就是敢于认知，有知道一切的勇气。哲学给你这种勇气，告诉你你可以理解，你有能力理解，只要你想理解，你就能理解。认知和理解这个世界是理智的、理性的，因此哲学是理性的学问。

哲学流派中有一种我们所谓的反理性主义，但他们反的并不是我们现在所说的这种理智。包括叔本华、尼采等人，他们反对康德和黑格尔意义上的"理性",但他们绝不反对"理智"。我们大家都知道马克思有一句很著名的话——我们的任务不是去理解这个世界,而是改造这个世界。我们怎么去理解这句话呢?这是从费尔巴哈以来的一个很重要的想法,它并不等于说我们都不去做科研了,不去理解了,它的意思我们可以从当时的哲学思路中体会出来。

当时的参考系可以从尼采的思路中体会出来,也就是反对那个绝对的至高无上的和谐的"理念",这个理念是从柏拉图以来到黑格尔所设定的一个至高无上的东西,跟神一样,让这个世界变得可以理解。比如,宗教就设定一个神,有了这个神的存在,我们这个世界上所有荒谬的和不合理的事情就都可以"理解",人们就都有一个安慰。可以理解就是可以忍受,也就是让你忍辱负重。当时的思想背景就是这样的。所以尼采才说,这是为世界上一切不合理的东西涂脂抹粉的,让它可以忍受。

所有的宗教都有这个特点。基督教讲原罪,说你生到这个世界上即有罪,你要替你的祖先赎罪,你在世界上受到的一切不公的待遇和悲惨不幸都是在赎罪。你做八分好事给你六分回报,那两分留在以后"另一世界"里再补给你,尼采讽刺地称之为买卖、商业行为、公平交易,"balance"就是指希腊的海上贸易数量关系上的公平。虽然你没有得到公平的回报,但是神给你存着呢,神算得清清楚楚,不会差你一分一毫。你做好事不图名不图利,无人知晓,但神会知道。诸如此类,宗教中有很多。佛教和其他东方宗教中也有这些,比如"好心没好报","老天爷不公"的抱怨,也可以给你化解掉。佛教中没有原罪说,但是有"三世报应"。因果报应说有它自己的理路,就是说你这一世没有做坏事,但上辈子有可能做了坏事你却不知道。因此,回过头来再看马克思的那句话的意思绝不是说我们不要去研究自然科学和社会科学了,而是说我们不再忍辱负重,不再在精神上解除武装,不再把理念当作安慰剂。

所以,与宗教不一样,哲学给我们的权利不是去忍受这个世界,不仅仅是去解释这个世界,而是去认识这个世界,了解这个世界,以便"改变"这个世界。认知这个世界,用现在的话说叫"知情权"。哲学就是让这个世界,让这一切经验的细节向哲学敞开它的秘密,让不会说话的日月山川都说话,把它的意义、它的秘密都展现在哲学的面前。这是我归纳的哲学的第一个权利。

第二,哲学给予你自由的权利,即自由权。

在某种意义上说，认知、理解也是一种自由。希腊人对人类最伟大的贡献就在于让知识脱离了一般技术，让科学脱离了实用的范围。希腊人是第一批从悠闲中生出智慧的人。所谓悠闲并不是指无所事事，而是从生活的繁重的压迫中脱离出来，是一种求知的自由。从社会学意义上来说，他们属于有闲阶级，当然也不排除无闲阶级中个别有智慧的人或奴隶。这样一个社会结构和当时的各种社会因缘结合在一起，产生了这么一个伟大的希腊时代，让希腊成为哲学的摇篮。

在这个意义上说，认知权同样是自由权；但是自由权还不仅仅是认知权，因为自由不仅仅是知识性的，而且是实践性的。这种实践性的自由从近代康德以来成为一种行动的动力。从某种意义上来说，哲学就是自由的知识、自由的科学，不仅是希腊意义上的脱离了生活所迫的一种知识，而且是从实践中产生出来的自由的知识。因此，哲学包括了理论和实践两种思维方式。

行动、动机，即意志，在康德看来本是自由。我们应该脱离开感觉经验、欲望欲求去理解这种自由。欲望是一种欲求，那么欲求不都是被迫的吗？生活的欲求，诸如吃喝冷暖不都是我的欲望吗？欲望怎么会是自由的呢？欲望是不自由的啊。这种身体的命令、感觉的命令不是自由的命令。自由是没有条件的命令，人的实践的动力，也就是理性的活动本身就有能动性，本身就有实践力，本身就是一个动力，而不是像费尔巴哈所说的"胃里缺水，于是满脑子里都是水"。

理性本身不仅是静观的（理论性的），而且理性本身就是动力，这个动力就叫自由。所以，哲学不仅给你理论的自由，而且给你道德的自由、实践的自由。这些自由全是理性意义上的，不夹杂任何感觉材料，不是为吃为喝，为冷为暖。驱动你发生行为的原则是一个自由的原则，这个原则意味着自由权是比刚才我们所说的第一个权利更高的权利。

自由是什么意思呢？理性的自由是什么呢？自由就是创造，哲学给予你创造的权利，而创造也就意味着自由。自由必然是创造，创造就是从无到有，原来没有的让它有。哲学维护创造的权利，维护绝对的新事物，所以创造也是创新。至于什么是"新"，我们以后也会讲到，哲学永远是新的，因为它维护创造、创新的权利。

认知的权利与自由的权利（创造的权利）这两者结合起来，就是自古以来我们哲学所追求的最高目标——真理的权利，也就是我要说的第三个权利。哲学就是追求真理的学问。真理不是像经验科学那样，重在原理、原则、公式和命题。哲学所说的真理不仅仅是命题的真理，不仅仅是命题的真假值。哲学的真理恰恰是前述的认知形式和自由的结合、理论和实践的结合、理论性的知识和实践性的知识的结合——这就是哲学的真理观。真理意味着理解与自由，意味着理解的自由和自由的理解。

三、"自由"与"真理"：存在论与知识论的统一

在哲学这三大权利维护下，哲学进行着两个方面的工作：存在论和知识论，求存在论和知识论的统一。

以后大家会慢慢清楚，哲学主要分两大类：一类强调存在论，一类强调知识论，就像是哲学的两大系统。它们在哲学史上的演进，按通常的说法，古希腊哲学强调的是存在论，长时间延续下来的主要是存在论。到了近代，康德提出把哲学的重点从存在论转移到知识论。

对于知识论，康德有一个很重要的说法：在认知对象、认知存在者之前，首先要考虑认知的条件和认知的权利。认知是有界限的。康德研究人到底能认识什么。有些东西是我们认识不到的，并不仅是因为我们的经验不够、条件不够，不是因为时间没到、经验没积累到，比如登月，过去不行，现在行了，那是科学家的工作。而我们哲学指的是在原则上，有些东西是你根本不可能认知的，是你没有权利去认知的。所以，认知权并不是无限的。你可以知道的是有限的，在有限的范围内你可以无限扩展，但超出经验以外的你没有权利认识。首先需要认识的是你自己权利的限制在哪里，你有没有权利去认识。康德把哲学的认知权进一步具体化了。

知识论在康德以后发展起来，科学发展论、科学概论等都吸收了康德的思想。你如果要去认识上帝，康德说，你认识不了上帝。也就是说，从科学知识的角度你认识不了上帝，从经验知识的角度你积累一万年两万年也不可能认识它。你没有权利，这个领域不是你的。

到了20世纪,存在论的问题又出现了,不是反复,不是倒回去,而是有了新的视角。康德、黑格尔已经有一个新的视角,相比古代的存在论有另一些想法、另一种思路。存在这个"being"恰恰就是真理。它是真的、实在的,不是命题真理,不是一加一等于二。它既是实实在在的,又是有理的,是刚才所说的两个权利的结合。20世纪理解的"真理"同样也离不开这个"存在-真实-实在",它已经把康德知识论以来乃至古代希腊的存在论以来的一些问题都融合进去了。而注入到这个学说的灵魂中的这个存在、这个真理,是创造的、自由的、动的。真理不等于告诉你们几句话,真理是实实在在的。真理又是在变的。怎么变呢?自由地变,所以自由是它的灵魂。创造是实际的东西,是真实的,不是理论的。这个"真"不是真假对错的真,不是right or wrong,而是实实在在的real、reality。

真理论是和知识论、存在论结合在一起的。在这个意义上我们说,哲学一直坚持它追求真理的权利,也就是以自由的精神来进行自由的理解和自由的创造。

参考书目

[德] 费希特. 向欧洲各国君主索回他们迄今压制的思想自由. 见:梁志学主编. 费希特著作选集. 第一卷

[德] 黑格尔. 逻辑学. 第1版,第2版绪言. 见:《逻辑学》上卷

[德] 黑格尔. 1818年10月22日在柏林大学的开讲词. 小逻辑

[德] 胡塞尔. 欧洲科学的危机与超越论的现象学. 第一部分

第二讲　哲学的道路与学习哲学的最佳途径

上一讲我们讲了讲哲学的危机和哲学的权利，这一讲我们要谈一谈学习方法问题。我们到底需要用什么方法学习哲学？方法并不是固定的，只是寻找有哪些道路通向哲学。这些道路和方法，取决于哲学这门学科特殊的研究对象和问题。也就是说，我们要为哲学划出一条区别于其他学科的界线。

一、条条道路通哲学

我们说过，哲学在某种意义上说是一种权利，但权利不是抽象的，权利要有界限，权利原本意味着界限，没有"无限"的"权利"。"权利"意识到自己的"界限"，就意味着"权利"意识的成熟。哲学发展到现在已经有两千多年的历史，是一门成熟的学科。有人认为哲学太老了，太陈旧了，像一位老人。的确，哲学这门学科似乎是属于"老年"范畴的。"老年"在社会上是一个弱势群体，需要有特殊的照顾，需要特殊的方法和措施来维护它的权利。我们现在还要学习柏拉图、亚里士多德、孔子和老子，这些都属于在社会文化层次里应该特殊保护的，应该给予特殊的福利来维护它们的生存权和自由权。另外一个方面，我们研究哲学的人也要很慎重地应用我们的权利，我们的权利也要有界限，我们的方法也要得体，不要觉得哲学就是天马行空，怎么做都可以。

是啊，从某种意义上说，条条道路通哲学，哪条路你都能走到哲学上去。但是，这些路有的比较长一点儿，有的要绕个弯子，每个人的学习情况不一样，要找到自己最佳的途径，只有自己去走，没有事先规定好了的。所以，所谓条条道路通哲学，即意味着你去做，做哲学，不要事先就去琢磨什么方法合适。黑格尔批评康德的知识论先谈知识的条件，认为在认识之前要先看看认识的条件，就好像学游泳不下水，天天在那里研究该怎么游。其实学游泳没别的，就是下水扑腾。以前我不会骑自行车，总问别人自行车该怎么骑、怎么学，问急了，别人说学自行车没别的，就是"蹬"。所以，做哲学最重要的就是你去"做"，去实践。

二、上升的路和下降的路

如果具体一点儿来谈，我们学哲学，根据哲学的对象、哲学的问题，有什么可以建议的呢？我认为，做哲学有两条路：一条是上升的路，一条是下降的路。上升的路就是从经验到哲学：从一般的经验，包括各门学科的经验、生活的经验，从这里开始积累，上升到哲学的思想、哲学的理论或哲学的学问。比如说，研究物理学和化学，或者做行政领导，都会有经验（科学经验、生活经验），慢慢积累，慢慢琢磨，有些聪明的人做深了，就能进入哲学的领域。在某种意义上说，甚至文化水平有时可以是没有关系的。文化不是特别高，但是生活经验很丰富，人生经历很坎坷，也能进入哲学的问题的领域，思考哲学的问题。这是一条路。

另一条是下降的路。一般来说，从事哲学专业的人常常走的是这条下降的路——从哲学到经验。经验是慢慢积累的，从哲学的理路、哲学的领域里走出来看这个大千世界，这样来回几趟，你的哲学作为学问来说就丰富了。上一讲我们谈到，哲学不是不要经验，哲学非常重视经验，否则你的哲学就是空的、形式的。20世纪60年代，我做过美学，黑格尔在《美学讲演录》里的主要命题是"美是理念的感性显现"，也就是说，"理念"在感性里显现出来了就是美。那么，"桌子"体现什么"理念"呢？是"桌子"的"本质"吗？一张"桌子""体现"了"桌子"的"本质"（理念）就是"美的"？那不是"概念"的"图解"吗？实际上，黑格尔这个命题，是要从黑格尔整个哲学思想来理解的，"体现"在一张"桌子"（譬如明清的家具）上的"理念"，远远"大于"

桌子作为"物体"的"自然本质"。这样，你需要许多经验的环节，这些环节也要从读书、思考中获得。没有这些环节，你的理论就是空的。哲学需要从哲学思想中开显出世界来，这是第二条路。

上升的路、下降的路这两条路都是有效的。对于第二条路来说，从事哲学专业的人只要付出努力，都能开显出自己的哲学世界。至于你的这个世界水平有多高，内容有多丰富，那是另外一回事。从哲学到经验，会产生偏向。有些人做了一辈子哲学，仍然停留在抽象概念上，这种哲学是空疏的，谈不到学问。但是，第一条路则需要一个跳跃的环节。这是什么意思呢？这就是说，你有很多很多的经验，从具体的经验、具体的学科来进入哲学领域，但如果没有这跳跃的一步，没有一点儿哲学的聪明、灵感和灵气，你就进入不了哲学领域。在这个层面上说，哲学也和艺术一样，不是人人都可以学的。这跟哲学的性质有关。

哲学考虑的是超出通常经验之上的，哲学的思想是不受经验限制的，哲学考虑的是自由。哲学要达到超越的这一步，叫做 Transcendent。怎样超出经验之外？生活经验要积累到哪一年呢？孔子说他"五十知天命"，他很聪明，五十年积累下来就超越了，有了飞跃这一步。可是普通人怎么办？普通人没有孔子那样的水平，那么一直积累到七十岁、八十岁、九十岁……绝大部分人在这条路上走，不一定能跳得出来进入到哲学的层面。

我们可以看到很多做具体科学的，他们做得都很好，很有学问，很专业，其中有的人后来也思考、研究哲学问题，有很多真知灼见，但是从我们哲学专业出身的人来看，他们并没在做哲学，他们想的问题有的和哲学"相似"，但不是哲学问题，他们的思想成果我们要好好学习，但我们有自己的思路。所以，哲学不仅仅是经验总结，不仅仅是理论上的概括。任何科学都有理论性的一面，都可以总结出自己的理论来，但科学理论也不简单地马上就等于哲学。曾经有科学家批评我们做哲学的人，说宇宙是有限的，你们的那个"无限"是想象出来的。实际上，在我们做哲学的人看来，那个"无限"恰恰是"不可想象"的，无限不是想象出来的。时间无头无尾，空间至大无外，黑格尔早就说过，那是恶的无限。哲学里说的无限不是这样的无限，哲学里说的无限恰恰就在有限里面，恰恰是从下降的路出来的，是深入实际的。

从哪里深入实际呢？从哲学深入实际，不是经验总结，不是靠想象力想出来的，什么至大无外、天外有天、楼外楼、人上人，不是这些。任何的经验科学都可以总结自己的经验从而成就一套理论，但那不一定是哲学。不排除在经验科学里有很聪明的，有哲学悟性的人，跳出"三界"，跳出老君炉，有了哲学思想。比如，大科学家爱因斯坦，他能够和康德对话，可以说是在同一个层次上。但能够达到这样的哲学悟性的人很少，这需要跳跃，这个跳跃不一定是积累出来的，需要一种飞越。所以，我建议从事哲学专业的人不要走这条路。

20 世纪五六十年代，我们也走过这条路。当时，我们在北大上课，哲学系分成自然科学、社会科学和逻辑三门。我选了一门自然科学，因为我觉得学哲学兴趣应该广泛一些，什么都学。后来学着学着，觉得这些学科离哲学十万八千里，并不好学。到了 60 年代，做美学也走过弯路。我觉得做美学要依赖一门艺术，这当然没有错，我们当然不赞成身无一技之长而奢谈美学。但这也不能是绝对的，康德就身无一技之长，似乎不会唱歌不懂音乐，而且不很喜欢这些——也许他对拉丁诗还有欣赏能力。我们那时候认为做美学一定要有一个基地，要去喜欢一门艺术再来做美学。做着做着，到了 60 年代快要下干校的时候，我突然发现要从具体的艺术种类上升到哲学理论太难，没有飞越的这一步不行。比如说，总结戏剧的表演、舞台、编剧，要从这些经验中总结出哲学理论或美学理论是不太可能的，就算是我们这些学哲学的人也不行。从两个方面出发倒是可以，又从哲学出发，又从艺术出发，碰上了算走运，但你怎么做，也和那些搞戏剧评论和戏剧理论的人差不了多少。

20 世纪 60 年代的时候，我们去编美学教材，在高级党校里集中了一批人，同时在高等教材里还有一本文学概论在编。有人就问，这两本书有什么区别？你们也讲文艺的人民性，他们也讲文艺的人民性。阶级性、人民性、共性、特点、文艺的特殊规律都得讲，你们无非就是多几个"美"字，贴了几个"美"的标签。我们也一直在想到底有什么区别，慢慢地就体会出来了，我们的出发点不一样。他们的东西是从文学的经验出发，总结出来的；我们的东西是从哲学的思想出发，开显出来的。或者可以这么说，亚里士多德的《诗学》基本上是对希腊当时的文艺情形的一个经验总结，尽管里面有很多哲学的东西；而柏拉图的《理想国》则恰恰是第二条路，下降的路。所以，我的体会是，建议学哲学的人走这条下降的路。

要深入实际，怎么深入实际呢？从哲学深入实际。那么，下降的路有没有什么道理来维护它呢？能不能从概念出发，以哲学作为出发点呢？"从概念出发"、"从理论出发"曾受到过严厉的批判，有些也还是有道理的，值得做哲学的加以警惕。

哲学有权利作为出发点，因为哲学是一门最基础的科学。从某种意义上来说，它是一切科学之母，是一个母体。从历史上来说如此，从学科的道理来看也是如此。有一种说法认为，哲学是人文学科。当然，哲学要研究人，而且要研究自由的人，研究自由，研究无限。那么，人文学科的基础就是这种无限和自由，而在这种精神之上才能开显各门自由的学科，也就是经验的科学。这种经验科学脱离了技术性的、实用性的目的，是一种研究性的、观察性的、思考性的学科，它是自由的。每一门学科都有它自由的、独立的方面，而这种自由权恰恰是根植在哲学的基础上的，所以哲学完全有权利作为一个出发点，只要你不停留在这个出发点上，不止于这个出发点。哲学不能停留不动，哲学恰恰是要动的。哲学是一个出发点，在这个出发点上你要动起来。这个出发点尽管在刚开始接触的时候会比较抽象一点儿，但是慢慢就会丰富起来。只要你们深入下去，深入实际经验，它就会丰富起来。

我们说研究哲学有这样两条路，并强调专业的哲学方法，并不是说排斥另一种方法和道路，无非是指出来，从一般的经验总结里面很难开显出哲学的境界，这需要一种特出的才能和特出的悟性；而哲学作为学科自身也有几千年的发展经验，足资我们学习、参考。

三、哲学基本功："听"、"说"、"读"、"写"

我们哲学专业是把哲学作为自己学问的出发点和基地。在这个意义上，阅读哲学著作就是我们必经的途径，也是最佳的途径。阅读哲学史上大哲学家的著作是最重要的方法，这是我们多少年来体会出来的。当然，做哲学阅读的范围应很广，也应该读非哲学的书，但主要还是要读哲学史上的大家的著作，这是一定绕不过去的。作为专业的哲学工作者，必须钻研哲学历史上的或者现实当中的哲学大家的著作。

什么是哲学大家呢？这个概念是个经验的概念，界限并不非常鲜明。在这里，哲学史著作给大家提供了一个索引、一幅地图。哲学史就是告诉大家在历史上或在当代都有哪些重要人物，有哪些起过作用的哲学著作。哲学史的书也会告诉你一些哲学的主要内容，但这些都不够，一定要阅读哲学大家的原著。我们上学的时候对我们帮助最大的就是原著选读的课程，老师带着同学们选几本书，带着读几章，把这本书的主要内容掌握。读哲学原著，到了我这么大的年纪同样还要读，有些书要翻来覆去地读。世界上的书很多，经验不可能穷尽，书太多，所以读书需要老师的指导，需要踏踏实实地读。一个时期你读什么书，也就反映了这个时期你在"想""什么"问题。

我建议你们好好地读这三本书：康德的《纯粹理性批判》、黑格尔的《精神现象学》和海德格尔的《存在与时间》。应该说，这三本书或这三个人，是我做哲学受益最多的，所以推荐给大家。这三本书都有中文译本，但最好能读原文。我们在中国这样一种条件下学哲学，除了中文很重要外，外语也是非常重要的。我们心目中好的哲学工作者，应该具备英德法三种语言能力。中国哲学当然很丰富，历史很悠久，古代也很辉煌，但是哲学这门学科严格地说来源于西方，如果我们的外语不好，不能阅读原著，那是很吃亏的。

这三本书最好是能读德文原著，退而次之读英译本，再退而次之读中文译本。这三本书的中文翻译也都是很好的。《纯粹理性批判》现在有好几个版本的翻译。贺麟和王玖兴翻译的《精神现象学》是目前最好的译本，他们的译文，在中文表达和哲学思想的把握以及德语理解的准确性方面都是经得起推敲的。《存在与时间》现在只有一个译本，以后还可能再出译本。这些书是值得反复读的。

读书是我们学哲学的最主要的方式，没有什么别的方式比它更重要。学外语有听、说、读、写，学哲学也有。"听"是听课，"听"别人"说"；"说"是表达自己的意见、观念。"听"、"说"结合起来就是"对话"，有人说是"辩论"。以前我们也说，辩论是哲学的源泉，学哲学的人都爱辩论，柏拉图对话就是一种辩论，但是，辩论不是惟一的方式。哲学之所以从柏拉图到亚里士多德从辩论变成了独白，有它自己的道理。辩论要为思想服务，并不是说什么样的辩论都有利于哲学。辩论要以问题为主，有的辩论不一定是真问题，而辩论往往会发生这种情况——你说东，我说西，能否说得好就在于你如何说。如何说非常重要，是论证的环节，但是哲学不仅仅是"如何说"，还要问一个"说""什么"。这个"how"和"what"是有关系的，"what"必须首先弄清楚，而"how"是一个方法论的问题。如果仅仅在"如何"上做文章，像古代希腊后期智者那样，"辩论"就会成了"诡辩"。

如果还坚持辩论是哲学的源泉，那对于我们来说，最主要的辩论方法就是读那些哲学原著。你读一位哲学大师的书，你就是在跟他对话，只要读懂了，你就是把他想过的问题重新再想了一遍。再想了一遍之后，你想出来的东西就不是他想出来的了。但是这个想法，这个"法"，这条道路是一致的，你们在同一条道路上才可以辩论。如果你在东边，我在西边，那就是"风马牛不相及"。没有相撞，没有encounter，你的路数和我的路数完全不一样，怎么能辩论呢？所以，只有在同一条路上才可以讨论问题。这些书是领你上路的，是启发你和它辩论的，尽管它好像是在教你什么，但实际上是在启发你思考，让你提问题，看你会不会提问题。读这些大哲学家的书，就有这个好处。

但是，这些都不是封闭式的。没有真正的大哲学家是封闭的，包括以上这三位。黑格尔哲学长期被认为是一个封闭的大体系，"绝对理念"、"绝对精神"转了一圈回到它自身就完了，是一个大全。实际上并非如此。黑格尔的哲学体系并没有封死，他同样让你思考问题，同样不回避自己哲学体系里的内部矛盾。他当然愿意解决问题，正是在他很真诚地解决问题的时候，暴露出了这些问题。而对于这些暴露出来的问题，他并没有故意去掩盖。这也是包括黑格尔在内的大哲学家的特点，否则，那就不是大哲学家，不是自由的思想者、创造者。凡是达到创造水平的人都要有这个特点——不掩饰问题，不掩盖矛盾，而是揭示这些问题，让你去思考这些问题。黑格尔也是这样，而他揭示出来的这些问题是真问题，不是你说一个东我说一个西，不是故意地唱反调。

我还要告诉大家，有一本书我最近总是带着它，因为总也读不懂，总想把它弄懂。这本书的书名叫《什么是哲学》，作者是德勒兹。他说："哲学从来就不是辩论的。"当然，他说得比较绝对。也许有人会问，那么，古希腊的柏拉图怎么样？苏格拉底的对话、诘辩是什么意思呢？然而，对哲学来说，古希腊的这些对话恰恰揭示了"诘辩"的不可能。你看看柏拉图的对话和苏格拉底的那些问答，最后都没有结论。所以，我希望大家最主要的是要和这些大哲学家辩论。辩论是能活跃思想的。至于提问题，则可以看出问题中蕴涵着你对这个问题的理解有几分。问题跟问题不一样，不同的问题有不同的分量。我们哲学提出来的问题是大问题，哲学想的事情是大事情。什么叫大问题？以后我们会讲到，哲学里面的知识问题、存在问题都是大问题。

听、说、读、写中的"写"大家也不要忽略。我们以前不大讲"写"，"写"是后现代的一个哲学理念。就我们的学习方法来说，"写"也很重要。我们中国有一个"述而不作"的传统，其实不是说不写，而是说注重延续下来，没有创作。德里达说，"写"是最原始（original）的"说"。哲学不是清谈，作为方法来说，哲学要写。所以，听、说、读、写不要忘了写，要常常练习写作。写作最起码能帮你整理思想的头绪。哲学不是谈"how"吗？"如何"就是写出来看，整理你的思路。有很多的道理，写着写着就开显出来了。法国的利科说，"写"是把你说的那些偶然性的背景加以淡化，让你的思想更加普遍化，让那些偶然的东西弱化了。所以，希望大家进入哲学门以后多重视写作，不光是谈论、讨论。

参考书目

［德］康德. 纯粹理性批判. 第 2 版序文

第三讲　如何理解"哲学"？

这一讲我们进入带有实质性的问题：我们要学习的哲学到底是一门什么样的学科？这个问题要考虑清楚，恐怕要经历漫长的学习过程和研究过程，要研究一辈子。但是不是这个问题就不可说了呢？也不是。哲学到底是一门什么样的学问，如何理解哲学，这关系到我们的学习方法和学习态度。

一、哲学何以是一门科学？

首先，一个最基本的问题是，哲学是不是一门科学？这个问题一直是有争论的。现在新的看法是，哲学属于人文科学，但我不是很主张把哲学等同于人文科学。哲学是人文科学，这是西方哲学一个流派的思路，但不能囊括全部哲学研究的范围。

自然科学也好，人文科学也好，都是科学，这一点毫无疑问。哲学同样是科学，这并不仅仅是一个观点上的争论。我们说哲学是一门科学，有哲学本身的历史根据。过去我们对哲学的定义是，哲学是自然科学与社会科学的综合。这个定义并没错，但如果要真正理解哲学，仅仅靠这个定义是不够的。它的内容不应该仅仅限于到底是人文科学还是自然科学的争论，也不仅仅是两种科学的综合。

哲学是一门科学，这个意思经过哲学自身历史的发展，有相当深入的内容。为什么它是一门科学？为什么它不是艺术？为什么它不是宗教？我们要有个基本的想法，就是拿什么来说明哲学是一门科学。

科学是什么呢？科学是知识。这个"知识"也有各种理解，"知识"有感性的知识、理性的知识，有积累起来的知识，有突然贯通的知识。那么，仅仅说"哲学是一种知识"也不够：并非说哲学是一种知识，就等于说哲学是一门科学。科学是知识的体系，是一个系统，这个系统是由概念、判断和推理组成的。同样，哲学也是一门知识的体系。哲学不是艺术，更不是宗教，但是它与这两种知识形态有千丝万缕的联系，哲学思考的问题与它们思考的问题相近。

二、哲学讲是非，更讲深浅

"哲学是一门科学"这个思路是从西方哲学史中的德国古典哲学阶段开始奠定下来的。从历史上来看，哲学到18世纪的后半期、19世纪这样一个阶段是成熟阶段。经过很多的争论，在黑格尔的哲学著作那里集大成，奠定了哲学作为一门科学的基础。

当然，这不是黑格尔的原创。哲学从古代希腊的起源开始，就是以科学形态出现的，希腊哲学家已经提出"始基"、"原始"这些概念。从前苏格拉底的"始基"到柏拉图的"理念"，再到亚里士多德的"存在"、"范畴"，这实际上是一个知识系统，是一个科学系统。

按通常的说法（当然也可怀疑），哲学是从早期的宗教脱胎而来的，它带有神话和原始的味道，脱胎出来思考宇宙人生的大问题。它的思考是以一种系统、体系的方式来进行的。亚里士多德在解释"始基"的时候说，"始基"的意思是从它开始又回归到它。所以，哲学叫"终始之学"。而这个思路经过了一千多年的发展，到了黑格尔这里变得丰富了，他的思路在某种意义上是亚里士多德思路的变革和发展。所以，哲学到了德国古典哲学这个时候作为一门学科成熟了，有了自己的概念，有了自己的范畴，有了自己的科学体系。

黑格尔把自己的哲学叫做科学的体系。对于这样一个哲学体系，不仅是刚刚学哲学的，就是长期做哲学的人脑子里也还是有很多误解。也就是说，没有真正读懂黑格尔的书。有一个时期，整个舆论、社会背景对黑格尔的理解和评价并不是很符合他的实际情况。在西方，黑格尔也是几次被当成"死狗"要扔掉，但实际上没有能够被扔掉，到现在他仍然在起作用。在中国，1949年前后，搞哲学的相当一部分学者还是很重视黑格尔的，因为把它作为马克思主义的来源，所以有意地扶植对包括黑格尔在内的德国古典哲学的研究，对于他的东西翻译得比较多；但理解上也还是有片面性。

当年我们自己在阅读黑格尔的时候，脑子里往往有几个框框：他是绝对唯心主义，他的辩证法有合理的内核，他的体系是封闭的。但是，我们没有再深入下去去追问什么是绝对唯心主义，什么是辩证法。辩证法这个东西其实早在古希腊的毕达哥拉斯那里就有了，但是人们说，他那是朴素的辩证法，到了黑格尔这里就不朴素了。不朴素在哪里？什么叫不朴素？这就需要继续深入地追问下去了。

哲学并不是说你这句话是对的，那句话是错的。黑格尔当然也有错，但是在某种意义上他错得有理，他的错是深刻的错误，而不是肤浅的错误。从现在人的观念来看，过去柏拉图的"理念"，亚里士多德的"存在"、"范畴"这些概念从逻辑学的角度来看也落后得很，亚里士多德的政治学、诗学也都相当落后，也许真的只有历史的价值。我们中国历史上的很多概念，比如仁义道德，当然还有用处，但现在不一定再到处打出礼义廉耻、忠孝仁爱的口号，现代社会有更好的管理经验。应该说，这些观念在我们看来都有问题，但它们是深刻的，你必须研究。从康德到黑格尔，德国古典哲学确实提出了一些深刻的问题。

哲学当然讲是非对错，但更主要的是讲深浅。哲学不是看你表面上说什么，或者说得如何天花乱坠，而是看你说的分量，看你说得有没有深度。哲学历史的发展一直在深入。我们做哲学史的人的任务，是要把哲学史上丢掉的深刻的东西重现出来。总体来说，哲学问题在深化，在古希腊是一种形态，在德国古典阶段是另一种形态。从康德到黑格尔，这是我们从事哲学专业的人入门、奠基的工作。一般做哲学的人不一定要把基础建立在古希腊的角度上，我们做哲学概论也不一定要把基础建立在古希腊，那是很专门的学问，需要很多专门的知识和训练；但是一般地说，哲学概论的基础要建立在德国古典哲学之上，它针对的问题是德国哲学，我们现在所想的问题都没有完全脱离开他们的谱系。

三、何谓"真正的思想"?

从康德到黑格尔,经过几次反复,把我们哲学拉回到科学的道路上。在 20 世纪 90 年代,有人主张搞哲学不要按照概念、判断和推理这样死板的科学体系,要搞得灵活一些,哲学应该向艺术靠拢。其实,这个观念在德国古典哲学那个阶段就已经有了。

就现在来看,黑格尔已经非常充分地考虑到了这个问题。当年与黑格尔同时代的人,有许多是浪漫派的文学家,他们不仅写诗,而且对于世界、学问、文化和诗歌的关系都有很深入的思考,但是他们当中有些人走的路不是科学系统的路。诗歌有在思想哲理上很深入的,宗教也有,但它们不是科学的、知识性的。它们不提倡概念,而是提倡直观和感悟。把直观和感悟放在第一位,就不是哲学的方式,不是科学概念体系的方式。哲学当然重视直观和感悟,但不止于它们。

黑格尔的《精神现象学》被马克思称为理解黑格尔体系的钥匙,这部著作的直接批评目标是谢林。这两个人原来关系很好,谢林活的时间很长,但著作很少,黑格尔得传染病死了,但留下了大批的著作。谢林有些诗人气质,强调直觉、直接性,强调自然、天然。黑格尔批评了谢林,强调哲学是一门科学知识体系,不能只靠感悟。当然,他们俩有许多前提是一致的。哲学史的发展中各学派有时很对立,但又是统一的,因为他们考虑的都是很绝对的问题。哲学考虑的是精神,哲学研究思考的是绝对,因此就不同于一般的自然科学和经验科学,这也是德国古典哲学成熟的一个观念。

"绝对"不同于经验科学的"对象"。经验科学研究相对的、具体的东西,比如说研究冷、热、物理现象、化学现象和社会现象。哲学当然也承认这些,但哲学要研究超越于相对之上并涵盖了这些东西的"绝对",包括康德、费希特、谢林和黑格尔等人在这一点上都很一致,没有分歧。但是,绝对怎么能超出于相对之上呢?绝对靠什么超出于相对之上呢?谢林说,用抽象的概念不能达到绝对,概念永远是片面的,与现实相对,总不能绝对。因此,哲学研究不能靠概念,要靠直觉、直观,由直观到本质,由直观到绝对,在直观里才是大全。概念与现实实际是相矛盾的，只有直觉（Intuition）才能够掌握绝对和全面。按照这样的理路沉陷下去，哲学就不能成为科学，就变得神秘了。直觉、直观并不是人人都一样，而且也不可教，不可学——这就是神秘性。在哲学史上，有的学派就很神秘。

哲学最主要的还是要思考，学会思考是学哲学、做哲学最重要的素质。但是有一条，思考靠什么？哲学作为一门科学，靠知识体系、概念体系。在德国古典阶段或者在西方哲学的参考系里面，没有概念就不能思考，不能思想。思维靠概念，没有概念就不能思维，这也是从康德到黑格尔这个历史阶段里奠定的很重要的基础。

思维与直观相对应，只有感悟、直观，就不是真正的思想，就不是真正的思维。当然，从康德到黑格尔没人说不要感悟，不要直观，直观在康德的哲学里面很重要。康德对于感性的直观、感性直观的形式，对于时空作为感性直观必然的、先天的形式下了很大的工夫，花了很多精力。以后我们会谈到，康德在知识论的建立方面贡献是很大的。没有直观就没有知识。然而，经过费希特、谢林到了黑格尔，思想、思维靠概念，不能停留在直观。康德也是这样，他的著作前面有先验的感性篇，接着后面还有先验的范畴论。概念跟现实的关系就是范畴，所以哲学讲范畴，用概念思维。哲学讲范畴，意味着哲学要有直观的内容，要有现实的内容。这个范畴是从亚里士多德那里来的，范畴要与现实打交道。

康德说范畴没有直观就是空洞的，而直观没有思想和范畴就是盲目的，只有直观和范畴综合起来才是理论的知识。这个理论知识实际上讲的就是对于客观世界、对于自然的知识。对于自然的知识在哲学里找到了可知的根据，物理学、化学、植物学和生物学于是都稳稳当当的，不至于成问题了。成什么问题呢？这些知识都从实际中来，离不开直观和经验，但经验总是在变化，经验有偶然性，经验并不在绝对的推理的意义上保证明天太阳一定会出来。这样的话，各门自然科学的大厦就摇晃了。康德说，不用担心，你们的经验虽然有偶然性，但是在理论上知识是必然的，是可以推论的。

这种哲学有个缺口，在某种意义上被一些人钻了空子。这个缺口就是"绝对"在经验世界里是否存在的问题。世界作为一个大全，一个 Whole，康德说，这些东西包括神在内，在我们的经验世界，物质的、直观的世界里是找不出来的。没有直观就没有知识，就不可知。这个缺口一开，艺术家们就高兴了。他们说："我知道，我靠直接的感悟和灵感能知道，我能看见那个绝对，我看见了神。"是啊，这不可论证也不可证实。怎么论证上帝存在呢？没法论证，没法证实。"我看见了，你没看见，那说明你没有慧根。"这不是科学。在科学上，神是不可知的，那是艺术、宗教的对象，所以康德的不可知论（当然也是在理性的范围里面）是一个"缺口"，为宗教信仰留下了余地。

四、何谓"哲学的现实性"？

我们现在要说的是，哲学是一门科学，哲学要认识无限、绝对、大全、自由、自然这些东西。按照康德的思路，哲学如果想要奠定在科学的基础上，就要阐明"绝对"同样可知，他认为这是不可能的。为挽救作为科学的哲学，黑格尔必须批评康德的不可知论。

不可知论不是说自然科学、物理科学不可知；恰恰相反，它非常维护其可知性，它是说这个物自体不在因果环节里面，不是通过因果环节出来的，没有直观，也没有与其相应的理路就不能推论出来。比如说，道德的动机如何推论呢？没法推论。这个道德动机对于科学知识来说，是不可知的，它带有神秘性。如果说，绝对靠感悟，靠见证（witness），只有你见到上帝，别人没见到。按照中国的考据学的说法这叫"孤证"，不能完全成立。而黑格尔就是要想办法把这个绝对、大全和无限都作为科学的方式、概念的方式和范畴的方式加以把握。

这其中有一个问题。对于这些绝对、无限、大全，你到底是把它理解为抽象的、空洞的、模糊的东西，还是把它理解为清楚的东西？清楚就是界限，绝对的无限、大全不等于没有界限，不是不要界限，而恰恰是要有界限。所以，黑格尔一个非常重要的思路在于，只有那个有限里面的无限、相对里面的绝对，才是真的无限、真的绝对。"真"不是说真假伪劣，"真的"就是真实的。那些孤零零的无限、绝对和大全实际上不是大全，不是无限，因为你既是"抽象的"、"形式的"，则还有一个"具体的"、"内容的"东西在与它"对立"着，于是就"全"不起来。只有在有限中体现出来的无限才是真无限、真绝对、真大全、真自由。

"自由"的本意是没有任何限制。康德讲的自由是纯形式，没有内容，有了内容就要受限制。所以，后来我们批判他，说康德的伦理学、道德哲学是软弱无力的，是空洞的自由，是脱离现实的、不真实的。真实的东西就是实际的东西、实实在在的东西。所以，只有在相对里面的绝对，有限里面的无限，必然里面的自由，那才是"真实的"（real），否则都是想象出来的，只在你的思想里，不是现实。"真实的"就是 Wirkliches、Wirklichkeit。

虽然黑格尔的思想很抽象难懂，很玄妙，但恰恰是这样一个人特别强调哲学的现实性。这个现实性不仅仅是我们日常生活意义上的现实。哲学作为一门学科是最现实的，哲学不是一些抽象概念的堆砌。哲学成为一门学科，恰恰是努力联系实际、面对现实的结果。因此，我的概念和范畴都是现实的概念、现实的范畴，都有现实性，而反倒是在（当时的）自然科学和经验科学那里，概念都带有抽象性。黑格尔说我们的哲学概念不是抽象的，而恰恰是具体的、现实的。贺麟先生把黑格尔的概念叫做"具体共相"，以前我们有的老师也主张把柏拉图的理念翻译成"相"（idea/eidos）。"共相"就是 Universal、普遍性。只有具体里面的共相，特殊性里面的共性，才是真概念、真共相，才是真实的、现实的。所以，我们哲学讲的绝对、自由和大全都具有现实性，是真实的概念。我们的概念是真的，不是对错的问题，是实实在在的，是真的，不是抽象的，是具体的、现实的。

恰恰是在哲学里面，把有限和无限、自由和必然、全体和部分全都综合到了一个概念体系和范畴体系之中。范畴本身的意思就是和现实相联系的。哲学的概念、范畴不是抽象的。哲学的理论不是抽象概念的集合，而是具体概念的体系。所以哲学的理论不仅仅是现象的理论，同样也是本质的理论，是现实最本质的理论，也是本质的最现实的理论。这一点和后来胡塞尔的哲学又是相通的。康德讲现象，黑格尔也讲过现象学，恰恰是本质显现出来那才叫现象学，后来胡塞尔的现象学也是这个意思。

康德所谓的现象就是表象，本质躲起来了，本质是不能直观的。而黑格尔认为概念和范畴恰恰要掌握从现象里面透视出来的本质，这个本质是现实的，他批评康德的物自体。康德把不可知的东西叫事物本身、物自体，这是他的麻烦，后来的哲学家都认为康德的三个物自体很麻烦。对于这个本质、物自体，康德用 Noumena 来指称。Noumena 和 Phenomena 是古希腊哲学的两个词，现在 Phenomena 用得比较多，Noumena 不大用了，因为经过黑格尔，大家知道了 Noumena 本就在 Phenomena 中。Noumena 仅仅是思想的东西，而 Phenomena 是在时空中展现出来的东西。康德的物自体就是思想体，而黑格尔发现，本质不仅是思想体，而恰恰是最现实的东西，是能显现出来的。于是，这个单独的 Noumena 被黑格尔这么一说就没机会了，不大用了。我们中文把 Noumena 翻译成"本体"也觉得是件麻烦事，本体不可知也比较麻烦，于是后来常用"本质"，也会有不少麻烦，因为"本质"很可能被"抽象化"。

还有一个词叫"实质"。什么叫实质呢？实质就是现实的质、现实的东西，不是思想体，而是现实体。这个绝对、大全、自由都是现实体、实实在在的东西，是有界限的东西。没界限的东西就只能想，所以是 Noumena、思想体，现实的东西都是实实在在的。所以，只有这样理解我们的哲学——叫它绝对的科学也好，绝对的哲学也好，大全的哲学也好——它才成为科学。科学就是讲现实，讲实在，而哲学在所有科学里面恰恰是最现实的。它不是没有界限的、朦胧的东西，绝对、大全和自由不是一种感觉，而是清清楚楚、现实的、有界限的概念和范畴。

在黑格尔这样一个体系和思路中，辩证法就出来了。什么是辩证法呢？自己否定自己。哲学和辩证法的关系进了一步，辩证法也变成科学了。一切有限的东西都自己否定自己，因为它有个无限在里面。"无限"与"有限"为"矛盾"，而这"矛盾"又在"同一"中，"一分为二"。这样，哲学科学就不仅是形式的理论。如果"同一"而无"矛盾"，则糊里糊涂、混混沌沌，这个世界就没法开展、发展。如果思想和现实各是一边，那就是二元论了。我们把黑格尔叫做同一哲学，但"同一"中有"矛盾"，变也好，矛盾也好，发展也好，都在科学的范围里面，真实的概念、真实的范畴都可以掌握它。这就是一门科学所需要的东西。

哲学既然是一门科学，那么科学是什么？科学就是可教可学。艺术也有可教可学的部分，但是按康德和浪漫派的意思，艺术靠天才，天才是大自然的恩赐，可遇而不可求。哲学作为一门科学可教可学，这是黑格尔的意思。《精神现象学》里面有一句话说，哲学利用知性就可以公众化（public），就可以普及，而不是秘传。哲学是可以普及的，可教可学。这样，各位同学都可以安心在哲学系里学习，你们可以学到哲学。当然，像一切其他科学一样，要有创造性的建树，那不全是教来的，也不全是学来的，需要有各种条件机缘会合。

参考书目

［德］康德. 判断力批判. 导论
［德］黑格尔. 精神现象学. 绪言：论科学认识

第四讲　形而上学与哲学

今天给大家讲哲学作为一门科学的基本特点。哲学到底是一门什么样的科学呢？我们一般说，哲学是形而上学。

一、形而上学：词源与翻译

在古希腊的时候，哲学这门学科就已经产生了，它作为形而上学最早是这样一个词：Metaphysics。这个词在柏拉图和亚里士多德那里并没有被使用，是后来有人在整理亚里士多德著作的时候，把哲学这部分的内容放到了他的物理学的后面，由此才产生的。"Meta"原来的意思是"后"、"在后面"，当然还有别的意思。这个整理亚里士多德著作的人把讲哲学的内容编到了物理学后面，给它起了个名字叫Metaphysics，而这部分的内容，在亚里士多德那里叫"第一哲学"。

Metaphysics的中文翻译"形而上学"取自《易经》："形而上者谓之道，形而下者谓之器。""器"是器皿，指具体的事物。对"道"的理解就比较复杂一些，跟器不一样，道不是以"形"分界的。可以这么说，有形的就是Physics，指广义的物理学。"物理"在古希腊那里是指自然、自然现象，也有生长的意思。大千世界成长变化这样一个过程就叫物之理、物理。而"道"是形而上的，形而上就是无形。

西文用Metaphysics来讲亚里士多德第一哲学的内容，是很恰当的，中文把它翻译成形而上学也是不错的。把 Philosophy 译成"哲学"据说是日本人做的。中国以前没有"哲学"这个词，只有"哲"、"哲人"、"哲理"。从 Philosophy 原来"爱智"的意思，推进到 Metaphysics，使哲学更具体、更明确地成为一门学科。

据说，Philosophy 最早为 Philosophia，在毕达哥拉斯之前是指一群"爱智慧的人"，是毕达哥拉斯把它变成一门学问，可以叫做"爱智学"，就是"哲学"。从"爱智"到"哲学"，再到"形而上学"，我觉得，是我们这门学科逐渐趋向成熟的表现。

不过，后来也有些哲学家，比如海德格尔，认为从爱智到哲学是一种退化。他认为，Philosophia 指的是爱智者、喜欢探讨问题的人，这时候没有严格意义上的学科。而海德格尔认为，有了学科就有了理论，而他不赞成一切的"论"。他认为，古人虽没有这样那样的"论"，但是他们谈论的道理都非常深刻，后来哲学慢慢地变成一门学问反倒被框住了。

从我们把哲学理解为一门科学来讲，我们的确应该肯定海德格尔思想的深刻性，但是从 Philosophy 到 Metaphysics 还要被看作一个成熟的过程、一个系统化的过程。亚里士多德在《形而上学》这本书里，对于哲学的基本问题、哲学的范畴这些全都有详细的论述。海德格尔曾经说，他到了 60 岁才好像看懂了亚里士多德的《形而上学》。可见，这本书是需要翻来覆去地读的。虽然柏拉图的书也很重要，前苏格拉底也很重要，但是应该说亚里士多德的《形而上学》在学科的成熟性上迈进了一大步。可是，这本书是集起来的散篇，有些零乱。所以，从导论的角度出发，我建议大家从德国古典哲学入手。因为德国古典哲学和柏拉图、亚里士多德的精神是直接相通的，但它更清楚、更系统，两者的基本精神是完全一致的，只是如作历史的回顾，哲学作为一门学科却必须回到亚里士多德的《形而上学》。

二、形而上学与辩证法

形而上学在近几十年来名声不是很好，被认为是一种僵化的、一成不变的、抽象的、片面的观念。应该说这些批评有其原因，也有它合理的一面。为什么呢？这些批评并不起自近几十年，它是把形而上学和另外一个东西对应起来显出形而上学的这些缺点。和什么对应起来呢？和辩证法。长期以来我们的观念认为，形而上学和辩证法是对立的，辩证法是活的灵魂，看事物不僵化，而形而上学则是一成不变的。这个思路实际上是黑格尔的。黑格尔批评了那种不变的、僵化的、片面的形而上学，他认为传统的形而上学有这些缺点。

这个传统的形而上学在西方的近代是一直被批判的，譬如经验主义、逻辑实证主义以至某些分析哲学流派，都以反形而上学为己任，有"拒斥形而上学"之说。尼采当然也是这方面的杰出斗士。其实，在某种意义上，我们在批判形而上学的时候，常常也犯了形而上学的错误：我们实际上本身就僵化地把形而上学与辩证法绝对地对立起来了。我们把形而上学当作一个现成的东西接受过来，认为它是不对的、主观的，辩证法才符合事物实际变化的规律，而当初辩证法是如何提出来的，形而上学到底是什么意思，我们并未深究。康德和黑格尔反对传统的形而上学，那么他们是不是"把孩子和脏水一起泼掉"了呢？事实上，他们提出了一种新的方法与传统的方法对立，但并不改变整个传统的问题，并不取消形而上学的问题，而不过是从另外一个角度来理解这些问题。

我们知道，辩证法的观念在前苏格拉底就有了，而且很繁荣。辩证法是Dialectic，就是把话分开来说的意思。两方面的话互相辩论、互相交锋，一个事物从正反两方面来理解，这就是辩证法在古代的意思，这个意思是说：任何正命题都有一个反命题来和它"对立"，任何"问题"，都可以说"两面的话"。我们在柏拉图的著作里可以看到，苏格拉底的形象是一个辩论者，他启发人的思想，深化问题。

柏拉图的《对话》，意味着"辩证法"逐渐地脱离了朴素的形态，不是指那些冷-热、明-暗等感觉上的"对立"，而是进入了"理路"上的"对立"，进入了康德所谓的"二律背反"。从柏拉图到亚里士多德，"理路"上的"对立"得到了"总结"、提高，"二律背反"被"克服"，这样，哲学成为一门系统的科学知识。在这个意义上，亚里士多德的形而上学也可以理解为是对哲学学科的推进：它的那些问题吸取了古代朴素辩证法的问题，把它系统化了。"Dia"不仅是"分开"的意思，而且还有"贯穿"起来的意思，理论的贯通、理论的系统才成为一门学问。形而上学在以前也起过这样一种作用。

三、"形而上学"的超越性：哲学学科存在的根据

当初 Metaphysics 提出来的时候，并不与辩证法相对应，而是与 Physics 相对应的。Meta 作为 Physics 的背后、基础，是根基（Ground）。Physics 就好像是大树，从地里生长出来，而 Metaphysics 就是在它的地下的一门基础性的学科，是它的根。从我们哲学的角度看，形而上学是与形而下学相对应的。

形而下学是物理学、自然学这些经验科学。形而上学和经验科学相对应，这个对应就和与辩证法的对应不太一样了。这里的 Meta 是"超越"经验的意思。Metaphysics 在亚里士多德那里的原意是一门超越的科学，后来哲学家理解的 Meta 都是在"超越性"这个意义上来理解的，被解释为 Transcendental。它是指不依赖"经验"，但可适用于"经验"。应该说，从康德到黑格尔不但不反对这个意义上的形而上学，而且还坚持它。

形而上学与经验科学这样一种区分是我们哲学这门学科存在的根据，否则就没有哲学，就没有第一哲学，现在的"哲学"就是亚里士多德所说的"第一哲学"，这是亚里士多德自己用的词，"形而上学"是后人起的名字。

Metaphysics 是和 Physics 相对应来讲的，它比 Physics 更根本、更基础、更原始，它是超出经验范围之外的。形而上学强调超越性。亚里士多德在《形而上学》里强调"第一哲学"，这个"第一"就是超越的东西，就是始基（Arche）。物理-自然的事物有一个因果序列：一个事物有一种或多种原因以成为这个事物，而这个事物又成了另外一个结果的原因，这样以至无穷无尽。无穷无尽这个观念在亚里士多德以前也有，叫不定、无定、没有边。但是，亚里士多德认为"没有边"的东西是"不存在"的，是不能把握的，但"哲学知识"又不等同于一般的"因果序列"的某一环节的知识，于是，在这个序列里要有一个"第一"。这个"第一"，亚里士多德解释为从它开始又回到它自身，用我们古人的话来说叫"原始反终"。把握"第一"是我们哲学的基本，于是有"第一因"。

亚里士多德的著作里记录了在他以前的一批人如何思考和探讨"始基"，

探讨"根"和"源"。这个"根"和"源"都埋在地下，不是一下子就能开显出来的，所以始基、第一正是我们哲学要思考的东西。

哲学的问题与对象在亚里士多德的《形而上学》中，哲学还有一个名字叫"神学"（Theology）。为避免和以后的基督教神学混淆，我们也许可以把亚里士多德讲的神学称为"神圣学"。也就是说，它所研究的东西是神圣的，这意味着它比我们现在、眼前的东西更神圣。它比人世间更神圣才有"不朽"、"不死"。神是不死的，诸神是 immortal，而自然和尘世的现象都是要死的、要消亡的。哲学就是研究那些神圣的东西、不死的东西，所以叫神学。

然而，问题就从这里出来了。有人会问，神圣的东西（始基、根源）到底是什么东西呢？亚里士多德在《形而上学》里说，万物都是存在着的，"存在"是最普遍的属性，我们要研究存在中的存在性。万物都有各式各样的属性，那么"存在"到底有什么属性呢？事物最普遍的属性在哪里？你能不能拿出个"存在"来给我看看？经验科学拿不出一个普遍的"存在"来，只能拿出"人、手、足、刀、尺"等具体事物来，所以经验科学的对象不能成为哲学的对象。那么哲学的对象在哪里？

"存在"既是"普遍的"，那就是一个"概念"。"概念"是"思想"，于是，哲学的"对象"好像在思想里。但人们又会说，这个对象没有现实性，只是一个抽象的概念，是一种片面性，在思想里永远不能开显出来。的确，传统形而上学研究的对象都在思想里，没有现实性，不能开显出来，这就是康德意义上的本体（Noumena）。Noumena 在古希腊是"所思"的意思，它的字根为"努斯"（nous），也就是理解、理智。亚里士多德不赞成笼统地讲"无边无限"，认为总要找出"对象"来才能成为一门学科。这样，"无边无限"和"有边有限"就成了一对"对子"，处理好这一对"对子"的关系，就成为哲学的重要任务。所以，传统的形而上学也被归结到是 Noumena 和 Phenomena 的关系。

四、形而上学问题"真""假"之辩

Noumena 是思想体、思想的对象，而不是现实的对象，因此是很片面的，康德干脆就宣称这些东西不可知，不构成知识。确实，在形而上学的传统里会有片面、抽象、僵化不变的问题，出现这些问题也不是偶然的，因为经验科学和形而上学有很深入的关系。那么，形而上学的问题还有没有意义呢？

有相当一部分哲学家认为传统形而上学提出来的问题是没有意义的，是假问题。这一派的代表有逻辑实证主义、分析学派中的一些人。比较早的是 G. E. 摩尔，他尖锐地批判了黑格尔的庞大的形而上学体系。后来罗素、维也纳学派，这些经验主义者都倾向于认为形而上学的问题是假问题，是没有意义的。这些人也并不是说形而上学的问题不值得思考和研究，他们所说的无意义是指在逻辑上不能证明，也没有经验可以证实、证伪。

他们其实继承了非常正宗的希腊传统。古代希腊思想蕴涵着这样一个意思："理解了的生活才是有意义的生活"，什么事情都要证明出来看才有意义。几何学-数学由直观可以感觉出来是正确的，比如"两点之间直线最短"，"两条平行线不相交或相交于无限"。但是希腊人说不行，几何学需要证明，要用严密的逻辑推理证明出来。几何学的测量技术起源于埃及，对于实用来说有直观就足够了，但是缺的环节是证明，而希腊人做了这个，于是"几何学"成为"科学"。希腊人就是有这股傻劲儿，这种精神对于哲学也有很深入的影响。

东方人讲的顿悟、感悟，不容易教授，但是逻辑演算是可以教的，可以一步一步推演出来。康德讲先天综合判断，"先天"（a priori）指"从前提推出来"，没有这个就没有理论科学。从康德到黑格尔，从亚里士多德开始的哲学、形而上学，都贯穿了这个 a priori 推理的思路。a priori 在康德哲学里开始被改造成先验逻辑，但必须在经验的层面来运用它才成为"科学"。也就是说，a priori 是被允许运用到经验中去的，这一点，康德和休谟相反。休谟认为 a priori 的必然性，原则上是不能运用到感觉经验中去的。因而，经验的东西不可能是必然的，于是，休谟只承认数学和逻辑有必然性，而经验知识没有，只有"习惯"的"普遍性"。不过，从康德到黑格尔没有走休谟的路线，他们都坚持"知识-经验知识"有"必然性"做基础；只是康德更强调"知识"的"形式性"，而黑格尔更强调"内容"。有经验就要承认偶然性。偶然性（也就是现实性）进入形而上学，形而上学才不是抽象的、片面的、僵化的和不变的。这时候，形而上学的体系才有辩证的精神，才有自身的否定。偶然性进去了，就全面了。辩证法讲全面，不是说有边和无边相对，实际上是说有边的东西里面就有无边，任何具体的东西都限制不住自己。我们以后会讲到存在、非存在和不存在同样都是存在。

至此，我们已经把形而上学的轮廓基本勾勒了出来。

五、形而上学问题的理解路径："原始反终"

提出形而上学问题是人类思想的一大飞跃，而在这个飞跃方面古代希腊人做出了楷模。并不是世界上所有的人在远古都能提出这样的问题，大部分人有现象就够了。生活于现象世界之中，生活于声色货利之中，应付日常生活的挑战，处理应对各种现实的问题，这已经够我们人类繁忙的了。尤其在远古的时候，要应付生活的挑战很不容易，没有闲暇来顾及在我们生活之外或者背后还隐藏着什么问题。所以，形而上学的问题被提出来（本质问题被提出来），对于人类的文化和精神文明来说是一件"大事情"（Ereignis）。

形而上学的问题提出来了，人发现了真正的问题，发现了一个真成问题的问题。经验科学、形式科学的问题在提出来的时候就蕴涵着得到一个非常明确的答案的可能，而形而上学的问题之所以"大"，就是因为它不预先设定任何答案。形而上学的问题在某种意义上说就是纯粹的问题、没有条件的问题、没有预设任何答案的问题。当然，我们说经验科学、形式科学里面也不断提出问题，但是它的答案在常规情况下是一步步地向前推进的；而形而上学在推进的过程中，却没有那样幸运，形而上学的问题永远回到它原始的零点，原始反终。它好像并没有通常意义上说的进步。并不见得德里达就比柏拉图进步多少，他本人也要老老实实地读柏拉图，不是把他作为历史知识，而是把他作为活的哲学家来对话，因为大家都在原始的零点——尽管他力图"解构"它。形而上学本身由于其问题的特殊性，诚如胡塞尔所说，都要"从零（头）开始"。

多年前，我有这样一个观念，认为研究哲学史有两种方法：一种是历史的研究，另一种是哲学的研究。大部分哲学史家都是在进行历史科学性的研究，也就是说科学性地研究哲学史。宗教研究也可以是科学性的，把某种宗教放到一定的历史环境下研究它的起源、作用、内容，这都是历史科学性的研究和经验的研究。哲学史也可以这样做。哲学的历史有两千多年，我们可以做哲学历史的研究，做科学性的研究，分析材料，整理归类，注释考据。西方早年的解释学就是解释《圣经》，它本身不一定是信仰性的，而可以是科学性的。海德格尔对希腊的研究是很专业的，但是搞古典研究的西方古典学家很少有人承认，没有人认为海德格尔在古典学领域有多大权威。海德格尔对 alētheia 的解释把 a 和 lētheia 分开来——"不""埋没"。海德格尔的真理就是"去蔽"，把隐蔽揭开。但古典学家说他不对，alētheia 这个词不能分开，这里的"a"不作否定解。据说，在典籍里只有一处海德格尔的解释勉强可以说得通，其他地方都不对。在柏拉图的问题上，在怎么解释真理、真实的问题上，古典学也有它自己的考据。

做哲学史也有像黑格尔那样（《哲学史演讲录》）的。黑格尔的哲学史有自己的系统和想法，他是从哲学来研究、整理哲学史的。新康德主义这一批人讲人文主义、人类学，也讲历史。从哲学角度讲哲学史，哲学史就是哲学，哲学就是哲学史。所以，我们研究哲学不能脱离开研究哲学史。

但是另一方面，科学性地研究哲学史的著作虽然对我们有很大的参考作用，却不能代替我们理解柏拉图和亚里士多德。为什么呢？哲学史知识犹如给你一幅地图和一个门牌，而那个地方你必须自己去才能登堂入室。哲学在这方面有点儿像艺术和宗教。所有的哲学史著作代替不了你去读原著，所有的艺术理论、艺术史也代替不了你去欣赏艺术作品。形而上学有其自身问题的特殊性——对于本质和现象的关系的探索，而每一位大哲学家的阐述都包括了对这个问题进行思考的总体的历史，否则就是抽象的、不够深入的。正因为大哲学家都能贯通古今地思考问题，遂使后生学子不必"皓首穷经"而钻研几位大家的原著就能登堂入室。

只有在积累了各家对哲学问题的思考以后，我们对于哲学才有话可说。对于形而上的问题，不能指望像做经验科学那样一步一步解决问题，而要像滚雪球那样滚。怎么个滚法？读那些历史上的书，翻来覆去，原始反终，不断地回到零点重新思考问题，这样慢慢你的雪球就会越滚越大。

形而上学最基本的问题就是零的问题、原始的问题。问题回到原始，可能是最先进的、最尖锐的。我们为什么把德里达称作前卫的（advanced）哲学家？就是因为他了解苏格拉底、柏拉图，他的背景也有康德和黑格尔，既从最基本的问题开始思考，又是最前卫的。这就是哲学的特点，最基本的就是最前卫的。你抓住一些细节问题，反倒既不原始也不前卫，既不本原也不先进。哲学居于中游就既不"原创（始）"也不"先进"，"平庸"永不会成为"哲学"。哲学是追根寻源，形而上总体的问题就是零点问题、原始问题、本原问题、本真问题。

六、形而上学的三大分支

形而上学这门学科包括下面几个分支：存在论、知识论、价值论。这三个部分都属于形而上学，都是从哲学这个角度来谈的。其他各种各样的分类，比如自然观、社会观、历史观、艺术观等，这些分类也都有它的理由。亚里士多德的分类中有逻辑学，我们没把逻辑学放进去是因为它是一个总体，所有的学问都要依靠逻辑学。人们通常会把哲学分为两大块：存在论和知识论。但按照我现在的理解，我把 20 世纪法国哲学比较激进的思想列成一个价值论。价值论的核心基本上是伦理学，而和列维纳斯不很相同的，我认为伦理学附着在知识论或者存在论里面还是有道理的。把价值论单列出来是考虑到近一百年来在社会生活的发展中它的问题比较突出，而且它也的确有自己的系统。

把三部分这么列出来并不意味着它们在哲学里是各不相干的独立学科，它们都属于哲学，都是从哲学的角度来考虑问题的。在哲学史上，存在与知识的同一一直是哲学家所致力的问题。以前，大家认为康德是把知识论和存在论分开，康德只讲知识论，但随着思考问题的参考系统多了，我们发现他也不完全是这样。他对于 Ontology 和 Epistemology 也讲在经验知识层面的同一关系。这个同一性是经典哲学所坚持的一个原则。

价值论同样是和知识论、存在论同一的，而不可以在哲学中单独拿出来说。这三者问题的侧面可以不一样，但都是属于本质，或者说本真、真。真、善、美在形态上当然是有区别的，但是没有那么简单，并没有一个脱离开存在论和知识论的价值论，并没有一个脱离开真理和本真的善。Ontology（being）、Epistemology（knowledge）、Axiology（value），这传统的三个词都是希腊文。这三个部分就我们形而上学来说方方面面都有，从理论上来说也概括了形而上的本真、本质、本原这样一些问题。

参考书目

［古希腊］亚里士多德. 形而上学

［德］康德. 判断力批判. 导论

［德］黑格尔. 精神现象学. 绪言：论科学知识

第五讲 何谓"存在"？
——传统存在论（上）

一、存在论的基础："只有存在可知"

今天给大家介绍 Ontology（存在论、本体论、存有论）。我们回到零点、远古和原始的地方，它同样是希腊人提出来的。Ontology 这个词用得比较晚，但问题的提出却很早，而在巴门尼德那里提得最为尖锐和清楚。黑格尔甚至认为哲学是从巴门尼德开始的，这当然有点儿武断。我们大家都知道西方哲学的开始是泰勒斯，但是本体论、思考存在问题，的确是从巴门尼德开始的。

当年，希腊人提出了一个问题，这个问题实际上人人都能碰上，但并不是人人都能提出来的。不过，这个问题一旦提出来，就谁也摆脱不了。一个基本的实际情况是，这个世界头绪万千、瞬息万变。那么，人能抓住什么？人能理解什么？因此，希腊的哲学家就区分变的东西与不变的东西（恒的东西）。只有不变的东西才能抓住，别的都是过眼云烟。希腊人提出的这个问题其实是有关人类生存的一个迫切问题。人无以为家，随波逐流，你如何"说"这个世界？当你"说"的时候，这个世界已经"变"了。沧海桑田的变化是抓不住的。

希腊人有一个有名的芝诺悖论，其一为"飞矢不动"。既曰"飞矢"，明明是"动"的，但如何"证明"这个"动"？他们讲求理解、证明，要证明这个"动"。芝诺悖论一直到现在还是问题，有人说就跟电影的镜头一样，分开来看是点，因为胶片速度太快就连成一片了，但这只是一个现象的解释。怎样论证和证明从 A 点走到 B 点呢？希腊人就要寻找这个道理，你说在动，实际上它没动。这就是我们哲学从希腊开始的一个非常严厉的问题："好像在动，但实际没动。"你需要在道理上证明它动，却证明不出来。这就说明，感觉到的东西不一定是真的。因此，感觉到的东西就不是那个本质。本质不是感觉世界的，不是那个"似乎"的世界。过去，巴门尼德被批评为形而上学的祖师爷，现在看来问题不那么简单，后人包括黑格尔、海德格尔都这么推崇他不是没有道理的。古人留下来的东西很少，只有些残篇，巴门尼德的残篇下面分两个部分：真理之路和意见之路。世人都把变的东西当成了本质的东西，把"似乎"当成"真"。现在我们哲学要问的是实实在在的东西，要问 it is，实际是什么。

感觉的东西瞬息万变，而巴门尼德的问题、哲学里面想的问题恰恰是那些可以理解、可以知道、可以把握的问题（being）。在这里，在某种意义上说，与康德相反，表象是不可知的、不可理解的，只有那个本质才是真正可以知道的、实际可以理解的。什么叫"知道"？知识不是意见，意思是表面知道，实际上不知道。真正能知道的是那个本质，所以它叫做真理之路。这里不是强调认知的过程，而是强调它是真实的、实实在在的东西。平常的人认为感觉的东西才是真实的，实际上只有理解了的、把握了的才是真实的，才是实实在在的。你只能知道存在的东西，不能知道不存在的东西，而感觉的东西往往可以"不存在"；只有理解了、证明了的东西才不可以不存在。"只有存在可知"这个思想绝对不能被忽视，它奠定了一切科学的基础。

只有 being 可知。海德格尔说一切科学都是以 being 为对象，而不是以 non-being 为对象。一切科学不以"无"为对象。反过来再看巴门尼德，我们发现他早就说到了这层意思，只不过是后人没有体会出来。而海德格尔是从另外一个思路出发和这个问题相遇的，这也是海德格尔如此重视巴门尼德的原因。所以，being 恰恰是可知、可理解、可以把握的对象。一切知识的对象都是存在。瞬息万变的感觉世界、纯粹感觉材料的东西不可能作为科学的对象，这个思路两千年后到了休谟和康德那里同样是这个意思，无非是想得更深入，视角不同，而且更细节化了而已。

我们应该把 being 和 beings 分开来（巴门尼德也注意到了这个问题），可思的、可认知的就是那个 being。这个思想奠定下来，才有亚里士多德后来庞大的体系，才要研究各种变化多端的现象世界中恒定的东西。只有恒定的东西才能用概念、判断、推理去把握而成为一个科学体系。可知的必定是存在，存在必是可知、可理解的。在这个意义上，哲学的另一个大命题——思维与存在的同一性出来了。这也是巴门尼德定下的基调。可以理解的、可以认知的，与存在那个东西是一致的。按常识来说，它们在纯粹感觉的意义上的确不同一，思想是思想，感觉是感觉；但是从可理解就是存在的、存在的就是可以理解的这个角度来说，它们就是同一的。巴门尼德在历史上奠定了存在论的基础，这是我们哲学里面的一个奠基性工作。许多命题都可以从思维与存在命题的同一性中推导出来，而且越推越深入。

希腊人有一个很坚定的信念："无"中不能生"有"，世界都是"有"的变化。这个思路恰恰是希腊人观念的哲学化，有就是有，无就是无。感觉世界是变化多端的，是一个不存在的世界，是一个无的世界；而有的世界、存在与可理解的世界、可知的世界是同一个世界。凡是存在的世界都是可知的，可知的世界就是存在的世界，这是"无中不能生有"的希腊传统观念的升华和哲学化。这个思路奠定了西方 ontology 的基础，一直可以讲到海德格尔。

这门课要从存在论、知识论、价值论三个方面介绍哲学的基本范围。有的同学问，哲学跟别的学科、文化部门的关系是什么呢？怎么在这三块里面讲到有关学科的关系呢？

在存在论里面，我们讲哲学和艺术的关系、实与虚的关系。在知识论里面，我们讲科学，讲科学对世界是一种什么样的把握方式。在价值论里面我们讲宗教，而这个宗教在严格意义上说是基督教或犹太教，而不是其他的包括希腊神话、中国的佛教、伊斯兰教，等等——这些暂时不涉及。我们研究的基本意思是说，基督教在哲学上的理路不仅要通过存在论、知识论来理解、阐述，而且要通过伦理、道德、价值这些观念来阐发。

存在论是最难的题目，争论多，非常难以说清楚。我在这里说的也只是自己的一些体会和看法，不一定很周延。显然，ontology 所论不大容易理解为一般日常意义上的客观实在、客观对象和世界，但跟这些又不是无关，只是这些眼见为实的东西和哲学里讲的存在不大一样，否则人类从古希腊开始直到现在思考的问题难道就那么简单吗？当然，海德格尔说哲学的确是很简单的，在某种意义上说，就因为它太简单了，所以很难理解。正因为大家习惯于复杂性思维，简单的东西反而不好懂了，忘了。而我们日常经验里所谓的存在在哲学意义上来说恰恰是比较复杂的，它的分子结构、物质形态都是很高深的学问，对于它们的研究，不是我们哲学家所能胜任的。但是，眼前的东西总是不断变化的，那么，什么是存在的，什么是不存在的呢？我们哲学就是要在这些感觉方面不断变幻的现象之中看看有没有一个本质的、实实在在的东西。

存在这个概念是灵活的，怎么理解它又是变化又是存在的呢？这是哲学几千年来思考的问题。前面我们主要讲的是它最初的形态。在巴门尼德那里，一个最主要的想法是，一切存在的和一切思想的是同一的，也就是思维和存在的同一性。这种同一性和我们的感觉不一样，巴门尼德没有说感觉到的就是存在的，这是后来贝克莱才提出的。古代希腊最早迸发出来的思想是：可以理解、可以思想的是存在。

我们强调，一切存在都是可以被理解、被思想的，而可以理解和思想的都是存在的。这就意味着不存在、非存在是不可理解的，不可理解的东西是不存在的。这是形而上学一直到德国古典哲学最基本的原则。黑格尔说，精神从经验的世界进入一个本质的世界，所以把思想与存在同一起来，知识不以不存在为对象，一切科学和知识都以存在、"有"为对象。一直到海德格尔都是这个意思。希腊作为科学性思想的发源地，哲学也是从这个思想中生发出来的。

存在论是最基本的，一直到现在还是如此。维特根斯坦说过，别的都好理解，只有世界为什么存在太神秘。而现在看来，形而上学恰恰是要破除掉那个神秘的东西，要理解那个存在，而"不存在"反倒很神秘。巴门尼德在那么早的时候就定下了只有存在、being 可以理解。希腊人崇尚的理念是只有可理解的生活才是真正的、高尚的生活，所以不满足于感觉和直观，和我们东方人不太一样。当然我们也有自己的长处，中国人强调直观、直悟，与希腊人讲求证明、理解的思路不一样，我们有我们自己的境界。但是，哲学作为一门学科大传统来自希腊，所以中国人学习哲学还是要从希腊的思路出发，也就是面对存在——巴门尼德定下的、黑格尔认准的存在。

Ontology 作为哲学的一个中心，意义非常伟大。按理说，黑格尔是一个理念主义者，应该强调柏拉图，但是他确定哲学的起源在巴门尼德。这值得我们思考。这就是说从巴门尼德那里也能出来柏拉图的思路。柏拉图的 ideas 就是真的、实在的存在，是一个 model，不是经验世界里的，而是本体世界、本质世界里的东西。

二、作为"实体"的存在

哲学反复思考一般人认为不是问题的问题。真正要具体深入存在论的题目，需要大家从哲学史细致地研究。在历史上，讲存在论（ontology）比较多的，而且把它定为第一哲学内容的是亚里士多德。他讲 being，比巴门尼德要丰富、细致。在他的《形而上学》这部著作中，有很多关于存在的阐述。对于存在，他有个经典的说法，就是"being as being"（存在作为存在）。该如何理解亚里士多德的这个说法呢？

物质有很多属性，亚里士多德提出四因说——质料、形式、动力和目的。在亚里士多德以前，人们常常把属性和具体物质联系在一起，这个事物的性质就是它的存在方式：水作为水，气作为气。这个事物之所以成为这个事物是由其本质属性决定的。那么，最普遍的本质属性是什么呢？最普遍的本质属性就是"存在"。"being as being"这个存在不是通常意义上的属性，而是最普遍一般的方式。它不是一个具体的属性（红、黄、硬等），而是先有它，然后才有下一步去研究具体是什么样的性质。它有诸种属性，但是把各种属性加在一起的并不是 being，并不是把"方"、"硬"、"有脚"等加在一起，就成了"桌子"，"桌子"就"存在"了。那么，到底如何理解这个 being 呢？

亚里士多德并没有说得那么清楚。后人研究《形而上学》的时候说，亚里士多德的 being as being 是从"实体"（substance）的角度来理解的。从希腊语词源来说，它们都来源于动词"是"，拉丁文译成"substance"则有另外的词源。在亚里士多德那里，substance 在《范畴篇》和《形而上学》中各有一个意思，但无论哪种意思里面都有一条"实实在在"的意思；而如果把"存在"当成一般的属性，则 being 很容易就变成一个概念，变成一个抽象的东西。但"存在"恰恰是最不能"抽象"的，ontology 要是走到抽象这一步就走进死胡同了，就变成抽象概念论了。所以，亚里士多德强调 being 就是 substance，而 substance 就是一个东西、一个单元、一个事物、单独和个别（individuality）。从这里我们知道，being 与 substance 在哲学史上是纠缠在一起的，而这是后来海德格尔所不赞成的。

古代强调 being 是 substance，是为了防止它成为一个抽象的概念。being 来源于动词"是"，这其中有一个语言的背景。"是"在古希腊语言中有多层的作用，一方面是后来的连系动词，一方面它又是存在动词，还可以表示数学里面的等号。中文翻译成"是"，但是古代汉语中没有这个概念，据王力考证，"是"是宋以后才有的。中国古代没有"是"，所以中国没有巴门尼德这样的人，也不大可能在很古老的时候就有 ontology。而古希腊有了这个词就有了问题，就要动脑子："是什么"（what）。为了理解起见，能不能设想"什么也不是"的"是"，没有后面的"什么"？古代的宇宙论提出的问题是"世界是什么"，问的是"什么"，而现在 ontology 考虑的似乎是什么都不是的"是"，考虑在问"是什么"之前我们是否还要问一个"什么是'是'"。但是有一个问题，如果问"什么是'是'"，前面也需要一个"什么"。"什么"如果不在前面，being 就变成了一个单纯的系词，而不是存在动词。单纯系词在亚里士多德那里是可以省略的，有些语言（俄语、古汉语）中也常可省略，我们似不宜把哲学存在论理解为可以省略掉的。

"是什么"这个思路也可以从胡塞尔那里来理解。胡塞尔说，想总要想点儿什么，说总要说点儿什么，没有"什么"的想和说是不可理解的。所以一定要有"什么"，什么也不是的"是"意味着一个非常重要的"什么"、非常根本的"什么"。也就是说，它恰恰不把"是"为连系动词作为哲学的归宿。这个"what"不做宾词，不是放在"是"后面，而是放在"是"前面。西方语言里的 what is / it is 是肯定句，可以自己有句号，这个句号就是说它存在。也就是说，它等价于 what exists / some exist (s)。

现在的问题是，没有 being 的 what 怎么理解？没有"是"的"什么"就成了一个抽象的概念，没有根，与有无、存在没有关系。所以，我们固然很清楚地把"是"和"什么"分开考虑，而为存在论找出了一条早于知识论的理解道路，但是不能把"什么"全部抛掉。"是"不能没有"什么"，"什么"与

"是"不能分。因此,胡塞尔的话又重新有它重要的意义。"是总要是个(些)什么",在形而上的意义上,不能理解没有"什么"的"是"。说"是"必然有"什么",否则它就是一个概念符号和语词。为避免"什么"成为一个抽象的概念、无根的、想象的产品,我们在说到"什么"的时候一定要说到"是"。"什么"是"存在","存在"同样意味着"什么"。

真正的存在论不能变成抽象概念。substance 在亚里士多德原始的意义上是可感的、sensible、esthetic。它不是抽象概念,而是实实在在的,所以翻译成"实体"。它不是思想里的东西,不是康德意义上的"思想体"。substance 就是一个具体的东西,可以和别的东西分开来。只有有了 substance,才能谈到具体属性。

三、作为"主体"的存在

黑格尔有一句非常著名的话:"绝对(absolute)不仅仅是要当作实体来理解,而且要当作主体来理解。"主体就是主词(subject)。要从主词这个角度来理解,我们要问的不是"这是什么",而是"什么在"、what is。对于 what is、table is、man is,西方人能马上理解,但是在汉语里就不大好说。存在动词对于 substance 来说就足够了。所以,我们把 what 作为主词来理解是有哲学史根据的,起码黑格尔有这样的想法。但是黑格尔的重点并不完全在这里,他强调实体是主体,也就是说"实体"可以开显自己。这就是黑格尔的存在论一整套想法的开端。存在论从巴门尼德开端,从 being、exist 开端,从存在开端,而这个开端黑格尔理解成"主体"。因为主体是能动的,substance 乃是能动的。

黑格尔认为巴门尼德非常伟大,第一个说出世界的 being,但是这样一个 being 还是比较空洞和抽象的。因此,把 being 当成一个抽象的概念也有它历史的原因。存在论、本体论在最早的状态中比较贫乏,没有什么内容,所以黑格尔说"最初的存在和不存在是一个意思",它不丰满,没有开显出来。要不断丰满,不断开显,就要动起来。怎么动呢?动是客观的,不是主观的意志,而是客观历史的必然。如果存在是抽象的,抽象的"桌子"概念并不"存在",

说它"有"和"没有"都能说得通。黑格尔看到这一点，说 being 要当成一个抽象的概念来理解，being 就等于非 being，这是非常深刻的。所以，他说绝对就是实体，实体就是主体，主体有能动性，就要自己开显自己的内容。终点的存在与起始的存在是同一个存在，但不是同一个内容。

只说 being as being 并不够，因为始基尽善但并不尽美，是未完成的。应该怎么完成呢？黑格尔把否定的因素加入其中。physics 的生长就是否定："果实出来了，花被否定了。"任何事情都一样，比如说一个人生下来，他已是"人"，但我们没理由问一个婴儿"他是什么人"。这个"什么"还有待"开显"。所以萨特说，"是什么人"，要看他"做""什么"。"开显"也是"否定"，"成人""否定"了"婴孩"。这个 substance、存在、主体开显自己，一步步向前，然后否定之否定，又回到自己，回到自身。这个时候的存在和 being 就不是一个抽象的东西，这个时候的 substance 就是真正的、真理的、坚实的、实实在在的存在。

柏拉图的 ideas 如果只停留在"思想里，则很难说是完成了的，它们只是一个模型"，而亚里士多德的 being 是实际的、有界限的，是有限的真实存在。以前我们说过，无限这个概念在哲学里恰恰不是想象的产物，而是思想、思考、理智、推理和科学的产物，它是有理路的。亚里士多德强调 being as being，就一定要强调有边、有界限。在他那里，substance 的意思就是可分辨的界限，而不是囫囵吞枣和模糊的东西。黑格尔也十分强调有界限的 substance，强调 being 要有具体的内容而不能是一个抽象的概念。这个 being 无论起源也好，终结也好，始终是界限、限度。哲学里的无限恰恰是有限里面的无限。哲学史里有把 being 变成抽象概念的一种趋向，但实际上 being 是有限的。

在抽象、没有内容的意义上，存在就是非存在。存在与非存在（non-being）相对应，但不是僵硬地对立起来的，在黑格尔那里已经有了这个意思。在他那里，"有"和"无"、存在与非存在不断地转化，不断地"变"。他说真理是一个"全"，只有通过"变"，走过全过程，回到自身，这个 being 才是真实的、实在的、有内涵的。而这个过程，黑格尔要把它作为哲学这门学问的体系，将其逻辑化。也许，实际上这个过程是不可能完全逻辑化的。康德和黑格尔的时代要改造形式逻辑，使逻辑学克服形式化、抽象化的缺点，这很重要，但是并不意味着把一些逻辑学的内容加入到形而上学中，形而上学就科学了。这是黑格尔的一个问题。

黑格尔的"变"是一个过程，是一个逻辑性的变。然而，变必须要有条件，要在时间和空间里，所以存在论不可避免地要涉及时间和空间问题，因为它们都是界限。substance 是一个 unit，它同时占有时间和空间，而因为几何学的发达，古代的存在论对于空间问题想得比较多，对于时间问题则归之于"天（文）学"——季节的运转被作为时间的一个尺度，时间被空间化。

存在在时空之中。时间问题是 19 世纪和 20 世纪考虑得非常深入的一个问题。把时间问题引入到存在论中，开显出了存在论的另外一个界面。或者说，经过原始反终后，这个 being 又回到了古代最扎实的基地，但是它的内容大大地丰富了。存在论自身的发展说明"存在"作为一个 substance，它的历史是自我肯定和自我否定。把时间问题引进来，原始反终，这个 being 就是确确实实的 substance，非常丰满且有具体的内容。变革的关键在于对时间深入的考察。这个功劳不仅仅属于海德格尔一个人，还属于其他一些人，包括柏格森和意大利的哲学家。

参考书目

［古希腊］亚里士多德. 形而上学
［德］海德格尔. 存在与时间

第六讲　如何"存在"？
——传统存在论（下）

我们继续讲存在论、本体论。上一讲我们介绍了本体论的一些基本问题，也谈到时间进入本体，从时间这个视角去理解本体和存在，使得存在论发生了很大的变化。就哲学史言，我们看到，时间与存在的关系一直被掩盖着。意识到时间问题与存在论有内在的联系，经过了很长一段历史的发展，是在许多人思考这个问题以后才迸发、开显出来的。那么，在时间没有进入存在论之前，存在论经过了什么样的思考？它碰到了哪些难题需要突破呢？

一、柏拉图的理念论与亚里士多德的实在论

前一讲说过，亚里士多德把形而上学、第一哲学问题定为"存在作为存在"，存在论的问题算是很明确地提出来了。这里首先遇到的一个问题是，亚里士多德讲存在不是属性，而是一个实体。那么我们就要问，是不是只有一个个可以感觉的东西（individuality）才存在？一般、普遍的东西存在不存在？我们很直觉地就想到，存在一定是一个个别、个体的东西。个体有属性，比如说这张桌子是黄色的、木头做的。那么，这个"黄色"、"木头"存在不存在？这张桌子存在，那么"桌子"存在不存在？也就是说，一般的东西、普遍的属性（generality）是否存在？这个问题一直贯穿着存在论的历史。

实际上，这个问题在古希腊柏拉图那里就已经被很尖锐地提出来了，而柏

拉图主义一直到19世纪、20世纪说的同样是这个问题。他们的意思是说,你不要以为个别的东西好像是实实在在的,实际上它不如那个普遍的东西实在。柏拉图讲理念论。理念论意味着,就存在来说,成问题的不是普遍性的东西,而恰恰是个别的东西。普遍的东西更本质、更重要,或更加原始于个别的东西,而个别的东西是这个普遍、一般东西的模仿、摹本或"流行"。所以,真正的存在是那些个ideas,而不是那些个个别的东西。这样一来,理念在事物之先,在个别的具体的事物之先。这样一个思路暗示着一般的东西比个别的东西更实在,比个别的东西更有被判断为存在的资格。

根据这个思路推导下去,个别的东西一个个抽象为一个理念,这个理念是实在的。今天的桌子明天可能会变成碎木头。这是一种变,是从存在向非存在的转化。但是,无论个别的东西如何转化,关于桌子的理念不变,总有一个关于桌子的理念存在。古代某些智者认为,只有感觉到的东西才是最实在的,到了柏拉图这里就颠倒过来了。所以,柏拉图是最早讲本质和现象之区别的大哲学家。

大千世界不断在变,"今是而昨非","沧海桑田"。日月山川,古代所有伟大的人物、建筑和事业,都可以问一句"而今安在乎"。古代柏拉图想的就是这个问题。现象和本质的距离很大,现象总是在变。就哲学来说,"变"不仅仅是物质形态的转换,而且是有无、存在和非存在这样一种转换。哲学问存在怎么理解,也要问非存在怎么理解,而这样才能理解"变"。也许就是因为看到古希腊社会各方面变得太快,所以柏拉图提出大千世界如过眼云烟,但是其理念不变,由此推出一个最高的理念——善(完成、合目的、好)。而这个最高的理念就个别的东西来说是没有完全符合它的,对于十全十美、尽善尽美来说都谈不到。理念就是那个最高的善、至善。最高的理念、至善永恒不变,是至高的存在。

从柏拉图的这个思路出发,我们可以倒过来思考。你不能否认个别、可感的东西是实实在在的,那么是否可以反过来说,这个个别实在是实在的,而那个理念却是不存在的?也就是说,所有个别的东西都不可能完全符合那个理念,模仿的东西都代替不了那个原来的东西,这样,那个原始的理念就是理想性的而不是实在性的。首先扭转这个思路的是亚里士多德,他提出"存在作为存在"，就是说那个 ideas 不存在，存在之所以能存在是因为那个存在，而不是那个非存在。所以有人说，柏拉图和亚里士多德，一个是理想主义者，一个是实在主义者、折中主义者。从亚里士多德那时起，才渐渐生出 ontology 来。柏拉图当然也讲存在问题，但他强调的是理念，是本体，是思想体，而理念论和实在论这两个方面不同角度的对立是哲学史上一直贯穿下来的。

二、中世纪的唯实论与唯名论

这种不同思路的发展，在哲学史上出现了另一对对立的学说，那就是中世纪的唯实论（realism）和唯名论（nominalism）之争，他们对存在问题想出了另外的不同的理路。唯实论认为普遍的东西、普遍性同样是实实在在的存在，而唯名论则认为那个普遍的东西实际上就只是一个名字、名称，并不是实际的东西。这两派在中世纪的后期经院哲学那里有很大的争论和很深远的影响，一直影响到近代。唯名论关于"命名"这样一个思路影响到以后的逻辑分析、语言分析，而唯实论认为那个"命名"的东西、普遍的名字也同样有存在性。

当前的分析系统，包括像奎因（Quine）这些逻辑学家和分析学家同样也要考虑普遍名词有没有实在性，在语言系统里怎样理解 being 的问题，他为消解、破除"本体论承诺"、"还原论"所作的努力，应受到更多的重视。逻辑经验主义一开始排斥形而上学，但随着研究思路的推进和发展发现这个问题不能一下子去掉，清除得太干净也不行。"威廉·奥康的剃刀"讲的就是把无关紧要的东西、实体都剃掉。于是，胡塞尔就问，把所有的东西都剃掉后剩下什么呢？把现象去掉还可以有本质，但如果把本质和现象全都去掉，剩下什么呢？就剩下语言逻辑问题和一个孤零零的"是"，一个没有内容的系动词了。胡塞尔的意思是说，把现象剃掉后留下的应该是有内容的"是"，而不是形式上的、语言学和逻辑上的"是"。

所以，我们哲学还是要问那个 being 是"什么"。这个"什么"不可去掉，而恰恰是唯实论的核心。如果我们研究 ontology 而不允许问 being 是什么，那么我们研究的 ontology 是为什么呢？不能问 being，把 on 去掉，就剩下一个 logic，那我们哲学就变成单纯形式的逻辑学了。欧洲哲学问的恰恰就是 onto、 on 和 being 是什么。这里面的关键问题是，柏拉图提出的 ideas 怎么会变成 beings？也就是在亚里士多德那里，理念怎会变成 being as being 的问题。

三、思维与存在的同一性：从巴门尼德到笛卡儿

ideas 属于"思"。"思想"怎么会存在？这就又回到巴门尼德思维与存在的同一性问题。这是哲学里绕不过去的问题，除非你把哲学做成纯形式的。哲学的内容非常复杂，就因为这个"什么"有两层意思：一层是存在论的意思，一层是经验论的意思。与其抓住无时无刻不在变化的世界，还不如抓住永恒不变的形式问题、逻辑问题、数学问题和语言问题，这里的心态似乎犹如杜威所说的"确定性的寻求"。要找到安身立命的地方，否则无以为家。我们哲学在存在论问题上很难突破的就是这个"什么"，因为现象和本质分开来了，这个本质就是存在，而不能把现象和本质的"什么"统统都剃掉。这把剃刀一直到胡塞尔还在用，但是我们用的时候需要非常慎重。

这样，我们就对柏拉图和亚里士多德奠定下来的"什么是 being"的问题有了一个比较深入、可以进一步探索的基地。我们哲学就是要问"什么是 being"，为什么思想的东西与存在的东西具有同一性，为什么 ideas 是 being，而且是比那些过眼云烟、朝是夕非的东西还要实在的 being。这是存在论里面最主要的命题，这个命题同样也是知识论的重要问题和价值论的基本问题，因此，它是形而上学的一个根本问题。

观念的东西、理念在哪里？理念不是在脑子里。哲学问的理念恰恰是实实在在的，是实在的现实和真实的东西、实体的东西（亚里士多德意义上的 substance）。理念是一种思想、概念，在柏拉图的意义上，甚至只有理念才是实实在在的在。也就是说，只有那个概念的东西才是实在。概念存在，于是就有了近代思想。

西方人认为，近代思想起源于笛卡儿。大家认为他是怀疑论者，他质疑感性存在的真实性，于是，人如何理解这个存在就成了问题，在知识论上真理成了问题，在存在论上存在成了问题。他有一句名言"我思故我在"（cogito, ergo sum），这句话后来被认为是奠定了近代（modern age）哲学的基础，开

创了一条具有深远影响的道路。所有的存在都可以变成非存在，都可以被质疑，但只有一件事情是不能怀疑的，那就是我在思考、我想、我问问题和我怀疑本身不受怀疑，否则就会自相矛盾。

这种质疑到底的精神是古希腊哲学的精神，眼见不一定为实。witness 在法律上可以，但是哲学的理路是要证明、推论，这是古希腊定下来的铁律。所以，仅仅有 evidence 就我们哲学来说是不够的，我们必须讲 demonstration（演示、推论、证明）。那么，如果我们把这个"我"剃掉，剩下"思故在"（thinking，因此 being），"思"与"在"就同一了。巴门尼德没有用"我"来证明思与在的关系，而笛卡儿用"我思"证明、推论"我在"，他的一个表现和特点就是，"主体性"的原则出来了。这里的"主体"，或可理解为"思考"。在笛卡儿，我们或可不问"思"之"所思"为"什么"，这个"所思"的"内容"—"什么"可以"剃掉"，但剩下这个"思"—"思考""剃不掉"，于是"思-思考-主体"必（然）"（存）在"。"思考"—"在者"为一。

四、思维与存在的二元论：康德

笛卡儿的证明非常了不起，但是对此也有批评。其中批评得最厉害的一个人是康德。康德认为这个证明有问题，他说"我思故我在"这个证明不能成立，不能用"思"来证明"存在"，"存在"必定要有"直观"，而"思维"只有"概念"。就科学知识来说，它的对象就是这个可以感觉的现象界，而思是主体的，是跟现象界相对应的一个领域。现象的领域和思想的领域不是一个领域，法律和权利都不一样，你何以有权用这个领域里的东西来证明另一个领域里的东西呢？存在只是科学的对象，和"思"不是一回事，它们的规则和规律不一样，所以拿思想来推论、证明存在，犯了"种类上的错误"。当然，康德的批评和他自己的整个哲学取向有关。康德的 being 是经验的、现象的，他认为我们所说的大千世界是可以作为知识对象的。

康德的意义在于把"存在"当作知识和科学的对象。"存在"怎么能成为科学的对象呢？这就涉及了时间、空间问题。康德认为，存在（being）一定在时空中，经验科学的对象在时空中，所以科学不是研究"绝对"、"大全"、

"神"这类无边无沿的东西,科学的对象就是时空中的存在。而"思"或是天马行空,或是只剩下"形式"规则,皆不在时空之中,不能用不在时空中的东西来推论和证明在时空中的东西,所以笛卡儿的证明就有了问题。

康德全部的哲学思想就是在划清理性的合法领域。他讲的本体和我们现在所讲的本体论(ontology)不一样。他的本体是 noumena,是思想体或被思想的东西,而不是感觉经验中实在的东西。"在时空中"把存在和时间、空间、具体性统一到一起,讲到存在必定有时空,也就是有限定的、有边界的。时空中的存在是可知的、可认识的,是科学知识的对象,原则上可以用科学的方式去认知和把握。而康德意义上的思想体是超时空的,那个思想的东西只能是可思,只在思想里,不在现实的时空之中。

但是,康德也留下了没有解决的问题,他的思想首先遭到了黑格尔的批评。黑格尔说,不宜把作为科学对象的存在和作为思想的东西截然分割开来。"存在"有两层意思:一个是现象界的事物(在时空中),也就是康德所谓的表象世界,另一个是思想性的存在。这两层意思是统一的。在康德的意义上,本体就是思想体,可以思想的东西不在时空当中,本体不在时空之中。这就回到了当年唯名论、唯实论和柏拉图的问题上。ideas 不在现实世界中,它就在思想里面,那么这个可以思想的东西是什么呢?它成了抽象的概念,成了抽象的、没有内容的东西,所以,这样一个思想体很容易变成形式的东西。

康德的形式主义倾向被黑格尔抓住了。固然,康德在知识论里力图把形式和内容结合起来,但他的二元论思想阻止了他把这种有意义的结合精神贯彻到底:在康德哲学中,知性是有现实内容的,而理性则仅仅是思想的。理念在现实世界中找不到它的原型,原型在思想里。二元论的关键在于它把思想与存在分裂了,把可以认识的与可以思想的割裂开来,思维与存在不同一了。黑格尔抓住康德这个问题,又回到笛卡儿的命题:惟有思证明在,惟有概念是确确实实存在的。同时,这又回到了柏拉图概念。但黑格尔的概念是很丰富的,与柏拉图的又不一样。这个概念是无限的、矛盾的、思辨的概念。这个概念也是绝对的,是具体的东西里面蕴涵无限的东西。概念本身是有界限的、具体的、实在的,而概念本身又蕴涵着矛盾、变化和发展,如此,这个概念才是真正实在的。由此,黑格尔就把康德这两块领地——可思想的与可认知的统一起来了。

留下一个问题给大家思考：康德对科学对象、时空之中的存在的理解是不是也是可以质疑的？康德的问题不仅出在对"存在"的理解限于"现象"，而且还出在对于他所强调的存在之"时空"观念，其理解还不够。他的"时空"限于经验的感性存在，限于经验知识的"对象"，而拒斥它们进入他的"本体-思想体"。所以，才有了后来海德格尔的工作。

参考书目

［德］黑格尔. 哲学史讲演录. 第一卷
［德］海德格尔. 形而上学导论

第七讲　传统存在论向现代存在论过渡

前面我们讲到存在的形式，存在不是一个抽象概念，而是一个具体的东西。我们还介绍过中世纪的唯名论和唯实论，现在我们的任务就是要努力超越他们的争论来理解存在。为此，我们正一步步地逼近让时间进入存在。

一、"存在在时空之中"

哲学追问现象背后的东西，追问为什么感觉的东西不可靠，而理性的东西反而更值得我们追求，为什么感觉的东西不是真的（real），离开了感觉又谈不到实体（substance）。由此，矛盾就出来了，变得不好理解了。

过去我们研究希腊哲学史，觉得希腊的哲学思想是由个别到一般，比如从水、气、"四根"、种子等抽象上升到柏拉图的理念。其实，在米利都学派第二位的阿那克西曼德那里就有了普遍概念"无定（限）"（apeiron）。所以，从个别到一般这样的途径概括不了希腊的思想。但是，经验的概念确实都是从具体的东西中抽象概括出来的，所以才成为概念。感性的东西不是真实的，"存"不住，能存住的是那个概念。那么，"概念""在"不在呢？

问题分为两个方面。第一个方面的问题是，概念（话、语言、思想）、理性的东西怎么存在？有一派哲学家认为它们只是交往的符号，而海德格尔说"语言是存在的家"。这个思路推导下来，恰恰是说只有概念才能存在。概念不是抽象符号，而恰恰是 it exists, it is, being。第二个方面的问题是，感性的东西好像"在"但实际不"在",该怎么使它实际也"在"?这两个方面的问题结合起来考虑,都是要理解这个"存在"。于是,时间进入存在就不可避免了。

在感性、理性如何存在的问题上,康德有一个大贡献。他认为,(经验)存在(者)必须有时间和空间,必须在时空之中,不能和时空分割,而那个概念、理性的东西,在某种意义上来说,很容易滑到超时空中去。"本体"、"理念"固不在时空中,而且只有超越时空,语言作为抽象符号才能被理解。所以,思想和存在、概念和存在不是一回事。存在必须在时空之中,才能成为科学知识的对象,才能认识。这个想法很符合经验,但是没有那么简单。

存在在时空之中,这个说法也是可以受到质疑的。可感的东西在变化,是不存在的,恰恰那个概念(不在时空之中)才存在。康德把存在限于经验的科学的"对象",是"可对象化"的那一部分,而并非经验本身,不是"事物自身"。他有一套很详细的理论,认为存在就是现象性的存在,有现象和物自身的区别,物自身不在时空之中。这里需要注意的是,他不解决我们存在论里面的存在问题。他把可感的东西与可思想的东西截然分开,其问题出在理论基础方面和对时间的理解上。

二、形式化的时间及其批判

康德对时间的理解有很大的贡献,但也有他的毛病。在科学知识中,他固然把时空直观作为知识对象的必要条件来理解,但实际上他仍有把时间形式化的趋向。首先,他提出时空是先天的直观形式,先天的(a priori)其实就是形式的,也就是从前面的东西推出后面的东西。形式是 form,而质料是感觉给予的。康德把知识论、科学、哲学等一切都形式化了,尽管他说没有内容的形式是空洞的,没有形式的内容是盲目的。

直观就是概念的内容,概念与直观的结合才成为科学知识。物自身不是可感的事物,它或许是"感觉自身",而这个感觉自身不可知。"感觉材料自身"是"混乱的",必须经过时空第一步的整理和建构,然后再经过范畴的进一步整理,才可成为"合理的"、"有序的"科学知识。范畴有一个核心的东西是因果。因果不是直观而是推导,只要有"因"就能推出"果",而直观是时空给定的。时间之所以能给"因果"范畴提供直观内容，是因为它本身就是"有序的"，是"前"、"后"相续的，时间秩序不能颠倒。所以，在康德那里，时间不是一般的经验直观，而是"先天直观"，这样才能和"因果"结合起来，于是有"前因"、"后果"之说。在这个意义上，时间的顺序和序列实际上是一个形式，所以它给你的也是一个形式化了的直观，不是事物自身也不是感觉自身，而只是一个系列顺序。这样，我们或许可以说，康德这个"时间"序列是为因果做铺垫的。

这种直观实际上不是事物本身。康德说他研究的这一切科学都是理论上的，是理论理性。他只保证在理论上、在理论理性范围里的必然性；而时间虽是直观的，但也是必然的先天形式。所以，这些都是为理论理性服务的，至于实际上经验的东西，则是充满了偶然性。在康德的思路里，存在在纯粹理性的范围里是不能推论出来的，必须有直观，而直观又只服务于理论理性。于是，"理论理性"中、"科学知识"中的"存在"，只是"理论"的，不是"实际"的。那么，这个理论上的存在是不是自相矛盾呢？我们说的存在是实在的 substance，所以时间观念在他这儿不太完。问题在于，他只强调形式、理论的必然性和推论，所以他必须把时间变得序列化、形式化。康德的哲学被认为缺少实质的东西（substantial/ material），这就是后人包括黑格尔、谢林、胡塞尔对康德的一个最主要的批评——他的所有的学问都是形式化的，缺少实质性的东西。

胡塞尔的学生马克斯·舍勒有一本书叫《实质伦理学》，批判的对象就是康德。康德的伦理学也是形式化的。我们以后还会说到，康德的"自由意志"、"绝对命令"，也都是形式的，缺乏内容的力量。在这里，我们说到康德把时间形式化使之成为因果服务的环节。在康德那里，如果没有时间，因果律就架空了，就会变成概念范畴逻辑和符号之间的关系。但是，哲学绝不能停止在符号和符号的关系上；即使新康德主义后来的文化人类学，他们的符号（symbol）也还是有内容的，并不是技术性的符号。因果性必须有时空，这样，康德似乎就使他的体系圆通了，似乎"内容"和"形式"都齐备了。但是时空形式化，表面上是维护了理论知识的"必然性"，但实际上却限制了我们的理性和知识；而康德认为这个限制是非要不可的，事情本身到底是什么样的，不是我们所能触及的。

康德留下的问题是,我们不能把时间理解为形式化了的东西。时间不是日月年计时的数,不是像某些古代哲学家或近代哲学家如休谟那样理解的"数"。这个抽象化、符号化了的数从希腊开始就有,而它被实质化以后,也有了内容,不再仅仅是一个计数的方法。不作计数方式解的"数"有另外的理路,不是形式推论所能穷尽的。在理论上,因果可以推论,但是在实质上,因果不能推论。有实质内容的时间和数充满了偶然性,不能像理论那样推算。比如,宗教里的因果报应中的"时辰未到",这个时辰不是形式的,而是实质性的,不能靠理论推论。所以,康德后来认为那个神(我们叫"上帝")不能从理论理性推论出来,不是理论的问题。

康德从反面告诉我们:实质性的时间、数是不能推论的,只有形式的东西能推论;实质性的时间、数不能计算,仅可以理解。理论理性只是理性的一个方面和一种功能,并不是全部的功能。理性除了推导的功能还有其他功能:道德功能、审美功能、欲求的功能、实践的功能、判断力的功能。而康德认为理性的各种职能是有分工的,各司其职,不能互相干扰,各职司不能"越权",因而其"权力"是有限制的,而科学知识的职权只能在必然性的范畴、形式、理论的范围里面行使。所以,康德固然批评笛卡儿的"我在"不是"我思"推论出来的,"我在"必定要有直观,但他自己却同样把这个活生生的"直观""先天化"、"形式化"了。按晚近后现代诸家的意见,这种形式化趋向实际上由来已久,古代希腊已开始把时间空间化,把空间几何化,而时间经过黑格尔、胡塞尔,特别是像柏格森这样的人,才大大推进了。

三、实质性的时间——自由与存在

康德的时间为"先天直观形式"。在此意义上,时间可为因果服务,使因果可以推论,故因果有必然性。至于实质性之经验内容,则为偶然的,不能完全"推论"出来。偶然性亦有"原因",但"具体问题具体解决",不可普遍推论。偶然性与因果性的关系,相当复杂,但偶然的因果是从"果"回溯到"因",而这对"时间"顺序而言,又是一种"倒流",因而是不合理的。因为有"偶然性"的进入，于是有一般的"经验科学"，而康德的重点则在科学知识之"先验性"；与此不同，柏格森在这方面的工作则似与康德针锋相对。柏格森针对形式化了的时间提出了一个实质性的时间，那就是自由和绵延。为因果必然服务的只能是形式化的时间，而时间绵延观念与自由结合起来就成为实质的时间、有内容的时间。柏格森的自由不像在康德的实践理性批判那里是一个超时空的纯粹理性的东西。柏格森的自由不超越时间，时间恰恰就是自由，自由在时间中。必然不是在时间里面，而是在空间里面。在康德那里作为外形式的、几何化了的空间，柏格森说，那是必然的关系，而混淆时间空间，把时间归结为空间，往往是希腊传统不够的地方。

希腊人对于时间考虑得很少，因为他们空间的观念太强烈，太形式化了。所以，连赫拉克利特这样强调变易的人都认为时间是很难理解的，他说时间是王，它决定一切。在古代没有时间学，只有天文学。天文学实际上是运动着的几何学，是形式化了的一门学问，而时间问题是内在的，康德也说它是"内形式"，实际上，时间比空间更加顽固地拒绝形式化。希腊人感觉到了这个问题，尤其是那些艺术家、悲剧大师和雕塑家更是深刻地感觉到命运的可怕。命运不是像几何学那样有可以掌握的必然性，但它似乎也是必然的、逃脱不掉的。这个思路在艺术家那里发挥得很多，就因为有时他们在判断力、理解力方面竟然高于哲学家的理论理性和理论思维。

自由自然地有一个向时间靠拢的趋势。自由既然是原始性、开创性的，自由者作为"始作俑者"，就有"始-终"之时间性意思在内。这方面康德也是意识到了的，但他没有像后来柏格森那样紧密地把时间和自由联系在一起：自由就是时间；时间就是自由，而不是像空间那样几何化了的。这个观念对于存在论来说，巨大的意义在于柏格森把实质性的时间问题引进了哲学的视野，而这个观念一直延续到海德格尔，就把时间问题引入到了存在论之中。

柏格森把时间实质化了。实质化也就是现实化，而不是数量化、形式化。这个实质化的时间就是自由。对于自由的问题，这是一个非常大的突破。在康德那里，自由和必然分得很清楚，自由有其特殊的含义。从黑格尔开始，理论与实践就已经结合起来考虑了，理论相对于实践，实践相对于理论。黑格尔的ideas已经是绝对理念，既不是理论理性，也不是实践理性。在康德那里，理念在理论理性中不可知，理论的理念不可知，没有存在的根据，不在时空之中。到了黑格尔，实践理性与理论理性结合成了绝对理念，同样也不在时空之中，但是它要进入时空。黑格尔的绝对理念包容、完成了时空，是时空的完成和超越。所以，时间在黑格尔那里没有被抛弃。这些思路统统影响到时间在形而上学和存在论中的地位以及我们对它的理解。

康德把存在限制在理论理性对象之中，而实际上这个存在恰恰是一个自由的概念。通过时间的实质化，"存在"也实质化。存在不是形式化的东西，自由也不是形式化的东西。按照康德的观点，"时间"为内直观，不是理论推导出来的；自由虽是理性的，但因它不是因果，所以也不能推导。自由不可以用理论去推论，它的基本设定就是没有外在的前提。它没有"条件"，所以拒绝推论。自由的系列与因果必然的系列是对立的。因此，人是有理性者，就是自由者，是不可测的、不能推论的，不能从一个原因推论结果。想把人看作一个必然的环节是不可能的。中国古人说"阴阳不测之谓神"，在这个意义上，每个人都很神，他的选择是自由的，你不知道他会做出什么选择。根据某些条件，大体上可以估计他会怎么做，但是每个人都是无条件者，他可以甩开不顾这些条件，不计后果地去争取自己的自由。是自由者就一定会有责任。选择有作为和不作为两种，不作为也是一种选择，也要负责任。所以，只要你决定、决断，你就要为自己的决断负责。在哲学里，你没有权利说"我无可选择"。自由的意义非常深入地被哲学家考虑了。

自由、存在、时间被哲学家拧在一起。这个"being"是个自由者，不是必然环节中的一个环节。being 与自由者走到一起，就没法用各种抽象范畴去限定它。把时间理解为自由本身，把存在理解为时间性的、自由性的存在，就是机械化、形式化的东西无法限定的。柏格森说得好，自由与存在的关系应该从内在方面，而不是从外在方面去理解。时间与存在的关系，在海德格尔那里是一个开创性的工作，不仅仅有一个理论框架，而且有一个实际性的学术探讨。

我们说 ontology 里的"on"来源于古代的一个动词。凡是变动的东西都不易受规范，因而运动对于希腊人来说是不易理解的，因为它似乎不可推论、不可证明。在这一点上，他们把思路限制在理论理性方面，认为可以证明的东西才是可以理解的，可理解的才是有意义的，不可理解的是感觉上的东西，而感觉易生错觉。古代的芝诺悖论要说明运动不可能，感觉到的东西不是真的，而是一种幻觉；而柏格森考虑这个问题时说，时间不能归结为点，时间是一个流，必须把时间看成一个不可分割的流。

为什么不可分割呢？不可分割的意思在于，分了就不是那个东西了。时间是错综复杂的，是一种纠葛，你中有我，我中有你。每一个自由者都纠葛在一起，并不能孤立出去。所以，运动不可分割，运动不能完全形式化，时间不能形式化。这样一来，存在（being）就是动态的。海德格尔的最大贡献是让一切传统哲学范畴都"动"起来，最根本的是让 ontology 动起来，让"on"动起来，把黑格尔这个绝对动态的过程推到了非常深入的地步。不用静态的方式看所有的范畴，这就基本上否定了把 being 仅仅理解为一个符号式的系动词这一思路。系动词是语言里面的一个逻辑常项，常项不能被代替。如果把 being 仅仅理解为系动词，being 就动不起来，就会形式化。所以，"是"一定与"什么"联系在一起，只有"什么"才能动。把 being 当成一个动态的观念，维持了原来动词的意义。

我们的思想、语言经常被静态的东西所限制。海德格尔的工作恰恰是让语言退回到原来生动活泼的根源上去，让一切哲学的名词、范畴都动起来，最根本的是让 being 动起来。being 是一个生成的过程，也是一个消亡的过程；是一个开显的过程，也是一个隐藏的过程，而二者又是同一个过程。从始到终又回到始，可以说是开始，也可以说是终结。所以，开始与终结都是动词，都不是"点"。哲学的语言说这个运动的过程，既是开始的过程，又是终结的过程。存在这个 being 既是生长的过程，又是终结的过程；是一个生的过程，也是一个死的过程。生死是同一个过程的两个不同名字，觉悟到这一点，你看终始，生死为一。

存在不是语言说出来的，但存在却以动态的哲学语言为家，找到它的归宿。从一般意义上来说它，它是一个一个的点，而在存在论的意义上说它，它才开显出来一个过程。这个存在就是一个过程。我们看到的、思考的就是这个从始到终、从生到死的过程，万物的生灭都是这个存在。从存在的角度来看，它从无到有，从不存在到存在；反之亦然。从不存在的角度来看，当它完成的时候已经终结，终结后转向另一个东西。因此，从存在到不存在，从生到死乃是一个过程。这个过程就是存在论所要考虑的问题。

参考书目

［德］康德. 纯粹理性批判. 先验感性论

［法］柏格森. 时间与自由

［德］海德格尔. 存在与时间

第八讲　现代存在论

20 世纪初，存在论的问题进入了它的实质阶段，对此做出开创性贡献的人是海德格尔。

海德格尔是一个很有争议的人物。他的贡献在哲学史上是多方面的，但最核心的是他把存在论带入了一个新的境界，把时间观念带到了传统的存在论中。他把这个思路贯穿到整个哲学发展的历史，具有很深刻的开创性、变革性意义。在某种意义上说，哲学史上的大家和各个流派的创始人都是开创者，每一个开创者又都是一个终结者。也就是说，他们在理论上把以往的路总结了，开始走新的路。因此，每一位哲学家都是一部缩写的哲学史，必须面对哲学史上的主要问题；而海德格尔面对的主要是西方哲学史上的存在论传统。

一、"非存在"进入存在论

传统的存在论所问的问题是 what 和 being of beings，也就是大千世界的本质。这个问题有各式各样的回答：物质、精神、绝对、相对。对于物质和精神也有各种解释，但都不离开种类、概念式的 what。海德格尔的一个重要变革和创新是他把问题变了。问题的重点不再仅仅是 what，而是 why（为什么），"what"与"why"不可分：为什么是"存在"而不是"非存在"？这个问题莱布尼茨就已经提出过，但是用一个简单的方法化解了，并没有深入下去，而海德格尔抓住了它。

现在，不仅仅问存在如何理解，还同时问"非存在"是什么。从存在与非存在的关系去理解存在，由于历史的原因，重点自然就落在非存在上。海德格尔的《形而上学导论》一开篇就提出这个问题。表面上看，对"为什么是存在"这个问题似乎已经足够了，但是后面这个"而不是非存在"这个问题不能省去——只有提出后面的问题才能完成前面的问题。只有让非存在的问题进入哲学的视野，存在与非存在两者的关系才能清楚明白。哲学就是让存在变得明白，而这个存在需要通过非存在来明白。极端地说，非存在在"明"的过程当中还重于存在，比"存在"问题更能涉及实质，更重要。用中国人的话来说，就是为什么是"有"而不是"无"。"无"这个维度进入了哲学思考的范围。这个非存在一进入存在论，存在论的面貌就变了。原来的存在论只思考存在，而现在要研究对立不同的一个概念。非存在异于存在，变异问题、变化问题就产生了。这个"变"并不是一个事物在数量上的增长，而是有无问题、变异问题，也就是质的问题、本质的问题。存在成为另外一个东西，这个东西完全和存在不一样，是 nicht-Sein，non-being。

二、时间、非存在与存在

有一种提法："为什么存在存在，非存在不存在？"巴门尼德就是这样问的。但现在的问题则是："为什么'是'存在，而不是非存在？"这意味着什么呢？这意味着非存在同样存在，"无"同样存在（nothing is）。反问的是：为什么"非存在"就不能"存在"？这是一个反问句。它在另一个意义上，在变的意义上存在。海德格尔常常被误解为是虚无主义者，和尼采一样。其实，这都是因为对他们理解不够的缘故，尼采恰恰是反对虚无主义的；同样，海德格尔问的是这些消极的东西（无、死、有限……）为什么有积极的意义，这些消极、不存在的东西为什么同样有存在的意义。

什么是连接存在和非存在的一个理路呢？是时间。1927 年，海德格尔的《存在与时间》在他老师的杂志上发表，也许是 20 世纪以来影响最大的一本书。由此，时间问题进入存在的轨道，存在与不存在这个问题只能在时间的观念下加以思考，而不是像黑格尔那样，侧重从超时间的逻辑推演来理解。变易需要时间，运动需要时间，但是以前存在作为本体被认为是非时间、超时间的；非存在一进入，存在论又被拉回到时间中，拉回到路上。存在在路上。海德格尔特别强调哲学中许多基本概念都是动的，尽管后来被名词化了，但是都保持着原来动词的意义。就因为有时间，存在在时间当中。既然在时间之中，就是一个过程。存在是一个过程，是"在存在"，"在形成"，而存在的过程同样是不存在的过程。我们凭什么说 being is（存在存在），同时又说 non-being is（非存在存在）呢？就因为它们原本是一。

存在与非存在都是存在的一个过程。那么，是谁把这个非存在带到世界上来的？凭什么说世界上有一个"无"？为什么存在论问存在还不够，还要问不存在呢？

时间按照哲学里的思路是一个不可分割的流，绵延不断。康德就有这个意思，但康德把时间放在形式里面；而时间本身涉及事物自身，是个有内容的东西，不像在康德知识论里那样是一个形式。我们以前说过，形式的时间是可知的，实质的时间是不可知的。那是按康德的知识论而言，按"可知"即"可推论"的意义来说的，而并非说由此可以否定时间的实质性。如果没有实质的时间，那么时间就只是一个工具，计时的工具；实质性时间不是工具性的。康德说不断地修德要有时间无限的绵延，可见伦理学、道德学里面的时间是实质性的，它通向天国。天国不是抽象形式，是一个有内容的理念，但它无法掌握，不能成为科学知识和理论知识的体系。

那么，时间的界限从何而来？时间界限也不是工具性的。工具性的时间很清楚，可以计算，但是实质性的时间是自由。时间本身是个自由的东西，理论上不可知，不是必然的东西。为什么人们害怕时间？就因为这个时间是不能计算的；而伪科学和迷信却认为实质性的时间可以推算出来，想知道而且要在理论上明确地知道实质性的时间，这在我们哲学上看，是不可能的。

三、"人"带来"无"（非存在）

但是时间有没有度呢？时间是一个没有秩序的混沌，但是这个混沌进入人世要有度。尽管不能推算，但我们可以理解实质性时间、现实性时间、有内容时间的度,是这个"nicht"、"无"给予"有"以"度"。谁带来的这个"无"?人带来"无"。人是一个存在者(beings),人把"无"带到世界上来;如果没有人这个存在者,世间就没有"无"。萨特说人给这个世界添加了一个"无"。我们可以在经验世界上积累,但是在本体论上却无法积累,不能给存在添加一分一厘,能添加的只能是"无"。这个"无"恰恰是让存在出来的一个环节,一个"度"。从经验常识来看,万物皆为"有",但就本质论-存在论说,没有"无",就没有"有"。人把"无"带入现实的世界,存在的问题才出来;而传统形而上学把 being 降低到了 beings,或者把它变成了一个抽象的概念,也就把这个问题掩盖了起来。

当代的现象学道路是胡塞尔开辟的,而胡塞尔问的问题就是人何以为人。世界上有人这样一个存在者,世界的意义就变了。人看出来的世界是一个意义的世界。"意义"(meaning)是现象学的一个重要观念,同样也是存在论的一个重要概念。问存在就是问存在的意义。有人把哲学归入人文科学,在现象学的意义上有它的理路,它是以人作为科学的对象的。世界上有了人以后,世界的意义就变了。它们的关系不纯粹是功能和感觉上的,而且是一种理性、观念和意义上的。过去的传统看理念高高在上,但胡塞尔这里的理念就在眼前。理念存在,理念论恰恰就是存在论的根据。我们眼前看见的对象不是直接的、感觉的交流,我们看到的就是那个理念。

人带来了"无"。为什么人要让世界多一个"无",而"无"同样存在呢?海德格尔终其一生认为自己没有离开过现象学的道路,他接替了胡塞尔往下开展,把意义的问题牢牢地定在存在上。人不仅仅是一个有意识、有思想的存在者。海德格尔给人起了个名字叫 Dasein。这个词不太好翻译,有人翻译成"定在"、"亲在",有人翻译成"缘在"。海德格尔认为,在存在论的意义上说人的时候一定要用 Dasein,而不是 human being。《存在与时间》这本书通过人作为 Dasein 分析到 Sein(存在),是从分析人的存在方式到分析存在。在某种意义上来说,他恰恰是从不存在进入到存在,从无进入到有。

关于人的存在方式有很多含义。人有自然属性、社会属性,离不开衣食住行、父母养育、社会交往,需要有自然的存在方式、社会的存在方式。那么,我们在存在论意义上该怎么理解人的存在方式,理解这个 Dasein? Dasein 很具体，就是 this、there，是有具体时空的，而不是抽象的。关键是怎么通过理解人作为 Sein 里面的 Dasein 来理解存在，怎么通过无来理解有。萨特说思想并不存在，人的内在意识（consciousness）并不是我们所理解的 reality。那是不是说在这个意义上人把无带到世界上来了呢？人是有思想的，因此人带来思想。思想是有意义的，有思想就可以看世界，有理念就可以组成概念。人把无带到世界上来是不是这个意思呢？仅仅有这个意思还不够。我们说人作为 Dasein 是有限的。有限就是有时空限制，就是有界限的、有边缘的，不是 apeiron。这个 Dasein 最根本地、更清楚地揭示出非存在来，因为 Dasein 是会"死"的。

四、人之死亡的存在论意义

"死"的问题，就哲学史看，是 20 世纪哲学中比较新的一个问题。过去当然已有一些大哲学家思考过这个问题，有的非常机智，但理路上还不很过硬。20 世纪以来，这个问题被大量地论述。当代哲学认为，这个问题同样在存在论的视野里，有各种各样的切入点，也揭示出了经验上的许多特点。当然，也有在"存在论"之外思考这个问题的，而在存在论里谈死，海德格尔谈得最深入、最清楚。

人是要死的。mortal（有死者、会死者）这个观点，古代希腊就有了，但现在的理解是新的；古希腊说人是 mortal，神是 immortal，有基本的思路，但是没有现代人研究得这么清楚。在什么意义上谈死，在什么意义上谈"不死"？人是"有死者"，但这个死又是自己经验不到的。

一些哲学家有很豁达的想法，认为死就是没有感觉，没有感觉就没有痛苦，因为一切痛苦都是从感觉来的。因此，死对于人来说，一没有多大意义，二也不必害怕。彻底的唯物主义者对死亡是不在意的，在古希腊和罗马这是一种倾向。

还有一种认识是，死和自我是相排斥的，我不能认知我的死，我的死坚决不能自己对象化，我只能通过他人的死来认知这个死，我只能有死的理论知识和对象化知识。然而，这个死的问题又是自我意识，死的问题一提出来就会想到我,是觉悟到自我的最大的一个契机。别的东西都能代替,唯独死不能代替,想到死就会想到自己,而自己却被证明是不可能"认知"自己的"死",于是这个死又是非常神秘的一种东西。

我们说人是自由者,但人死后还自由吗?人死后就失掉了自己,又恰恰显示了自己;死的问题是"无"的问题,又是"有"的问题,"死"提示了自己,强烈显示了我自身。死的问题从根本上显示了事物自己,这个自己就是本质、自己的存在。因此,恰恰是那个非存在显示了存在,那个非存在刺激提示着有一个自己,有一个存在。所有与死有关的"事故"都提示着 Sein,也就是"无"提示着"有"。人是注定了的 Dasein,人是有死的,所以无才存在。既然"无""开显"了"有",于是只有通过"无",通过"非存在","有"和存在才可理解。存在不是幻想出来的,而是确确实实的存在,而且是自己的、个体的存在,一个一个具体的存在。

到这里,我们看到,只有死能够给时间划分界限。时间本来是一个不可分断的流,只有死的问题能划分时间的界限。时间原本是混沌,死的问题带来了"度"。这个度同样以存在和非存在、有和无为分界点。"到时"、"到点"就是时间在存在论上的界限,不是工具性的划分(年月日时分秒),而是存在论上的刻度。时间在存在论上划分为过去、现在和未来。生和死的度都不仅仅是一个点,都是一个动态的过程,方生方死。海德格尔说"趋向死亡",任何人生下来就老得可以死了。这看上去不积极,其实很积极。死恰恰同样是存在,同样是存在的度量。

从时间的界限上,我们也可以理解为什么非存在同样是存在。一个人在世,意味着他自己有未来,但是未来尚未存在。这并不矛盾,无非就是说非存在同样存在。有一个未来,只要把它作为一个动的过程就能理解。时间就是这样,有无相生,动起来就好理解了。如果说把现在缩小为一个点,这个点转瞬即逝,如过眼云烟抓不住,那么同样的道理,那个尚未在的未来恰恰是你能够抓住的。未来是我的,也是你的。这就有了你、我、他,人不再囫囵吞枣。时间作为有死者的度分出了你的、我的、他的。你我他的观念不是空间的距离,而首先是时间的观念。我一生下来就有他者,这个他者是过去的,虽然不在了,但又确确实实存在,并不是虚无缥缈的。昨天不在了,但昨天又确实存在；未来还没来，但确实有一个未来。所以，过去、未来都存在，非存在存在，不在场的（absent）不妨碍它也是存在。

"生"把我带到这个世界，但"生"的过程和"死"的过程为同一个过程。于是，也可以说，是"死"把"我""存留"在这个世界，"生"和"死"把"我"一生的完整过程"存留"下来。于是有"前世"、"现世"和"来世"，把过去、现在、未来分别出来。在某种意义上说，我们的存在论恰恰不是站在现在的立场，也不是站在过去的立场，而是站在未来的立场（position）。所有的人，自觉不自觉都站在未来的立场，只有未来能抓住，能掌握，是实实在在的存在。人都是站在未来的角度来回顾过去和现在，就未来看，现在也是过去，只有未来才是坚固的、确凿的。可靠性（Certainty）就是这个未来。这样一个未来的世界包括了我们死后的世界。这个无、非存在提示着存在，而存在要比 Dasein 长、远、久。Dasein 只有融入到未来去，我才能说我真正存在，不是行尸走肉，我才有哲学的觉悟和意识，才意识到我的存在。我存在的意义在于未来。

死就经验论来说，当然意味着非存在，是铁定的界限，但在存在论上这个界限又是可以超越的；所以，在某种意义上说，海德格尔就是要超越死亡提前进入死亡。超越死亡不是死后复生，超越死亡就是人不仅仅是有死的，而且是会死的、能死的。有能力去死，意味着在死没有来到之前我已经超越死亡。我超越死亡意味着我永远有未来，我永远有未来不等于我永远活着，而是意味着他、你有未来。有一年，利科到我们社科院来演讲，他说他会跟着大家，跟着你们这些年轻人一起进入未来。这意味着我的思想、历史、过去会（有能力）跟着你们进入未来。这就是超越死亡。超越死亡进入未来实际上就是 being，就是"在"。现在，利科果然死了，但他的"时间"仍与我们生者"同在"，就他来说，他的"时间"融入了"未来"。

参考书目

［德］黑格尔. 小逻辑. 第一篇. 存在论
［德］海德格尔. 存在与时间

第九讲 "语言是存在的家"

上一讲我们讲了时间的三个度：过去、现在、未来。在某种意义上说，似乎"现在"是存在，而过去和未来都是非存在。实际上，在存在论、本体论上来说，非存在同样是存在。"现在"在本体论上是一个过程，这个过程是在世。过去、现在、未来都是一个过程，而不是一个点。

上次我们讲到这个过程的界限是如何出来的，之所以会出现过去、现在和未来，就因为世界上出现了一个特殊的存在者——人（Dasein）。人是一个有限的、有度的存在者，人的度在于生和死。死的问题引入到存在和非存在的观念中来，可以加深对于生的问题的理解。生和死都是同一个过程，是同一个过程的两个名字。从这个角度来说，存在与非存在处于相互纠葛的关系之中。人从生到死，可以说是一个生的过程，也可以说生下来就是死亡的开始。时间是终始之学，这门学问就是从存在论、本体论的角度来理解生和死、存在和非存在。

在某种意义上说，非存在比存在更重要。非存在、无、终点蕴涵着起点，死蕴涵着生，非存在保存了存在。这是存在论思路里面一个很有趣的问题，也就是海德格尔强调的"为什么是有而不是无"——后面的"而不是无"这句话不能省。无并不是虚无，无恰恰保存了有，是有和存在的一种方式。未来保存了过去和现在，而未来现在并不现成地在那儿。只有在不在场的立场上才能让存在问题开显出来。存在就在那个非存在里面。这在某种意义上说也是我们存在论的辩证法。

一、艺术保存了"存在"

现实的存在是一个世界,哲学面对这个现实世界,而艺术是虚拟的。关于艺术的问题在存在论的角度上怎样理解呢?这也是形而上学里面的一个大问题。艺术哲学在哲学史上很古老。亚里士多德有《诗学》,那基本上是一种艺术理论,一直延续到康德和黑格尔,而谈美学是从鲍姆加登开始的。鲍姆加登把他的形而上学分为理论的和感觉的,而美学(aesthetics)就是感觉的、感性的。那么,美学能否理解为情感学、感情学?甚至有一些德国哲学家要从美学中总结出一套逻辑来。科学有逻辑,哲学有逻辑,那么情感有没有逻辑?从我们存在论的角度,该怎样来理解艺术,理解这个虚拟的世界?

过去有艺术理论和艺术概论。艺术可以被设定为一种思想形态、意识形态,它就好像是一面镜子,反映我们的现实生活。因此,我们的作家要联系实际、体会生活,没有现实世界就不能创造出艺术。这当然很正确,但是问题到这里并没有停止。到底为什么会有这样一种意识形态?到底人为什么要创造艺术?并不是因为别的工具不够用才想出这样一种工具。从社会学来说,艺术确实是一种工具,反映了时代的要求和呼声,有时候走在时代的前面,有时也落后于时代。但是为什么会有这种现象?为什么人们重视艺术,重视这样一个虚拟的世界,重视这样一种工具?

海德格尔有一篇文章《论艺术的起源》,总的思路是从存在论的角度来理解艺术。存在在非存在里面,在艺术里面,在诗里面,在哲学著作里面。这些都不是现实的东西,从现实的度看它们都不在场、不存在,而恰恰是这个非存在保留了存在。艺术保留了历史和生活,历史和生活住在、保存在艺术和思想里面。历史过去了,生活也在流逝,但是艺术长存。人之所以重视艺术,恰恰是因为它让存在开显出来,让历史的真面目开显出来。艺术在这个意义上受到存在论的重视。我们思考存在论的时候必须要有艺术这个度,也就是要有艺术作为非存在的度。

很多艺术作品都是反映过去的事情,也有一些是对"未来"的畅想,恰恰是这些非存在的东西保存了存在的东西;但历史上的事实、考古的挖掘还不是艺术。艺术保留的不是历史和生活的事实的堆积，也不是从事实中推出规律，那是历史科学的工作。艺术保存存在，也就是保存自由。在这个意义上，艺术保存的历史、生活、思想都是自由的历史、自由的生活、自由的思想。艺术保存的是活的历史。

艺术要活灵活现，就要把当时的活思想、活情感都体现出来。这里永远有一个历史剧和历史科学之间的矛盾。通过编纂材料得到的历史推论是后来人的理解，但在当时却有各种选择，这种选择的自由都在艺术中体现出来。所以，在这个意义上说，艺术和哲学是同一的，都是保存了存在，也就是在必然里面保存了自由。

人是有死的，是必定要死的，但是死亡里面恰恰保存了自由。为什么要有坟墓？墓里葬的是死人，按理说体现出一个人要死的必然性，但是另外还显示出一个意义：那里埋葬（封存、保存）着自由。埋葬的不仅是那个人的死亡，而且是那个人的一生工作和他真实的历史。那是自由的象征，而不是虚无缥缈的。一切的艺术品、著作都是死的，文稿写出来、物化了就已经死了；但只要有人在，即使是石头也会说话。有一本书说的就是古希腊的古迹石头告诉我们什么。福柯说一切的文献都要化成古迹，解释权在后人；但是它仍然有权说话，只不过是它说话的背景不同了，受到限制了。凡是一切有价值的文献和遗迹都在说话，它继续保留着自己的发言权，保留着存在的权利，只是存在的方式改变了。

因此，在这个意义上说，存在不是固定不变的一个概念。希腊悲剧不仅仅有一种解释，你要不断地解释，不断地和它对话，要把它看成一种活的历史。这实际上就是存在的时间性的体现。存在不是固定的，而是自由的。这个"什么"因时因地而变，但不是没有节制，而是有规定的。所以，思想、艺术，所有这一切，都是存在的一种方式，而且恰恰是存在核心的方式。

二、"语言是存在的家"

这里重复给大家介绍一句话，"语言是存在的家"。也就是说，存在住在语言里面。这句话表面看起来很难懂。存在是实实在在的，是最现实、最真实的东西，怎么能是语言说出来的呢？这涉及我们对语言的理解。语言是什么？语言是 Dasein 里面最核心的东西。通常的观念认为语言是交流、对话、交往的工具，但是在存在论的意义上，语言不仅是交往的工具，而且是存在的方式。跟艺术一样，它保存了存在。如果语言只是交往的工具，交往以后就不需要语言了，这叫"得意忘言"，在这里，语义是第一位的。而存在论上的语言不仅仅是这个意思，存在论上的语言不是说得到意义后抛弃掉语言，目的达到了手段就不要了，工具就放下了。存在论上的语言不会消逝。语言在诗中，诗的语言不会消逝。诗不是工具，不是符号。诗保存了存在，语言让存在住下，留下。因此，我们在这个意义上说，"语言是存在的家"。

语言要说一些事物，要"命名"——name。name 通常来说是指命名，但在存在论上还指"列举"存在物，让这些事物的存在保留下来。"枯藤老树昏鸦，小桥流水人家。"马致远的《小令》没有什么因果联系的描述，而是列举，不是保留枯藤老树昏鸦这些存在物，而是恰恰保留了它们的存在，一直到现在。"今人不见古时月，今月曾经照古人。"时间在流动，对于古人的意义和对于现代人的意义完全不一样了，但古人吟诵月亮的诗把月亮的存在保留下来，保存在诗里面。如今城市里满街灯火辉煌，"月亮"对现代的城里人来说快要"不存在"了。要找"月亮"，到古人的诗里去找吧，它"在"那里。

艺术保存了存在，语言是存在的家。扩大来说，艺术是存在的家，思想是存在的家。这里的思想是指哲学和形而上学。或者如前所说的，"非存在"是"存在"的"家"。

三、语言带来存在的消息

艺术需要创造，诗需要诗人。其中有一个问题，艺术可分为艺术品和艺术家，作品是实实在在的东西，艺术家是活生生的人，那么这个存在到底是在作品中还是在艺术家中呢？艺术起源于哪里？是作品让艺术家成为艺术，还是艺术家让作品成为艺术？从日常经验的世界来说，两者都可能。但海德格尔说，就是这个"艺术"让作品成为艺术作品，让艺术家成为艺术家。

语言有说的意思和说的人。和艺术一样，语言使人的说话成为说话，使人成为说话者。人和说都不能充分体现语言的本质和存在，而倒过来，语言让说成为一种行为，让人成为说话者。不是"人要说话"，而是"话让人说"，变成"有话要说"，这个"话"就不是个人主观的意愿，是独立的东西，是本质，比说话的人更重要；而"我"和"说"似乎都变成了工具，都是传达者（messenger）。从这个思路延续下去，也许就是后来的解释学（hermeneutics）的思路。

解释学就是要研究话是如何让人说的。语言让人说话，语言是我们作为个人所说的话的本质。我们要思考的就是语言怎么让人说话，而这个语言就是话之成为话的那个存在。并不是随便想说什么就说什么，那不反映语言的本质；要真正成为一个言者，言之有物，你的话就不完全是你自己的。相反地，言者是话的工具，话通过你表达出来。这个意义上的语言就不仅是交往的工具，而是一种消息的传达，传达了历史的自由的运动，传达了各个自由者所组成的一个动向。

Message 不是 information。message 带来一个消息，带来过去和未来的消息，而 information 只管现在，或者没有时间性，或者那个时间性只是一个点，代表某年某月发生了什么事。时间作为工具来说是可知的，但是某个时候会发生什么事情是计算不出来的。实质的时间不可计算，它不是经验科学、数学能给予的知识，而是哲学给出的理解。

语言的本质不在于什么时候说什么话，而是带来一个消息，说要有变化了，"山雨欲来风满楼"。人们不断地想知道实质性的时间（某年某月某日会发生什么事情），但实质性的时间却不可能掐算出。因此，只能通过语言、通过艺术带来消息。活的历史不可能重复，艺术作品也只是演一段，演的都是死的。但是艺术在死里面显示出活的东西，它实际上保存了活的东西。多数的存在物不在了，或还未在；但是不在并不等于虚无，而恰恰是"不在"保存了"存在"。这个存在比存在物更有力量，延续更长。"小桥流水人家"没有了，但是诗还在，语言还在。这个存在大于"小桥流水人家"具体的存在物。

存在就在语言之中。这个语言好像是一种抽象的东西，其实并非如此。艺术也一样。艺术使作品成为艺术作品，使人成为艺术家。诗好像也用抽象的概念语词，但是指引着我们的思想，让我们的思想回到存在上去，而不是停留在如过眼云烟的诸存在者上。

四、语言是有"使命"的

艺术体现了存在的意义。这个意义不仅仅限于古希腊人所说的模仿，不是现实生活形象的复制。无论复制品和艺术品都需要技术，但是艺术的本质、艺术的起源不止于技术。技术品有实用性，而艺术品则有某种神圣性。博物馆体现了这种神圣性。放到博物馆里的都是宝贝，都是要保存起来的，这是神圣的。"小桥流水人家"在现实中比比皆是，并不神圣，但是在诗里就神圣，马致远把它提出来（name）了。海德格尔说，哲学家讨论那个存在，诗人列举那个神圣的东西。他在《论艺术的起源》里面列举了一双农鞋，这双鞋之所以值钱就是因为梵高把它的世界开显出来了。博物馆不是保存死的器皿，而是保存了活的东西，保存了一个不同于我们世界的世界、一段活的历史。艺术也一样。艺术把他人自由的世界展现在我们面前，而不同于当下、眼前、转瞬即逝的世界。

在这个意义上，我们经常说艺术反映生活，艺术高于生活。就存在论来说，艺术恰恰高于作品和艺术家，语言恰恰高于话和说话者。它们不是工具，而是本源、本质。这个本源、本质不是一个概念，而是具体的、有内容的、实实在在的一个虚拟的世界。这个表面上似乎虚拟的世界之所以高于真实的世界，正是因为艺术保存了存在，而那些在经验现实世界中的存在者，包括具体的作品都是艺术的工具。"艺术"高于"艺术作品"和制作它的"艺术家"。

所以，写作品不是主观想写什么就写什么。作家有历史的使命，哲学家也有历史的使命。什么使命呢？不是自己给自己定的，是历史给你定的，他人给你定的。这个使命高于、大于你的生活，你无非是历史运行之中的一个工具，你的存在、本质只有在历史中才能展现出来。真正的艺术品、真正的哲学有时代的号召、时代的感觉、时代的使命，也就是没有遗忘存在，没有忘记过去和未来。搞艺术、写文章不是主观情绪的发泄，无论自觉不自觉，把存在保留下来，才算完成了一件工作、一个历史使命。研究哲学也是一样。哲学也是保存存在的一个方式，它通过"思想"保存了存在。思、诗、史都是存在的方式，存在就住在里面。

哲学以"思想"的方式保存了存在,而思也不是天马行空、虚无缥缈的。哲学的思想保存了存在和存在的问题:古代保存了始基、原子、apeiron,中古保存了上帝,现代保存了对象(object)。对象化问题就是我们以后要讲的知识问题,这是近代的特点。这个对于对象的思,保存了那个时代的存在,保存了那个时代精神的本质。

哲学、艺术都属于语言。艺术还包括了视、听,但哲学不能完全视听化,它本质上属于语言,特别是属于文字。视听技术-声像技术不能在本质上"取消"、"代替"哲学,它们甚至不能"进入"哲学。视听-声像技术只能作为哲学的辅助工具,不能替代哲学的文本和著作。于是,从某种意义上说,语言统率了艺术和哲学,是艺术和哲学的本质。克罗齐说艺术是直觉,好像与哲学的概念相对立,实际上这个直觉并不是指感觉,而是指直接性的表现。哲学通过思想表现存在,艺术通过直觉表现存在。黑格尔说艺术是理念的感性显现。这里的理念有非常深入的内容,感性也不是指我们平常的感觉。黑格尔的理性的运行和活动,有一个阶段是从感性方面出来的。这也就是说,艺术、哲学都是理性概念的环节。只是在黑格尔的哲学体系中,哲学是比艺术更为高级的概念环节,在哲学中,概念由抽象片面而回到具体的、有内容的自身。

参考书目

[德] 康德. 判断力批判. 第一部分. 审美判断批判

[德] 海德格尔. 论艺术的起源

第十讲 知识论

这一讲我们从存在论转向知识论。哲学作为形而上学，存在论是它的核心。那么，存在论怎么会转向知识论呢？

一、知识是如何产生的？

存在论提出"什么是存在"这个问题，就意味着经验当中的人从一般的存在物到了一个意识到存在问题的层次。只有到了 Dasein 的层次，人作为 Dasein，而不是一般意义上的人，Sein（being）的问题才显出来，诸存在者、各种经验的存在者才开显出来。存在论提出这个问题来是一个"事件"，是一件"大事"。一下子，原来生活得很舒坦的、很融洽的这个世界成了问题。一切存在者都有了一个不存在的问题，一切稳定的、按部就班的东西都晃动起来了。从哲学的眼光来看，我们经验的、尘世的生活不那么可靠、稳当，这个存在物是漂浮移动的东西。

存在物开显出来，也就是日常经验中的日月山川向你开显它的意义，所有这些可观的东西成了对象（objects）。当你提出哲学问题的时候，这些日常事物突然独立出来了，脱离了你，向你展示出它自己。也就是说，一切的事物都要先让它回到它自己去。提出对所有存在物的真知识问题，它就开显出了它自己。它要求独立，要求得到尊重，要求你离开它，要求你让它在那儿。这是一种知识的态度。

存在物变成了对象，就需要你让它在那儿。你和它有一种什么样的关系呢？不是在哲学知识论问题提出来之前的那种实际的交往关系，而是脱离开它，让它在那儿，然后再研究了解它，对它进行观察、研究、分析、综合。这样，知识的关系就出来了。

二、第一种观念：所有的知识实际上都是一种权力

实际的交往关系之中也有知识，而且是非常重要的知识，比如说某种植物能否食用。这是一种经验的知识，是纯粹靠经验得来的或实际需要的知识。人类如果要生存，没有一定的这样的知识是不可能的。这是生活生存的需要，任何民族都需要在这方面积累经验，交往、传授这种知识。这样一种原始、实际的经验知识，我们管它叫技术技能。技能也在进步，学会取火就是人类的一大进步，工具的进步是人四肢的延伸。这些对于人类的生存来说都是必不可少的。

根据这个思路，不少哲学家提出，实际交往是为了生存，根据生存的需要，我们需要有实际的知识，有应付实际困难的能力，所以要增加我们的能力，也就是稳固我们的权力。知识就是力量，知识就是权力。通过知识，我们征服控制自然，征服他者。这个系统衍生到后来，就是人类互相之间的控制、互相之间的统治、互相之间的权力分配。

归根结蒂，这条思路就是，知识从权力来，真理就是权力，就是有控制自然、控制他人的权力。谁有权下判断？什么是罪人？什么是错和对？只有掌权的人和部门才有权判断。命名的权力就是知识。说这个人是坏人、抢劫犯，你说了不算，法官说了算。在学校里，谁是学生谁是老师怎么定，学校当局来定。病人也是这样，收不收你当病人，戴不戴"冠心病"的帽子（命名），要靠医院当局来决定。为什么要有学校、医院、监狱？这就是福柯所讲的监视、判断、命名。所有的知识实际上都是一种权力。

20世纪晚期的法国哲学家，特别是福柯，给我们哲学带来了新问题，他使"疯癫"、"医院"、"监狱"等进入了哲学的视野。这些非正常的、偶然的东西，不确定的突发事件，从前离我们哲学很远，不在我们哲学研究的范围中，现在却进入到形而上学思考的范围。这是一门很新的学问，但在根源上，它还是维护人类生存的权力这个系统的深化、复杂化、学问化和哲学化。

三、第二种观念：知识是自由的知识

在我们搞哲学史的人看来，除掉一些经验技术的、实际交往关系的知识以外，古代希腊人给我们开显了知识的另外一个窗口。这个窗口的知识不同于实际交往经验的积累，不受实际需要的控制。这就是希腊人所追求的知识——epistemology。亚里士多德说"悠闲出智慧"，很明确地表明，这种知识就在于有那样的条件，摆脱了实际生活的需要。它是摆脱了实际需要以后的一种追求探索，是把存在物当成对象来研究。

作为实用知识"对象"的存在物，实际上很难成为真正的对象，因为它总是要使用存在物，或消耗存在物。哲学首先是要摆脱实际的、实用的关系。哲学里的知识论从古希腊开始建构的就是摆脱了实际生活需要的一种知识体系。只有这样的一种体系才能把诸存在物当成对象来研究，掌握它本身的规律，而不仅仅是掌握它和我们之间实际的关系。不局限于实用、功利的知识，而是把存在物当成独立的对象来研究，这个变化是古希腊人为人类做出的巨大贡献。这样的一种知识摆脱了需要，不受需要控制，而是以事物自身为对象。这样的一种知识是自由的知识，我们哲学要考虑的就是这种自由的知识，而不是在实际需要控制之下，受各种权力支配的知识。

古希腊人奠定了这样一种自由的知识观念，这是当时许多大哲学家非常强调的一个方面。比如，亚里士多德在《形而上学》中讲到，经验也可以积累知识，但是它没有技术的知识高级、稳定；经验的知识只能解决个别的问题，而技术的知识可以解决比较普遍的问题。这个亚里士多德意义上的技术（technique）被海德格尔抓住了。它不是纯粹工具性的，而是有存在论意义的。也就是说，在亚里士多德那里的技术已经带有知识性、科学性，而不仅仅是一种谋生的方式，不仅仅是人类主观生存的东西。海德格尔理解的亚里士多德的technique是通过它开显出事物自身：技术不是强加给事物的，而恰恰是让事物自己开显的。我们人不是按主观的意愿强迫这个世界成为我们的所用对象的，

我们人和世界同样是存在的一部分；我们人的技术是让世界更加开显出来，而不是把它当成我们的"鱼肉"。

从亚里士多德那里可以看出来，这个技术已经不是原始的人类主观征服自然的工具和技能，它是要让 beings 自己开显。因此他说，古代原始经验的知识不如知识性的、科学性的技术有普遍性。在这个意义上说，古希腊人同时也是把技术这样一种很原始的、很古老的知识方式科学化了的创始者。

有了自由的知识观念，摆脱了主观物质的需要，在这个前提下就能够把世界作为一个客观的对象加以思考、研究、观察。所以，一般人都觉得古希腊人强调观察理性：在把握这个客观世界之前，首先要让这个世界独立出来。这样一个思路奠定了科学的自由的基础。

然而，正如现在一些激进思想家所说的，现在科学知识受了各种权力的制约，所以在某种意义上说，人类还处在史前社会，一切都被实际需要和错综复杂的权力环节所控制。人类还没有从真正意义上进入到古希腊的那个理想的时代。也就是说，我们还没有进入到真正的历史时代，真正的人类历史还没有开始。

四、自由的知识是理性的知识

我们讲的知识论就是 epistemology，或者叫做"关于知识的理论"。episteme 在古希腊跟 doxa（观念、意见）这个词是相对立的。

为什么会出现这两个词的对立呢？doxa 本来还有光辉的意思，为什么一个褒义词成了一个贬义词呢？古代哲学家大都集中在雅典，雅典是一个民主制城邦，一批有钱的、有闲的人经常在这里开会（assembly），这些人讨论出来的就是 doxa（多数人的意见）。多数人的意见不一定就是对的，因此，doxa 有点儿权力的味道；而 episteme 对应于 doxa 指的是知识，doxa 后来就变成独断论（dogmatism）了。doxa 与权力有内在的联系，而 episteme 是自由的。

亚里士多德有一句话："应该说，我们叫做哲学的那门学问恰恰就是关于、对于真实（真理）的知识。"这句话经常被我们搞哲学的人当作座右铭。这里的知识就是 episteme。

哲学就是 episteme、真实的知识、真知。我们把我们的知识论定为 epistemology，这样的知识就是自由的知识。自由的知识是什么呢？自由的知识就是让对象自由，让 beings 作为存在者，不是让它作为要被消耗的对象或者我们需要的一部分，而是让它自己独立存在，让它自由。只有这个事物自由了，它才成为我们的 episteme。这样的知识就不被大多数人的意见或者个别人的意见所左右，不是一个主观的东西。这样，作为主体的人也自由，不必考虑自己和该物有什么直接实用的关系。

自由有什么力量呢？自由的精神本质上是遏制不住的，自由的力量是任何权力都无法压制的。既然自由不仅仅是形式，就要进入现实；而现实对于自由最初也表现为一个否定和限制的力量，自由与必然对立。在这个意义上，自由要在进入现实后也表现自身的独立性，则最初有一种消极的形态。于是，自由的一个特点就是让事物自由，让客体自由，因为只有"让"客体自由，才能同样让主体自由。所以，哲学里讲的知识、科学都是自由的知识、自由的科学。知识当然不是不要限制，它是你的对象，你要研究这个对象。但客体、对象只是一个外在的条件，这个条件是为自由获得自身具体内容而设置、提供的。自由并不毁灭自身而同化于客体、对象；相反，客体、对象反倒要成为自由的内容，成为自由的一部分。在这个意义上，我们知识论研究的就是自由的、科学的知识，实际上就是理性的知识。

也就是说，从古希腊开始，人们就已经看到了理性的主动因素，看到了理性自身的能动性。理性从根本上说可以不受感性的驱使，它本身就有知识的能力，可以自己去获取知识。当然，理性也可以成为工具性的，为感觉感性服务，而理性长期以来也许一直都还受着感性的支配。我们的幸福生活当然要靠理性合理的分配、合理的建立和推广，理性是很好的工具和技术。但是除此之外，理性本身还有追求知识、追求真善美的能动性，有它独立自由的素质。理性可以不完全受制于感觉的欲求。

理性不仅仅是工具性的。古希腊的哲学家已经认识到这一点，所以亚里士多德说"知识来源于好奇"。好奇就不完全是功利性的，而是要研究清楚到底是怎么回事，是一种穷根究底的精神。这个好奇心驱使你去追求知识，不是满足你的需要，不止于解决实际问题。希腊人要论证证明，这是一种理性好奇的表现，这个好奇就是要满足理性本身的要求。为什么几何学在希腊成为一门学问呢？就是因为希腊人认为只有测量的技术还不够，需要证明。不能证明的或者证明不出来的生活就不是理性的生活。未经证明的生活在古希腊人眼里，那是无依无靠的、不稳定的、令人不满的。那种一眼就看穿的、马上就能悟出来的道理不够，还需要有证明。有了证明，才算是完成了理性交给你的任务，才算是平息了理性的好奇心，而这个好奇心是不容易平息和满足的。亚里士多德的那句话恰恰是总结了古希腊哲学关于知识、意见和一般的观念的争论结果。

五、理性需要启蒙

真知是经过论证的、理性的知识，知识论就奠定在这个基础上。在这个意义上，理性并不是说一下子就能成为知识的指导。理性需要启蒙，知识需要启蒙，科学需要启蒙。

从历史上看，古希腊人是我们人类最早的，也是最大的启蒙者。他们把人类从和事物的一种实际关系的遮蔽中解脱出来，让理性自己发出自己的光。所以，一直到后来的康德，那些启蒙主义者仍然强调古希腊人对理性的认识，也就是说不要去听信别人的那些意见，不要被那些多数人信以为真的、一时很辉煌的doxa控制住。启蒙就是用自己的理性、自己的理解力去认识事物，不轻信别人和大多数人的意见。理性不断地破除对"意见、观念——doxa"的迷信，人类就不断地被启蒙。

知识论在哲学系统里和存在论是完全一致的。知识不仅仅是一个思想的东西，不仅仅是一些公式、命题、教导，知识同样是存在形态。培根说"知识就是力量"，知识本身有存在性的力量，不是一种空洞的思想。也就是说，理性、自由本身都是有力量的。自从古希腊人提出自由的知识以后，真正能做到不受任何外在力量干扰，专注于自己的研究对象这样一种自由态度还不是普遍的现象。普遍的现象恰恰是doxa占领了许多人的心灵，他们在各种"观念-意见"中寻求力量的平衡协调。

哲学里思考的是真理的力量、知识的力量，不是一种折中，也不是一种妥协。自从古希腊提出这样一个自由的知识以后，很长时期以来还停留在很初级的历史阶段，或是一个史前状态。自由的知识还没有进入到更广大的领域，哲学还只是被少数人作为专业来做。

但是，尽管哲学集中在少数人的专业队伍中，其影响却不限于这个专业人群，而是以潜移默化的力量深入广大的人心。于是，古希腊的贡献就不仅仅是使这个世界多了一件做哲学的事情，多了一门学问的问题。

当然，这门学问需要专业的队伍。尽管绝大多数人都去做经验和实用的科学，但是毕竟我们做哲学的人也会受到社会的重视，因为哲学也是深入到我们每一个人心里去的。一旦想到形而上的问题，一旦想到存在的问题，哲学就出来了；一旦看到原来井然有序的东西都在晃动的时候，或者反过来，看到那纷乱动荡的局面终归于秩序时，人们就会同时看到自由的光芒，就会感觉到理性的力量，这时，理性的好奇心也就会显示出来了。所以，哲学在不做哲学的非专业队伍里同样受到重视。

在哲学、理性、自由的光照下，会产生这样一种情况：虽然各行各业的专业人员确信他们的知识是有用的，他们会感到他们的知识能够满足生活的各种需要，但他们仍会意识到，他们的知识还是不能满足理性的好奇心。他可以很有学问，很有能力和谋略，但是他们会发现，这些东西好像还缺乏 episteme 里讲的那种更深层面的理性的东西。有的人也会觉得，尽管拥有四海，但什么才是他们安身立命的地方仍是个问题。他需要探索，需要自由的知识。

我们哲学的知识论建立在理性的自由的基础之上，恰恰不是像后现代那些激进的哲学家所说的，理性、知识、真理全是权力的产物。在某种意义上说，很多的知识的确离不开权力，但是唯有我们哲学这门学科本身就蕴涵着权力。

参考书目

[德] 康德. 纯粹理性批判. 导言
[德] 费希特. 全部知识学的基础. 第一部分

第十一讲　经验科学知识论与存在论

我们这里所持的态度是：知识论和价值论实际上都是在存在论的基础上来理解的。前面我们讲过为什么知识论是在存在论的基础上提出来的：恰恰是在存在成了问题的基础上，大千世界才成为我们研究的对象。所以，这个对象虽然是客观的，但同样也是历史的。存在运行到哪一步，知识的视野就拓展到哪一步。

一、知识论的存在论前提

在古希腊，人们对于数学、天文学的研究有很高的水平，但在实际观察方面眼界也是受到局限的。那个时候，人类的生存状况只是那个样子，使得存在物能成为知识对象的，也有一个范围，始终是存在论支配着知识论。抽象来说，知识似乎是不受限制的，但是在历史上、客观上，恰恰是有界限的知识的范围在不断地延伸。

Sein 通过人作为 Dasein 来理解知识，这是我们知识论的一个基本前提。

二、经验科学知识论的根据

从西方哲学发展的历史来看，知识论好像是因为本体论走不出来才出现的。知识论的出现曾经被认为是形而上学、本体论的终结。康德被认为是传统形而上学、本体论的"终结者",是近代哲学知识论的"创始者"。他是西方哲学史上本体论转向知识论的一个关键人物,为我们奠定了一个对科学性的知识作哲学理解的基础。

科学知识何以可能?这也就是问科学知识的根据。康德认为知识论的根据不在本体论和存在论,并不是先天地有一个客观对象,然后主体的经验-对象知识就围着它转。在这个意义上,"存在论"并非"知识论"的根据。那么,"知识论"根据何在?

康德认为经验知识不以客体存在为根据,而是有一个主体的根据。科学知识之所以可能,是因为有一个在经验以前或不依赖经验的条件。经验大家都有,每个人都有感觉、感受,都能形成印象,印象可以抽象为概念。这些怎么能成为知识(亚里士多德讲的真知,关于真实、经验的知识,也就是具有必然性的知识)?

如果科学知识只依靠感觉经验,而感觉经验又经常在变化,那么科学知识就缺乏必然性的保障。科学知识当为必然的、可以推论的知识。可以推论的东西不依靠经验、感觉,由原因推结果,由结果回溯原因,必须具有不依赖经验的必然性。但既然因果律是这样一种关于真实的知识,而不能完全是逻辑的、形式的,则必须要有经验内容。这个问题的解决,又必定涉及休谟的哲学。

康德的知识论反对形式主义,所以他给自己定的任务就是要改造传统逻辑。这个思路一直延续到费希特、谢林和黑格尔。逻辑是要的,但不能只是有逻辑,还要有内容。有人说康德的知识是逻辑和非逻辑的统一,需要有非逻辑的内容。这种非逻辑的内容进入到逻辑中,就能推论,不再是杂乱的感觉材料。首先,它们进入时空序列,成为可以先天直观的"对象"。然后,它们进入因果序列,成为有内容而又可以推论的科学知识。康德提出十二个范畴,其中最核心的范畴是原因和结果这一对。经验的内容进入到可推论、可推理的过程中去,也就是经验事物的因果关系是可以推论的。知识何以可能,就是科学何以可能;有内容的知识何以可能,也就是因果性何以可能。

先验、超验这些东西与逻辑很相近。逻辑是理性的规则,非逻辑是感性,是从感觉印象来的。这些感觉的、经验的、实际的印象怎样与理性的形式、规则吻合起来呢?知识与知识对象怎样相符合呢?这是知识论的一个大问题。两者怎样相符合,也就是知识论中主体和客体怎样对应和结合的问题。

为了建立这个知识论,康德的前提就是摆脱传统本体论、存在论的框架,不从存在论的视角考虑知识论。按康德的意思,这也是一种"哥白尼式革命"——不是主体围着客体转,而是客体围着主体转,知识论的根据不在客体,而在主体。然而,如果根据不在存在-客体,那又凭什么说知识是真知、真理?不在存在论的视野中就逃不开这个死扣,但康德有他自己的办法。这个办法从现在来看也不是特别好,但是他能自圆其说,从而把问题推进了一步。

康德的一个主要思想是,不可能从一万条经验、几亿个例子中总结出因果律,因果律不是依靠经验产生,而是由理性所建立的。

主体如何和客体相符合?知识如何与它的对象相一致?休谟说一致是偶然的,因为一个是感性的东西,一个是理性的规则,两者之间没有一定的关系;而康德认为二者是二而一:作为对象的东西是我的理性建立的,客体是主体建立的。也就是说,那些杂乱的感觉经验、偶然的东西并不形成我的知识对象,有资格能够作为知识对象的东西恰恰是理性建构起来的。

要成为知识对象必须有一种条件——时空。知识的王国有它的秩序和规则。那些感觉印象要成为知识对象,第一步就是要通过时空。这里的时空并不是我们经验论所说的时空,而是一种先天的直观形式。要进入知识的王国必须是可以直观的,必须经过时空的形式整理;物自身不可知,那些杂乱无章的感觉材料(sense data)、那个感性事物本身不可知,不是知识的对象。要进入知识的王国必须要有时空的"签证",这是理性本身的权力、先天性本身的权力,尽管它们是直观的,不是推理的。那些不能直观的东西、那些超时空的东西都不是我们知识的对象。

康德的这个时空是一种形式。它的实质内容是外来的,但这些实质内容进入时空形式后,就形成知识、概念的内容。时空讲先后次序,因果律就在这个时空的秩序上建立起来。有了时空的秩序,因果律就进一步往前推进。有直观、有内容的因果律出来了,知识就可以推论了。可以推论的知识,就是科学的知识。于是,科学的经验知识就有了知识论本身的根据,也就是理性的根据。

三、康德的经验科学知识论及其局限

知识的对象是主体建构（constitute）出来的，而建构是一种立法。科学的理性、理解力为自然界立法，知性为自然界立法。这个法权观念不是日常生活中的实践（practice），不是实用主义的（pragmatism）。

知识王国是一个法治的王国，不是没有秩序的无政府状态。整个康德的知识论是一个科学的、经验的知识论，讲的就是经验科学的知识王国何以可能，有什么职权范围。康德认为，为科学知识立法的是知性。人类的理性在知识范围里所拥有的权力不是无限的，而是有范围的，是为进入到时空范围里的那些感觉经验立法。

立法权在知性、主体、主观手里，是不依靠经验的。这就是说，知性并不依靠感觉经验提供的信息去立法，而是根据理性（知性）王国本身的规则（时空因果）立法。知识范围里的知性是一个立法机关，它的权力不是经验给的，它是超经验的、不依靠经验的。这就是康德在知识论里说的"知性为自然界立法"的意思。

自然界之所以可知就因为它服从理性-知性的法律，至于事情本身的那一面是不可知的，在知识论里不问它。康德的知识论抛开了本体论，认为那个本体、存在不可知，事物自身、物自体是个什么样子不可知。也就是说，知性的权力不能超越自己的范围——经验的范围、时空的范围。超越了这个范围就没有权力，形成不了知识，因为那些超时空的事物自身不是知识的对象，也不是知识王国里面的臣民。康德的知识论不涉及本体论，不以本体论做指导，这也是大家常说的和后来常遭批判的。他认为存在论是一些没有内容的东西，是非对象性的，不成其为内容。存在之成为存在不是知识对象。这个存在不是存在物的个体化和属性，不在时空之中，不成为宾词，不是经验的对象。说"事物""存在"对于"事物"并不强加任何"内容"。

康德的知识限于经验性的存在物，是以先验主体知性为根据的经验的知识论，从而把知识限制于现象的领域，而不进入本体存在。所以他说，我限制知识，为信仰留有余地，科学知识归科学知识，信仰归信仰。他已经显示了一个趋向：没有存在的知识，只有一个一个经验中的存在者的知识，没有本体论和存在论。也就是说，关于本体意义上的存在不可能形成知识，不是知识问题。这就意味着除了科学知识以外，我们确实还有一种形态，不是康德意义上的知识，不在经验、科学知识的范围里，但同样是理性的。

康德的批判哲学限定理性在知识范围里面的权力，除了大千世界、具体的经验领域理性具有知识的权力外，理性在本体本质的领域并无获得知识的权力。康德认为关于大千世界的知识是现象，在时空之中显现出来，而那个本质是不显现的、躲起来的，是暗的。暗的东西不可能用知识的范畴、概念、因果律去把握。它之所以暗，是因为它乱，不进入时空的秩序、因果的秩序。乱是什么意思呢？乱是自由。自由不是必然的，它不可规范，不可知。康德说自由不是知识对象。

康德的知识论只是现象、表象、开显的部分、经验科学的知识。他留下一个问题：本体没有知识，那么有没有哲学的知识呢？如果把哲学知识理解为对于本质、本体的知识，则康德对这个问题的回答是否定的。康德的意思是：我们当然能够从哲学上理解经验知识的条件和根据，但并无权力宣布哲学拥有本体的知识。因此，康德把自己的哲学叫做批判哲学，他的哲学是批判性的（critical）。"批判"就不是传授知识，而是厘定、分析理性的界限，制定权力的界限。那么，康德哲学是不是形而上学？是不是要另建一种新的哲学？对于这个问题是有争论的。在康德之后，黑格尔又恢复了哲学知识的权威。不同于经验知识、一般的科学，黑格尔说哲学是最本质的科学、最真实的知识。

康德的知识论是有问题的，他的知识的对象是主体建立起来的。康德的时间是形式性的时间，不是实质的时间。因此，建立在这个时间上的因果也是形式的，尽管它强调要有内容、直观。康德的三大批判中第一个就是理论理性的批判，任务在于厘定理论理性的权力范围。

四、经验科学知识的存在论基础

从存在论来看，时间和空间并不是形式的。时间和空间不仅仅是存在者的形式，而且是存在的、本质的存在方式。在这个意义上，存在论里说的恰恰是那个最根本、最实际的时空,而不是康德说的先天直观形式的时空、序列(sequence)。康德知识论理解下的时空是为范畴的因果必然"提供-输送""材料-内容",似乎不是本身就有材料、内容。而在未受因果范畴制约的情况下,在时空作为直观形式之外的感觉世界"自身",不变"先天规则"的限制,因而是自由的、能动的,不受因果必然限制的,因而常常被知性看作"无序"的。事实上,对于"存在"的知识、对于本体的知识恰恰是最根本的知识、最本原的知识,有了它才有经验科学的知识。

时间进入到存在中,这是海德格尔的工作。而此前黑格尔说,无限就"在"有限中。虽然黑格尔把他的"本体"仍理解为超时空的,但我们却可按他的(以及康德的)思路推导至这样一个观点:既然无限就"在"有限中,或既然"无限"只有进入"有限"才能"(存)在"起来,那么,无限-本体只有进入"有限-时空"才能成为"现实""存在"。于是,这个意思就和海德格尔相通了。这样,我们说,本体论恰恰就在现象论里面。

传统形而上学把"存在"与"存在者"对立、脱离开来,似乎在"有限者"、"存在者"之外还有一个"无限"、"存在"。黑格尔改变了这个思路,指出"存在-本质-本体-无限"就在"存在者-表象-现象-有限"之中。这样,形而上学-哲学所思考的那些本体问题,才不是抽象的、片面的,而是具体的、全面的,在这个意义上的"存在"才是真实的、现实的。同时,一切具体的东西、存在物都限制不住自身,一切有限的东西都要走向毁灭,一切存在的东西都要走向非存在。"存在"既为"全",就不仅仅是一个"单一体",而是一个"复合体",而且是一个"矛盾体"。这个"矛盾体"在知性看起来有点儿"乱"——"现时""包含"了"过去",而且"蕴涵"了"未来","存在""在""变""动"中。乱就乱在既是有限的又是无限的,既是存在的又是非存在的,表面上不可调和的对立面纠缠在一起。

黑格尔说哲学知识是辩证的知识,哲学作为知识体系来说就是辩证法。在哲学知识里面,概念本身不是固定的、静止的,而是动的。概念意味着界限,但辩证的概念——亦即在辩证理解下的概念却蕴涵着"无界限","不受界限限制",亦即意味着"界限"将会被打破,意味着"否定"——"界限"的否定。于是,有限的概念本身孕育着无限的东西,是一种自由的概念。所以,概念本身开显自己，通过矛盾开显自己。概念本身就有时间性，就是自由的。这样的概念建构起来的就是哲学知识体系。20 世纪的一位法国哲学家说过，知识好像一座大厦，用概念的砖块砌成，但是这些砖块之间是活动的、自由的。哲学知识是自由的，人们可以把砖块打散了建构自己的哲学体系。黑格尔所谓的辩证法不是变戏法，不是为实用、功利目的而随意应用、变换概念，而恰恰是摆脱了实用以后的自由的知识。在黑格尔这里，概念是动的。动就是变，于是时间进入概念，进入存在。问存在不仅仅止于问它是什么东西，而且要问它在时间中的"变化"。

通常我们说，时间有三个度。一般来说，经验科学侧重现在、永恒的现实，而哲学的侧重点恰恰是过去和未来。存在论恰恰是要研究存在里面的非存在，非存在里面的存在。一切科学都以存在为对象，以"有"为对象；唯有哲学可以"无"为对象，从无里面看到有，从有里面看到无，从现在看到未来，从现在看到过去，也从"过去"和"未来"的角度审视"现在"。

然而，我们说的现在中有很多东西是过去延续下来的，那么是现在还是过去呢？现在的东西将来还会在，那么是现在还是未来呢？过去、现在、未来纠缠在一起，存在与非存在纠缠在一起。面对这样一个现实，康德看到现在显现出来，而过去和未来都隐藏在现在里面。但是，人的存在包括了它的过去和未来。这就是最本原的、存在论的知识，就是胡塞尔所说的以人为对象的人（文）学，人之所以为人的最基本的、理念的知识。这个知识是显现的，不能理论化、公式化、形式化，而恰恰是具有内容的、实际的哲学的知识。

最本原的知识就是本质的知、存在论的知、哲学的知，而把这套知识用辩证的概念结构成一个类似于经验科学的体系的是黑格尔。哲学是一门知识、科学，是可教可学的，但不是一般的经验科学。其区别就在于哲学的知是最本质、最根本的知，它是包括而且超越（在黑格尔意义上）时间在内的存在的知识，不是一种仅仅停留在形式理论上可以推论的知识。事实上，黑格尔已把"时间"包容到哲学本体论中，只是他认为"时间"这个环节在"本体-理念-绝对"中已被"超越"。所以，对于黑格尔，辩证逻辑就是哲学、自由的逻辑体系、理性的体系；而把时间真正引入哲学，将时间与存在同一起来的是海德格尔。

或许海德格尔会被认为不好懂，但套用他自己的话，真理之所以有时显得不好懂，不是因为太复杂，而是因为太简单。从某种意义上说，哲学不是经验科学和技术科学的专业学问——这些学问因常年积累，要学习起来是很困难的。哲学当然也要学习，但由于它是关于人之所以为人的本质的科学，是理念的科学、存在的科学，在某种意义上，它是直接的，直接问的就是本体论的东西。人在声色货利中习惯于复杂思维，但实际上的人是活生生的、历史性的、时间性的人，这才是最基本的。胡塞尔说，你睁开眼睛第一眼看到的世界是最根本的世界、最本质的世界。当今自然科学发展到这个程度，胡塞尔就是要把它剃掉，剩下那个本质，那个最根本的、绝对的、哲学的知识。

知识论从康德到黑格尔、胡塞尔，再到海德格尔，又回到了存在论。我们的思路回到了把存在论作为最基本的知识，知识之所以可能才能得到最清楚的回答。只有在存在论的基础上来理解知识论，知识论才有一个坚实的、现实的基础。

参考书目

[德] 康德. 纯粹理性批判. 第 2 版序文. 导言
[德] 黑格尔. 小逻辑. 第一部. 逻辑学

第十二讲 价值论

我们这门课以形而上学为主干。在存在论这个基础上有两个方面的问题：一方面是关于知识的问题，一方面是关于价值的问题。这样，存在论、知识论、价值论这三部分内容就可以基本涵盖哲学的问题。这一讲我们要讲价值论。

一、为什么要讲价值论？

我们的立足点是如何在存在论的基础上、在形而上的系统里讲价值论。为什么要讲价值的问题呢？不仅是因为价值问题是西方哲学的一个重要方面，有很多的著作和思想，而且也因为价值论非常严重地涉及存在论的合理性。它们在理解上有很严重的分歧，我们要讲完整的存在论必须要讲价值问题。

二、"价值论超越于存在论"

价值问题在相当一部分哲学家看来是超越存在论的、超出存在的东西。价值不是一般经验层面的价值，不是实用的、实际的和现象的价值。那么，在形而上的意义上，在经验以外、本质的层面上怎样讲价值？

从古希腊柏拉图开始，就提出了理念论，考虑存在论怎么与价值结合起来的问题。存在论不仅讲存在物，还要讲存在。存在在柏拉图那里是理念

(ideas),理念的意思是理想,理想就有价值的问题在里面。柏拉图提出,一切理念的理念(idea of ideas)就是善的理念,最高的理念就是这个善。价值讲善、好,不是经验里面的"好",而是形而上意义上的"好"。这个"好"历来被认为是超出于一般存在物的东西,比万物要多出些东西。这个思路一步步发展到后来,通过康德,特别是法国的一些哲学家,似乎一直抓住一个问题——那就是,存在论不能包括善的问题,善超出了存在论的问题。这个多余的、超出来的东西不是幻想的产物,而确确实实是有根据的。存在论不能囊括价值论。那么,存在论又如何与善的问题结合起来呢?

认为价值论超越了存在论这个大系统的观点开发出了很多有意思的思想。在柏拉图那里,实实在在的、感觉到的日月山川已经不能符合日月山川的理念了,还需要有一个一切理念的理念、最高的理念。那么,这个理念在哪儿?这个理念不存在了。最高的理念不是一般事物的理念。所以,到了亚里士多德那个时候,善的问题固然又有回到经验论的倾向,但他的目的因也有一个最高的目的。这样一个目的是达不到的,因为达不到,它就超出了存在。所以,这个"善"不为存在论所涵盖,也即意味着它不存在。这个基础的问题很严重。

三、康德的价值论:自由

善的问题、价值论的问题到了康德那里,接续了柏拉图的意思。价值论在康德那里要找到一个绝对的价值,它区别于经验的好坏,是一个绝对的东西、一个绝对的好。什么是绝对的好呢?绝对的好在行为的动机里面,不是行为的结果。结果都是相对的,只有动机可以说是绝对的善或绝对的恶。所有你做的事情的结果都是相对的,只有在动机里面有绝对的善。可是,这个动机还没有行动,不可能从结果去推论动机,动机不可知,这是康德的一条原理。

对康德价值论的评价,常常说他是动机主义者,不是效果论,是动机论。这话不错,但是要知道,动机不是知识,动机是不可知的。为什么不可知呢?按康德的意思,因为它不在时空当中,在脑子里,而在脑子里解剖不出意义来;所以,它不是知识、存在范围里的事,也就是不存在。因此,康德的动机论的意思并不是我们一般所说的经验上的理解。自己的动机你自己也不知道,不可理论化，不在时空之中，不是知识的对象，不可知。

在康德那里，价值论不属于存在论和知识论，而是属于实践论，在实践理性的范围内。实践理性是自由的范围，而自由是无条件的，与感性的世界没有关系，因而不属于知识范围，属于意志范围。也就是说，价值论属于意志范围，意志自由是价值的基础。这样，从康德开始以下三个领域有了非常明显的界限：真的领域（知识论、理智）、善的领域（价值论、意志）、美的领域（情感）。

意志是什么呢？意志是一种欲望、欲求。真理在于理性形式和感性内容的符合一致。一般说，价值在于欲求和它的目的与结果的符合一致，就是善。但康德价值论的基础是意志的欲求，而欲求是自由的。自由的欲望、自由的欲求才是价值论的基础，所以价值论的基础是自由欲求论。如何理解自由欲求是哲学里面一个非常重要的问题。

我们一般说欲求可以理解为缺少什么、希望什么。从感性上说，人本来有一些固定的欲求，包括声色货利。中国古人说"食色，性也"，人有他的本性。这些我们通常理解的欲求有很强的合理性，是一种自然的欲求。缺少什么就希望什么，饿了就要吃，渴了就要喝，这种欲望是天经地义的。当然，也会有一些经验的规则来限制和调节欲望。这些规则随时都可以变化，但是欲求的基础总是欠缺、感性的欠缺。从感性的欲求出发可以得出一些很机智的想法，比如费尔巴哈说"胃里缺水，于是满脑子都是水"，但这不是我们哲学里讲的自由意志。

哲学里讲的欲求、自由欲求怎么理解？首先，康德提出要摆脱一切感性的支配。摆脱了感性的支配，这样一种意志才是自由的意志、自由的理性。康德说理性自己就有实践的力量，自由本身就有力量，理性本身就有能力，不用感性驱使，我就从直接的理性出发决定我的行为、我的动机，这才是真正自由的意志。这是哲学发展到康德的一个非常深刻的想法。

康德说到这个程度，后人还是认为不够。仅仅说理性自身的意志自由，正如知识论的问题一样，你的价值论同样带有形式主义的意味。没有任何感性的力量，没有超出感性和理性的对立，这个自由是形式的自由，这个意志也是形式的意志，它就是理性形式本身的一种力量。黑格尔就问，你怎样断定理性本身有能力呢？这是独断。黑格尔说理性之所以有能力是因为有矛盾斗争，理性克服、征服感性的欲求，面对现实。通过无限与有限的矛盾斗争统一的过程，这个自由才是有内容的。

我们有很多研究中国哲学的人喜欢康德，其实康德道德哲学和中国传统儒家伦理学还是有很多区别的。这里只能说，康德的道德律是绝对命令，没有感性的东西，"存天理，灭人欲"。这样一来，这个命令、天理被后来一些哲学家认为恰恰是软弱无力的，只有形式，没有现实的力量。因为力量是从现实中来的，是实质性的东西，不只是一个空的理想、动机。康德的善良意志是软弱无力的，这是包括马克思在内的很多人的批评。

四、尼采的价值论：创造

在价值论上不可忽略的，还有一个非常重要的人物，那就是尼采。尼采的思路在哲学的层面是什么思想呢？尼采的思路是，康德的意志实际上是没有意志，没有意志就是不自由，那个自由是形式的，不是实质的。所以，康德的价值论是把自由架空了的价值论。那么，进一步来说，又该怎么看待意志、自由和实质性的能力呢？

意志论的创始者叔本华认为，自由的意志是本原。从康德到费希特的形式理性发展到黑格尔，这个理性变成辩证的。而到了叔本华，他提出意志根本不在理性里，不在充足理由律里。他有一篇很有名的文章说，理性要论证、证明，推论到最后要有一个充足的根据律，而他的意志论不在理性根据律里面。这一下启发了尼采。

尼采走得比叔本华更远。叔本华后来认为意志变成了一个麻烦的东西，意志很可怕，意志是个魔鬼，于是又回到希腊的理性的艺术、哲学中去，以暂时摆脱这个意志。叔本华的思路又收了回去，而尼采认为根本不必收回去：那个意志不在理性里面，不在理性里面就回避了"理性本身怎么能有力"这个问题，意志本来就有力。"力"这个观念后来越来越重要，一直到现在还是活的观念。意志本身就是一种力量，所以在尼采那里，自由与意志都与一个观念——创造分不开。自由就意味着创造，没有不创造的自由。这样，在西方的语言里面，自由从摆脱、解脱的消极意义变成了创造的积极意义。那么，自由意志创造什么？它与过去理解的意志、欲望到底在哪些方面不同？我认为，要请大家注意的，关键就在"欠缺"这个观念上。

这也是尼采的贡献。尼采说意志自由就意味着创造。它是有力的、实质性的，不是形式的。它不是欠缺，不仅不是欠缺，也不是需要（need）。它甚至不是充实，而是满、溢。萨特说人作为哲学家给这个世界增加"无"，这里也有所"增益"；而人的意志不是欠缺的，也不仅仅是自满自足，还"溢"出来了，"多"出来了。古代哲学叫"流射"。强有力的意志是一种力度，力度意味着太多了，太多了就要"流射"。这是古代的想法，后来与基督教结合起来，便说上帝流射出世界。人摆脱了感性支配，自由的意志是一种"满溢"的意志。"满溢"这个词不但尼采使用了，列维纳斯也使用了。

这个思路过去没有充分展开，现在的人把它接续了下来。自由意志不是欠缺，也不是自满自足，而是能动的、有力的，是多出来的、满出来的，是一种开创性的力量。价值是它开创出来的，意义是它创造出来的。自由意志不是"取"，而是"给"、给出来的、给予。价值、道德绝对地给，不取而给，这就是自由。自由意志是给予这个世界的礼品，是无偿的、不要回报的、没有交换的。没有事先预设的善恶标准，这才能谈到成败利害在所不计。强者就是充满了这种自由意志。这是绝对的给、纯粹的给，对这个世界的赠与。赠与当然也可能是不受欢迎的，所以赠与不考虑这个世界是否喜欢，不是一种计谋、计策，没有任何标准。而善恶是一种谱系，这个经验的标准是随时在变的，但在创造的时候我是自由的，不考虑这个。

创造、自由，我本身就是标准。创造者是其创造物的绝对的评判标准。绝对的善在创造者，而不在被赠与者，这就是"权"。这个权不是世俗的，它在自由意志、创造者那里。意志自己创造，自己评判。这个权和力是不能分的。赠与、给予是纯粹的东西，不是需要——既不是创造者的需要，也不是被创造者的需要——这样的世界才有生命力，不是一种静止；"权"才是一种"力"，而不是平衡（balance）。所以，尼采的思想离经叛道，很怪。怪就怪在他确实抓住了与一般现象不同的东西，在理路上找出了一条不受存在物限制的路。

即使是在古希腊那种艰苦的条件下，整个人类活动的根基也能体现出人的自由、人的非欠缺的意志这样一种在萌芽状况下的意义。这种价值论一直持续到现在，继续奠定在一个创造性的、自由意志的基础之上。创造是什么意思呢？创造就是从无到有，从非存在到存在。如果说我们侧重点是在一个非存在、自由的角度，那么我们的价值论似乎脱离开了存在论，从无出发，没有任何前提。但是它有现实性，因为它开创了一个世界。这才是有实质性的力，而这个意义上的创造是康德所缺少的。

创造在时间里面。康德在《实践理性批判》里也讲到时间的绵延，这个时间的绵延通向至善，通向天国。必须在无限时间的绵延里设定一个至善的最高价值和天国的存在，否则就没有人做好事。康德在另外一种形式下想到了实质的东西，这个实质性的至善不是形式，不是作为动机那样的形式的东西。最高的善包括了现实的东西在内，否则就是空洞的善。他想到了这一点，但并没有展开，而是通向了宗教——基督教。

恰恰基督教是尼采所最反对的。尼采用人自身实实在在的创造代替了上帝的创世。康德把知识的东西限制住，给宗教和信仰留有一席之地，但是尼采不留这个余地。过去，我们对尼采的理解是比较肤浅的。我们过去研究尼采大多重在思潮性的，不是哲学性、学术性的，其实尼采有很深的哲学根基。尼采不仅仅是反抗、呐喊，而且是创造性的、勇往直前的。尼采认为科学是愉快的，失败常有，失败最关键的问题是要珍惜前面的机遇。他认为机遇是第一位的，偶然的东西不可避免，要抓住它，永恒的轮回就是机遇的轮回，不是理念的同一。所以，尼采对一切感性世界的问题、偶然性的认识态度是最彻底的。

时间就像掷骰子，不是康德说的像数学那样为"先天直观"。时间不是数学化、计算化了的，而是实质性的。实质性就是充满了偶然性，就是人作为自由者抓住时机，珍惜一切机遇，不能放弃。这样一种强有力的思路不是经验主义的，而是把经验的东西提高到了形而上的层面上来思考的。

尼采在价值论上把善的问题、道德谱系问题、自由问题和意志的问题都提高到形而上的高度。只不过，他不用体系性的说法，和当时其他的思想家不同；但就其思想实质来说，尼采仍是有系统的，是有理论的连贯。实际上，他想的问题都在哲学的层面上。

五、价值论是存在论的一个部分

最后一个问题：价值论与存在论到底有什么关系呢？价值论立足在非存在论上，好像立足在一个空的地方，如果不以时间观念看，好像是脱离了存在论；但如果把时间观念引向价值论，那么价值论实际上是存在论的一个部分。根据何在？根据就是我们一直强调的对过去、现在和未来的理解。

我们区别存在物和存在。如果说科学是关于存在物的知识，那么哲学是关于存在的知识，这个存在恰恰是时间性的。真、善、美之所以被认为是在存在论以外，就因为它们是超乎在场的，超乎存在物。所以，在某种意义上说，它们不同于存在物，而恰恰都在存在的范围里。它们强调的是过去和未来。

什么是"真"？哲学讲的"真"在过去和未来。什么是"善"？"善"强调的也不是现在、现实的东西，而是过去和未来。一切从未来的眼光看，所有存在物都是过去；而未来是不确定的，在科学上只有极有限的预言权，未来是永远开放的、有机遇的。"美"同样不是现在，也体现着过去和未来。一切都是自由的，并不是现在有用的东西。

就真理问题来说，哲学的真理蕴涵了过去，展现了未来，它是一种自由的时间。真、善、美不仅仅是善涉及非存在，超越存在物，真和美也都超越了存在物，进入到了存在的行列中。在这个意义上，真、善、美同样是一种价值。并不是说，真就是知识论，善就是价值论，美就是艺术的。在存在论的意义上，真、善、美是同一的。

参考书目

[德] 康德. 实践理性批判
[德] 尼采. 道德谱系

第十三讲　通向宗教的价值论

我们讲过了哲学与科学、实在和虚拟，也讲了一般经验的道德规范与价值的本原意志，那么现在就要问，这三条途径、三种把握方式跟宗教是什么关系？

一、哲学与神学的一般关系

宗教是把握世界的一种方式。就本体论来说，宗教的问题可以直接从价值论、意志论、道德论里面开显出来。开显出来的宗教是西方世界强调的基督教，它是通过善、道德、意志这个系统推导出来的。

宗教的形态也有很多，世界上有三大宗教：基督教、佛教、伊斯兰教。其中，我们现在讲的西方的哲学体系与基督教有着千丝万缕的联系。广义的宗教从本体论的三大块——真、善、美都能进入，从哪一条道路进入都可以有自己的理路。但就我们哲学来说，近代以来，从道德论、意志论、价值论、至善论这些途径进入宗教，让基督教的问题更加清楚。

在古希腊的时候没有基督教，只有神话。从某种意义上说，从古代希腊形而上这个系统开显出来的宗教问题很难引向一神的至善、至美、至真的基督教。也就是说，在强调知识论的基础上要开显宗教问题并不容易。我们哲学的一个功能就是要化解宗教。哲学与宗教都有追根寻源的思路。哲学要理解宗教的问题，把它的理路和本质找出来。这个理路不是抽象的，不是知识论的理路，而是时间的道路、轨迹和理路。让时间的过去和未来在我们哲学里面开显出来，那就是把握了宗教，理解了宗教，也就是征服了、化解了宗教。

当然，有人说反过来宗教也化解哲学。中世纪宗教化解哲学那么长的时间，但是最后它自己要寻求哲学的帮助，寻求本体论、知识论、价值论的帮助。于是才有关于神的存在的证明。基督教碰到的一个尖锐的问题就是神存在不存在，有没有神。这是哲学史里面的一个大问题，也是宗教学、神学的一个大问题。在这个问题上，恰恰是神学家寻求哲学的帮助。当然，你也可以理解为这些神学家利用哲学为他们的宗教辩护，把哲学当成工具和仆人。但从我们做哲学的角度来说，神学家如安瑟伦、托马斯等就是要寻求哲学的帮助，要证明神的存在。这是首先碰到的信仰的第一关，在神学家看来这是一个严峻的挑战。谁提出来的挑战呢？哲学、本体论。

二、知识论与神学

说神，自然就会问有没有、存在不存在。就我们现在来考虑，这个问题提出来实际上还限于"真"的领域。作为一个存在者、事物来考虑神，除"眼见为实"外，还要在道理上、理论上证明有这个事物。做出证明似乎就确凿无疑、不可颠覆了。拿什么来证明呢？证明只能用概念推论出来。证明首要设定公理。神是一个什么概念？神是全知、全能、全善；神是一个大全，无所不包，不是一个个别的属性。设定了这个以后，就能推断出来：既然是大全，就一定是存在。跟一般的感性的、经验的存在不一样，这个大全恰恰是无所不在。它不可能不存在，如果说它不存在，那它就不是"大全"；既定义为"大全"，又不是"大全"，就自相矛盾了，而自相矛盾的东西是不可能的。因此，神必定、必然存在。

安瑟伦的基本思想就是这样的。神不但存在，而且必然存在，神不存在就是自相矛盾，而自相矛盾是不可思议的。反过来说，既然有神的概念，就必定有神的存在。这在抽象理路上似乎是非常过硬的，所以安瑟伦关于神本体论的证明不可以等闲视之、忽略不计，不是简单的无知、错误和迷信。

用概念去证明存在，这样一个思路到了康德那里有了一个转变。他不赞成这个思路，从而在道理上有了另一种思路。在《纯粹理性批判》中，康德专门批评了关于神的本体论证明。他一共批评了三个证明——本体论的证明、宇宙论的证明、自然神论的证明，但核心是否定本体论的证明。

康德的思路是，不能用概念来证明存在。概念是概念，存在是存在。存在必定在时空之中，是一种感性的方式，可以直观；而神这个概念不是一个经验的概念，不在时空之中，任何事物的概念，哪怕是经验的概念，都不能推出这个事物的存在。一切存在都是具体的、实实在在的、在时空之中的；而作为知识论的概念与实际存在的事物有对象性的关系，就因为这个概念是有限的。对于康德的经验知识论来说，有这些具体的有限的概念就够了，就能构成知识体系，而不必顾及经验、具体、个体的存在。也就是说，个体作为存在者的存在并不增加知识。存在并不是一个特殊的属性，而知识论讲的都是存在者，在知识论里面不用把存在作为一个属性加进去。这个思路说明康德的知识论恰恰只是理论的知识、概念的知识、形式的知识。它不需要实体存在作为属性或条件加进去，所以存在不是知识的对象，不是宾词。

神的概念不一样。神不是有限的概念，而是无限的概念。不可能从这样一个最高的概念推出、证明它的存在，因为这样的概念不在时空之中，一切时空都是受限制的。大全、无限不在时空之中，因此不可能像经验概念那样形成一个理论的知识，不可能理论化、形式化，不可能证明，不仅是本体论的证明不行，自然神论、宇宙论的证明也不行。这个大全、无限，康德认为仅仅是一个理念。思辨理性不可能证明它的存在，不可能由概念、理念推出它的存在。大全、无限与存在者无关。

理论上没有矛盾的不等于实际存在。神作为一个大全、无限，它也有个性、人格（personality）。康德把它叫理想，不是现实、实际，是理念上的理想，是作为理念象征的东西。所以，从这个思路出发一切证明都不对。这样就出现了一个问题：神、宗教问题在康德的知识论里是不可知的，它仅仅是一个理念理想，没有对应的经验的对象。那么，怎么理解神这个概念的必然性、必定性呢？

从康德开始，人们明确了只能从自由的价值、自由的意志，只能从道德这条线索，只能从实践理性批判引导通向神的道路。它不是理论的问题、证明的问题，而是实践的问题。只能通过道德的实践、德性的修养这条道路来趋向神,理解通往天国的道路。这同样也是理性的,但不是形式的、知识的证明。

三、价值论与神学

价值论怎么会通向宗教呢?价值论有经验的方面和自由的方面的不同,我们强调的本原性的价值是意志的创造、意志的自由。尼采说过,创造并不保证你成功,意志的自由、道德的责任并不保证你幸福,你在谋求幸福的时候可以不考虑道德、自由;道德与幸福在康德那里是绝对分裂的。并不是所有有德行的人都有幸福,往往是德行很高的人并不幸福,而无德、缺德之人有时反倒很幸福。人世间的现象世界就是这么不公平。

什么时候是必然的呢?什么时候自由的创造必定符合幸福的规则呢?神城一定如此,天国一定如此。在神的王国(kingdom of God)里,有德之人必定有幸福,有幸福的人必定是有德之人。在我们尘世间,腰缠万贯的人不敢断定就一定有德,不能进行必然的推论;那些很穷的人也不能说因为他穷,就推断他一定缺德。可是,在神的王国就可以做这个推断:你看到幸福的、有钱的可以推断他一定有德,看到有德的人可以推断他一定幸福。

古代的哲学家有一派认为有德本身就是有幸福,这是康德所反对的。讲德行的时候不要考虑是否幸福,讲幸福也不要考虑是否有德行;只有在神的王国里可以做这个推断,这两者必然结合在一起。有必然性,就是说理想和现实是统一的,理念就是现实。这样,从实践理性再往前推进,必然要设定神、天国中德行和幸福两者之间的结合,而不是在经验世界证明神的存在——这种结合,仅仅有道德律也不行。后来法国人列维纳斯说,在康德的实践理性思想里面,他的道德律可以不要神,只有在讲到道德和幸福的必然关系时,神才出来。他说得很对,康德自己也说过这个意思;但现在的问题是:神和我们的存在论有没有联系呢?

四、存在论与神学

现在也有哲学家认为,存在论不能涵盖价值论、道德、艺术。在康德的意义上，神是"非存在"或"无关乎存在"，不是存在不存在的问题。德行和幸福的必然统一叫至善。至善意味着完成（好），是超越存在的，于是有无关于存在的宗教，超越存在的神。这个理路也直接出自康德。

康德认为，善是超出于知识论的部分，超出于形式的时空的部分，是属于实践理性的，而这种幸福与德行的统一、神的王国是高出于现象界的领域。这条思路被列维纳斯推广，认为形而上学（metaphysics）本身并不是存在论，还有更超越的东西，是伦理学、道德论。meta 是超越，physics 讲的是诸存在者，超越了诸存在者的就是道德（ethics）的问题。物的后面是人、伦理、道德。康德的实践理性批判实际上超越了存在论、本体论。

这套思想与我们以存在论为中心来开显知识、伦理、艺术的思路好像是不相合的。就康德来说，关键在于对"时间"的理解。时间的问题被他只纳入到知识论中，而且是形式的时间。如果把时间引入存在论，又会有一种什么样的境界呢？不是说康德错了，康德面对的是传统的存在论，是把存在作为存在者来理解的；但是如果不把存在理解为存在者，把它理解为就是事物本身、本质，它本身就是一个开显的过程。这就是后来黑格尔的工作。

就以康德的思想来说，幸福和道德这两个在现实世界——现象界截然分开的东西，在现象界是经验的、偶然的，在天国则是绝对的、必然的，在神的王国里面，现实的东西与理念的东西结合了。《纯粹理性批判》讲到理念、理想为止。到了实践理性、宗教、神的王国里面，这个理想就有现实支撑了，理念就与现实结合了，道德就与幸福结合了。两者是必然的关系、理性的关系。动机和效果在现实世界往往是矛盾的，但是在宗教的领域，在神城-天国，动机与效果是一致的。于是，"神"掌握着"德性"与"幸福"天平的契机。它掌握着这个"权"（度量），掌握着"分配""权"。它的"至善"，亦即"至公平"。你在不幸的时候要想到，全世界的人都忽略了你，但是神没有忽略你。你做了好事没人知道，但是神会知道。这样一来，幸福和德行是一致的。这是个现实的东西，不是虚无缥缈的，在理性、理路上是确定无疑的。在这个意义上，神有了现实性。于是，这个意义上，存在论又出来了。康德意义的"神城-天国"不是幻想，而具有"现实性"，因为"神"管理着"德性"和"幸福"的分配比例，而"幸福"是实实在在的东西。"德性"可以是"内在"的，

"幸福"必定"外在","幸福"必定涉及"存在"。

五、在"未来"的立场上

经验的世界就是现实的、现时的、现在的世界,但那个所谓的超验的未来——天国,康德并未忽视。人能够知道什么?人应该做些什么?人能希望什么?这个希望问题也是康德提出来的。

什么叫希望?希望与未来相联系。希望不是知识、谋划,而是超越知识论的。未来是不确定的,对于不确定的东西的思考就是希望,对于时间的哲学性的知识就是希望。在时间的绵延中,希望寄托在未来。这个信心是理性的,而感性主要关注现在。所以,希望的概念恰恰是未来的观念。未来的观念又是很现实的观念,对于经验和知识来说它只是一种可能性,但却是必然的可能性。

每个人在原则上是自由的,自由开显一个可能性,这个自由又是必然的自由,无法回避。萨特说自由是注定了的,它让人战战兢兢、如履薄冰,自由不是放任、为所欲为。这个自由是很慎重的,是理性的自由、道德的自由。自由要负责,向未来负责。责任是自己做出来的,也是外加给你的。因为自由,所以你才有责任;或者反过来说,恰恰是因为你对未来负责,你才必定是自由的。这些统统都是现实的。时间就是最现实的,而不是像康德说的那样只是先天的、形式的东西。这种历史的必然性、时间的必然性不是理论的推算。实质性时间里面发生了什么事情是没法推算的,它是自由的,这种自由又是必定会有的。

我们说,应该的东西还未存在,但这个 sollen 同样属于存在,是未来,所以 sollen 同样在存在论里面。在这个意义上说,胡塞尔意义上的本质的科学-哲学要问的既是理念的,又是存在的。海德格尔说他始终是在现象学的道路上,就因为他的存在论有了时间的度。有了这样的度,形而上学就是存在论。而这些被认为在存在以外、无关于存在的问题,仍可在存在论涵盖之下,至少对于我们研究存在论具有很大的作用。康德的实践理性批判,对于我们从存在论出发来研究形而上学有非常大的启发作用。在这个意义上说,我们又回到了亚里士多德的用法。他说第一哲学就是神(圣)学(Theology),实际上就是本质学、本原学，就是存在论。

我们的重点不在眼前的现在，而在过去和未来。存在论不是站在现在的立场来回忆过去、展望未来。我们不仅仅是站在知识论的立场，而恰恰是站在更加圣洁的立场来看这个世界。这是我们哲学的任务。因此，在这个意义上说，我们常常是站在未来的立场、希望的立场来看过去和现在，而站在未来的立场看问题，现在同样是过去。

在这个意义上，我们又回到了柏拉图：我们一切的知识、智慧是"回忆"。站在本质的立场、事物自身的立场就是站在未来的立场，也就是站在神圣的立场、纯洁的立场。我们搞哲学的大多数是未来主义者。

什么叫思？思是思念。"思念"和柏拉图的"回忆"有些相似，思念就是未来思念过去，包括现在也是过去。只有神（基督教意义上）这个理念是站在现在，看过去、未来都是现在。只有这个神"经历"了一切。我们没有经验过明天会怎么样，神经验过。神的立场是一切过去、现在、未来都是现在，因此，它是全知。

在这个意义上，人只能在存在论的意义上讲神学（Theology），只能在未来的立场回忆、思念、思考本体的问题，而不可能把本体论当成一个经验的事实。这就是哲学的知识。哲学的知识不能代替经验的知识。哲学的知识不是基督教意义上的神学，而只是神圣的、纯洁的一门学问。它不可能把过去、现在、未来都经验了，所以我们只能在存在论上理解这个世界的完整性。

参考书目

［德］康德. 实践理性批判

［德］费希特. 批评一切天启

附录　哲学十四讲

2002年秋，北京大学哲学系"哲学导论"课讲演录

第一讲　哲学是一门怎样的学科？

  这堂课只是导论，主要目的是让大家首先对哲学有较明确和清楚的概念，能够对哲学越来越有兴趣，而不仅是介绍重要的知识和材料。——这就是这堂课的目的。

  大家要树立明确的观念，开始学哲学最好的途径就是读原著。读不读原著是态度问题，读不读得懂原著则是相对的水平问题。难读是意料之中的事，但正因为难，才要尽早开始。以哲学为业，就不能绕开这一块，而教材只能作为二手材料使用，它只能是参考和"地图"。

  哲学包罗万象，很杂，所以也需要有自然科学和社会科学知识的补充，需要有理科的基本训练。

  外语对于哲学来说是很重要的。哲学著作有相当部分是外文的，所谓读原著应该是用它原创者的语言来读。以哲学为专业，不能用二手材料，不能只依靠译著（包括英、日文的译本也只能是做参考，当然，这种参考有时对理解原文也是很重要的）。哲学要求读原著就像学中国传统哲学要读古文一样，虽然难也要如此。

  为什么要有如此的要求呢？海德格尔曾说"语言是存在的家"。对哲学来

说，语言不仅仅是工具，而且还是存在方式。原著者怎么说，你就该怎么学、怎么听、怎么体会。当然，并不是要马上如此，但读原著应成为学习哲学的原则，在学习过程中不断明确。

哲学是包罗万象的，那么，该如何进入哲学呢？它的门在哪里呢？我说，条条道路通哲学，无论哪门学问都会接触到哲学问题。那么作为专业，哲学不同于其他学科的要求、方法、道路何在呢？

这要来看看哲学和哲学史的关系了。哲学和哲学史是不能分的。各门学问尤其是文科都离不开历史，但历史对哲学有着特殊的意义。在某种意义上，哲学就是哲学史。哲学史有历史学的研究方法和要求，同样，哲学历史也有哲学性的研究方式（当然也得关心历史背景）。问题在于我们是对哲学做思想性的研究。

从一个角度说，我们可以将整个哲学史设想为一个人在讲，即"接着讲"。但各个哲学家之间又是不可替代的：柏拉图替代不了苏格拉底，费希特替代不了康德，谢林替代不了费希特。换一个角度说，一代代的哲学家又是在"重新讲"、"从头讲"。自然科学可以以一个涵盖更广的理论去代替另一个理论，后人超过前人；而哲学不能以只读后人的著作来代替读前人的著作，不能认为柏拉图、叔本华等人的著作只有历史意义，它们仍有其活的理论意义。哲学的这种情形颇像艺术史。古希腊的悲剧、莎士比亚的悲剧、高乃依的悲剧都是互相不可替代的。在音乐上，只听现代的音乐而不听贝多芬是不行的；在文学上，只读郭沫若而不读李白、杜甫也是不行的。

哲学具有不可替代性。这说明哲学虽然涵盖很广，但恰恰又是最有个性的。"哲学是要署名的。"虽然它研究的是最一般、最普遍的东西，但又像艺术品一样是个人的作品。因此，哲学离不开哲学史，正如艺术离不开艺术史一样。大艺术家为艺术立榜样，张载曾说"为天地立心"；而哲学则要"我"为哲学立则，我署名我负责。

艺术强调感情，而哲学是理论性的。恰恰是这种理论的体系充满了个性。哲学是时间性的学问，时间即有不可替代性、不可重复性。一般的科学技术的检测标准是可重复的，同样的图纸可以在不同的地方盖相同的房子，完全一样的楼房仍有其存在的价值；但哲学不能重复，在哲学上完全一样的著作、理论相互重复没有意义。不可重复就是有个性的。哲学是历史性、时间性、不可重复、有个性、要署名的科学。不可重复只能创造，所以哲学要不断创新。这样的哲学和哲学史在基础上是完全一致的，一部哲学史就是哲学。

在现代社会，原则上不养二三流的艺术家。由于交通、通信技术的限制，以前模仿之作也是有意义的，毕竟聊胜于无，但现代科技的发展保存了大艺术家的声音图像，人们可以随时听音看影。

哲学也有同样的情况，大哲学家的经典也是如此。现代印刷技术使得原著不再像以前那样难得。如康德的著作，以前中国的译本很难得到，现在则有多种译本，也能读到康德的德语原著。这样，读哲学书就有个选择，有些书要精读，有些书要定期重读，有些书则要终生去读，而有些书，浏览一下就可以了，更有些书，就不值得去读了。

这就是为什么我们强调要读原著的原因。原著是哲学历史的里程碑。

那么，最初的里程碑从何而来？

在这里介绍三个观念：闲暇、好奇、（精神）自由。哲学需要这三个条件，这三个条件在古希腊就已经提出来了。

闲暇并不是日常生活中的有空，从日常来说，悠闲并不一定是好事。古希腊讲"悠闲出智慧"，但现代希腊的某些人懒散悠闲导致了效率低和落后，可见悠闲也未必出智慧。但从精神自由上说，就不是这样了。亚里士多德在《形而上学》中说："人们对超乎寻常的技术的赞赏不仅是因为它的实用，而且是因为它体现了非同寻常的智慧。在经验技术的积累中有的出于必需，有的则是为了休闲。休闲的技能在智慧上比必需的技能要高，因为它不是为了有用，而是必须有人在有闲的时候来做这样的工作。"所以，为什么古埃及出现了数学？因为那里有神职人员，他们享有闲暇。当然，后来闲暇变成一部分人的特权后就出现了许多问题，但闲暇也保证了时间不用在必需的技能上而是用在智慧上。中国古代的清谈也是类似的情况。

亚里士多德还说"知识源于好奇"。心理学对好奇的理解有的是很浅的。好奇在深层次上体现了人的自由的精神、追求和主动的态度、精神主动创造的力量。纯粹主动的活动能力就是好奇，为衣食所迫的人少有好奇心。因此，在古代，好奇实际上是奢侈品，是有闲人才有的积极活动，而不是普遍的心理状态。当然，也并不一定有闲才如此。但理论上只有如此状态才能维护精神上的主动自由，才能享有好奇的福分。

在古希腊，哲学家也关心诸如民主制等社会问题，但他们本质上不是面对社会实际问题的。古希腊的哲学家被称为"望天者"，他们抬头仰望天空，感叹人世间的纷争无度，但天体却能合乎规律地运行。他们想，一定有一种最高的智慧在调节这个世界，这就是最早的问题。对于最早的哲学家来说，世界存在不是问题，但世界为什么会是这样一个世界是一个问题。原因是最重要的、最奇怪的。

闲暇、好奇、自由，这三个观念归根到底都是指精神的自由与主动性。

哲学一向强调主动性的彻底性。恩格斯说，德国民族有这种彻底的精神。这种精神的自由与主动的体系经过两千多年，运行到 18 世纪末、19 世纪的时候在德国成为专业，地位稳固了。在专业化的趋向中，出现了下面这些著作：康德的《纯粹理性批判》、《实践理性批判》、《判断力批判》，黑格尔的《精神现象学》、《小逻辑》，胡塞尔的《欧洲科学的危机与超越现象学》，海德格尔的《存在与时间》等。

古希腊的哲学专业化程度还不够，它是包罗万象的，似乎兼容各门学科，无所不在。而当其专业化后（也就是可以成为一种谋生手段后），也会面临脱离实际，越来越精致、越来越概念化的问题。至今仍有这些问题。当然，没有专业也可以有思想，但专业的好处就在于学科化和系统化。

按我的体会，只有读了上述那些书，心里才能比较清楚哲学这个概念，就像只有读了莎士比亚的悲剧才会知道古人所谓的悲剧是个什么样子。从严格意义上说，当我们以此为秤时，会发现只有极少数人是真正在研究哲学。因此，读这些书较之读哲学史上其他著作是更好的办法，或者说"捷径"。

第二讲 哲学的任务

哲学来自好奇，而所谓好奇就是一种需要，也就是欲求。欲求是意志的作用。在实用范围内，意志是被动的，是一种出于需要的饥饿的意志，而哲学上的意志不仅是被吸引，而且是主动的。哲学的好奇是理性本身的好奇，是充溢的意志，是一种积极的被吸引。出于实用的小好奇是有限的，而哲学意义上的大好奇则是无限的、自由的。世界上没有一个现实的对象能够涵盖和满足哲学的追求。

哲学不是去迎接挑战，而是主动去挑战，是理性主动地去挑战一切有限的知识。哲学就是把本来很稳定坚实的东西都变成问题。理性主动向一切有限的世界提出问题，认为它们不完满、不完善。在这个意义上，哲学是一种大怀疑主义。

哲学的探索精神在基础上不同于有限的知识。在有限知识方面，理性受外在世界的支配，是受限制的、不自由的。要根据你的问题、你的特性，即根据现实的问题、现实的情况去解决问题，不能脱离现实。这是经验知识里必须遵守的前提，这样的理性是有限的。

但理性本身可以不受这样的限制。在哲学的层面，它不接受有限知识的挑战，而是主动去挑战有限的知识。任何的对象、任何的实际问题都不能限制它，它体现了理性纯主动的精神，它提出的问题不全是客观世界逼出来的，而是理性本身提出来的。这种理性主动性是潜藏在任何有理性者之中的，但理性的主动精神在每个人身上、每个民族中的出现是有不同程度上的差别的。那么，它是在何种情况下触发的？哲学问题是如何提出的？

提出哲学问题对一个人、一个民族来说是件大事，并不是每个人都会提出哲学问题，都会对哲学有浓厚的追求兴趣；也不是只有学哲学的人才会提出哲学问题，普通人也可以提出深刻的哲学问题。很多人虽然把哲学作为一种职业、专业，但只是把它作为小知识来研究，他的思想深处还没有开显出哲学问题。

许多普通人在生活的某个阶段，特别是危机阶段才有了哲学问题。因此，提哲学的问题在某种意义上说并不代表好事。日常的好、平稳不代表你的满足，哲学让人不满足于此。危机也并不一定是真的有危机，而是一种危机感，对有限世界的危机感。存在主义体现了这一点。危机不仅仅是天灾人祸——对于天灾人祸人类有应付的办法，但对于此，那些聪明而敏感的人会想到更大的事情，哲学问题也就由此诞生。有限的世界充满了不可理解，充满了危机，这就促使你在大事情、无限的事情上去思考它。这就是哲学。

哲学为什么是知识？哲学的知识就是在大好奇心驱使下的理性主动挑战、

主动提出问题的一种结果，也是对大事情的一种系统的思考。对于自由和无限的理解就是哲学的问题。

也有人认为，哲学要求对一切荒诞的东西都要加以理解是不可能也不应该的。从亚里士多德到康德都受到了这样的批判。这种批判最早来自尼采，他是一个否定一切传统，否定对大事要有根本的理解的哲学家，一个先知。他真正在根子上动了哲学的要害之处，他的理由也是在哲学层面的，因为在有限知识的层面是动摇不了哲学的，而他的确是在自由的层面动摇哲学的基础：人理解的目的是什么？建立知识的目的是什么？无非是求得安心。现在这个世界就是如此，你找不出理由为其辩护。有限的世界外还有个无限的理想世界，现实世界只是理想世界的一个影子。此时此刻不合理，若从长远来想就合理了；把现实和理想分离开来，那么现实世界的任何不合理都是可理解的了。尼采认为哲学是让人顺从现实，忍受现实，是让人做奴隶的，他看到了哲学的重要一面。马克思也说过，我们的问题不是要理解这个世界而是要改造这个世界。这里所谓的理解就是对大事情的理解，亦即对现实不合理状况的一种化解。哲学不是要让这个世界变得可以理解，不是让这个世界的不公也成为可以理解的，而是要改造它，要创造，要创造自身的价值。

从自由知识出发有很多条路可走，尼采的想法是其中的一条，有很大的冲击力。

我们前面讲的是做哲学的准备思路，但最后要面对的可能还是一些不断提出的问题。这是初始阶段，但道理绝不浅显。贺麟先生说过所谓的老人格言，同样的话老人讲出来就不一样，那里有他一辈子的经验。哲学是原始的语言、远古的语言，但因为它是老人格言，有一整套的体系维护它，例如存在、being、Sein。Dasein 在黑格尔那时还没有特殊用法，但到了海德格尔那里却成了一个主要概念。哲学里最难的就是对这些概念的理解，难就难在要有一整套思想来维护它，甚至于要整个哲学系统来支持它。

并不是读遍哲学史的所有书籍才能懂得这些概念。实际上，读了海德格尔的书在某种意义上就等于读了哲学史，因为哲学史上的问题他都重新考虑过。不能忽略前人，要把前人想过的问题再想一遍。海德格尔未必把所有的书都读过，但这并不影响他的辉煌成绩。读过几本书后，哲学史上的问题就已经过了几遍，所以我只开了那几本书，尤其要请大家注意康德的书。康德是我们了解哲学最重要，也是最直接的途径。哲学、文学、艺术和自然科学不一样。莎士比亚不是非有不可，梅兰芳不是非有不可，但一旦出现就会启迪这一门艺术；康德也一样。

康德很难懂。维特根斯坦说过，一切可以说的都可以说清楚。海德格尔也说，一般人觉得真理难懂不是因为它太复杂，而是因为它太简单。大家生活在这个繁忙的世界里，习惯于复杂思维，不是原始地想问题。不好懂是因为大家习惯上想的是边缘问题，而不是最根本的问题。这些意思是很深入的，所以我建议大家读康德。

康德的三大批判包括了全部哲学史，黑格尔也是如此。你与其到黑格尔的哲学史里去学哲学，不如到他的《精神现象学》和《小逻辑》里去学哲学，这些书同样包含了全部哲学史。康德著作不但是哲学入门的教科书，而且是我们理解当代哲学的关键。如果没有康德的基础，就不能理解胡塞尔、德里达等人的著作。从康德、黑格尔到存在主义，再到解释学，这是一个过程（这中间我们越过了叔本华、尼采等人，他们是哲学中的艺术。哲学有感人的地方，大哲学家的境界让你欣赏、感动）。

在康德的三大批判中，《纯粹理性批判》最基础，同时也最难读；比较而言，相对让人易于理解的是《判断力批判》中关于审美的部分，但很多人的理解是急功近利的，不是哲学的。《纯粹理性批判》是哲学入门的书，是划清哲学和经验知识的界限的必读书。它尖锐地提出了这样一个界限，当别人再提出什么是哲学时，你心中就可以清楚地有所体会。柏拉图、亚里士多德的书尽管在形式上好读，但它们不直接，问题是慢慢切入的；而康德的著作则是直截了当地告诉你哲学与自然知识、经验知识的区别所在。他提出了最重要的核心问题，那就是科学知识何以可能。哲学就是要找出科学知识最后的根据，因为它的必然性也可以是不成立的（英国的经验主义对此提出过怀疑）。

第三讲　从康德说起

哲学和哲学史之间的界限难以划清，不一定把全部哲学史学完才算学哲学。学哲学可以学一本书、一个流派、一个大哲学家，这些都是入门的途径，大家可以根据自己的情况和兴趣来选择。你研读一个人、一个流派，并以此为基础就可以了解哲学，包括哲学史。当然，这不包括细节，但是哲学的大纲、基本问题都可以有所了解，重要的问题它都会涉及。这也许在某种意义上说是学习哲学的捷径，这是前人积累的方法和经验。以此为基底，各门学问都可以去问津，但万变不离其宗，这个宗旨就是你当初选择的这本书。

我们先读从康德到黑格尔的德国古典哲学。为什么称之为古典（只是在中国称其为古典哲学）？因为钻研了他们的书就明白了什么叫哲学，知道了自己要做的是什么。以前我们只是在外面看，哲学在做什么，现在则是要进入哲学门，登堂入室。那么，德国古典哲学就是入门的必经之路。哲学流派很多，各流派对哲学本身的观念很不一样。我们可以有不同观念、不同理解，但必须有根据，要把从康德到黑格尔以来的这段研究化在里面。

可以说，"哲学就是把握世界的方式"。但根据何在呢？什么叫把握世界的方式？怎么把握？或者也可以说，哲学是最一般的把握世界的方式。但什么叫最一般的、最普遍的？什么叫概念式的？这样，日常给我们的观念就远远不够了。只有到了康德，对哲学所谓概念、普遍这一类的话才有了一个专门的理解。他了解的、想的要比一般人多。

下面我就大概介绍一下从康德到黑格尔都说了什么，为什么说他们囊括了哲学的基本问题，概括了哲学的基本历史。

康德的主要著作是三大批判：《纯粹理性批判》（A版1781年，B版1787年）、《实践理性批判》（1788年）、《判断力批判》（1789年）。三本书中，《纯粹理性批判》是纲领，是奠基著作，但比较难。三本书有不同侧重（《实践理性批判》侧重道德，《判断力批判》侧重目的论和美学），但就哲学来说，三本书是一个完整的哲学思路，要一起读。

所谓康德的批判哲学，就是它们都在审核理性的作用。康德是理性主义者，《纯粹理性批判》奠定了他批判哲学的基础，是纲领性的。这本书代表着一种变革，对做哲学的人的视角、立场有一个变革，他自己称之为"哥白尼式的革命"。这涉及了哲学的一种基本态度。过去，占主流的一种哲学态度是：把握世界首先要认知世界，认知世界首先要通过感觉，然后从感觉中概括、综合、分析、提炼，最后总结出规律来。把握世界就是要把握这些规律，学知识就是把握客观对象的规律。有了规律就可以以不变应万变，万事万物万变不离其宗。这个规律具有普遍性，但普遍性从哪来？从感觉来。所以需要试验，再分析、综合、概括，这样才能出现一个普遍行之有效的、可靠的规则（law）。规则成了体系，就成了科学，所谓科学就是从经验中概括抽象出来的。所以，知识的基础就在于此，要通过积累经验概括出理论和规则。

但是，康德在《纯粹理性批判》中颠倒了这一切。他认为，如果仅仅是这样，那么这些知识的基础是不牢靠的，是建立在沙子上的。从古希腊开始，就有人提出了感觉是不可靠的、会骗人的、会变的，感觉不可能提供靠得住的经验。其中，最有名的是关于运动感觉不可靠的命题——飞矢不动的芝诺悖论。在有限的时间内怎么通过无限多个点？感觉上是动的，这没问题，但如何从理论上去证明？感觉提供的是客体，而理论是主体。把主客体分开是希腊人的功劳。按照常识，主体是围着客体转的，认识要符合客体实际，但是到了哲学层面就有了问题。你无法证明所有的经验、所有从感觉得来的东西是可靠的。康德的纯粹理性批判在这个问题上实行了一个变革，他让客体感觉围绕着主体转，这就是所谓的"哥白尼式的革命"。

培根认为人的知识就像蜜蜂采蜜，通过酝酿产生知识。我们有了材料后要通过人的加工才能产生知识。按照这个想法，实际上知识没有可靠的基础，是找不到最后的理由的，是没有理论上的保障的，只有常识上、经验上的可靠性。从培根下来，到英国的休谟，就提出了这样的命题：一切不过是约定俗成，是习惯，这样建立的科学大厦是不牢固的。没办法从理路上证明推导出一定会"如此"。休谟是康德直接面对的一个人，他的《纯粹理性批判》就是针对休谟的命题。从感觉中出不来推理，要无限次的经验才可以推理，少一次都不行。因此，要让变化围着推理转。

"哥白尼式的革命"不能只讲形式不讲内容，科学得有内容。这是康德的另外一个目标，所以他在《纯粹理性批判》中还提出了改造形式逻辑。我们现在讲的知识论不是形式逻辑而是科学逻辑，不仅要研究形式的必然性，也要把经验感觉的内容接纳进来。这两个东西要综合起来，单独任何一方面都不能解决问题。经验主义者正是以怀疑经验为基础，所以他们反而最重视逻辑，因为逻辑是可靠的。

康德认为从感觉经验出不来逻辑，逻辑只管必然性，即 a priori，不管内容。这个 a priori 不依靠经验，不是从经验中概括出来的。哲学需要经验，但不能要求学哲学的人穷尽一切经验后才来学哲学。哲学里面考虑不依赖于经验的东西（不是不要经验）。康德的革命不是要去掉经验和逻辑的任何一方，他要解决的就是我们常讲的科学内容既是经验的，又是推理而来的。有经验内容的必然的知识是建立在先验性上的。哲学就是要讲我们的科学有必然性，是建立在推理上的，而不是像休谟说的那样只是习惯。在这里，康德是在为科学的伟大、必然性作辩护，指出科学是能论证的、有根据的。知识的基础要有一个先验的根据，不从经验中来，但又是有内容的，不是纯粹的逻辑。

所谓的"哥白尼式的革命"，就是指理性能够接纳进来的感性的东西是可以推论的，这个推论是不以具体的感性经验为转移的。在这里，理性掌握着主动权，理性是立法者。理性有不接纳的东西，就是物自身，而进来的都是现象和表象，是人的感官所能接受的。这些能成为知识的对象。在经验的王国树立理性的权威，这是哲学的任务。康德维护了理性的立法权，接纳愿意遵从理性立法的经验，形成了一个知识的王国。

理性的主动性不仅表现在科学知识上，还表现在道德、目的论上，这就是在物自身的这个领域康德所要做的。康德说要限制知识，为信仰留下余地，这就是他在后两个批判中所做的事。

第四讲　现象和本质

康德的《纯粹理性批判》讲的是知识的来源、可能性以及对象问题，实际就是讲知识论，讲什么是科学。从康德开始，哲学由存在论（也就是本体论）转向了知识论，由客体转向了主体。因为康德讲的本质、本体是指事物自身，而事物自身是不可知的，没有一门科学可以去研究怎么认识本质、本体，所以康德用很多办法去揭示过去的种种想要认识本质的努力都是白费，想认识一个不可认识的东西是不可能的，将本质论（存在论）和知识论划清了界限。

在第一批判中，康德提出了"科学知识何以可能"和"形而上学何以可能"的问题。对于前者，康德认为知识是有其必然性的，而对于后者，康德认为在知识这个方面是不可能的，所谓的知识都是指现象界里的东西，与本质是有原则区别的。时空范畴是在知识论里的，现象能在时空中显示出来，而本质是不能在时空内开显的。在可感世界里，本质没有相应的对象（Object），范畴只能规整由现象提供的材料。现象界的东西都可有其对象，都是可对象化的，而本体不可对象化，不能进入时空，是纯概念（pure concept）。在知识论的意义上，本体是纯思想性的，不是诸存在者中的一个，不是万物之一。因此，我们把具体的存在和本体的存在划清界限。本体的存在不是存在者的相加，而是从存在者中排斥出去的，不能显现，因而不进入知识的领域。现象体（phenomena）和思想体（noumena）相区分，实际上思想体就是本体。康德论证了本体理论的非知识性的应有的理解。

  知识论就是讲知识的理论结构、科学的哲学原理。第一批判除感性篇讲时空外，还分为分析篇和辩证篇。分析篇讲的是经验概念的原理。辩证篇讲的则是没有直观的概念，或非经验概念，所以是要出幻象的。古希腊所谓的辩证法就是指幻象的逻辑，在客观上是没有检验的标准的。本体没有时空，理性不能僭越，否则就会出幻象、出矛盾（理论理性在直观的范围内是明辨是非的，虽然有对有错，但可以避免矛盾）。但对于"本体"问题，则谁也不能证明对错，而这也涉及关于上帝和神的证明问题。

  经验科学是严格意义的知识，而日常的经验充满偶然性，哲学承认经验的偶然性，但它侧重讲知识的必然性。一般认为，哲学家就是思想者，是有理性的，面对的是不受时空限制的纯思想，然而理论理性面对的是经验世界，它要为科学鸣锣开道；而单纯理性不可能成为一门经验科学，它直接面对的是本体。在康德看来，知识论只是他整个哲学体系的引言，理解、分析、把握理性的第一步是为了导向更高层次的哲学。在知识论范围内有效的理性，能涵盖的就是知识的范围。理论理性在本体领域没有权利，不能运用理论理性规则。在中国，理论理性和理解力一般又译成"知性"。理性和知性是有区别的，知性只管知识科学，而理性在知识范围内是理解力的问题。在时空范畴中讲必然性，理性是不完全自由的，它得接受一些东西，也就是时空所给予的直观。在本体范围内，理性就是思想体，最重要的就是自由。物自体、事物自身就是自由。理性是不听命于感性的指挥的，而感性受理性的支配。理性不是概括出来的，而是自身的觉醒，理性自身是有能动作用的。

第五讲　第一性原则

为什么说理性是第一性的原则？我们哲学为避免独断，就要问为什么理性是第一性原则。从科学上研究人类意识的产生、起源不是我们哲学的任务，哲学是要区分两个方面的问题：一个是经验的起源，一个是理论上的起源，理论上必须要有一个立足点。从亚里士多德开始就反对不确定（经验科学不能给出确定的答案，关于人类的第一个意识，科学不能确定地说出某时某刻意识诞生），但哲学却要追根寻源，所以我们在哲学理论上必须要讲第一。为什么古典哲学要把理性当作第一原则，大家要把经验起源和理论根据做一区分？这是哲学最基本的区分，哲学在理路上有自己的系统。

从康德开始，理性作为第一原则的地位得到确认。哲学的理论是一切经验科学的基础，而不用穷尽一切经验。道理何在？英国的怀疑论者认为因果不能在逻辑上必然推出，只有数学和逻辑这类形式科学可以推论，因果关系，只是习俗、习惯。康德就是要纠正这一点，他认为有内容的经验知识也存在一个先天性（a priori）问题，科学里的关系都是必然的、可以推论的关系，有坚实的理性做基础。若从感性出发就不能有必然性，就不可能做推论。

康德认为经验科学在理论上是必然的，不是约定俗成的，所以他的《纯粹理性批判》就是解决经验科学如何可能的问题。经验哲学家重点讲数学、逻辑，因为他们认为经验不可靠，而康德讲的则是经验科学的条件。分析是逻辑的，有必然性，但须得有综合。大家怀疑的是，综合如何有必然性，可以靠积累和推广，而分析则不是积累和推广的问题。感性是如何综合进理性的？感觉材料如何成为可以推理的？综合进来的后天的东西如何具有推理性、纯粹性？经验科学如何可能？换句话说就是，先天综合判断如何可能？经验科学的知识不是纯粹感觉也不是纯粹形式，而是二者的结合。经验知识的基础不依赖于经验，而是靠理性。这是康德在知识论里的重要想法，即知识在基础上有不依赖于经验的东西，因此我的知识是有可靠性的，理性在这里是轴心，起主导作用。

康德的目标就是沟通感性和理性。他认为二者的沟通经过两个环节，其中最重要的就是时空。我们意识到我们所感觉到的东西在我们之外，是因为有空间；我们所有可感的世界全在变，是因为有时间。从变的眼光看，存在与不存在的问题纠缠在一起，那怎么能进入必然的知识？那么理性如何区分真假？

对于时空，同样有两个层面，一个是感觉的层面：一个是纯粹的层面。康德说，时空就我们能达到的知识来说是一种把握方式，时空本身并不可知，不是科学研究的对象。时空是直观的形式，不依靠经验，是先天的直观的形式。这是我们进入科学的第一步。我们经验科学所能研究的对象都在时空之中。感觉材料进入科学的领域首先要面对时空，凡是能直观的才是科学研究的对象，而物自身是进不来的。时空本身的研究不是知识问题，它不能直观自己本身。我们知道的都是经过时空的、可感觉的，感觉之外的不可知，不是知识的对象。知识的对象就是知识之所以可能的对象，也就是经验的对象，是经验之所以可能的对象。

科学不可能穷尽一切。在哲学的理性面前，科学有个界限。先天直观是不依赖于经验的，科学面对的是可经验的东西、可直观的表象（向感官可以显现的），而表象背后的物自体就不是科学的对象，是不可知的。物自体不可知不表示科学的无能，而是原则上不可行，物自体不在科学的范围之内。这时，理性对表象-现象就具有了立法的功能：不符合理性所立的法，就不能进入科学领域。

康德一方面为科学的必然性辩护，强调理性的立法地位，另一方面又强调科学无法介入物自身的领域。所谓批判就是审核理性的职权范围。在经验范围内，理性是科学知识的立法者，是有权立法的，但立法权不能越位，用科学知识认识不了宗教等领域的问题。然而，人的理性往往是要越位的，这是人的理性的本性。在知识之外的非感性的超越的世界，理性也不是完全不可涉及，它可以去思想。这恰恰也是我们哲学要研究的。康德的《实践理性批判》讲的就是这个问题，面对的就是物自身。纯粹理性批判被人叫做"纯粹理论理性批判"，但康德之所以没用"理论"这个词，或许也因为理性本有越位的可能，要厘定的是全部理性的职权范围。

第六讲　知识论、道德论和情感论

我们现在从知识论进入到伦理学，这是一个很不相同的境界。知识论（中国传统上称之为知）、道德论（意）、情感论（情），是把握世界的三种方式，这种分法古来就有。

在知识论上讲理性，大家很容易理解，但是后两者容易被归为感情或感性。在康德的思想里，整个的知、情、意都涉及感性和理性的关系。在知识论里，感性和理性的关系是理性（知性）立法，感性通过时空进入理论体系，所以知识论的问题就是理论理性如何与感性世界打交道，如何使我们的知识可靠。这里理性的功能是受到限制的，受到通过时空给予你的感性世界的限制，而感性世界是给定的，理性只能接受它。但理性-知性有立法权，不能通过时空关口的进不来，时空之外的是物自体。物自体实际上不在感觉世界里，用时空的眼光来看，它不"在"。理性功能与物自体的关系如不可能通过时空来确定，那也就不是因果性的，不是因果的，而是自由的，是实践性的，也就是创造，是活动。

这样，就从知识论过渡到了道德论。但是，二者的区别不是理性和感性的区别，它们之间恰恰不是这样一种关系。在知识论里，感性对理性有制约作用。在道德论里则不是这样。那么，在道德领域里理性是什么功能？理性能否为道德立法？

实践是能动的。从知识的角度看，实际的东西虽然提供给我们知识的内容，但不可能完全符合我们的理念。因此，理念永远得不到实现，这意味着我们有做事的欲望、需要。在这里，理念引发出我们活动的可能性，同时也解释了为什么我们要做事，而不是逆来顺受、随遇而安。这里的理念本身就有动力的作用。

这样，在道德论里就会有一个问题。在这里，我们面对的恰恰不是感性的世界，而是纯粹理性世界。纯粹理性本身就有实践功能，理性在这个层面上的意义就在于怎么理解意志。意志意味着一个理想、目的，我们做事就是要让现实符合意志的要求。那么，意志受什么支配？我们往往将它与感性的欲求、需要相联系，但这种欲望不是我们道德哲学所考虑的。所以，要严格划分感性的欲求和理性的意志的区别。感性的欲求不是纯主动的，是被动的、被驱使的，因此是属于经验科学范围的。就好像我们的知识学分为经验的和理论的一样，道德哲学也是如此，有两个层次。以经验科学求得社会的和谐要有一套规则，是因时因地而变的，不是绝对的。伦理学也有这样经验的一面。一般我们所讲的伦理学有相当一部分还在经验层面，这虽然也很重要，但还没有进入哲学的层面，只是人间的法律；虽然非常重要，但从本质而言，仍是权宜之计。

感觉的需要和欲求不是意志的动力。意志按本性讲也是理性的、有原则性目的的，其目的本身是动的。意志就是创造。意志的创造不是根据感性的需要，而是进行自主的创造活动。意志本身就是自己的第一原因，也就是说，理性自身有能动性，要保持住意志的自由；即使是受感性欲望支配的时候，意志本身也是自由的。你无论做任何事情，都不能抵消意志的自由，你无论做任何事情都必须对其负责。就经验层面、实际条件言，你可以说你的行为"无可选择"；但就本质层面说，自由行为是无条件的，所以你没有权力说那样的话。伦理学作为非经验的科学，它的基础就在这里。也就是说，在这个基础层面，你的一切所作所为都是自由的。

自由者之间要在经验层面有个限制，但在超越的层面上是自由的，它的限制来自自由本身。如果都在经验层面就没有道德、没有伦理，因为你对任何事情都可以不负责，都可以借欲望等客观条件来推卸责任。我们之所以能有道德问题，就在于我们无论怎样都是自由的，是有理性的。我们所说的血缘性伦理关系等问题，也只是伦理学在经验层面的一个方面。我们有理性，这意味着我们是自由的。这是我们产生伦理观念的基础原因。

责任问题是伦理学的基础。责任在今天看来很容易理解，但最初之所以会提出责任问题就是因为我们是自由的。理性人就是自由人，就是要负责，别人不能为你分担责任。这种自由是先验的，亦即不受经验条件限制，不依赖于经验条件。没有这种自由的话，经验的道德规则就不扎实了。中国从儒家开始讲礼，要使经验世界和谐，但其中还需要点儿什么东西，它缺少的一个环节就是自由。我们所拥有的是具体的规范，而不是自由的创造，具体的行为规范还停留在必然性的基础上。从无到有才是真正的创造，是不受感性世界的必然性支配的。自由是必然的根本，无是有的根本。无意味着"无（有）"经验，自由摆脱了经验世界。这种摆脱不是在实际日常生活的意义上的摆脱，而是在哲学意义上的。这样，我们才能考虑纯粹理性不受引诱的功能。

并不是说，我们可以有一种生活是纯自由的。只是可以证明，你是自由的，你必须承认你是自由的，是注定要自由的。一切行为都可以推导出你是自由的，也就是说，你做任何事都不能排除你不做的可能性，你做任何事都没有任何条件说你非做不可。在任何条件下，任何有理性者都可以对你说"你本可以不这样做的"。这不是在你能力之外的，这是不要经验就可以证明的。

"不作为"同样也是一种"作为"方式，犹如"不存在"同样是"存在"的一种方式一样。"见死不救"并不因为"无行为"就可以"无责任"，因为你是"自由"的，无论"作为"和"不作为"都是"责任者"。"自由者"与"责任者"为一。

道德的责任不是在经验层面可以协商的事，它是绝对的、无条件的。道德里的理性是不受限制的。知识论里已经开创了理性独立自主的一个方面，但仍要受经验限制，不能没有内容，不能没有时空的直观；而在道德领域，理性是没有内容的。意志作为动机是纯形式的创造，不讲内容。经验的动机都是可知的，但纯形式的动机，其内容是不可知的。

第七讲 理性·意志·自由

我们传统的哲学都涉及知识论、道德论和审美论。我们还要继续区别什么是经验感性的、什么是理性的，进一步划清后天和先天的界限。

道德论里区分经验和理性有一个问题，它不是从道德情感、道德情操推出道德的规律和规则。我们之所以有道德情操是因为我们有道德律，道德哲学中很强调这个关系，就像在知识论里，我们强调不是从感觉经验中抽象出理论一样。我们可以因人因时因地因社会条件来总结一些道德规律，我们也应该这样做，但这不是道德哲学所要研究的。所以，它就不是一切道德的最后的根据。我们之所以对道德情感、道德情操有一种敬重，不是从道德经验中总结出来的，而是因为它们都根据道德律。我们一定要遵守的道德律不是从感觉经验中总结出的，而是理性的自身的一种能力。

所以，道德律在道德这个领域中，一个最基础的观念叫自律——理性自己立法。我们之所以有那些经验的道德规范（一经确立，就要遵守），就因为这个普遍的、人人都有的理性有自律性，也就是它可以给自己立法。道德律建立在道德的自律上。

什么叫道德律的自律？我们可以从实践的能动性方面去理解。在道德里讲的行动不是被动的，而是自由的。

道德里最重要的环节是自由，自由是因为理性本身就有实践的能力。理性不仅仅是一面镜子，而是要行动的，是纯主动的。所以，自由是理性本身的实践能力产生出来的。在知识领域，我们可以在有限的范围内得到一些熟能生巧的自由。它是知识性的，是古典式、技术性的自由，这个自由是有范围的，要受感性材料的限制；而到了实践领域，这个自由则是完全的理性的自由，它是完全不要经验的，是纯理性的。这个理性不需要其他东西，自己就有实践的能力。

怎样理解理性就是自由呢？过去对自由的理解都是从否定方面来讲的，但是还有从肯定方面讲的自由。我们看到，在道德哲学里"想干什么就能干什么"居然是成立的。"能"是指能力，"想"在这里不是知识性的东西，而是意志。在这里，意志与能力是同一的，都出自自律的实践的理性。

自由的意志是不受经验限制的，它本身就是有能力的。意志就是能力，就是力。在道德哲学问题上只能承认有了意志一定就有能力；在理性的层面，人们似乎没有权利说"我有心无力"。也就是说，道德是不能推卸的。理性自己就有实践的能力意味着不能推卸有可能的后果，不能说"我没有能力去做"。在实践领域里，一切都在你的意志范围内，一切都是在你的选择范围内，没有什么是无可选择的。道德是自觉的，没权利说自己是不自由的。有结果就有原因，这个原因不是先天综合的，你就是这个原因。所以，在古希腊，有时候"归因于"就是"归罪于"，也就是"肇事"。你是原因，你就有责任。原因在这里不全是中性的意思。"想做什么就能做什么"，这是自由的积极意义；"你有能力不做这件事"也是这样的意思。自由律是不可推卸的，这是非常深入的道德律。

理性的实践能力不受感性的制约,是纯形式的,那么道德是不是就是只讲形式?这是一个很严重的问题。道德的绝对命令常常也被批评为软弱无力。道德律是绝对命令,是不可以讨价还价的。就算世界上没有一个人遵守道德律,它也是生效的。这和协商来的权宜之计不同,权宜之计是无关道德的。

从康德的意义上讲,绝对命令不告诉你应该做什么,命令没有内容,只是告诉你你的意志是绝对自由的。如果有内容,似乎又会回到经验世界中来,这样的道德命令就不那么纯粹了。

没有内容是否就是空洞?为什么还说它是有能力的?说它不涉及内容是说它不涉及知识的理论内容,没有概念范畴,不涉及经验对象,不是根据我们的对象来定我们的方案的。意志不是需要,严格划分二者的区别是非常重要的工作。自由的意志不受感性对象的制约。如果我们从知识上来看道德,它确实是空洞的,是个没有条件的"应该",也确实软弱无力;但康德并不是从知识的立场来看道德的。我们一方面承认在理论上,也仅仅在理论上对它的批判是有力量的;但另一方面,在纯粹的实践理性上它就不是无力的。我们讲实践理性的"应该"和自由,讲的就是力。意志自由意味着创造,在实践领域里是从理性出发,没有任何经验对象,对象是被创造出来的,在知识论里,我们拿知识做工具来达到我们的幸福,但幸福不是道德的标准,不是理性的根基。康德认为追求幸福是人的权利,但是它不可能成为伦理学的标准。人世的幸福与否不完全是由个人的道德品质决定的,也就是说,德行和幸福之间不是一定的、必然的关系。幸福在经验世界里和经验科学一样是一个经验的问题,不是推论可以得到的。幸福在实际现实里理论上并得不到保证。在幸福和德行之间有一定联系,但没有推理关系。要保证幸福的完全可能,只有做到全知全能,而这是人不能做到的。

总之,自由就是从无到有的创造,不需要知识的内容。正因为它是自由的,能创造,所以它能是现实的、能动的,它反过来能影响经验世界。

第八讲 善与恶

我们上面讲了如何给哲学的道德学和规范的、经验的道德学划分界限。

伦理学要分清道德规范学和道德哲学。在古典哲学中要严格划分经验和理性，思考问题要从此入手。知识论讲知识，而伦理学的具体内容讲意志。人是肉体的存在，需要和世界有一个物质的交换。在道德哲学上要习惯于提出以下问题：意志如何不依赖于欲求而自己有发动的能力？若是没有经验的对象它能否发动？纯粹理性的意志如何可能？

意志有一条普遍的规律，就是趋善避恶。意志有价值判断的对象，就是善恶。善就是应该"存在"的对象，恶就是应该"不存在"的对象。这意味着我们在伦理中强调"应该"，所以善恶不同于日常讲的好坏，不同于愉快、不愉快，后者都是感觉方面的。道德哲学不问自然的情况，而是问理性的原则，问行为的根据。

在理性层次上，趋善避恶也同样成立，只是我们所说的善恶不是经验层次上的祸福——它们在经验层次上只有相对的普遍性。经验上也可以得到相对的和谐，但在哲学上则要求绝对的普遍性：善是绝对的善，恶也是绝对的恶。你可以不遵守道德律，但它对你永远有效。比如，没有人能从不说谎，但"不说谎"永远有效；只要你想到你曾说过谎，就马上对自己的人格提出了挑战。理性上的道德律是绝对的，不能协商，它是理性给人类下的一道命令，凡是有理性者都不能和它讨价还价。

我们人不是单纯的理性者，不是神而是凡人，是有感性有欲求的理性者。感性的东西会很自然地向我们提出要求，这也是合理的，因为我们自身不是无条件的，我们不能脱离自身生存的关系网。但绝对的道德律是超越感性、高高在上的，不是我们作为感性的存在者自己提出来的。同时，我们又是有理性的，所以能够理解，并接受这个命令。这样，人就能进入实践理性的层次，不断地超越自己，使自己的人格得到提高。

绝对命令就是一个应该。我们可以把对象排除出去，得到道德意识。趋善避恶原本是自然律，在伦理学里则是道德律，是绝对命令。我们做事不能从感情的好恶出发，先不问做事的效果，因为效果和动机不是必然统一的，二者是两个领域的事。我们是要问出发点。趋善避恶之所以能成为意志动机，是因为我们也是自然的一分子。如果我们只有理性，就没有动机问题，也就没有动机和效果的区分问题，我们就是神了。

如何理解恶的存在？康德认为不能说我们的感觉都是邪恶的，恶同样是自由律范围内的。理性从自由律出发把动机和效果分开了。我们不是从自然看自由，自然的东西不能影响自由，但是自由、道德有能力影响自然，理性可以深入到自然里。这是古典哲学的一个观点。伦理学在康德那里是实践哲学，它有这个影响力。

我们不否定道德情感，但我们不是从好坏出发。经验主义研究伦理学往往从道德情感出发，所以得不到绝对的道德律。我们之所以有道德感情、有良心，就是理性给我们的影响。欲求相对的合理性在道德律面前微不足道。道德律有强大的力量，对情感有压抑，它不问合不合需要、欲求。道德律有一种绝对的尊严，这种尊严不是想象的产物。这种敬重感是意志的动机，使你按着应该来做，而不是按成败来谋划。凡是应该的都是可能的。理性最高的命令就是你的责任，既然是责任就是你应该做的。

第九讲　至善与宗教

我们还要从道德领域上升到宗教。宗教问题是我们哲学思考的一个关键问题。曾经有一段时间，宗教与哲学是不可分的，哲学依附于宗教，而宗教有更广泛的基础，它甚至不需要人们读书、有知识。我们可以从多个角度研究宗教，它已经构成了一门经验科学、历史科学。

那么，如何从哲学的角度看待宗教？宗教如要讲理路，讲神学，则离不开哲学。宗教有时要求哲学之助，但如何从哲学理解宗教是哲学的任务，尤其在讲古典哲学概念的时候，我们要研究宗教在哲学中占有怎样一个位置。并不需要将所有的宗教研究遍了，才能得出一个宗教的哲学概念，得出宗教的本质是什么。那么，我们从古典哲学的思路考虑，宗教该如何理解？

我们讲过知识论、伦理学，那么，我们从理性的角度应该通过何种途径接触到西方典型宗教，也就是基督教的基本观念问题呢？按古典哲学的思路，从知识论不可能达到基督教观念。从知识论入手是古希腊人的路线，不可能导向基督教，只能导向古希腊人的神话宗教。从自然、具体的人不能上升到一神教的问题。所以，我们在知识论中不讲宗教问题；恰恰相反，在知识论里如果讲到神、超越等问题，就会出现矛盾。知识论中先天性-理性所提供的形式（时空、因果范畴等）不能解决本体、物自身的问题。

从伦理学的角度就必然会出现宗教问题，这就是超出伦理学本身，从实践理性推出宗教。

《实践理性批判》讲的是意志、道德律。按康德自己说，这里并不需要宗教的介入。那为什么就会导向基督教？关键就在于对"至善"的理解——最高的善、无条件的善。这就面临了道德哲学中德行和幸福的关系问题。既要生活得幸福又要有好的道德品格，而且二者的比例也要得当：有几分道德，就得到几分幸福；反之，有几分幸福，也就应该有几分德行。这样，达到公平合理，尽善尽美。人们所追求的"最好"、"至善"就是二者的同一。追求幸福是人的天性，"最好"就是把幸福和德行结合起来，缺少任何一个都不是完满。而"至善"是伦理学追求的对象和目的，与"最好"是同一的。

在经验世界里，二者的同一性没有保证，它具有偶然性。所谓同一性首先要是可分析的、可互相推理的，结论是在前提中的。所以，德性概念中应该已经包含了幸福的概念，从德性中可以推出幸福，反之也应成立。由此在伦理学历史上形成了不同的两派：一派只要有德行就必然有幸福，另一派则正好相反；但两派在现实中都会发生问题。他们的争论说明了二者不是互相包含的，没有概念上的分析关系。从德行不能必然推出幸福，反之也不必然成立。另一方面，二者也不具有因果的或时间上的顺序，不是从一个中产生另一个，像从 A 产生 B 或先有 A 后有 B。所以，二者没有必然关系，没有同一性。这样，在现实世界就不能达到至善、圆满。

而至善恰恰是伦理学的一个目标、一个观念。伦理学必须有一些条件让至善成为必然，宗教则提供了这样的条件。它所有的一些超出伦理学之上的设定就成为基督教的基本原则和教义。必须要设定一个时间上的无限的绵延，设定人格灵魂是不朽的，设定一个至高的神。在时空中，德行和幸福的同一是相对的，要想得到绝对的同一就需要一种不朽。"神"的不朽保证了我们可以有来世，灵魂是可以延续下去的，这才能保证不断地修善，这样善才有意义，否则对人来说好坏都一样了，大可不必顾到"身后"之事。面对生命的断裂，设定了这样一个超越的东西的存在，一切善恶行为才有了意义，否则一切意义、价值都可能是无。现代哲学中有些派别既然取消了那个超越的理念，则必定会出现一个荒诞的世界。生活的意义就在于我们设定了自己的世界、人格、灵魂是可以延续下去的，德行和幸福会在时间的无限绵延中同一起来。

康德说道德律是自律。而对人来说，神是个他者，由此得来的他律是个异己的东西，不是自律，所以不是在道德中的，也不在知识领域。但按理路来讲，伦理学又要求必然设定这样一个神的存在。伦理学要找出神存在的根据，拷问神的存在。神的存在不受经验的检验，也不是逻辑推出的，而是伦理学的必然的引申。所以，康德是按哲学理路来说明神，在基础的地方问为什么宗教可以在理性中找到设定的根据。他的伦理学不反对宗教，但也不会受教会的欢迎。

为什么宗教也能在理性中找到设定的根源？

在理路上设定一个超越的东西（全知、全能、全善、全在），德行和幸福就必然同一了。在哲学史上，也有在知识论范围内来证明这样一个超越者的存在的。这就是哲学史上的本体论证明（如安瑟伦的证明）：从"全"推出神一定存在，它不可能不包含存在。康德的理路则相反：存在在知识论上是经验的，"大全"恰恰是个理念而非经验存在。从思想不能推出存在（康德举例：脑子中想象的金币不等于你口袋里有金币），而应用道德来证明存在。道德律的贯彻就必定要设定一个神。在一个神作为最高原因的王国里，德行和幸福可以互相推论、互相包含，其本身就是一致的，是必然同一的。只有在"神城-天国"里，"德行"和"幸福"才互为"因""果"，道德的"因果律"才能成立，"因果律"和"自由"才能同一。这种同一不但是质上的，而且是量上的。有几分德行和有几分幸福是一致的，这是最公平的。神保证了公平，只有神不会犯错，所有的历史和未来在他面前都是现实。这是实践理性的必然性所决定的，否则一切就都成了随机的。

神是伦理学推衍出来的，但他是在伦理学之外的，并且也不是其基础。在宗教看来，伦理学也是尘世的。伦理管的是德行，问的是"你是否配享有这个幸福"，但实际上是否配要由超越的神来决定。这个标准在他者。从自律出发的道德还需有一个超出自律的东西——人一谈及良心、义务、责任等就会有的压抑、谦卑的感觉。从自由出来的道德律恰恰要求一种克服压制感，这意味着有超越的东西在贬损你的欲求。自由给你的是战战兢兢、如履薄冰的感觉。

实践理性冲出了道德领域，进入了更加超越的宗教领域。在这里，知识论和伦理学、幸福和德行合为一体，一个全知、全能、全善的神在立法、审判和执行，神集三种权力于一身，他让我们这个世界变得可以忍受了。德行和幸福在现实世界是偶然的结合，所以会有很多不合理现象。但还有一个超越的每个人都要去的世界，它对你的评议是绝对的公平的。伦理学在宗教里得到了升华。这种超越的同一表明在康德那里已经有了很明显的同一哲学的思路，以后在其他哲学家那里它还会有很大的发展。

这个超越不仅仅在宗教中，还要从理性开出一个现实的世界——意义的世界。这就是康德在《判断力批判》中面对的一个艺术的世界，它所要讲的是审美和目的论。康德启示了后来的现象学和解释学。

第十讲 艺术与目的

我们现在离开道德领域进入艺术（或者说是感性、情感）的世界。从哲学上来说，这个世界并不简单直接，而是一个综合性的领域。哲学讲分析推理很清楚，康德所划定的界限——什么是经验、什么是先验，什么是内容、什么是形式等等也很清楚。有人认为康德在知识论、道德论中所建立的界限在这个领域里开始被打破了。这种说法有一定道理。艺术领域之所以难懂就在于它的复杂性，我们所要做的就是从哲学的理路上来理解艺术现象和目的论。

《判断力批判》最难读并且对它的研究也最少，影响也相对小一些；但其中具体的关于艺术的理论影响却很大，只是把它作为哲学来研究的很少。对目的论的研究就更少，因为一般认为研究目的论是比较落后的。但是从康德的理路来看，既要否定那种"老鼠的存在就是为了给猫吃的"目的论，又要说明我们对于自然的理解蕴涵了目的论，就有另一层意义。

研究康德的目的论和美学的前提是要首先了解他的《纯粹理性批判》和《实践理性批判》。他在《判断力批判》中已经将前面的东西融会贯通了，对他自己来说是已经设定了的，但对读者来说则不一定是这样。有不少研究艺术的，直接就来读《判断力批判》，不一定能顺利领会。

研究康德的美学有很多途径。我们首先要问的是为什么他还要写《判断力批判》。在写作此书十年前,他并没有把情感引入他的理性王国,但后来他接纳了情感。他当初的拒绝和后来的接纳都是有他自己的理路的。在知识论里,他认为个人的好恶不能影响理性的立法,但经过知识论和道德论的研究后,他反倒认为情感同样也要进入理性王国,是理性王国的居民。理性在知识领域为经验立法,在道德领域为自己立法,这都是理性所起的建构作用(constitution)。而在《判断力批判》中,理性在美学艺术领域起着管理(规整)作用(regulative)。

情感性的自然不同于知识性的自然。在知识论中讲理论就是讲推论、讲必然,必然的概念就是自然的概念。我们从自然的概念推论出因果关系,通过自然的概念推论出知识的系统。

道德也是推论出来的,也是必定的概念——自由,这是比自然的概念更高的。自由必定得导向职责、道德律、至善、完满、德行。这既是现实的也是理性的。

而艺术讲个性,讲个体,讲感觉感情,艺术不是概念。艺术里的概念都是不确定的,所谓"这一个"是不能概念化的。知识讲自然概念,道德讲自由的概念,这都是推论出来的。艺术则不能概念化,这说明它区别于知识和道德,但同时又具有两者的特点。也就是说,审美既可以进入知识又可以进入道德,但又不是专门属于这两者中的一个,而是将自由与自然结合起来,不是纯粹的自然也不是纯粹的自由,而是介乎二者之间的。

也许,《判断力批判》涉及的是我们哲学所面对的第一个问题,即这个世界,这个活生生的世界如何可能的问题。这个世界才是我们的根,而知识和伦理则是后来哲学分析得来的。人不是纯理论的科学家,也不是纯形式的自由者,科学与道德不能完全涵盖人,完整的人应该是在《判断力批判》中。从《判断力批判》里出来的是目的的和艺术的世界,不是纯粹理性的但却是受理性管理的人的世界,是生活的世界。这已经开启了19世纪末和20世纪哲学的先声。解释学、现象学的依据似乎都可以在《判断力批判》中找到。当代哲学的秘密所在不是纯粹的自然也不是纯粹的自由,而是美和目的的世界。我们每个人都是作为生活的一分子而活着的。

艺术不是概念化，意味着这里所谓的知识不是推论出来的。传统的观念认为理性包含概念、判断、推理，从经验中总结出的是经验概念，哲学概念则是先验的。推理是从先验的概念推理，它不是从经验中来的，但却是有内容的，是可以用因果推出的。判断是在一个普遍的规律中寻求个别的例证，比如，有个杯子的概念，那么我们就要寻找一个杯子作为例证。下面两个都是判断：

A. 这花是红的。
B. 这花是美的。

A 判断是属于经验的、知识的判断，B 判断则是审美判断。但也有人，比如一些英美哲学家，认为原则上 B 不是判断。"这花是美的"可以还原成"我喜欢这朵花"、"花给我愉快"等主观感觉的描述。主观的感觉如何让人用判断的形式表达，要求别人认同，要求别人也有同感，亦即如何用判断的形式把人人不同的感觉表达为似乎要求人人同意的判断，好像是知识判断。知识判断要求人人同意，那么审美判断能否有权要求别人同意？康德的美学就是要说明判断的形式有管理感情的权力，鉴赏也属于理性的范围。

之所以有权要求、请求（但不是命令）人人都同意，是因为有理性通过情感（而非概念）对个别事物做出判断。审美不能是理论的、普遍性的，而是特殊的。若从普遍的规则出发寻找个别例证则有对错问题，比如，我说这是一张桌子，那到底是不是检验一下就知道了。而审美的个别不体现理论的普遍性，也不体现种属；但也有普遍性，而且是个别之中就有普遍性。这种普遍性不是概念的普遍性，也不是必然的普遍性，而是自由的理念。在审美中，经验的东西体现了自由的东西。

我们的智慧不仅仅是要脱离个别的事物单纯去追求普遍。我们的根基是在具体的现实之中，这个领域是我们形而上学的基础所在。因为世界的神奇不在于我们可以进行因果律的推理，或是有森严的道德律，而是在于个别的东西却能合乎规律。理性能管理规整普遍的概念并不奇怪，因为这些概念原本是它自己"建构"的；理性还能够（有能力，有权利）"管理-规整"不是它"建构"的"个体"，就比较奇怪了。于是，"世界真奇妙"，我们面前真的出现了"奇妙"的世界。

古希腊哲学家最初的问题是从观望星空得来的：一个个单个的星体为什么会这样合乎规律地运动？是否有更高的智慧者在控制它们？这可以说是古人的

迷信，但也说明了一个问题：理性怎么会对个别的东西起作用？我们从中体会出一个合理性的自由的东西，这集中表现在美和自然的合目的性上。这种现象仅仅从知识论上说明是不够的。在艺术领域里不舍弃偶然性和个体性，要从偶然的大千世界看出有这种合理的安排，在感觉里看出有理性的东西作为制造者和安排者。

我们生适的世界是一个"作品"，这是康德的一个重要概念。"作品"就是结果，它有原因。如果在原因和结果的关系中是结果早于原因，结果就在原因里，就是目的。目的作为概念有其现实性，是通过意志去行动的，是经验的、个别的。目的概念不仅仅是在艺术中，在康德看来，某种意义上，自然界中也有。如果我们仅仅用知识论的眼光去看自然界，不可能用理论推出具体的经验过程。知识只告诉理论的必然，而实际的生活过程、经验过程不是一个用因果律推理的过程。

自然为我们提供了一个可能经验的世界，还需要我们将可能性变成现实性，因为作为理论理性对象的自然只是知识性的必然性世界，而不是现实的、生活的世界。要将这个理论的世界转变为现实的生活世界，要有人的劳作，要用选择来体现自由。生机勃勃的现实世界不是概念的结构，不仅是必然的，而且蕴涵自由。这里的自然已不是知识论中我们所研究的那个世界，而是我们自己生活在其中的世界。在知识论中没有物自身，在道德领域有物自身，但不显现。在艺术和目的论中，自然才显示出物自身，才有了所谓的"这一个"。"自己"在这里不是作为知识而是作为合目的论而显现，需要在各种可能性中选择一个作为目的。

"世界为什么就是这个样子？"这也是康德以前的哲学家莱布尼茨关心的问题。他认为现实世界是所有可能世界中最好的一个。人们也许可以说有一个神在安排这一切，但把神去掉后，这个选择就有相当的偶然性。选择可以是自由的，但又体现出合乎规律性，必然的和自由的就结合起来了。这样，我们的世界就变得生动起来，不是完全必然的，不是形式的。

第十一讲　从康德到黑格尔

古典哲学最重要的阶段就是从康德到黑格尔这一段，对这一段的训练是不可缺少的。

过去一个时期在西方,黑格尔哲学的地位相当显赫,后来受到严厉的批判。他的哲学确实曾禁锢了人的思想,要打破它也对,但熟知的东西未必是真知。对于黑格尔哲学,其中有很多误解,有许多批评,也有简单化的倾向。黑格尔被理解得很简单后,实在论者首当其冲地批判黑格尔,无论在西方还是在中国都是这样。实际上,黑格尔的哲学还是有很深的内容的,真正进行深入思考的人不会忽视他。他确实是古典哲学的一个总结。讲黑格尔对于我们理解哲学的古典形态很有帮助,但前提还是要先了解康德。

康德留下了一个问题在《判断力批判》中,那就是,在活生生的人的领域中如何把自然与自由的概念结合起来。我们能知道什么是自然科学领域的问题,我们能做什么是道德领域的问题,我们能希望什么则是宗教问题。最后,归根结底有一个问题,人是什么?

在美学和目的论里,康德想要把曾经分割开的东西综合起来。这一部分也同样是理性的一种方式,是从理性出发又回到理性。自由影响自然就在美学和目的论这一部分中,恰恰这里是真实的、现实的、理性的世界。"知识"、"可知"不再仅仅指科学的理论知识,而且指智慧——真实的知识——真理。真理不是几个抽象的公式,而是实在的知识。知识不能停留于公理、定律,而是实际地对人的世界的把握。真理是不排除感性直观的,我们作为活生生的人就是在具体的感性直观中就蕴涵着理性,蕴涵着思想。

费希特直接继承康德,他不仅仅是从康德到黑格尔的一个过渡环节,而且奠定了同一哲学的基础。康德重在为理性的各种职能划分界限,而费希特则重在把它们统一起来,给现实的世界以新的视角。他从一个哲学家的角度看待现实的生活。费希特要让理性进入现实,并在现实中保持住理性,保持住同一。我认为费希特对我们理解古典哲学最大的帮助是从同一的理性推出世界,他提供了一个新的世界观,这是以后古典哲学的路线。

费希特有一本《全部知识学的基础》。他所说的知识不是康德意义上的理论知识,而是全部真实的知识,是关于全部科学的一个界说。在这里,最重要的是提出了三条原则。其中最重要的又是第一条:他把所有的经验内容抽象出去,得到一个 $A=A$。这比任何的经验判断都要可靠,拒绝一切怀疑。在形式逻辑中，它是同义反复，但在实际哲学中有很重要的意义。前后两个 A 位置不同，就有不同的意义。处于谓词位置的 A 意味着有存在问题。

那么，由什么来保证 A＝A 的可靠呢？是理性的判定。理性又在哪里做判定？在人的领域，是有理性的"我"在做判断。A＝A 只有把"我"代入后才既有内容又可靠，代入其他名词则都是经验的。"我就是我"，意味着谓词"我"是主语"我"设置出来的。同一个"我"把"我"设成了"我"的对象、"我"的宾语。这是理性内容确定的东西，一切知识都由此而来。费希特没有离开笛卡儿的"我思故我在"。

A 不等于非 A。"我"和"非我"有了关系，也就是"我"与世界的关系。"我"与世界有一种推理的关系：由"我"等于"我"，"我"不等于"非我"，可以推出大千世界。这条思路受康德的启发，但完全不同于康德。康德认为从逻辑是推不出世界的，但哲学要解决的不仅仅是理论知识的问题，面对的实际世界不是公式所能限制的。要在一个基本的公式下推出大千世界，同一哲学才算完成；同一哲学就是要包含所有的实际世界。

黑格尔与谢林有很多思路都是共通的——谢林将绝对（absolute）变成了哲学概念。他们的区别主要在黑格尔的《精神现象学》中得到强调：黑格尔要使哲学避免陷入诗意朦胧的状态，要确定哲学是一种科学形态。这个问题从古就有。

我认为谢林直接继承了康德的《判断力批判》。康德的概念范畴与感觉经验相对，而物自体、意志则没有与之相对的东西，不提供任何感觉经验，只是一种形式。所以，康德被人批评为无内容、空洞、软弱。费希特、谢林的绝对哲学则意味着自由。同一哲学所理解的理性不仅仅在形式的意义上是绝对的，而且在内容上也是绝对的。形式和内容不是对立的。所谓绝对就是说理性在"他物"中，理性并非孤零零的形式的公式，理性在非理性中保持着独立性，发展自己。

从美学和目的论中，我们看到可以在非理性的世界中看到目的，看到美，看到至善。理性存在于"他者"之中，在这个思路上黑格尔和谢林是一致的，区别在于该如何把握这个理性。康德的概念、判断、推理无法把握绝对的理念，理性有直接把握的性质。谢林强调直观或直觉的作用，用"诗"的形式来把握。谢林哲学中包括艺术哲学和自然哲学两个部分，可以看出从康德美学和目的论的组成得来的痕迹。

黑格尔的思路则是，直接把握是朦胧的，把握的只是绝对理念的影子或者说表象。理性在他物中是一个过程，是历史，是时间，所以理性是活动的，是一种活力、生命、力量。但理性的活动不是盲动，而是要在"他者"中开显自己。开显不是靠灵感，而是靠艰苦的实际劳动，是要克服困难的。开显要有一个过程，不可能一下子就达到绝对。没有这样的过程，理性只能是形式（康德的理性本身是永不开显的）。理性通过历史时间来开显自己，这样关于理性、精神就可以为"知识"，成了现象学。

黑格尔《精神现象学》所要解决的就是"精神如何通过历史来开显自己"。下一步，黑格尔还要解决概念问题。黑格尔的"逻辑学"在解决"概念"与"存在"的关系上，很值得研究。从能动的、发展的、历史的角度深入思考这种关系，使黑格尔把"逻辑"和"历史"统一了起来，也使他的"概念"论充满了现实的活力。

第十二讲　黑格尔与辩证法

我们已经讲了古典哲学的框架，后来的发展也没有离开这个框架，这就是以康德的三大批判构成的知识论、道德论、目的论及审美的框架。经过费希特和谢林，到黑格尔，古典哲学又回到坚守知识论体系的立场，但这已经不是康德《纯粹理性批判》意义上的知识论了。在费希特和谢林阶段，已经形成了同一哲学。目的论和审美是很重要的环节，在这里自由与必然得到了结合。

现在黑格尔又来讲知识。古典哲学不仅仅是批判的——分析理性在各个领域中正当合法的职权，这样的批判哲学必定向同一哲学过渡。哲学到黑格尔又成为知识论，似乎哲学又回到了第一批判，但实际上已经经过了同一哲学的洗礼，不同于康德所说的知识，某种意义上超越了康德的知识论。

康德的知识是理论知识，是先天综合判断。在康德的知识论中，理性要接受感觉和经验提供的材料。费希特的 A 等于 A、A 不等于非 A 则要说明对象是自我设定的，而黑格尔则认为哲学就是绝对知识。康德的知识仅限于理论、现象的知识，而黑格尔的知识则是关于绝对、本体的知识。黑格尔的知识论需要将道德实践与理论先天范畴统一起来考虑，而不仅仅是像谢林那样只是以艺术直觉的方式把握。黑格尔把所有这一切综合成了一个知识体系，就是他所谓的科学。在这个意义上，他发展了古代希腊关于"哲学"为"爱智"的意思，而成为一门真正的"科学"，绝对就是同一。知识的对象（客体）与主体是同一的，而不是外界有一个对象由我来把握。对象本来就是"我"（理性）设定的，它不是相对的，不是一个给定的东西。绝对就是一个"全"。

黑格尔的思路有一个发展的过程。黑格尔认为《精神现象学》是科学体系的第一步。理性作为生命中精神性的东西如何显现它自己——"全"，整体上有一个历史和过程。其中，时间性问题非常突出。精神就是本质、本体，而本质、本体通过时间过程开显出来。康德认为在理论知识领域是不能把握物自体的，因为它不在时空中，虽然它自己是超时空的。到黑格尔则要对物自体进行把握，将其带入时空中，虽然它自己是超时空的。时空不是范畴化的因果序列，不是推论出来的，而是自己的开显，是历史序列，是时间本身。这里的时间是一个实际的东西，而不像在康德那里，时间本身是不可知的，只是把握现实的工具。这时的本体需要有一个（时间）过程来开显自己。然而，黑格尔总是更多地强调这个"过程"为"逻辑"的"推演"。这里的问题，希望大家来共同研究。

黑格尔哲学的开端是本质，经过自身开显的历史过程，最后完成的也是本质，但这两个本质是不同的。开显以后的本质是有内容的，更为丰富，成为它自己，而开始时的本质是抽象的。比如，拿破仑之所以成为拿破仑就在于历史过程将其开显出来，否则拿破仑就只是一个抽象的名字。概念可以很抽象地来理解，这是在经验科学理论上作为事物本质属性的概念。比如，所谓杯子就是盛水的工具，但这一个杯子之所以成为杯子是有很丰富的内容的，有它自己的位置、时间、用者等等。这不是人所赋予的，而是杯子自己通过时间显示了其本质以及和世间的普遍联系。它也就成为它自己，物自身就出来了。

就这样，《精神现象学》使我们对概念的理解有所不同。概念不是从给定的对象中总结概括出来的，概念的内容是概念的本质自己开显的，不仅是一个形式。但时间不是概念性的，不是推理的，而是直观的。概念由抽象进入具体，与直观、历史、经验、现实统一起来。概念的历史、概念的过程说明其非抽象，必定要与现实结合，而不是强加给它一个现实。康德的概念对应一个现实，二者的区别是绝对的（康德举例说，脑子中的钱和兜里的钱不一样）。黑格尔则在其中加入了过程-时间因素：若脑中有一个概念，则一定会有去实现它的行动，它就是现实的了。这样一个过程说明可以将精神变为物质。

但是，仍然存在一个现实性的问题，就是这一变化是要受限制的。抽象地说，概念、理性本身是不受限制的，天马行空没有什么能限制它，但要变成现实，就是在开显真正的自己的过程中要有限制。自由的、绝对的不受限制的概念若不进入现实，也就是说如果不受限制，那么它就是无内容的、形式的。若进入现实，则现实一定会对其有影响，就一定是要受限制的了。

黑格尔区分了两种无限：恶的无限——空洞的、形式的、想象的产物，而非理性的产物；绝对的无限——真正的现实的无限——就在有限之中，并没有脱离有限，不是想象出来的无限。在有限中显现的无限才是真正的无限，无限不在脑中。现实本身就有理性，就有精神、本质，就体现了无限，而不是人以自己的精神来比附它。事物本身就有本质，就是无限，就是精神。

理论科学只能以抽象的形式认识事物，哲学知识则须得认识现实的、在有限中无限的东西。拿破仑的生卒年月是没有时间性的，也没有内容，是抽象知识，而把握了他的行为、他的事功，则是真正的知识。指出、描述某个历史事件是永恒的，但只是抽象描述。戏剧艺术则将事件的真实存在存留了下来。黑格尔的哲学知识不仅仅是由因果关系决定的关系的把握。精神是自由的，而在现实中体现的才是真的、有内容的自由，而不是抽象形式的自由。哲学强调在有限中把握认识事物的无限性，这也是绝对知识或者说哲学的任务。

精神受各种限制，经过各种阶段开显自己，又回到自己。这是科学体系的第一步。《精神现象学》是第一步，是绪论。黑格尔的"开显"针对的是谢林的直觉把握，强调要有矛盾斗争，要有过程。黑格尔的"逻辑学"是《精神现象学》的发展。黑格尔的逻辑学包括两本著作：一本是《逻辑学》，也就是通常所说的"大逻辑"；另一本是《哲学全书大纲》中的《逻辑》，通常称作"小逻辑"。

黑格尔的知识论对对象的把握不能没有概念、判断、推理。黑格尔的逻辑学不是形式逻辑，形式逻辑只是一个工具。康德也是要改造形式逻辑，所以康德要使形式逻辑有内容，使其成为知识论。但康德有一个环节是有问题的，就是他认为物自体是不可知的；而《精神现象学》所讲的正是事物自身的显现。黑格尔的逻辑学实际上是科学。科学是康德、黑格尔意义上的知识，只是在康德，知识终究还是形式的，而在黑格尔则有了现实的活的内容。概念、判断、推理在康德知识论中讲的是必然性，在黑格尔那里讲的则包含了自由。黑格尔的概念、判断、推理不是形式逻辑，也不是康德的必然的逻辑，而是自由的概念之间的关系。他的概念是必然中的自由，自由中的必然，逻辑必然推理形式，体现了概念自身——自由的能动性，体现了事物自身——概念自身的发展规律。

《精神现象学》讲的是精神活动的自由的历史。历史是自由的，不仅是一个个历史事件的因果连接。要将历史的直观变成概念的体系、科学的体系，但又不能退回到单纯形式的必然性知识，而是要使概念、判断、推理成为事物自身的开显过程。所以，黑格尔的逻辑学不是僵硬的公式，而是要让概念从抽象到具体完成自己。概念自身的发展自己开显，自己推演，乃是自由的推演。这就是所谓的"辩证法"。

与那种有经验对象相对应的抽象概念不同，黑格尔从自由的角度讲的是绝对概念。它是有内容的真实的概念。它本身已经包含了对象，是所谓的"全"，是全面的，不是片面的，又是可直观的、具体的。这就是辩证的。

康德也讲辩证法。他认为物自体不能进入时空，只是一个思想体，不会作为知识的对象，要把此种无对象的思想体当作现象，则必定产生二律背反，不符合逻辑，自相矛盾不能形成"知识"。因此，康德对辩证法是否定的，认为人的理性必然要出现的辩证法是"所有可能的错误中最好的错误"；但康德从否定立场揭示的辩证法，仍蕴涵了它的真正契机，黑格尔正是依靠了这个契机使他的思辨概念自身（自由地）"活动-能动"起来。

然而，在康德，这种对最高实体的判断有两个相反的方向，互相不能说服对方，而这种辩证法恰恰动摇了他心目中知识的基础。正命题和反命题总是紧密联系的，所有理论知识到实际中都会有矛盾。哲学（实际的知识、科学的知识）正是用辩证法来揭示理论知识的片面性。辩证法揭示一切关于现象的论断都是可疑的，为了把握本质就要揭示理论知识的不足。

古代几乎所有的民族都有朴素的辩证法，但黑格尔的辩证法不仅仅是强调表面的、感觉性、表象性的对立统一。它强调的是理性本身的对立统一，强调有无之变。变是一个过程，有就是存在，无就是不存在。比如，水变成蒸汽，也就是从一种物质变为另一种物质，这并不奇怪；问题在于从有水变成没有水，从存在变成不存在。科学理论知识面对的物质世界找不到无，都是从一种物质变为另一种物质，从 A 变成 B，而哲学则看到了从 A 变成非 A 的过程。有无之变是存在与不存在之间的变化，哲学理论、理性之辩证法，亦即康德所谓"二律背反"，应从此种角度来理解。所以黑格尔说，一切有限的都要毁灭。

有无之变是黑格尔辩证法的核心，关键是能否从有看到无，从无看到有。科学理论知识讲的是万有形态之间的关系，而哲学的贡献在于将无引入世界。所以，黑格尔强调哲学是关于真理的——历史的现实的理性把握自身的一种状态，而不是对外物的符合。真理在这里不再是片面的了。

第十三讲　康德、黑格尔之后

康德批判哲学涉及知识、道德、审美和目的，批判的工作，就是要对理性的功能加以分析、限定。康德限制知识，要为信仰留地盘。从康德到黑格尔的发展，实际上是从知识论又回到了古代的理念论。理念论涉及事物自身，于是理念论与存在论是同一的。在康德有限的知识论中，理念不是知识的对象，不能进入直观，他的知识论固然是先验的，但只能运用于经验。在黑格尔的绝对知识中，需要认识的就是事物本身，而事物自身——本质必定会显现为现象，成为可直观的知识；因而，他的理念不是抽象的"思想体"，而是具体的"现实体"。就我们的思路来看，黑格尔的这个意思，已经为海德格尔的存在论奠定了基础。

黑格尔之后，马上就有了叔本华、尼采等人对黑格尔的攻击；同时，新康德主义从另一条道路恢复了对康德问题的重视。新康德主义认为，对于康德提出的问题，黑格尔只是将其包容进去，并没有真正地解决，所以他们提出要回到康德。新康德主义想弄清楚康德的不可知的物自身，认为事物本身在知识论中是一些麻烦的东西。他们循着《纯粹理性批判》的构架，加入了历史、人类学、文化、经验科学等实证科学的内容，将知识论扩大，形成了历史哲学、文化哲学、人类学哲学等。

更起到承前启后作用的是胡塞尔的现象学，现象学就是要直接地将物自身显现出来。胡塞尔为理念论开创了一个新的局面。

现象学的主要问题是要回到事物自身。现象学不是表象学，而是显现学，是要让事物自身显现。黑格尔和胡塞尔的现象学不同，但从让物自身显现这个角度来说我认为是一样的。黑格尔讲的显现是个整体的过程，要通过艰苦的劳动才能获得；胡塞尔讲的显现是直接显现，不要辩证法，不是精神活动的外化。直接显现就绕开了一系列逻辑的麻烦，但面临着"心理主义"的威胁。胡塞尔和康德一样，要和"心理主义"划清界限。胡塞尔的现象学思考的是一种"纯粹心理"问题，而非经验心理学问题，这与他的学术来源——布伦塔诺有关。过去，我曾将胡塞尔现象叫做"原心理学－meta-psychology"，以别于"形而上学-原物理学"。

直接地把握本质，不单是个别的东西可以直观，普遍的东西也可以。普遍的东西不是纯粹概念，而是要向活生生的人直接显现。胡塞尔的现象学把握的就是直接的普遍性。

哲学的传统观念认为人之为人就在于人是有理性的动物，而胡塞尔则认为，人本不是有某种特殊功能（如理性）的动物，人就是人。康德提出什么是人的问题，试图在《判断力判断》中加以解答，但只是奠定了一个思路的基础。胡塞尔从一种新的角度来回答康德的问题，人不是符号动物，不是理性动物；总之，人不是动物的一种，人就是人。因此，面对直接的理念的世界，人最基本的意识、最纯粹的心理是最复杂的综合，是事物完整的显现。事物的意义或者说事物之所以是事物就在于它向这种纯粹心理显现，而不是通过感觉和推理来认识。比如对一棵树，我们看到的就是一棵树，不是什么对于树的构成、树的作用的分析。不包含任何分析推理，就是理念的直观。我们最基本的生活世界是理念世界。理念不是不可直观，它恰恰就是直观。

近代哲学普遍关注心理问题。知识论经过了一个从物理学到先天性思想结构再到心理结构的发展过程。原来的哲学追随物理学，对物理学的超越就是形而上学。后来，哲学追随心理学，那么在这里是否有超越性？有没有纯粹心理学或超验心理学？

胡塞尔的现象学的最早形态就是超验心理学，将感觉、逻辑、自然科学、客观印象或形式等悬置或存疑，剩下的整个世界就是事物本身。这是最纯粹、最净化的领域。观念（理念）的世界、人的世界是确定无疑的。这实际上净化了我们哲学的领地，也就是胡塞尔所说的"最严格的科学"。从对象来看，他回到了事物自身；从人的角度来说，他赋予了人的思想、感情、心理以超越性。

胡塞尔的作用很像谢林和费希特，某种意义上他也有过渡的意义。在现象学的启发下，哲学由知识论过渡到存在论的层次。这看上去好像又回到了古代（从古希腊到中世纪）的存在论，但实际上是一个更高层次上的存在论。

从理念到 Sein，围绕 das Sein——有、存有、在提出了相当多的新概念，这成为当代哲学的核心。

存在论古已有之。是否在诸个体存在者中有一个共有的属性叫存在？个体存在是不是对共有存在的分有？这是古代哲学家提出的问题。古人难以解决"变"的问题。存在到非存在的转变、运动都成为不可理解的。"变"对于一个抽象出来的、概念的存在来说是一个致命的问题，所以黑格尔讲有无之变。

海德格尔的工作就是让"变"进入存在，成为具体实在的普遍性。变也是存在，变而存在需要时间，所以存在不是抽象的概念，它是时间性的。在康德那里，时间是感性直观的先天形式，不依靠经验。时间不是从经验里总结出的计数方法，时间是物自身的东西，是经验对象存在的条件——海德格尔认为这是康德最伟大之处。时间是本体性、思想性的东西，现象由此产生。

海德格尔十分重视康德对时间与存在（者）关系的论述。作为本体的时间——时间本身，康德认为是不可知的；而后来的哲学家都要让知识不限于理论知识，也就是要让本体可知。海德格尔就是要理解时间的存在、时间的本身。这里的存在不是胡塞尔已经排除出去的那些自然的存在，是超越性的存在。

时间的存在，存在的时间，这就是时间的本质（这个时间和存在都不是一般经验上的时间和存在）。在这个时间与存在之间有一个环节：Dasein——

there—being（定在、此在、缘在、该在）。人从存在论来讲就是 Dasein，它在"Sein"的层次，而不仅仅为"存在者"。人不仅仅为诸存在者中的一种存在者，不仅仅是万物之中的一物。人之为人，人的本质当进入"Sein"。当然，并不是人人都能马上到这个程度。比如，一个人作为父亲、儿子、老师等等，都是他在血缘或社会上的标志，尚不是 Dasein 的意义。Dasein 是有时空限制的。人作为有限的 Dasein 明显地有时间性，也就是"有死的"。所谓"人是有死的"，在古希腊就有了这种观念——相对于神的不死，"有死的"是人的代号——但没有进一步的发挥。现在时间问题介入存在论，"有死的"这个问题就提出来了。这是现代哲学研究的问题。

死就是终结、完成、了结，但海德格尔认为只有人是会死的，动物不会。所谓"人会死"，说的是人有能力去死，能够去死。动物"不会，没有能力""死"。动物没有所谓的死前死后，它的死是瞬间的一刻，而人的死是一个过程，有时间性，有时限。这就是海德格尔所说的 Dasein 的时限性。康德的作为直观形式的时间是无限的，是为一个无限的因果序列作条件的，时间本身不在他的理论知识中，可直观的只是时间的形式。而海德格尔的时间是有限的，也就意味着是有间歇的。间歇就意味着"限界"，如果一定要作一条"线"来理解的话，也就会有"临界点"，于是通常认为这个"点"就是死。康德的形式时间不存在，而海德格尔的时间是实际时间、时间的存在、存在的时间，有始有终，有生有死。

Dasein 是一个有限的时间存在，实际上就是由生到死、从有到无的全过程。Dasein 最能显示什么是"有"，什么是"无"。"有"这样一个"无"，"无"也是"有"。但这不是虚无主义，海德格尔实际上是抵制虚无主义的。"有"是一个过程，"无"也是一个过程，由死向生、由生向死都是一个过程。所以，存在是一个实实在在的过程，不是一个想象的、无限绵延的过程，过去、现在、未来都在这个过程中。

第十四讲　海德格尔与古典哲学

我们现在要看看海德格尔的问题是如何从古典哲学的思路里出来的。

康德断定物自体不可知，不能成为科学体系，不能形成经验的科学对象，像"无"也不是经验科学的对象。表面上的"空"，似乎马上就有某种"物质"填充进去，于是不会有"无"；在这个"充实"的现象界，并"无""物自体"的"空间"，也就是物自体不进入时空，没有直观。noumena 是思想的产物，不是经验提供的，是追问得来的，是本体、思想体。"思想体""不存在"——"无"，思想体不能进入直观，所以也成不了经验科学的对象。

康德以后的人都在想办法让这个本体（思想体）显现，康德以后的哲学就是围绕这个进行的。哲学就是要这样追求本体，"探本寻源"；否则，哲学的工作只能如康德所说的那样是批判和厘定了。哲学认知物自体的愿望从没有消失，后人总想让 noumena 进入时空，但康德言之凿凿，他的问题不能绕开。"思想体"不在因果关系之中，"思想体"为"自由体"，它可思而不可知。现在的问题是，要将"事物自身"从"可思"走向"可知"。

黑格尔已经让 noumena 显现了（《精神现象学》），要在逻辑学、知识论中作为有内容的理念出现，而不再是纯形式了。同样，胡塞尔的现象学系统也就是要让 noumena 显现出来。海德格尔认为黑格尔的 noumena 虽然有内容，但仍是理念，因而仍是"超时空"的，而他要让 noumena 成为"在"，变成实在的东西，就要让它进入时空，由"理念"转化为"实在"；但"（存）在"不同于经验的存在者——经验上可以认知的诸存在者，如桌椅板凳、日月山川。随着人类社会的发展，经验的存在者会不断出现，都是可以成为研究对象的，但海德格尔要绕开这个层面。他要的不是经验对象，而是比之更原始、更真实的存在。他要的也不是理念，而是实在的存在，在"存在论"层面上的思维-存在同一性。黑格尔的同一在理念论上，而海德格尔的同一在存在论上。

感觉经验拿不出 noumena，这不是因为其不存在，而是因为它的这个"在"还没有完成。它是一个过程、一个时间，而不是万物中的一个物品。那么，过程在吗？过程是实实在在的，但这个很难懂，因为它还没完成就要去理解和思考它。过程不像我们经验的存在物那样，比如桌子，可以是个完成品。过程没有完成品，它是永远在进行的，不作为诸存在者之一而出现。

过程也有完成，它的完成就是"无"。从"有完成"转变到"无"，这是人类哲学思路推进的表现。海德格尔不是将完成作为化石，而是将其化解掉。完成了，就成为"无"。"无"也是存在，从"有"到"无"的过程存在。noumena 就是以这种样子出现的。那么，让它出现有什么条件呢？noumena 是个思想体。思想体需要一个思想者，有了思者才有可思的东西，才会提出所谓本体、本质的问题。世上出现思者才出现存在的问题——完成就是"无"，它永远只是一个过程。Being 永远是一种可能性而非现实性，一旦到了现实中就是无了。思者首先想到这个问题——"无"的过程的完成，所以存在问题先于诸存在者问题。海德格尔实际上接过了莱布尼茨曾提出的"世界为什么是有而不是无"的哲学问题。这是形而上学的基本问题，海德格尔认为它引起了人们的危机感、紧迫感。

Sein 的可能性为什么是 noumena？就因为在可能性没有变成现实性以前，没有成为"无"以前，我们已经看到了它的完成。为什么会这样？因为世界上有了思者。那么，思者又是什么？

在《存在与时间》中，海德格尔分析思者在存在论上是什么结构，由此提出了 Dasein。以前的观点一般认为思者就是人的存在（从胡塞尔的意义上说就是这样），但海德格尔可能认为这样理解容易将其认做诸存在者之一。人是有经验性的一面，但 Dasein 要高于此。da 有有限、显现、限定等意思，有时间性，是具体实在而非经验的。那么，思者——Dasein 到底有何特征？

思者不等于会思想的动物。思者就是思者，它最根本的一个特征就是死，是要死、会死的。这里的死不是在医学、日常生活的意义上所理解的死，而要从本体论上去理解它的特点。死是不可知的，是不能成为经验对象的。死就是不知道了，而活就是还没有死。也就是说，当你完成的时候你已经不可能知道了，你不可能自己经历自己的死。一旦你经历了，你就完成了，也就不能再思考了。但我们仍会思考这个死。别人的死你只能将其作为经验对象来思考，这不证明你知道它。你对死所想所知的一切还停留在科学范围内，只能用概念、判断、推理来研究。而哲学认为这样是不够的，要超越这一层次，要实实在在地思考、体会、把握死。如何做到这一点呢？这就有赖于 Dasein。

Dasein 较之 Sein 有一个特点，就是提前、超前，就是说提前进入死——仍活着，但已经开始思考完成和终结。一旦完成显现就不可知了，所以要提前。这样，Dasein 实际上就是趋向死亡的存在，就是提前让无限、"全"出现，完成自己。这样,"我自己"、物自体等就都出现了,不用"等待"了。这就是思想的特点:只有提前,只有思想才能让物自体出现。思想不是一个从感觉印象到思维推理的上升过程,而是要让 Sein 出现。这就是哲学上思维与存在的同一性命题。思与在是同一的,以前同一于理念,现在同一于存在。思就是将 noumena 带到面前,使其成为 phenomena。Dasein 不是像某一个概念,而是像一个"全"。在未完成时想到完成,在未完成时让可能性成为存在,这个过程也是存在的过程。若只承认现实性,就会像黑格尔那样将"大全"作为理念带回来。过去的哲学都侧重于现实性,而海德格尔更重视可能性,认为可能性也是"在"。

从哲学理路上看,Sein 是由动词(sein 是德语中的系词,相当于英语中的 be,也根据不同人称、时态有不同的变形)变来的,所以它虽然作为名词,但仍保持着动词的特性——是一种动态、一个过程、一种可能性。不仅仅是"Sein",根据这种对"Sein"的理解,动态贯穿所有的哲学概念和范畴。事物也要同样动态地理解,是自己开显自己。Dasein 也是自己开显自己。

海德格尔认为现代人受现代科技发展的影响,"诸神退位"(尼采语,神在这里应理解为神圣性),人都规范化、格式化了。在康德的科学性思想中,没有物自体的地位,即没有历史,没有过程,没有神圣的信息,人都是忙碌于声色货利,要征服大地、征服自然,要控制-统治的"自由",而少顾及神圣的自由。

Sein 是可能性的存在。Dasein 召唤 noumena 显现。Sein 在历史意义上理解就是指历史性的命运,这是超出经验的人的力量的。历史性的命运如果被忘掉,人陷于声色货利,就是忘掉了 Sein,忘掉了自己的命运,忘记了自己的可能性,也忘记了自己的"神圣性",放弃了自己的真正的"自由"。这是一个实实在在的生活的问题,而不是一个纯哲学理论的问题。

Dasein(思者)不是指职业,也不是通常意义上的思想家。Dasein 首先是要呼唤思想体、本体的出现,其次则是"说"——语言。这个"说"不是日常生活意义上的人的"说",而是指诗人说。正如每个人都有思想,但并不是每个人都是思者一样。诗人说 Being、说命运、说历史,所以"说"不是日常语言中的交流、命令的含义,而是话在自己说,语言在自己说。思者是哲家（哲人），与诗人在同一层次。所以海德格尔有两句著名的话："人，诗意地栖居在大地上"；"语言是存在的家。"思存在，说存在，悠悠之思，品万物而吟，想来当离海德格尔的哲思不远了。

跋

从1952年进北大哲学系算起,我学哲学已有五十多年,时间不谓不长,应能说出这门学问的一二三了,但是我好像还是不能够清楚地说出个ABC来,固是自愧不敏,也常以这门学问的特殊性来聊以自慰。

"哲学"好像只能作一个"导论"或者"绪言",历史上有些大哲学家的创始性著作,都叫"导论-绪言",但却不见下文;而且这种"导论"、"绪言",今天做和昨天做居然会不相同的,每次做,似乎都要从头开始。倒不是前人或以前的事都白做了,而是不管前人做了多少事情,或者自己以前做了多少事情,再做的时候,还是要从头做起。

北大两学期的课已经过去好几年了,讲稿的校样也看过几遍了,如今要写一个"绪言"之类的,并不是讲课内容的小结,而是又要从头说起了,所以"绪言"也是"补充"或者叫"改写"。

"补充"、"改写"也就是把过去想过的问题"重新""再""想"一遍,或者以后有机会还要一遍一遍地"想"下去。

关于"哲学",近来我首先想到的是"理性"问题。"哲学"是"理性"的。

"理性"是"思想",是"精神"。在古代希腊,有"NOUS-理智"和"PSYCHE-生命","NOUS"是心智的,而"PSYCHE"则是实践的,二者合起来可能就是那个"实践的智慧-PHRONIS"。古代希腊哲学似乎更加倾向于心智型的智慧,所以哲学叫做"爱智",到黑格尔,他致力于"促使哲学接近于科学的形式",他说:"哲学如果达到了这个目标,就能不再叫做对知识的爱，而就是真实的知识。"黑格尔的"理性"固然也是心智型的，但却蕴涵了"精神"之能动性，而不限于静观，所以他说是"真实"的知识，是关于"真实"的知识，是"真知识"，而不是片面的、抽象的知识。他的"理性"和"精神"同一，"思想"和"存在-真实-真"同一。

"理性"为"思想"，"思想"与"逻辑"不可分，古代希腊早期有"罗格斯"，后来有"逻辑学"，"哲学"与"逻辑"向来有不解之缘；中文的"理性"占一个"理"字——"理"者"纹-理"，这个词不仅是心智性的，也是客观实在性的，原本有"理在事中"的意思，至于宋儒提出"理在事先"，但也没有走纯粹形式的"逻辑"的路子，从而存留了"理"与"事"的本源性关系，很值得我们重视。因为西方哲学发展的历史经验，到康德已经感到纯粹形式的"逻辑"已经走入死胡同，而要以改造逻辑学为己任，这项改造工程，到黑格尔可谓大成。按照黑格尔的说法，"理"与"事"又具有了"同一性"。在这个意义下，"哲学"不仅仅是"理（则）学-逻辑学"，也不仅仅是"事（物）学-物（理）学"。

哲学研究的问题是："思想"如何"进入"原本就有"纹-理"的"事物"；或者反过来，"事物"如何"开显"出它原本就有的"纹-理"来。

"思想"不是"事物"。"事物"为"有"，"思想"为"无"；"思想"不是"存在者"，但"思想""存在"。"哲学"研究"思想"与"事物"的关系，研究"思维"与"存在"的关系，研究"有""无"之"变"。"变"不是仅仅指感觉上的变化，譬如沧海桑田，乃是"有"的形态之变；哲学要问"有""无"——"存在""非（不）存在"之变。

古代希腊的传统重在"有中生有"，不承认绝对的"无"。列维纳斯说，西方哲学"无"的观念不够准确，中国自古"无"的观念就很强，就有"无中生有"的"创生"思想，当然，这种观念和基督教的"创世说"不同，是对"自然"体悟出来的万物"生灭"的思路。

绝对的"无"的观念是基督教传给西方的。为了这个"无"的挑战，西方哲学推进了自己的希腊传统，也是到了黑格尔，算是在与基督教的磨合上暂时画上了句号。

基督教"无中生有"的创世说，遇到很多麻烦，因为世间万物自行变化运转,乃是"常识",基督教的观念首先要改变常识的方向,寻求更高的理路,才能使人信服。基督教神学家在这方面下了很大的力气,但真正理路上的工作仍需借助哲学的力量。努力摆脱独断,向哲学求证,是基督教说服信众的出路。

"无中生有"就理路来说,意味着"思想""产生""存在",不过在初期,"存在"和"存在者"并未做理路上的分析。"神""说"了什么什么,就"有"了什么什么。"无""生"出了"有"。这里的"生"带有"直接性",不需要"过程",因而也不需要通常意义上的"时间",神"创世"原则上不需要"材料",不需要劳作,神什么也不"需要",什么也不"缺乏"。神"说"了,就"必定""有","从无到有",不容"怀疑"——"怀疑"是希腊人的传统,科学的传统,而宗教则"无疑-不疑",坚定不移是"信心"的特点。

科学当然也有"坚定不移"的时候,但那一方面是"形式"的——只在"形式"推理方面有"信心",而另一方面,即使在形式方面,信心也是一个时期的,"形式科学-数学和逻辑",也有改变的时候,只是较为慢一点儿而已。

宗教则保持了"无"必"生""有"的"信心",从理路上来说,竟是保持着对"无"的"信心"。"信"神的"话","信"《圣经》,是基督教最为核心的力量。"信心"在于那些"话""必""验(证)"。

"有中生有"的这种"生",当有"偶然性"在,"世间"万物"实际性-实质性"的进程充满了"偶然性",不是"形式的推论-推算"所能掌握的;而"无中生有"则是纯粹的"必然性",在"神"的"眼睛"——如果神有的话,一切人间的"偶然"皆是"必然",也就是说,只有神,才能进行"实质性"的"推算"。

这是基督教的"神创说"。

我们哲学固然也重视基督教神学提出的"创世"观念,对于"无中生有"有自己学理上的理解,康德从"意志自由"方面阐述了理性如何"创造"一个"道德的世界","意志"无需任何感觉材料,就能"开创"一个"道德的世界",尽管这项工作,康德则重在论证"意志"如何在理性上是"自由"的,而其"创世"的大业留给了尼采去"完成"。尼采将被基督教歪曲了的"创造"工作,收回到"人"的身上。尼采理解的"人",个个都应精神抖擞地"开创"

自己的"世界",个个都很"神";只是世间"庸人"多多,所以他寄希望于"超人","超人"不是"神",而是有能力不断"超越""自己"从而"恢复""(自己的)自由"的"那种""人"。

"自由"不仅仅是"摆脱"的消极的意思,而且是"创造"的积极的意思,康德做了前面这项工作,尼采则完成了后面的工作。"自由"的这两层意义,直到现在,也还是一个论题。只是由于叔本华与黑格尔的对立,才使尼采和康德对于"自由"和"理性"的关系采取了不同的立场。叔本华固然认为"意志"超越一般"理智-知性",超越"因果-根据律",但否认黑格尔的"绝对精神"有最高和永久的地位,他把"理念"只理解为对"意志"的暂时的"解脱"。尼采沿着这条路推进,遂使他的"意志自由",也同样被怀疑为"非理性"的。

就我们的论题来说,康德和尼采在"意志自由"方面的工作之所以有"消极"和"积极"的区别,乃在于尼采的工作重在阐述"无中生有",而康德的重点则在阐述"有中生无"。

我们看到,如果我们不把"人"看作"超人"——在世俗意义上的"神",而是老老实实看作"有限的理智者",这样,康德的工作对我们"凡人"来说,似乎就更重要些。这就是说,我们思考的重点,仍要以"从有到无"为基础;其实尼采的"自由创造",要永久保持下去,实现他的"永恒轮回",就仍应该回到"从有到无"来,只有回到"无",才有能力"继续""创造",而不被"有"所"窒息"。所以,即使按尼采的理路,也不应忽略"从有到无"这层意思。"人"作为"人",正是"在""有-无""轮回"之变中生存发展。

"从有到无"和"从无到有"相结合、相同一,也就是"非存在与存在"的同一,就"思想"本为"非存在-无"来说,也就是"思维(思想-理性-意识-精神)与存在"的同一。

对于"凡人"来说,"从有到无"是一个基础性问题。"人"作为"人"的第一步的工作,当是使"自己"成为"自由"之"身"。这里的"身",不仅仅是指"肉体"的存在者,不仅仅是"万物"中之一"物"。"身"或许可以理解为"身份",也就是儒家所谓的"位",只是儒家讲"位"是"社会-伦理"的,而所谓"自由"之"身",乃是"自由"之"位",乃是"无""位",乃是

"虚""位","位"是"人""自己""创造"出来的。

然则,"世间"原本已经"有""位","人"之"自由"首先要从各种既定的"位"中"解脱-摆脱"出来,才有能力成为"自由之身"。

扩大开来说,人作为"有限的理智者"首先要"摆脱"一切感觉感性的"束缚",才有能力"成为""自由之身",这正是康德在《实践理性批判》里所努力阐述的道理。"人"没有这一步筑基的功夫,就进入不到"自由"的领域,而只能是"机械""必然性大箍"中的一个环节,只是诸"存在者"之一,"万物"中之一"物"。

康德还指出,"自由"并非"放纵",不是"为所欲为","放纵"恰恰是"放纵"了"感性欲求";"自由"是"理性"的,只有有"理性"者,才"有能力""获得""自由"。"从有到无"并不是单纯的消极性,而同样要有一种"能力",要有"理智-理性"的能力,要有"(自我)意识"的能力,要有"思想-思维"的能力,此种能力越强,自由度也就越高。

只有"从有到无",才能(有能力)进而"从无到有"。换句话说,也只有有能力"意识"到"非存在",才能进而"开创""存在"。有能力去"理解-把握-认识""有"与"无"、"存在"与"非存在"之间的"辩证"关系,才是"人"作为特殊的"存在者"-海德格尔的"Dasein"的本质。"人为万物之灵",这个"灵",这个"Da",正是"非存在",是"无",也就是"思-意识-精神-理性"。

从存在论(ontology)角度来看,"从有到无"和"从无到有"原本不可分,原是"同一""过程"的不同名称。"无"并非一个"空名","非存在"并非只"存在"的"否定";"非存在"也"存在",世间原本"有"一个"无"。世间的"无",是人作为有限的理智者带给世界的,是人给世界"添加"的东西,所以萨特说,"人"给世界增加了"无"。

从这个角度看,也许笛卡儿那句名言"我思故我在"可以有多方面的意义。

笛卡儿这句话原是针对感觉之变幻,强调只有"思想"才是可靠的,只有"思""证明""存在";从存在论看,"我在"这里的"在",不是"存在者",而是"存在",是"自由"的"存在",是"无"的"存在"。于是,这句话的意思可以理解为,只有"思"有能力"证明"我的"自由"的"存在",或者"自由"的"我"的"存在"。这就是说,"思-理性-意识-精神""有能力""使""我"成为"自由之身","使""我"成为"我"。

婴儿牙牙学语,常以父母教给它的"名字"自指,说"宝宝要"等等,"我"的意识开显得比较晚一点儿。"我"的开显,意味着"我"与众不同,"我"从"众-它"中"跳"了出来,如同基尔克特所谓的"ex-sistence";然则这个"跳出来"的"我",乃是"灵",乃是"无",我们并不可以合法地问一个婴儿是"什么人",因为它尚"什么"也不是,它是"无",它的"位(什么)"是"虚"的。它会是"什么",要取决于它"做""什么",而它"做""什么"的"选择",则本质上-根本上说,乃是"自由"的,也许世间并无一人能够真正地做自由的"选择",但仍然不能否定它原本是"自由"的。是故,笛卡儿这句话的意思就意味着:"我思"才有"我","我思故我在"的重点不在"在",而在"我"。

然则,"思"并非"有","思"为"非存在",在此意义上,"我""思"不仅不能"证明""我""在",而且恰恰相反,"证明"了"我"之"非存在"。这样,我们又把康德的意思推进了一步,他只是批评笛卡儿不该用"思"去"证明""在",而我们这里则要揭示一个相反的命题:"我思故我不在","我思故我无-我思故无我"。

"无我-我无"并非"肉体上"不是一物,不是一个"在者",而是说,这个"我"乃是"空集",它"虚位以待","等待着"一个"完成了"的"我",等待着我的"行为",以"我"的"历史"去"充实"这个"我","我""是""什么",要待"完成"以后才能"实在"起来。"我"这个"自由者"要"进入""世界",进入那个法制森严的"必然性""大籤"中,经受磨炼,经过艰苦的劳动,才能"完善-完成","我"这个"自由者"才能不仅是个"空名-空集",而是有内容的现实的、真实的"自由"。

"我"这一现实化的过程,是"从无到有"的过程,但就活生生的人来说,同时也是一个"从有到无"的过程;"从无到有"和"从有到无"的统一,乃是"立功-立言-立德"和"功成身退"这二者的统一,在这个意义上也可谓"儒""道"互补,是一种形而上学的"有-无"的辩证关系,而其中的关键和基础,尚在于"从有到无"这个环节。

"从有到无"乃是"我思"的一种自觉,"我"意识到"我思","我"认识到"我思",则"我"就意识到、认识到"我"之"无",意识到、认识到"我""是""自由"的,"我"的"自由"确证为"真"的,"存在"的,"我""有""无","我""有""自由"。世间"有"一个"无""存在"。"我""自由",故"我""创造","我""开创""我"的"世界","我""从无到有"。

"我思"的意识,乃是"我"的"觉醒","意识到""我思",就是"意识到""我无-无我-我自由",于是"意识到""无",乃是"自我意识"的最核心的意义所在。

"自我意识"不是"自我感觉"。"自我感觉"常常"良好-淘淘",也常常"不好-戚戚";"自我意识"则是"思",是"理性",为"自由"。"理性"的"思"的境界,"无忧无虑","无货利"之"烦心","无管弦"之"乱耳","无五色"之"炫目",似乎是"清静无为",然则"静"极"思""动"。而且"理性-意志-自由"之"动",不像那感性世界的"动",那些感性功利之动,相比理性自由之动,乃是些"小动作",理性自由之动,则是"大动","理性"不动则已,一动惊人,可谓"惊天地,泣鬼神",因为"理性-自由"虽为"无",却有"大能","有能力""改天换地","创造"一个"新天地"。"创造""新天地"的"动",比起那"声色货利"的蝇营狗苟的"小动作",当是"大动"。

于是,从这个意义来看,"无"之"存在-有",乃是"大存在-大有";作为"自由者"之"我",乃是"大我",此所以费希特之谓也。于是,我们也可以说,"无"竟然是一个"大存在",用海德格尔的话说,它不是"诸存在者"之一,而是"存在"。

"大存在"为"无"。"无""属于""存在",而不"属于""存在者",盖因对"存在者"言,只有一物对另一物之"否定",譬如"马""非驴"也,"驴"亦"非马"也;至于"非驴非马",当也为一物,故此处之"否定",并非本体论-存在论意义的"无"。本体论-存在论意义的"无",乃是"绝对"之"无",并无"另一物"与其"相对"。此种"无",乃是对那经验感性世界的"否定"之"否定","否定"之"否定"是为"肯定",于是本体论-存在论意义的"无",乃是"肯定",它属于"(大)存在"、"(大)有"。

"无""否定"感觉经验中之"否定",进入本体论-存在论,故"从有到无"乃是"理性-自由"之第一步筑基的"功夫",这样我们才能在本体论-存在论上谈到"使之""存在","使存在"。而我们知道,海德格尔的"存在",应理解为"动态"的"使(让-令)存在"、"存在之",海德格尔从"存在"这个词的词源上,论之甚详。

"使存在"亦即"使自由",亦即"使无",亦即"从有到无"。

"自由-无"进入"世界-有",乃是一个"过程",这个"过程""有始有终",当"过程""终结"时,"过程""完了","过程""没有-无有"了。然则,"过程"以"历史-时间"的形态"存在",而这个以"无"的"存在",却比那"过眼烟云"的感性经验"存在者"更为"长久",更为"顽强",于是"无"作为"大有",寿于、强于"小有-诸存在者"。"无"作为"大有",作为"存在",正是那伽德默所谓的"有效应的历史"。

于是,"存在"为"存在之",在同一层次上,"无"亦为"无之",亦即"从有到无"。由此,"使之无"也就成了最为重要的事情,因为它正是那个"存在-有"的真实意义,"守住"那个"无",才有能力使那个"有-存在""动"起来。此非道家所谓"功成身退"之意耶?

道家常以"赤子-婴孩"来比喻人之"无"的意识,以此强调人的自由意识之重要性。

"从有到无"意味着不仅婴儿的"我"为"虚"、为"无",人人的"我",都"该"是"虚"、是"无",人人都要增强自身的"自由意识",人人都要"理性地"对待"自己"。

婴孩的"虚-无",作为一个"人"尚未"完成",尚"不存在",但此并非婴孩的"自我意识",而是"他者-他人"对它的理解,而"他人-他者"只有在"理性"成熟之后,有了"自我意识-自由意识"之后才产生的对"他者"-婴孩的意识,如道家老子、庄子都已具备很高的智慧;就婴孩本身来说,它的"自我意识-自由意识"尚未形成,它自身生活在感性世界之中,理性处于萌芽状态,婴孩意识恰恰是"有"的意识。

婴孩"已经""有"了一个世界,犹如"动物"也有自己的世界一样;只有"理性"开展和成熟,婴儿长大成"人",他才有能力从原有的世界"剥离-

ex-"出来，有了"理性"，有了"自我-我-自己"的"自由"，"理性"告诉他，他原本"一无所有"，所谓"赤条条来去无牵挂"。

孔子说，"三十而立"，何谓"立"？"立身"、"处世"，要"进入"这个感觉经验的世界，去开创自己的"生活"、自己的"天地"，去"征服世界"，"创天下"，要"白手起家"。

二三十岁的年轻人"初出茅庐"，很少"一帆风顺"，有时甚至"处处碰壁"，渐渐地，经过艰苦奋斗，种种"机缘汇合"，不断扩大自己的事业，在社会上或许成了"成功人士"；此时这位人士如何对待自己，如何对待社会，仍会成为一个"问题"，这个问题，甚至犹如刚刚"涉世"时同样的"大"，甚至更加尖锐，仍是一个尖锐的"大问题"。何谓"大问题"？所谓"大问题"当是"生死存亡"的问题，即"存在-非（不）存在"的问题。"成功人士"仍然面对着"to be, or not to be"（生死存亡）问题，此话并非危言耸听。

一个人以自己的努力奋斗和各种机缘的合作，在一个"机会均等"的社会，要在不同层次上成为"成功人士"，可能并非难事。一个开放和良好的社会，将会尽量给各种人士"分配"种种"成功"的机会，但"成功-或自己感到成功"以后又复何如？

当其始也，"人"以"自由"之身"入世-涉世"，此时之"自由"，保持着它的"空集"的特性，"无"任何感觉经验之"内容"，无牵无挂，无名无位，它的"自我""尚待""充实"，"等到""功成名就"之后，"自我"就有了"内容"，在这个感性的大千世界，"我"经过种种磨难斗争，"自由"与"必然"达到了"统一"，此时能否"保持"这个"自由"，就成了问题。

保持"空集-空洞"的"自由"并不难，"初生之犊不怕虎"，"无知者无畏"，难就难在"功成名就"之后仍能保持自身"自由"，难就难在"有知有识"之后，仍"不怕虎-无畏"。在"积累"了众多的"经验"之后，在"必然"的世界，仍然保持"自由"，仍然看到在那由"必然性""支配"的经验世界中，仍然充满"偶然"，仍有种种机会，保持"意志自由"，就是要意识到"机会""永恒轮回"。

如果在"涉世"之后，沉溺于"声色货利"之中，"随波逐流"，或可"保持""名位"、"利益"，但"遗忘-丧失"了"自己-自由"，到头来那些"名-

利"原本不是"自己-自由",原本不是"我"。此时,"名-利"皆为"我-自己-自由"的"羁绊"。

中国道家教人"功成身退",儒家教人"善始善终",皆有大智慧在,我们现在或许要将它们阐释为在"必然世界"同样要"保持""自由"的意思:"功成身退"从"消极"方面言,而"善始善终"则从"积极"方面强调"自由"之"轮回"。"功成身退"和"善始善终"都是教导人不可"遗忘""自我-自由",不可忘掉这个"无",而"自由"是更大的"必然",正是"无""保存"了"有"。

"功成身退"其意甚明,其理昭昭,然则何谓"善始善终"?

尝谓哲学乃是"终始之学",其意似与哲学为"无限-无始无终之学"相左。

然则,我们说过,"自由-无-无限"在哲学的意义上也是"具体-现实"的,不是"抽象"的,"抽象的无限"与"存在-存在论"无涉,譬如黑格尔所谓的"恶的无限",的确是不可能"显现",不能进入经验世界的一种观念;"真正的-现实的""无限",乃是"(存)在""有限"中的"无限","真正"的"自由",乃是"(存)在""必然"中的"自由"——在这个意义上,"自由"也有"限制","无"也"存在"。这样,"自由-无限-无"也"有始有终","无限之学"与"终始之学"、"有无之学"、"存在(与非存在)之学"、"生死之学"为"一",为同一的学问。

然则,又何谓"善始善终"?当我们"悬搁"起"善"的世俗经验性意思,而取其理性超越意义时,则"始"于"自由",谓之"善始","终"于"自由"谓之"善终"。按康德说,有"自由",才有"善",故曰"始于自由-终于自由"乃是"善始善终"。

"无始无终"乃是经验之"存在者","有始有终"乃是"存在论""存在"之"变异",乃是人间"生-死"之"同一过程"。于是,"无始有终"和"有始无终"在哲学上皆不能成立,凡有终者必有始,有始者必有终,世间一切"有限者"必有"终结"。

实际上,"善始善终"乃是"有始有终"的强调形式,其基本含义为一。"有始有终"就意味着"善始善终",故而"有始无终"则并非褒词。"自由"

进入"必然",消散-遗忘于声色货利的大千世界之中,不能保持"自己",是为"有始无终"——初始的"自由",不复"存在","没有了"。"有始有终"说的是"始"也"自由","终"也"自由"。

"终"自是"完成"、"结束"之意,但既曰"有终",则"终"也"有",惟其"有终","终"亦为"有","终"并非"消亡-湮灭"。惟其能-有能力"进",方能-有能力"创造";惟其能-有能力"退",方能-有能力"守-保持""自身-自由";而惟其能-有能力"退",方能-有能力"进"。惟"自由者"能-有能力"创造"。

于是,在这个意义上,"终"、"始"为"一","有始"必"有终","有终"亦必(复-又)"有始"。"始"为了"终","终"又是为了"始",故曰"更始-复始",能-有能力"更始-复始"者,是为"善终"。"善始善终-有始有终"正是《易传·系辞》所谓"原始反终"。

此处"原始"的"原"或可理解为"源","原始"乃是"源于""始"的意思,当能说通;然则何谓"反终"?此处"反",或谓"返"也,则"反终"乃"返回""终"的意思。我们常说"回到源头",又何来"回到终点"之说?联系到此处上文提到四时交替,日月循环之意,"原始反终"意味着"终"、"始"为"一"。终-始以"过程"言,为"同一"个"过程","始"之"过程",也是"终"之"过程",犹如"生-死"为"同一过程"意思一样;即以"点"言之,"终点"和"始点"也是"同一个""点"——一种意义上为"开始",另一种意义上则为"终结";反之亦然。故同一事物,说它是"始点"也好,说它"终点"也好,"反正"为"同一""事物"。这里涉及的《周易·系辞传》"原始反终"尚可理解为:"原"乃"正",固有"正始"之说,则"反终"之"反",正是"正-反"之意,意味着"同一事物"的"正-反"两个方面,"正面"为"始","反面"为"终"。

此理证之以具体事物亦然。"事物"由"产生"到"完成",是由"始"至"终"的"过程",事物"完成",从某种意义说,也就"终结",然而"终结"并未"消亡",又从某种意义说,当正是"开始"。工厂里的产品,当其"制作""完成"之日,也正是"销售-使用""开始"之时。世上种种事物,常常是以"完成-终结"的形态"开始"的;即使是不再"使用"之物,被放进了

"博物馆","反倒"是它的"历史意义""彰显"的"开始";甚至"人"也不例外。当"婴孩"长大"成人-完成为人"之后,也是他"进入社会"、"立功-立言-立德"的"开始"。

就我们现在所讨论的哲学意义来说,我们甚至可以说,一切"存在者"的"终结-完成",也正是"显现"它们作为"存在"的"意义"的"开始"。

在这个意义上,"终"并非"湮灭",而是道家所言"死而不亡"——也就是上面所讲的,"始"也"存在","终"也"存在";"有"也"存在","无"也"存在";"生"也"存在","死"也"存在"。

就感觉经验来看,一存在者的"终结",常向另一存在者转化,A物"变"为B物,则A物"不存在";但就存在论角度看事物,A物仍然"存在"——A物作为"存在者"言,已"不存在",而这个"不存在"中,恰恰"保存-存留"了A物之"存在"。A物之"存在-意义",就"住-驻留""在"对于A物之"记忆-吟诵-言说"等等"非存在"之形态中,"驻留"在"思想-意识"这些"非存在"之中;而此种"非存在-无"的"存在",大于、寿于感觉经验世界的"诸存在者"。A物虽"亡-无",而"A物曾经存在"这件"事"仍然"存在",仍然会"影响"着世间尚存的"诸存在者"。

"人"当然更是一个"死而不亡"的典型例证。"历史""封存"着"人"的"过去",而"历史""影响"着"人"的"现在"和"未来"。"人""死"不能"复生","死人"已"物"化,从"一物"转化为"另一物",然则"过去-过世"的"人"并不因为"死"而"湮灭",他的"完成-终结"又是"另一种形态"的"存在"的"开始"——作为"完成了的人-过世了的人"的"作用"的"开始"。"过世的人""长久"地"驻留-存在"于"历史-时间"之中。

于是,"善始善终""终-始"得其"善"者,就"能够-有能力""死而不亡-无而不灭-断而不绝"。"善始善终"者,得其"寿"。

"人"之"寿",不以个体为计算单位,也不以抽象的"群体"为计算单位。"人"之"寿",以"人""本身"为"度",即以"人"之"历史-时间""绵延"为"界限";或直截了当地说,以"人"之"存在"为"度"。

"人""本身"并非"人"之抽象概念,而是"人"之"存在","人"之

"存在"大于、寿于、强于"人"作为"诸存在者"之一种。

然则,"人-自身"既非抽象概念,则亦非无时间-超时间之"永恒",只是因为"人"分"我-你-他","你"和"他"都大于、强于、寿于"我"。

中文之"人",原本是指"他人","人"和"己"为对应的"他"与"我"。

"人"之所以"有能力""死而不亡",正是因为"我"虽"死",而仍有"他者""在";"他者"之所以能够"保存""我",在于"他者""能够-有能力""识得-理解""我"的虽已"过去"的"事业-劳作"之"意义"。"他者""有能力""识得""无"中之"有","死"中之"生","我"之"一生"并不因"我"作为存在者之"死"而"(湮)灭"。

"我"之"(非)不存在-无"之所以尚有"存在"之"意义",乃在于"有""他者""(存)在"。

既然"他者"并非"孤儿",而是强于、大于、寿于"我",则"我"将自觉地把"我-自己""托付"给"他者",寄希望于"他者","希望——康德问题:人能够希望什么""他者""能够-有能力""在""我"之"无-死"中"见出""有-存在-意义"来。

然则,"我"固然"希望-欲望-请求""他者""保护-保留""我"的"存在-意义",但既然"他者"大于、强于、寿于"我",则"决定权-解释权"当在"他者"手里,"他者"如何"解释-理解""我"的"存在-意义","我"以"我"的"业绩"只有"部分"的"发言权","他者"眼中"我""是""什么"的"什么",毕竟要由"他者"来"决定"。诸"自由者"之间,"他者"为"决定者"。"他者"的"识别-理解""能力",受"他者""自身"的"存在方式-历史""决定","他者"作为"人"不是抽象的,而是"Dasein",是受那个"Da""规定"的。"实质性-现实性"的"自由者"仍是"有界限"的。

于是,培养出"有能力""识得-理解""我"的"意义"的"下一个来者-他者",常常是"我"的一项"任务"。在这个意义上,的确是"我"对"过去(的意义)"负责,"我"也对"未来(的意义)"负责。然则,既然"我"把"我"的"存在"的"解释权""托付"给"他者",如何"理解""我"这份"遗嘱",则就是"他者"的"事情"。这大概又是当今法国"后现代"诸公所强调的一个思路。

然则无论功过、是非,"我"仍然有一种"信念-信心":只要"有""人-他人""在","我"就不会"(湮)灭"。"我""在""我"的"不存在"中,在"我"的"无"中"有""我"。

于是"他者"问题,并不"超越-取消""存在论"。

叶秀山

2006 年 5 月 25 日于北京